外国语文论丛

董洪川　主编

《源氏物语》翻译验证研究

姚继中　著

科学出版社
北京

内 容 简 介

本书区别于国内迄今为止有关《源氏物语》的译介研究。所谓译介研究实则包含两个维度：译介史研究与翻译验证研究。此前国内的研究大多偏重于译介史的研究，而本书的着力点在于翻译验证研究。所谓翻译验证，是指从译介学、文化学、接受美学等诸多方面，对《源氏物语》经典汉译文本——丰子恺译本、林文月译本、姚继中译本展开两方面的研究：一是译著与原著文本之间的翻译验证研究；二是不同翻译文本在汉语表达上的对比研究。

本书入木三分的分析对比研究不仅在某种程度上颠覆了我们此前对《源氏物语》的认知，还为此后的译介学、中日比较文学的研究者开拓了新的研究空间。

图书在版编目（CIP）数据

《源氏物语》翻译验证研究 / 姚继中著. —北京：科学出版社，2021.3
（外国语文论丛 / 董洪川主编）
ISBN 978-7-03-063646-1

Ⅰ. ①源… Ⅱ. ①姚… Ⅲ. ①《源氏物语》-文学翻译-研究 Ⅳ. ①I313.074

中国版本图书馆 CIP 数据核字（2019）第 272545 号

责任编辑：杨 英 张翠霞 / 责任校对：杨 赛
责任印制：李 彤 / 封面设计：蓝正设计

科学出版社 出版
北京东黄城根北街 16 号
邮政编码：100717
http://www.sciencep.com
北京捷迅佳彩印刷有限公司 印刷
科学出版社发行 各地新华书店经销
*
2021 年 3 月第 一 版 开本：720 × 1000 B5
2021 年 3 月第一次印刷 印张：40
字数：820 000

定价：198.00 元

（如有印装质量问题，我社负责调换）

本书为国家社会科学基金一般项目“《源氏物语》在中国的译介与文化认同研究”（**13BWW014**）的最终成果。本课题的研究全程得到了全国哲学社会科学工作办公室、重庆市社会科学界联合会和四川外国语大学科研处的指导和经费支持，在此一并致谢。

“外国语文论丛”编委会

总　序

四川外国语大学，简称“川外”（英文名为 Sichuan International Studies University，缩写为 SISU），位于歌乐山麓、嘉陵江畔，是我国设立的首批外语专业院校之一。古朴、幽深的歌乐山和清澈、灵动的嘉陵江涵养了川外独特的品格。学校在邓小平、刘伯承、贺龙等老一辈无产阶级革命家的关怀和指导下创建，从最初的中国人民解放军西南军政大学俄文训练团，到中国人民解放军第二高级步兵学校俄文大队，到西南人民革命大学俄文系、西南俄文专科学校，再到四川外语学院，最终于 2013 年更名为四川外国语大学，一路走来，70 年风雨兼程。学校从 1979 年开始招收硕士研究生,2013 年被国务院学位委员会批准为博士学位授予单位。在 70 年的办学历程中，学校秉承“团结、勤奋、严谨、求实”的校训，发扬“守责、求实、开放、包容”的精神，精耕细作，砥砺前行，培养了一大批外语专业人才和复合型人才。他们活跃在各条战线上，为我国的外交事务、国际商贸、教学科研等各项建设事业做出了应有的贡献。

外国语言文学学科是学校的传统优势学科。几十年来，一代代学人素心焚膏、笃志穷远，默默耕耘于三尺讲台上，乐于清平，甘于奉献，在外国语言、外国文学与文化、翻译研究、中外文化交流等领域的人才培养和学术研究方面都取得了较为丰硕的成果。该学科不仅哺育了杨武能、蓝仁哲、刘小枫、黄长著、王初明、杜青钢、阮宗泽等众多有影响力的学者，还出版了《法汉大词典》《俄语教学词典》《英语教学词典》《加拿大百科全书》等大型工具书，在业界受到普遍欢迎。

近代历史发展证明，一个国家的兴衰与高等教育的发展休戚相关。现代性最早的种子在意大利萌芽，英国在 19 世纪成为“日不落帝国”，20 世纪的美国在科技领域领先全球……这些无不是其高等教育的发展使然。我国近代外语教育的奠基者张之洞在《劝学篇》中提出，“学术造人才，人才维国势”，将兴学育人与国势兴衰联系在一起。虽然他所主张的“中体西用”观点引发了不少争论，但其引进“西学”的历史意义是毋庸置疑的。然而，时过境迁，经过百余年的发展，特别是经过改革开放后 40 余年的努力，我国的外语教育取得了举世瞩目的成就。这不仅体现在日臻完备的人才培养体制上，还体现在外国语言研究、文学文化研究、翻译研究、教学研究等方方面面所取得的累累硕果上，更体现在外语教育为我国改革开放事业的蓬勃发展提供了大量的外语人才支撑上。因而，新时代的外语教育自然不再仅仅是张之洞所强调的引入“西学”，而是具有了更深远、更重要的意义。

在新时代背景下，“一带一路”建设、“构建人类命运共同体”和“中华文化‘走出去’”等国家战略对外语学科专业发展提出了新要求、新任务。外语教育不仅需要培养能倾听世界声音的外语专业人才，更需要培养能与世界对话、讲述中国故事、参与国际事务管理的复合型创新性人才。显然，新时代外语学科有了更重要的历史使命和责任担当。

基于上述认识，我们组织编写了“外国语文论丛”。这套丛书收录了外语学科文学、语言学、翻译学等多个领域的论著，不同作者在思维理念上虽然不可能完全一致，但是有一点似乎是共通的，那就是努力做到不尚空谈、不发虚辞。本丛书经过严格筛选程序，严把质量关，既注重对“外国语文”即外国语言、文学、文化及翻译的本体研究，也注重学科交叉或者界面研究、汉外对比、中外文化交流方面的成果，还特别注重对“讲好中国故事，传播好中国声音”具有启示意义的国外汉学研究、中国文化在国外传播研究方面的成果。

古人云：“君子务本，本立而道生。”我们希望通过出版这套丛书，推出学校外语学科的最新研究成果，积极推动我校外国语言文学学科的内涵建设，同时也为学界同仁提供一个相互学习、沟通交流的平台。

本丛书的出版得到了科学出版社的鼎力相助，也得到了学校外语学科广大教师的积极响应和支持，科学出版社的编辑和各位作者为此付出了艰辛的努力。尤其令我们感动的是，国内一批著名专家欣然同意担任本套丛书的编委，帮助我们把脉定向。在此，我谨向他们表示衷心的感谢和崇高的敬意！当然，由于时间仓促，也囿于我们自身的学识与水平，本丛书肯定还有诸多不足之处，恳请方家批评指正。

董洪川

2019 年深秋

于嘉陵江畔

目录

绪　论

本书为国家社会科学基金一般项目“《源氏物语》在中国的译介与文化认同研究”（13BWW014）的最终成果，其中“在中国的译介”区别于迄今为止大多集中在《源氏物语》在中国的译介史的研究，而是将对《源氏物语》展开翻译验证研究。

对《源氏物语》展开翻译验证研究必须具备两个条件：一是对《源氏物语》的原著原典非常熟悉；二是在《源氏物语》研究方面有着较为深厚的学术积累。笔者作为《源氏物语》的重译者，前后有三家出版社出版过笔者翻译的《源氏物语》，特别是笔者的全新修订版，其中约50%的和歌是在初版后重新翻译过的，因此笔者具备了第一个条件。而作为《源氏物语》的研究者，笔者先后发表大小论文30余篇，出版了专著《〈源氏物语〉与中国传统文化》、译著《源氏物语交响乐》和《光源氏钟爱的女人们》，因此又具备了第二个条件。正因为具备了以上两个条件，笔者试图通过验证研究，使中国的《源氏物语》研究界，特别是比较文学与世界文学研究界的专家学者们清晰地看到《源氏物语》原著与译著之间的实际状况，以便更为准确地在中国展开《源氏物语》研究。

《源氏物语》作为世界文学史上第一部长篇小说，问世已有1000余年。千余年来，《源氏物语》不单是作为一部小说在日本家喻户晓，同时它作为日本古代物语文学、美学、民族学以及平安时代社会形态学最初始的集大成，在日本已经有几百年的研究史。《源氏物语》研究犹如中国的“红学”研究，历经沧桑，经久不衰。时至今日，不仅日本学者孜孜不倦，亦有不少中国学者远赴东瀛，通过博士课程、共同研究等方式，专题从事着《源氏物语》研究。国内的日本语学界、比较文学与世界文学研究界的专家学者研究《源氏物语》的亦不在少数。笔者通过中国知网不完全统计，截至2017年3月，包括学者、博士论文、硕士论文在内的有关《源氏物语》研究的相关论文约700篇，这还不包括本科生的毕业论文。由此可见，《源氏物语》被译介到中国后，受到了读者和研究者的广泛关注。

《源氏物语》作为一部具有中国古代文化亲缘，同时充满着东瀛异国、异民族风情的古代长篇小说，在中国拥有着广泛的读者，尤其是在影视化、动漫化之后，其读者群远远超出了偏爱古典文学的中青年读者和中老年读者群，在高中生、大学生以及白领等青少年中出人意料地拥有大量的爱读者。与此同时，《源氏物语》全译本也不再局限于丰子恺[①]的译本，再译、重译本有 10 余种。这种再译、重译的现象，在《源氏物语》的其他语种的翻译中是不多见的。可见《源氏物语》在中国的传播和文化认同有着特殊的表现形态。

在学术界，关于《源氏物语》的研究自 20 世纪 80 年代以来，林林总总已有数百篇论文发表在国内的各类刊物上，但已出版的学术专著仅有十余部。相关研究主要集中在：文学评论——主题思想研究、人物研究、民俗研究等方面；比较文学研究——以《源氏物语》与《红楼梦》的比较研究最为显眼；翻译研究——《源氏物语》翻译史、翻译批评等亦不在少数。近几年还出现了一种新的趋势，这就是日语专业的本科生毕业论文和硕士研究生毕业论文屡屡以《源氏物语》为选题，虽然鲜有令人耳目一新的学术观点能够引起学术界的重视，但不乏当今年轻人独特的阅读视角所迸发出的新的火花。笔者认为，从比较文学与接受美学的角度来看，这些稚嫩的小论文同样为极其有意义的学术尝试，学术界应给予关注和鼓励。

《源氏物语》在中国的译介至少包含三个研究领域：一是关于《源氏物语》的文学批评；二是《源氏物语》在中国的翻译史研究；三是对《源氏物语》展开翻译验证研究。近几十年来，国内有关《源氏物语》的研究主要集中在文学评论、翻译批评、翻译史研究领域，而翻译验证研究少之又少。翻译验证研究常常会将译者置于被批评的风口浪尖，但作为《源氏物语》的译者，笔者认为“翻译批评不仅是对作品的尊重，也是对译者的尊重。的确，在翻译批评中，译者永远是被批评的‘弱势群体’，但这并不意味着译者没有为译出优秀的作品而努力。译者的能力固然参差不齐，可是翻译学本身的局限性，实实在在制约着翻译的可能性，翻译的等价效应也注定是有限的，而这种有限是不以译者的意志为转移，谁都挣脱不了的诸多主客观制约”[②]。

笔者在重译《源氏物语》过程中，倾尽全力试图把作者的创作意图及作品的神韵、物语的特质、作品的气势和魄力、作品的风格和结构的多样性以及作品的语言节奏和文学色彩表达出来。《源氏物语》的翻译不同于一般意义上的文学翻译，

① 本书出于简洁考虑，全书出现的专家、学者姓名一律省略敬称，恳请各位方家见谅。

② 姚继中：《论〈源氏物语〉翻译验证研究——以紫式部原创和歌翻译为例》，《外国语文》2015 年第 1 期第 112 页。

它是一项巨大的工程。正因为《源氏物语》是一部距今有着千余年历史的文学巨著，它的悠久历史使我们无法直观、准确地认知当时的社会文化与文明，这种历史造成的纵向远距离隔绝要求我们在翻译之前首先要认真考证日本的古代史、古代文学史、古代文化史、古代文明史、古代宫廷史、古代民俗史和古代审美认知等等。就笔者而言，自 1996 年开始介入《源氏物语》的重译准备，到 2011 年由江苏人民出版社出版修订本，前后整整花费了 15 年的时间，其中包括先期研读原著、分析丰子恺的译著、逐字逐句移译、修改、修订。其中的艰辛无以言表。

从理论上来说，译者动笔之前会非常谨慎地对以下因素进行深入细致的思考：①原著文本的语篇构成和文体风格；②汉语的语理与原著语理的互通性；③原著语言和汉语所属的社会和文化语境；④日本平安时代的审美认知和审美表达与中国现当代的审美认知和审美表达的兼容性。

关于审美认知和审美表达与《源氏物语》翻译的关系问题，在此有必要稍作赘述。在文学翻译过程中，译者的审美取向不仅体现在文学作品的形式上，也体现在内容上，诸如主题思想、人物刻画以及由此析出的民族文化的各个维度。译者在翻译时必定会遇到原著文本中涉及的宗教、艺术、风俗、礼仪等与审美认知密切相关的领域，以及日本平安时代宫廷贵族阶层各种制度、社交方式、生活形态——所有一切文化的积淀。“面对非语言因素的种种问题，译者的审美取向与翻译对策，会产生不同的效果展现。译者自身生活经历的特殊性、艺术修养、艺术趣味、个人气质、倾向和兴趣、教养和理想，都会左右对原典的理解，更会左右对原典的阐释。译者对原作的解读阶段，往往凭着审美直觉有意无意地进行着选择。从文学意义生成的角度来看，原典一旦进入了译者的审美视野，它就成了无法摆脱情感化的审美对象，因而译文明显地带有译者本人的情感、意志和品格。译者解读原作时主观感情的介入，使得原作里的一切都带上了译者个人的色彩。”①

《源氏物语》的翻译具有文学翻译的特殊性。文学是文字的艺术，是文化的一个组成部分，文化积淀通过文字传承。在文学翻译中，能否处理好文字、文学和文化这三个彼此既有区别而又相互依存的关系，是翻译能否达到“等价”的关键。

“文学文本的意义存在着三种可能性：（1）作者通过文字所要表达的本意；

① 姚继中：《论〈源氏物语〉翻译验证研究——以紫式部原创和歌翻译为例》，《外国语文》2015 年第 1 期第 113 页。

（2）文本自身语符所表明的意义，即文本本意；（3）读者从文本中感受到的意义。对文本的理解相应地也存在三种形式：（1）对作者本意的理解；（2）对文本本意的理解；（3）读者反应式的理解。从文学翻译的角度看，译者（也同时是读者）离不开对源语文本几个层面意义的理解和阐发。”[①]

笔者在重译《源氏物语》之前，并未像有些从事译介学研究的学者所说的那样首先确定翻译方法论。当然这并不是说没有对《源氏物语》翻译的策略作出详细的设定。笔者更倾向于传统的、强调客观性的解释学。在文学翻译中，原著文本中作者赋意和文本释义是相对确定的。虽然人们对同一文本的理解始终处于历史性的演变之中，但并不是指原著文本作者原初的赋意发生了变化，而是文本在特定的历史语境中的释义发生了变化。正如赫施所认为的“一件本文具有着特定的含义，这特定的含义就存在于作者用一系列符号系统所要表达的事物中，因此，这含义也就能被符号所复现；而意义则是指含义与某个人、某个系统、某个情境或与某个完全任意的事物之间的关系。象所有其他人一样，在时间行程中作者的态度、感情、观点和价值标准都会发生变化，因此，他经常是在一个新的视野中去看待其作品的。毫无疑问，对作者来说发生变化的并不是作品的含义，而是作者对作品含义的关系”[②]。所以，笔者认同“在文学翻译中，文本的‘含义’没有变化，变化的是译者与文本的一种关系，即‘意义’。伽达默尔认为整个文本的意义（包括与赫施所说的‘含义’）全都是变动不居、无法确定的。这种观点能解释文学翻译中译者的创造性的特点，对我们的翻译也有借鉴意义，但许多译论者借此过于夸大了译者所带有的历史视阈（域）”[③]。

毫无疑问，在《源氏物语》的实际翻译中，无论作者与作品的诞生离我们多么遥远，译者依然会超越时空受到原著文本的约束。译者必须尽最大可能准确解读原著文本中所包含的作者赋意和文本释义，并且力求用中文作出最为贴切的表达。“在文学翻译中，原文文本意义是相对确定的，我们不可夸大其不确定的一面。在一定的具体时期内，强调文本意义的确定性对翻译实践来说更有意义。而文本

① 陆五九：《关于文学翻译中文本意义确定性和不确定性的探析》，《西安文理学院学报》（社会科学版）2011年第3期第16页。

② 赫施：《解释的有效性》，王才勇译，生活·读书·新知三联书店1991年，第16-17页。

③ 陆五九：《关于文学翻译中文本意义确定性和不确定性的探析》，《西安文理学院学报》（社会科学版）2011年第3期第17页。

意义的不定性的影响对文学翻译总体而言相对是次要的，是有限度的。”①

《源氏物语》的文本构成分为两大体系：一是散文体的叙事文——在当时极具女性口语体的文体；二是韵文——日本的和歌。在翻译过程中尤以韵文的翻译最为困难，这不仅是因为和歌有着特殊的音律，更主要是因为数量巨大。《源氏物语》中紫式部的原创和歌达到 795 首，加上紫式部又引用了大量诸如《古今和歌集》（略称《古今集》）中的和歌，和歌的总量达到 900 余首之多。试设想，一部近百万字、世界文学史上最早的古典文学名著之一，其中镶嵌着 900 余首古代律诗，其难度绝不是翻译评论者所能轻视的。在《源氏物语》里，和歌的地位非常特殊，它不仅仅是散文与韵文之间的语言或体裁的不同，很多情况下一首和歌的出现，将会推动故事情节的演进。这正是紫式部的创造性所在。当然，《源氏物语》中的和歌与《万叶集》《古今和歌集》等歌集中的和歌相比较，很多情况下虽然没有韵律上的缺陷，但却缺少意义上的独立性，若没有上下文的意境支撑，有些和歌只是一种优雅而华丽的含糊表达而已。

“在中国诗学审美范式传统里，‘意境’总是以灵动意象而透溢出某种虚化、不易把握的诗兴意蕴质感。这种诗意审美范式，是根植于中国哲学思维形态和文化传统的沃土之上的。因此，辨析其情、景、人之间互为关系及其它（他）外在因素，深入甄别诗歌意境构成的内外相关要素，使其认识摆脱个性直觉和率性而为诗性涌动等性灵质感，以理性和诗性互为的认识智慧解读和翻译诗歌意境之美，从而使其审美思维样式以及基于此而获得的美学意境跨文化、跨语际表征更具可证性的理性认识。”②

如前所述，尽管《源氏物语》是当时极具女性口语体的文体，但作者紫式部非凡的汉学底蕴铸就了她在《源氏物语》创作中对中国古代诗学特质的接纳与灵活运用。这就使得虽为极具女性口语体的《源氏物语》在创作过程中，十分讲究诸如中国古代诗学审美范式传统里的“意蕴”与“意境”营造，并且得到了上自皇室、下至中层贵族读者的广泛认同。

包通法、杨莉在《古诗歌“意境”翻译的可证性研究》一文中认为：“翻译的全过程若以王弼的诗学理论诠释，可简略表达为：（1）言—象—意（理解阶段），

① 陆五九：《关于文学翻译中文本意义确定性和不确定性的探析》，《西安文理学院学报》（社会科学版）2011 年第 3 期第 18 页。

② 包通法、杨莉：《古诗歌“意境”翻译的可证性研究》，《中国翻译》2010 年第 5 期第 34 页。

即基于语言文本索义而形成思维认识形态；（2）意—象—言（表达阶段），即思维形态化生成为具体的语言文本。透彻把握诗歌中的言、象、意的关系对于诗歌的意境解读，对于翻译的认识理性有着至关重要的作用。中国古代文论中的‘言—象—意’认识形态涉及创作中内在感受（可证与伪证）以及外在语言艺术（艺术形象）的表征关系，同时也涉及审美中超越艺术语言以把握文学作品内在意蕴和主体认知。在理论层面上，我们都能把事情分析的比较透彻，但在实际翻译实践中，并不能尽如人意。比如‘言→象→意’与‘意→象→言’，在理论上就是将顺序进行了倒置，然而，翻译中的倒置并不是一个物理过程，而是包含了语言认知、文学认知、文化认知，以及语言表达、文学表达、文化表达等方方面面的综合考虑。”①

《源氏物语》中的和歌从形式上看似一首首独立的和歌，句句着景、处处写情、情景交融。因此在翻译中必须尽可能保留意象，将原著和歌中的审美具象迁移到译作中，确保审美意象不至于被歪曲和改变，尽可能准确地传递原诗的审美意趣和作者赋予人物的特定审美境界。但事实上译者却时常难以提供诗学意义上的物质保证。

虽说和歌中某些文化意象是日本传统文化中所独有的，但不同民族、不同文化之间并非没有共同的认知心理，特别是中日之间早在《源氏物语》诞生之前就有着深入的文化交流，因此，即便文化的显示形式相异，但却在很多方面是可以达成某种心理契合的。一般说来，对于深层的文化内核，笔者通常会采取保留意象的翻译手法，这既可以在最大程度上保证原作者的认识形态的真实，又可保证译文读者借此可触摸原著的本真的审美认知。

本书开宗明义要对《源氏物语》展开翻译验证研究。对《源氏物语》展开翻译验证研究是一件非常困难、具有高度学术风险的事情，尤其笔者作为《源氏物语》的译者，在对《源氏物语》原著文本非常熟悉的情况下，深知对《源氏物语》中文译本进行验证过程中，将会过滤出很多因翻译的局限性而产生的中日文本之间的文化间隙和文化错位。这些文化间隙和文化错位对于一般中国读者来说，几乎不构成任何的违和感，然而对于不能阅读日文原典的不少比较文学与世界文学的研究者来说，有可能构成颠覆性的学术错觉，使其在某些领域或某些前期的学术观点上产生谬误。此外，在展开验证研究的过程中，必定会对译者产生“自残”

① 包通法、杨莉：《古诗歌“意境”翻译的可证性研究》，《中国翻译》2010 年第 5 期第 35 页。

效应。诸如此类，无不蕴藏着难以评估的学术风险。

笔者曾与一位从事翻译学研究的知名学者做过相关探讨。笔者以为从未出版过翻译作品的翻译评论者，不具有翻译批评的资格，翻译批评以及翻译理论研究，首先应该建构在翻译实践之上。但这位翻译评论家却反驳说，做翻译批评是从事相关理论研究，没有必要建立在自身翻译实践的基础之上。他甚至给我打了一个比方：假设翻译是"匠人"的话，翻译评论家便是"设计师兼质检师"，"设计师兼质检师"没有必要去做"匠人"的工作。况且，如果我们自身出版了翻译作品，就会成为其他翻译评论家的批评对象，这会使自身在今后的翻译批评中变得艰难，甚至会以自己的矛戳自己的盾。我们姑且不去评论该学者诚实的肺腑之言，但由此可以看出翻译验证研究对译者所产生的风险。

倘若翻译诚如匠人，那么翻译工作就应是一个循序渐进的作业过程。简单地说，翻译的第一阶段是解读原著，第二阶段是用另一种语言等价地表达原著。这两个阶段都充分体现出了译者的主体性。当然，这种译者的主体性不是漫无边际的，是在某种制约中的主体性。

"解读原著文本与其说是对原著文本的语义解读，不如说是对原著文本的意义把握，因为对原著文本的意义把握绝非是通过翻阅词典就能解决的问题。换言之，译者是通过原著的语言形式，去寻求作者的创作意图、故事的构成等一系列的综合体，即'意义'（内容）。"①

翻译的表达过程则与之相反，是将原著文本释放出来的意义内容用另一种语言形式呈现出来。也就是说，为了达意而必须尽最大可能调动另一种语言中包括遣词造句、修辞手段等所有语用功能去构成新的文本。在这个过程中，最为关键的要素是如何做到原著文本与译著文本在移译过程中的信息等值，即翻译文本与原著文本在故事性、文学性、文化语境等诸多意义范畴上的等值。因此，不少翻译评论家将翻译的等值作为评价译著的基本标准。

译者个人的人生体验、审美观、学识积累，以及对原著语言的理解能力、表达语言的操控能力等诸多因素，都会影响翻译成中文的《源氏物语》产生很大的差异。打个比方说，同一张底片冲洗出的相片，虽然不会出现画面上的人物或相关物质的增减，但画面色彩的浓淡、明暗是一定会有区别的。不同的《源氏物语》

① 姚继中：《论〈源氏物语〉翻译验证研究——以紫式部原创和歌翻译为例》，《外国语文》2015年第1期第114页。

译者所译出的《源氏物语》依然是紫式部的《源氏物语》，然而却已经深深地烙上了译者的翻译个性。中国自古就有“文如其人”一说，这种深深烙上了译者印记的《源氏物语》翻译文本，正是翻译评论家常说的所谓的“译者风格”。

笔者曾在《论〈源氏物语〉翻译验证研究——以紫式部原创和歌翻译为例》中指出：“在中国的文学评论界，常用‘二次创作’来定性翻译。既然翻译是二次创作，其译文的正确性、文学性、审美观等等，无疑会受到专家、读者的拷问。作为《源氏物语》的译者，倘若去做译著验证研究，或许会给他人带来缺乏公正的疑惑。但正因为是译者，反而能够从内省的维度去审视《源氏物语》中文译本的问题。虽然这种审视对译者有着学术上被贬低的风险，但不失为学者的学问之道。”①

文学作品在翻译成另一种语言时，必定会经历译者的解读与阐释。在这一系列的解读与阐释过程中，虽然解读与阐释者会最大限度地保持原著的原有风貌，但事实上已经在解读与阐释过程中发生了不以人的意志为转移的改变，笔者将这种改变称为“诗学变脸”。

“‘诗学’一词在亚里士多德的《诗学》里，是指组成文学系统的文体、主题与文学手法的总和。诗学概念用于翻译研究领域时被赋予了新的阐释，比如巴恩斯通（Willis Barnstone）在《翻译诗学：历史、理论和实践》中将‘诗学’的内涵分为若干层面加以阐述，其中的一个重要层面就是艺术的形式问题，具体内容包括诗体论、可译性、忠实性、翻译方法、对等、差异、措辞和句法等等。

“翻译的诗学变脸受制于多种意识形态的操纵，诸如国家意识形态、宗教意识形态、审美意识形态和个人意识形态。其中，个人意识形态则与解读与阐释者的个人倾向相关，解读与阐释者认同和服从于怎样的意识形态，就会制造出怎样的诗学形式。而在阐释学理论中，翻译的意义阐释性在于它开启了人们认识和理解原作者和原文意义的多元化视角，为意义的多元解读提供了哲学依据。文本之所以存在就是因为创造意义的需要，而意义却是一个不确定的、无限开放的过程。在跨文化交流视野中，意义翻译的多元阐释是文学翻译研究发展的要求，也是多元文化发展的要求。”②

① 姚继中：《论〈源氏物语〉翻译验证研究——以紫式部原创和歌翻译为例》，《外国语文》2015 年第 1 期第 114 页。

② 姚继中：《论〈源氏物语〉翻译验证研究——以紫式部原创和歌翻译为例》，《外国语文》2015 年第 1 期第 114 页。

事实上，在理解文本意义的过程中能决定文本含义的只有创造该文本的作者。日本三大著名语法学家之一的时枝诚记，在其哲学语言学名著《语言过程说》中提出了“追体验”的学说，认为对语言的理解只能通过“追体验”才能正确理解原作者的真实意图，文本只能复现作者的只言片语，没有任何一种意义能离开它的创造者而存在。因此，在原著和译作、原作者和译者中间总是存在着文化、历史、意识形态以及认知的差异。

接受美学认为，文本的意义总是开放的，而且是在不确定的状态下延宕。不同的译者由于理解的历史的原因，译出的作品必然会有所差异，甚至迥然不同，这正是缘于译者以不同的视域与文化态度对原著所作的解读和阐释各异。因此，当我们越是给予这种意义的多元性以充分的尊重，越是努力挖掘文本深层的意义，我们就越感觉到其中的意蕴无法穷尽。诗学变脸只是一种表象，而隐藏在表象背后的各种人文因素才是值得我们深入探讨的学问。

当下的文学翻译批评显得十分浮躁。不少翻译评论家很难有足够的耐心严谨地对照原文，仅凭粗糙地阅读译文就对翻译作品提出诸如用词不当、语句不通、行文不畅、逻辑紊乱、常识性错误、不堪卒读等等的批评。翻译批评理应建立在谨慎地对照原文、逐字逐句进行验证研究的基础之上，才有可能较为客观地对译文提出批评。一般说来，毫无文学翻译实践的翻译评论者，不大可能成为出色的翻译评论家，因为他很可能对翻译中因主、客观因素导致的局限性的把握失准。比如《源氏物语》这样一部近百万字的中文译本中，存在几十处对原著理解偏差或译文表达上的差错，本是不足为奇的事情（从理论上说不应该出现这样的问题）。但有时经过翻译评论家的严厉批评与渲染，许多人会因此觉得难以容忍，便出现一边倒地将该译作列入劣质译著的类别，从此铺天盖地地抨击。

翻译学学者许钧认为：“文学翻译是一项十分复杂的实践活动，在研究中首先要克服一种危险的倾向，那就是不以具体的翻译实践和现象为研究对象，不重视前辈留下的宝贵经验，而追求所谓理论体系的大而全的构建，先设立一个理论框架，引进一些新的术语，再逐一加以‘填塞’的做法。这种笼而统之，从抽象到抽象，为理论而理论的大而无当的做法，不符合文学翻译研究的客观实际。”[①]

文学翻译不只是一个从文本到文本的简单而封闭的作业程序，翻译研究应该将译者所处的社会、时代、原作者、原著背景以及读者需求纳入综合研究的视野。

① 许钧：《关于文学翻译基本问题研究的设想》，《外语与外语教学》1999 年第 5 期第 35 页。

切不可以简单粗暴地用所谓“翻译观”来给译者贴标签。可悲的是，当前的学术界确实有不少翻译批评的文章，动辄给译者简单粗暴地贴上某个标签，然后以空洞的理论演绎为能事。这些翻译批评的文章阐述的所谓的翻译观，在很大程度上仅仅是翻译评论者主观上的一厢情愿，但却为不少后学者带来了很多负面的影响。

迄今为止，鲜有学者对《源氏物语》进行翻译验证研究。究其原因，一是学术功利性的驱使，缺乏严谨的学术态度，难以潜心双语对比论证，往往是以浅尝辄止的、肤浅的翻译理论来廉价地评论翻译作品；二是《源氏物语》的翻译验证研究难度太大、研究周期过长。笔者曾以《源氏物语》翻译验证为命题，特别以《源氏物语》中紫式部原创和歌翻译为例，尝试从翻译理论与翻译实践的关系、翻译验证研究的学术性与风险性、《源氏物语》和歌翻译的困境，以及丰子恺、林文月、姚继中所译紫式部原创和歌实例验证四个方面，论述《源氏物语》翻译验证研究的学术性、必要性以及可行性。作为《源氏物语》的译者，努力把作者的创作意图和作品的神韵——气势与力量、魅力与风格、语言节奏美感与文学色彩翻译出来，看似理所当然，但在实际翻译过程中却受诸多的主客观因素制约，难以如愿以偿。特别是和歌的翻译，绝不是在简单的“言—象—意”解读后，能够轻易生成“意—象—言”的物理过程，而是包含了语言认知、文学认知、文化认知，以及语言表达、文学表达、文化表达的复杂过程。因此，无论何等高明的译者，翻译和歌实在无法做到完美，其实“信、达、雅”是理想，离我们的实际翻译是有距离的。即便如此，我们仍然有必要以“信、达、雅”为译诗准则，有必要对包括《源氏物语》中紫式部原创和歌在内的《源氏物语》的整体翻译加以验证研究，以期学术界共同受益。

第一章 《源氏物语》诗学概观

《源氏物语》无疑是日本文学史，乃至世界文学史上最伟大的文学名著之一。其核心是以“雅”为最高审美境界。可以毫不夸张地说，《源氏物语》是一部日本传统美学的百科全书，对日本民族而言，有着举足轻重的地位。“川端康成在《日本的美与我》一文中曾经说过这么一段话，平安朝文化‘形成日本的美，产生了日本古典文学中最上乘的作品，诗歌方面有最早的敕撰和歌集《古今集》，小说方面有《伊势物语》、紫式部的《源氏物语》、清少纳言的《枕草子》等，这些作品构成了日本的美学传统，影响乃至支配了后来800年间的日本文学’。”[①]

《源氏物语》诞生于11世纪，是日本平安时代（794—1192年）的巅峰时期、繁荣的贵族文化的产物。当时的日本受中国文化的巨大影响，正在逐步形成具有鲜明的民族个性的国风文学。在这一时期，日本民族将此前大量吸纳的异国文化成功融入本民族的传统，成功形成了具有鲜明个性的本土文化。《源氏物语》便是最初的成功先例，它将个性鲜明的诸多故事情节加以串联，在虚实之间游刃有余地彰显平安时代的所有文化特征，通过散文与韵文的相互交织展现自我，创造出了平安时代辉煌的国风文化。当时，中国式的构架、中国式的思维仍然是衡量文学水准的尺度，然而《源氏物语》在成书之时，就与之前传自中国的文学作品有着本质区别。

《源氏物语》的作者紫式部的家族并没有什么权势，唯一令她赖以自豪的是她的家学和自己的文学底蕴。她的祖父和曾祖父都与纪贯之结交，而纪贯之则是10世纪早期日本本土诗歌复兴的中坚力量。紫式部的父亲继承了家族的汉学传统，悉心传承宫廷贵族坚守的汉文学与汉文化。然而，我们从当时的文学作品特别是那些贵族妇女所写的作品中可以发现，平安时代的女性通常是臣服于她们的男人的，她们的人生的大部分时间都隐藏于重重帘幕和屏风之后，受到很多的制约，旁人很少能够知道这些女性的真实姓名，她们都是活在其父兄的官职的阴影之下的。所以紫式部的文学造诣在很大程度上可以说来自她的天分和家族的汉学渊源。

---

① 姚继中：《〈源氏物语〉与中国传统文化》，中央编译出版社2004年，第1页。

直到12世纪末，从《更级日记》开始，学者们似乎才从文献书中找到了有关《源氏物语》的蛛丝马迹。从此《源氏物语》开始逐渐成为研究者们集中关注的对象。平安时代后期镰仓时代初期的藤原俊成（1114—1204）和他的儿子藤原定家（1162—1241）的出现，才真正使《源氏物语》变成了日本文化中最闪耀的一颗明珠。藤原俊成于1187年在他自己编撰的著名的《千载和歌集》中就指出，有些歌人居然没有读过《源氏物语》，这真是一个大耻辱。似乎从藤原俊成的时代开始，当时的学者们几乎形成了一种共识，认为所有以和歌自负的人理应读过《源氏物语》，不管他们是通过什么方式阅读的。换句话说，《源氏物语》正是从那时开始变成了日本古代诗学、美学、民俗学的经典，其地位从未受到过质疑，直至今日。

第一节　《源氏物语》作者紫式部

"紫式部"并非《源氏物语》作者的真实姓名。目前能确认的是，作者姓藤原，但名字不详。作者的兄长时任式部丞，按当时宫中的习惯，女官往往用父兄的官衔为名，来表示身份，因此她被称为藤式部。后来她写成《源氏物语》，书中女主人公紫姬被广为传诵，人们便又将她称为"紫式部"。紫式部的生卒年不详。关于她的生年，著名"源学"学家今井源卫认为是天禄元年（970年），安藤为章、冈一男则认为是天延元年（973年），而与谢野晶子认定为天元元年（978年）。但他们都没有得到确切的考证结果，是仅以推论做出的判断。至于卒年，曾有过万寿二年（1025年）和万寿三年（1026年）的说法，但后来由于与《荣花物语》中的记述不相符，此种说法便被否定了。此后冈一男发表了详细考证——《源氏物语》基础性研究，提出紫式部的卒年是在长和三年（1014年）春。冈一男的这种说法获得了普遍的认同。依照冈一男学说来推算的话，紫式部去世时应该是42岁，其女儿贤子时年16岁。

她自幼天资聪颖，在父亲的谆谆教导下，对《古事记》、《日本书纪》[①]、汉诗文，特别是《日本书纪》和《白氏文集》可谓精通。这从《紫式部日记》的记载中可略见一斑。据记载，紫式部的父亲藤原为时对汉籍造诣颇深，其父在教授兄长惟规汉籍时，紫式部也在一旁聆听，并且能够比兄长更快地领会父亲讲授的内容。据说其父为此惋叹道：如果此女是个男子就好了！由此可见，紫式部自幼爱

① 日本学界普遍将《古事记》和《日本书纪》合称《记·纪》。

好习读、对汉籍颇具天赋。这从她在后来的《源氏物语》中所展现出来的汉学学养和才华中得到了佐证。

从《源氏物语》中韵味独特的行文和独白、唱和式的和歌可看出，紫式部在当时不仅在女性中算得上是一流的歌人，即便与当时的文学修养深厚的男性歌人相比较，其诗学造诣也不在其下。在《源氏物语》中她不但原创和歌 795 首，还通过作品中的人物彰显出了文章、书法、绘画、音乐等艺术方面敏锐的鉴赏眼光，这一切足以说明紫式部创作《源氏物语》绝非出于偶然，而是她的确拥有着当时任何人都无以比拟的卓越才华。

日本平安时代是一个极端崇尚中国唐代文化的时代，宫廷贵族无不以通晓汉文典籍为荣。然而，在当时的社会背景中，人们普遍认为女性不应该识汉字、读汉文，否则就会变得不幸。所以在当时那个时代，懂得汉诗文的女性不仅凤毛麟角，更可谓是具有了某种特殊的修养。据记载，虽然曾有不少人劝告紫式部不要再读汉文典籍，但精通汉文典籍的父亲并没有强烈反对她研读汉文典籍，特别是《白氏文集》。在开始创作物语之后，或是写日记时，紫式部有时也会故意以男子的气度卖弄一些批评性的言辞，从而使得文字的内容以及架构显现出相当强韧的思考力。对于这种天赋性的思想深度，人们普遍认为是通过大量阅读汉籍而磨炼出来的。汉文典籍的研习对紫式部的创作起到了很大的推动作用，我们不能无故推断，但我们却毫不怀疑正是紫式部的学识造诣和汉学修养，造就了她区别于一般女性的非同凡响的性格。

紫式部的婚姻虽不甚详，不过大抵可以肯定的是紫式部于长德三年（997 年）或四年（998 年）之秋，从随父前往越前旅行中匆匆返京后不久的事。假设当时是长德四年，那么其年龄估计是 26 岁。而当时的女性通常十二三岁行“着裳礼”，意味着闺中待嫁，可见紫式部的婚姻因某种变故而变得相当晚。至于其夫君藤原宣孝当时的年龄，也不十分确切。据史料推算，应该在 45 岁左右。如此说来，紫式部在这桩婚姻中，男女之间的年龄差距有若父女般的悬殊。

为何紫式部直到 26 岁才结婚，并且结婚的对象竟是与自己年龄差距如此之大的藤原宣孝？有学者甚至推测，紫式部与藤原宣孝的婚事很有可能不是紫式部的初婚。当然，还有一种观点认为，紫式部之所以如此晚婚，是因为紫式部在 20 岁前后有过不幸的恋爱经历。虽然这种说法至今尚无任何明确的证据，但如果将紫式部在日记和物语中表现出的心理状态、至此为止的各种经历结合起来，同时将她置于一个普通女性的位置上考虑的话，是可以作出某些常规推测的。另外，稍稍分析一下她在丈夫死后所作的和歌和日记述怀中表现出的绝望的灰暗心情，紫式部或许真是有过不幸的恋爱经历或者不幸的婚姻。

藤原宣孝与紫式部结婚时已有妻妾三人，且都生儿育女。紫式部与藤原宣孝婚后不久，大约在长保元年（999 年）或是长保二年（1000 年）生下一女，取名贤子，即后来的大弐三位。然而紫式部真正的不幸发生在长保三年（1001 年）的 4 月 25 日（一说为 7 月），担任平野社临时祭典敕使不久的藤原宣孝突然病逝，这对将终身幸福都寄托在这桩婚姻上的紫式部来说，似乎是一生中所受到的最为沉重的打击。

1005 年，紫式部被召入宫中做侍从女官，专为中宫藤原彰子讲授《日本书纪》和《白氏文集》。出仕宫廷是紫式部新生活的开始。至于紫式部出仕的时间，有宽弘二年（1005 年）、宽弘三年（1006 年）、宽弘四年（1007 年）诸说，一般认为宽弘二年或宽弘三年较为妥当。如果是宽弘二年的话，那么可以推定紫式部当时的年龄约为 33 岁。尽管平安时代的中、低层贵族女性未必有可能出仕宫廷，且世人也并非都认为出仕宫廷是件好事，但紫式部此时此刻出仕宫廷必有她不得已的苦衷。其重要原因之一是，紫式部的父亲藤原为时曾受藤原道长之恩。所以当藤原道长邀请紫式部出仕宫廷侍奉中宫彰子时，紫式部自然不便拒绝。对于紫式部来说，这不仅是她个人的事情，同时也关系到父亲、兄长的前途，尤其是自己女儿贤子的未来。事实证明，在雍容华贵的中宫身边当侍女，让紫式部体会到了与此前迥然不同的另一种苦愁。

紫式部处在后宫这样一个纯粹的女性世界之中，与其他侍女相比，她的修养犹如鹤立鸡群。正因为如此，紫式部似乎也曾被人认为傲慢、偏执，受到孤立。但紫式部始终沉默寡言，行事谨慎，从而受到藤原道长夫妻以及中宫彰子的赏识。

> 这些人看见我的脸色不好，就认定我是因为自己的容貌不佳而腼腆羞愧，其实我并不是腼腆，而是不想遇到麻烦。既然总要和这些人不得已地对面而坐，我不想招来她们的非议。在宫中的日子长了，我自己也彻底地变成了一个迟钝呆漠的人。于是，她们说："没想到你是这样的性格啊。原来以为你是一位心高气盛以风流自居的人，孤傲得让人难以接近。我们都曾经议论过你，想像你一定为人清高，只嗜好物语，动不动就立刻吟出一首和歌，而且又瞧不起别人。因此我们都憎恨你进宫。想不到见了面之后，才发现你温厚得让人感到意外，根本就不是我们想像

的那样。”听了这样的品评，心中不太愉快。他们竟把我看扁了，把我看成了一个简单的老好人，不过，在宫中的表现是我自己故意做出来的姿态，就连中宫妃都几次说过：“原以为与你会很难相处，没想到关系倒比别人更融洽。”我还要注意，不要让那几位性格怪癖[僻]又故作优雅，被中宫妃高看一眼的上葛女官们对我产生反感。①

藤原道长十分宠爱中宫，不惜倾其财力和权力凸显中宫的雍容华贵。虽然中宫美丽动人，但在紫式部眼里却显得富丽华美之中略显内心苍白。

宽弘五年（1008 年），中宫彰子因怀孕而退居土御门殿。中宫能否诞下皇子将决定藤原道长一族的政治前途。果然中宫不负众望，顺利诞下后来被封为敦成亲王（即后称“后一条天皇”）的第二皇子。土御门殿因此充满了喜悦之情，连续举行了三夜、五夜、七夜、九夜以及产养庆祝宴会。紫式部将这些事件都细致地记在了《紫式部日记》里，字里行间偶尔还会显露出自己似乎也很兴奋的样子。事实上，在紫式部的内心深处，一直以冷静的态度观察着包括藤原道长一族在内的宫廷权贵、公卿以及他们的妻妾子女们的人生哲学与生活态度，偶尔也会注意宫中下层人群，包括侍女、佣人在内的生存状态。紫式部在静静观察他人的同时，也从不忘记将自己作为审视的对象，将那种凌厉的言语投射到自己的身上。这从《紫式部日记》中便可以找到很多的例证。

《紫式部日记》对以中宫彰子、藤原道长、源伦子（藤原道长之妻）、藤原赖通（藤原道长之子）为首的社会上流阶层从未贬斥，始终赞美有加。尽管如此，面对宫廷权贵，紫式部也绝非一味地阿谀逢迎。对于这些处于权势巅峰的人们，紫式部往往理性地抛开他们的弄权因素，只欣赏他们的魅力和才干。也正因为如此，每当她在下层官员、杂役的言行中看到那些低劣的本性时，就会因强烈的反差而产生极度的厌恶。

通过出仕宫廷，紫式部目睹了上自天皇的悲欢离合，下至周围各式各样的人们为了权势、荣华而钩心斗角、相互倾轧的悲哀，恻然感受到一种迫近身心的哀愁。正是这种真实的人生体验，使她的《源氏物语》绝不再是单纯的虚构或空谈，而是源于生活且高于生活的艺术创作。可以说，如果没有这段出仕宫廷的生活经历作为创作基础，紫式部也许就无法淋漓尽致地描绘出《源氏物语》中 400 多种

① 藤原道纲母，紫式部等著，林岚、郑民钦译：《王朝女性日记》，河北教育出版社 2002 年，第 363 页。

栩栩如生的人物形象。

关于紫式部晚年的情况学术界尚无尽详。普遍的看法是她后来似乎一直都在侍奉中宫彰子（一条天皇即位后被册封为皇太后）。有研究认为，紫式部应当是死于长和三年（1014 年）春。由此推断，紫式部当时的年龄应为 42 岁。诚然，如果紫式部生于天禄元年（970 年）的话，则去世年龄为 45 岁；倘若紫式部生于天元元年（978 年）的话，则只有 37 岁。至于其墓地的位置，据《河海抄》记载，据说位于紫野云林院白毫院南、小野篁之墓的西侧。也有人称紫式部墓在现今的京都市北区北大路崛川下ル御所田、堀河大街西侧，这也的确与小野篁之墓在同一区域。这一说法是否属实，目前尚未有确凿的结论。

第二节　《源氏物语》的文本

关于《源氏物语》的文本问题，笔者在《〈源氏物语〉与中国传统文化》[①]中已有较为详细的记述。但考虑到本书的完整性，在此再次简单梳理。《源氏物语》原著的正本至今仍是一个悬而未决的疑案。诸多的困扰一直令学术界不能准确地还原千年前的原貌。究其原因，很大程度上受制于主客观两方面的因素。就主观因素而言，《源氏物语》毕竟是以宫廷贵族为阅读主体的“消遣”读物，不似史书具有传承目的和传承意识；其客观因素主要是，成书之际日本尚未有印刷术，早期的流传方式只能以传抄阅读为主，加之成书年代已久，其间不用说紫式部的亲笔手稿，就连平安时代的手抄本似乎也已经失传。

《源氏物语》的创作大约是在平安时代的中期。关于《源氏物语》的作者，尽管人们普遍认为是紫式部，但在迄今为止发现的古抄本中，从未见到“紫式部”的署名记载。因此，《源氏物语》的作者是紫式部的说法也仅止于缺少确凿证据的公认而已。当然，这一公认的传承也并非全无根据。在《紫式部日记》中提及《源氏物语》的记载约有 3 处。据此基本可以认定该日记的作者与《源氏物语》的作者系同一人。此外，日记中作者的和歌被收入了《后拾遗和歌集》和《新古今和歌集》等具有权威性的敕撰和歌集中，署名均为“紫式部”。此一佐证亦可以认为《源氏物语》与上述日记的作者为同一人。虽然一般业已公认《源氏物语》是紫式部所作，但《源氏物语》最初的形态是否真是如今见到的五十四帖、是否由紫式

① 姚继中：《〈源氏物语〉与中国传统文化》（第二版），中央编译出版社 2010 年。

部一气呵成、紫式部当初是否有过完整的创作构思，诸如此类的很多疑问迄今为止尚未得到定论。

日本的平安时代尚未出现印刷术，现在我们所见到的最初版本的《源氏物语》均为后人传抄、校正版本。根据迄今为止的考证，以及对《源氏物语》全书结构的分析，像《源氏物语》这样一部在当时实属罕见的 40 万言的长篇小说（据日本语言学家大野晋统计，《源氏物语》用 40 万个词写成，除了助词、助动词之外，大概由 1.3 万个不同的单词构成了约 21 万个词组），绝非一人能够抄写。而且《源氏物语》创作之初，也绝非在全书完稿成型后，提供给某特定读者或官府机构，而是一帖一帖地写成后陆续在宫廷贵族中传读。由于受限于印刷，仅靠当时为数不多的能够识文断字的人传抄，是很难以一人之力整部抄写的，更谈不上批量传抄。如此一来，极有可能造成《源氏物语》的某一帖或若干帖在不同的时期分别被不同的人传抄并流传开去。这种传播方式导致民间出现了复数版本的《源氏物语》抄写本。而且从整部文本流传的范围能到达中等权贵女眷之手这一情况分析，也不难断定当时流传的版本不在少数。值得注意的是，一人所抄尚不能确保不出差错，众人传抄，就难免不出现以讹传讹现象，从而导致不同文本之间发生差异。

在《紫式部日记》“三十、御诞生五十日之贺——十一月一日”的一篇日记中，紫式部曾记录道：“左卫门督询问：‘失敬了，若紫是在这里供职吗？’我回答说：‘这里没有光源氏那样的人物，怎么会有紫上呢？’”[①]由此可以想象，当时从紫式部手上传出去的亲笔文本，抑或抄写本确实已在上流贵族阶层流传开了。

由于年代久远、资料缺乏，关于《源氏物语》在平安时代的流传经过，以及我们现在所得到的文本与紫式部的亲笔文本之间到底有多大的差异，根本无从得知。现在仅存的一点线索，就是镰仓时代的注释书和研究类书籍的记述。

有关《源氏物语》的版本、流传问题，日本的“源学”家们依据镰仓时代的注释书和研究类书籍的记述做了大量的考证。令人遗憾的是，研究者们始终没有能找到足以了解平安时代的《源氏物语》文本究竟是何种形态的确切资料。现存的《源氏物语》文本，仅以室町时代以前的主要古抄本为计，就多达百十部。如果再加上其他版本的话，版本数就更多。但在这当中，除了《源氏物语绘卷》之外，就再也找不到可以追溯到镰仓早期的平安时代的传抄本。在众多古抄本中，可信度较高的就是所谓的“青表纸本”与“河内本”。

① 藤原道纲母，紫式部等著，林岚、郑民钦译：《王朝女性日记》，河北教育出版社 2002 年，第 327 页。

所谓“青表纸本”，是由镰仓初期的歌人兼学者藤原定家整理校订的文本；而“河内本”则是由源光行、源亲行父子整理校订。根据《原中最秘抄》附书中源亲行之子源圣觉的记载，藤原定家曾将源光行认定的、最具权威性的古抄本与自己家的版本相核对，并在附书里记录说自己认定的最可信的古抄本与源光行的版本大致相同。由此可见，两方校订者并非在完全隔绝的状态下各自校订了《源氏物语》，而是互通信息、相互借阅过对方所持有的抄写本，这在很大程度上提高了现今的《源氏物语》在文本校订过程中的可信度。

尽管如此，“青表纸本”与“河内本”还是有着相当大的区别。仅就“桐壶”一回而言，所有细微的差异加在一起，竟有三百余处的不同。之所以出现如此之多的区别，最大的可能性似乎是他们用作整理校订的底本不同。藤原定家在《明月记》[嘉禄元年（1225 年）]里说道：“由于没有可信度高的古抄本，尽管多方比较各种版本，未能释疑之处甚多。”[①]与之相反，源亲行在建长七年（1255 年）抄写的“河内本”（凤来寺本·东山御文库本）的序里却说：“自古以来，随意之说甚多，真假混杂。我披阅了二十一部不同文本，终于理清了诸多疑惑之处。”[②]两位古籍整理者几乎是同一时期整理校订《源氏物语》的，但对整理过程中的事情却有迥然不同的体会，非要在两者之间找到共同点，那就是二人都认为流传到当时为止的《源氏物语》的文本繁多，没有哪一部是绝对可信的。

“关于《源氏物语》‘青表纸本’，了悟曾在《光〈源氏物语〉本事》中说：‘此书乃京都誊抄本之极品。与坊间普通版本相比，言辞弃繁就简，体例尤为工整。’”[③]即该版本的行文比当时流传的普通版本简洁，文字也是用藤原定家的假名书写法加以统一的。与“河内本”相比较，“青表纸本”不仅受到了悟的认可，也得到了后世的普遍认可。至于“河内本”，注释详尽、通俗易懂，但其文本实在过于冗长，因而人们对源光行、源亲行父子的整理校订的版本总有挥之不去的某种不安，总是疑惑他们在校订的过程中根据主观揣测而恣意做了某些添加。

如今我们看到的日本古典文学大系中的《源氏物语》五十四回以及各种单行本到底是以何版本为蓝本校订的呢？如上所述，“青表纸本”与“河内本”虽然都存有诸多疑点，但迄今为止却没有寻找到更为可靠的版本。因此只能采用目前公

① 姚继中：《〈源氏物语〉与中国传统文化》，中央编译出版社 2004 年，第 54 页。

② 姚继中：《〈源氏物语〉与中国传统文化》，中央编译出版社 2004 年，第 54 页。

③ 姚继中：《〈源氏物语〉与中国传统文化》，中央编译出版社 2004 年，第 55 页。

认为最可靠、完整的“青表纸本”或“河内本”。至于“青表纸本”与“河内本”的优劣取舍，其实也不是一件容易的事情。但学界普遍认为“青表纸本”的校订者可能更具客观性，所以首选版本自然是“青表纸本”，这似乎是“源学”界古往今来的共识。然而又出现了另一个问题，“青表纸本”整理校订至今也有七百余年，其间“青表纸本”又产生出了诸多不同的版本。虽然从理论上经过考证认为“青表纸本”在现存的《源氏物语》全文本中有可能最接近紫式部的原著，但对现存的诸多“青表纸本”版本的甄别出现差错的话，依然是严峻的问题。

“源学”者们经过艰苦的考证，发现文明十三年（1481 年）飞鸟井雅康亲笔抄写的大岛氏旧藏本（现收藏于平安博物馆）五十三帖（缺“浮舟”一帖）、明融亲笔抄写的桃园文库所藏本九帖——“桐壶”“帚木”“花宴”“花散里”“新菜”“新菜续”“柏木”“桥姬”“浮舟”最接近藤原定家的亲笔抄写本。此外，日本宫内厅书陵部所藏的三条西实隆批有“此物语五十四帖以青表纸证本令书写校合……”的传抄本，日本大学图书馆所藏的三条西家旧藏本同样由三条西实隆批注有“以证本书写之”的传抄本，穗久迩文库所藏的仍由三条西实隆批注“不虑加一见，无双之证本也”的传抄本等等，均是完整的五十四帖全文本。经过反复勘正，基本可以肯定这些传抄本如实保留了被藤原定家称为“家之证本”的定家文本的原本面貌。尽管这些传抄本都被称为“证本”，却也还是有着遗留问题，如三个完整版本的正文之间存有差异等，目前都还无法自圆其说。

总而言之，在尚未找到完善的藤原定家亲笔抄写的“青表纸本”五十四帖的今天，我们如今阅读的《源氏物语》实则是采用了大岛氏旧藏的飞鸟井雅康亲笔抄写本作为底本，以桃园文库所藏的明融亲笔抄写本、三条西实隆认定为“证本”的日本宫内厅书陵部藏本、日本大学图书馆所藏的三条西家旧藏本、穗久迩文库藏本的古抄本来弥补其缺卷与不足的勘正文本，这也是当今所能做到的最为妥帖的方法。

在此我们可以顺便关注一下另一个问题：《源氏物语》的完本果真就是五十四帖吗？早在 1999 年由重庆大学出版社出版的《源氏物语交响乐》①中，日本文明史学家野岛芳明就提出过疑问，即在“桐壶”与“帚木”之间是否有“光华公子”的存在。

《源氏释》是藤原伊行写于平安时代后期的一部《源氏物语》注释书，也是如

① 野岛芳明著，姚继中译：《源氏物语交响乐》，重庆大学出版社 1999 年。

今知道的最早的《源氏物语》研究。书中说《源氏物语》中有“樱人”一帖，他解释说“有的书中有此卷。理应有此卷”，并从中引用了十三段内容来证明自己的说法。藤原定家也在其注释书《奥入》中有关“空蝉”帖的条目里，记载有“光华公子”之帖名，并注明“无此卷”云云。此外，我们还在编纂于室町时代的三条西实隆以前的若干古系谱里，找到一些《源氏物语》现存版本中未曾出现的人名。其实，自成书于平安时代后期的《今镜》以来，就有所谓的《源氏物语》六十帖之说，即除了现存的五十四帖之外，还有“云隐”“樱人”“巢守”“法师”“云雀子”“八桥”，统称为“云隐六帖”。而在镰仓时代以后的各种文献中，我们甚至还可以看到“忧栖”“插梳”“嵯峨野”“钓殿之尼”等帖名。不过有学者认为，这些卷次的内容在当时早就已经失传，也有学者认为这些卷次根本就是子虚乌有，《源氏物语》原本就只有现存的五十四帖。

然而，在离《源氏物语》完成时间最接近的文献——《更级日记》的藤原定家亲笔抄本里，能见到“源氏五十余帖”文字。虽然此处对《源氏物语》确切卷数记载得不甚其详，但在了悟的《光源氏物语本事》中引述的异本（与藤原定家亲笔抄本不同的版本）《更级日记》中却明确写着“五十四帖”，了悟因此断定“这五十四帖本，乃指书之帖数也”。接着，他又列举出“樱人”“嵯峨野”等六帖的帖名，认为人们业已熟知的《源氏物语》五十四帖加上这六卷，恰好是六十卷，而这六十卷本，正是模仿了《天台六十卷》（佛经名，内含玄义、文句、止观、尺签、疏记、弘决各十卷）而作。至于“樱人”“嵯峨野”等六帖的问题，了悟评论道：“此些卷次，言语之粗俗、歌作之拙劣，实出人意外。据传乃弁乳母（大弐三位、紫式部之女）等人为之。世人无不为此等盗他人美文丽藻滥竽充数而遗憾。”由此可见，镰仓初期所见到的这些异卷，无论是内容还是表现手法都很低劣，根本无法与现存的五十四帖相比，没有足够的证据将其认定为紫式部的原作。虽然了悟的这种见解是否也适用于藤原定家在《奥入》中提起的“光华公子”卷，以及藤原伊行在《源氏释》中提到的“樱人”卷尚有疑问，但了悟的判断还是具有相当的可信度的。

除此之外，我们不能排除其他更多的可能性。比如不能完全排除《源氏物语》在平安末期，在“青表纸本”“河内本”整理校订之前就已经被后人添加上了自己的续写，出现了五十四帖以上的版本。而且被添加进去的续写版本也未必就是六十帖。流传至今的《源氏六十三首歌》，据说就是从《源氏物语》的每一帖中各选一首和歌编辑而成的。假设果真根据每帖一首遴选而成之说成立的话，我们似乎可以推断，当时就曾有人将《源氏物语》整理成六十三帖。更何况仅现在我们所知道的异卷卷名名称就有十三种之多。

当然，这一切与世人公认的紫式部的《源氏物语》五十四帖似乎不应相提并论，但它从一个侧面有力地说明了一个事实，即自从《源氏物语》诞生的平安时代起，对这部作品抱有浓厚兴趣的人不在少数，甚至有人想使自己也成为《源氏物语》的作者之一。

第三节 紫式部的创作个性

9—11 世纪，日本并存着两种本质上无法兼容的语言体系：汉文与日文。810 年，嵯峨天皇登基后不久决定全面推行中国化。在与他的兄弟平城天皇的皇位之争中，平城天皇与本土歌人关系甚密，嵯峨天皇则倾力推崇汉文、汉诗。由于汉文诗歌在日本已经产生了深刻的影响，以至于直到 842 年嵯峨天皇去世后，日本的诗歌仍然没能很快脱离汉文学的影响。直到 905 年《古今和歌集》出现，日本本土诗歌的地位都在汉文诗歌之后。9 世纪最后几年，人们努力将汉文与日文合二为一，以形成文书的规范用语。

然而，到了紫式部的时代，无论男女，用日文交流已经成为一种规范的行为。尽管如此，传统的汉文在很大程度上仍然是男人们的专有语言，尤其是宫廷贵族，他们仍旧把汉文作为权力统治的工具和修养的标志，把普通民众和女性排除在外。这在《紫式部日记》中可窥一斑。

家人式部丞，幼时习读汉文。我居侧聆听。式部丞正坐习之时而费解，时而有遗；我居侧听之却早得其味，熟谙心中。深好学问的父亲常叹：“可惜不是个男儿。实乃吾身不幸。”

然而，渐渐人们有了议论：“即便是男子，以学问为荣的人又会怎样呢？好像没有扬名显身的嘛。”自从听到这些议论后，汉字我连一个字都不写了。每日无学只是发呆。曾经读过的汉文书籍如今也根本不再过目了。可是，我如此谨慎还要招人非议，世间上以讹传讹，真不知道有人会怎样地憎恨我呢。羞愧之余，我连写在御屏风上的诗句都懒得抬眼看了。中宫妃曾经命我在御前分段地讲读白氏文集，所以认为我在汉文方面有较好的造诣。从前年的夏天开始我为中宫妃挑着选讲白氏文集中的两卷乐府。此事一直极力避开众人的耳目，专门利用中宫妃身边没有其他女官侍候着的缝隙时间。我瞒着对谁也不讲，中宫妃也为我保密。①

平安时代的日本，生活在男性统治之下的女性为我们提供了最早有关在语言中定义自我价值的例证。在我们通常看来，平安时代的日本宫廷政治、文学文化、社会习俗等作为一个不断吸收外来文化、在兼容外来文化的同时逐步固化本土文化的整体，具有强烈的女性色彩，这很大程度上是因为出现了即便在世界文学史上都极为罕见的女性作家，并且其作品中反映出的都是同一种狭窄、片面的审美价值取向。

日本文学研究界普遍认为，古代的歌谣及其口头传承的神话、传说，无不是某个部族或氏族集体创作的产物。而小说则被认为是从集体创作中脱离出来的、具有某种个性特征的文学形式，甚至被称为“密室文学”——个体独自创作的文学。物语与和歌基本上属于后者，即随着时代变迁，逐渐发展成为具有鲜明个性特征，蕴含着个人思考的文学。然而，笔者认为，尽管《源氏物语》是由名为“紫式部”个体作者独具个性地创作出的一个虚构的世界，但它却并不像学者认定的“密室文学”那样在完全封闭的、同周围孤立隔绝的状态下创作出来的，至少根据目前的各种相关史料记载，能够看出紫式部是在不断洞观周边读者反应的同时，将创作不断向前推进的。

早期的物语作品与其说反映了物语作者个性化的思考与情感，倒不如说是以那个时代的贵族阶层共通的思考方式和感情基础作为创作核心的。这种氏族口头传承文学所带有的集团性，出人意料地在物语创作中沉淀下来，并在后期创作的所有物语之中都留下了抹不去的浓厚色彩，这或许就是一种“文化记忆”。

就《源氏物语》而言，其物语的话语方式并不能完全认为是“紫式部”根据个人思考、以纯粹的个性特征所创作出来的，紫式部所做的实际上是将早已在民间流传的“光源氏的物语”做了更具有传承便利性的文字化处理。紫式部采用的话语方式是将前人口口相传的、在贵族阶层中得到一定认同的某个超凡脱俗的人物，置于她所熟悉的宫廷之中，并赋予他超人的资质、容貌、境遇以及身份，使故事中的主人公成为物语倾听者们乐意接受并为之感动的活生生的人物形象。由此看来，物语中主人公所遭遇的事件抑或引发的话题，并不一定就是紫式部完全

① 藤原道纲母、紫式部等著，林岚、郑民钦译：《王朝女性日记》，河北教育出版社 2002 年，第 365 页。

根据自己的主观意志所从事的创作，而是建立在贵族阶层乃至宫廷权贵读者们能够接受的基础之上进行的某种类似于中国野史的“史话改造”。正因为如此，《源氏物语》看似出自紫式部的独立创作，其实并不是真正意义上的“密室文学”。

我们知道，文学对现实的审美反应是通过作家这一创作主体来实现的。在创作过程中，作家的心理结构是审美反应活动的出发点，这决定了文学创作不仅遵循着审美活动的一般规律，而且同时总要表现出作家的个人才能。作家个人才能的特征突出地表现在创作时他总是力求找到自己的题材，并以自己特有的感受方式、理解方式、传达方式把它表现出来。这种在创作中所表现出的作家个人才能的特征，就是所谓的创作个性。

尽管日本的平安时代是日本古代史上文化艺术最为辉煌的时代，但由于生产力发展水平依然低下，人们只能依靠群体的力量才能获得生存。因此，人的主体意识尚停留在群体意识的阶段，反映在文学创作中，即便是作家个人的创作活动，往往也是在民间传说的基础上经过集体智慧加工而形成的。只有当作家个人开始在社会生活中获得自己相对独立的地位，个性得到了充分的尊重，才有可能开始逐渐形成真正意义上的作家独特的创作个性。

“文学创作既然都是从作家自己的个性特点出发去反映现实的，所以大千世界，万象纷呈，并不是什么都能成为作家的加工对象的；客观现实能否引起作家的创作冲动，不仅取决于对象本身的意义，而且还要看它是否契合作家的创作个性。只有当感性材料与作家的才能特征彼此接近，他才会为这些材料所吸引、所感动，才会激发起创作的强烈欲望。因此，构成作家艺术加工对象的并不是存在于作家视野之外的整个广袤的世界，而只能是契合他的创作个性，为他所深切感受和理解的那一部分现实。”[①]作家以自己独特的感受方式和解读方式敏锐地观察世界，并根据自己的发现，去加工、处理感性材料，以构筑起意象中的世界。极具创作个性的作家不仅能够构筑从未有过的新奇世界，即便是对古老的题材，只要有了新颖的视角，在他的笔下照样会散发新的气息，创造出新颖、独具品性的作品来。

《源氏物语》和很多国家的古老传说一样，用一种古老的模式——以预言为起点，并随着预言展开似乎与现实有着纵横交错、起伏跌宕又回归静寂的故事。要说紫式部的伟大之处，恰恰是没有被这古老的模式彻底束缚住自己的创作空间，

① 王元骧：《论创作个性》，《文艺理论研究》1987年第6期第30页。

她把这古老的模式作为物语的基本架构，以当时的贵族阶层所十分熟悉的宫廷作为主人公的生活舞台，使得嵌入古老模式中的人物、事件变得有血有肉。特别是以编年的手法，将从光源氏的出身直至沿袭到此后第三代人的悲欢离合，栩栩如生地展现在现实的平安京的大舞台上，从而使读者无不感受到《源氏物语》中的人物就在眼前，人物的内心诉说如同是在对读者诉说，使许许多多的虚构如同真实的世界，令读者刻骨铭心、感人至深。

通观紫式部的修养、人生经历，以及后来的宫廷生活，谁都不难看出她精心思考的创作理念，是在不去破坏读者接受定式的情况下遵循着古老的模式。事实上，当强烈的个性想要将个人的思考与情感形象化的时候，紫式部未必完全局限在这一模式的束缚之中。关于《源氏物语》的主人公光源氏的人物塑造，紫式部在传统的叙事模式的基础上，几乎动用了一切方法和努力，来使人物形象充满现实感和临场感。比如，她将史实不露痕迹地嵌于物语中，或许这就是她不落窠臼的创造性手法之一吧。在这部物语之中，散文的抒情、和歌的意境、汉文典籍的深邃，其字里行间无不将深刻的感悟与思索赋予了不同时期的读者。紫式部独出心裁地把散文与韵文完美地结合在一起，以散文的张力叙事、以和歌的纤细咏叹抒情，使读者沉浸在从未体验过的美文的享受之中。《源氏物语》与此前物语粗糙的叙述方式不同，它不仅表现出了人物心理上或感情上极其微妙的波动，抒发出了刹那间的情感，同时借散文的叙事性特征，将光源氏以及与光源氏有交集的周边人物在漫长的人生中的喜怒哀乐娓娓道来，将现实中人们难以摆脱的忧愁与苦恼，假借故事中的人物之口，细致地刻画了出来。

紫式部虽然身为女性，但却有着非凡的阅历。这为她的创作提供了思考的空间。随着《源氏物语》故事的渐渐深入，我们能够清晰地看到人们流露于外表的喜怒哀乐的背后，却有着不可捉摸、美丑掺杂、盘根交错的情感波澜。那些享有荣华富贵、拥有至高无上权势的贵族群体们的感情、行为和思考模式，透过《源氏物语》独有的叙事模式和哀婉的和歌韵文，其人物表象背后的内心律动尽显笔端。

紫式部自己以为，人们阅读自己创作的《源氏物语》断不会觉得是似曾闻知的东西。为了使故事不至于令读者感觉到是在虚构，紫式部特意在字里行间不时插入一些当时的读者们相当熟悉的史实和传说，使“物语”在真实性上得到了最大程度的显现。但紫式部的这种尝试在得到读者认可的同时，也会令读者明显地感觉整个故事有如宫廷野史，缺失了文学创作中的故事性。事实上，在当时诸多女性作家中，紫式部独树一帜的创作个性是她在《源氏物语》中将那些无法通过对现实推移的记叙和描写来呈现的事物，用“编故事”的方式加以叙述，从而使陈旧的传说变得鲜明与真实。紫式部力求通过散文内在的感染力和张力，表现出既有美的一面也有丑的一面、既强且弱、人性复杂的人物形象，以及书中人物所处的错综复杂的社会环境。换言之，紫式部想要创作的不是一个僵化的口头传承故事的文字记录，而是将当时的读者看似熟悉的东西完全融入具有自己个性思考的崭新的故事。

紫式部的感受直觉

文学作品是作家根据自己的世界观、艺术观去认识并反映出的现实生活。它包括被主体对象化了的客观生活和主体渗透于客观生活之中的主观评价、思想情感和生活理想。艺术形象和典型人物是作品的中心内容。艺术形象和典型人物身上不仅高度集中地反映出生活本质和社会风貌，而且体现作家的全副生活愿望、思想感情和审美理想。作品的每个人物身上都有着创造他的那个作家的一部分灵魂。作家不能简单地虚构出一个主人公来，他必须进入他的内心深处，必须把自己的一部分灵魂赋予这个主人公。所谓把自己的灵魂赋予主人公，就是说作家对主要人物的性格特征的塑造与刻画，总是在不同程度上深入研究和体验自己的精神状态来决定的，在人物形象身上总是或多或少地打上作家本人的个体精神印记。而这正是建立在作家经常的自我反省和孜孜不倦的自我观察的基础上的。因此，作品中的人物必然带上了创造他的作家本人的情感体验和审美态度，渗透着一定的主观评价及鲜明的个性特征。

笔者曾于1999年翻译过一部名为《源氏物语交响乐》[①]的学术著作，作者野岛芳明是日本拓殖大学的文明史专家。这部著作格外引起我的注意的是，它的作者不是“源学”研究的专家，而是人类文明史的专家。我以为从人类文明史的视角去考察《源氏物语》看似另类，却有可能收获独到的眼光和分析方法论。为此专程前往日本神奈川县藤泽市拜访野岛芳明教授。历时一年多、十数次的访谈，令我受益匪浅。为此野岛芳明授权我翻译《源氏物语交响乐》并在中国出版。

野岛芳明认为，透过《源氏物语》，紫式部反映出的最大的问题之一，就是在平安王朝成熟的贵族文化中人心的颓废。特别是紫式部并不认为那仅仅是男性社会的颓废。对男性社会的批评是简单而又显然的。在她的意识中，随处可以窥见

① 野岛芳明著，姚继中译：《源氏物语交响乐》，重庆大学出版社1999年。

她对男性社会几乎是绝望、深刻而悲哀的疑虑。然而，女性难道就不曾在平安贵族文化的氛围中走向颓废吗？尤其是对女性而言，最为重要的爱情生活的堕落，是使平安文化日趋衰落的根源之一。日本的“源学”家断不会有如此的看法，只有文化人类学的学者才会从这特定的视角去看待平安王朝发展趋势，去研究紫式部当时的感受直觉。

紫式部的大半生是在不幸中度过的。她的所见所闻，以及她自身的人生体验，最多的恐怕是对由幸福沦为不幸的惊愕、怀疑与绝望，这就使得《源氏物语》的性格不以他人的意志为转移，自觉不自觉地朝着悲剧的方向倾斜。

紫式部的幼年丧母演绎出了源氏公子的幼年丧母。身为人妻遭遇的丧夫之痛，以及作为女性的坎坷，演绎出了她笔下十多个主要女性人物的不幸际遇。《源氏物语》表面上是男性社会的权力之争，但背后却是以女性悲剧命运展开的叙事。且看围绕源氏三代的众多女性，她们虽然过着锦衣玉食、养尊处优的生活，但是她们在社会生活中没有独立的人格、自由的婚姻、幸福的爱情，她们只是男性用以争权夺利的工具，或依附男人才能维系自己想要的生活，所以谈不上真正意义上的、拥有独立人格的幸福生活。当然，这跟平安时代的社会背景有着十分密切的关系。律令制崩溃，摄政制确立，历史的转变需要藤源一族不惜牺牲女性的自由、幸福乃至生命去获得摄政大权。《源氏物语》在当时读者中的震撼力，正是通过紫式部以悲剧表现展示了新事物的毁灭、美的毁灭、美的理想的毁灭，从而产生一种近似于“畸形”的审美情绪——物哀。

外部世界是文学创作不可缺少的决定因素。作为创作者的紫式部要接受周围世界尤其是社会生活中的无穷无尽的印象，通过积累这些印象从而丰富自己的精神世界。当她进行内省的时候，其中并非空洞无物，恰恰相反，内省带给她无限丰富多彩的外部世界的印象，咀嚼、思索、分解、组合，形成大量形象、思想，再表现于作品之中。所以内心世界的巩固不能没有外部世界的帮助。

文学表现的是特定区域和特定时代的文化内容，同时它又受制于时代的文化形态与氛围。生活在平安时代的紫式部，在创作《源氏物语》过程中，无论如何是无法超越平安时代的审美定式的。平安时代的审美定式一言以蔽之，就是崇尚“天人相与”“天地与我同根，万物与我一体”，把人向自然主体的复归和超越视为精神之极境。在平安朝人的内心深处，季节流动感与人生无常感是同形对应的，说不清是“心”投射于“物”还是“物”反射于“心”，重要的是“物”“心”之间双向互动时会产生一个无限自由的空间，在这个空间中人们可以进行不受世俗制约的审美畅想。但由于生活环境与文化层次的差别，对审美的高度亦不同，一般层次的审美活动只能满足于“情景交流”，而高层次的审美则能升华到“物我两忘”的境界。而这种通过“感伤”与“怜惜”达成“以物喻人，以人寄物”，感伤人的生死轮回，叹息万物凋枯繁茂的境界，在《源氏物语》中紫式部则是以宫廷贵族阶层追求“雅”的极致，力求将“雅”贴近自然，将自然融入于“雅”的极致表现中得到充分体现的。

其实，紫式部并不能单凭感受直觉去创作《源氏物语》，她在放任自己的个性的同时，还必须屈服于社会的主流审美意识。日本平安时代的文学不是平民文学，它是服务于宫廷贵族的贵族文学，因此，社会的主流审美意识其实就是以贵族为代表的“奢靡文学”，即笔者早在 20 多年前开始重译《源氏物语》时就已认定的对“雅”的极致追求。

虽然社会审美意识必须以作家个体的审美意识为中介才能获得表现，但倘以为审美意识只属于作家个体，就不能正确地把握文学的审美本质。社会审美意识是紫式部《源氏物语》创作的审美意识的基础，因此，紫式部在创作《源氏物语》过程中无疑会受制于三个方面：其一，紫式部个人的生活经历和生活环境，包括时代风尚、风土人情、社会境遇、文化教养等影响个体的审美意识的集合；其二，必须服从于平安时代宫廷贵族等上流社会的阅读偏好；其三，平安时代文学创作的群体思潮、创作语境、审美倾向等直接影响紫式部创作的审美氛围。“瑞士心理学家荣格有句名言：‘不是歌德创作了《浮士德》，而是《浮士德》创作出歌德。’他认为《浮士德》蕴藏着一种‘原始意象’，它存在于每一个德国人的心灵中，而歌德不过是促使它诞生的人，也就是说，《浮士德》代表了德国民族‘集体无意识’中的一种社会审美意识，是它影响了歌德使之创作出作品，歌德在表现对象化了的审美意识中也就创造了自己。这也说明，文学既是作家审美意识的表现，又是社会审美意识的表现。”①

紫式部在创作中对文学意象的把握

在最初创作意识发展成文学意象过程中，生活中具体的感性材料和作家意识中的形象积累及情感积累，使作者欲诉诸笔端的初始材料逐渐丰富。与此同时，作家还会不断地将一切可以索取、有可能索取的各种信息，包括历史记载、民间

① 郁沅、倪进：《感应美学》，文化艺术出版社 2001 年，第 25 页。

传说、早期文学、个人体验等纳入自己的创作意象，使其即将创作的作品逐步具象化。

在文学意象逐步具象化的过程中，作为创作客体的审美对象经过作家的审美感受，经过集中、提炼、升华，从而形成具体的故事架构。客体从不可操作的“自在之物”转化为可操作的“为我之物”。最初的创作意象从感性到理性，从情感到理智，在不断深化的过程中不断伸展和丰富。所谓主体的对象化，即作为创作主体的作家将自己的审美意识、思想、情感、理想、愿望、意志等等注入对象化的审美客体上，使得即将创作的作品中的人物、情节得到创作主体的滋养而变得丰满、鲜明起来，并逐渐形成文字意象，使得这意象通身充溢着作家“自我”的气息，成为作家自我的化身。

感性与理性的统一、情感与理智的统一、偶然与必然的统一是作者由最初的文学意象发展成可具象过程中的重要步骤。文学意象的内容是审美的、诗意的、富有感染力的，因为它不仅有理性的、认识的、必然的方面，同时还有感性的、情感的、偶然的方面，文学意象的形式同它的内容融合在一起，成为具体感性的、富有独特个性的审美形式。更为重要的是，文学意象的形式是客体的形式因素与主体的心灵节奏的形式表现、内在经验和体验的形式建构相结合的产物。它是对象的自然形式的人性化，同时也是人的心灵形式的对象化。在对象主体化和主体对象化的过程中，形式随内容的生长而相应地生长，即内容转化为形式；同时，内容也随形式的生长而相应地生长，即形式转化为内容。内容与形式相互转化的结果，是积淀着内容的文学意象的审美形式的生成，也即作为生命有机整体的文学意象的完成。

在近代《源氏物语》研究过程中，人们对紫式部在创作的初始阶段，对自己将要创作的《源氏物语》到底有无整体的文学意象把握抱有很大的疑问。比如《源氏物语》有无主题设定？有无整体构架和分节设计？洋洋洒洒数十万字，不至于想到哪里写到哪里吧？令人遗憾的是，无论“源学”何等努力地去寻找线索，迄今为止依然很难断定紫式部是在做出详细写作计划和故事情节设计的前提下从事写作的。如前所述，现今我们所看到的《源氏物语》既不是当初的原形，也未必是当初的全部内容。但无论形式如何，《源氏物语》是紫式部的原创也好，还是对民间业已口口相传的“光源氏的故事”收集整理并加以完善也好，紫式部必定会为自己的创作设定一条主线，而这条主线无疑贯穿着紫式部的整个创作意识。换言之，紫式部在创作之初一定对《源氏物语》的文学意象有所把握，否则难以写出逻辑关系相对严谨的“光源氏一族的故事”。

著名学者今井源卫认为，《源氏物语》的文学意象由三个部分构成，其中第一部分重点描述了：①光源氏、左大臣派系与弘徽殿女御、右大臣派系在政治上的对立抗争；②源于宿命观的因果报应；③光源氏对藤壶皇后的恋慕；④光源氏被流放到须磨、明石的人生挫折；⑤住吉明神灵验谭；⑥光源氏年轻时代放荡不羁的猎艳记。这六大情节铺陈到“紫藤末叶”时基本形成结局。

这六大情节结构具有一个共同特征，即每个故事情节都是围绕着预言展开的。首先是“桐壶”中的高丽相士为光源氏相面，预测其未来。其次是在“若紫”中光源氏召唤占梦人为他解梦。最后是在“航标”中明石姬产女，应验了从前的算命先生的预言。

紫式部采用“预言”这种形式，说明她的潜意识并未超越平安时代普遍价值观中的宿命观的窠臼。由于紫式部采用了“预言”作为故事的架构，这就免不了出现很多非同寻常的事件，其中不乏因果报应之类的结局。紫式部的创作理念是“虚构中的真实”，因而也就避免不了虚构与真实之间出现一些显得不合常理的现象或情节。为了把故事情节处理得更自然，紫式部设置了两条离真实最为接近的“事实”来凸显虚构中的真实性：一是似是而非的前朝、当朝的宫廷内部的对立抗争；二是历历在目的光源氏的好色行为。对当时的紫式部而言，这或许是最为方便的“鱼目混珠”的创作手段。

正是在这一部分中，紫式部显示出了不同凡响的汉文化造诣，她设计了光源氏被流放到须磨的人生挫折和明石的转机。这种被日本古典文学研究者们称为“权贵贬黜流放谭”的古代物语的创作方法，笔者虽然不敢妄自断定紫式部袭用了中国古代小说中的“套路”，但至少其在《源氏物语》之后，几乎演变成了日本古代物语的传统模式，形成了相对固定的创作定式。平安时代的贵族社会格外崇尚中国中唐以前的传统文化，中国历史上的达官显贵、文人墨客遭贬黜流放后又官复原职的先例比比皆是。这种悲美、“物哀”的文学传统东传日本后，深受宫廷贵族和以紫式部为代表的女性作家的喜爱。他们对这种催人泪下的悲美现象不是从政治的角度去考量，而是从审美的角度去接受的。悲欢离合、一惊一喜，尤其可以震颤人们的心弦。他们甚至并不着意结果，而是更注重事情过程，结果是可以预测的，但过程中的“物哀”情绪令人久久为之动容。因此，在光源氏被流放到须磨的故事中，紫式部动用大量的笔墨渲染着过程，其中最为典型的特征就是大量使用了韵文和歌和中国的典籍。

笔者作为《源氏物语》的重译者，在翻译《源氏物语》的过程中，着意并不在“源学”家们对《源氏物语》文学意象的分析，但能够明晰地感受到《源氏物语》的整体文风并不一致。自“桐壶”至“紫藤末叶”这33回的文学风格高度一致，但从“新菜”至“竹河”的故事架构和表现手法在不知不觉中发生了变化。这种变化是否因为随着第一部的成形，紫式部不再满足于自己继续以既有的方式讲述有关光源氏的“老故事”，而是逐步有意识地思考自己到底要向读者倾诉什么？这是否意味着《源氏物语》自第二部开始有了自觉意识的主题设定？对此，笔者仅仅在翻译过程中有着深切的感受，并无确凿的学术考证。但无论如何，下述事实的确引起了笔者在翻译时的足够关注。

（1）紫式部在第二十五回“萤”中提出了不同于此前物语的独自的物语论。她借光源氏之口阐述了她的物语创作理念：

> 源氏道：“只当我胡乱评议罢了。其实，亦有记述真情的，像神代以来的《日本纪》，便详尽记述有凡事奇俗呢。”止不住又笑了起来。随后又道：“古书所载，虽非史实，却是世间真人真事。作者自己体会后，犹觉不足，欲告之别人，遂执笔记录，流传开来，便成小说了。如欲述善，则极尽善事；欲记恶，则极尽恶事，此皆真实可据，并非信笔胡造。觉悟与烦恼，便犹如小说中的善与恶。故世上诸事，由善来看，并非皆为子虚乌有，毫无教益。且同为小说，中国与日本有别；即便同为日本小说，古代与今代亦大相径庭。内容深浅各有所重，不可凭空妄事解论。”①

（2）所谓的《源氏物语》第二部的故事脉络不再像第一部那样错综纷乱。尽管第三十九回“夕雾”（姚继中译本）或多或少让人觉得有些离题，但从整体来看，第二部以光源氏和紫姬的爱情纠葛为主线，分别描述了他们针对光源氏迎娶三公主为正妻的复杂心态。

（3）以十分明显的文学性叙事方式来构筑物语的世界。尽管在表现手法上仍旧使用了一如既往的各种外在要素，但这种表现手法已经退居次要地位，仅作为一种辅助性的手段，对物语整体情节的展开并没有决定性的影响力。

（4）在第一部中推动故事情节发展的“预言”，在第二部中已经失去了推动

① 紫式部著，姚继中译：《源氏物语》，江苏人民出版社2011年，第350页。

作用。

（5）人物塑造的视角发生了改变。主人公光源氏虽然在第二部中依然拥有着第一部中所描述的所有外在条件，但他内在的人格因素不再定格在“完美无缺”的层面。也就是说，他不再是一个举世无双的完美者的化身，紫式部对其展开了辩证的描写，即既有完美一面，亦有丑陋一面。

> 源氏对她们［众侍女］道：“我此生所享荣华富贵，他人无法可比。孰料所遭厄运，却胜于他人。恐是佛菩萨之意，欲我感悟人生无常、世途多艰之理，故赐我此命吧。我却全不在乎，因循度日以至如今！到了暮年，以致蒙受如此伤悲之事。我已看清自己命运坎坷，而悟性又钝拙，如此反觉心静。今后我已无丝毫牵挂，只是你们几个，待我亲近若此，叫我如何弃舍得下。看来我太无决断，但又无可奈何！”①

从以上总结可以看出，紫式部在第二部中的文学意象已经不再是停留在对光源氏的完美歌颂上，而是通过某种自觉意识向着悲美的方向不断拓展、不断延伸。

《源氏物语》的第三部被称为“宇治十帖”，演绎了在爱情生活中一次次失败的薰君中纳言与宇治八亲王家的两位小姐之间的情感纠葛。

《源氏物语》中之所以有薰君这样一个人物的出现，笔者认为是紫式部自觉意识的进一步深化的结果。从佛教因果报应的角度来看待薰君，在某种意义上是对光源氏的否定。“宇治十帖”中的佛教意识十分浓厚，但紫式部所宣扬的宿命、因果与救济观，与佛教的教义并不完全一致。叶渭渠、唐月梅曾在《中国文学与〈源氏物语〉——以白氏及其〈长恨歌〉的影响为中心》中说：“佛教对于性爱是实行绝对禁欲主义的，中国文学不乏描写男女情爱是前世的‘罪孽’造成现世的果报的故事，宣扬了因果报应和宿命思想。《源氏物语》也或多或少地宣扬了这种佛教文学思想，但不占很大的位置。相反它是以神道现世观为主体，虽然作为人的‘救济’方面，它与佛道是相通的，但它不像佛教文学那样舍弃人的情欲而成为超人的理念的东西。也就是说，《源氏物语》的第一义是确立人的性格，即尊重人的自然情欲，对男女情事是肯定的、同情的，乃至是赞赏的。”②

---

① 紫式部著，姚继中译：《源氏物语》，江苏人民出版社 2011 年，第 565 页。

② 叶渭渠、唐月梅：《中国文学与〈源氏物语〉——以白氏及其〈长恨歌〉的影响为中心》，《中国比较文学》1997 年第 3 期第 55—56 页。

薰君是柏木与三公主的私生子，而三公主是光源氏的正妻。这实际上是映射当年光源氏与藤壶妃子私通生下后来的冷泉帝的果报。然而，紫式部或许为了不至于使故事显得幼稚单调，在第三部中设置了具有复调修辞特征的故事情景，即作为又一个果报，以匂皇子与浮舟的私通事件为横轴而展开的平行且又相互纠葛的故事，使“宇治十帖”越发向佛教意识上倾斜，人们对现世的价值观产生动摇，甚至厌弃现世。尽管紫式部在“宇治十帖”中没有对因果报应的前因后果做价值判断，而且在果报面前更强调了宿命，但读者分明都能看出这一切都是由于光源氏前世孽障在现世受到了惩罚。

如前所述，我们无法判断紫式部在创作《源氏物语》之初，是否就已对自己即将落笔的这部鸿篇巨制做出过具体且翔实的整体设计，并将事先形成的文学意象了然于胸。但我们如果采用逆向思维的方式来考察如今已经稳固的《源氏物语》的文本，无论是研究者还是一般读者，无不为《源氏物语》精细的文学构思拍案惊奇。没有人能想象这样一部逻辑结构相对严谨、主题思想几乎贯穿全著的鸿篇巨制是在全无事先设定的情况下，作者且思且著草率铸就的。

“虚构的世界”与真实的世界

紫式部作为日本古代长篇小说的开拓者，在没有本土长篇叙事小说可供参考，也没有外来长篇小说可供借鉴的情况下，只能在自然思维状态下展开开拓性的创作，这不能不说是日本文学史乃至世界文学史上的奇迹。小说中所展现的三代人的人生起伏——光源氏的生父桐壶帝、光源氏本人、光源氏名义上的儿子薰君，正如自然界中日出、日盛、日落的光阴循环，生生不息地延续着生命的未来。在这种自然思维的状态下，能进入紫式部的文学意象并被有意识地捕捉到的不仅是她当下的感觉，更包含着她此前的人生积淀和对未来的向往。她努力在当时的叙事中期待未来，以美好的希冀预示和引导着小说情节的演绎。

然而，紫式部的《源氏物语》到底是一个真实的世界还是虚构的世界？这个问题不仅困扰着学界，同时也困扰着读者。从文学理论的角度来看，大凡叙事文学，无不向人们展示着一个与真实的世界判然有别的“虚构的世界”。作为作家，在构建“虚构的世界”过程中，其实是在寻找一个理想中的“可能的世界”。事实上，“可能的世界”并不是针对作家的创作而存在的。我们每个人的心目中都拥有着一个或若干个“可能的世界”，这些“可能的世界”通过不同的形式加以展现，比如神话、传说和梦境等等。叙事文学在某种意义上“固化”了“虚构的世界”，读者通过文本接触到叙述，于是“虚构的世界”迅即在读者的接受屏幕中一一闪现，虽然接受个体千差万别，但叙述在接受屏幕上唤起的图像大体上还是相同的。

每一部叙事文学作品中都有一个“虚构的世界”，每个世界中又有许多人物，它们的集合构成了一个丰富多彩且又纵横交错的类似于实际存在的世界。当然，其感受到的类似度取决于受众的人生经历和知识积累的程度。“‘虚构的世界’是叙述有目的有意识地建立起来的‘可能的世界’，叙事作品的作者可以自由地利用每一种可能性，将其敷演为‘虚构的世界’。简单地说，在我们这个世界上有各种各样的颜色，也有各种各样的花朵，但不是每种花都有各种各样的颜色；而在‘虚构的世界’里，有什么样的颜色，就可以有什么颜色的花朵，上帝（大自然）的疏忽不会影响到作者。”[①]况且，作者可以自由地设立新的“可能”的标准，这不仅可以出现大自然中没有的奇葩异卉，同时也丰富了人类的想象力。

优秀的文学作品在于其想象力的丰富性，而想象力的丰富又造就了在叙事中往往会出现多个“虚构的世界”。《源氏物语》正是这样由多个“虚构的世界”相互交织形成的具有鲜明的复调特征的叙事小说。按理说，“虚构的世界”与真实的世界之间应该泾渭分明，然而《源氏物语》的读者并没有感觉到“虚构”与“真实”之间有着明显的边际。这正是紫式部的功夫所在，她尽力淡化“虚构”与“真实”之间的边际，努力借助真实的世界包括可能的世界来支撑“虚构的世界”。

平安时代，人们对“物语”的普遍看法就是“杜撰”与“虚构”，认为那些东西不登大雅之堂，无非是供女官们聊以消遣，故对物语的评价很低，认为物语之类根本无法与和歌、汉诗相媲美。由此看来，紫式部的创作初衷或许也未曾想过改变人们对物语的成见，依然是为后宫女官提供些许以资丰富精神生活的消遣读物，这就决定了她不得不使用当时的口语体打造物语体裁。作为文学创作的主体，读者是谁，如何能够吸引读者？这是一个不得不思考的问题。正因为如此，紫式部便利用人们熟悉的有关宫廷贵族的种种传说、传闻，或是前朝的、或是当朝的，尽可能在自己的作品之中加以演绎。通过引入史实，以表现该物语恰似历史上某一个时期的真实故事，从而加强读者的“临场观感”，使读者觉得故事就发生在自己的身边，故事中的人物就是自己周围的张三或李四。

对紫式部来说，最难能可贵的是她把历史与文学创作之间的辩证关系——“真实的世界”“虚构的世界”“可能的世界”恰到好处地在《源氏物语》中体现出来。

① 傅修延：《叙述——构建“虚构的世界”》，《社会科学战线》1991年第4期第279页。

她熟知历史，但在《源氏物语》的创作过程中并不生硬地套用历史。她从历史的重压下解脱出来，以游离于历史之外的视角，通过物语故事的演进来阐述自己对“真实的世界”“虚构的世界”“可能的世界”的认识。

应该说，紫式部那个时代虽然没有成熟的文学创作理论对她的创作产生支撑，但紫式部无疑从中国古代典籍及深厚的汉学家传中得到了相当丰富的诗学感悟。这些感悟使紫式部深谙虚构的艺术魅力，她试图利用这样的艺术魅力使自己的作品更具张力，使读者为之“动心”、为之“心醉”。紫式部重视这种“虚构的世界”对读者的精神支配，所以她在《源氏物语》中从未使用直截了当的教化言辞，而是将自己的思想暗藏在人物形象里，始终都会使读者在享受虚构的乐趣中下意识地产生“顺从”。

其实，紫式部在《源氏物语》的“萤”一回开诚布公地阐述了自己的物语观。首先，物语作为日本古代口口相传的一种文学形式，自古以来就是建立在虚构与杜撰基础上的艺术创作。坦白地说，紫式部的艺术成就是要以“虚构的故事”去吸引人们的兴趣。在她看来，愈是能“骗人”的物语愈具有艺术感召力。当然，物语中也不乏真人真事，只是把“虚构”与“真实”说得巧妙，让人觉得似真非真，这就是艺术创作。

> 某日，[源氏]便对玉鬘道：“此等故事，多为杜撰，明知不真，亦这般执迷，你们女子真是乐于受骗。梅雨时节，专心作画倒无不可，只是头发蓬乱不事梳理，真不识大体。”说罢，便笑了起来。转念一想，便又说道：“寂寞无聊之时，看此类书亦未尝不可，且故事中凄婉曲折处，颇富情味，动人心弦。以此消遣，倒也怪你不得。只是另有一类故事，甚是夸张离奇、荒诞不经，教人心惊胆颤。但静下来一想，便觉绝无此理，纯为无稽之谈，但或许亦真有其事。近日我那边侍女亦常为那小姑娘讲此等故事。我一旁听后，亦惊叹世间竟有如此善编故事之人。”玉鬘答道：“对呀，似你这般善于杜撰之人，才作此番答释；而我这愚笨之人，却深信不疑呢。”①

我们不难看出，此前紫式部一直无法在创作中放下“史实”的重荷，然而，当她借光源氏与玉鬘之口说出这番话时，实际上已经得到了某种程度上的解脱。

① 紫式部著，姚继中译：《源氏物语》，江苏人民出版社 2011 年，第 350 页。

也就是说，她找到了恰到好处地处理史实与虚构两者关系的路径。“萤”回是《源氏物语》的第二十五回，这意味着紫式部的创作活动已经经历了很长的时间。在这相当长的创作过程中，紫式部对史实与虚构的关系已经产生了新的认知。因此，紫式部又让光源氏说道：

> 觉悟与烦恼，便犹如小说中的善与恶。故世上诸事，由善来看，并非皆为子虚乌有，毫无教益。且同为小说，中国与日本有别；即便同为日本小说，古代与今代亦大相径庭。内容深浅各有所重，不可凭空妄事解论。佛经教义之中，亦有所谓方便之道。愚昧之人于此迷惑不解，其实《方等经》中此例甚多。细究其原旨，可谓大同小异。[①]

紫式部在其中引用了佛典中的方便之说。佛法认为既是真实又是无缘的方便之说，倘若追溯，仍然会还原成真实本身。同样，虚构的物语也正是讲述着人间的真实——紫式部特别借助光源氏之口说出了自己对史实与虚构的悟道。换言之，紫式部以“方便即真实”为创作准绳，引申出《源氏物语》创作“虚构即真实”的理论。

《源氏物语》的开篇语就区别于日本古代物语文学通用模式“从前有……”的话题引导模式，而是直截了当地使用了“却道从前某朝天皇时代……”，力求最大程度上告知读者故事的真实性。

“源氏物语”，开宗明义，即以“源氏”演绎的物语。那么主人公光源氏的真实性至关重要。光源氏的原型是谁？通过对当时史料的查实，最大的可能就是日本历史上最后一位被降为臣籍的皇子源高明（914—982）。920 年，醍醐天皇将他降为臣籍，但源高明最终仍然官至左大臣，因而引来了藤原家族的反感。969 年发生了“安和之变”，源高明被逐出政界，左迁大宰府。这起震惊朝野的事件，正是在《蜻蛉日记》中唯一被提到的宫廷政治事件。此外，《源氏物语》开卷第一回“桐壶”两次提到了宇多天皇（887—897 年在位），第一次是：“皇上［指桐壶帝］近日阅览昔时宇多天皇命画师绘制的《长恨歌》图卷，其中歌人伊势和贯之的和歌及汉诗，是皇上平日最常谈论的话题。”[②]第二次提及宇多天皇是在皇上欲召见朝鲜使臣的记述中：“其时正逢朝鲜国使君朝见皇上。内中有一高明术士，皇上欲召见，以为小皇子相面。可宇多天皇时已有禁令：外国人不得入宫。皇上只好将

① 紫式部著，姚继中译：《源氏物语》，江苏人民出版社 2011 年，第 350 页。

② 紫式部著，姚继中译：《源氏物语》，江苏人民出版社 2011 年，第 7 页。

小皇子扮着朝臣右大弁的儿子。这右大弁原本是小皇子的保护人，他们一起来到鸿胪馆访问术士。”[①]宇多天皇、宇多天皇的爱妾伊势（本姓藤原，10世纪著名的女歌人，三十六歌仙之一，著有《伊势集》）、著名的宫廷歌人纪贯之（871？—946），以及文中提及的朝鲜使臣所居住的鸿胪馆都是实实在在的存在。紫式部在《源氏物语》第一回的“桐壶”中提及史上客观存在的这些著名的人物和场所，是否暗示了物语中的事情最初的发生时间是901—923年？而正是这个时代，紫式部所熟知的宫廷文化开始真正被建立起来，其中第一本皇家诗歌选《古今和歌集》问世。在政治上，藤原家族也开始确定了他们的强势地位。不难看出，紫式部之所以在《源氏物语》的起始章回中如此引出话题，无非是为了强化《源氏物语》的真实性。

尽管在紫式部之前抑或就有关于光源氏的坊间传说，但我们依然不可否认紫式部的文学创作。如前所述，既然是文学创作，虚构似乎就是必然，但紫式部的虚构给读者的印象是建立在真实的基础之上的，是真实的延伸，这种延伸是为了通向某种理想境界。

虚构的世界是人类生活中一个不可或缺的部分，我们需要叙述，重要的不是它提供给我们一个故事，而是故事中那个虚构的世界。叙述结束时，虚构的世界并不随之消逝，它留在我们的记忆里，遇到合适的时机，它便出来干扰我们的思维，使我们对真实的世界的认知发生紊乱。换言之，在我们的心目中，真实的世界与虚构的世界之间并没有一道不可逾越的鸿沟。紫式部在《源氏物语》的创作过程中，尤其擅长使用“偷梁换柱”的手法，用“虚构的世界”去支撑真实的世界，使读者从中看到某种希望，并融入生命。

平安时代的读者并非不能从《源氏物语》中读出虚构的人物、事物和世界，他们虽然知道这些不能与真人、真事以及真实的世界等同，但是又会将此权当已有、实有、必有之物来对待。他们甚至会不知不觉地将“虚构的世界”看作是以某种状态存在着的实体，明知不是事实上的存在，但又不愿意觉得它是绝对的虚无缥缈，即所谓在叙述中实现了的可能。

纵观紫式部同时代的文学作品，在操控真实的世界与“虚构的世界”的创作手法上，紫式部是无人可及的杰出者。她除了动用了已有的诸如预言、旁白等创作手法外，还调动了语言学、修辞学等各方面的因素，如通过音声效果、视觉效果来展示隐喻、象征，通过幻象与实景的时空交错来改变人物的情绪模式、意象

---

① 紫式部著，姚继中译：《源氏物语》，江苏人民出版社2011年，第9页。

模式。虽然在当时尚未有这类语言学上的专业术语的出现，但不等于这些表现手法的缺失。在此不妨略举两例加以说明。

例一，朝鲜术士的预言将这部小说引向了美丽的虚构。光源氏由于生母身份低微而被贬为臣籍。但因宠爱光源氏生母而无限宠爱光源氏的桐壶帝，试图通过左大臣的势力保护光源氏。被降为臣籍的光源氏在贵族阶层风雅的生活形态下放浪形骸，与权臣右大臣之女——当朝朱雀帝的尚侍胧月夜偷情败露，被迫自我流放到须磨，小说由此有了须磨流放之后邂逅明石姬，从而走向荣华富贵之巅的故事。其实早在之前，光源氏与藤壶私通并致使其怀孕后，光源氏做了一个奇怪的梦。占梦人将其解释为他将成为天子之父，但福缘中含有凶相。这一预言暗示了小说情节发展的新方向。于是光源氏不合时宜地与胧月夜偷情，导致了须磨流放，应了占梦人的预言。紫式部做到了真实与虚构之间的自圆其说。

例二，所谓的“宇治十帖”中的宇治是一地名。然而它却像物语中其他的名字一样，暗示着忧郁以及一种阴沉感。事情的开端源于薰君总是怀有一种虔诚的佛教情结，令他前往宇治拜访一位隐居于此的老亲王——八亲王，这位八亲王因为对佛法的研究十分高深而著称。不巧那天八亲王不在宅中，薰君只偶遇了亲王的两个女儿。然而，宇治山中还住着一位冥冥之中吸引薰君常常前往宇治拜访的老侍女，或许是上苍对命运的某种安排，薰君终于从老侍女那里发现了自己出生的秘密，以及他的生父所承受的一切苦难。因果报应的叙事模式由此延展。

《源氏物语》虽然也以情节发展为主，但对人物形象的塑造给予了巨大的关注，特别是作者在创作的审美追求上，特别注重追求给予读者真实感，因此对人物的内心刻画也力求真实地加以体现。叶渭渠、唐月梅认为：“‘真实’的文学思想是日本古代文学思想的重要组成部分，其发展也经历了相当长的历史过程。从《伊势物语》开始便已有意识地提炼现实生活再加以虚构，力图完全抹去了那种上古神仙谭、说话点缀的痕迹，确立了文学的虚构源于生活的基本原则。”①而平安时代的日记文学更是“完全摆脱了此前物语文学非现实性格……成功地将日常生活体验直接加以形象化，同时也更多地融贯了‘哀’、‘空寂’的美理念”②，在此基础上，紫式部“成功地将日常生活体验直接加以形象化”，“不仅写了世相的真实、人物行为的真实，

① 叶渭渠、唐月梅:《日本文学史　古代卷（下册）》，昆仑出版社 2004 年，第 407 页。

② 叶渭渠、唐月梅:《日本文学史　古代卷（下册）》，昆仑出版社 2004 年，第 420 页。

而且更重要的写了人的心理”[①]的真实，达到了“知物哀”的三个层面的真实。

《源氏物语》的多元性、动态性以及人物形象的不确定性和规定性

《源氏物语》虽然成书于千余年前，且为史无前例的长篇小说的开山鼻祖，但其文学性、故事性以及人物描写绝不显得单调，故事内容即便与当代小说相比较，亦堪称丰富。《源氏物语》包含着多方面的题材，其情节线索都以复调形式观照作品的整体，每一个情节线索都辐射出某种主题判断。主题的多元性主要指的是从同一题材或同一情节线索中可以引导出不同的思想来，而对于同一作品可以有不同的审美视域，如政治、经济、历史、哲学、社会学、文化学、心理学、伦理学等等，每一个角度都可以做出自己的主题判断，即使角度相同，主题判断往往也因人、因环境而异。越是内容丰富的恢宏巨著，给读者提供的审美视域越宽，主题结论的多元性越明显。《源氏物语》正是这样一部小说。

比如武田宗俊就认为《源氏物语》不是单一线条的故事架构，他将《源氏物语》分为三部，第一部前 33 回是由 A、B 两个系列拼合而成，其中第 1、5、7、8、9、10、11、12、13、14、17、18、19、20、21、32、33 回为 A 系列；第 2、3、4、6、15、16、22、23、24、25、26、27、28、29、30、31 回为 B 系列。武田宗俊研究发现 A 系列才是《源氏物语》最初的原始形态，B 系列是在 A 系列完成后插补进去的。其理论根据之一是，B 系列中出现的中心人物，如空蝉、夕颜、末摘花、玉鬘等，在 A 系列中完全未曾露面。武田宗俊认为这并不是单纯的写作顺序的变更，就连 A 系列与 B 系列之间的主题也完全不同，故事情节也互不相干。……扼要地说，A 系列是在第一回“桐壶”里卖卜者所作的预言，终于在第三十三回《紫藤末叶》里如愿以偿而皆大欢喜的故事，故事的主人公光源氏在 A 系列被描写成一个英俊而富有才干、无所不能、备受赞誉的完美人物。但紫式部为应付读者对描写光源氏过于卓越的非议，于是在另准备好的 B 系列里安排了光源氏以失败告终的四个插话，一是光源氏接近有夫之妇，虽然达到目的，但最后还是被抛弃。另一个是把一位少女邀至荒僻的庭院，结果少女猝然死去。第三个是好不容易得到手而深感心满意足的少女，原来却是个容貌丑陋的女人。第四个是把自己的养女养大成人而逐渐发生恋情后，突然被一个其貌不扬的男人夺走。在这四个插话中，光源氏事事皆不能如意，这说明与 A 系列的故事主题是截然不同的。

① 叶渭渠主编：《日本文明》，中国社会科学出版社 1999 年，第 158 页。

至于《源氏物语》的主题思想，武田宗俊认为：第一部的A系列主要描写的是光源氏追求人生的理想，把荣华、风雅、恋爱推到了极限；B系列仅为插话，以烘托A系列，全无主题之说。第二部描写的是回到现实中时，处处潜伏着苦恼，事事都不尽如人意。第三部展现给读者的是不堪现世中的苦恼而走向魂绕梦牵的世界。

文学作品中越是有生命力的人物形象越具有不确定性，这种不确定性体现在形象体系构成的诸要素中。有人物性格的不确定，有作者思想感情的不确定，有作品审美意蕴的不确定。不确定性是由作品表现对象的丰富性、多义性，以及作品的审美特性、艺术思维特性、审美的再创造等多种因素造成的。但这种形象的不确定性并非任意天成，而是要受艺术形象的规定性的制约。规定性规定了审美想象和再创造的性质、范围、线索、方向。不确定性与规定性在人物形象塑造中是辩证统一的。

小说中人物形象的不确定性是建立在作者高超的艺术创作品格之上的。它意味着作者笔下的人物形象丰富、多义、不可穷尽，有道是从有限的描写到无限的境界。只有这样的作品才会令读者常看常新，拥有永恒的生命力。然而，要达到这样的境界并非易事，首先作者对认识客观世界中万事万物瞬息万变的复杂性有着良好的感知能力。人们生活在这个世上，与世界的关系是相辅相成的，万事万物的瞬息万变意味着世人的生活方式和思想情感的多样性。作者如果捕捉不到这样的多样性，就无法刻画出鲜活的人物形象。

紫式部笔下的光源氏是一个难以简单定位的人物形象，从“光华公子”到一国之权力的顶峰——太政大臣。有趣的是，紫式部只把光源氏“光华公子”的一生写得十分丰富多彩，而未曾见到走到国家权力之巅的太上皇如何处理国政的些许描写。《源氏物语》的人物塑造有两个重要特征；一是作品中的人物塑造超越了政治与一般意义上的社会伦理道德，追求的是精神世界的纯粹性。作者紫式部在书中说道：“作者女流之辈，不敢侈谈天下大事。”《源氏物语》描写的是宫廷贵族男女间的爱情，虽然主人公都处在政治的漩涡之中，但从未直接描写如何去处理朝政、料理国家大事。通篇以“爱情”为主要舞台，宫廷的一切政治斗争只是人物赖以生存和故事延伸的舞台背景，起到烘托人际关系及贵族社会的“人性”与“人情”的作用。如光源氏自出生、被降为臣籍失去太子地位，到后来被流放到须磨，后又重新返回朝廷，最终当上准太上皇。一生波澜壮阔，但却不见他处理朝政，只是在灿烂辉煌的贵族“雅”文化中追求女性、追求美的极致。他上自继母皇后、下至婢女，先后与十余位女性发生恋情，然而在紫式部的笔下光源氏并未受到读者的唾弃。原因何在？本居宣长认为，不应以儒佛的善恶道德标准去衡量《源氏物语》。“物语”既非说教之类，亦非史集，其所写之事只要符合世间人情即是善的，否则就是恶的，源氏的行为违背了道德，这要由世间其他的书来论其罪过，而非“物语”。物语不像儒佛之道那样有严格的行为规范，也没有使人觉悟的法则，它只是讲述使人产生“物哀”情绪的世间故事，并以此为宗旨。本居宣长进一步举例说，物语所写之不道德恋情，并非就赞扬其不道德之举，就像种莲花之人，故意以污泥浊水蓄之，本意亦非喜好污泥浊水，而是为了使美丽的莲花争奇斗艳。不难看出，本居宣长要阐明的是，《源氏物语》不是以道德的眼光来看待和描写男女主人公的恋情行为，而是以它为题材来引发读者的兴叹、感动、悲哀，即产生“物哀”之情，让内心的情感超越这违背伦理道德的恋情而得到美的升华，把人世间的情欲升华为审美的对象。

更为重要的是，紫式部在《源氏物语》中塑造的人物形象虽然在物质的荣华富贵中走到了终点，但在精神上却没有能够到达理想的彼岸。悲哀就是对美之毁灭的感触。《源氏物语》的基调是“悲美”，全书主要人物无不是在苦闷、忧愁、悲哀——一切不能顺心如意中苦苦追求、苦苦挣扎。这或许是紫式部人物塑造的特征之二。

光源氏人物性格之复杂，看似连作者紫式部也不能完全掌控。紫式部在《源氏物语》中很少以旁白的方式向读者诉说自己的观感，但却常借助作品中的人物之口评价某人某事。

> 再说那“光华公子”即光源氏，一生屡遭世人讥讽评议，尤是那本性中的轻薄行径。他虽则深恐落得个轻佻好色之名，而尽力掩饰，怎奈众口铄金，依然尽皆流传。真所谓人言可畏啊！
>
> 其实源氏公子素来行事谨慎，亦并无许多值得众口传言的艳情闲逸之事。比及古书所载的那交野少将，源氏公子尚不能望其项背。
>
> 源氏公子身居中将之职时，常得以留侍御侧，甚难回左大臣私邸，以致左大臣一家尽皆生疑：难道源氏公子别有所爱？其实论及源氏公子性情，也并非见色起意之人。他虽有诸多怪癖，亦只偶然显其本性，做得些违逆情理之事。[①]

---

① 紫式部著，姚继中译：《源氏物语》，江苏人民出版社 2011 年，第 15 页。

人物性格的单一会令人物形象苍白干瘪，人物性格的一成不变会使人物形象死板而无生气。光源氏这一人物形象之所以能够成为日本文学史上空前绝后的人物形象，应该说是因为紫式部不但塑造了内心世界丰富的光源氏，更重要的是丰富的内心世界随着时空的推移，光源氏的思想、意识、行为的多重互动使人物形象变得真实，有血有肉，给读者留下了深深的共鸣的空间。

光源氏的人物性格是复杂的，有时甚至是矛盾的，但他始终如一地追求“永恒的女性”，追求贵族社会以“雅”为境界的极致的美。虽然他的性格随着时空的变化而变化，性格内部包含着不断的自我否定或自我“否定之否定”的过程，但他追求女性完美的精神是始终如一的，比如他不因为无法得到藤壶而放弃，不因为得到了“类藤壶”——紫姬而满足，他的“好色”与他的追求是连为一体的。他绝不把满足自己的肉欲作为终极目的，而时常感叹：人世之事实是费解，为何自己所钟爱的诸人，性情容貌各尽其美，但却不能集中于一人呢？光源氏的这一感叹，非常清晰地反映出了他希望追求的女性绝对完美而往往事与愿违。在这个过程中，他焦躁、懊恼与失望。六条妃子、空蝉、夕颜、末摘花、源典侍、胧月夜、花散里等只是他人生体验中的过客，他企图在千寻万寻中找到理想中的爱，结果只是一次次满足了追寻的好奇，他渴望的永恒的女性却永远是一种可望而不可即的镜像。

单凭感性创作的作品是没有“嚼头”的。优秀的作家在文学创作中一定会，或者说有能力将理性寓于感性之中，作者的思想感情总是隐藏在艺术形象之中，审美者在对艺术形象的审美过程中，需要慢慢参悟蕴含于其中的意蕴，体味隐蔽于其中的思想感情，任何一个审美者都不希望作者把他的思想感情直接赤裸裸地陈述出来，使艺术形象显得苍白。这种隐蔽性的最高境界有时即使为人所领悟，也往往只可意会而不可言传。

作家不是在为自己创作作品，他需要读者来满足他的心理需求。于是如何通过作品设法诱导审美者发挥想象和再创造的能力是作者绞尽脑汁的事情。我国传统的美学思想很讲究虚实的结合，只有虚实结合方可达到艺术的妙境。“实”者有形之描写，“虚”者如司空图在《诗品》中所论“不著一字，尽得风流”，在《与极浦书》《与李生论诗书》中提出的“象外之象”“味外之旨”“韵外之致”，才是作家的匠心所在。

形象的不确定性不能任意随心所欲地去想象和编造，更不等于一味地含混晦涩使人百思不得其解，形象的不确定性要受艺术的规定性制约。艺术形象的规定性是指艺术形象从外在形貌到内在的精神气质、性格特征，以及从矛盾冲突到人物命运、形象寓含等文学意蕴在具体的描写中符合逻辑、符合社会世情的一系列规定，正是这种有规定的具体描写才使艺术形象成为一个可以供审美观照的独立的审美对象。

紫式部的《源氏物语》不以理性认识与抽象思辨为创作宗旨，而是以外在事物为媒介向内观照，从内心转向与自在之体相融合的途径，在寂静澄澈中到达最终的理想境界，体验内心与表现内心成为《源氏物语》审美文化的主要情趣。紫式部的这种审美文化更多地具有非理性与表现性的特质，她崇尚与自然交融的返璞归真和超凡脱俗，对凭借思想意趣的艺术想象的运用远远超过物质媒介的运用，她不追求对审美对象作更多理性与思辨的诉说，而是追求审美对象中精神的美，以审美对象为媒介走向内心的表现。

紫式部在《源氏物语》中的用典

作为一部古典长篇小说，像紫式部这样大量使用中国古代典籍诗文以及日本古代和歌、《记・纪》典籍来加强叙事，这是极为少见的。小说毕竟不同于史书、政论，它要考虑到读者的接受和领悟能力。由此可见，紫式部在《源氏物语》创作之初，其读者设定就不是普通民众，而是以宫廷贵族为首选的。仅就中国古代典籍诗文而言，正如严绍璗在《汉籍在日本的流布研究》中指出的："在平安时代汉籍于日本的流布不仅已经十分广泛，而且深入日本知识分子的文化理念之中，成为表现他们自身思维的一种不可欠缺的重要依托。"①

据古泽未知男在《由汉诗文引用所见——〈源氏物语〉研究》②中统计，《源氏物语》中有关中国典籍诗文的引用情况（作品或作者名）如下：《白氏文集》80例（包括重复引用共97次）；《史记》13例；《和汉朗咏集》13例；《文选》7例（包括重复引用共8次）；《日本书纪》5例（包括重复引用共6次）；道真4例；《游仙窟》《毛诗》各3例；《汉书・晋书・列子・论语》各2例；《述异记》1例（包括重复引用共3次）；纪在昌、《孝经》、《仪礼》、《韩非子》、《战国策》、《桃花源记》、刘梦得、永熙各1例。

根据以上统计不难看出，紫式部尤其偏爱引用《白氏文集》。笔者根据古泽未知男《由汉诗文引用所见——〈源氏物语〉研究》整理出《白氏文集》在《源氏物语》中的分布简表（表1-1）。

---

① 严绍璗：《汉籍在日本的流布研究》，江苏古籍出版社1992年，第25页。

② 古泽未知男：『漢詩文引用より見た源氏物語の研究』，桜楓社1975年。

表 1-1　《白氏文集》在《源氏物语》的分布状况表

序号	篇名	合计	出现次数			
			感伤	讽谕	杂律	后续集
1	桐壶	9 处	9			
2	帚木	5 处		3	1	1
3	空蝉	无				
4	夕颜	5 处	2	2	1	
5	若紫	1 处			1	
6	末摘花	2 处		1		1
7	红叶贺	1 处	1			
8	花宴	无				
9	葵姬	2 处	2			
10	杨桐	3 处	1		2	
11	花散里	无				
12	须磨	8 处			8	
13	明石	1 处	1			
14	航标	无				
15	蓬生	1 处		1		
16	逢坂关	无				
17	赛画	1 处	1			
18	松风	无				
19	薄云	无				
20	朝颜	1 处				1
21	少女	1 处			1	
22	玉鬘	1 处		1		
23	早莺	无				
24	蝴蝶	5 处		2	2	1
25	萤	无				
26	常夏	无				
27	篝火	无				
28	朔风	无				
29	行幸	2 处		2		
30	兰草	1 处			1	

续表

序号	篇名	合计	出现次数			
			感伤	讽谕	杂律	后续集
31	真木柱	2 处	2			
32	梅枝	1 处				1
33	紫藤末叶	3 处			2	1
34	新菜	2 处		1	1	
	新菜续	4 处		3		1
35	柏木	3 处				3
36	横笛	1 处	1			
37	铃虫	2 处			2	
38	夕雾	无				
39	法事	无				
40	遁入空门	5 处	3	1		1
41	云隐	无				
42	匂皇子	无				
43	红梅	无				
44	竹河	3 处		1	1	1
45	桥姬	1 处			1	
46	柯根	无				
47	总角	4 处	1	1	2	
48	早蕨	无				
49	寄生	7 处	2	2	3	
50	东亭	1 处		1		
51	浮舟	无				
52	蜉蝣	4 处	1	2	1	
53	习字	4 处		4		
54	梦浮桥	无				

关于《白氏文集》在《源氏物语》中的分布情况，“源学”家们的研究成果不尽相同，这是紫式部在引用《白氏文集》过程中的方法论因素造成的。那么，紫式部在《源氏物语》中是如何使用中国古代文献典籍的呢？严绍璗在《汉籍在日本的流布研究》中如是说：

一般说来，《源氏物语》与汉籍之间的关系，大体上有三个层面——基础性的、整体性的和局部性的。这三个层面当然不是截然分开的，它们往往共存于一个故事组合之中，在情节的进程中或隐或露，融会贯通，可以说，这是平安时代日本知识分子接受汉文化的最具成就的典范。

在各种形式的联系中，以“局部性联系”反映出女作家与中国文献典籍的联系最为广泛。紫式部在小说情节的某个进展点上，为了表现诸如恋爱的惆怅、仕途的失意、羁旅的愁苦，以及这种心情与大自然融合为一的空濛的意境，常常布设中国文献典籍中相应的诗文，引人入胜，饶有余情。例如第十二卷《须磨》，历来有“压卷之作”的评定。该卷写小说主人公源氏公子在权力斗争中被赶出京城，放逐须磨。当源氏公子终于怀着离愁，乘上行舟，踏上须磨地方的时候，看到当地异常荒凉，“古殿的遗址只剩几棵松树，近处只有海的波浪，远处云雾迷漫，群山隐约难辨”。置身于这样的环境中，主人公意识到自己确实被逐出了京城，来到了放逐地。这种荒漠凄凉的景象与主人公的内心活动，紫式部是通过采用白居易的诗句“三千里外远行人”的意象，让读者去体味其中的缕缕苦楚。“三千里外远行人”一句，源自白居易《冬至宿杨梅馆》诗，其中曰：

十一月中长夜至，三千里外远行人。

若为独宿杨梅馆，冷枕单床一病身。

紫式部在这一情节进展点上，融入白居易诗的这一意象，成功地构筑了源氏公子被放逐的环境与心态——在这荒凉的海边，“长夜”、“独宿”、“冷枕”、“单床”、“病身”将集于一身。紫式部运用这一句白诗，把物态模拟和心态表述和谐地组合在一起，把一个谪居边地的贵公子的生活环境与苦闷的内心世界作了典型的概括。

……

《源氏物语》中，紫式部在一百五十二处情节进展点上，布设了一百三十一节来自中国文献典籍中的诗文句，创造了多形式的意象组合。①

在第一回“桐壶”中紫式部特别引用了有关唐明皇与杨贵妃的典故，“须磨”

① 严绍璗：《汉籍在日本的流布研究》，江苏古籍出版社 1992 年，第 25 页。

中紫式部再次引用了中国古代人物典故，这就是昭君出塞。王昭君被流放到匈奴，这个故事在平安时代上流社会众所周知。

紫式部引用中国文献典籍非常讲究技巧，大致手法有“同工式引用”“同归式引用”“断章式引用”三类。所谓“同工式引用”是指以构思、意象轮廓的类似、模仿为引用手段，直接引用中国文献典籍，或者造成与中国文献典籍似曾相识的文学意境。“同归式引用”是指各自故事虽然不同，但最终结局趋向中国的某一典故。至于“断章式引用”就无须更多解释。

以上对紫式部在《源氏物语》中如何引用中国文献典籍做了一个大致的概括。作为《源氏物语》的译者，其实如果没有“源学”家的校注[笔者使用的底本是由阿部秋生、秋山虔、今井源卫等“源学”泰斗校注并附现代日语翻译的日本小学馆于昭和五十五年七月发行的第八版《日本古典文学全集》12—17卷《源氏物语》（1）—（6），其校注非常细致翔实]，很多情况下意识不到紫式部对中国文献典籍的引用，尤其是“同归式引用”和“断章式引用”，非学者不能有所认识。至于《源氏物语》对日本古代和歌、《记·纪》典籍的引用，笔者疏于统计，在此不再赘述。但有一点是毋庸置疑的，那就是紫式部对日本古代和歌、《记·纪》等的引用，无论在引用数量还是引用方法上，都更加得心应手、运用自然。比如同为“须磨”篇，除了前述大量引用了中国文献典籍烘托光源氏流放之际的各种情绪氛围之外，通篇都暗示了大量真实历史与小说中的情节，如以地名为章回名的“须磨”，就让人联想到了在原业平，《古今和歌集》中就有他在962年写于须磨的诗歌。虽然我们没有关于在原业平被流放到须磨这一事件的更多独立记录，但是《古今和歌集》如此重要，这使得紫式部的读者们一听到须磨就会想到“贵族流放”的场景。另一位著名历史人物就是菅原道真（845—903），其于901年被流放至九州，他写的一些著名诗句也在“须磨”中有所引用。

根植于内心深处的悲剧意识

从远古的《古事记》时代开始，日本文学的特点便已非常明显，“即使写惨怛悲苦的感情，也决不使其失去优雅婉约的情调。……在写人物的情绪激荡时，也总是不吝笔墨，将人物的思绪与自然景物浑为一体加以描述，以求得有情有景，情境交互辉映的效果”①。将现实与理想相连接，在对悲苦的生活的描述中又体现

① 刘振瀛编著：《日本文学史话》，商务印书馆1995年，第46页。

出日本文学作品所特有的优雅情调，哀而不伤。这种文学思潮持续发展，直到《宇津保物语》时代的作品，也都是“现实主义的一面和理想主义的一面互相对照”[①]，写出了对美好生活的向往和雅致的生活情调。这一时期活跃于文坛、对日本文学产生重要影响的日本女房文学在创作中将现实主义进一步深化，“否定了过去的物语中所常见的、超现实的虚构手法，进而想在文学上作真实的描述”[②]。直到《源氏物语》的出现，继续秉承并深化这一文学传统，“运用‘史眼’来观察社会现象，与虚构的要素结合构成的，它开拓了描写现实的新天地”[③]。因此《源氏物语》在创作风格上呈现出明显的现实主义与浪漫主义相交融的现象，对日本古代小说中的这种风格给予了继承和发展。在这样的发展道路上逐渐形成了日本本土文学的“真实”的文学思潮，并由此形成了“物哀”的审美情趣。“真实”是日本文化的重要组成部分，它起源于上古时代日本神道文化，并逐渐在文学作品中形成了重真实的文学基调。这种真实“是一种平凡生活的自然和朴素的真实，它没有也不要求达到高远的精神境界，这是日本本土文化淡薄伦理的思想，对儒教思想改造的结果”[④]。真实经由《源氏物语》的发展确立了其在日本古代文学史上的地位，“紫式部是从写实的‘真实’向浪漫的‘物哀’展开的，是建立在日本传统的写实的‘真实’和浪漫的‘物哀’的基础上，同时大量吸收中国文学观念和方法，并且调适和融合二者，从而形成自己独特的文学风格”[⑤]，形成了以真实为主的美的情趣，并由此形成了日本文学独特的“物哀”审美情调，即“客观的对象（物）与主观感情（哀）一致而产生的一种美的情趣”[⑥]。在这种“真实”的美的情趣的影响下，小说在塑造人物形象时不是完全还原现实生活的原貌，而是多加入作者的想象和虚构。

“物哀”是对《源氏物语》审美特质的高度浓缩，这一概念被江户时代的著名国文学家本居宣长提出后，两百多年来，不但未有新的观点将其推翻，而且得到了“源学”界的一致认同。那么“物哀”仅仅是一种“感伤”情绪吗？它与“悲剧”这一概念有何联系呢？“物哀”就其浅表层而言，它表达的是对四时风物的

① 加藤周一著，叶渭渠、唐月梅译：《日本文学史序说（上）》，外语教学与研究出版社 2011 年，第 175 页。
② 西乡信纲等著，佩珊译：《日本文学史——日本文学的传统和创造》，人民文学出版社 1978 年，第 70 页。
③ 叶渭渠、唐月梅：《日本文学史　古代卷（下册）》，昆仑出版社 2004 年，第 455 页。
④ 叶渭渠、唐月梅：《日本文学史　古代卷（下册）》，昆仑出版社 2004 年，第 500 页。
⑤ 姚继中：《〈源氏物语〉与中国传统文化》，中央编译出版社 2004 年，第 158 页。
⑥ 叶渭渠、唐月梅：《物哀与幽玄——日本人的美意识》，广西师范大学出版社 2002 年，第 85 页。

感念、对世事无常的喟叹，是心与形、主观与客观、自然与人生的契合，表现了一种优美而典雅的情趣，具有悲哀的意蕴。然而其深层次上却是与悲剧密切相关的，只是悲剧的表现形态有别于西方，有别于其他民族。有关“物哀”与悲剧之间的相互关系问题，王向远曾在《“物哀”与〈源氏物语〉的审美理想》中有过精辟的阐述：“‘物哀’实质上是日本式悲剧的一种独特风格。它不象古希腊悲剧那样有重大的社会主题、宏大的气魄、无限的力度和剧烈的矛盾冲突。它也不象中国悲剧那样充满浪漫的激情和深重的伦理意识，而是弥漫着一种均匀的、淡淡的哀愁，贯穿着缠绵悱恻的抒情基调，从而体现了人生中和日常生活中的悲剧性。由于平安王朝佛教盛行，紫式部本人也笃信佛教，使得这种悲剧性建立在了佛教悲观主义、虚无主义的基础之上。它努力表现‘前生自业’、‘前世因缘’、‘因果报应’和‘轮回’等的佛教观念，作品中的人物都是‘苦’的化身，但缺乏真正的悲剧中对痛苦命运的那种奋勇壮烈的抗争，而是自认前世注定而无可奈何地消极承受。”[①]

文学表现的是特定区域和特定时代的文化内容，同时它又受制于时代的文化形态与氛围。紫式部本人以及她所创作的《源氏物语》亦不能例外，他们都会受制于平安时代的审美定式。平安时代是日本古代文化百花齐放、群芳争艳的文学繁荣鼎盛期，它一方面积极吸收灿烂辉煌的中国唐代文化，另一方面又注重将外来文化本土化。特别是在将外来文化本土化方面可谓是不遗余力。比如拉夫卡迪奥·赫恩（Lafcadio Hearn）在研究日本佛教思想史时曾说过这样一句耐人寻味的话：“佛教没有将日本佛教化，而是日本将佛教日本化了。”[②]吸收与转化使日本的文化形态形成了鲜明的个性化特征，在这大的文化背景的规制下，审美定式也形成了区别于其他民族的大和特质。

平安时代往生净土、生死轮回的佛教思想极为流行，这使得人们的审美情绪向“感伤”与“怜惜”的方向倾斜。“以物喻人，以人寄物”，感伤人的生死轮回，叹息物的凋枯繁茂。“无常”即美，而“无常”的发生过程，正是形成日本式悲美的源泉。

《源氏物语》的宿命论意识占据了主流，宗教宿命的悲剧色彩十分明显。人们头脑中宿命论思想的产生，除了接受某种宗教教义之外，社会的原因也是一个不

---

① 王向远：《“物哀”与〈源氏物语〉的审美理想》，《日语学习与研究》1990 年第 1 期第 72 页。

② 转引自野岛芳明著，姚继中译：《源氏物语交响乐》，重庆大学出版社 1999 年，第 24 页。

可忽视的重要因素，它与时代的社会物质生活条件以及与此相适应的人对客观世界的认识水平有着密切的关系。紫式部笔下的人物到头来都以出家遁世或死亡作为最终的解脱，只能说明紫式部有着较为强烈的宗教宿命论思想，她不但没有能够实现某种超越，而且还深入渗透到了人物形象的内部，使之构成了悲剧发展的动力。倘若“物哀”作为一种悲剧风格，也表现为悲剧冲突，那主要就是现世的情欲享受与深层意识中的悲观主义及虚无主义意识的矛盾冲突。这种矛盾冲突是内向化的，冲突的舞台就在人物的精神世界里。

第四节 《源氏物语》的中国因素

平安时代初期的文化以中国唐文化为榜样。嵯峨天皇特别爱读汉诗，而且善于作汉诗，在文学界发挥着主导作用。他当天皇和太上皇的时期，三部敕撰诗集《凌云集》《文华秀丽集》《经国集》连续编纂成功。《凌云集》收 23 人的 90 首诗，按照爵位排列，皇族排在前面，其中嵯峨天皇的作品有 22 首之多。《文华秀丽集》收 28 人的 148 首诗，模仿《文选》，分游览、宴集、饯别、赠答、咏史、述怀、艳情、乐府、梵门、哀伤、杂咏 11 个部类排列。《经国集》原有 20 卷，现存 6 卷，收 178 人的 900 多首诗、赋、对策文（官吏录用考试答案）等，和《文华秀丽集》一样按部类排列。诗集的风格华丽、精雕细琢，受六朝骈俪文的影响很大。

紫式部出身于贵族家庭，父母同是官至左大臣的北家藤原冬嗣的后代。抛开家族的贵族血统不谈，稍稍翻开她的家谱便可发现，紫式部的曾祖父藤原兼辅擅长汉诗文、和歌，是三十六歌仙之一。祖父藤原雅正承父才学，同样擅长汉诗文，也是三十六歌仙之一。父亲藤原为时虽不及其父辈、祖辈出类拔萃，但却也在 16 岁时文章生及第。花山天皇为宫太子时，藤原为时做过太子的副侍读，花山天皇即位后，藤原为时无论做官还是闲居，总以汉诗、和歌为其人生的最大乐趣，在当时，亦不愧为汉诗文、和歌的大家。紫式部的曾外祖父藤原文范、外祖父藤原为信虽然只是地方官，却以汉诗文、和歌著称，母亲坚子也不负才名。

紫式部在父亲的教导下，自幼随兄弟惟规学习《古事记》和《日本书纪》，且对汉典籍尤其兴趣浓厚。其中最为精通的是《日本书纪》、《史记》与《白氏文集》。此外，在音乐、绘画、佛教经典等诸多方面也颇有造诣。

《紫式部日记》是紫式部唯一的自述体裁的著作，其中的记述为我们研究紫式部如何钻研汉文典籍提供了佐证。

> 另一个书橱里的典籍，自从精心收藏的人离去之后，几乎无人去动它。我在百无聊赖的时候，取出一两本来读，那些女官们便说："您这样攻读不怕薄命么！女人家何必读那些典籍，以前连读经都不许的。"
>
> ……那个叫式部丞的人，在一旁读《史记》时，听了又听，只是不懂，又记不住。我倒出奇地很快听懂了。对汉文典籍很有研究的父亲时常叹息说：可惜不是男儿，真不幸呀！
>
> 皇妃却叫我在她跟前这一段那一段地选读《白氏文集》，她很想了解这些诗的含意。但她不肯让人知道。从前年夏天起，乘侍奉的人不在跟前时，我就半生不熟地给她读了两卷《乐府》。此事皇妃虽叫保密，却终于让主公和夫人知道了。主公并叫擅长书法的人给抄写这些典籍。[①]

在平安时代，所谓"典籍"指的是从中国传入日本的汉文书籍。按照当时的规矩，汉文书籍只供男子特别是宫廷贵族阅读，女子阅读则视为有违常规。尽管如此，由于家庭环境的熏陶，加上紫式部超群的天分与才智，她对汉文典籍的习得与理解，特别是对《史记》与《白氏文集》的习得与理解更是出类拔萃。毋庸赘言，家庭的熏陶与她本人对汉文典籍的执着，为紫式部日后写出不朽的文学巨著《源氏物语》奠定了雄厚的基础。

如果说家庭背景与《紫式部日记》不足以证明，中国古典文学特别是《白氏文集》对紫式部创作《源氏物语》产生了深刻影响的话，那么我们只有从《源氏物语》中获得反证。在此笔者仅以《源氏物语》的第一回"桐壶"为例，与《长恨歌》做个对照（《源氏物语》的"桐壶"回简称《源・桐》，汉译文本依据姚继中译本[②]）。

> （1）却道从前某朝天皇时代……（《源・桐》）/汉皇重色思倾国，御宇多年求不得。(《长恨歌》)
>
> （2）后宫妃嫔云集。期间有一身世贫朴的更衣，深得皇上恩宠。

---

① 转引自丸山清子著，申非译：《〈源氏物语〉与〈白氏文集〉》，国际文化出版公司 1985 年，第 30-32 页。

② 紫式部著，姚继中译：《源氏物语》，江苏人民出版社 2011 年，第 2-8 页。

(《源·桐》)/杨家有女初长成，养在深闺人未识。天生丽质难自弃，一朝选在君王侧。回眸一笑百媚生，六宫粉黛无颜色。(《长恨歌》)

(3)“唐朝便因有了这等专宠而终致天下大乱，真令人汗颜啊!”……皇上爱得如若心肝一般，只管将她留侍在侧；宴乐佳会，更是不离左右。偶遇晨间迟起，干脆让其终日侍留身旁，不使归宫。(《源·桐》)/春宵苦短日高起，从此君王不早朝。承欢侍宴无闲暇，春从春游夜专夜。后宫佳丽三千人，三千宠爱在一身。金屋妆成娇侍夜，玉楼宴罢醉和春。(《长恨歌》)

(4)皇上闻此噩信，长痛难抑，顿觉神思惚然，只得将自己独闭房中，郁郁凝思。……皇上终日流泪……(《源·桐》)/君王掩面救不得，回看血泪相和流。(《长恨歌》)

(5)目下那《长恨歌》图卷，其中贵妃之容色，略欠生趣。皇上暗想，画中生趣本就难求，那是名家笔力，也不过如此。诗句“太液芙蓉未央柳”比拟贵妃面庞与娥眉，虽则十分恰当，且唐代的衣妆也很是优雅艳丽，但与更衣的温柔妩媚之姿相较，天地间花鸟的颜色与声音也都逊色了。(《源·桐》)/归来池苑皆依旧，太液芙蓉未央柳。芙蓉如面柳如眉，对此如何不泪垂。(《长恨歌》)

(6)心中挂记更衣外家，全无睡意，索性面对残灯枯坐，凝夜盼明。听巡夜的右近卫官唱丑时之名后，恐独坐太久，惹众人议论，才始入内稍息，却仍辗转难眠。(《源·桐》)/夕殿萤飞思悄然，孤灯挑尽未成眠。迟迟钟鼓初长夜，耿耿星河欲曙天。(《长恨歌》)

(7)皇上于众人之前，力图抑住伤感之情，但一回想更衣初幸之时的种种风情，又哪里掩饰得住？如今落得孤家寡身，空留尘世，觉得自己也未免可怜。……命妇呈上太君所赐之物，皇上览之，心想道：“此若临邛道士从她居处取得的钿合金钗，那有多好……”作此无用想象，实也无味。于是吟道：“愿君化作鸿都客，探得香魂住处来”。(《源·桐》)/临邛道士鸿都客，能以精诚致魂魄。为感君王辗转思，遂教方士殷勤觅。(《长恨歌》)

(8)先前朝夕厮守，共吟“在天愿作比翼鸟，在地愿为连理枝”之诗句，互订盟誓，可如今眼见得化着水月梦花，不复存在了。也是命当如此啊!(《源·桐》)/在天愿作比翼鸟，在地愿为连理枝。天长地久有

时尽，此恨绵绵无绝期。(《长恨歌》)

我们可以清楚地看到，《长恨歌》在《源氏物语》第一回“桐壶”的创作中所起到的作用非同寻常。紫式部几乎动员了“同工式引用”“同归式引用”“断章式引用”的一切修辞手段，借用中国的历史片段与《长恨歌》的文学意象，来烘托《源氏物语》的起首章回，可见紫式部对汉文典籍是何等娴熟。

劳伦斯·比尼恩在论述中日两国文化艺术关系时曾说过这么一句话：“日本的艺术史是这样的一部艺术史，它从中国取得了最初的灵感，逐步发展自己的性格，并且接受了新的题材；此后，似乎是害怕与大陆的伟大传统失去联系，害怕变得粗鄙、寡陋，于是它从晚近的中国艺术、思想中寻求发现某种清新的激发力量和新的开端。然后日本又一次把自己封闭起来，它的艺术再一次使它所吸收到的东西得到消化；真正日本性格的新风格又逐渐地在形成。”[①]

笔者初读《源氏物语》是将其当作日本著名古典小说、日语学习者了解日本古代文学的必读名篇通读的。在阅读过程中，深深体会到了《源氏物语》通篇的中国文化元素，不知不觉地产生了文化认同的亲近性。后来在翻译《源氏物语》的过程中，对作者紫式部的认知发生了质的变化。紫式部不仅在《源氏物语》中大量引用了中国的文献典籍，笔者甚至怀疑过《源氏物语》的故事架构的灵感都有可能来自中国的《列女传》。

《列女传》成书于汉成帝永始元年（公元前 16 年），是一部介绍中国古代妇女行为、宣扬妇德的训诫书。作者是西汉的儒家学者刘向。现存的《列女传》为八卷本，包括传记七卷和颂一卷，共记叙了 105 名妇女的故事。前七卷分别是母仪传、贤明传、仁智传、贞顺传、节义传、辩通传和孽嬖传，可以说是以人物故事来训诫女子的儒家女训的起源。那么，《列女传》是何时传入日本的呢？据考证，《列女传》大约是在 9 世纪即唐代传入日本的。平安时代初期淳和天皇天长八年（831 年，中国唐文宗太和五年）完成的第一部大型汉籍类书——《秘府略》中引用了刘向的《别录》，并提及了《列女传》。此后，于 876—884 年整理和编撰的《本朝见在书目录》一书中直接记载了：“列女传十五卷，刘向撰，曹大家注。”据此可以推断，在平安时代，《列女传》已经传入了日本。

笔者以为，《源氏物语》第二回“帚木”中最为著名的“雨夜品评”，可以说

① 劳伦斯·比尼恩著，孙乃修译：《亚洲艺术中人的精神》，辽宁人民出版社 1988 年，第 95 页。

是通过对女性的品评来规范女性的“道德经”。紫式部借助书中人物左马头、藤式部丞的议论阐述了自己的女性观。左马头认为：“主妇职务之中，最重要者乃忠实勤勉，为丈夫作贤内助。……男子朝出晚归，日间所见所闻，或国家大事，或私人细节，或善事，或恶事，总想向人谈谈，然而岂可执途人而语之？他希望有一个亲爱的妻子，情投意合，心领神会，共相罄谈。”[①]

在这里，他把男性治理国家与女性守护家庭相提并论，认为国家等同于家庭，要治理国家就必须治理好家庭，而这正是中国的传统思维方式，把女性看作是丈夫的贤内助，不仅善于操持家庭，亦能辅佐丈夫，成就丈夫的事业，即所谓的“贤妇”。

而藤式部丞的贤妇形象是谈论国家大事、聪慧博学、知书达理。可是，当时日本社会只要求女性的才艺技能，不涉及政治，所以藤式部丞这种“贤妇”并非当时日本社会的女性所具有的形象。有意思的是，《列女传》中出场的女性们与《源氏物语》中藤式部丞所说的“贤妇”如出一辙。况且，有关夫妇中女性价值的评论，在《源氏物语》以前的日本的文学和历史作品中都不曾出现过，可见紫式部的女性论应该不是出自偶然。

长期以来，日本文学界把《源氏物语》中的空蝉和末摘花定位于贞顺、节义之女性，认为这两个人的形象出自刘向的《列女传》。“帚木”中关于贤妇的评论，以及空蝉、末摘花的女性形象的塑造不是没有可能出自《列女传》中贤明传、贞顺传和节义传的内容。

更有意思的是，细读《源氏物语》可以发现，《源氏物语》的架构似乎是比照女性传记的形式展开的，每一回都有女主人公出场，甚至有些回名直接以女性的名称来命名。无独有偶，《列女传》记录了 105 位妇女的故事，而且每个故事皆以故事中的女主人公来命名。这种情形在《源氏物语》之前的日本文学作品中亦不曾出现过。传记文学源于中国，这可以在中国的史书中得到考证。而刘向的《列女传》无异于中国最早的女性传记，后世的很多女性传记如“后妃传”等均以《列女传》为模本，这难道不令人疑惑《源氏物语》的女性传记形式或直接、或间接地受到了《列女传》的影响吗？

---

① 紫式部著，丰子恺译：《源氏物语》，人民文学出版社 2001 年，第 22 页。

中国文学的美学精神结构对平安文学的影响

日本民族的美学思想体系大抵成形于平安时代。然而，究其平安时代美学思想体系的形成，不难发现其并非完全基于本民族原初审美意识的集成，而是在对中国隋、唐美学思想，特别是在对唐代美学思想接纳与变异的过程中逐步形成的。日本平安时代的诗文审美是在积极吸收唐代美学思想的同时，又按照本民族的审美情趣与当时贵族阶层的社会风尚融合，形成了日本平安时代与中国唐代诗文审美趋而不同、异而不悖的审美定式。

日本在平安时代以前，风土、语言、信仰逐步泛化成原初的民族审美意识。这种源自“绳纹文化”的“粗糙与朴实”的审美认知是自发的、零碎的，不构成系统性与理论性，更不能认为对美的认知可以上升到学术思考的理论高度。

中国唐代的美学思想涉及各个领域的审美认知。可以说，唐代的美学理想最为突出地体现在唐诗之中。唐诗是唐代美学的代表。[①]

日本吸收盛唐文化的主动性、积极性可谓是当时任何一个国家都远不可及的。日本通过遣唐（隋）使、留学僧（生）等途径，借由“经”“史”“子”“集”等载体潜移默化地吸收中国文化思想，由此开创了日本奈良与平安时代的文化盛世。8世纪末，《万叶集》的编纂标志着“日本的‘和歌’创作已经从‘歌谣’的时代进入了‘诗人创作’的时代”，即“从社会共同体的集体的创作，发展为‘作者’的‘有意识’的‘个体’的创作。……这就使‘歌’具有了表现作者‘情感个性’的可能性”[②]。日本的“歌”到了《万叶集》的时代，开始与在生活的共同体内为表达朴素情感而咏唱的“古代歌谣”相区分，成为一种独立的文学样式。可以说，《万叶集》是日本民族第一次焕发出自豪的共鸣和文化的光芒，更重要的是将欢喜、趣味、奇怪提升到了审美的角度加以审视和表达。正是在这一时代背景下，日本开始展露出日本民族独特的美学思想。

日本古代美学或艺术理论的起源主要出现在8世纪晚期的和歌诗论“和歌四式”的理论中。“和歌四式”用中国汉字所写，其内容在很大程度上受到了当时中国诗论的影响。如果说奈良时代末期至平安时代初期强调对唐文化的模仿，那么平安时代中期以后，我们已经可以看到唐文化在日本土壤中的移植、融合与创新，

---

① 陈望衡：《中国古典美学史・中卷》，武汉大学出版社2007年，第6页。

② 严绍璗：《万叶集的发生学研究——兼评西乡信纲的〈日本文学史〉》，《日本学刊》1999年第1期第96页。

形成了日本的“国风文化”，并渐次成熟。10 世纪初，首次出现了用日语写成的文学理论——《古今和歌集》的序言“假名序”，象征着《古今和歌集》开始融入日本人的思维方式和情感表达方式。《古今和歌集》是日本最初的敕撰和歌集，附有真名序（用汉字所作的序文）和假名序（用日语假名所作的序文）两篇序文，阐述了和歌理论。作为日本最早的和歌论，两序自古以来就享有很高的评价和地位。真名序几乎全面吸收了《毛诗》大序的形式和内容，带有较强的政教主义色彩。与此相对，同样是以中国诗论为基础，假名序则避开政教主义的表现和对中国诗论的直接翻译，以日本化的表现来论述和歌特有的私人感情，展开日本独有的歌论。假名文字诞生后，日本试图逐步摆脱汉文学的影响，开始产生本民族的文学创作。平安文学是日本古典文学的最高峰，被誉为平安双璧的《枕草子》与《源氏物语》相继问世，将细腻的宫廷贵族生活，以及充斥在他们感情世界中物换星移、生死荣枯的无常感凝固成一幅幅美丽的画卷展示在世人眼前。而平安时代的审美观正是深深地蕴含在以和歌与以《源氏物语》《枕草子》等国文学为代表的日本古典文学中。可以说，平安时代是日本美学思想体系的原点，并对日本民族的审美认知影响至今。

平安文学最执着的是风花雪月，其实这也是唐代诗歌的主题。东方美学思想强调“天人合一、物我两忘”，这是中日两国共有的自然观，但中日古典美学中的“自然”非常不同。受原初审美意识的影响，日本人更喜欢诉诸直觉的审美感受，偏好与自然的本源性亲和。在他们看来，自然之物并非单纯的物质，而是有着各自的个性、各自的生命，是灵魂与情感的共存。故《源氏物语》中女性人物通常借花喻人也就不难理解了。对自然的崇拜造成日本古代的哲学思考比中国更偏重于“物”。如同日本大儒冈田武彦所说：“物即命，命即物”[①]，“‘崇物’是日本文化里带有根本性的哲学范畴”。[②]正因为有对物的崇敬之心，所以日本民族特别善于发现物之美。平安文学，特别是和歌与平安女性文学都能感受到日常生活中的纤细之美，并流露出惜物、怜物的朴素情怀。

再从“悲美”看中国唐代与日本平安时代美学思想中的人文意识。我们会发现中国的古典诗词尤为典型，诗人常将自己的情感投射到他所观照的意象中，即美学理论所说的“移情”。诗人常常陷入忧伤悲戚的审美心境，使得审美对象自然

① 冈田武彦著，钱明译：《简素：日本文化的根本》（插图增订版），社会科学文献出版社 2016 年，第 10 页。

② 冈田武彦著，钱明译：《简素：日本文化的根本》（插图增订版），社会科学文献出版社 2016 年，第 8 页。

也会染上一层淡淡的幽暗色彩。特别是在这种儒家文化的影响下，古代文人学士无不抱着一颗实现人生抱负的建功立业之心。经历过“安史之乱”的杜甫、白居易等现实主义诗人和王昌龄等边塞诗人一生写下无数悲歌，悲自己空有一腔抱负却怀才不遇，更悲天下乱世中的世态炎凉与百姓苦痛。这种中国文人的“悲”是人格美的“悲”，是崇高美的“悲”。不止于一己悲喜，而是悲人悲国悲天下。兼济天下的美学思想的核心是“有爱”，他们用达观、济人的态度去对待万物，与儒家的仁爱之心、佛家慈悲为怀的爱心是相通的，这是诗人美学思想中最具社会价值的精粹，是一种人文价值之美。这种“爱”已经超越了“悲”，所以，尽管命运不济、颠沛流离，但唐代诗人并非与乐无缘，他们从没放弃过积极向上的生活态度以及对人生和艺术之美的孜孜追求，他们的诗中总是透过悲的氛围激荡着豁达的气度。诗人对黑暗污浊的政治现实、对自己宏大抱负的阻遏表达出苦闷、愤郁的同时又表现出对人生前途充满乐观的豪迈气概，体现了诗人执着追求理想的强大精神力量。

日本平安时代的诗文同样以“悲”为美，但又不同于唐诗寓悲于乐的襟怀。比如《古今和歌集》中大部分美学意义的词汇都从唐诗中来，但唐诗里本有喜怒哀乐等复杂的情绪，《古今和歌集》却只截取了悲伤，而欢乐和庆祝的词语大部分被摈除。不管《源氏物语》还是同一时代的《蜻蛉日记》《和泉式部日记》等作品，其中女性的命运都给人一种悲怆和哀凄的感觉。如《蜻蛉日记》的作者就曾说过，我的笔记写下了命若蜉蝣的女人的日记，世上的繁荣如花开、结实，我将弃世如残叶上的微露。这些女性在自己命运的河流中挣扎、沉浮，于是也将愁、泣、悲等字眼移植到花、虫、月、露中来抒发内心的哀怨之情。本居宣长将这种“哀”诠释为“物哀”，指内心深处的种种感动和体验，其所展现的是一种哀婉凄清的美感世界。日本审美中一直有着代表日本土著的原生文化与杂糅了大陆文化的混血文化。长期以来，两者此消彼长，但都符合着同一标准，就是能够被“感受”。前面讲日本人“崇物”，在物哀的文学审美理念中，“物”是指能引起“哀”的物，“物哀美”是一种感觉式的美，不是凭理智、理性来判断，而是只有用心才能感受到的美。

日本平安时代是以宫廷贵族为代表的贵族文化，而贵族文化最为推崇的诗人白居易对唐代美学最大的贡献其实是“美刺比兴”。所谓美刺指以讽刺为美。中国古典文学向来就有美刺的传统。白居易进一步将其发扬光大，是基于政治上的用心，强调艺术的教化功能。他将自己的诗歌分为讽谕、闲适、感伤、杂律四个部类，其中特别强调美刺。然而日本的宫廷贵族却只钟情于白居易闲适、感伤的诗作，摒弃讽谕，缺乏“文以明道”的自觉。开科取士的唐代，创造美学理论的文人不乏出自庶民阶级，所以唐代美学思想的渗透方式在很大程度上是自下而上的。相较之下，日本平安时代的美学在很大程度上仅仅局限于贵族阶层的认知。美是贵族的，这种思想在《枕草子》中有特别突出的表现。例如，《枕草子》“不相称者”一节中有写在平民百姓的简陋房屋的房顶上，落满白雪或者洒满月光，这些看起来都是不相称的，又在“下等人的称赞”一节中说道，身份地位卑贱的人要是说了不合适的话，赞扬的话也会是批评的效果了，字里行间充斥着对所谓“下等人”的鄙夷与讽刺。诸如此类现象其实并不难理解，当时的日本刚有自己的文字，普通百姓尚处于文盲状态，文学欣赏离他们自然很遥远。

日本平安美学思想只融合了本就与神道教有所趋同的佛、道两家，摒弃了儒家哲学中经世济民的思想，导致平安时代的审美意识一直维持着感性的思维模式，追求一种朴素自然的真情。这种日本式的唯情主义只追求极致的美，淡化伦理，没有也不像儒家文学那样追求“修身、齐家、治国、平天下”、实现自我社会人生价值的高远精神境界。这是日本平安美学在人文关怀与人生价值追求上的重要特征之一。

日本对儒学的接纳采取的是各取所需的态度，为了维护宫廷贵族的一统，他们也需要儒家思想作为自己的理论武器，这种功利性的态度注定儒家思想无法渗入到日本社会文化的深层。尽管如此，也不能完全否定儒学对日本平安美学的影响，体现在哲学思想上就是儒家的中庸之道，也是所谓的方圆之道。儒家以中和、义理作为圆的精神，儒家之圆偏重教化之圆、秩序之圆，要符合君臣父子的封建等级制度。就好似紫式部笔下最理想的女性紫姬面对源氏的荒唐也只会选择无止境的隐忍，绝不会将自己的哀怨“形于色”。

唐代艺术哲学，虽方圆兼收，但尤为重圆。以月为例，唐诗中有大量吟月的诗词，用月亮的圆缺来比喻人的离合，表达自己的思乡之情。中华美学所崇拜的“圆之美”不仅是外形上的，其内涵也是圆满的、圆融的。

受唐代美学影响，空海在《文镜秘府论》中对方圆之美也有描述。在《文镜秘府论》南卷《论文意》中提到“假以圆文”，以及地卷《八阶》中说的“洒尘成细迹，点水作圆文”，其“圆文”皆指圆合圆妙之文，且在南卷《定位》中提出“理贵于圆备”，也为事理完备而周密圆通之意。《文镜秘府论》对诗文的方圆论也有所诠释，如北卷《论对属》中说：“凡为文章，皆须对属；诚以事不孤立，必有配疋而成……圆清著象，方浊成形。”所谓“清阳者薄靡而为天，重浊者凝滞而为地”，可见在方圆之中，重圆抑方。[①]

但比起“圆”，平安时代似乎更以“缺”为美。《源氏物语》中描写月亮的场景多达 200 余处，有秋月、凉月、残月、皓月、晓月、明月、朦胧月、缺月等种种对月的描绘。相较圆月，紫式部更喜欢缺月、残月的意境。在她的观感中，残菊经霜、衰秋残月的凄凉景色更能唤起令人怜惜的哀愁情怀，有种特殊风味与乐趣。就如同充满生机的似锦春花固然美丽，但白秋之后即为玄冬，秋尽冬初人寂寂，生离死别两茫茫，比起春，秋更易唤起日本人情绪性、感伤性的抒发，聊以慰藉自己的忧郁和寂寞之情。中国文人爱春，有学者甚至认为，唐诗的主旋律是春之歌，仅李白与白居易就分别写下《春思》《春怨》《春日行》《江南春怀》《阳春歌》《春日归山寄孟浩然》与《钱塘湖春行》《春风》《杭州春望》《南湖早春》《春题湖上》《长安春》《春词》等数十首写春的诗歌。相较之下，日本人深爱秋，日本平安文学中以秋作为咏题最多。《源氏物语》中就有大量描写秋的场景，最动人心魄的一幕正是“红叶贺”，源氏映衬在夕阳下的红叶之舞，几疑此非人间景象，这是对生命之美的震撼和不安。有趣的是，《源氏物语》第十九回中有一幕是说春秋之争，源氏问梅壶女御说：“中国文人墨客皆言春光最美；但日本和歌又以为，‘春日繁花竞，不如秋意深’。其实四时之景，皆各有可人之处，难分高下。我想在这小院内，多植春秋花草，兼养些稀有鸣虫，点缀四时景致，供你观赏。不知对于春秋，你更偏爱哪一季节？”[②]梅壶女御借用《古今和歌集》中的“秋夜相思浓”答道：“每逢秋夜，便追念逝如朝露的母亲，故更喜秋天。”[③]在平安贵族的观感中，残菊经霜、衰秋残月的凄凉景色更能勾起人们怜爱的哀愁情绪，这种特殊趣味与偏好会增加美感，岂不是“物哀美”的真髓。日本古典美学最重要的命题“物哀”的“物”指的就是能引起哀的物。《古今和歌集》云：“哀情亦是无常物，但看经年便不思。”佛教给日本最大的审美影响是“观”，“观”是用眼睛去看看不到的彼岸的极致乐土，就好像通过残月、败花可以看到满月和花盛时的景象，使之留有无限的想象空间与余韵，反而圆月、盛放的花无论怎么美也会妨碍他们的想象力。这就是日本人独特的审美意识中蕴含着的无常感与哀美感。

① 遍照金刚撰，卢盛江校考：《文镜秘府论汇校汇考》，中华书局 2006 年。

② 紫式部著，姚继中译：《源氏物语》，江苏人民出版社 2011 年，第 276 页。

③ 紫式部著，姚继中译：《源氏物语》，江苏人民出版社 2011 年，第 276 页。

平安时代追求的“缺之美”或许代表着知足与甘愿不足的心态，体现在美学上就是不完美反而变成一种美。日本崇尚自然美，认为自然界无完美无缺之物，有瑕之美才最接近真实的，才是万物的本来面貌。《源氏物语》第五回“紫姬”中源氏与藤壶妃子幽会时心想“此人身上何以毫无半点缺陷呢”，他觉得这一点反而令人难以忍受。确实，《源氏物语》中的女子，各有各的心伤，夕颜早逝，末摘花貌丑，明石姬出身卑微，就连紫姬，生前也要忍受源氏的处处留情，担心自己失去他的爱。这种无常的情调一直弥漫在日本平安文学中。不同于唐代美学爱“圆”，平安美学始终爱“缺”，然这种“缺”与“圆”既对立又统一。月有阴晴圆缺、人生有生有灭，何必执着在意。虽然悲伤，但是并不觉得纤弱颓靡，反而有一种质朴美。

平安时代是日本古代美学思想的重要形成期。日本民族在吸收唐代美学思想的同时，按照本民族的审美情趣与贵族社会风尚进行改造，强调情绪性和感受性以及人与自然共生的朴素思想，去掉了宗教式的伦理道德、淡化了哲学思辨，使唐文化中某些柔美、华丽、伤感的基因得到了畸形的发展，逐渐发展成为平安贵族文化过于纤弱甚至带点病态的唯美主义倾向。这种审美趣味使他们逐渐远离那种宏大的、雄伟的艺术风格，迷恋于某些细微、精致、更富于象征意义的自然之物与生活细节。①

物语与唐代变文、传奇的交集因素

“物语”大约产生于900年。初期物语有《竹取物语》《伊势物语》《土佐日记》《大和物语》等。10世纪末至11世纪初的作品为中期物语，主要有《蜻蛉日记》《宇津保物语》《落洼物语》《枕草子》《源氏物语》《荣花物语》《堤中纳言物语》《更级日记》《夜之寝觉》《狭衣物语》等。《大镜》《增镜》《今昔物语》《平家物语》《徒然草》等为后期物语。

所谓“物语”，起初实际上是日本民间口口相传的坊间故事、杂谈之类，用以消磨时光，抑或满足某种精神需求。其内容主要有两类：一类是假托无生命之物、动植物，将其拟人化，以表达隐藏在内心深处而无法公开表达的情感，或委婉含蓄地排遣心中压抑的情绪；另一类则是男妇恋爱的艳闻趣事。在假名文字产生之前，宫廷贵族等上流社会必备的修养便是习汉字、写汉文、吟汉诗、诵典籍。然

① 戚印平：《日本绘画史》，中国美术学院出版社2002年，第60页。

而，汉文学的基础是古汉语，而古汉语的一字一词都蕴含着思辨性的中国思想，因此，用汉语言文字去记载与汉语性质、结构迥异的日本人的传统口头语言、描写日本的风物，是难以表现日本人纤细的心理活动的。假名文字的产生，为日本文学的发展开拓了一片新的空间，特别是给不得使用汉文的女性提供了施展才华的绝好机会。她们用假名文字记载"物语"，从而形成了一种假名散文体的文学体裁——物语文学。

物语文学作品既有短篇亦有长篇，而早期的长篇物语文学作品多源于短篇，后逐步汇集、续写成长篇，故使得日本早期的物语文学作品的故事显得十分松散。物语文学作品内容即便是以历史上的人物、史实作为题材，通常也会不同程度地加入一些虚构的成分，或增、或减、或润色，使虚构与史实混为一体，形成了看似史实，实与史实相去甚远的文学创作。物语的另一个特点是其所宣示的善、恶、正、邪之伦理感，往往并非当时贵族社会所规范的、由来于儒教律令的伦理道德规范，而是伴随着传承者的喜、怒、哀、乐所自然流露出来的、带有极其主观任意性的伦理判断。就语言而言，物语与工整的和歌虽在文体上有所不同，但在审美意识上是相辅相成的。需要注意的是，物语语言的通俗化并没有使其作品庶民化，仍以贵族尤其是中下层贵族为主要阅读对象，且物语的舞台也大多以平安京及周边地区为主。

《源氏物语》作为中期物语，除了显示出物语文学的成熟性之外，在文体方面也具有划时代的意义。在《源氏物语》之前，物语文学分为两大流派，一是创作物语，二是歌物语。《竹取物语》《落洼物语》之类的为创作物语，内容纯属虚构，具有传奇色彩，体裁主要是假名散文体。《伊势物语》《大和物语》等则是以和歌为主体的歌物语。值得注意的是，以和歌为主体的歌物语已经出现了类似我国唐代变文的散文、韵文合二为一的文体雏形，其表现形式是在部分和歌前面，特别是赠答、唱和的和歌前面，大抵都冠有构成简短"物语"情节的"序文"。在这些仅用作序文的物语情节中，无论是自己还是对方，大都采用第三人称形式，这使得物语文学朝着客观叙述方向发展。

然而，在真正意义上将散文与韵文融为一体的无疑是紫式部的《源氏物语》。紫式部第一次把创作物语与歌物语完美地结合在一起，并在物语创作方法上既继承了物语虚构加写实的传统，又注重描写人物的内心世界。散文叙事、和歌抒情，使原本单调的物语文学变得丰满起来。紫式部在物语文学创作上的这一创新，使物语文学的体裁颇似我国的唐代变文、传奇。尽管目前我们尚不能断定她就是受到我国唐代变文、传奇的影响，但并不妨碍我们将两者进行比较研究。

唐代变文从存在的时间上看，最迟在 7 世纪末这种文体已开始流行，而到了 9 世纪上半叶，则历世五朝、声誉未坠，并进入了一个极盛的时代。所谓变文，实际上就是当时盛行于寺庙中的“俗讲”艺术的底本，最初是为了使玄奥的佛理通俗化、故事化，遂将佛经以散文叙说、偈赞歌唱。隋唐时代，伴随着佛教的进一步发展，佛寺禅门的讲经更加盛行起来，从而变文也作为一种文体而固定下来。唐代变文在语言上也很有特色，为了便于讲、唱，一般为散文、韵文结合。散文部分用通俗易懂的白话，或杂以四六骈体，生动活泼、节奏铿锵；韵文部分则以七言为主，或杂以三言、五言及六言，注重押韵，并讲究平仄。从功能上来看，散文主要用于叙事，而韵文则用于抒情。

《源氏物语》在文体上与我国的唐代变文有着诸多的类同性。

（1）变文的产生较《源氏物语》早 200 余年。虽说我们不能断定变文对紫式部创作《源氏物语》有着文体方面的影响，但变文是否有可能作为佛经的“副产品”随佛教东传日本，自 630 年至 894 年间，日本政府任命了 20 批遣唐使，实际成行 16 次。在大规模输入唐朝文化的过程中，佛教亦受到了十分的重视。

（2）《源氏物语》洋洋 40 万言，以散文体为主，其中织入了 795 首原创和歌（引用的诸如《古今和歌集》的和歌未计算在内），两者融为一体，同时又各具特有的功能。散文叙事，和歌抒情状物，其效果不仅使行文典雅，而且对丰富故事内容、推动情节发展以及抒发人物情感都起到了独特的作用。从文体形式上来看，与唐代变文具有十分相似之处。但仔细分析则可发现，散文部分找不出太多的差异，而韵文部分值得推敲之处颇多。首先，唐代变文中的韵文部分是为唱而设置的，从变文唱词上往往注有“平”“侧”“断”字来看，这些唱词有声调上的要求，甚至还可能有音乐的伴奏；而《源氏物语》中的和歌，尽管使用了“歌”字，但它从不用于唱，当然不排除在宴饮、聚会时的吟咏，但归根结底仅为一种音律规范的诗体。唐代变文的韵文部以七言为主，亦有三言、五言及六言，形式多样，根据不同的需要可作选择，从而达到不同的艺术效果；而《源氏物语》中的和歌其形式则是划一不变的，由五、七、五、七、七 31 个音节构成，没有选择的余地，与前者相比显得呆板。

（3）无论是唐代变文还是《源氏物语》，两者都使用了当时通俗易懂的说话文体。

《源氏物语》在题材方面受到了唐代传奇的影响，这一点是可以肯定的。翻开

《隋唐五代小说史》①，我们惊奇地发现，侯忠义在“绪论”中对唐代传奇小说的题材、创作方法所作的评述，与《源氏物语》的作者紫式部的创作理念、题材选择、创作方法等诸多方面有许多令人难以置信的一致，试比较如下：

唐代传奇小说在题材上讲究奇异性。“奇”“异”是传奇小说选材的准绳，且须具有时代的特点，这就使得它从“志怪”走向“现实”，扩大了题材的撷取面，增加了多种多样的描写对象。如《任氏传》讽谕浅薄世风，《李娃传》写妓女，《莺莺传》写大家闺秀，《长恨歌传》写唐明皇、杨贵妃的爱情生活等，记述的对象包括王宫贵族、文人进士，上至官僚，下及平民百姓，反映了社会各方面的生活领域，涉及政治、经济、门阀制度、婚姻爱情以及思想观念。《源氏物语》诚然选择了宫廷贵族为描写对象，以皇亲国戚的爱情纠葛为主轴，着力追求所谓的“永恒的爱”。乍看《源氏物语》的开篇卷“桐壶”，任何一个中国读者都会觉得是在读一部“日本版”的《长恨歌传》。事实上，她的确受到了《长恨歌传》的影响，在作品的某些章回或局部描写中亦能看到诸如《任氏传》《李娃传》《游仙窟》等唐代传奇的影子。

从唐代传奇开始，小说则发展为传记式的故事性作品。这种传记形式，不仅仅表现在以人物为标题，还表现在写一个人的故事，委曲完备，首尾照应，结构完整。《源氏物语》的部分内容最初或源自坊间的“光源氏的物语”，即具有“光源氏传记故事”“光源氏传奇故事”的典型特征。《源氏物语》由五十四回构成。大凡读过《源氏物语》的人都会对其章回题名留下深刻的印象。“桐壶”“帚木”“空蝉”“夕颜”“若紫”“末摘花”“葵姬”“杨桐”“花散里”“明石”“朝颜”“玉鬘”“常夏”“真木柱”“柏木”“夕雾”“匂皇子”“红梅”“桥姬”“浮舟”，全书五十四回中约有一半是以卷中的人物命名的。其实，《源氏物语》中的人物大都没有姓氏，按平安时代物语文学创作的习惯，对书中的人物或以官爵名称呼，或以叙述文、和歌中的某个词代以称谓。从《源氏物语》各章回的题名中我们还可以发现，有 90%的章回题名都跟花草、植物、四季时令有关，这正是日本人对季节和时令风物的亲和与敏感所形成的，是日本人重要的审美特征之一。

唐代传奇文学在创作手法上采用了虚构法，其虚构的方法大致有两种：一是真伪互陈，借彼形此；二是凭空结构，任意而行。前者大都是历史故事、民间传闻或前代小说素材，但传奇作者并不拘泥于史实，也不受文字记载和社会传闻的

① 侯忠义：《隋唐五代小说史》，浙江古籍出版社 1992 年。

束缚，而是自觉地进行虚构，有目的地进行再创作，以便宣扬自己对社会人事的观点与看法。如《莺莺传》《李娃传》《长恨歌传》《东城老父传》等。后者则系“子虚乌有”，是作者凭空虚构而无须题材的来源或生活的依据，如《元有无》《陶尹二君》等等。紫式部的《源氏物语》与前者极为相似，其故事的内容大都取自前人的史料或历史中的某个片断。但它们已不是完整的历史真实，而是已经经过作者加工过的“历史真实”。

唐代传奇文学描写细腻，情节完善。跟汉魏六朝笔记体小说相比，唐代传奇的篇幅已大大增加，情节也臻于完善，但有些传奇作品在叙事与记传的过程中，往往插入大量的诗歌，以表现作者诗笔和议论的才能，致使结构松散、情节拖沓，如《莺莺传》便是其例之一。《源氏物语》又何尝不曾相似呢？其篇幅之巨在紫式部之前的物语文学中从未有过。全书紫式部原创和歌 795 首，如此大量地使用诗歌，不仅没有削减《源氏物语》的整体艺术效果，反而因诗文的融洽，更给人以美不胜收的艺术感染力。通读原文，你会感受到它有着繁复精巧的结构、丰富多变的语调、特色鲜明的细节、精致细腻的人物刻画。然而，从另一个侧面来看，紫式部依然无法摆脱日本文学的传统审美观，这就是日本著名学者田精一所说的：“物语这种样式乃是平面性和并列性的，时间的推移、情节的展开同人物性格的发展，缺乏有机联系，部分同整体的结合并不严密。各个场面各自独立，彼此照应未必密切。”①

唐代传奇在故事的铺陈过程中不但较为注重情节完整性，同时也较为注意人物形象的塑造。其修辞特色具体体现在以叙述为主，辅之以各式各样的描写，如肖像描写、心理描写、细节描写等等，而且人物形象的刻画与情节的发展、背景的描绘融为一体。《源氏物语》全书有 400 多出场人物，其中作者以“工笔”刻画的人物形象约 40 人。紫式部对每一个主要人物都进行了精心的描写，如他们的生活环境、心理变化等等。或许因为作者本人身为女性，因此对女性人物的刻画更是深入细致，轻浮、沉稳、端庄、健康、嫉妒、憎恨、苦楚、爱的深浅，无不被紫式部的妙笔描绘得淋漓尽致。

唐代传奇的主要作品并不是出自民间艺人之手，而是见诸文人士大夫的笔端。与挥麈谈玄的魏晋名士不同，潇洒多情的唐代文人喜欢在各种题材的文学作品中炫耀自己的才华、袒露自己的情感。这些文人士大夫有着很高的审美趣味，致使

① 转引自宋再新：《和汉朗咏集文化论》，山东文艺出版社 1996 年，第 4 页。

他们的传奇作品常常是言情而不庸俗、怪诞而不粗鄙，比唐代变文在艺术上要精美、考究得多。日本的物语文学亦大抵如此，特别是中后期物语大多出自贵族社会的文人墨客之手。他们饱读汉文典籍，精通文章技法，熟悉历史变迁，了解民俗民情。但由于他们有着宫廷贵族身份，所以他们的作品题材往往着眼于宫廷贵族，读者也就局限于宫廷贵族，审美情趣适应于宫廷贵族，这就使得他们的作品格调极为高雅。紫式部正是这一群体中的典型。

《源氏物语》不仅在内容与题材上没有丝毫粗陋低俗的痕迹，在文章技法上也达到了紫式部唯“雅”为最高境界的极致。全书五十四回工整统一，语句优美流畅，用词典雅洗练，在语言的搭配上千变万化，极富个性。此外，紫式部在馥采典文、辞直义畅、博喻酿采、高论宏裁、摈古竞今等诸多方面，堪称日本文学史上的空前绝后之作。然而，任何事情都没有绝对的完美，紫式部亦不例外。凡读过《源氏物语》的人，大多能体会到她优美中的单调、情节的重复、过度的朦胧、叙事的烦琐、陈述的冗长、文脉的错综，凡此种种，正是《源氏物语》的美中不足。同时也应了侯忠义对唐代传奇的评述：“作为故事体的作品，唐传奇的体制也是有局限的。从结构而言，往往以千篇一律地写‘某时’、‘某地’、‘某人’的程式开头，然后又按时间的次序叙写故事的始末，这就给结构带来了单调、平板的毛病。”①

通过分析比较，我们不难发现这部世界文学史上最早的长篇写实小说的诞生，并非凭空出世，它与中日早期的文化交流史有着千丝万缕的联系。当然，在很多细节上，仍需要展开严谨的实证研究。

第五节　《源氏物语》佛教思想与人生价值的追求

平安时代，佛教进入全盛的发展阶段，对日本文学产生了深远的影响。梅原猛指出：“抽掉佛教的影响来看待日本文学时，日本文学整体仅仅如同一种风雅的游戏。”②由此可见佛教在研究日本文学中的重要地位。

佛教起源于印度，在6世纪中叶的日本奈良时期由中国传入日本。经苏我氏、

① 侯忠义：《隋唐五代小说史》，浙江古籍出版社1992年，第10页。

② 梅原猛：《佛教的思想》，集英社1982年，第42页，转引自汤春苹：《〈源氏物语〉的佛教性格》，名作欣赏，2012年第9期第98页。

圣德太子的积极推动，尤其是天武天皇时期把佛教作为国家宗教思想，作为巩固政权和稳定人心的重要手段，使得佛教在日本盛行。据村上专精的《日本佛教史纲》记载："平安朝共有十六位天皇出家，'至于皇后、皇子出家者，则不知其数'。"[①]平安时代佛教之盛况由此可见一斑。

在当时的民众生活中，佛教占据了重要的地位。仔细分析《源氏物语》，我们就可以了解到关于佛教最基本、最粗略的一些教义，这些教义甚至能让我们理解《源氏物语》的一些基本框架性内容。从某种层面上来说，佛教的深奥教义是用高度复杂、高度哲学化的语言写成的，这些教义数目繁多，以至于有时会自相矛盾。但是由于佛教的基本理念很简单，所以很容易让信徒得到心灵满足。

佛教的基本前提是，人生是受苦受难的旅程，而这种苦难是人类的欲望、对享乐的贪婪、对俗世的依恋以及对来世的渴求（即业障）所种下的恶果。如果人们通过大量的心理、精神修行磨炼，消除自身的欲望就可以修成正果。正是这种简单朴实的因果关系，给所有人带来了潜在的希望。

佛教思想的这种民众性必然会体现在当时的日本文学作品中。正如日本学者小松伸六所指出的："在日本作家的传统中则似乎有一种透过死亡和黑暗来观察人生的佛教思想。这可以上溯到歌唱'诸行无常，盛极必衰'的《平家物语》，把世俗的人和家庭喻为河中流水的《方丈论》，强调人世无常的《徒然草》和出家歌人西行、游吟俳人的无常感文学。"[②]受到这种佛教思想的影响，紫式部也流露出对人生与生命不确定性的忧伤，以及对人生的无常与变化的感叹。"'变化不定之世间'乃时人抱怨世事无常之际的惯用语……无常与宿命，同为支配《源氏物语》中的出场人物乃至此书写作之时代的人们的重要思想。"[③]紫式部的长篇小说《源氏物语》就明显地表现出这种思想。

我们不能证明紫式部本人在多大程度上笃信佛教，但我们可以通过逆向思维的方法，通过紫式部在《源氏物语》中描写的人物是何等奉行佛教来看清紫式部对佛教的虔诚程度。

---

① 转引自钟旭：《从〈源氏物语〉看紫式部的宗教观》，《贵州民族学院学报》（哲学社会科学版）2000年第4期第60页。

② 转引自吴舜立：《"禅"与川端康成的"虚无"思想》，《南宁师范高等专科学校学报》1999年第1期第30—31页。

③ 佐藤勢紀子：『宿世の思想』（序），東京出版社1995年，第3頁，转引自陈义华、王伟均编著：《东方文学文化精粹》，暨南大学出版社2017年，第84页。

“诸行无常，是生灭法”之“无常观”是佛教的重要思想之一，而《源氏物语》中几乎每一个故事中的人物都表现出了浓厚的人生无常情绪。光源氏与继母藤壶妃子私通，后藤壶妃子因负罪感坚决拒绝光源氏的纠缠。当夫人三公主与柏木私通后，源氏联系到自己曾与继母藤壶妃子私通，深感人生无常；因胧月夜事件被流放到须磨时，感叹人生无常；当源氏最宠爱的紫姬病逝时，源氏更加痛感人生无常。

《源氏物语》中诸多女性的出家更是佛教思想的具体化反映。藤壶与源氏私通后进退维谷中削发为尼；空蝉为摆脱继子的纠缠而矢志佛门；三公主和柏木私通之事被源氏发现后，源氏对她态度冷淡，三公主自知今后自己的境遇故而出家；六条妃子因源氏坠入情网却又屡遭冷落，使她获得不贞的罪名，遭受了轻薄的讥评，遂因对源氏的绝望而出家。这些在爱情生活上遭到挫折和不幸的女性，为了脱离痛苦，紫式部能做的就是帮助他们通过皈依佛门来消灭烦恼，寻求解脱。

说到平安时代日本的宗教信仰，我们不能排除神道的存在。在当时，神道和佛教不同的教义满足了平安时代各阶层完全不同的需求。其实当时的所谓“神道”尚未形成严格的教义，某种意义上说只是民众带有自发性质的“本土信仰”，其信仰更多是与生殖、避免恶灵、安抚众神的魂灵等有关的特定诉求相关联的、带有宗教性质的仪式。因为当时人们的信仰还没有摆脱简单的“万物有灵论”。这种宗教信仰是当人们遇到未知、未见、危险事物以及天灾人祸后，为了自我安慰、祈求平安而举行的带有传承性质的迷信活动。即便如此，宫廷贵族不同于普通民众，他们将这些仪式作为一种信仰与氏族紧密相连，并以一些圣地或神社为其信仰的核心。例如，藤原家族在大和国的春日山上就有着自己的神社，这是藤原氏族的宗教崇拜的核心。而这个神社与皇族的神社伊势神宫没有任何有意义的联系。

神道信仰更多是与公众、国家、氏族的各种仪式相连的。而神道信仰圣地均位于平安京的北面的伊势神宫与贺茂神社。伊势神宫与贺茂神社都是证明皇室正统性的核心。伊势神宫是迄今为止最古老的神宫，但和其他神宫一样都是远离平安京的，它与平安京唯一的联系就是担任斋宫的高级神官通常是由皇室的少女作为天皇的代表担任。在《源氏物语》中，担任伊势斋宫的是六条妃子的女儿秋好皇后。公卿中只有很少的一部分人有机会到达伊势，他们中的大部分人对伊势只有一个非常模糊的大致方位印象。而贺茂则相对更容易到达些。在贺茂神社设置斋院这一职位的时间，距离现在要稍微近一些，是于 810 年嵯峨天皇在位时开始设立的。794 年都城由奈良迁至平安京，当时皇室必须在靠近新都城的一个地方建立神社。就像伊势斋宫的先例一样，贺茂的斋院也是由一位少女代表天皇担任，以保证各种仪式的正确进行，以及这些仪式的纯洁。虽然习俗是每当新天皇登基，贺茂的斋院就必须重新卜定，但是在紫式部的时代，一位名叫选子（964—1035）的女子，就在很长时间内担任了斋院的职务，她任职的时间从 975 年开始直到 1013 年结束。

神道信仰由此看来，似乎并没有关于个人信徒、即使是最高级的神官的相关信条教义。不论是伊势神宫还是贺茂神社，都不是个人可以前去参拜的。伊势与贺茂都是圣地，神明隐匿真身，居住于此。任何人不得进入，只有斋宫或斋院才有资格进入。每年神社都会有一次或两次祭典，通常是以节祭的形式开展，不过通常由于神社离京中繁华之地太过遥远，这些精心准备的典仪事实上只是为神明们准备的，为的是求得日后持续的荣华。不过当时还有其他类型的神社，比如《源氏物语》中提及的住吉神社，普通人就可以前去参拜，以求得幸运与健康。当源氏决定自我放逐须磨时，住吉神社在推进故事情节的发展中作用就非常重大，住吉大神启示源氏不仅终将返回平安京，更会拥有一个命中注定要当上皇后的女儿，而明石姬祈求安产时也是去参拜了住吉大神。

除了神道与佛教之外，我们不能忽视通过遣隋使、遣唐使传到日本的儒教理论，以及道教的一些元素。虽然儒教和道教的相关理论与神道和佛教有着本质上的区别，但我们切不可对儒教观念里的有关孝诚至上、祖先崇拜等信条已是平安宫廷生活中的基本理念这一事实视而不见。当然，输入文化毕竟不能成为绝对的统治文化，因此当时的日本社会并不成为“儒家社会”。而道教的元素在平安朝廷的典仪、宗教生活中比比皆是。同因为输入文化，所以从未被系统化过，我们现在能追溯出道教元素的大部分活动在当时都已经被完全地本土化了。

第二章　《源氏物语》叙事文的翻译

作为《源氏物语》的译者，无意对翻译理论做不切实际的演绎性研究，而是要把在翻译《源氏物语》过程中的个人体验、所遇到的译介学方面的问题呈现出来，通过将原著文本与译著文本的对照验证，来检验《源氏物语》的翻译得失。当然，目前国内《源氏物语》的中文译本已有十余种，笔者无力对每一部翻译文本都展开对比研究，只能以丰子恺译本、林文月译本、姚继中译本为对照研究的对象，去发现、验证笔者能够意识到的译介学领域的问题，为《源氏物语》研究界提供一些新的研究视角。

《源氏物语》用日文古文体写成，据著名语言学家大野晋统计，《源氏物语》用 40 万个词写成，除了助词、助动词之外，大概由 1.3 万个不同的单词构成了约 21 万个词组。如果以日本小学馆出版的《日本古典文学全集》12—17 卷《源氏物语》为蓝本的印刷符号来计数，《源氏物语》原著由 91 万左右的印刷符号写成。这里所说的印刷符号是指日文书写表记通行的“汉字·假名文字”，即汉字和假名分别算作一个印刷符号。日文中的一个假名基本不能表达一个独立的意义，而汉语的每一个汉字都具有独立的意义，因此日文翻译成汉语之后，汉语的整体文字数会比日文原文少 20%—30%。当然，这只是一般翻译规律，并非铁律，更有着古文与现代日语的巨大差别。

据笔者粗略统计，翻译成中文后的《源氏物语》的字数因译者而大相径庭：丰子恺译本 91.1 万字，林文月译本 109.1 万字，姚继中译本初版 83 万字、修订版 78.8 万字。我们不难发现三个中文译本的字数差异很大。丰子恺译本几乎与原著的印刷符号等量；林文月译本比原著的印刷符号多出 17.6 万字，是原著的 119%；姚继中译本比原著的印刷符号少 12.7 万字，是原著的 86%。三者相比较：林文月译本比丰子恺译本多 18 万字，比姚继中译本多 30.3 万字。固然中文译本字数的多寡与翻译质量没有必然的关系，但既然有多寡的出现，我们在做《源氏物语》翻译验证研究过程中，就不得不弄清楚为什么会出现如此巨大的文字数量的差异。

翻译《源氏物语》不同于翻译一般的长篇小说，因为《源氏物语》姑且不说作为世界文学史上的第一部长篇小说，仅作为日本古代第一部创作物语来说，它承载的文化信息可以说前无古人后无来者。《源氏物语》堪称日本文学、美学、文化学、民俗学的百科全书，它所覆盖的文化层面涉及 20 多类，其中包括节庆、风俗、婚恋、称谓、娱乐、服饰、饮食、家居、名胜、教育、文学、修辞、习语、神话、历史、宗教、音乐、美术、农事、建筑、植物等等，这在世界文学史上都是极为罕见的。与此同时，《源氏物语》更是一部日本语言的百科全书，其语言的操控能力显示出紫式部的非凡。其语言表达调动了各种体裁，包括叙事体、描述体、对话体、诗体等；修辞方面包括炼字、措辞、炼句、语音修辞、语形修辞、语义修辞；习惯语包括格言、谚语、俗语、惯用语等。所有这些都给《源氏物语》的翻译带来了极大的挑战。可见，翻译《源氏物语》所需的准备工作是何等艰巨。

顺便提一句，笔者重译《源氏物语》始于 1996 年，直至 2006 年 6 月才由深圳报业集团出版社出版了初版，历时整整十年。然而，笔者的翻译并非首译，仰承了前人的译本文，这为笔者重译带来了巨大的便利。但前人的翻译文本同时也拘束了后来者的翻译行为，其原因有二：一是前人的翻译文本已经在读者中形成了一定的阅读定式和稳固的概念输入，包括人名、章回题名、风土人情、年中行事的称谓等，很多情况下不便随意更改，否则会在读者中引起混乱；二是丰子恺、林文月都是大家，难有超越的可能性。如果重译不能在某方面超越前译，那么重译的价值就会受到质疑。笔者不敢说自己重译的《源氏物语》超越了丰子恺、林文月，但在初版出版后，笔者又花费了 21 个月的时间重新修订初版的《源氏物语》，特别是统一了紫式部 795 首原创和歌的汉译形式，这算是在形式上的一种超越。之所以如此大胆地使用了“超越”一词，是因为丰子恺翻译紫式部 795 首原创和歌时，分别使用了五言绝句、七言两句和七言绝句三种表达形式。笔者能够理解丰子恺的用意，主要原因在于更好地做到“达意”。问题是，紫式部这 795 首原创和歌无一例外是固定的五、七、五、七、七的和歌格律，分别使用五言绝句、七言两句和七言绝句三种表达形式译出，势必会让中国读者误以为《源氏物语》中的和歌本身就是由三种不同体裁的诗歌格式写成的。出于这样一种思考，所以笔者在修订初版译本时，便将紫式部的 795 首原创和歌全部用七言两句翻译了出来，以求和歌翻译格式的统一，这就是笔者自以为的“超越”。

笔者作为《源氏物语》的译者，在重译《源氏物语》的过程中并没有考虑过在诸如“异化”“归化”中寻求特定翻译方法论的思考，仅以“匠人”精神努力做到忠实于原作者的文本赋意、运用适合原著风格的文学语言再现原作、诗词翻译创造性地传达原著的"意美、音美、形美"、最大限度地利用原著与译语之间的文化亲缘关系获得读者文化认同。

第一节 《源氏物语》题解

现今的《源氏物语》文本由五十四回构成，而这五十四回中有一半以上是以故事情节中的人物命名的，如桐壶、帚木、空蝉、夕颜、若紫、末摘花、葵姬、杨桐、花散里、明石、朝颜、玉鬘、常夏、真木柱、柏木、夕雾、匂皇子、红梅、桥姬、浮舟等等。其实，《源氏物语》中的人物是没有姓名的，按平安时代物语文学创作的习惯，对书中的人物或以官爵名称呼，或以叙述文、和歌中的某个词代以称谓。从《源氏物语》各章回的名称中我们还可以发现，有 70%以上的名称都跟花草植物、四季时令有关，这正是日本人对季节和季物的亲和与敏感所形成的，是日本人重要的审美特征之一。

日本小学馆出版的《日本古典文学全集》12—17 卷《源氏物语》文本中，每一回的起首都有"卷名由来""（主人公）年龄""梗概"构成的题解，如"桐壶"篇的题解：

卷名由来：源于光源氏之母更衣的寝宫。据传该卷另有"壶前栽""昭阳妃子"之异称，前者源于天皇（因其是"桐壶"卷的出场人物，故称为桐壶帝、桐壶院）的悲伤场面；后者源于对藤壶妃子的称呼。

年龄：自源氏诞生至 12 岁。

梗概：某朝天皇时代，后宫妃嫔中有一位更衣，出身并不十分高贵，却深得皇上宠爱。其父官居大纳言，早已去世。母亲亦出身贵族。按照丈夫遗言，寡母千方百计将女儿送入宫中做了更衣。由于没有强有力的后盾，更衣心中不免惶惶不安。她所住宫院叫桐壶。受其他女御、更衣的嫉妒、迫害，加上世人也对她恶目相向，使皇上越发怜爱她。不久便诞下皇子（光源氏）。他容华如玉，清秀可爱，大皇子也比不上他，此后皇上对这位更衣更加重视，更加宠爱。而大皇子的母亲弘徽殿女御是掌权的右大臣的女儿，皇上也不得不对她礼敬三分。光源氏 3 岁时举行穿裙仪式，在皇上的吩咐下仪式非常隆重，这也引起了世人的种种非难，然亦有人被光源氏的秀丽容貌和资质所吸引，认为这是理所应当的。那年夏天，桐壶更衣病情加重，终不堪忍受周围的迫害，黯然去世。年幼的源氏因要为母亲服丧，离开了宫中。皇上如失去杨贵妃的玄宗皇帝，终日悲叹不已。秋天朔风乍起时，皇上倍加思念，便派韧负命妇前往更衣故家。命妇含着怀旧的泪水，带着更衣母亲所赠的遗物回到宫中，向皇上复命。源氏 6 岁时，外祖母去世，皇上成为他唯一的依靠。源氏 7 岁开始读书，此后无论在学问上还是在音乐上，他都展现出卓越的才能。当时有一位来朝觐的高丽相士，他预言说源氏虽是帝王相但不能成为一国之君，然而也不是终究屈居人臣的相貌。皇上虽想立源氏为太子，又恐埋下政治争斗的种子，故将他降为臣籍，赐姓源氏。桐壶更衣死后，一直郁郁寡欢的皇上，这时得到了酷似更衣的藤壶女御（先帝的四公主），恢复了生气。源氏思念母亲面容，所以常常亲近藤壶，藤壶亦不疏远源氏。人们把同时深受皇上宠爱的这两人称为"光华公子"和"昭阳妃子"。源氏 12 岁举行冠礼时，担任加冠官的左大臣得到了皇上的许可，让自己的女儿（葵姬）为源氏侍寝。加之，左大臣妻子是皇上的同胞妹妹，所以左大臣将自家的未来赌在了皇上珍爱的源氏身上。源氏与这位年长的妻子并不亲密，他暗暗恋慕着藤壶妃子，但已没有如加冠前那样见面的机会了。源氏喜欢常住宫中，不常夜宿左大臣府。左大臣念他年幼，并不嫉恨，对他仍是悉心照顾。故母更衣的桐壶院，皇上赐给了源氏做居所。其母故里的邸宅作为他的私宅，这便是二条院。[①]（笔者译）

日本小学馆出版的《日本古典文学全集》12—17 卷《源氏物语》文本中的题解，并非紫式部原著所有，理应是校注者为方便读者理解本章回的故事情节所添加，故《源氏物语》中文译本都没有译出每一章回的题解。即便笔者翻译的底本正是日本小学馆出版的《日本古典文学全集》12—17 卷《源氏物语》文本，也未将各章回题解译出，其原因是它并非紫式部原著文本自带的章回题解。但引起笔者注意的是，这个题解为我们提供了两个非常有趣的线索：一是每个章回名称的缘起；二是本章回除了现今使用的章回名称之外，曾经有过何种异称。这或许对一般读者来说并不重要，但对从事学术研究的学者来说，它却有着特殊的意义。

大凡读过《源氏物语》的读者，几乎无不认为《源氏物语》章回标题名非常

① 本书的外文文献引入时，没有特别说明的，均为作者遵照原文进行汉译的译文。

优美，且富有诗意。其实，这些章回标题不是紫式部在原著中就已确定的，而是当时的读者为了阅读方便自行添加的。这些章回标题中的大多数，都是来源于这一回中最具有代表性的一首诗歌、一段对话中的某个词语或是展现出来的某个意境。在此不妨举出前十回的例子加以说明：

第一回的标题“桐壶”源自卷中光源氏生母更衣居住的寝宫「御局は桐壷なり」——“桐壶宫”。

第二回的标题“帚木”源自和歌 22[①]「帚木の心を知らで園原の道にあやなく惑ひぬるかな」——“岂知帚木迷人状，空为园原失路人。”（姚译）[②]；和歌 23「数ならぬ伏屋に生ふる名の憂さにあるにもあらず消ゆる帚木」——“荒原伏屋暂寄身，虚幻亦如帚木形。”（姚译）。

第三回的标题“空蝉”源自和歌 24「空蝉の身をかへてける木のもとになほ人がらのなつかしきかな」——“蝉衣一袭余香在，睹物怀人亦可怜。”（丰译），“空蝉蜕兮去无影，徒遗残壳枝桠间，芳踪何处兮情思骋。”（林译），“一袭蝉衣香犹存，可怜物在人已去。”（姚译）；和歌 25「空蝉の羽に置く露の木隠れて忍び忍びに濡るる袖かな」——“蝉衣凝露重，树密少人知。似我衫常湿，愁思可告谁？”（丰译），“露痕濡兮空蝉翅，身隐树间人不知，忍声吞泣兮袪有泪。”（林译），“蝉衣凝露树荫中，深闺愁思暗自泣。”（姚译）。

第四回的标题“夕颜”源自和歌 26「心あてにそれかとぞ見る白露の光そへたる夕顔の花」——“夕颜凝露容光艳，料是伊人驻马来。”（丰译），“白露濡兮夕颜丽，花因水光添幽香，疑是若人兮含情睇。”（林译），“露凝夕颜华光艳，料是光君驻马来。”（姚译）。

第五回的标题“紫儿”（丰译）、“若紫”（林译、姚译）源自和歌 63「手に摘みていつしかも見む紫の根にかよひける野辺の若草」——“野草生根通紫草，何时摘取手中看？”（丰译），“幼草根兮连紫草，随风摇颤野途边，我欲采摘兮及日早。”（林译），“嫩苗紫草根相通，摘来看视待何时？”（姚译）。

第六回的标题“末摘花”源自和歌 80「なつかしき色ともなしに何にこのすゑつ

① 为了学术研究的便利，笔者将《源氏物语》中紫式部原创的 795 首和歌进行了统一编号，同时也做了按章回编序，并以“附录 《源氏物语》紫式部原创和歌及汉译一览对照——紫式部原著和歌文本、现代日语翻译和歌文本、丰子恺汉译文本、林文月汉译文本、姚继中汉译文本”的形式汇编附于书后，以便学术界的同人共享。

② 此后丰子恺译本简称“丰译”；林文月译本简称“林译”；姚继中译本简称“姚译”。

む花を袖に触れけむ」——“明知此色无人爱，何必栽培末摘花？”（丰译），“末摘花兮色非艳，花貌平凡本无奇，当时牵袖兮缘何念？”（林译），“色泽暗红无人爱，何须又栽末摘花？”（姚译）。

第七回的标题“红叶贺”源自该回中红叶正盛的十月，朱雀院行幸的场景「木高き紅葉の蔭」，故该回亦有过“红叶荫下”“插红叶”等异称。

第八回的标题“花宴”源自该卷卷首「如月の二十日あまり、南殿の桜の宴せさせたまふ」。

第九回的标题“葵姬”（丰译、姚译）、“葵”（林译）源自本卷主要场面“加贺葵祭”，以及和歌 112「はかなしや人のかざせる葵ゆゑ神の許しの今日を待ちける」——“葵之祭兮含辛悲，君既有女共车赏，妾独空盼兮此佳期。”（林译）；和歌 113「かざしける心ぞあだにおもほゆる八十氏人になべて逢ふ日を」——“卿多情兮知盼谁？不意相逢葵之祭，心旌为荡兮亦嬉嬉。”（林译）。

第十回的标题“杨桐”（丰译、姚译）、“贤木”（林译）源自和歌 133「神垣はしるしの杉もなきものをいかにまがへて折れる榊ぞ」——“神垣门外无杉树，香木何须折得来？”（丰译），“神垣内兮岂有杉，既无目标亦无树，误将贤木兮来相衔。”（林译），“此地不长有情杉，摘来香木也徒然。”（姚译）；和歌 134「少女子があたりと思へば榊葉の香をなつかしみとめてこそ折れ」——“闻道此中神女聚，故将香叶访仙居。”（丰译），“传芬芳兮贤之叶，慕少女子遂此行，折枝之情兮卿当接。”（林译），“闻得此中住神女，故持香叶访仙居。”（姚译）。

《源氏物语》的英文翻译家 Seidensticker 曾抱怨说，每次要翻译章回标题时，都花了他很多的时间和精力，因为这些标题中的大多数都包含着日语中特有的文字游戏，而这种文字游戏很难翻译成让英语读者一看即懂的英文。当然，对于通过古代文化交流而形成了文化亲缘关系的中国译者来说，虽然不会像英文翻译家那样感到十分困惑，但也不是不动脑筋就可以随意翻译的。这里面存在两个问题：一是首译者对原著文本的判断是否准确；二是重译者受制于首译者业已形成的读者固化作用。

笔者作为《源氏物语》的重译者，通过翻译能够体会到的是，《源氏物语》的章回标题对本回叙事的暗示性并不很高，它仅仅就是出自本章回的某一场景或某人的一首和歌。比如第九回的“葵姬”，就是源自源内侍写给源氏公子的一首和歌：「はかなしや人のかざせる葵ゆゑ神の許しの今日を待ちける。」可是这首和歌其实与源氏的这位正妻葵姬一点关系都没有，仅仅就是那位风流的老典侍在贺茂祭上写

给源氏公子的一首诗而已，而且葵姬这一人物早在第一回就出场了。在此我们不妨看一看《葵姬》的梗概：

> 桐壶帝退位后，变更为朱雀帝治世。退位的皇帝与藤壶皇后过着悠闲潇洒的日子，并委托源氏公子做东宫太子的保护人。源氏公子因官位变得更加尊贵（右大将），无法与藤壶见面，整日苦闷不堪，几位情人的住所也都不常去了。
>
> 六条妃子早先开始便悲叹源氏公子是难以依靠的，于是思虑着是否应在女儿前往伊势当斋宫时，自己也一同前往伊势。其时恰逢隆重举行贺茂新斋院的御禊，源氏公子也在参行之列，因此怀孕中的葵姬在侍女们的央求下也出门去观其盛况。另一方面，六条妃子不忍看漏自己那虚伪爱人的盛装之姿，为掩人耳目便乘着简陋的旧席掩饰的车前去了。一条大路上拥挤不堪，葵姬一行倚仗权势让其他的车辆都退避开来，不巧，其中就有六条妃子的车辆。事后，源氏公子知晓事情始末，对六条妃子深感同情。
>
> 葵祭之日，源氏公子与紫姬共乘一车出门游玩，并与源典侍以互赠诗歌的方式调情。
>
> 六条妃子自那次争夺车位以来，心绪异动。葵姬被鬼怪缠身，危及性命。为看护葵姬，源氏公子不得闲暇，但仍抽出一天时间前去探望六条妃子。事后源氏公子得知，那缠住葵姬不放的鬼怪是六条妃子的生灵，不禁愕然不已。葵姬生下一子（夕雾），不久便去世了。好不容易与葵姬开始融洽相处的源氏公子，将其遗体护送到了鸟边野，并连续四十九天服丧，心中悲痛郁结。
>
> 服完丧后，源氏公子回到了二条院，与紫姬结为连理。虽然紫姬闹别扭，怨恨源氏公子，但源氏对她的爱情却更加深厚了。
>
> 正月，源氏公子来到左大臣府邸，追忆故人。

可见“葵姬”内容松散，围绕葵姬的故事只是其中的一部分。章回标题源自老典侍源内侍在贺茂葵祭上与源氏公子调情的一首和歌，和歌中的「あふひ」并非指葵姬，而是指贺茂葵祭上的饰物。有趣的是，这里的「あふひ」竟然是双关语，这充分显示出了紫式部高超的语言才能。如此一来，我们不免会发现另外一个问题，丰子恺译本和姚继中译本使用了“葵姬”做第九回的标题，这本身没有什么错误，但缺失了一语双关的修辞色彩。林文月译本使用“葵”作为标题名，与原著标题汉字吻合，但“葵”在日语里读「あふひ」是双关语，在汉语读 kuí 时，仍然缺失了一语双关的修辞色彩。况且用单个汉字作为标题名称，似乎缺少稳定的语感，不太符合中国人的语言表达习惯。

在这前十回的标题中，除了“葵姬”与“葵”以外，还有两回的标题，三位译者都有不同的翻译：第五回的标题“紫儿”（丰译）、“若紫”（林译、姚译），以及第十回的标题“杨桐”（丰译、姚译）、“贤木”（林译）。在笔者看来，丰子恺之所以要译成“紫儿”，主要是想凸显光源氏初遇紫姬时，紫姬仅仅是一个在山里偶见的女童，尚不成为“姬”那般的成人女性。笔者和林文月遵循了原著标题的汉字，直接译成了“若紫”。在日语里，“若”为形容词，用指“年轻”“嫩”之意，故原著标题的“若紫”意为“小时候的紫姬”，因此，笔者和林文月直接使用“若紫”做标题。“贤木”亦如此，日文中「賢木」有两层意思，一是指“杨桐”，二是古代日本神社院内常绿树的总称。这两种词义无论选择哪种，都跟本回的故事情节没有太大的关系，故丰译与姚译选择了中国读者一目了然的植物名“杨桐”。至于林文月直接使用了日文汉字“贤木”作标题，无非尊重了原著标题的汉字使用，但对中国读者来说，“贤木”为何物着实费解。

第三回的标题“空蝉”的翻译也非常有意思。

标题“空蝉”源自和歌 24「空蝉の身をかへてける木のもとになほ人がらのなつかしきかな」——“蝉衣一袭余香在，睹物怀人亦可怜。”（丰译），“空蝉蜕兮去无影，徒遗残壳枝枒间，芳踪何处兮情思骋。”（林译），“一袭蝉衣香犹存，可怜物在人已去。”（姚译）。

和歌 25「空蝉の羽に置く露の木隠れて忍び忍びに濡るる袖かな」——“蝉衣凝露重，树密少人知。似我衫常湿，愁思可告谁？”（丰译），“露痕濡兮空蝉翅，身隐树间人不知，忍声吞泣兮袂有泪。”（林译），“蝉衣凝露树荫中，深闺愁思暗自泣。”（姚译）。

三位译者唯有林文月使用了“空蝉”。林文月使用“空蝉”遵循了紫式部原著汉字标题，所以中国读者不会有任何的违和感。但她的汉译却有些不符合逻辑，因为褪去的是蝉，留下的是蝉衣（空蝉），而且蝉衣没有翅膀。笔者和丰子恺将和歌中的“空蝉”译成“蝉衣”，不仅是符合中国人的认知习惯，更是为了与故事情节吻合。

在此需要稍作说明的是，在《源氏物语》五十四回的题名中，丰子恺与姚继中的章回名称的翻译只有 5 回的名称不同，但林文月却有 19 回不同，试看表 2-1 便一目了然。

表 2-1　《源氏物语》五十四回题名译本对比

原著题名	丰子恺译	林文月译	姚继中译
わかむらさき 若　紫	紫儿	若紫	若紫
あおひ 葵	葵姬	葵	葵姬
さかき 賢木	杨桐	贤木	杨桐
みおつくし 澪　標	航标	澪标	航标
せきや 関屋	关屋	关屋	逢坂关
えあわせ 絵　合	赛画	绘合	赛画
あさがお 朝　顔	槿姬	槿	朝颜
はつね 初音	早莺	初音	早莺
のわき 野分	朔风	野分	朔风
ふじばかま 藤　袴	兰草	藤袴	兰草
ふじのうらば 藤　裏葉	藤花末叶	藤里叶	紫藤末叶
わかな 若菜	新菜	若菜	新菜
みのり 御法	法事	御法	法事
まぼろし 幻	魔法使	幻	遁入空门
におうのみや 匂　宮	匂皇子	匂宫	匂皇子
しいがもと 椎　本	柯根	椎木	柯根
やどりぎ 宿　木	寄生	寄木	寄生
あずまや 東　屋	东亭	东屋	东亭
かげろう 蜻蛉	蜉蝣	蜻蛉	蜉蝣
てならひ 手　習	习字	手习	习字

在此我们对丰子恺的翻译姑且不做评述，虽然丰子恺的译本未必就是最标准的，但丰子恺的翻译已经在读者中根深蒂固。姚继中译本有 5 回的章回译名与丰子恺不同，其中“朝颜”对应“槿姬”，“逢坂关”与“遁入空门”根据内容意译。但林文月有 19 个章回名与丰子恺相异，或许是林文月出于对原著的尊重，基本上采用了原著汉字直译。但有些章回名直接采用原著的汉字，可能对中文读者来说还是有些费解，如“贤木”“澪标”“绘合”“槿”“野分”“藤袴”“御法”“椎木”等等。有些翻译尽管直接用了日文原著汉字，但意思有可能发生歧义，比如“匂宫”亦可人名、亦可建筑物名，而“手习”的语法结构给人的则是“用手学习（练习）”的意思，没有特定的语言背景，基本上不知所云。林文月基本上原样使用了原著标题的汉字做译文标题，但有一例例外：“寄木”（原著为“宿木”），笔者无法考证到原因，在此省略不论。

王晓平在《日本文学翻译中的“汉字之痒”》一文中指出：“资深的日本文学翻译家大都对汉字词语的翻译持审慎的态度，深知半通不通的未被充分消化的‘夹生’日语汉字词汇会使译文大失韵味的道理，因而，除了为了特意保存原作的日本情味或者该词汇确有新异独到之处以外，一般不轻易照录入译文。不论是原文照录还是用现代汉语已有的语汇来表达，都应以确实弄懂日语原义为前提。当我们提笔为文的时候，对原文的信息可能难以做到‘全部转移’，甚至可以有意取舍，但在阅读阶段却不能无视原文的每一个字符，其中当然就包括汉字。”[①]

林文月作为资深的日本古典文学翻译家，之所以原封不动地使用原著的汉字，自是有着自己的考量，尽管读者有可能不能瞬间理解该标题的意思，但仍可以仅作为标题记住。这样的现象在当今的不少翻译文本中并不少见。

如前所述，《源氏物语》中不管出场人物何等重要，他们都是没有姓名的。比如说头中将，其实就是官职名，随着此后的不断升任，这位源氏之妻葵姬的兄长的名字又变成了权中纳言、内大臣、太政大臣等等。在《源氏物语》中，男人的名字随着阶位的变化而变化，而女人的名字则根据当时特定的语境，与她们的居所联系在了一起，比如说“西殿的那位”“弘徽殿女御”“丽景殿女御”“桐壶更衣”“六条妃子”等等。很明显，这样的“名字”或是说“词组”，如果译者在翻译时不能很好地做出注释，读者根本无法在整部书中迅速且正确地定位这些人物。

《源氏物语》的这种现状即便对当时的读者来说也是非常困惑的，于是他们在

① 王晓平：《日本文学翻译中的“汉字之痒”》，《日语学习与研究》2010 年第 5 期第 107 页。

阅读中不断自己赋予这些人物名称，而这些名称后来一直延续，并经过此后的大家校注后沿用至今。虽然如此，需要谨慎说明的是，在紫式部原著古文文本中，这些名字依然不存在，只有《源氏物语》现代语口译文本及各语种的翻译文本中，经过译者的注释、添加，人物称谓才变得清晰化，而人物称谓的清晰化才使得读者得以顺畅地阅读和欣赏故事情节。《源氏物语》中很多人物的名字和章回的名字是一样的，而这些人物的名字又大多是来源于一些和歌中的某个词，这使得很多时候人物的出场会远远早于他们真正得到那个名字的时刻。比如此前列举过的源氏之妻葵姬的名字来自第九回的一首和歌［源自源内侍写给源氏公子的一首和歌：「はかなしや人のかざせる葵ゆゑ神の許しの今日を待ちける」——“葵之祭兮含辛悲，君既有女共车赏，妾独空盼兮此佳期。”（林译）］，而这首和歌跟葵姬毫无关系，且葵姬这一人物早在第一回就出场了，直到第九回才给她命名。同样的例子也出现在葵姬与源氏之子夕雾身上。紫式部在原书中从未称呼源氏之子为“夕雾”，而源氏之子得到“夕雾”这个名字其实是出自第三十八回的章回名“夕雾”，即时任的大将前往小野山拜访柏木的遗孀落叶公主时，所写的一首和歌（和歌526）：「山里のあはれを添ふる夕霧に立ち出でむ空もなき心地して」”——“漫天夕雾添幽致，欲出山家路途迷”（丰译），但夕雾的出场远远早于第三十八回。至于柏木，同名的章回一直到了时任卫门督的此人死去的时候才出现，而之所以称呼他为“柏”，则是因为这种树木是卫门督的象征。诸如此类的例子，在《源氏物语》中几乎涉及每一个章回、每一个主要人物。

《源氏物语》之所以出现这种状况，一是当时的日本人根本就没有姓名，即便在官册上登记，往往也是使用某个能够稍加区分的物体标记或方位标记来代称某人；二是《源氏物语》的话体结构决定了它在叙事方式上的缺陷。由此可见，《源氏物语》固然伟大，但从诗学的角度去衡量，应该说它作为创作物语的先驱，的确存在着不够成熟的种种问题。

第二节　一般叙事的翻译风格

如前所述，《源氏物语》用 40 万个词写成，除了助词、助动词之外，大概由 1.3 万个不同的单词构成了约 21 万个词组。这在当时简直是不可思议的事情。面对如此之巨的一部日本古代物语小说的翻译，我们首先要做的是确定原著的一般叙事风格，在此基础之上设定译文的再现手段。

关于《源氏物语》的叙事风格，从大处看是由散文+韵文结合而成话语结构，散文叙事，韵文渲染情绪。这里所说的散文是指区别和歌、不重押韵、不重排偶的叙事篇章。在中国古代文论中，强调"形散神聚"，所谓"形散"主要是说散文取材自由，不受时间和空间的限制；表现手法不拘一格，可以叙述事件、描写人物形象，可以托物抒情、发表议论，作者可以根据内容需要自由调整、随意变化。所谓"神聚"主要是散文的立意必须明确，无论散文的内容多么广泛，表现手法多么灵活，都必须为主题服务。

优秀的散文通常必须具备语言凝练、富于哲理、自由灵活、接近口语等若干要素。纵观《源氏物语》的原著文本，源学家们几乎一致认为《源氏物语》采用了当时具有典型口语特征的女性语言写成，但紫式部这样有着优秀汉学造诣的女性迥然于一般意义上的女性，其原著文本的用词考究，作者借助想象与联想，由此及彼、由浅入深、由虚而实地依次写来，可以融情于景、寄情于事、寓情于物，表达出了作者的真情实感，实现物我的统一，展现出了更深远的思虑。即便是一般叙事部分，语言也十分优美。所谓优美，是指散文的语言清新明丽、简洁质朴、自然流畅、富于律动感，且除了具有精神的境界、优美的意境外，还有清新隽永、质朴无华的文采。其文辞华美，与和歌的韵文结构并无十分明显的言辞性断层感。相反，由于一般叙事的用词造句与韵文和歌的语感距离并不遥远，反而觉得紫式部有意识地运用凝练优美的语言创造了情景交融的艺术意境，或渲染气氛，或烘托形象，或传达心理，或推动情节，使小说整体产生了诗化意蕴。

事实上，无论丰子恺、林文月抑或笔者本人，我们所译《源氏物语》的底本都不是紫式部的原著文本，丰子恺、林文月参照了谷崎润一郎和与谢野晶子的现代日语翻译本；笔者主要是使用阿部秋生等人校注、翻译的《源氏物语》古文文本与现代日语翻译本的对照文本为底本。毫无疑问，这些现代日语翻译与紫式部的原著文本之间是有着巨大语言差别的。

《源氏物语》的叙事图式是在散文与和歌的韵文形态中徘徊的。其中佛教的因果观念推动叙事思维由简单地复述故事和描摹生活转向按逻辑因果关系缀合情节、追踪人物命运、建构形象的叙事图式。这种情节—人物—性格的意象建构模式理应使《源氏物语》的叙事思维出现一种稳态的定向：情节过程的单向叙述，情节、意象组合的因果链的单元之时空序列，情节完成于因果轮回的结局。然而，《源氏物语》毕竟是创作物语的初始之作，难逃民间口口相传的粗糙特征。"物语"

原本是“讲述某个故事、传闻”，是不拘形式的民间“闲话”，十分类似中国的民间评话。因为有了假名文字，“物语”才逐步成为一种固定的文学体裁。但内容仍旧以人们过去以口头传承形式流传下来的民间闲话、传说为主。也正因为如此，即使在“物语”形成了固定的文学体裁后，以文字符号为载体的物语文学作品仍旧具有口头传承的特点。

由此可见，物语文学即便描写的是宫廷贵族的人和事，但其文学属性仍然属于通俗文学，作者或者讲述者在写作时，可以比较自由地将自己的感情掺入作品中去。其结果往往使物语的结构变得不甚严谨，甚至文章内部相互矛盾，主次不明。尽管紫式部有着良好的汉学造诣，但当时的物语文学的创作环境与读者接受状况使得《源氏物语》亦不能置身于通俗文学类别之外。虽然就整体来看，不能说没有整体性结构，但与其说它是在整体主干结构中描写各个分枝细部，倒不如说绝大部分是在分枝细部下功夫讲故事，以丰满的分枝细部有力地支撑着主干。因而就整体而言，有一种松散感，但总体上还是服从了“光源氏的故事”这一主题的“形散神聚”的。紫式部的个性风格体现在她在写作的过程中，非常注重当时的主题意识的变化，并不断地将其诉诸笔端，哪怕是文章的整体形成了缺少连贯性的空缺，紫式部也会顺其自然，不加理会，而是让读者自己去填补空缺的空间，从而使读者产生某种互动的感动。

自从有了假名文字以后，以假名文字创作的物语、散文随笔等，其实是与和歌相伴而发展起来的。就算这些物语、散文随笔没有定型的韵律形式，但读者仍然可以在诵读中领略到类似和歌节奏的律动。事实上，在当时的贵族之间，他们通常都是采取一边听侍女们口头诵读物语，一边欣赏以物语的某些场面为意象而绘成的画卷。这种对物语文学的特殊的欣赏方法，与物语文学所具有的律动性也是不无关系的。散文的这种韵律此后一直被文人墨客推崇，并逐渐成为日本散文传统的一个典型的审美特征。

在确定原著的一般叙事风格之后，采用怎样的再现手段是译者必须认真斟酌的问题。从理论上来说，作为《源氏物语》的译者，无疑会致力于把作者的创作意图以及作品的神韵、内容的真实性和逻辑性、作品的气势和力量、作品的风格和结构的多样性，以及作品的语言节奏和文学色彩表达出来。为此，动笔之前，不得不对以下因素进行深入细致的思考：①原著的语篇结构和文体风格；②汉语的语理与日语古文的语理的互通性；③日语古文和汉语所属的社会、文化环境；④不同民族的美学认知与表述。

关于美学认知与表述的关系在此稍作赘言。之所以要对该问题进行认真思考，是因为译者的审美取向不仅体现在文学作品的形式上，也体现在内容上，诸如主题思想、人物刻画以及由此析出的民族文化的方方面面。译者在翻译时必定会遇到原著作品中涉及的风俗、礼仪、典故、音乐、美术等，以及生活方式、社交方式、各种制度、甚至是日常生活的点点滴滴—所有的一切文化积淀。面对非语言因素的种种问题，译者的审美取向与翻译对策，会产生不同的效果展现。译者自身生活经历的特殊性、艺术修养、艺术趣味、个人气质、倾向和兴趣、教养和理想，都会左右对原典的理解，更会左右对原典的阐释。译者对原作的解读阶段，往往凭着审美直觉有意无意地进行着选择。从文学意义生成的角度来看，原典一旦进入了译者的审美视野，它就成了无法摆脱情感化的审美对象，因而译文明显地带有译者本人的情感、意志和品格。译者解读原作时主观感情的介入，使得原作里的一切都带上了译者个人的色彩。[1]

文学翻译有其特殊性。文学是文字的艺术、文化的一个组成部分，因此文字中有文化的沉淀。在文学翻译中，能否处理好文字、文学和文化这三个彼此有别而又相互关联的关系，是翻译能否达到“等价”的关键。

文学文本的意义存在着三种可能性：（1）作者通过文字所要表达的本意；（2）文本自身语符所表明的意义，即文本本意；（3）读者从文本中感受到的意义。对文本的理解相应地也存在三种形式：（1）对作者本意的理解；（2）对文本本意的理解；（3）读者反应式的理解。从文学翻译的角度看，译者（也同时是读者）离不开对源语文本几个层面意义的理解和阐发。[2]

当然，文本中作者赋意和文本释义是相对确定的。但是在时间进程中读者的态度、感情、观点和价值观都会发生变化。因此，读者会在新的视野中去审视文本意义。对读者来说，发生变化的并不是作品的含义，而是读者与作品含义之间

① 姚继中：《论〈源氏物语〉翻译验证研究——以紫式部原创和歌翻译为例》，《外国语文》2015 年第 1 期第 112 页。

② 姚继中：《论〈源氏物语〉翻译验证研究——以紫式部原创和歌翻译为例》，《外国语文》2015 年第 1 期第 113 页。

的关系。所以，在文学翻译中文本的含义没有变化，有可能发生变化的是译者与文本之间的关系，这将导致不同译者在翻译同一部作品时产生不同的意义阐释。

毫无疑问，在实际翻译中译者主要是受到原文文本的约束。译者必须尽最大可能准确解读原文文本中所包含的作者的本意和文本意义，并且用另一种语言去表达。“在文学翻译中，原文文本意义是相对确定的，我们不可夸大其不确定的一面。在一定的具体时期内，强调文本意义的确定性对翻译实践来说更有意义。而文本意义的不定性的影响对文学翻译总体而言相对是次要的，是有限度的。”[①]

如前所述，译者在从事翻译的过程中，会受制于诸多的客观制约，比如译者对原著的诗学特征进行改变，除了语言、文化因素之外，不能排除受到当时社会上所流行的经典文学形式的影响。因为一旦某种诗学特征被经典化，便会波及整个文学系统的后续发展。就拿《源氏物语》来说，在中国读者心目中，说到古典小说，即会理解为用文言文撰写的小说。除此之外，就是“三言二拍”和《红楼梦》等明清章回小说的形式。虽然社会的发展日新月异，但汉语语言的发展却是较为缓慢的。作为对中国古代文学的沿袭与传承，古代文言文的小说节选在中学、大学的课程教纲中被列为必学课程。但在现实生活中，一般大众通常不会把古文小说当成日常生活中的流行读物。在当今的中国读者意识中，说到古代小说，最先意识到的就是诸如《红楼梦》《三国演义》《水浒传》《西游记》之类的明清章回小说。正因为这种诗学意识的固化，《源氏物语》以中国明清章回小说的风格来翻译，不仅使读者意识到《源氏物语》是一部古典小说，更能在阅读中得到一定程度的文化认同。

丰子恺虽然不是《源氏物语》在中国大陆的首译，但将《源氏物语》完整奉献给中国大陆读者的却是丰子恺。笔者曾在中国知网上检索到一篇丰子恺本人于1962 年 10 月写的《我译〈源氏物语〉》[②]，在此不妨将丰子恺与《源氏物语》的缘分奉献给大家一读。

记得我青年时代，在东京的图书馆里看到古本《源氏物语》。展开来

① 姚继中：《论〈源氏物语〉翻译验证研究——以紫式部原创和歌翻译为例》，《外国语文》2015 年第 1 期第 113 页。

② 丰子恺：《我译〈源氏物语〉》，1962 年，出处不详，中国知网可检索。

一看，全是古文，不易理解。后来我买了一部与谢野晶子的现代语译本，读了一遍，觉得很象中国的《红楼梦》，人物众多，情节离奇，描写细致，含义丰富，令人不忍释手。读后我便发心学习日本古文。记得我曾经把第一回“桐壶”读得烂熟。起初觉得这古文往往没有主语，字句太简单，难于理会；后来渐渐体会到古文的好处，所谓“言简意繁”，有如中国的《论语》、《左传》或《檀弓》。当时我曾经希望把它译成中国文。然而那时候我正热衷于美术、音乐，不能下此决心，况且这部巨著长达百余万字，奔走于衣食的我，哪里有条件从事这庞大的工作呢？结果这希望只能成为梦想而已。岂知过了四十年，这梦想竟变成了事实。这是多么可喜可庆的事！

我国人民政府一向维护中日友好，重视日本古典文学……民生安定、国本巩固之后，便大力从事文艺建设，藉以弥补旧时代的缺陷。关于日本古典文学介绍方面，首先提出的是《源氏物语》。经过出版当局的研究考虑，结果把这任务交给了我。我因有上述的前缘，欣然受任，已于去年秋天开始翻译，到现在已经完成了六回。全书五十四回，预计三年左右可以译毕，一九六五年左右可以出书。我预料这计划一定会实现。

关于《源氏物语》的参考书，在日本不下数十种之多，大部分我已经办到，并且读过。在译本中，我认为谷崎润一郎最为精当：既易于理解，又忠于古文，不失作者紫式部原有的风格。然其他各本，亦各有其长处，都可供我参考。我执笔时，常常发生亲切之感。因为这书中常常引用我们唐朝诗人白居易等的诗句，又看到日本古代女子能读我国的古文《史记》、《汉书》和《五经》(易经、书经、诗经、礼记、春秋)；而在插图中，又看见日本平安时代的人物衣冠和我国唐朝非常相似。所以我译述时的心情，和往年我译述俄罗斯古典文学时不同，仿佛是在译述我国自己的古书。我相信这译文会比西洋文的译文自然些，流畅些。但也难免有困难之处，举一个例：日本文中，樱花的“花”和口鼻的“鼻”都称为“hana”。《源氏物语》中有一个女子，鼻尖上有一点红色，源氏公子便称这女子为“末摘花”，而用咏花的诗句来暗中讥笑这女子的鼻子，非常富有风趣。但在中国文中，不可能表达这种风趣，我只能用注解来说明。然而一用注解便杀风景了。在短歌中，此种例子不胜枚举，我都无法对付，真是一种遗憾。为了避免注解的杀风景，我有时不拘泥短歌中的字义，而另用一种适当的中国文来表达原诗的神趣。这尝试是否成功，在我心中还是一个问题。

丰子恺在这篇文章中告诉我们若干关于他翻译《源氏物语》的信息。就丰子恺所处的语言时代环境而言，文学作品的语言使用正是由文言文向白话文演进的时期，所以丰子恺以中国明清章回小说为《源氏物语》的翻译基础，使用白话文对《源氏物语》进行再现，是再自然不过的选择。

台湾林文月的《源氏物语》翻译始于 1973 年，前后历时五年，直至 1978 年才在《中外文学》上连载完成。林文月对《源氏物语》翻译风格亦有自己的设定：

我译《源氏物语》，虽然采用白话文体，但是在字句的斟酌方面，也努力避免陷于过度现代化，尤忌外来语法的羼入，以此试图把握比较典雅的效果。也就因为这个缘故，全书中共出现的七百九十五首和歌，避免采用白话诗的译法，而自创三行、首尾句押韵的类似楚歌体形式。如此，在白话的散文叙事之中时时出现比较古趣的诗歌，或者可以使人在视觉与听觉上，有接近原著的典丽感受。①

但细读林文月的翻译文本，我们会发现她的话语方式同样受到当时社会的大众阅读氛围的拘束。林文月翻译的《源氏物语》起初是以连载小说的形式，分六十六回刊登在当时的大众文学读物《中外文学》上，这就制约了林文月的笔调必须符合《中外文学》读者的阅读喜好。尽管林文月自创了三行“楚歌体”翻译《源氏物语》中的和歌，以令读者感受到《源氏物语》是一部古代小说，但是极端口语化的叙事文部分，虽然很好地表现出了女性特有的细腻，却在行文上使《源氏物语》原著文体的典雅黯然失色。比如就第一回“桐壶”而言，读者会发现译者大量使用了诸如“独个儿、这么一来、老派的人、有些儿、挺不错的、什么的、……啦……啦”等等现代汉语口语化的表达方式。笔者不认为这样的翻译是谬误或瑕疵，而是翻译理念的使然，即《中外文学》读者的阅读定式决定了林文月选择了这种格调。毕竟《中外文学》需要读者，读者的阅读需求无疑是《中外文学》的办刊风向标。

① 紫式部著，林文月译：《源氏物语》修订版序言，译林出版社 2011 年，第 24 页。

有丰子恺首译在先，并且已经在中国广大读者中形成了相当稳定的阅读定式，因此笔者重译时虽然得到了难以估量的理解与阐释方面的支撑，但同时也受到了方方面面的制约。不管怎么说，既然是重译，不可能没有自己的翻译设定。《源氏物语》在中国最大的文化认同暗示就是"《源氏物语》是日本的《红楼梦》"。笔者并不认为《源氏物语》与《红楼梦》有着本质上的关联性。然而，《源氏物语》自从被译介到中国，就从表象上令中国读者认为它就是日本的《红楼梦》。这种表象在这几十年里不但没有得到纠正，反而在学术界的催化作用下越来越将其固化，以至于确信它就是日本的《红楼梦》。据笔者不完全统计，有关《源氏物语》与《红楼梦》比较研究的学术论文竟多达百余篇，其中不乏硕士论文和博士论文。比如笔者曾经指导的硕士研究生陈晓撰写的《比较文学视野下〈红楼梦〉与〈源氏物语〉女性共性研究》，从女性与家族意识，悲剧命运的群像——悲、恨、愤，女性生存状态，内在精神世界的建构，《红楼梦》与《源氏物语》女性共性分析五个方面，对《红楼梦》与《源氏物语》中的女性人物展开了比较研究。杨芳博士的《〈红楼梦〉与〈源氏物语〉时空叙事比较研究》，从《红楼梦》与《源氏物语》的线性时间叙事、《红楼梦》与《源氏物语》的时间循环叙事比较研究、《红楼梦》与《源氏物语》的地志空间叙事比较研究、《红楼梦》与《源氏物语》的文本空间叙事比较研究等若干方面，对两者的时空叙事做了深入研究。如此等等，《源氏物语》与《红楼梦》的比较研究在中国已经成为不可逆转的学术研究领域。正是这样一种读者文化认同趋势与研究者的执着的比较研究方法论，促使笔者试图以《红楼梦》的语言文化模式重译了《源氏物语》。

笔者重译《源氏物语》时，不仅希望它是一部能"看"的书，更希望它是一部能"读"的书，也就是当你出声阅读时，能够充分体验到语言的节奏美、韵律美。

曹丹红在《西方诗学视野中的节奏与翻译》中说："谈到'节奏'问题，人们首先想到的往往是格律诗。因为长久以来，节奏通常被等同于诗句的格律。然而，在对诗学理论中的"节奏"概念，尤其是法国学者本维尼斯特、亨利·梅肖尼克及其学生热拉尔·德松的'节奏'观进行梳理之后，我们发现'节奏'一词的含义已经超出了传统的格律学或修辞学的范畴，成为了一个同文学语言本质密切相关并代表着文学文本价值的重要因素。这一认识的转变对我们思考和进行文学翻译有着多方面的启示意义。"[①]

① 曹丹红：《西方诗学视野中的节奏与翻译》，《中国翻译》2010年第4期第51页。

诗学视野中的“节奏”并不仅仅是文本装饰性的形式因素，它是话语的组织方式，它统摄着文本的形式与意义，是文本价值的体现，具有特殊性、主体性等特征。因此，在翻译过程中对文本语言节奏的把控是考验译者能力的重要范畴。文本的语言“节奏”必须考虑标点符号、音响效果、视觉效果、文本意图、深层含义、互文性等多个方面的因素，这些因素都会影响文本的节奏。

节奏的主体性是某个具体文本节奏特殊性的内在原因，是区别语言节奏和话语节奏，即区别传统意义上被等同于格律的节奏和诗学意义上的节奏的依据，因为前者是语言规则强加给主体的，是主体无意识的产物，而后者则体现了主体的选择。那么，笔者作为译者，这种试图充分体现《源氏物语》能“读”、在读的过程中体验语言的律动美感的翻译设定到底有没有偏离紫式部原著文本的风格呢？笔者认为答案自然是否定的。

人们说话都是有节奏的。既然《源氏物语》采用了当时具有典型口语特征的女性语言写成，必定要有利于口头传播，所谓的“一边听侍女们口头诵读物语，一边欣赏以物语的某些场面为意象而绘成的画卷”，正说明了《源氏物语》的说话特征。按照这种观点，对节奏的把控应该包括作品中人物的说话和所有散文叙事在内。对于散文节奏的重要意义，这种节奏如果使用得好，就能够使我们更完好地理解作品本文。它有强调作用，使文章紧凑，能建立不同层次的变化。因此，笔者所祈求的节奏不能被等同于格律，它不一定是一种周期性的反复，除了诗歌之外，包括散文等在内的话语都可以具有自己的节奏，它是构成说话语体特殊性的重要因素之一。

为此，笔者重译的《源氏物语》采用了极具节奏感的短句，翻译过程中几乎每句都会通过自己的试读确定其语感，尽可能避免拗口之感，极力追求兼具优美律动中的流畅。试看下列“桐壶”篇的译例：

紫式部原著文本：

「主上もしかなむ。『わが御心ながら、あながちに人目おどろくばかり思されしも、長かるまじきなりけりと、今はつらかりける人の契りになむ。世にいささかも人の心をまげたることはあらじと思ふを、ただこの人のゆゑにて、あまたさるまじき人の恨みを負ひし果て果ては、かううち捨てられて、心をさめむかたなきに、いとど人悪ろうかたくなになり果つるも、前の世ゆかしうなむ』とうち返しつつ、御しほたれがちにのみおはします」と語りて尽きせず。泣く泣く、「夜いたう更けぬれば、今宵過ぐさず、御返り奏せむ」と急ぎ参る。

月は入り方の、空清う澄みわたれるに、風いと涼しくなりて、草むらの虫の声々もよほし顔なるも、いと立ち離れにくき草のもとなり。

「鈴虫の声の限りを尽くしても

長き夜あかずふる涙かな」

えも乗りやらず。

「いとどしく虫の音しげき浅茅生に

露置き添ふる雲の上人

かごとも聞こえつべくなむ」

と言はせたまふ。をかしき御贈り物などあるべきをりにもあらねば、ただかの御かたみにとて、かかる用もやと残したまへりける御装束一領、御髪上の調度めく物添へたまふ。

丰子恺译本：

命妇答道："并非胡言乱道，万岁爷也如此想。他说：'我确是真心爱她，但也何必如此过分，以致惊人耳目？这就注定恩爱不能久长了。现在回想，我和她的盟誓，原来是一段恶因缘！我自信一向未曾做过招人怨恨之事。只为了此人，无端地招来了许多怨恨。结果又被抛撇得形单影只，只落得自慰乏术，人怨交加，变成了愚夫笨伯。这也是前世冤孽吧！'他反复申述，泪眼始终不干。"她这番话絮絮叨叨，难于尽述。

后来命妇又含泪禀告道："夜已很深了。今夜之内必须回宫复奏。"便急忙准备动身。其时凉月西沉，夜天如水；寒风掠面，顿感凄凉；草虫乱鸣，催人堕泪。命妇对此情景，留恋不忍遽去，遂吟诗道：

"纵然伴着秋虫泣，

哭尽长宵泪未干。"

吟毕，还是无意登车。太君答诗，命侍女传告：

"哭声多似虫鸣处，

添得宫人泪万行。

此怨恨之词，亦请代为奏闻。"此次犒赏命妇，不宜用富有风趣之礼物。太君便将已故更衣的遗物衣衫一套、梳具数事，赠与命妇，籍留纪念。这些东西仿佛是专为此用而遗留着的。

林文月译本：

老夫人边说边哭之间，天色已晚了。“皇上也再三悲叹道：‘虽说是出自朕心，当时会那样不顾一切，认真相爱，恐怕总是冥冥之中注定不能偕老的缘分之故吧。现在回想起来，朕虽无意伤害别人，只因为深爱她而招来许多莫须有的愤恨，而今这般孤零零地一个人遗留下来，教朕不知所措，真是难堪。唉！这是否前世的宿缘呢？真想探个究竟。’”命妇也哭哭啼啼的，像是有讲不完的话似的。“天色委实太晚了，我得告辞，要在天亮以前赶回去禀报皇上呢。”说着，她急忙忙就要走。这时候，月轮已半沉，晴空无云，清风徐吹，草丛中的虫声格外诱人哀伤，令人依依不舍得相别。

促织鸣兮夜未央，
哀情悲苦泪滂沱，
含恨衔命兮心迷茫。

命妇口中吟咏着，脚步却不忍跨上车。

“荒郊外兮秋虫鸣，
贵人将去不稍待，
老妇独处兮泪纵横。

真忍不住要这样埋怨起来呢。”老夫人也差遣了一名侍女送上这样的答咏。居丧中的人不便有一般的风雅馈礼贻赠，所以只能将更衣生前的遗物——衣裳一套及梳栉用具一组，托命妇持归宫中呈现皇上。

姚继中译本：

时已夜深，命妇相劝道：“太君所言皆然。皇上也有所识，他曾道：‘虽是真心相爱，未免过分招嫌，以致好事难续。如此看来，我们之间，是应了一段不好的缘分。平生以为未曾招得怨尤，怎料为了这更衣，却引来此等怨恨。如今形单影子，反倒落了个笑柄。这恐怕也是前世孽缘所定吧。’皇上诉怨不已，泪眼不干。”命妇唠叨不尽。

最后，命妇噙泪相告：“时已至此，不得不立即起身回宫奏告皇上了。”便急欲离去。是时，月沉西天，寒风拂面，天籁冷静，使人倍觉凄凉；雀鸟哀鸣，尤其乱人情怀。命妇徘徊不忍归去，吟诗道：

“秋虫纵然伴人泣，

长宵虽去泪难尽。”

吟罢此诗，尚不思登车。却说那太君也答诗一首，令侍女相传道：

“哭声稠稠似虫鸣，

宫人同悲泣难禁。”

请将此怨尤之句，专奏皇上。自思犒赏使君之物，须得素朴无华。遂将更衣遗留之一套衣衫，一些梳妆用具相赠以资留念，似亦甚宜。

从以上译例可以看出，同样译于紫式部的《源氏物语》的文本，然而三位译者的汉译文本却不尽相同，笔者虽然不能随意妄加揣测出于何种原因，但有一点却是可以肯定的，那就是每一位译者一定会有自己翻译风格的设定。尽管这种设定未必满足译介学中的相关理论，但作为译者，如果事前没有相关的翻译风格的设定，就无法把控整部译著的一贯性和整洁性。

第三节 《源氏物语》的文本语境与翻译应对

美国的尤金·奈达对语境与翻译的关系问题非常重视，他认为：

> 语境在文本理解和文本翻译中具有重要作用。我对这个问题的兴趣逐年增加，因为大多数的话语理解和表达错误都源于没有考虑好语境问题。不过应该对语境做如下理解：语境影响到文本结构的方方面面，包括语音层、词汇层、语法层、历史层（包括促使文本产生的所有历史事件、历史上对文本的解读方式以及所有要求翻译该文本的现实原因等等）。[①]

在具体的语境分析中，奈达突出语言层面和文化层面。上下文、话题、文化、读者等都是奈达所说的语境因素。他认为，词语的意义和词语选择都依赖于上述各种语境因素。他把语言层面的语境分为组合关系和聚合关系两类，重点分析了词语之间的语法关系以及话语结构和风格对翻译的影响。对文化语境也十分关注，认为语言是文化的一部分，文本的意义常常指向特定文化，因此造成翻译的困难。

语言描写是塑造人物形象的基本手法，主要包括对人物的独白、对话、讲话

① 转引自彭利元：《论语境化的翻译》，湖南师范大学博士学位论文 2005 年，第 176 页。

等所作的描写，是塑造人物形象的重要部分，通过语言描写传达人物的思想感情，反映人物的身份、经历和心理活动，表现人物的精神风貌，刻画人物的性格特征。其中穿插交代情节往事，起到推动故事情节发展的作用。《源氏物语》与此前的《竹取物语》等早期的物语相比较，最大的进步在于人物语言描写方面有了巨大发展，并且形成了紫式部独特的风格，在塑造人物时将人物放在具体情境中，人物语言符合小说的情节安排，同时人物语言的描写符合人物特定身份，体现出现实主义作品人物塑造的真实性。特别是《源氏物语》作为创作物语，作品中穿插有大量韵文和歌，这些和歌不同于中国古代的变文、传奇中的韵文多为作者以旁观者的立场或创作或引用。《源氏物语》中的和歌则多出自作品中人物之口，这些韵文和歌对人物形象的塑造和性格的刻画也起到了重要作用。

林文月在《源氏物语》修订版的序言中例举了翻译过程中的若干困惑，其中之一就是人物对话中的话语元素的缺失：

> 人物称谓既已不易辨别，而在对话进行时，紫式部又经常省略主词。某句话为某人所言，虽然大致可由上下文得知，不过，有时也见仁见智有所出入。在日本现在语译各本及两种英译本里，即有少数不同意见。遇此情形，我的中译本采取比较各本异同，以多数人之意见而合理者为依据。这样的判断，自然未必正确，但除此而外，实在也别无他方。原著又常于对白之下出现："如此说"，或"某某如此云"一类的文字。若逐字译出以求其"信"，则恐怕令人读之不胜其烦，所以我仿照多数日文现代语译本及英译本，大都删省，以求文笔之明快。这个现象，或者可以说明：毕竟完全的逐字直译（Literal translation）是不易做到的，因为译者虽应忠于原著作者，同时也须兼顾译文的读者。①

人们有时会忽略紫式部等平安时代的女流作家对古代日语散文语言所作的贡献，她们将原本仅存在于口头传达的语言转化成了书写自然流畅的成文语言，这对当时女流作家来说并非易事。由于口语是伴随着场景而生的，通过手势、身姿、眼神的交流、共有的经历、特殊的关系，使得口语可以缺乏连贯、富有暗示甚至有所省略，且不需过多考虑语法的规范性就能记载成文。紫式部运用当时的口语写作《源氏物语》，首先必须努力克服没有语境下的场景缺失。正因为如此，《源

① 紫式部著，林文月译：《源氏物语》修订版序言，译林出版社 2011 年，第 24 页。

氏物语》在很多情况下的语焉不详并不是因为思维混乱，或者故意采用一些古体语言抑或过分华丽的辞藻造成的，更多的是因为紫式部的时代还没能很好地脱离最初的口语背景。比如此前的例子中就有语焉不详造成的译文各异：

此次犒赏命妇，不宜用富有风趣之礼物。太君便将已故更衣的遗物衣衫一套、梳具数事，赠与命妇，籍留纪念。这些东西仿佛是专为次用而遗留着的。（丰译）

居丧中的人不便有一般的风雅馈礼贻赠，所以只能将更衣生前的遗物——衣裳一套及梳栉用具一组，托命妇持归宫中呈现皇上。（林译）

自思犒赏使君之物，须得素朴无华。遂将更衣遗留之一套衣衫，一些梳妆用具相赠以资留恋，似亦甚宜。（姚译）

以上三段译文的歧义在于礼物到底是馈赠给谁的？林文月的翻译“托命妇持归宫中呈现皇上”非常明确；而丰子恺的翻译却是“赠与命妇，籍留纪念”；姚继中的翻译“遂将更衣遗留之一套衣衫，一些梳妆用具相赠以资留恋，似亦甚宜”其实是模棱两可的处理。

《源氏物语》在塑造人物时，人物语言相对平和，其中描述性成分居多。但紫式部更擅长将人物放在具体情境中使用对话、独白来展现人物在特定情境下的心理状态。如第五回“若紫”中紫姬跟随外婆在寺庙中遇见光源氏，期间的描述、对话和独白，显示出不同人物在不同情境中不同的心理。当作者在描写源氏公子与老尼姑两人会面时，对源氏公子的语言不仅有对话描写，同时添加了独白描写，从不同角度刻画人物的语言，从而推动故事情节的发展。如源氏看到紫姬的刹那内心想到：

源氏公子怕被他撞见，赶忙返回。他心中却想道：“此般深山之中，也有这等美人，难怪时常有人外出，四下寻花问柳呢！我难得出京游玩，如今竟也碰得这般美事。”不禁兴趣盎然。接着又想：“那个女孩实在使人心动，却不知是何家女子。我倒想要她朝夕相伴，陪于身边，免去我与那人的相思之苦呢！”[①]

源氏对紫姬的势在必得溢于言表。通过以下的对白，可以看出源氏最初想要抚养紫姬的心理状态纯属为了慰藉其对藤壶相思而不得之情。而与老尼姑的谈话，

① 紫式部著，姚继中译：《源氏物语》，江苏人民出版社 2011 年，第 72 页。

显示出源氏的道貌岸然：

源氏公子对老尼姑说：

近在咫尺，却要间接传言通话，我甚感难堪。值此良机，乞盼郑重面晤，具体申述。我在此待命，不胜惶恐。

老尼姑对侍女说：

此言倒也在理。若是年轻，当有所嫌忌。既为老身，有何不便？既然他又如此慎重，就不用回避了。

源氏公子对老尼姑说：

小生贸然造访，甚是轻率，乞望恕罪！但念小生心地赤诚，并无恶意。望我佛鉴察。

老尼姑对源氏公子说：

公子大驾光临，实乃三生有幸。承蒙不吝赐教，我等受益匪浅！

源氏公子对老尼姑说：

闻尊处有一小孩，自小丧母，小生愿代为抚育。不知能否蒙？小生不幸幼失慈母，孤苦伶仃，难以言述。因我们处境相同，正是天生良伴。今日得见尊颜，实机缘难得。因此冒昧剖诚。

老尼姑对源氏公子说：

公子有此念头，如此屈尊，老身感激不尽。惟忧传闻有误，令公子失望。虽有一无母之儿，与老朽一起艰辛度日，但她年纪尚幼，不晓世事，公子胸怀再宽，对此亦绝难容忍，因此难以奉命。[1]

《源氏物语》不光靠散文中的描述、对话和独白来推进和推动情节的演进，和歌亦有赠答、唱和、独吟等形式来强化人性形象。如前所述，《源氏物语》的语言颇为工巧雅致，它在散文的基础上融合了韵文，充分运用和歌兼具抒情诗与叙事

---

① 紫式部著，姚继中译：《源氏物语》，江苏人民出版社 2011 年，第 75 页。

诗的特性，在塑造人物形象、推进故事情节的同时也渲染了全书的审美情绪。“在《源氏物语》中，大凡是和歌运用，绝不是刻意地以引用的形式生硬地插入和歌，而是极其自然地表现出了作品中人物的浪漫性叙事需要。和歌的引用与散文浑然一体，和歌烘托情绪，散文催生和歌，两者的紧密结合充分展示了紫式部驾驭语言的非凡才能”[①]，从而使得整个文本在文化层面上呈现“雅”的特色。文化层面的雅俗不能用好坏来鉴定评比，因为二者都是文化的合成因素，都是一定的文化相辅相成、相较相生的两个方面，俗中有雅，雅中有俗，才能显示出文本的生机。如第十四回“航标”中，源氏由流放地回到京城，与紫姬谈论在流放地与明石姬的一段感情，语气中颇为微妙。紫姬听后心中不快，却又觉得情有可原。

> 紫姬暗想：“虽说逢场作戏，却于别处寻欢；而我独守空房，何等悲凉！”心中甚是不快，便转过身子，凝望别处。后又自叹道：“人生于世，真个凄苦啊！”随即口占一诗：
>
> “爱侣若烟升空中，
> 独我先散一场梦。”
>
> 源氏公子答道：“又言何事？让我好生伤心！你可知晓：
>
> 海角天涯多浮沉，
> 为谁欢喜为谁忧？
>
> 罢罢罢，终有一日，你会见我真心的。然而我在世之日，总想避开无聊之事，免遭人怨，惟为你一人啊！”[②]

这里两人的对话以和歌的形式表现出来，用词文雅，表现出紫姬对源氏好色性格的痛苦和无奈，源氏的回答则体现出他的老练和虚情假意。

紫式部的语言格调和修辞法的翻译再现

翻译家高健在《语言个性与翻译》一文中提出的“语言个性理论”应该是“一种新的译风和派路”了，他在这篇文章中指出：“语言个性即每种语言都有它自己所独具的性格、习性、脾气、癖好、气质，都有它自己所独具的倾向、性能、潜力、可能性、局限性以及优势与不足等等。语言个性一旦形成，便对该语言本身

① 姚继中：《〈源氏物语〉与中国传统文化》（第二版），中央编译出版社 2010 年，第 100 页。

② 紫式部著，姚继中译：《源氏物语》，江苏人民出版社 2011 年，第 220 页。

起着影响和控制作用，并对其使用者有着一定的强制性与约束性。而如何在实践中把语言个性原则加以具体化，便是语言个性的实际意义及其与翻译的关系。”①

日本平安时代的文化个性有别于任何一个国家的民族文化，其特殊性体现在外来文化与本土文化的剧烈冲撞期，而这种冲撞不是破坏性的，是极具建设性的文化融合与文化本土化的阵痛。阵痛过后，带给日本民族的是史无前例的文字系统。文字系统的健全为日本本土文化的繁荣昌盛创造了绝佳的基础。一个民族的文化个性和相异于其他文化首先体现在语言文化的内在诸因素上，比如语言符号结构、语言体系因长期的历史沉淀而形成的潜在的语言组合、分解能力，包括如词、句、章、修辞等。其次是基于此而形成的诸如文学体裁、谋篇布局、音韵排序、作品风格、作品意境神韵等等，即超乎纯语言符号的一系列文化价值因素。包通法在《文化全球化及“异化”翻译的范式研究》中指出：“句、章中意致和意境的构成既属物质符号的个性化问题，但同时亦属个性文化熏陶下群体对其的主观性认知和赋予美学属性，是属历史的、文化的美学理念，具有顽固的民族个性化和承传性，并非可以在文化全球化过程中发生质的根本变化。所谓文化底蕴，所谓‘家学渊源’亦是此理。”②

紫式部在《源氏物语》中使用得最多的修辞手法是象征与双关，恰恰是这两种修辞手法给翻译带来了巨大的挑战。象征时常建立在日本民族特有的文化背景之上，与中国传统文化意象之间缺乏互通性；而双关建立在语词的音韵之上，不同语言之间很难建立起既兼顾音韵又能兼顾意境的对应关系。

第二回“帚木”中的译例：

君は、いかにたばかりなさむと、まだ幼きをうしろめたく待ち臥したまへるに、不用なるよしを聞こゆれば、あさましくめづらかなりける心のほどを、「身もいと恥づかしくこそなりぬれ」と、いといとほしき御気色なり。とばかりものものたまはず、いたくうめきて、憂しと思したり。

「帚木の心を知らで園原の
道にあやなく惑ひぬるかな

① 转引自孟昕：《试析文学翻译中的语言个性》，《淮海工学院学报》（人文社会科学版）2012 年第 6 期第 78 页。

② 包通法：《文化全球化及“异化”翻译的范式研究》，《长沙理工大学学报》（社科版）2005 年第 3 期第 119 页。

聞こえむ方こそなけれ」

とのたまへり。女も、さすがに、まどろまざりければ、

「数ならぬ伏屋に生ふる名の憂さに

あるにもあらず消ゆる帚木」

と聞こえたり。

小君、いといとほしさに眠たくもあらでまどひ歩くを、人あやしと見るらむ、とわびたまふ。

源氏公子正自焦急,暗想:"小君这孩子,到底将事情办得怎么样了?"虽则放心不下,却又怀着希望,便横躺了身子,静静等待。不一会儿,待小君回来一听之下,他顿如遭霜打般萎靡,觉着这女子甚是寡情薄义,真是世间少见。不由长叹道:"真是羞耻啊!"一时竟没了言语。良久又长叹数声,陷入沉思,凄凄吟道:

"岂知帚木迷人状,

空为园原失路人。"

小君将此诗传与空蝉。这空蝉此时也正自辗转难眠,便以诗应答道:

"荒原伏屋暂寄身,

虚幻亦如帚木形。"

小君见公子伤心至此,自己也不能安心,便往来奔走传信。空蝉惟恐外人见了生疑,甚是忧心忡忡。[①]

这一段中的"帚木"是一个带有鲜明日本文化的词,据日本古老的传说,一个叫信州伊那郡园原伏屋的地方,有一棵形似倒插着的扫帚的怪树,远看则有,走近则无。诗中以"帚木"喻空蝉可见不可及。因为日文中使用了"帚木"这两个汉字,所以在翻译时我们就直接照搬了。然而,如果没有注释,中国读者无论如何不知道"帚木"为何物。可能汉字具有一定的指示性,中国读者也可能顺着这种指示性去猜测其为何物,但毕竟不能准确理解"帚木"的文化内涵。作为翻译,必须找到能让中国读者准确理解其文化内涵的表达方法,要么使用相近的替代物,要么做出注释。虽然注释能较为准确地表达出其文化内涵,但一部小说若有成千上万的注释,一定会影响读者的兴致。

① 紫式部著,姚继中译:《源氏物语》,江苏人民出版社 2011 年,第 36 页。

再看第六回“末摘花”中的译例：

今様色の、えゆるすまじく艶なう古めきたる直衣の、裏表ひとしうこまやかなる、いとなほなほしう、つまづまぞ見えたる。「あさまし」と思すに、この文をひろげながら、端に手習ひすさびたまふを、側目に見れば、

「なつかしき色ともなしに何にこの
すゑつむ花を袖に触れけむ
色濃き花と見しかども」

など、書きけがしたまふ。花のとがめを、なほあるやうあらむと、思ひ合はする折々の、月影などを、いとほしきものから、をかしう思ひなりぬ。

「紅のひと花衣うすくとも
ひたすら朽す名をし立てずは
心苦しの世や」

衣箱里是一件贵公子穿的常礼服。颜色是当时极为时髦的红色，但样式陈旧，全无光泽。里子的颜色也一样。从缝拢的针脚看，手工很是粗糙。源氏公子见了，甚觉无趣，便信手在那张纸的空白处写到：

“色泽暗红无人爱，
何须又栽末摘花？

所看见的是深红色的花，然……”大辅命妇感到奇怪，想到：为何偏偏不喜红花？忽记起月光下，自己偶尔得见小姐红色的鼻尖，便略知其意，感到这诗也正是刁钻！她略加思索，便随口吟道：

“春纱虽薄情更薄，
岂可任性扬恶名！
人生可是多悲啊！”[①]

“末摘花”即红花，可以制作红色染料。花长在茎的末端，所以叫“末摘花”。源氏公子夜间前去访问的小姐，在月光下偶见其鼻尖有一点红色，非常觉得煞风景。日文中“花”和“鼻”都读作hana，故此处紫式部通过同音字的一语双关，描写了源氏公子“儒雅”地嘲笑小姐红鼻尖的智慧。第六回的题名也正是源于此处，而“末摘花”顺理成章地成了这位小姐的名称。

① 紫式部著，姚继中译：《源氏物语》，江苏人民出版社2011年，第104页。

语言符号布局组合中所承载的文化个性和美学蕴含，是根植于历史文化之沃土的，《源氏物语》中的语符所蕴含的美质因子不仅需要在汉文化的深深熏陶中，还需要在本土文化的深深熏陶中才可悟得其妙不可言的美的享受。因此，在平安时代，像《源氏物语》这样的物语，虽然使用了当时具有典型口语特征的女性语言写成，但它对读者是有着很高的要求的，简言之，必定是兼具汉学修养和本土文学修养的贵族阶层，才能体悟到《源氏物语》的真髓。

如前所述，一个民族的文化个性化和相异性，于其他文化首先体现在语言文化的内在诸因素上，包括如词、句、章、修辞等。那么《源氏物语》中的敬语便是最具日本传统文化特征的表现形式之一。日语中的敬语因动作主体不同而分为尊敬语和自谦语，当动作主体是话语者要尊敬的人物时，使用尊敬语或尊他语；而当动作主体是话语者本身、需要尊敬者为听者时，则使用自谦语。汉语亦有尊敬语和自谦语，在语言交际中的作用与日语并无不同。问题的关键是，汉语的尊敬语也好，自谦语也罢，主要靠人称代名词来加以表达。日语中无论古代日语还是现代日语，除了人称代名词可以表达尊他或自谦以外，几乎所有的动词都可以通过与助动词的连用来达到表示尊他或自谦的目的。因此，对于《源氏物语》的译者来说就出现了两个问题：一是如何将紫式部原著中大量的人称代名词以外的敬语表达用汉语再现出来；二是由于日语中动词与助动词的连用可以表示出尊他或自谦这一鲜明的方向性，这就更促使紫式部在文本中省去了句子中的人称代名词，这对译者来说，需要花费很多的时间加以确认句子中的人物。难怪林文月在《源氏物语》修订版序言中说道：

翻译《源氏物语》时，有一种困难，几乎可谓属于先天性——敬语。所谓敬语，乃是言谈者因谈话对象的身份地位，势力尊卑，或关系亲疏而表示特殊判别的一种语言表现。其中包含了向对方表示敬意的语气；以及相对的，为尊敬对方而对自己使用谦逊的口吻。此类敬语，在我国或世界其他国家的语言中也存在着，但恐怕没有一个国家使用敬语如日本之多，尤其在平安时代的贵族上流社会里，敬语使用之繁复，几乎令人不可思议。谷崎润一郎在一次座谈会中便曾与哈佛大学教授 Howard Hibbett 说过：现在的日本人对于使用敬语已感相当疏隔，且常有错误使用之憾。九州大学教授今井源卫在其译注《源氏物语》的序文中也提到：今日日本小说中已甚少使用敬语。在中文的翻译过程中，会尽量就我们的文化背景、语言习惯，努力想要保留原著里的这个特色，然而，过分使用敬语，既令人有矫揉造作之嫌，而且有时确实有欲试无方、力不从心之憾。[①]

由此可见，对于《源氏物语》中译本的读者或不能阅读原著的研究者来说，《源氏物语》中的敬语表达是一个无法认知的语言现象。日文的敬语表达很复杂，除了遣词造句的复杂性之外，话语者、听者、文本中人物相互间的尊卑关系的判断十分复杂。通常情况下，译者能做到的也只是把日文的敬语通过语气或者称谓表达出来，但大部分的尊卑表达在翻译过程中已经失去。虽然曾有学者找出文本中的个案加以批评，但笔者作为《源氏物语》的译者，并不认为这是翻译中的失误，而是中日两国语言在语言结构和敬语表达方式、表达能力上的局限性造成的，是任何人也无法弥补的遗憾。

从语音到意象、隐喻、象征的客体化内容

在《源氏物语》的翻译过程中，最令译者在意的是译文语音层面上的音韵、节奏、遣词造句等审美要素的拿捏。这些要素要符合《源氏物语》原著的精神气质，如意境、神韵、气势、情态、韵味、风貌等方面非直观的审美境界。这诚如我国古典艺术接受方式中称为"品味"的境界。所谓"品味"，追求的不是对象的外表和声光形色所构成的形式美感，而是对作品那醇厚的情愫和其中所蕴含的深层意味的洞照和掘发。"品味"要求译者全灵魂地进入作品之中，最终与文本所传达的内在生命结构达到相契与共通。

包括紫式部在内的平安时代的一批女性作家，我们往往看到的是她们在文学史上的贡献，事实上她们在推动古代日语散文语言的发展中所作的贡献也是不可磨灭的。试想，将一种原本仅存在于口语中的语言转化为一种书写自然流畅的成文语言，正是这种尝试才使得日本古典文学在世界文学史中得以灿烂辉煌。因为长期没有自己的文字，古代日语的口语往往是伴随着当时的场景而生，将口口相传的民间传说、故事等记载成文，作者首先遇到的难题是克服没有语境下的场景缺失。因此，创作《源氏物语》，建立起作者、文本与阅读者之间的理解通道，对紫式部来说并非易事。比如第十四回"航标"中的译例充分体现出了从语音到意象、隐喻的典型特征：

---

① 紫式部著，林文月译：《源氏物语》修订版序言，译林出版社 2011 年，第 24 页。

御社立ちたまて、所々に逍遥を尽くしたまふ。難波の御祓へ、七瀬によそほしう仕まつる。堀江のわたりを御覧じて、

「今はた同じ難波なる」

と、御心にもあらで、うち誦じたまへるを、御車のもと近き惟光、うけたまはりやしつらむ、さる召しもやと、例にならひて懐にまうけたる柄短き筆など、御車とどむる所にてたてまつれり。「をかし」と思して、畳紙に、

「みをつくし恋ふるしるしにここまでも

めぐり逢ひけるえには深しな」

とて、たまへれば、かしこの心知れる下人して遣りけり。駒並めて、うち過ぎたまふにも、心のみ動くに、露ばかりなれど、いとあはれにかたじけなくおぼえて、うち泣きぬ。

「数ならで難波のこともかひなきに

などみをつくし思ひそめけむ」

田蓑の島に御禊仕うまつる、御祓への物につけてたてまつる。日暮れ方になりゆく。

源氏公子向住吉神社辞谢后，便四处闲游。难波浦所行祓禊之仪，尤以七濑隆重庄严。他眺望难波堀江一带，不由吟诵古歌，道“铭心相思苦，至今仍重重。纵使舍身命，誓当谋相见。”对明石姬思念之情，流露无遗。惟光于一旁闻之，心领神会，自怀中取出旅途中备用毛笔，车停即呈上。惟光如此机灵，源氏公子大悦，遂接笔于一便条上写到：

“难波航标可为证，

明石相遇乃缘深。”

写毕交与惟光。惟光即派一知情仆人，送与明石姬。源氏公子等策马离去，明石姬顿感失落，不胜悲伤，忽得书信，虽言语甚少，亦欣慰万分，泪不自禁。遂答诗道：

“妾身低微无足道，

何缘思君舍此身。”

附诗于一布条上，本为田蓑岛祓禊时之供品，交与使者回呈公子。[①]

① 紫式部著，姚继中译：《源氏物语》，江苏人民出版社 2011 年，第 224 页。

这段情节中的古歌“铭心相思苦，至今仍重重。纵使舍身命，誓当谋相见”出自《拾遗和歌集》。其中的“舍身”与“航标”日语读音相同，都读 miotsukushi。难波地方海中的航标特别有名。上述古歌乃就眼前所见的“航标”而吟咏为恋爱可“舍身”之意。犹如中国诗“东边日出西边雨，道是无晴却有晴”，亦因“晴”与“情”同音而指东说西。源氏公子与明石姬随后的和歌也都是围绕此古歌唱和的。作为译者，至少在形式上力求紧贴原诗风格，用准确、明晰和高度浓缩的诗化语言去再现原诗，使词义和音韵巧妙结合，音韵回荡、节奏起伏，具有音乐美。读原诗和译诗都能把我们带进一个神韵悠然、意味不尽的境界。

笔者以为，紫式部在创作《源氏物语》的过程中，是将自己置于“全知叙事”的视界去铺陈《源氏物语》的所有故事情节的。所谓“全知叙事”是指讲故事时的叙述方式，它包含两个方面：一是讲说者（叙述者）就是故事的创作者，因而他对故事中所有人物，包括人物的内心活动、事件进程（包括过去、现在和未来）无所不知。二是讲说者（叙述者）也就是故事的表演者，因而他对叙述方式的处理无所不能。他可以超越于故事所有人物之上讲述、评论，也可以临时充当故事中某一人物对特定情境进行观察和感知，还可以变换角色充当不同的人物进行交叉观察和感知，而后再恢复他的超越身份和地位。这种对故事的绝对的拥有权和支配权使讲说者有极大的能耐和自由，他只服从于一种限制，即听众或假想的听众——读者。[①]以逆向思维来思考，《源氏物语》的读者阶层对《源氏物语》的期待决定了紫式部的创作必定是全知叙事，这种全知叙事方式是由作者紫式部直接叙述和作品中的人物多角度感知叙述二者相结合构成的。其目的一是可以保持其在叙事中的权威性，加强听众或读者对叙述人的依赖感、期待感，以吸引听者或读者渐入佳境、欲罢不能；二是可以引导听众或读者不时进入小说情节，从而获得特定视角的真切感，加强话语的情境性。

《更级日记》的作者菅原孝标女在其作品中回忆了大约发生在 1021 年所经历的一些事情。她的乳母于春日死去，结果这位自诩为痴迷于阅读物语的女子突然觉得“肝肠寸断，无心翻阅物语”了：

> 母亲见我如此郁闷，于心不忍，为宽慰我心，乃寻借物语等书籍，我心自然舒畅。阅毕《源氏物语》一卷，还思续读，无奈不知向何人求

① 刘上生：《中国古代小说艺术史》，湖南师范大学出版社 2000 年，第 300 页。

借。（众人）皆未熟悉京都，难以找到。心头着急，暗中祈祷："定然自一卷开始全部阅读《源氏物语》。"家亲前往太秦宿寺参拜时，（我）别无他求，只祈祷阅读全本《源氏物语》。心想一出（寺院），就能如愿以偿，然未果，终日伤感叹息。有姑（婶）自乡间来，（我）前往拜访，姑（婶）云："出落如此可爱。"亲热待我。（我）临走时，姑（婶）云："送汝何物？实用之物，谅无兴趣。闻汝有想读之书，以此赠送。"言毕，将《源氏物语》五十余卷悉装箱内，此外尚有《在中将》、《とほぎみ》、《芹川》、《しらら》、《あさうづ》等物语，装满一袋。我满载而归，欣喜之情，难以形容。

（先前）阅读断断续续，一鳞半爪，一知半解，心头烦躁。现能从头阅读，别无他人，独卧屏风之内，随手取来，聚精会神。此种心情，皇后不换。白昼不歇，夜间醒来，点灯继续，心无二用，终能背诵，（语言情节）烂熟于心。自鸣得意之时，梦见一身披黄色袈裟之清秀僧侣告我云："修习法华经第五卷。"（此事）未告他人，亦不想学，一心专注于物语，心想自己现在貌不出众，然妙龄之时，定能色佳天下，长发光艳，如光源氏之夕颜、宇治大将之浮舟。如今思来，实在可笑。[①]

此事发生在距紫式部的时代 40 余年后，当时的物语已经缺失了两回了。而日记中这位从偏远的藩国来的女子，发现找到完整的抄本非常困难，大多数时间只能在哀叹不能看到全本、只能阅读几个章节中度过。

《更级日记》的作者菅原孝标女尚且被紫式部的《源氏物语》深深吸引，更何况那些贵族读者，尤其是女性读者。她们在阅读《源氏物语》的过程中，不知不觉对叙述人产生了依赖感、期待感，在下意识中渐入佳境、欲罢不能，甚至身不由己地将自己幻想为某人物不时进入小说情节，从而获得特定视角的真切感和情景感。虽然菅原孝标女的这段记载不足以佐证《源氏物语》在当时流行的状况，但足以证明其在当时宫廷贵族及女官中已经非常有名。

中宫妃返回宫中的日子越来越近了。女官们一直忙于各种不断的庆典仪式，毫无闲暇。中宫妃说要制作物语的册子，所以我天一亮就第一个去御前侍候。先选出各种颜色的纸，再附上物语原本，再各处送信请

① 藤原道纲母、紫式部等著，林岚、郑民钦译：《王朝女性日记》，河北教育出版社 2002 年，第 400 页。

人抄写。然后，又把抄写好的物语整理装订，日子就在这样的工作中度过。道长大人对中宫妃说："什么样的幼儿母亲会在这么冷的季节做这种活儿？"尽管说是这么说，大人还是反复几次给中宫妃送来了薄纸、笔、墨什么的。最后又送来了砚台。中宫妃将那砚台又赐给了我。让大人十分惋惜。大人责怪我说："你侍候在里边就做这种事啊。"不过，大人又把墨挟、墨和笔送给了我。

我将从家里取来的物语原本藏在了自己的居室内。可是，当我去中宫妃前侍候的时候，道长大人偷偷入室，找出来拿走了。全部都交给了内侍督。刚刚着手改写的部分已经丢失，恐怕会招来让我在意的评论。[①]

虽然紫式部这种全知叙事的创作手法对翻译不构成方法论上的困惑，但译者作为译前的初期读者，如果不能对此有足够的认知，无疑会在对作品的理解上打折扣，弄不好也会使译文出现逻辑关系上的混乱。

紫式部全知叙事在《源氏物语》中展现为对故事中所有人物，包括人物的内心活动、事件进程（包括过去、现在和未来）无所不知，且对叙述方式的处理无所不能。如《源氏物语》第一回"桐壶"的开篇段落：

いづれの御時にか、女御、更衣あまたさぶらひたまひけるなかに、いとやむごとなき際にはあらぬが、すぐれて時めきたまふありけり。はじめより我はと思ひ上がりたまへる御方がた、めざましきものにおとしめ嫉みたまふ。同じほど、それより下臈の更衣たちは、ましてやすからず。

却道从前某朝天皇时代，后宫嫔妃云集。其间有一身世平朴的更衣，深得皇上恩宠。这更衣朝夕侍候皇上，那些出身高贵的妃子眼见得此等情状，料得自己原本必受宠爱的，如今却被这更衣争了去，不免醋意大发，时时事事对她加以诽谤。而那些出身比这更衣更低微的，或是与这更衣地位相等的，见得如此，自知无法争宠，更是怨恨不已，处处对她百般非难。[②]

《源氏物语》的开端就以叙述者当时在场的话语方式展开叙事，但中文的翻译

---

① 藤原道纲母、紫式部等著，林岚、郑民钦译：《王朝女性日记》，河北教育出版社 2002 年，第 330 页。

② 紫式部著，姚继中译：《源氏物语》，江苏人民出版社 2011 年，第 2 页。

不能很清楚地体现出这种存在感。叙述者在开篇第一句的末尾所用的「ありけり」，其中「けり」类似汉语“有、曾有”的意味。这种话语方式通常用来建立起一个叙述性小说的框架。在通常的日语谈话中，基本上每一句话都有其特定的助动词来强调讲话者与听话者、叙述者与读者之间的关系。在起首的这段文字中间，还会发现一个用于表示敬语的「たまふ」，如前所述，日语中的敬语与言语行为有关，即当动作主体是话语者要尊敬的人物时，使用尊敬语或尊他语；而当动作主体是话语者本身、需要尊敬者为听者时，则使用自谦语。敬语体现了叙述者与被叙述者之间或是书中人物之间的相对地位关系。此处的「たまふ」主要是用来体现被叙述者的高贵出身，但从文中人物的相对关系来看，这里体现出的是叙述者的存在。叙述者的存在感同时也体现在一个敬语后缀「たまふ」上，这个后缀是在《源氏物语》中出现频率最高的助词之一。

紫式部作为叙述者的存在有时是隐形的，即通过日语特有的表现形式体现在文本中的，这一类表现形式翻译时几乎无法通过语词手段将其再现，只能从字里行间隐隐约约地体会。笔者在翻译过程中，也是绞尽脑汁试图让它凸显出来，无奈日语与汉译的互通性偏偏在此阻隔，使得笔者力不从心。但是，紫式部作为叙述者的存在不都是隐形的，很多情况下会对某人某事插入叙述者的直接评论，这种评论并非大段大段地呈现在读者眼前，常常是以只言片语或三言两语的形式加以概括。比如在第二回“帚木”的开头：

光源氏、名のみことごとしう、言ひ消たれたまふ咎多かなるに、いとど、かかる好きごとどもを、末の世にも聞き伝へて、軽びたる名をや流さむと、忍びたまひける隠ろへごとをさへ、語り伝へけむ人のもの言ひさがなさよ。

再说那“光华公子”即光源氏，一生屡遭世人讥讽评议，尤是那本性中的轻薄行径。他虽则深恐落得个轻佻好色之名，而尽力掩饰，怎奈众口铄金，依然尽皆流传。真所谓人言可畏啊！①

第四回“夕颜”的结尾：

今日ぞ冬立つ日なりけるも、しるく、うちしぐれて、空の気色いとあはれなり。眺め暮したまひて、

① 紫式部著，姚继中译：《源氏物语》，江苏人民出版社 2011 年，第 15 页。

「過ぎにしも今日別るるも二道に

行く方知らぬ秋の暮かな」

なほ、かく人知れぬことは苦しかりけりと、思し知りぬらむかし。かやうのくだくだしきことは、あながちに隠ろへ忍びたまひしもいとほしくて、みな漏らしとどめたるを、「など、帝の御子ならむからに、見む人さへ、かたほならずものほめがちなる」と、作りごとめきてとりなす人ものしたまひければなむ。あまりもの言ひさがなき罪、さりどころなく。

此日正值立冬，上天有眼，竟下得一阵雨来，使个山野更显静寂。源氏公子沉溺于遐思之中，不觉吟道：

"秋去冬来凄心苦，

泪眼茫茫生死别！"

一时间，仿佛深有感悟："此种不甚光彩之恋情，毕竟使人痛楚！"

凡上种种琐碎之事，本可略之。然余忌因此授与后人口实，宣称此物语涉及帝王家事，一味避恶扬善，故视此书失实，遂冒昧刻薄言之罢了。[①]

第三十四回"新菜"（上）

大殿の君も、このほどのことどもは、例のやうにもこと削がせたまはで、世になく響きこちたきほどに、うちうちのなまめかしくこまかなるみやびに、まねび伝ふべき節は、目も止まらずなりにけり。

源氏一向崇尚简约，但为此事破例，贺仪隆重无比，举世盛称。其潜心设计的优雅精致之趣，应有记载传之后世。但因笔者未曾一一亲睹，故不详述。[②]

第十五回"蓬生"中叙述者的存在感尤其显著：

（1）音泣きがちに、いとど思し沈みたるは、ただ山人の赤き木の実一つを顔に放たぬと見えたまふ、御側目などは、おぼろけの人の見たてまつりゆるすべきにもあらずかし。詳しくは聞こえじ。いとほしう、もの言ひさがなきやうなり。

① 紫式部著，姚继中译：《源氏物语》，江苏人民出版社 2011 年，第 67 页。

② 紫式部著，丰子恺译：《源氏物语》，人民文学出版社 2001 年，第 688 页。

然而终日啼啼哭哭，悲伤愁叹，弄得容颜憔悴，好比山中的樵夫脸上粘住了一粒红果实，其侧影之古怪，即使普通人看了也觉难当。呀，不该再详说了！对不起这位小姐，笔者的口过也太重了。[①]

（2）侍従出で来たり。容貌など、衰へにけり。年ごろいたうつひえたれど、なほものきよげによしあるさまして、かたじけなくとも、取り変へつべく見ゆ。

侍从近来容貌也衰减了。由于长年辛苦，身体甚是消瘦，然而风韵还很清雅。说句不客气的话：小姐应该和她交换个相貌才好。[②]

（3）「かかる草隠れに過ぐしたまひける年月のあはれも、おろかならず、また変はらぬ心ならひに、人の御心のうちもたどり知らずながら、分け入りはべりつる露けさなどを、いかが思す。年ごろのおこたり、はた、なべての世に思しゆるすらむ。今よりのちの御心にかなはざらむなむ、言ひしに違ふ罪も負ふべき」

など、さしも思されぬことも、情け情けしう聞こえなしたまふことども、あむめり。

源氏公子说："你躲在这荒草丛中，度送了长年的辛酸生涯，我很能体谅你这点苦心。我自己一向不变初心，因此不问你心是否变易，贸然冒霜犯露而来，不知你对我作何感想？这几年来，我对世人一概疏远，想你定能原谅。今后倘有辜负你心之处，我应负背誓之罪。"说的这些情深意密的话，怕也有点言过其实吧。至于泊宿，则因邸内一切简陋，实不堪留，只得巧设借口，起身告辞。[③]

（4）今すこし問はず語りもせまほしけれど、いと頭いたう、うるさく、もの憂ければなむ。今またもついであらむ折に、思ひ出でて聞こゆべき、とぞ。

凡此种种，笔者本当不问自告，但因今日头痛，心绪烦恼，懒于执笔。且待将来另有机会，再行追忆详情，奉告列位看官。[④]

紫式部通过全知叙事的手段，控制了一系列的叙述性表达以达成一些特定的目的。这些直接评论的行文段落本身就是一种非常有效的手段，可以使读者从任何一

① 紫式部著，丰子恺译：《源氏物语》，人民文学出版社 2001 年，第 351 页。
② 紫式部著，丰子恺译：《源氏物语》，人民文学出版社 2001 年，第 353 页。
③ 紫式部著，丰子恺译：《源氏物语》，人民文学出版社 2001 年，第 359 页。
④ 紫式部著，丰子恺译：《源氏物语》，人民文学出版社 2001 年，第 361 页。

种自得的情绪中走出来。但同时紫式部并不认为有必要令读者感觉到她是一个无处不在、无所不能的全知叙述者，所以她不得不经常在隐形与显性两者之间不断切换。

或许只是笔者的一种错觉，自第四十二回“匂皇子”[①]往后，紫式部的全知叙事有逐渐弱化的趋势。笔者认为由两方面的原因造成了这种弱化趋势，一是到第四十一回“云隐”为止，围绕光源氏的故事过于庞大复杂，已经令读者在接受过程中产生了一定程度上的审美疲劳。这从第四十一回“云隐”有题而无文便可见一斑。日语的“云隐”是“隐遁”的意思，暗示光源氏之死。至于为何有题而无文，普遍的看法是书中已经描述了许多人的离世，其中主要人物紫姬之死尤为令读者揪心，倘若再写光源氏之死，作者难以承受巨大的悲痛。故以“云隐”暗示读者。其实，与其说连作者都不堪其悲，不如说读者的承受性也已经受到考验。二是但随着时光的推移，第四十二回“匂皇子”此后的情节都发生在光源氏的后代身上，其中的叙述者身份已经不再是物语最初的人物了，虽说全知叙事的讲述者无所不知，但登场人物的世代发生了变化，作者自然也会有断层的感觉。大凡通读过《源氏物语》的读者，都能感到第四十二回“匂皇子”此后的情节远不及此前丰满。总体来说，此后的叙述者的语言风格开始流于形式化。《源氏物语》中叙述者的存在，如果说不是紫式部的故意设计的话，其最大的原因是要归于日本语言的最深本质，但随后却因为被紫式部详加利用而走到了自己的尽头。

原著文本与译文文本意象转换

紫式部在《源氏物语》中大量运用了譬喻、象征等形象描绘的手法，化虚为实，使读者对其叙事风格中所包含的丰富的审美内蕴产生鲜明生动的质感和具象感，从中获得强烈的审美愉悦和美感享受。其原著的形式包含两个因素：一是充分把握和操控了日本平安时代民族语言特点，展开了全知叙事；二是在运用这种民族语言的特点的同时，倾心注入了汉文学中的诗学方法论，通过意象、隐喻、象征等手法，将作者赋意、文本传意做到了当时物语文学中的极致。

翻译要把原作者所讲的内容传达给译文读者，就必须把原著民族语言改成译文民族语言，而且要把原著的作者赋意和文本传意传达确切。也就是说，要使译文读者得到同原著读者一样的启发、感动和美的享受，那么译者就不能不把作者

① 除姚继中译本外，其他译本都有两个“第三十四回”，即“第三十四回新菜（上）”“第三十四回新菜（下）”。此处的译文分析使用了丰子恺的译本，故“云隐”为第四十一回。姚继中译本为“第三十四回新菜”“第三十五回新菜续”。

的表达方式也同时尽量复制出来，因为表达方式里体现着原著的逻辑性、倾向性、艺术性等因素，这些都同内容有密切联系。问题在于中日两国语言间的互通性是有局限的，如比喻、典故、惯用语、引文、谚语等在不同读者之间会产生不同的意象联想。语言间的转换不能彻底解决不同意象的联想问题，但译者既然深知两种语言间的互通与阻隔的原因，是否可以采取变通的翻译技巧，使得不同的意象联想之间的差距尽可能缩小呢？作为译者，我们的确做了这方面的努力。原作者的表达方式是通过原著民族语言特点表现出来的，跟民族语言特点不能截然分开。所以，在改变原文民族语言特点的时候，妥善保存原作者的表达方式，这就成了翻译艺术的核心。由于两种语言的差别，不改变原文民族语言特点，照搬原文用词造句的习惯，译文就会晦涩、生硬，甚至无法读懂；倘若不保存原文的表达方式，随意发挥，同样做不到传神。在具体翻译过程中，要传达原作的神韵，就要运用两种方法：一是力求形神兼备，在译文语言能容纳的情况下，对原文的“形”做到尽量保存下来；二是在形神不可兼得的情况下，恰如其分地做些互通性的技术处理，但这些技术处理至少要紧扣原著的神韵，不能使其变得面目全非、形神皆失。

作为《源氏物语》的译者，很多情况下我们不得不承认我们的能力是何等渺小。特别是在翻译《源氏物语》中文化特色厚重、喻体寓意深远的隐喻时，中日喻体不能轻易转换，正所谓的两者之间真的存在着“不可译性”。“不可译性”并不等于“不能译”，而是译不好。林文月的《源氏物语》修订版序言中就有如下的翻译体会：

> 除了人物称谓以外，另一个使译者（尤其外文译者）感到棘手的问题是：文中随处出现的特殊名词——包括建筑陈设、衣裳饰物、节令仪式等等。日本的现代语译本尚可保留原文；至于为使读者领会，无论Waley或Seidensticker，都不得不做适度西化的改译。Seidensticker颇以忠实的翻译态度自诩，他在译著的序文以及别处都对Waley的武断及任意删简有所批评，唯有此类名词，他自己也无可如何；不过，为了弥补此缺陷，Seidensticker在书中大量安排版画插图，几乎每三两页便有一幅图画。我自己对此采用两种方法：一是适度地还原成中国化（如“西厢”、“回廊”、“底衫”、“皮裘”等等）；另一方面，则采取直译，保留原有汉字名词（如“妻户”、“玄关”、“直衣”、“狩衣”等等），但直译之词

首次出现时，必在文后附注说明。其中令我最伤脑筋的，莫过于衣裳问题。大概平安时代的日本人对于日常品物的分类称呼极细腻，所以一种衣裳的表面颜色花纹如何，里层颜色花纹如何，都有一定的称法。甚至于织法、染法的不同，也都有专门名词以为区别。遇此情形，有时便不得不采用略带说明性的意译，否则恐怕读者无法接受，亦无法忍受；不过，凡此也都有注文说明于后。[①]

“不可译性”并不等于“不能译”，而是译不好。之所以译不好，是因为任何一种语言都承载着本民族的特定的文化意象，这种文化意象与语言符号相对应。对本民族的人而言，通过自幼耳濡目染，已经形成的固定的“语言符号（以单字或词语为基本单位）—音声—形象”的认知要素被植入大脑储存器，只要三者中的任何一项对大脑产生刺激，其他两项将会随之而出，这就是词语与形象的联想机制。

词对于人来说是一个“普通的”刺激作用物，因为人说的话是人的思想的物质代表，是人的思想的物质体现。词里所包含的就是以概括的形式表现出来的现实世界本身对感官的直接作用在意识里所留下的一切东西，在词里集中了认知活动的全部经验。苏联时期里沃夫大学教授库勃拉诺夫早在1958年出版的《文学艺术的认识论本性》中就曾指出：“词不但能够促使经验‘收缩’，而且，既然为人所了解，又能够反过来‘放松’，就是说把事物或现象的一切具体的特点和属性以及这些事物或现象所产生的感情和体验在人的脑袋里再现出来。这个过程的‘机制’是这样的：含有概括的词，作为刺激物，在大脑皮质里同这个词所标志的事物和现象本身过去曾经作过的刺激所留下的痕迹联系起来。词仿佛回过头来‘还原’为现实世界事物和现象的那些具体感性特征和属性，这个概括就是从这些特征和属性抽象出来并在词中固定下来的。词不仅仅‘复现了’第一信号系统所接受到的那些事物和现象的属性和特征所产生的印象，而且也‘复现了’这些事物所引起的全部感情和体验及其有关的一切，即心理反应。”[②]

由此可见，“所谓‘不可译性’并不等于‘不能译’，而是译不好”看似一个无可奈何的翻译方法论的桎梏，其实不然。无论是适度地还原成中国化的意译，

① 紫式部著，林文月译：《源氏物语》修订版序言，译林出版社2011年，第27页。

② 转引自中国社会科学院外国文学研究所外国文学研究资料丛刊编辑委员会编：《外国理论家　作家论形象思维》，中国社会科学出版社1979年，第414页。

还是直接使用日文汉字加注释，在中国读者脑海里都不会浮现出平安时代日本民族的原本意象，因为这不仅是中日两种语言互通中的问题，还有文化意象互通中的问题。换言之，无论译者何等用心，最终出现在中国读者面前的依然是一个带有文化缺损的表达，只是中国读者意识不到而已。

意象是一个美学概念，渊源于《周易·系辞上》：“子曰：圣人立象以尽意，设卦以尽情伪，系辞焉以尽其言，变而通之以尽利，鼓之舞之以尽神。”这里的“象”，是指卦象，也泛指一切可见之征兆；“意”是指卦象所表示的某种哲理或思想感情。由“意”和“象”合成的“意象”，被广泛用于文学艺术领域。而“意”与“情”“神”又是可以相通或互训的，因此，“意象”这一概念，一是指审美创造者心中所营构的意象是审美主体之情意与审美客体之表征的相互融合体；二是指文学艺术作品中所创造的意象，它是审美创造者心中所营构的意象的外在表现和物化形态，是主观情意与客观物象的统一体，是审美主体的审美意识与审美客体的审美特性的统一体；三是指审美对象的内在意蕴、精神及其外在的具体表现。

《源氏物语》的原著文本中，有很多情景交融的妙境融合了紫式部多方面的感受，如将视觉、听觉、触觉、感觉等融入一首和歌，或以立体的时空为舞台，让读者体味到多维的生动图景。译者须对原著中意象的审美图像做诗性的迁移，运用译入语中相似的意象重现原著中“无言”的审美意义，以致较为全面地传达出原著的奇趣之美，译出其深层的美学蕴藉。

第二十四回“蝴蝶”，可谓是《源氏物语》中最唯美、最有画面质感的一个章回，该章回从头至尾，展现给读者的几乎是一幅幅美妙绝伦的画面。因此这一回的翻译颇费心思。

（1）弥生の二十日あまりのころほひ、春の御前のありさま、常よりことに尽くして匂ふ花の色、鳥の声、ほかの里には、まだ古りぬにやと、めづらしう見え聞こゆ。山の木立、中島のわたり、色まさる苔のけしきなど、若き人々のはつかに心もとなく思ふべかめるに、唐めいたる舟造らせたまひける、急ぎ装束かせたまひて、下ろし始めさせたまふ日は、雅楽寮の人召して、舟の楽せらる。親王たち上達部など、あまた参りたまへり。

丰子恺译本：

到了三月下旬，紫姬所居春殿的庭院中，春景比往年更为浓艳，花色鲜明，鸟声清脆，在别处的人看来，只有此地还是盛春，觉得有些不可思议。小山上树色葱茏，浮岛上苔色浓绿，许多青年女子仅乎远眺此景，觉得不够味儿。源氏便命将预先造好的中国式游船赶快装饰。初次下水的一天，从雅乐寮宣召些乐人来，叫他们在船中奏乐。当天诸亲王及公卿都来参与。

林文月译本：

三月二十余日，春之殿里的情形，花色花香似较往年为盛，鸟音宛转，也显得格外悦耳动听，真教人奇怪：难道这里的春天还不过去吗？园中假山的树丛啦，池中的小岛啦，还有那苍翠的苔痕等等，若只是远眺，怕不足以满足年轻人，遂令人急急备妥早先已修造好的唐式小船。当其下水之日，特召来雅乐队，使鸣奏舟歌。亲王公卿之辈，前来参观者甚众。

姚继中译本：

却说紫姬所居春殿，浓盛的春景胜于往昔。虽近三月底，庭院中仍春光明媚，百花绚烂。鸟儿于枝头婉转啼鸣；远处山丘中浓荫幽幽；近处浮岛上绿苔苍苍。要在别处，早已是暮春时节，而此地仍是勃然一片盛景，让人倍感惊异。眼见春日将尽，源氏料及众妙龄女子仅此遥眺盛景实不尽兴，便吩咐众人，赶快装修已造成的中国式游船，一睹水上景致。游船下水那日，他又差人前往雅乐寮，召来数名乐师，于船中奏歌作乐以凑兴。是日，诸亲王及公卿闻讯，皆纷纷赶来一睹盛况，一时好不气派。

（2）龍頭鷁首を、唐のよそひにことことしうしつらひて、楫取の棹さす童べ、皆みづら結ひて、唐土だたせて、さる大きなる池の中にさし出でたれば、まことの知らぬ国に来たらむ心地して、あはれにおもしろく、見ならはぬ女房などは思ふ。

中島の入江の岩蔭にさし寄せて見れば、はかなき石のたたずまひも、ただ絵に描いたらむやうなり。こなたかなた霞みあひたる梢ども、錦を引きわたせるに、御前の方ははるばると見やられて、色をましたる柳、枝を垂れたる、花もえもいはぬ匂ひを散らしたり。ほかには盛り過ぎたる桜も、今盛りにほほ笑み、廊をめぐれる藤の色も、こまやかに開けゆきにけり。まして池の水に影を写したる山吹、岸よりこぼれていみじき盛りなり。水鳥どもの、つがひを離れず遊びつつ、細き枝どもを食ひて飛びちがふ、鴛鴦の波の綾に紋を交じへたるなど、ものの絵やうにも描き取らまほしき、まことに斧の柄も朽たいつべう思ひつつ、日を暮らす。

「風吹けば波の花さへ色見えて
　こや名に立てる山吹の崎」
「春の池や井手の川瀬にかよふらむ
　岸の山吹そこも匂へり」
「亀の上の山も尋ねじ舟のうちに
　老いせぬ名をばここに残さむ」
「春の日のうららにさしてゆく舟は
　棹のしづくも花ぞ散りける」

などやうの、はかなごとどもを、心々に言ひ交はしつつ、行く方も帰らむ里も忘れぬべう、若き人々の心を移すに、ことわりなる水の面になむ。

丰子恺译本：

龙头鹢首的游船都用中国风格的装饰。把舵操棹的童子，头发一概结成总角，身穿中国式的服装。不曾见惯此种情景的侍女，在这等宽阔的湖中乘船，似觉真个是泛海远赴异国，大家怀着无穷的兴趣。游船进入浮岛港湾中岩阴之下，但见其中小小的岩石，也都像画中景物。各处树木上春云叆叇，犹如蒙着锦绣帐幕。其间遥遥望见紫姬的春殿。这春殿里柳色增浓，长条垂地；花气袭人，芬芳无比。别处樱花已过盛期，此间正在盛开。绕廊的紫藤，也渐次开花，鲜丽夺目。棣棠花尤为繁茂，倒影映入池中，枝叶又从岸上挂到水里。各种水鸟，有的雌雄成对，双双游泳，有的口衔细枝，来往飞翔。鸳鸯浮在罗纹一般的春波上，竟是美丽的图案纹样。遨游其间，正像身入烂柯山中，年月都忘记了。诸侍女各赋新诗：

“风起浪中花影美，
恍疑身在棣棠崎。”
“棣棠花映春池底，
此水应通井手川。”

"无须远访蓬莱岛，
不老仙山即此船。"
"日丽风和舟荡漾，
兰篙水滴似飞花。"

她们各自抒情，随意吟咏。仿佛身在梦中，不问此去何方，亦忘记了家归何处。只因水面风光异常美丽，足以牵惹青春少女之心情也。

林文月译本：

龙头鷁首之船，仿唐风盛饰，担任摇桨的童侍们也一律依唐土风俗梳着总角。当其突然出现于广大池面时，真有令人置身外国的错觉。侍女们皆少见多怪，大感兴奋。船抵池中岸边。那些看似不经意安排的岩石，都有如画般可观赏处。到处交错的树枝，更如同锦幕之开张。而紫夫人的庭园便在隐约可见之处。那里柳条垂覆，花正吐芳。别处的樱花已渐凋，此地却正怒放。绕廊的紫藤也深深浅浅地次第绽开。而池面上映着倒影的棣棠，更值盛开之期，花色朵朵，甚是美丽。水鸟双双对对轻游，衔着小枝的鸳鸯在水面上交错飞翔，划出了谷纹粼粼。这光景，恨不能请高手入画，诚令人忘怀斧柯之朽烂哩。不觉地，日已暮了。

"风乍起兮池影乱，
棣棠华开满水波，
仿佛置身兮山吹畔。"
"春之池兮绽棣棠，
芬芳满园沁水底，
可曾毗连兮井手乡。"
"蓬莱山兮寻非易，
舟中自有乐无穷，
不老之名兮永留志。"
"日冉冉兮春无边，
舟行欸乃逐波荡，
橹桨滴珠兮疑花溅。"

侍女们各咏各的。水面风光令人心旷神怡，难怪年轻侍女们陶然忘其路之远近哩。

姚继中译本：

游船呈龙头鷁首，一律按中国风格装饰。掌舵的童子，皆束发高挽结成总角，全然中国式装束。众侍女哪曾见过如此盛况，乘过如此堂皇气派、宽敞洁净的游船？此刻惟觉宛如放舟泛海，远赴异国他乡，颇为兴趣盎然。游船驶入浮岛湾中岩罅之下，但见岩石千姿百态，皆如画景。远近绿树，云翳绚丽，犹罩锦纱。其间遥望，可见紫姬春院。此时春院里，正莺飞草长，鸟语花香，一派生机。外面樱花已近凋谢，这里却是繁盛一片，花团锦簇。环廊紫藤，也次第开花，花色明媚艳丽，甚觉耀眼。池边棣棠，也繁花满树，枝条垂挂，倒映水中，摇曳生姿。各种水鸟，或成双成对，嬉戏游玩；或嘴衔花枝，轻掠水面。最惹人怜爱的，还是那鸳鸯，浮于粼粼春波之上，竟似锦上罗纹彩丝的图案，异常美丽。游赏其境，似身临仙境中，不知春秋几何？众侍女睹此盛景，不由纷纷赋诗：

“和风拂影浪中花，
疑是身至棣棠崎。”
“棣棠花缀春池底，
此水通贯井手川。”
“何须寻访蓬莱岛，
此处即胜众仙乡。”
“风和日丽竞荡舟，
兰篙水溅赛飞花。”

遂又任兴吟诵，大抒其情，若历梦境，不知何往，亦忘了家在何方。水面风光旖旎，足以牵动少女春心。

（3）夜に入りぬれば、いと飽かぬ心地して、御前の庭に篝火ともして、御階のもとの苔の上に、楽人召して、上達部、親王たちも、皆おのおの弾きもの、吹きものとりどりにしたまふ。

物の師ども、ことにすぐれたる限り、双調吹きて、上に待ちとる御琴どもの調べ、いとはなやかにかき立てて、「安名尊」遊びたまふほど、「生けるかひあり」と、何のあやめも知らぬ賤の男も、御門のわたり隙なき馬、車の立処に混じりて、笑みさかえ聞きにけり。

空の色、物の音も、春の調べ、響きは、いとことにまさりけるけぢめを、人々思し分くらむかし。夜もすがら遊び明かしたまふ。返り声に「喜春楽」立ちそひて、兵部卿宮、「青柳」折り返しおもしろく歌ひたまふ。主人の大臣も言加へたまふ。

夜も明けぬ。朝ぼらけの鳥のさへづりを、中宫はもの隔てて、ねたう聞こし召しけり。

丰子恺译本：

入夜，诸人都觉尚未尽兴。于是在庭中点起篝火来，宣召乐人到阶前青苔地上，重新饮酒作乐。亲王及公卿都来参与，或弹琴筝，或吹箫管。乐人尽是特别优秀的专家，他们用箫管吹出双调。此时堂上的亲王及公卿便用丝弦和他们合奏。繁弦急管，华丽无比。奏出催马乐《安名尊》之时，不解情趣的仆役也都攒聚在门前几无隙地的车马之间，带着笑容听赏，觉得此种生涯真正富有意趣啊！在春日的天空之下演奏春日的曲调，音乐的效果比其他季节更为优越，这差别人人都体会到。

是夜奏乐，直到天明。后来从吕调移到律调，添奏中国传来的《喜春乐》。此时兵部卿亲王便唱催马乐《青柳》，反复唱了两遍，歌喉美妙动人。主人源氏也和着他唱。天亮了。乐声犹如报晓的鸟声，一直奏到天明。秋好皇后隔墙听到邻院作乐之声，心中不免妒羡。

林文月译本：

入夜以后，觉兴犹未尽，乃于庭园设置篝火，继续作乐。阶前苔上，乐队罗列，公卿亲王们也各自取来管弦合奏助兴。未几，乐师中之技艺尤精者奏起了双调，殿堂之上遂亦响起琴音繁富。当其合唱催马乐《安名尊》之歌谣时，真个令人有庆喜生逢其世之感，连那些不明事理的下人都拥挤在门缝车马之间隙，偷听得陶然忘我哩。天空的色调，万籁的助响，加以这春季的乐章，究竟是不同凡响的。大概所有在座的人都领略到了吧。

宴游通宵达旦。乐队由吕调奏到律调，更添以喜春乐。兵部卿之宫曼妙地反复唱着催马乐《青柳》之歌谣。做主人的大臣也不觉地被诱入参加歌唱。这其间，天已亮。黎明时分的鸟鸣，听在隔院的中宫耳里，格外教她感觉嫉妒呢。

姚继中译本：

夜至，众皆兴致不减，便在庭中燃起篝火，宣召乐人到阶前奏乐助兴，众人复举杯延乐。亲王及公卿皆乘兴而入，或弹琴抚筝，吹弄管乐。乐人均为名师，乃以箫管吹出双调。此刻堂上诸亲王及公卿，便用丝弦相和。弦密管促，嘈嘈切切，颇为盛大。在奏《催马乐·安名尊》之时，仆役们虽不谙韵律，却也被这美妙的音乐吸引，竟挤于门前车马之间，听得心花怒放，如痴如醉，皆觉得如此生活，委实情趣无限。如此春宵，演奏如此春曲，比及演奏于其他季节，更为韵味十足，富有春趣，众人皆深有体会。

是夜，奏乐相娱，通宵达旦。音调从长调正乐，移至短调俗乐，又增奏中国的《喜春乐》。此时兵部卿亲王，也吟唱《催马乐·青柳》，一遍未足，又咏唱两遍，歌喉清越，甚是婉转。主人源氏，亦任情相和。乐音如晨鸟报晓，迎来天明。隔墙的秋好皇后，听得邻院乐声，妒羡不已。

对于以上不同译者的翻译文本，笔者不便做出评论。但笔者作为《源氏物语》的译者，面对如此意象优美、有着极富诗意画面质感的场景，如果翻译语言仅仅如同一般文书，缺少能通过文字的音声感受美感的话，首先过不了自己的内心审美需求这一关，同时也是对作者、读者失去了应有的责任和尊重。为此，在翻译的过程中，几乎句句朗读出声，斟酌、体会翻译语言的韵律和节奏美感。

译著通过将原著的审美画面做出诗性迁移，以其慎之又慎的思辨和践行确保语言变异过程中的审美意象可以与原著意象产生类似的乃至神合的审美效果，虽意象较之于原著有所变易，但中文读者得到的审美形态仍然是与原著生命形态同质感的。虽说《源氏物语》中某些文化意象是日本古代文化中所独有的，但正因为人类有着共同的认识心理，就有可能达到某种心理契合。而对于深层的文化内核，采取尽可能保留意象的翻译方法，是因为这既有可能保证原作者的认识形态的真实，又可保证译文读者借此可触摸原著审美认知的正确源头。

译介学的研究者们很多情况下都是在研究怎样避免翻译中的文化意象亏损。其实这是一个很有意思的事情：人们普遍认为翻译者的水平一定会造成原著在意义上的亏损，有没有人意识到翻译亦可能造成意义上的富盈呢？至少笔者迄今为止鲜有看到这方面的论述。比如在《源氏物语》汉译本中使用成语就是一把双刃剑。因为汉语的典故、成语、谚语中往往有着丰富的意象联想，这些意象联想来自某个特定的历史背景或文化语境，具有鲜明的民族特性。虽然中日两国有着古代文化交流史，共用着中国的汉字，但相同的汉字词汇并不一定表达相同的意象，即便是相同的意象也未必带来相同的联想。因此，在《源氏物语》的中文文本中使用成语，很多情况下非但是原著意象的亏损，而是意象发生了富盈。

成语是中国汉语词汇中定型的词组或短句，拥有着特定的中国传统文化意象，有着固定的结构形式和固定的说法，表示一定的意义。成语有很大一部分来自古代经典著作、历史典故和人们口头传承的故事。自古代相承沿袭，其意思精辟，背后往往隐含着某个故事或者典故，不是其构成成分意义的简单相加。中国人在长期的语言生活中，因成语富有深刻的思想内涵，且简短精辟、易记易用，已经离不开感情色彩丰富、褒贬意趣分明的成语。虽然如今很多成语使用者并不知道"功败垂成"出自《三国志·杨阜传》，"完璧归赵"出于《史记·廉颇蔺相如列传》，"破釜沉舟"出于《史记·项羽本纪》，"草木皆兵"出于《晋书·苻坚载记》等历史故事，而"狐假虎威"出于《战国策·楚策一》，"鹬蚌相争"出于《战国策·燕策二》，"画蛇添足"出于《战国策·齐策二》，"刻舟求剑"出于《吕氏春秋·察今》，"自相矛盾"出于《韩非子·难一》等古代的寓言，但鲜有国人会出现使用错误。

虽然成语语体风格庄重、典雅，但笔者在翻译《源氏物语》的过程中还是十分谨慎的。笔者把成语分为两类：一类是其文字的背后隐含着中国古代的历史典故，即有着非常鲜明的中国古代文化意象的成语；另一类是除此之外的其他约定俗成、主要体现语体风格庄重、典雅、言简意赅的成语。在翻译过程中笔者不拒绝使用语体风格庄重、典雅、言简意赅的成语，但尽可能不使用有着非常鲜明的中国古代文化意象的成语。因为前一类成语的使用会造成原著意象的富盈。

译林出版社出版的林文月译本共分为 4 册，其中第一册中粗略地看看，就会发现有不少与中国传统文化意象相关的成语，比如：杞人忧天、信誓旦旦、咬牙切齿、出类拔萃、瞠目结舌、楚楚可怜、耳濡目染、鱼雁相通、蓬荜生辉、毛骨悚然、肝肠寸断、迫在眉睫、欲盖弥彰、洗耳恭听、分道扬镳、虚与委蛇、锱铢必较、前车之鉴、见异思迁、蛛丝马迹、门可罗雀、推心置腹、指鹿为马、班门弄斧等等。这类的成语使用在译文中对中国读者来说没有任何的违和感，但毕竟其中隐含着特定的中国古代的文化意象，本质上说使《源氏物语》的文本传意超出了紫式部原本的作者赋意，即译文出现了意象富盈。

古代日本本初的审美意识，主要是对自然和色彩本能性的反应，即自然和色彩的审美感觉投射于人的视觉，从而触动其心灵产生美的感动。也就是说，人对美的感觉和感动是与自然和色彩联系在一起的。紫式部作为女性，对视觉的本能反应尤其强烈。在《源氏物语》中诉诸自然和色彩的描述几乎贯穿着《源氏物语》的每一页。迄今为止，鲜有学者对《源氏物语》的视觉效果展开研究，其原因之一或许是《源氏物语》中诉诸视觉的表现不是通过浓郁的色彩描绘，而是通过四季风物、自然景观、植物荣枯、服饰图案等加以体现的。因此，我们通常在阅读和研究《源氏物语》过程中，只注意到了“景”，忽视了“色”，也就是说视觉重点放在了物体上，没有太多地意识到透过物体所展现的色彩。

自然美和色彩美是古代日本人审美的源泉，因此日本人对自然怀有特殊的亲近感，对自然美和色彩美的感觉特别敏锐和纤细，并且将其诉诸文学。

日本人认为植物通过种子、发芽、成长或开花结果，不断轮回，以维系生命，表现出对生的强烈意识和幽雅的美。日本人在日常生活中处处都体现了这种对自然美的追求。比如《源氏物语》中处处可见将花喻人，并就此成为某人的名称。这种现象并不仅仅局限于《源氏物语》，从《古今和歌集》到《新古今和歌集》的和歌的素材，几乎都与四季自然植物联系在一起，通览这个时代创作的数千首诗歌，就可以想象出当时的植物分布状况。

笔者在翻译《源氏物语》的过程中，经常使用日本讲谈社彩色版的《日本语大辞典》[①]查证与色彩相关的名词的实际颜色。该大辞典的附录“色名解说”中分色系罗列了 350 种颜色，以“名称、解说、色彩比对图”构成。仔细分析可以发现，在 350 种颜色中，有近百种的颜色是用自然界的植物类颜色标记的，此外有动物、鱼类、宇宙体之类的颜色以及浓淡的区分。因为日本古代以农耕为主，所以相较于拥有游牧民族的中国的颜色表达，使用动物皮毛颜色标记色彩的名词要少得多。这种特点甚至还体现在日本人的家徽上，日本人的家徽几乎是以各种植物作图案。家家户户的家徽不是桔梗、松、杉、藤等植物图案就是樱、梅、牡丹等花卉图案。日本妇女和服花纹多为花草图案，连同色彩都是与自然密切相关的。因此，有日本学者说，日本文化形态是由植物的美学支撑的。

身处岛国，古代日本人的视野十分有限，且生产力非常低下，在他们的能力范围内，唯一能够做到的就是关注自然、适应自然。这就导致他们以极端的亲和力去注视自然、接触自然和捕捉自然，自然就顺理成章地成了日本人产生季节感

① 梅棹忠夫、金田一春彦、阪倉篤義他監修：『日本語大辞典』，講談社 1989 年。

的媒介。正是这个缘分，日本人对四季怀有极大的关心，产生了一种对自然极其敏锐的反应力。所以日本人对自然特别是四季的变化、植物世界的变化，有着极其纤细而多彩的感受性。这就是日本人的自然观最重要的特征。日本人从这种感受中找到了自己独特的四季自然美。比如日本古代诗歌的艺术思想源泉，就是摄取自然景物及其在四季中的变化，形成了日本人独有的、具有岁时色彩的文风。《万叶集》的作品尤其是后期的作品，充分反映了日本人对四季的异常强烈的关心和尊重，有些卷次完全按照春、夏、秋、冬四季来划分部类。很多诗歌纯粹是季节歌，即便是恋歌，也会在描写四季的自然景物中形成与恋情表述的契合。因为日本人认为在对季节微妙变化的感受中，最容易产生令人怦然心动的感动，这种感动渗透到自然和人性的内面灵性中，从而激发咏物抒情的兴致。

发自上古时期的这种朴实影响了整个平安时代的汉文诗、和歌、物语、日记，通过反映季节变化中的自然美，加深作品的内涵，丰富人物的审美境界。由于物语和日记没有篇幅制约，物语文学、日记文学所表现的季节情感含有更复杂的意义。《源氏物语》淋漓尽致地描写了春、夏、秋、冬四季景色和草木的千姿百态，譬如以四季的推移和自然景物的变化来反映主人公源氏生活的感情波澜，以及以男男女女各具个性的神态和心理反映人间的盛衰荣辱，并且以季节的物象来表现源氏与众多女性的恋爱纠葛。这些纠葛的形成与消解，又围绕着一年四季的转换缓慢推进，尤其是紫姬死后，更是以年终岁暮的自然景物来暗示源氏整个生涯行将终结，使自然与人情完美地结合在一起。

古代日本人对“色”的感觉是从对“光”的感觉而形成的，但随着植物染料和矿物染料工艺的发达，日本人的色彩感觉也逐渐丰富起来。在《源氏物语》中可以发现，平安时代的宫廷贵族最为爱用的颜色竟然是白色，此外就是紫色。就日本人的色彩感受性来说，白色意味着高尚、纯洁，而紫色意为幽雅和艳丽。所以日本人觉得紫色在一切色彩中最富有神秘的调和感。早在 7 世纪初圣德太子制定的“冠位十二阶”中，将德、仁、礼、信、义、智各分大、小组成十二位阶，配以紫、青、赤、黄、白、黑六色，其顺序首位是紫色，以视位阶之冠，代表着“德”。直至 8 世纪平安时代以后，紫色仍为位阶之最高。天皇御居被称作紫禁、紫宫、紫微、紫宸、紫庭。在日本的色系谱中，紫色代表最高贵的品格，是贵族憧憬的最高理想之色。当时许多贵族都以紫命名，笔者认为，这种偏好不一定取决于紫是位阶之冠，更主要的可能还是平安时代日本人的色彩感受性决定的。甚至有学者研究过，日本人对紫色的感觉是非常敏锐的，他们可以清楚地区分出十多种不同的紫的色相，而且认为紫色带有一种“因缘”的意味，常常以紫色作为恋人的象征。另外，日本人对紫有其特殊的概念，他们重视紫的自然色素，即重视采用紫草这种植物的染色，给人一种稳定感。这与一般人所感受的紫色是由赤、青混成的紫不同，日本人认为由赤与青两种对立色混合而成的紫色会给人一种不稳定的感觉。这种颜色的情趣变化，反映在平安时代宫廷贵族的日常生活方面，服饰颜色的变化即意味着地位等级的变化。王朝贵族的三位色，一位是浓紫，二、三位是渐次淡化的不同程度的浅紫。可以说，在古代日本人的色系谱中，白色是超越阶层而受到日本人崇尚的颜色，而紫色则是宫廷贵族的高贵象征，占有重要的色的审美相位。

《源氏物语》集中表现色彩美的第二十二回“玉鬘”中描写了几位女性服饰的色彩搭配，“色彩配合甚美，染色亦精良”，主要是由白、紫、红、青、绿、宝蓝诸色构成，形成了平安时代以前日本人的色彩审美意识的主体。古代日本人所追求的色彩审美意识由此可见一斑。

年の暮に、御しつらひのこと、人々の装束など、やむごとなき御列に思しおきてたる、「かかりとも、田舎びたることや」と、山賤の方にあなづり推し量りきこえたまひて調じたるも、たてまつりたまふついでに、織物どもの、我も我もと、手を尽くして織りつつ持て参れる細長、小袿の、色々さまざまなるを御覧ずるに、

「いと多かりけるものどもかな。方々に、うらやみなくこそものすべかりけれ」

と、上に聞こえたまへば、御匣殿に仕うまつれるも、こなたにせさせたまへるも、皆取う出させたまへり。

かかる筋はた、いとすぐれて、世になき色あひ、匂ひを染めつけたまへば、ありがたしと思ひきこえたまふ。

ここかしこの擣殿より参らせたる擣物ども御覧じ比べて、濃き赤きなど、さまざまを選らせたまひつつ、御衣櫃、衣筥どもに入れさせたまうて、おとなびたる上臈どもさぶらひて、「これは、かれは」と取り具しつつ入る。上も見たまひて、

「いづれも、劣りまさるけぢめも見えぬものどもなめるを、着たまはむ人の御容貌に思ひよそへつつたてまつれたまへかし。着たる物のさまに似ぬ

は、ひがひがしくもありかし」

とのたまへば、大臣うち笑ひて、

「つれなくて、人の御容貌推し量らむの御心なめりな。さては、いづれをとか思す」

と聞こえたまへば、

「それも鏡にては、いかでか」

と、さすが恥ぢらひておはす。

紅梅のいと紋浮きたる葡萄染の御小袿、今様色のいとすぐれたるとは、かの御料。桜の細長に、つややかなる掻練取り添へては、姫君の御料なり。

浅縹の海賦の織物、織りざまなまめきたれど、匂ひやかならぬに、いと濃き掻練具して、夏の御方に。

曇りなく赤きに、山吹の花の細長は、かの西の対にたてまつれたまふを、上は見ぬやうにて思しあはす。「内の大臣の、はなやかに、あなきよげとは見えながら、なまめかしう見えたる方のまじらぬに似たるなめり」と、げに推し量らるるを、色には出だしたまはねど、殿見やりたまへるに、ただならず。

「いで、この容貌のよそへは、人腹立ちぬべきことなり。よきとても、物の色は限りあり、人の容貌は、おくれたるも、またなほ底ひあるものを」

とて、かの末摘花の御料に、柳の織物の、よしある唐草を乱れ織れるも、いとなまめきたれば、人知れずほほ笑まれたまふ。梅の折枝、蝶、鳥、飛びちがひ、唐めいたる白き小袿に、濃きがつややかなる重ねて、明石の御方に。思ひやり気高きを、上はめざましと見たまふ。

空蝉の尼君に、青鈍の織物、いと心ばせあるを見つけたまひて、御料にある梔子の御衣、聴し色なる添へたまひて、同じ日着たまふべき御消息聞こえめぐらしたまふ。げに、似ついたる見むの御心なりけり。

年关临近，源氏命为玉鬘居室备办新年饰物，为众仆从置备新年服饰，形式规模皆与诸高贵夫人同例。源氏推度：玉鬘虽丽质天资，但尚存乡村习俗，故格外送得些乡村服饰。众织工竭尽所能，织成诸种绫罗绸缎。用它们缝制的衣服，应有尽有，美不胜收。源氏便对紫姬道："花样如此繁多！分送众人时，要让他们皆满意方好。"紫姬于此方面很在行，色彩调配谐合，衣料染色亦甚精良。她集中了裁缝所制。及自家制作的衣装。源氏又从各处捣场送来的衣服中，挑出深紫色与大红色的，教人装于衣箱内，命几个年长的侍女分送于众人。紫姬得见，道："如此分配，固然平均。然各人容貌、肤色不同，色彩搭配也得讲究，如未虑及这些，反而不美呢。"源氏笑道："你在一旁看我选，却私下推量此人容貌，你穿何种颜色的衣服好呢？"紫姬道："自己穿着，对着镜子怎么能看出呢？"意即要他看，说此话时微嗔含羞。

分配结果：紫姬所得为浅紫色礼服，与红梅色浮织纹上衣，一袭色泽优美时尚的衬袍；明石小女公子所得，为白面红底常礼服，另添得件表里鲜红的女衫；花散里的那件海景纹样淡宝蓝外衣，织工极好，但色彩稍暗，另有表里呈深红的衫子；玉鬘所得为鲜红色外衣，与棣棠色常礼服。紫姬只作不知，却于心中琢磨："内大臣清艳秀丽，但缺少优雅，玉鬘定与他相差不远。"虽未动声色，但源氏心里有底，似觉她脸色稍变。便说道："据我看，按容貌配衣，恐不妥吧？色泽虽好。亦有极限；可人的好处，哪仅容貌一项呢？"言毕，便挑选送与末摘花的衣服：白面绿里外衣，布满做乱而极显雅致的藤蔓花纹，看来异常优美。源氏觉得此衣与她极不相宜，只觉好笑。送明石姬的，是有梅花折枝、飞舞鸟蝶纹样的白色中国式礼服，及艳丽的深紫色衬袍。紫姬由此推量，明石姬定然高傲不凡，微觉不快。送与尼姑空蝉的那件外衣，呈青灰色，异常优雅，再将源氏的一件栀子花色衫子送上，另添得件浅红色女衫。凡送衣物中，皆附信一封，要她们于新年节日里穿上这些衣服。他想瞧瞧色彩搭配是否合适。[①]

在此顺便说一句，尽管说古代日本本初的审美意识主要是对自然和色彩本能性的反应，即自然和色彩的审美感觉投射于人的视觉，从而触动其心灵产生美的感动，但这并不是日本人的专利。比如《红楼梦》人物服饰审美形态的重要表现形式之一，就是服饰文化所蕴含的"自然美"，而其"自然美"最突出的审美因素就是其服饰色彩吸取了自然界的精华。《红楼梦》服饰色彩自然美的具体表现形态有以生动、娇艳的自然界植物和水果色命名的"荔枝色""茄色""葱黄""玫瑰紫"等色彩；以高贵、典雅为表现主题的动物皮毛色彩命名的"猩红""黑灰鼠""鹅

① 紫式部著，姚继中译：《源氏物语》，江苏人民出版社 2011 年，第 325 页。

黄”等色彩；以富于个性的自然界矿物色彩命名的“玉色”“石宝蓝”“赤金”等色彩；以富于丰富联想和表现浪漫主义诗情画意的自然现象概括的色彩相貌形态——“水绿”“月白”“娇黄”“粉红”“秋香色”“鬼脸青”等色彩。略举几例来说，运用植物或花卉色描写服饰色彩及匹配的还有王熙凤的“桃红”洒花袄，薛宝钗的“葱黄”绫子棉裙、“莲青”鹤氅、“玫瑰紫”二色金银线坎肩，林黛玉的“杏子红”绫披，芳官的“海棠红”棉袄和“柳绿”汗巾，香菱的“石榴红”绫裙、“梅红”的帖子以及“松花”色配以“葱绿柳黄”的雅致匹配，等等。如同《源氏物语》中对紫色的浓淡区分，《红楼梦》中对红色的区分亦有“大红”“桃红”“海棠红”“石榴红”“银红”“水红”“靠红”“分红”，红色系中鲜艳色、浅亮色、高明度色、低明度色、含灰色等色系几乎全部被运用。以各种自然色彩来隐喻不同性格的人物的文化修养、身份地位及个性特征，并由外到内地延伸至传统艺术的意境审美情趣，无不体现着作者特殊的审美匠心。

这些色彩包含了自然界的美，也包含了自然界美的规律。自然界的色彩包含的内涵中具有人的认知、情感的升华和延展等方面的因素。黑格尔也说过：“自然美还因为感发心情和契合心情而得到一种特性，例如寂静的月夜，平静的山谷，其中有小溪蜿蜒地流着，一望无际波涛汹涌的海洋的雄伟气象以及星空的肃穆而庄严的气象就属于这一类，这里的意蕴并不属于对象本身，而是在于所唤醒的心情。”[①]大自然的变化万千、神奇莫测给人们带来了丰富的想象，极大地影响了人们的审美情趣。

翻译是语言符号之间的相互转换，翻译中的符号的视觉性会给我们带来强烈的视觉感知，译者在翻译的过程中除了语言符号之间的相互转换之外，并没有什么其他的特别手段。但是译者如果不能充分感悟到原著文本中的视觉意象、知觉与想象，在再现文本中其文字的视觉效果就得不到充分的发挥。意象作为代表物体和事件的非言语的心理表达，体现了一种心理认知过程，它涉及情感、思维、心理状况或视觉体验。译者的认知随着阅读到的不同意象而在翻译文本中重新凸显出来。

第四节　对原著文本的个性解读与完美再现

如果说翻译成中文后的《源氏物语》文本比紫式部的原著优秀很多，这是任

① 黑格尔著，朱光潜译：《美学》第一卷，商务印书馆 1979 年，第 179 页。

何一个人都不能接受的。在研究者的眼里，翻译应该是对原文的忠实再现，原著与译文应该经得起对比验证。而在读者眼里,《源氏物语》既然是日本的《红楼梦》,中文译本就得有《红楼梦》的文化趋同感。

其实，笔者既是《源氏物语》的译者，又曾在大学的课堂上教授翻译课程。在课堂上往往也会拿已出版的翻译作品作为实证材料，给学生们讲授翻译技巧。翻译者有很多困惑，特别是在翻译批评与读者需求之间，翻译者显得异常渺小。

笔者曾经翻译过一部渡边淳一的《光源氏钟爱的女人们》[①]，渡边淳一在作品中引用了大量的《源氏物语》中的词句，作为实例讲述男女间的爱情问题。如同中国人熟悉《红楼梦》那样，日本读者只要读到《源氏物语》中的某些词句，就能联想到某些特定的情节。然而，中国读者并不能像日本读者那样依靠某些词句产生联想。因此笔者在翻译时，将作品中列举的《源氏物语》的特定词句最低限度地添加成完整的字句意群乃至一小段落。如此一来，问题就变得异常严重，这种处理方法在翻译评论家眼里是对原著的“不忠”，在课堂上作为翻译译例会被批判得体无完肤。然而，如果在翻译过程中不做处理，中国读者断然无法读懂。一部中国读者读不懂的译著对读者来说意味着什么？笔者在两难的选择中，决定选择让中国读者读懂，否则就失去了翻译成中文的意义。当然，对那些不完整的《源氏物语》的特定词句采用脚注的方式也不失为一种好的方法，但这本书毕竟不是学术研究类的书籍，仅仅是一般大众读物，从大众阅读的便利性考虑，采用了直接添译的手段。

笔者之所以说翻译成中文后的《源氏物语》文本比紫式部的原著优秀很多，这是作为《源氏物语》译者的真实感受，至少是笔者的真实感受。《源氏物语》诞生于千年之前，是世界上的第一部长篇小说，但千年以前的日本刚刚有自己的文字，且处于汉文化与其国风文化的剧烈冲撞期，虽然当时诞生了许多堪称优秀的物语文学和王朝女性日记文学，但细细品味研读，无不在语言上、逻辑上、思想高度上显得尚且幼稚。中国读者只要稍稍系统地读一读已经翻译成中文的平安时代的那些物语、日记，就会发现《源氏物语》的中文译本优秀得堪比中国文学史上已经非常成熟的明清章回小说，而《竹取物语》《枕草子》《徒然草》《蜻蛉日记》《和泉式部日记》《紫式部日记》等等的翻译，尽可能地遵循其原著幼稚的笔风，真实地反映了千余年前平安时代日本文学产生初期、极不成熟的稚嫩而朴实的文

① 渡边淳一著，姚继中译：《光源氏钟爱的女人们》，四川文艺出版社 2003 年。

风。可以说，《源氏物语》以外的日本平安时代前后的那些物语、日记的翻译水平非常精湛，他们远比《源氏物语》的译者更忠实地译出了当时的文学风貌，为中国读者更真实地再现了日本平安时代的文学现实。

为什么翻译成中文后的《源氏物语》文本比紫式部的原著优秀很多呢？简单地说有这样几个原因：一是《源氏物语》的原著文本并非是千余年前紫式部当时的亲笔文本，虽然我们称之为"原著文本"，实际上是后人校订过的版本。无论"青表纸本"还是"河内本"，毕竟与紫式部亲笔的《源氏物语》相距两三百年，这两三百年中《源氏物语》曾被多少人传抄、是否被抄写者善意修改不得而知，但至少有一点是肯定的，那就是每修订校注一次，都在不同程度上得到了优化。大凡文献学的专家，只要将我们现在看到的《源氏物语》原著文本与同期的物语、日记文学文本稍加比对，定能轻而易举发现《源氏物语》在文学性、逻辑性、语言应用的各个方面比同期的物语、日记文学高出很多，明显地有鹤立鸡群之感。二是中文翻译者在翻译风格的设定上决定了《源氏物语》的翻译源于原著、高于原著。当然，不同的翻译风格的设定，产生的翻译文本也是不尽相同的。比如丰子恺与《源氏物语》际遇当初的感觉就是"觉得很象中国的《红楼梦》，人物众多，情节离奇，描写细致，含义丰富，令人不忍释手"。或许这就在冥冥之中引导他使用明清小说的白话文体翻译了《源氏物语》。因为丰子恺的翻译文本广受中国读者的喜爱，长期以来已经固化了中国读者的阅读定式，这就决定了笔者风格难以越其窠臼，因此笔者重译时依旧采用了类似《红楼梦》的语言风格。而林文月是在《中外文学》上连载，因此她翻译的《源氏物语》的散文部分就有适应大众读物的读者需求。三是《源氏物语》采用了当时具有典型口语特征的女性语言写成，就注定了《源氏物语》原著文本中有着很多必须依据上下文的语境去还原的"空白"。这些"空白"对日本读者来说尚且无法正确填补，对我们非母语的译者而言，更是难上加难。虽然我们参照了日本源学专家所做的注释来试图正确理解和翻译原著，但问题是有些注释即便在现代日语翻译文本中也无法进行很好的诠释，现代日语翻译依旧采用了注释。因此，我们在翻译过程中对能在译文中找到恰当表达的，便以叙事的方式直接进入了文本，这样有利于读者阅读。对于无法找到恰当表达的，依旧采用了注释的方式。《源氏物语》毕竟不是学术著作，作为一部长篇小说，必须考虑读者阅读的通畅性。更何况这种做法并不是我们中文译者的任意妄为，日本国内的大家们的现代日语翻译，很多情况下也采用这种手段。

对原著文本中的“空白”解读

文学翻译过程中译者面临两次接受活动。第一次接受活动是译者作为读者对原著文本的接受。在这一过程中，与普通读者相同，需要对作品进行解析，试图正确理解，但又不同于普通读者，因为作为译者的阅读行为并不止于文学欣赏，必须为此后的翻译工作做准备。因此译者阅读会比普通读者读得更仔细、理解得更透彻。由于原著中“空白”和“空缺”的存在，第一次接受活动中译者进行的是带有解构性的解读，在阅读的同时不仅需要去填补“空白”和“空缺”，还需要做大量的知识查证和内容、结构等方面的一系列的解析。

第二次接受活动是译文读者对译作的接受。虽然这一接受活动只有在翻译完成后才能实现，但译者在翻译即表达过程中，必须考虑到译文读者的接受问题。正如接受理论所指出的，任何原著文本只有在被阅读之后才能实现其价值，任何译文也只有在被译文读者阅读、接受之后才能实现其价值。其实，译者本身也是译文读者的一员，是译文的第一位读者。译者是站在心目中“观念的读者”的立场上进行翻译的。为了迎合译文读者的审美趣味和接受水平，为了使译作能与译作读者“视野融合”，译者在充分尊重原著的基础上使用译文语言进行文本的再创造。

其实，关于文学作品中的“空白”问题，并非伊瑟尔、姚斯等西方学者首创。早在中国古代文论中，对文学的未定性与意义空白就有过十分精辟的认识。无极之所已非字面所在，有余之意常蕴空白之中，诗的最高境界在于无极之味。刘勰在《文心雕龙·隐秀》中就说过：“隐也者，文外之重旨者也”，“夫隐之为体，义主文外，秘响旁通，伏采潜发，譬爻象之变互体，川渎之韫珠玉也”①。司空图《与极浦书》引戴叔伦语：“近而不俗，远而不尽，然后可以言韵外之致耳。”②司空图从审美的角度深研细琢“韵外之致”。未定性与空白的运用几成品评诗歌高下之标准。中国古代各文论家的说法虽不尽相同，但却毫无例外地意识到了文学中空白和未定性重要特征与美学属性。近代的美学家朱光潜早年就曾对此作过深刻的概括：“无穷之意达之以有尽之言，所以有许多意，尽在不言中。文学之所以美，不仅在有尽之言，而尤在无穷之意。推广地说，美术作品之所以美，不是只美在已表现的一小部分，尤其是美在未表现而含蓄无穷的一大部分，这就是本文所谓无

① 刘勰：《文心雕龙》，蓝天出版社 1999 年，第 81 页。

② 司空图：《与极浦书》，见郭绍虞主编：《中国历代文论选》第二册，上海古籍出版社 2001 年，第 201 页。

言之美。”[①]

中国古代文学批评对文学作品中的空白、未定性与读者、阐释者、批评者之间的相互触发、宛转相关、象外追维等文学审美接受的相关机制，早就有了很直观的经验体察。古人这些论述尽管不具备当代接受美学的科学形态，但确实精准地从经验角度作出了描述：空白与未定性是复数且多元的，因而对它的填充也是复数且多元的。文本的意象与读者的会意互相作用，经过一系列填充或具体化活动，最终到达审美境界。

中国古代文学批评认为空白与未定性首先表现为文本层次上言与意、虚与实、显与隐、形与神的矛盾对立运动，是感兴的启端、虚实的转换、含蓄的寓意、曲致的妙着。其次，相对于接受者的审美感觉，它呈现为对兴会的引导、对体味的召唤、对顿悟的企待和对兴象的营造。

法国文学批评家杜夫海纳曾从符号学角度对语言作了一个简短的分类，分类的中央是语言学的领域。语言，是意义的最佳场合，人们可以这样给它下定义：它使我们能利用代码传递信息；在语言中，信息与代码是互相依存的，也可以说是平等的。在中央以外，有两个极端。一端是次语言学领域，它包括所有尚未具有意义的系统，其中当然有能指、指号或信号，但它们还有待于分辨，而不十分有待于理解；有代码，但没有信息；意义被还原为消息。另一端是超语言学领域，在这个领域里，系统是超意义的，它们能为我们传达信息，但没有代码，或者说代码越是不严格信息就越是含糊不清；意义于是成为表现。当然，这三个层次并不是截然分开的。同一意义整体可以伸展到这三个层次，但着重点是其中之一。在我们看来，艺术似乎是超语言学的最佳代表。[②]

我们往往会忽视一个事实，这就是文本中的空白与未定性从何而来？与西方批评将主体、客体截然分开，将创作过程与接受过程截然分立不同，中国古代文论中的空白与未定性的思维模式是将主体与客体、创作过程与欣赏过程浑然无界地融为一体。简单地说，文本中的空白与未定性是作者在创作过程中有意或无意的结果。所谓的有意，是指作者在创作初期的意象设定中，就故意铺陈了众多的“不全”，倘若是作者故意铺陈的“不全”，他就会创造指向“全”的一种心理势能，诱导读者向“全”的方向展开思绪。所谓无意产生的空白与未定性，这就需要读

① 朱光潜：《朱光潜美学文集》第二卷，上海文艺出版社 1984 年，第 480 页。

② 杜夫海纳著，孙非译：《美学与哲学》，中国社会科学出版社 1985 年，第 79 页。

者根据个人的人生体验前去探索。作品选择未到顶点的含蓄蕴藉的叙事，其目的是不想令读者在毫无思考的过程中达到顶点的阅读效应。当然，接受主体能在何种程度上“激活”文本中的空白与未定性的审美要素，以及在何种程度上填补文本召唤结构中的空白与未定性，取决于作者的创意、文本、读者的领悟三者之间的同构映射，否则，再有韵味的空白也只能是空白，永远得不到拥有审美趣味的填充。

以上述“空白”理论来审视《源氏物语》的翻译，你会发现填补文本“空白”不仅体现在将《源氏物语》翻译成任何一种外国文字的译者身上，也同样会发生在将《源氏物语》古文文本翻译成现代日语文本的日本学者身上。这种现象对任何人都不例外，因为它是文学原理的重要构成因素。试比较日本大家的现代日语翻译：

原著古文文本：

いづれの御時にか、女御、更衣あまたさぶらひたまひけるなかに、いとやむごとなき際にはあらぬが、すぐれて時めきたまふありけり。

はじめより我はと思ひ上がりたまへる御方がた、めざましきものにおとしめ嫉みたまふ。同じほど、それより下臈の更衣たちは、ましてやすからず。朝夕の宮仕へにつけても、人の心をのみ動かし、恨みを負ふ積りにやありけむ、いとあつしくなりゆき、もの心細げに里がちなるを、いよいよあかずあはれなるものに思ほして、人のそしりをもえ憚らせたまはず、世のためしにもなりぬべき御もてなしなり。

现代日语翻译文本（1）：

どの帝の御代であったか、女御や更衣が何人もお仕えしておられた中に、たいして重々しい家柄ではない方で、目だって帝の御寵愛をこうむっていらっしゃる方があった。宮仕え初めから、我こそはと自負しておられた方々は、この方を、目に余る者とさげすみもし憎みもなさる。同じ身分、あるいはそれより低い地位の更衣たちは、なおさら気持ちがおさまらない。朝夕の宮仕えにつけても、人の気をもませてばかりいて、恨みを受けることが積もり積もったせいであったろうか、すっかり病弱になってゆき、なんとなく淋しく頼りなげな様子で里下がりが多くなるので、帝はいよいよたまらなく不憫な者とおぼしめされて、人の非難に気がねなさる余裕さえもなく、きっと世の中の話の種にもなってしまいそうなもてなされかたである。[①]

现代日语翻译文本（2）：

いつの御代のとこでしたか、女御や更衣が賑々しくお仕えしておりました帝の後宮に、それほど高貴な家柄の御出身ではないのに、帝に誰よりも愛されて、はなばなしく優遇されていらっしゃる更衣がありました。

はじめから、自分こそは君寵第一にとうねぼれておられた女御たちは心外で腹立たしく、この更衣をたいそう軽蔑したり嫉妬したりしています。まして更衣と同じほどの身分か、それより低い地位の更衣たちは、気持ちのおさまりようがありません。

更衣は宮仕えの明け暮れにも、そうした妃たちの心を掻き乱し、烈しい嫉妬の恨みを受けることが積もり積もったせいなのか、次第に病がちになり衰弱してゆくばかりで、何とはなく心細そうに、お里に下がって暮らす日が多くなってきました。帝はそんな更衣をいよいよいじらしく思われ、いとしさは一途につのるばかりで、人々のそしりなど一切お心にもかけられません。

全く、世間に困った例として語り伝えられそうな、目を見はるばかりのお扱いをなさいます。[②]

现代日语翻译文本（1）与原著古文文本都是出自阿部秋生、秋山虔、今井源卫校注・翻译的《日本古典文学全集》12—17 卷《源氏物语》，通过对比，没有发现两者之间有太大的出入。这说明翻译者在阅读、填补“空白”方面是十分谨慎的。现代日语翻译文本（2）出自著名作家濑户内寂听，她翻译的现代日语版《源氏物语》经过讲谈社推出后，以至于一度成为日本的最畅销书。然而，与古文文本仔细对比，在短短 400 余字的段落里，濑户内寂听通过自己理解后的，与现代日语翻译文本（1）或原著古文文本有一定距离的再表述有好几处：「賑々しく（非常热闹的、繁盛的）」「誰よりも愛されて、はなばなしく優遇されていらっしゃる（比谁都受宠爱，受到华丽的优待）」「君寵第一（第一受到君宠）」「心外で腹立たしく（因意外而气愤）」「まして（更何况）」「烈しい嫉妬（强烈的嫉妒）」「次第に（逐渐地）」

① 阿部秋生、秋山虔、今井源衛他校注·訳：『日本古典文学全集』12—17 卷『源氏物語』（1－6），小学館 1981 年，第 15 頁。

② 紫式部著，瀬戸内寂聴現代語訳：『源氏物語』，講談社 2004 年，第 1 頁。

「暮らす（生活、过日子）」「全く（完全）」。谁也不能说濑户内寂听是错误的，但必须说这是濑户内寂听的个性解读与表达，有些词语的使用，更是濑户内寂听对原著文本“空白”的自我阐释。

其实，我们不必纠缠将外语文本翻译成中文文本过程中的所谓“增译”“减译”的问题。即便是将中国的古文翻译成现代汉语时，同样会出现增减、填漏、校正之类的事情。所谓“录”“释”“理”“添”“删”“缩”是将文言文翻译成现代汉语的通常手段。录者，凡是人名、地名、朝代、年号、官名、书名等专有名词，都可照原文抄录，古今词义一致者无须翻译。释者，用现代汉语的双音节词语来解释古文中的单音节词语，对通假字、一词多义、词类的活用以及用法多样的一些虚词等联系上下文，选准它的确切解释。理者，调整、理顺译文的词序。添者，在原文有省略的地方增添必要的内容，使译文通顺、明确。删者，有些词语仅有语法作用而无法译出的，可删去不译。缩者，文言文有些句子为了增强气势，故意用了繁笔，翻译时可将其意思凝缩。例如，贾谊《过秦论》中的“秦孝公……有席卷天下，包举宇内，囊括四海之意，并吞八荒之心”，现代汉语中很难找到三种不同说法来译“席卷天下”“包举宇内”“囊括四海”三个短句，在翻译时可凝缩为“秦孝公有并吞天下、统一四海的雄心”。

不同的接受者均会调动自己的审美判断、情感、想象等审美活动能力，解读原著或译著中的空白，期待视野和解读方式的不同导致阐释的多元化，主体差异性在其中得以形成。毫无疑问，原著是翻译的基本依据，但是译者作为接受者所体现出的生活经验、审美判断、情感、想象，以及所处的现实语境等多种因素紧密结合在一起，同时只有上述诸多要素统一于一体时，才能保障翻译的合理性和审美理解的实现。在翻译活动中，审美表达方式的不同也直接决定翻译审美理解的个体性。与此同时，我们不可以忽视另一个问题，这就是翻译底本的选择。倘若译者直接选择《源氏物语》的原著文本作为翻译底本，那么译者的翻译只经过一次性自身的解读就进入文本再现；如果选择的是已经经过他人翻译的现代日语文本做底本的话，那么他的翻译再现实际上是经历了两次解读，与直接译自原著文本自然会产生一定的距离。事实上，无论译者的日语水平如何精湛，直接阅读紫式部的原著文本还是力不从心的。如此说来，《源氏物语》的汉译文本依然是经过二次解读后的再现。

可见，在翻译评论家那里，对《源氏物语》的任何一个文本找出问题、提出批评，都是再自然不过的事情。因为无论哪一个译本，都不能完全穷尽原著的含义，不管译者译得多么成功，他也只能局限于某一次对原著意义的解读，他的译文只能是当时那种复杂环境下的产物。翻译使原著重新被赋予新的意义，因此，翻译评论家们不应因为在译作里发现若干错误就对译者横加指责，没有任何一个译本相对于原著来说是完美或绝对权威的。不同的译者由于理解的历史性原因，可能译出的作品会有所差异，甚至有些词句迥然不同，但这却是从不同的方面对原著进行的理解和阐释。显然，当我们越是给予这种意义的多元性以充分的尊重，越是努力挖掘文本深层的意义时，我们就越感觉到其中的意蕴无法穷尽。

人物形象的典型化与象征化处理

如前所述，紫式部在创作《源氏物语》的过程中是将自己置于“全知叙事”的视界去铺陈《源氏物语》的所有故事情节的。她的“全知叙事”特征之一是，作为讲说者（叙述者）紫式部对故事中的所有人物包括人物的内心活动、事件进程（包括过去、现在和未来）无所不知。正是这种“全知叙事”的创作手段，为紫式部提供了人物描写的便利。

从《源氏物语》文本中不难看出，紫式部最为擅长的是静态描写和人物的心理描写。所谓静态描写，是为人物形象以及客观事物本体造型，以寄托作者的情感。人物形象的静态描写是刻画静止时的人物的外貌形态，这种方法可以对人物进行细致的描绘，也可以抓住人物的主要特征进行三言两语式的勾画。人物形象的静态描写，一般比较多的是在人物出场时运用，以便引起读者对人物的注意。但在《源氏物语》中，人物的静态描写不止于人物的出场，在很多具有画面质感的场景下，都有非常细致入微的人物形象的静态描写，有时因为过于细致，以致使读者感到呆板、冗长而影响可读性。

紫式部之所以擅长人物形象的静态描写，不是没有理由的。首先，人物形象的静态描写非常适用于表现和平、安静、肃穆、悲哀、沉闷或不安、忧郁等气氛与情调。通过对瞬间的形态、声音、色彩、气味等入木三分的刻画，能给人以安适甜美，或引人以遐思联想，或激人以哀伤思恋，或为下文渲染铺垫。其次，平安时代宫廷贵族的人文气息，是静中求雅，无论是行为举止、还是生活形态，拘谨而不求夸张。即便是当今拍摄的《源氏物语》的影视作品的画面，仍然以幽静为画面质感的基调，以拘谨的言行举止来体现人物的高雅。

中国古代小说十分工于人物的面部描写，比如描写女性，对其五官的刻画是并不可少的。在中国人看来，五官的刻画不单是对女性容貌的审美观感，更是与该女性的命运、品行相关。而作为人物面容描绘的“蛾眉”，在中国古典诗词中可以说是关于美女的传统意象，是作为对美女的整体形象的指代的用法，但在晚唐五代词中对“蛾眉”的突出描绘，强化了其中对女子人体的装饰性效果已经图案化、模式化，成为诗词中有鲜明视觉效果而又有抽象意味的意象。但《源氏物语》在进行人物形象描写时，多采用静态的描写手法，轻描淡写地刻画人物，因此这种描写多是整体感官性的，趋于简单和概括。比如第一回“桐壶”中描写源氏的出生，排除此前如此激烈的后宫纷争，静静地以：“这更衣虽在惶恐中度日，却生下一个容貌明洁、光彩不凡的皇子。皇上闻之，急召人将孩子抱至宫中，一见之下，真真一个清秀宜人的小皇子”，“直至一睹了小皇子那绝世之姿，超凡脱俗之容，所有的疑忌与非议方顿然消退，连广有见识之士见了，皆惊诧瞠目：‘世间怎有此等神仙似的人物？’”，“源氏公子上殿。他梳成总角的头发，分披两边，两鬓结于耳边，可爱可亲。只可惜便要改作成人之装，真令人不忍！”如此淡淡的、印象式的描写，几乎贯穿了《源氏物语》的始终。

当然，《源氏物语》不乏大篇幅的人物描写，即便是大篇幅，紫式部亦不改安静的、淡淡的素描手法。不着浓墨，尽得风采，给读者以曲径通幽之美感。至于对其丑无比的人物形象——末摘花所做的极为细致的面部描写案例，在《源氏物语》中可谓独此一例。

第三回“空蝉”中源氏追求空蝉而始终不能如意，于是偷偷潜入空蝉府中，诱惑空蝉之弟小君牵线，试图与空蝉成其良缘。其间，有大段描写源氏从缝隙中窥探空蝉与轩端荻谈话的情形。

灯近うともしたり。母屋の中柱に側める人やわが心かくると、まづ目とどめたまへば、濃き綾の単襲なめり。何にかあらむ表に着て、頭つき細やかに小さき人の、ものげなき姿ぞしたる。顔などは、さし向かひたらむ人などにも、わざと見ゆまじうもてなしたり。手つき痩せ痩せにて、いたうひき隠しためり。

今一人は、東向きにて、残るところなく見ゆ。白き羅の単襲、二藍の小袿だつもの、ないがしろに着なして、紅の腰ひき結へる際まで胸あらはに、ばうぞくなるもてなしなり。いと白うをかしげに、つぶつぶと肥えて、そぞろかなる人の、頭つき額つきものあざやかに、まみ口つき、いと愛敬づき、はなやかなる容貌なり。髪はいとふさやかにて、長くはあらねど、下り端、肩のほどきよげに、すべていとねぢけたるところなく、をかしげなる人と見えたり。

林文月译本：

灯点亮在两位女郎的身边。靠着客厅的中柱，只见一张侧脸的，恐怕便即是自己所思念的人吧。定神望去，她身上好像穿着一袭深紫色的绫缎单衣，外面罩着一件不知叫什么的衣服。脸庞生得窄窄，她含蓄地坐在那儿，似乎小心地尽量不让对方看见自己。她的手也是纤纤瘦瘦，下棋子的时候，有意地把袖子一直盖到手背上。另外一个人，因为向东坐着，故而看得较清楚。她穿着薄罗的白色单衣，随便地罩着一件淡蓝色的小褂，胸口一直敞开到红裙裤系腰带一处，看来甚是不修边幅的样子。不过，长得肌肤白皙而细腻，身材高大而丰腴。眉清目秀，十分明朗，讨人喜欢。头发是浓密的，虽然不怎么长，但是修剪得宜，眉际肩头一带尤其显得清爽可人，找不出什么缺点来，算得上是美人坯子。[①]

姚继中译本：

灯光柔和恬淡。那源氏公子由缝隙中看去：正屋中柱旁，面朝西打横坐着的秀美身影，心想定是他那心上人了。便将视线停在此人身上。但见她面孔俊俏，身材纤秀，穿一件深紫色绸衫，她纤细的两手，不时藏入衣袖，神态甚是恬淡雅致。但颜面常常掩映且躲闪，略显羞赧，心思即便与她相对也未必能看得分明。朝东坐的那一人，穿得一件白色薄绢衫，紫红的礼服，随意披着，腰间红裙带分外显眼，裙带以上，胸脯裸露。只因其面朝着那格子门，仍可见其洁白的肌肤。更见她额发齐整，头发黝黑稠密，虽不甚长，却一丝不乱，特别是肩部垂发，光亮迷人。万种娇媚，更由口角眼梢溢出，丰满修长的体态极为风骚，一副落拓不羁的样子。通体看来，活脱脱一个俏佳人儿。[②]

将林文月汉译文本与姚继中汉译文本相比较，林文月的汉译文本更显得朴实无华，或许正是这样的朴实无华，与紫式部淡淡的、印象式的静态描写的风格更为接近。

这样的静态描写，在《源氏物语》中比比皆是，为了证明上述例子不是绝无

---

① 紫式部著，林文月译：《源氏物语》，译林出版社 2011 年，第 50 页。

② 紫式部著，姚继中译：《源氏物语》，江苏人民出版社 2011 年，第 40 页。

仅有，不妨再看看第六回“末摘花”中对末摘花的人物描写：

見ぬやうにて、外の方を眺めたまへれど、後目はただならず。「いかにぞ、うちとけまさりの、いささかもあらばうれしからむ」と思すも、あながちなる御心なりや。

まづ、居丈の高く、を背長に見えたまふに、「さればよ」と、胸つぶれぬ。うちつぎて、あなかたはと見ゆるものは、鼻なりけり。ふと目ぞとまる。普賢菩薩の乗物とおぼゆ。あさましう高うのびらかに、先の方すこし垂りて色づきたること、ことのほかにうたてあり。色は雪恥づかしく白うて真青に、額つきこよなうはれたるに、なほ下がちなる面やうは、おほかたおどろおどろしう長きなるべし。痩せたまへること、いとほしげにさらぼひて、肩のほどなどは、いたげなるまで衣の上まで見ゆ。「何に残りなう見あらはしつらむ」と思ふものから、めづらしきさまのしたれば、さすがに、うち見やられたまふ。

頭つき、髪のかかりはしも、うつくしげにめでたしと思ひきこゆる人々にも、をさをさ劣るまじう、袿の裾にたまりて引かれたるほど、一尺ばかりあまりたらむと見ゆ。着たまへるものどもをさへ言ひたつるも、もの言ひさがなきやうなれど、昔物語にも、人の御装束をこそまづ言ひためれ。

聴し色のわりなう上白みたる一襲、なごりなう黒き袿重ねて、表着には黒貂の皮衣、いときよらに香ばしきを着たまへり。古代のゆゑづきたる御装束なれど、なほ若やかなる女の御よそひには、似げなうおどろおどろしきこと、いともてはやされたり。されど、げに、この皮なうて、はた、寒からましと見ゆる御顔ざまなるを、心苦しと見たまふ。

丰子恺译本：

源氏公子装作没有看见她，依旧向外眺望。实则他用眼梢看得很清楚。他想：“不知究竟如何。如果细看有可爱之处，我多么高兴！”然而这是妄想。首先，她坐着身体很高，可知这个人上身是很长的。源氏公子想：“果然不出我之所料。”他心头别的一跳。其次，最难看的是那个鼻子。这鼻子首先映入人目，很像普贤菩萨骑的白象的鼻子。这鼻子又高又长，尖端略略下垂，并带红色，特别教人扫兴。脸色比雪还白，白的发青。额骨宽得可怕，再加下半边是个长脸，这整个面孔就长得稀奇了。身体很瘦，筋骨棱棱，形甚可哀。肩部的骨骼尤为显露，衣服外面也看得出来，教人看了觉得可怜。

源氏公子想："我何必如此历尽无遗地细看呢？"然而样子太古怪了，他反而要看。只有头的形状和挂下的头发很美丽，比较起以美发闻名的人来，并不逊色。那头发挂到褂子的裾边，还有一尺许铺在席地上。现在再来描写她所穿的衣服，似乎太刻毒了；然而古代的小说中，总是首先描写人的服装，这里也不妨模仿一下：这位小姐身穿一件淡红夹衫，但颜色已经褪得发白了。上面罩一件紫色褂子，已旧得近于黑色。外面再披一件黑貂皮袄，衣香扑鼻，倒很可喜。这原是古风的上品服装。然而作为青年女子的装束，到底不大相称，非常触目，使人觉得稀罕。不过如果不披这件皮袄，一定冷不可当。源氏公子看看她那瑟缩的脸色，觉得十分可怜。[①]

这里不仅对末摘花的相貌特别是脸部特征进行了细致描写，同时对其体态、衣着也进行了详细描写。其实，这段描写看似是一段静态描写，实质隐含了源氏内心五味杂陈的心理状态，因为源氏是在与末摘花同衾共枕之后才看到她的长相，对于只爱美女的源氏公子来说，末摘花的相貌打扮实在无法入其法眼，然而事实已无法改变，面对着长相丑陋且清贫可怜的末摘花，源氏只能接受事实。

如果紫式部仅以孤立的静态描写去刻画人物，那么她笔下的人物必定会呆板、毫无灵性，如同一潭死水，读者如同嚼蜡，索然无味。为了避免这种刻板单一的静态描写，紫式部经常把人物置于某个特定的场景加以描写，人物与情景交融，形成和谐的画面。比如在"新菜续"中，源氏在自己的居所内举办音乐盛会，各房夫人弹奏不同的乐器，琴瑟甚笃、丝弦争艳。作者用大量笔墨异常详细地描述此人、此情、此景：

正月二十日ばかりになれば、空もをかしきほどに、風ぬるく吹きて、御前の梅も盛りになりゆく。おほかたの花の木どもも、皆けしきばみ、霞みわたりにけり。

「月たたば、御いそぎ近く、もの騒がしからむに、掻き合はせたまはむ御琴の音も、試楽めきて人言ひなさむを、このころ静かなるほどに試みたまへ」

---

① 紫式部著，丰子恺译：《源氏物语》，人民文学出版社 2001 年，第 143 页。

とて、寝殿に渡したてまつりたまふ。

御供に、我も我もと、ものゆかしがりて、参う上らまほしがれど、こなたに遠きをば、選りとどめさせたまひて、すこしねびたれど、よしある限り選りてさぶらはせたまふ。

童女は、容貌すぐれたる四人、赤色に桜の汗衫、薄色の織物の衵、浮紋の表の袴、紅の擣ちたる、さま、もてなしすぐれたる限りを召したり。女御の御方にも、御しつらひなど、いとどあらたまれるころのくもりなきに、おのおの挑ましく、尽くしたるよそほひども、鮮やかに二なし。

童は、青色に蘇芳の汗衫、唐綾の表の袴、衵は山吹なる唐の綺を、同じさまに調へたり。明石の御方のは、ことことしからで、紅梅二人、桜二人、青磁の限りにて、衵濃く薄く、擣目などえならで着せたまへり。

宮の御方にも、かく集ひたまふべく聞きたまひて、童女の姿ばかりは、ことにつくろはせたまへり。青丹に柳の汗衫、葡萄染の衵など、ことに好ましくめづらしきさまにはあらねど、おほかたのけはひの、いかめしく気高きことさへ、いと並びなし。

…………

月心もとなきころなれば、灯籠こなたかなたに懸けて、火よきほどに灯させたまへり。

宮の御方を覗きたまへれば、人よりけに小さくうつくしげにて、ただ御衣のみある心地す。匂ひやかなる方は後れて、ただいとあてやかにをかしく、二月の中の十日ばかりの青柳の、わづかに枝垂りはじめたらむ心地して、鶯の羽風にも乱れぬべく、あえかに見えたまふ。

桜の細長に、御髪は左右よりこぼれかかりて、柳の糸のさましたり。

「これこそは、限りなき人の御ありさまなめれ」と見ゆるに、女御の君は、同じやうなる御なまめき姿の、今すこし匂ひ加はりて、もてなしけはひ心にくく、よしあるさましたまひて、よく咲きこぼれたる藤の花の、夏にかかりて、かたはらに並ぶ花なき、朝ぼらけの心地ぞしたまへる。

さるは、いとふくらかなるほどになりたまひて、悩ましくおぼえたまひければ、御琴もおしやりて、脇息におしかかりたまへり。ささやかになよびかかりたまへるに、御脇息は例のほどなれば、およびたる心地して、ことさらに小さく作らばやと見ゆるぞ、いとあはれげにおはしける。

紅梅の御衣に、御髪のかかりはらはらときよらにて、火影の御姿、世になくうつくしげなるに、紫の上は、葡萄染にやあらむ、色濃き小袿、薄蘇芳の細長に、御髪のたまれるほど、こちたくゆるるかに、大きさなどよきほどに、様体あらまほしく、あたりに匂ひ満ちたる心地して、花といはば桜に喩へても、なほものよりすぐれたるけはひ、ことにものしたまふ。

かかる御あたりに、明石はけ圧さるべきを、いとさしもあらず、もてなしなどけしきばみ恥づかしく、心の底ゆかしきさまして、そこはかとなくあてになまめかしく見ゆ。

柳の織物の細長、萌黄にやあらむ、小袿着て、羅の裳のはかなげなる引きかけて、ことさら卑下したれど、けはひ、思ひなしも、心にくくあなづらはしからず。

高麗の青地の錦の端さしたる茵に、まほにもゐで、琵琶をうち置きて、ただけしきばかり弾きかけて、たをやかに使ひなしたる撥のもてなし、音を聞くよりも、またありがたくなつかしくて、五月待つ花橘、花も実も具しておし折れる薫りおぼゆ。

姚继中译本：

紫夫人所带四个贴身女童，皆容貌可佳，身着红外衣，白面红里汗衫。衬衣为淡紫色织锦面料，外缀凸花颈裙，举止皆甚文雅。明石女御屋室内，新年里便布置得富丽堂皇。众侍女竞相争艳，多姿多彩，迷离人眼。众女童身着青衣，暗红汗衫，外缀中国绫绸裙，又间夹棣棠色中国绫罗衬衫，毫无二样。明石夫人女童装饰稍逊，着红面紫里衬袍者二人，着白面红衬袍者二人，外衣皆为青瓷色，衬衣或深紫或为淡紫，皆用研光花绸，极为俏艳。三公主闻知，悉心将诸女童装扮得格外出众：着深青色外衣，白面绿里汗衫与淡紫衬衫。这服饰虽不甚华丽珍贵，然整体气派，极为清丽高雅。

…………

夜渐深沉，光线幽暗。月色尚未泛起，四下点亮灯笼，明暗恰到好处。源氏忍不住偷窥三公主，但觉她更显玲珑娇美。其贵秀胜于艳丽，若二月初发之柳，略舒鹅黄，且柔弱不禁飞莺。她身着白面红里常礼服，头发自左右向前挂，如柳青丝，恰是荣贵公主模样。明石女御容姿，更显艳丽，然优雅无二。其雍容气度，如夏日藤花，兀自艳放于群芳零落后。因有孕在身，奏毕颇觉倦怠，遂将筝置了，依靠矮几，用手支撑。其身材细小瘦弱，而矮几大小如常规，她必高抬手臂，显得极不舒适。见此，源氏便差人下去，替她配得一合身矮几，足见其关爱之心了。她身着红面紫里外衣，秀发长垂，极为清整。灯光映衬，风姿绝妙无穷。紫夫人着了淡紫外衣,深色礼服与淡胭脂色无襟服,头上青丝浓密柔顺，披挂肩前，恰好相称其身，观之风韵十足。若用花比，可谓樱花，然比樱花优美有加，这姿容实甚殊异。明石夫人置身如许贵妇人中，似要逊色，实则不是。其言行举止，优雅有致，教人见之，自觉汗颜。其姿容风貌娴雅，不失婀娜，妙不可喻。她身着柳绿色织锦无襟服，外系轻罗围裙，以示谦恭。然众人绝无嫌弃之意。她于一藏青茵褥上斜斜靠了，一手扶琵琶，一手持拨子，其姿态神情，优雅无比，恰是“此时无声胜有声”，如五月初之橘枝，花实并香。[①]

在《源氏物语》中，像这样大段的将人物置于场景中密集描写并不多见。这种情景交融的静态描写不仅描述了各位夫人及随身侍女的服装打扮，更是为了暗示各位夫人的品位、身份地位和受宠程度。如前所述，人物的静态描写，一般比较多的是在人物出场时运用，以便引起读者对人物的注意。但“新菜续”中的这些描写都不是发生在人物初次出现之时，因此，这一回中的静态描写是以其情景交融的刻画来推进此后的情节展开的。

从以上三则译例可以看出，尽管紫式部擅长静态的人物描写，但总体来说单一画面非常美艳，而综合画面却略显重复单调。这种重复单调一是体现在修辞的重复，二是审美视域不够宽阔，给读者的影响似乎多侧重于对服饰打扮和表情仪态的刻画，而对人物面部特征、情感特征的描述相对较少。

在本节中，笔者分别使用了丰子恺、林文月、姚继中三个不同的翻译文本举例，其目的是让读者能够体味到同为紫式部的原著文本，却译出了不尽相同的中文风格，并从中得到一些阅读翻译文学的意外感悟。之所以附上了《源氏物语》的原著古文文本，是为了有利于研究者匡正翻译中的谬误。作为《源氏物语》的译者，在翻译时不仅不能改变原著文本的作者赋意和文本释义，还要竭尽全力再

① 紫式部著，姚继中译：《源氏物语》，江苏人民出版社 2011 年，第 474 页。

现文本在作者赋意和文本释义过程中的风格。

早在9世纪后半叶的《竹取物语》中就已经出现了少量心理描写，“初步运用了文学的心理描写”[①]，之后的《伊势物语》则确立了“更深刻的心理描写，更增多了小说的艺术效果，对于完善作为古代小说的物语文学是起到先驱作用的，它为长篇小说的创作提供了丰富的经验”[②]。此后的女性日记在物语文学发展的基础上更上一层楼，《土佐日记》《蜻蛉日记》等不断扩大心理描写，“在更深层次挖掘人物的内面生活，它是第一部出色地描写当时女性的内心世界的作品”[③]。在此基础上《源氏物语》克服了先前物语“缺乏心理描写的缺陷，认为物语不同于历史文学只记述表面粗糙的事实，其真实价值和任务在于描写人物的内心世界”[④]，从深层次上挖掘人物的内心世界，出色地描写出人物的内心活动。

心理描写是通过对人物心理活动的描写塑造人物形象，“是刻画人物形象的重要手段，特别是塑造丰满、生动，具有独特个性的人物形象时，心理描写是不可或缺的一个重要方面”[⑤]。小说是塑造人物形象的文学形式，因此对人物的认识必定要十分透彻，而这种透彻仅靠肖像、语言和行动的描写是远远不够的，对人物复杂变化的情感和内心世界的探索相对显得尤为重要，只有深入细致地探索人物心灵深处的思想、情绪和感受，才能更好地表现其相貌、言行举止，才能塑造出具有鲜明个性的人物形象。

《源氏物语》继承并吸收平安时代早期物语文学心理描写的表现方法，同时又对独创性进行了深化，不仅有说明性的、动态的心理描写，更有大量静态的、细腻的心理分析。紫式部作为“全知叙述”的讲述者，在文本中不断转换角色，既有讲述者的一般叙事，又兼具了被讲述者的内心独白以及文本外第三者视域中的评论。因此，有日本学者认为，“就性格表现和心理描写的成就来讲”，《源氏物语》“这样的作品在日本小说史上是少有的”[⑥]，“人物心理的变化，写得自然、完整无

① 叶渭渠、唐月梅：《日本文学史　古代卷（下册）》，昆仑出版社2004年，第402页。

② 叶渭渠、唐月梅：《日本文学史　古代卷（下册）》，昆仑出版社2004年，第407页。

③ 叶渭渠、唐月梅：《日本文学史　古代卷（下册）》，昆仑出版社2004年，第420页。

④ 叶渭渠、唐月梅：《日本文学史　古代卷（下册）》，昆仑出版社2004年，第443页。

⑤ 许抄珍：《古代文学的表达技巧》，中国文史出版社2005年，第108页。

⑥ 池田龟鉴：《新讲源氏物语》，转引自许虎一：《源氏物语的现实主义艺术特色》，见《世界文学名著选评第四集》，江西人民出版社1982年，第320页。

缺，是惊人的。至于心理分析，现代最优秀的作家也是不可企及的”[①]，《源氏物语》事实上已经成为日本文学史上心理描写的高峰。在描写方法上同时采用随文刻画、内心独白、梦境幻觉、情景结合等方法，以表现人物性格的产生、发展、变化，以及性格内在因素的组合、差异和冲突。

“内心独白是心理描写最常见的一种方式，它通过人物的自我表述，借以反映人物的内心活动及其过程。出色的内心独白描写，能够真实生动地揭示人物的精神世界，突出人物的性格，丰满人物的形象，并引起读者的强烈共鸣。”[②]

《源氏物语》的内心独白可谓已经站在了古典文学心理描写的制高点上，它不仅在一定程度上脱离了“叙事性质或戏剧情节性质”，更重要的是其内心独白带有非常强的“思想流动”性质，不仅是“意念的偶然组合代替了井然有序的叙事方式”，而且“成为最深层的心理活动的新的表达方法”[③]。其目的在于推动人物形象和故事情节的发展。

熟悉《源氏物语》的读者几乎都不会否认紫式部通过人物的自我表述，借以反映人物的内心活动及其过程方面的能力，这种能力的体现在《源氏物语》的文本中并不是“孤案”。就光源氏这一人物而言，他是一个自始至终内心充满着矛盾的人物，逢事优柔寡断，难以果断抉择。每逢这样的场面，紫式部就会安排一段光源氏的内心独白，来展现光源氏内心的纠结。当然，这种内心的独白并不都是光源氏自言自语，除了独自思索之外，很多情况下是对自己最为亲近的人诉说。最典型的案例就是第四十一回“遁入空门”（丰子恺、林文月都将“新菜”“新菜续”合并算作第三十四回，所以“遁入空门”在他们的翻译文本中为第四十回，且三位译者的章回名称也不同：姚继中译为“遁入空门”，丰子恺译为“魔法使”，林文月译为“幻”）。在这一回中，紫式部毫不吝啬笔墨，以内心独白的话语方式，纵情表现了光源氏在紫姬去世之后光源氏自觉自己尚苟且偷生的种种悲苦心情，具有很深的感染力。

（1）つれづれなるままに、いにしへの物語などしたまふ折々もあり。名残なき御聖心の深くなりゆくにつけても、さしもあり果つまじかりけることにつ

① 池田龟鉴：《新讲源氏物语》，转引自许虎一：《源氏物语的现实主义艺术特色》，见《世界文学名著选评第四集》，江西人民出版社 1982 年，第 320 页。

② 许抄珍：《古代文学的表达技巧》，中国文史出版社 2005 年，第 111 页。

③ 史忠义：《20 世纪法国小说诗学比较文学和诗学文选》，河南大学出版社 2008 年，第 273 页。

けつつ、中ごろ、もの恨めしう思したるけしきの、時々見えたまひしなどを思し出づるに、

「などて、戯れにても、またまめやかに心苦しきことにつけても、さやうなる心を見えたてまつりけむ。何ごともらうらうじくおはせし御心ばへなりしかば、人の深き心もいとよう見知りたまひながら、怨じ果てたまふことはなかりしかど、一わたりづつは、いかならむとすらむ」

と思したりしを、すこしにても心を乱りたまひけむことの、いとほしう悔しうおぼえたまふさま、胸よりもあまる心地したまふ。

他也偶尔回思：往昔所做有始无终之事甚多，常使紫夫人怨恨。至今想来，实在后悔。且想："不管敷衍应付，还是情势所迫，都不该令她如此伤心啊？她生性稳重，凡是考虑周详，最善解人意，从未长久怨恨于我。每遇此类事故，她惟有独自忧虑，也不知积得多少伤楚啊！"源氏越想越悔，心中极为难受。①

（2）「この世につけては、飽かず思ふべきこと、をさをさあるまじう、高き身には生まれながら、また人よりことに、口惜しき契りにもありけるかな、と思ふこと絶えず。世のはかなく憂きを知らすべく、仏などのおきてたまへる身なるべし。それをしひて知らぬ顔にながらふれば、かく今はの夕べ近き末に、いみじきことのとぢめを見つるに、宿世のほども、みづからの心の際も、残りなく見果てて、心やすきに、今なむ露のほだしなくなりにたるを、これかれ、かくて、ありしよりけに目馴らす人びとの、今はとて行き別れむほどこそ、今一際の心乱れぬべけれ。いとはかなしかし。悪ろかりける心のほどかな」とて、御目おしのごひ隠したまふに、紛れず、やがてこぼるる御涙を、見たてまつる人びと、ましてせきとめむかたなし。

源氏对她们道："我此生所享荣华富贵，他人无法可及。熟料所遭厄运，却胜于他人。恐是佛菩萨之意，欲我感悟人生无常、世途多艰之理，故赐我此命吧。我却全不在乎，因循度日以至如今！到了暮年，以致蒙受如此悲伤之事。我已看清自己命运坎坷，而悟性又钝拙，如此反觉心静。今后我已无丝毫牵挂，只是你们几个，待我亲近若此，叫我如何弃舍得下。看来我太无决断，但又无可奈何！"言罢觉得两眼湿热，赶紧举

① 紫式部著，姚继中译：《源氏物语》，江苏人民出版社 2011 年，第 564 页。

袖欲拭，但泪珠早已沿袖滚落。[①]

（3）「人をあはれと心とどめむは、いと悪ろかべきことと、いにしへより思ひ得て、すべていかなる方にも、この世に執とまるべきことなく、心づかひをせしに、おほかたの世につけて、身のいたづらにはふれぬべかりしころほひなど、とざまかうざまに思ひめぐらししに、命をもみづから捨てつべく、野山の末にはふらかさむに、ことなる障りあるまじくなむ思ひなりしを、末の世に、今は限りのほど近き身にてしも、あるまじきほだし多うかかづらひて、今まで過ぐしてけるが、心弱うも、もどかしきこと」

"深爱一个人，确是痛事！我自幼便悟得这道理，故一直用心留意，不使自己过于任性固执。往昔被放逐时，思虑再三，总觉生于此世，实无意义，倒不如了却此生，或者遁入穷荒山林。谁料竟滞留于世，以至暮年。人生将尽，仍为种种细微末事困扰，苟喘延活至今。唉，我竟然如此犹豫不决，真是惭愧之极！"[②]

（4）「さまで思ひのどめむ心深さこそ、浅きに劣りぬべけれ」

などのたまひて、昔よりものを思ふことなど語り出でたまふ中に、

「故后の宮の崩れたまへりし春なむ、花の色を見ても、まことに心あらばとおぼえし。それは、おほかたの世につけて、をかしかりし御ありさまを、幼くより見たてまつりしみて、さるとぢめの悲しさも、人よりことにおぼえしなり。

みづから取り分く心ざしにも、もののあはれはよらぬわざなり。年経ぬる人に後れて、心収めむ方なく忘れがたきも、ただかかる仲の悲しさのみにはあらず。幼きほどより生ほしたてしありさま、もろともに老いぬる末の世にうち捨てられて、わが身も人の身も、思ひ続けらるる悲しさの、堪へがたきになむ。すべて、もののあはれも、ゆゑあることも、をかしき筋も、広う思ひめぐらす方、方々添ふことの、浅からずなるになむありける」

など、夜更くるまで、昔今の御物語に、「かくても明かしつべき夜を」と思しながら、帰りたまふを、女もものあはれに思ふべし。わが御心にも、「あやしうもなりにける心のほどかな」と、思し知らる。

---

① 紫式部著，姚继中译：《源氏物语》，江苏人民出版社 2011 年，第 565 页。

② 紫式部著，姚继中译：《源氏物语》，江苏人民出版社 2011 年，第 567 页。

然源氏答道："如此周全思虑，势必带来更多痛苦，倒不如轻率一些好。"便向明石夫人聊起诸种可悲旧事。其中道："藤壶母后逝世那年春，我一见樱花颜色，便想起古歌：'倘若山樱亦有情，'此皆由于我自幼熟习她那古今绝艳之姿,故她一去之后我之悲痛更胜他人。可见伤悲之心，并不一定要有特别的渊源。紫夫人猝然舍我而去，令我无限悲痛，哀思难忘，并非只因夫妻死别之情。她从小到大由我养育，朝夕相伴，直至暮年。如此突然先我而去，才令我哀悼伤怀、无限悲痛的。凡一切极富才情修为，且幽默风趣，于各方面皆令人铭记之人，死后受人哀悼也特别深切。"二人相叙，甚是投机，不觉已至夜深。照理，如此深夜，该留宿于此才是，但源氏终究辞归了。明石夫人私下甚为不满，源氏也自觉惊奇。①

第一段中"有始无终之事甚多",指的是光源氏自己与诸多女性之间的"恋情"，此处尤指与胧月夜、三公主之间的事情。紧接其后的"不管敷衍应付，还是情势所迫"，指与三公主的婚事。然而在翻译时，译者只能如此照字面翻译，但所谓"有始无终之事"究竟为何事，读者未必能轻易地察觉到。作为译者，在此最好的办法就是通过注释使读者一目了然。自从紫姬去世后，源氏悲伤不已，往事历历在目，愈加悔恨对紫姬的伤害。六条院依旧花开花落，但缺少了紫姬的六条院在源氏心里俨然变成了另一个世界。每每触景生情，无限悲伤。这里对人物内心活动的描写不仅有点染式手法，更有分析式成分，虽然篇幅不长，却将源氏此时此刻的心情了然于读者眼前。

第二段的内心独白主要描写源氏带有极端宿命观的自我反省。这一段的原著文本极具口语化，但为了保持翻译文本的一贯性，故在翻译过程中做了一些词汇的前后调整。当然这种前后调整以不破坏原著文本的赋意为要旨。相比之下，林文月的译文更为通俗，与原著十分贴切："我这人哪，就一般现实方面言之，可谓出身高贵，无忧无虑；不过从另一方面言之，却又与别人不同，好似遭遇的不幸也较别人为多。想必是菩萨要我彻悟人世之无恒与劳苦，才要负荷这等命运的吧。而我则明知如此，却仍贪恋生命，所以到此晚境还要备尝苦痛。现在，看穿宿世命运以及心底万端，反觉轻松起来，这世间再也没有什么东西可以羁绊我

① 紫式部著，姚继中译：《源氏物语》，江苏人民出版社 2011 年，第 567 页。

了……”

第三段是源氏与明石夫人闲聊往事的一段内心告白。这段告白有三个值得注意的事情：一是明石夫人在源氏的诸夫人中是弱者，但却是胜者，源氏向弱者告白自己的内心，说明此时的源氏已经在心灵深处走向了崩溃的边缘。二是此段内心告白源自紫夫人的面影在其眼前历历浮现，使得源氏不能自已。但在一个弱势夫人面前诉说自己对紫夫人的挚爱，这不能不说是一件很微妙而尴尬的事情。三是从源氏的话语来分析，与其说是内心的告白，不如说是因其意志薄弱而祈求博得最后的同情。为了充分表现出源氏的这种心理，在翻译时特意用了原著中没有的“唉”这一声叹息，来加强源氏的三重心理活动。

第四段内心独白中的“可见悲伤之心，并不一定要有特别的渊源”，事实上，源氏与藤壶妃子之间正是缘于一段特殊的渊源。紫式部之所以这样描写，反映了源氏在与女人爱恋方面的一贯不诚实。虽然此处是源氏的内心独白，倒不如说是紫式部巧妙地利用这一内心独白暗讽了源氏在对待女性过程中的口是心非。由此看来，紫式部的确有着深厚的用心和高超的写作技巧。

紫式部在文本中作为讲述者，除了一般叙事之外，又兼具了被讲述者的内心独白，以及文本外第三者视域中的评论。这三者的角色转换时而边界清晰，时而不知不觉。紫式部充分利用了日语表达的不确定性，时常令读者怀疑自己正在读的究竟是谁的台词：是叙述者的，还是人物的？这种疑问甚至会影响到读者本身的态度。比如第三十六回“柏木”的开头部分，紫式部在这里向我们展示了角色切换的游离特征。

衛門督の君、かくのみ悩みわたりたまふこと、なほおこたらで、年も返りぬ。大臣、北の方、思し嘆くさまを見たてまつるに、

「しひてかけ離れなむ命、かひなく、罪重かるべきことを思ふ、心は心として、また、あながちにこの世に離れがたく、惜しみ留めまほしき身かは。いはけなかりしほどより、思ふ心異にて、何ごとをも、人に今一際まさらむと、公私のことに触れて、なのめならず思ひ上りしかど、その心叶ひがたかりけり」

と、一つ二つの節ごとに、身を思ひ落としてしこなた、なべての世の中すさまじう思ひなりて、後の世の行なひに本意深く進みにしを、親たちの御恨みを思ひて、野山にもあくがれむ道の重きほだしなるべくおぼえしかば、とざまかうざまに紛らはしつつ過ぐしつるを、つひに、

「なほ、世に立ちまふべくもおぼえぬもの思ひの、一方ならず身に添ひにたるは、我より他に誰かはつらき、心づからもてそこなひつるにこそあめれ」

と思ふに、恨むべき人もなし。

「神、仏をもかこたむ方なきは、これ皆さるべきにこそはあらめ。誰も千年の松ならぬ世は、つひに止まるべきにもあらぬを、かく、人にも、すこしうちしのばれぬべきほどにて、なげのあはれをもかけたまふ人あらむをこそは、一つ思ひに燃えぬるしるしにはせめ。

せめてながらへば、おのづからあるまじき名をも立ち、我も人も、やすからぬ乱れ出で来るやうもあらむよりは、なめしと、心置いたまふらむあたりにも、さりとも思し許いてむかし。よろづのこと、今はのとぢめには、皆消えぬべきわざなり。また、異ざまの過ちしなければ、年ごろものの折ふしごとには、まつはしならひたまひにし方のあはれも出で来なむ」

など、つれづれに思ひ続くるも、うち返し、いとあぢきなし。

年关既过，柏木卫门督病缠卧榻，竟不见一丝好转。而柏木自己眼见父母日日为他伤心叹息，觉得就此离去，甚不甘心。且弃亲先去，罪不容恕。转而想道："莫非我对此生此世，尚存留恋？幼时恃才傲物，素怀远志，亦欲建功立业，位于人上。岂知天不助我，难遂我志。稍一遇事，便觉朽不可用。如此留于世间，尚有何益！只欲出家修行。但念及双亲，出家大碍，思前虑后，竟招致得更多苦痛，亦无颜苟活于世。乃反思自己作茧自缚，怨别人不得。亦不可诉之于神佛，真乃命该如此！青松千载寿，然人却不能永存此世，我不如就此而去，尚可得世人些许怜悯，且原谅于我。若那人暂寄同情，我便'殉情不怜身'了。但苟且偷生，又不免恶誉流传，于我于她均无益处。既然如此，不如一死了之。源氏大人宽厚仁德，多年来每逢盛会，必招我为侍，关怀备至。我别无过失，必能原谅。"闲极孤独之时，他常如是反复思量，愈觉无以聊赖，心绪怅然缭乱。[1]

在这个段落里，紫式部首先以叙述者的隐晦方式描述了"年关既过，柏木卫

① 紫式部著，姚继中译：《源氏物语》，江苏人民出版社 2011 年，第 498 页。

门督病缠卧榻，竟不见一丝好转”。此后，叙述柏木内心世界的独白。在古典日语中没有关于“直接陈述”与“间接陈述”的明显的语形学分界线，更为重要的是，在原著文本中我们几乎很难弄明白，整个第二小段那么一大段长句子到底用的是第一人称还是第三人称。给人的感觉是，这段文字若是叙述者的类旁白描述抑或是柏木自己的心理活动，两者似乎都说得通。因此，在翻译这段文字的时候，一是参照了现代日语翻译文本，二是反复阅读上下文。或许真是将此处的人称关系翻译得很直白的话，还会有违紫式部的作者赋意，但如果翻译得不明不白又会使中国读者困惑。再比如这段译文中的“眼见父母日日为他伤心叹息，觉得就此离去，甚不甘心。且弃亲先去，罪不容恕。转而想道：‘莫非我对此生此世，尚存留恋？幼时恃才傲物，素怀远志，亦欲建功立业，位于人上。……’”，在这里我们可以看到原著的表达方式一直在直接陈述与间接陈述之间摇摆不定。紫式部正是充分利用了日语的这种不确定性，带来了非常强大的阅读刺激效果，使读者在阅读过程中有足够的填补文本空白的空间和自主作出判断的意趣。

除此之外，紫式部还在柏木的内心独白中嵌入了两首古歌：“青松千载寿”“殉情不怜身”。为了不破坏叙事性，翻译时一如既往采用了脚注。前者出自《古今和歌六帖》：“青松千载寿，谁堪与此比？可叹浮生短，情场不自由。”后者出自《古今和歌集》：“飞蛾扑火甘心死，一似殉情不怜身。”

紫式部的人物描写带有非常明显的说明性，但其中也不乏分析性描写成分。她通过“全知叙事”深入人性和人心，对人物的心理进行分析性阐述和描写，加深了读者对人物内心和人物性格的把握，也使得心理描写成为人物形象塑造中非常重要的部分。由此可以看出，《源氏物语》继承并吸收了物语文学的各种描写技巧，又未能完全摆脱《竹取物语》《伊势物语》等早期物语文学的影响，在心理描写上技巧有长足的进步但仍欠成熟。

性格构成的整体性与时空交错的有机性

在《源氏物语》中，紫式部实际上为我们创造了两种不同的空间：一种是通过想象构造出的世界，在表现形态上类似于现实的空间；另一种是通过想象构造出的明显不同于现实的空间。第一种空间形态和现实空间有相似性，不仅不会令读者产生违和感，反而会使读者将其作为现实空间本身来分析和理解；第二种空间给人的感觉是陌生的，带有明显的梦幻感觉，使读者产生奇幻或怪诞的美感。值得注意的是，空间不是静止的，而是随着时间的推移不断变幻的空间，即使是广义上的静止的空间，也不是绝对静止的空间。就人物而言，肢体的静止并不意味着思想的静止；就宇宙空间而言，随着日月星辰的运动，貌似静止的感觉并不意味着时间停止了推移的脚步。当然，文学中的时空概念也并不意味着与自然界的时空概念绝对等同，文学中的时空概念除了具有物理属性之外，还具有心理属性。

一般而言，时空观是指人们的时间与空间观念。在紫式部创作《源氏物语》的平安时代，虽然无法断定当时的作家是否有意运用时空的概念来进行艺术创作，但先于早期的作品而言，作者在作品中对时空的操控已经相当娴熟，特别是短篇小说以及日记文学。然而，我们在翻译《源氏物语》的过程中也会发现，《源氏物语》中时空混乱的现象不在少数。或许是《源氏物语》的篇幅过于宏大，抑或是由于《源氏物语》的创作形态——一帖一帖公之于世，从而出现作品内部的时空混乱，当然也不排除是紫式部以一种隐喻的修辞手法故意为之。

时间在哲学上指物质存在的客观形式，是由过去、现在、将来构成的连绵不断的系统，是物质的运动、变化的持续性、顺序性的表现。空间则指物质存在的另一种客观形式，由长度、宽度、高度表现出来，是物质存在的广延性和伸张性的表现。从时间与空间的概念可以看出，时空问题非常抽象，但却与我们的生活紧密联系在一起。当自然界昼夜转换、四季更替，时空的变化切实影响到先民的生产生活时，人的意识感于外而思于内，便逐渐形成了各种各样的时间与空间观念。

叙事性文学中时间的定义应该是指叙事的全过程，即所叙事件或故事从开始到发展直至结局的过程，包括叙述节奏的快慢、伸缩、跳跃、起伏、心理时间等。而对于空间的阐释则是指叙事情节、自然环境、社会背景、人物群和心理空间等诸多方面。叙事性文学作品中的时间和空间完全以现实生活为原型，但却更强烈、更集中地反映现实时间和空间。如果叙事话语中的时序与故事中的时序不同，则说明话语中出现了时间倒错现象，如倒叙、预叙、中间叙等。故事时距和话语时距的关系可能体现为：等距，如对话体的场景叙事；故事时距大于话语时距，如概述或全景式叙事、省略或停顿；故事时距小于话语时距，较为少见，主要用于主观心理叙事。至于故事发生的次数与话语中发生的次数之间的频率关系，与叙事方式密切相关——单一叙述、重复叙述、反复叙述。

文学作品的创作通常基于时间和空间顺序，并形成一种认知意象，即时空一体的意象。一般而言，空间事物的描写顺序受人的身体经验的认知的制约，例如，人类由于感知与认识形成了先上后下、先高后低、先前再后等顺序的表达习惯，并依托视觉感知规律形成了由近及远、先整体后部分、先大后小等顺序的表达方法。所以，在文学作品翻译中，译者可通过个人不同的认知体验去激活时空一体的意象，塑造一个完整、和谐的情感画面。事实上，《源氏物语》的叙事结构非常特殊，总体故事的确建立在时空一体的意象之上，然而在很多具体情节的描写上并不能做到先上后下、先高后低、先前再后的表达顺序，就时空而言，不少描述显得混乱。例如，第九回“葵姬”中就有这样的例子：

かかることを聞きたまふにも、朝顔の姫君は、「いかで、人に似じ」と深う思せば、はかなきさまなりし御返りなども、をさをさなし。さりとて、人憎く、はしたなくはもてなしたまはぬ御けしきを、君も、「なほことなり」と思しわたたる。

朝颜那女子，听得世间传闻源氏公子薄情寡义，遂定下了主意，决定绝不似别人那般受他引诱，因此对源氏公子的信，大多置若罔闻。她偶尔回得一封短书，也语气平和，反倒不使他难堪，故源氏公子始终觉得此女子甚是可爱。

式部卿の宮、栈敷にてぞ見たまひける。

「いとまばゆきまでねびゆく人の容貌かな。神などは目もこそとめたまへ」

と、ゆゆしく思したり。姫君は、年ごろ聞こえわたりたまふ御心ばへの世の人に似ぬを、

「なのめならむにてだにあり。まして、かうしも、いかで」

と御心とまりけり。いとど近くて見えむまでは思しよらず。若き人々は、聞きにくきまでめできこえあへり。

坐在看台上观赏的桃园式部卿亲王，见源氏公子如此神采，不禁想道：“此人真是容光焕发，风姿绰约，该不是有鬼神附体吧？”他恁般想来，倒觉得恐怖了。而此时他女儿朝颜，竟也是浮想联翩：“多年来源氏公子向自己真挚求爱，确也感人至深。即便普通男子，恐怕女子也会动心，更何况是美貌超凡的源氏公子呢？”此人本亦是多情之人，于是不免有些倾心，但也并不欲表示亲近。听见年轻侍女们对源氏公子赞不绝口，她不由得格外厌恶起来。[①]

① 紫式部著，姚继中译：《源氏物语》，江苏人民出版社 2011 年，第 130 页。

以上这两段出现在第九回“葵姬”中显得十分突兀，它既没有情节上的关联性，又没有人物关系上的关联性。更何况文中的“朝颜”竟然是源氏的堂妹、桃园式部卿亲王的女儿，她与源氏公子何时相恋、何时有过书信往来一概不知。因此在翻译此段文字时，不是文字移译的障碍，而是此两段无厘头的文字放在该章回中，无疑会令读者顿生疑惑，甚至会怀疑翻译中的失误造成了逻辑上的连贯性缺失。

诸如这样的文本案例，《源氏物语》中还有很多，就作者紫式部而言，抑或为了体现某种心理时空顺序的魅性特质，但这种心理的时空顺序往往代替或遮蔽了故事的自然时空顺序。作者有意改变和颠倒故事的正常时序，造成时空的闪回、错乱、重复和叙述不断切换等，这种虚拟的时空秩序有时就是人物心理情感变化的顺序，是作者用以塑造人物内心错综复杂的情感思绪时常用的手法。

文学与空间的关系从来都是密切相关的，作品中不可或缺的环境描写在某种意义上也是一种具体而微的空间体现。空间的转换能给人带来新奇的生存体验，这一切都是通过文学感性再现出来的。在小说中，空间不是一成不变的，现实空间也可以马上转入到想象空间和精神空间里去。小说的灵魂是自由的。而虚构性、梦幻性，是小说摆脱现实羁绊的主要手段。以虚构的手法创造某个独特的精神空间，这个空间和历史的、现实的空间相互对峙。它有历史的、现实的影子和气味，但又与之迥然有别，有属于自己的血肉脉络和经纬。比如，第十二回“须磨”中有这样一段：

帥宮、三位中将などおはしたり。対面したまはむとて、御直衣などたてまつる。

「位なき人は」

とて、無紋の直衣、なかなか、いとなつかしきを着たまひて、うちやつれたまへる、いとめでたし。御鬢かきたまふとて、鏡台に寄りたまへるに、面痩せたまへる影の、我ながらいとあてにきよらなれば、

「こよなうこそ、衰へにけれ。この影のやうにや痩せてはべる。あはれなるわざかな」

とのたまへば、女君、涙一目うけて、見おこせたまへる、いと忍びがたし。

「身はかくてさすらへぬとも君があたり

去らぬ鏡の影は離れじ」

と、聞こえたまへば、

「別れても影だにとまるものならば
　鏡を見ても慰めてまし」

柱隠れにゐ隠れて、涙を紛らはしたまへるさま、「なほ、ここら見るなかにたぐひなかりけり」と、思し知らるる人の御ありさまなり。

源氏公子换毕衣衫，欲见时，却想："如今我乃无爵之人。"又更换了件贵族素装，靠近镜台，整饰鬓发，见镜中形貌稍减，瘦削了许多，便道："如今我衰老矣！果真如镜中那般模样么？"这身打扮，模样反倒俊雅。紫姬透过朦朦泪眼，望了望公子。只听得公子吟道：

"孤身远戍须磨浦，
　留得镜影相伴君。"

紫姬和道：

"祈求镜影长留在，
　聊慰念夫相思情。"

她隐身于柱后，以掩泪迹，喃喃自语。公子见她这般娇柔妩媚，心中顿起无限怜爱，觉素来所见女子，无一人能与之媲美。[①]

"如今""须磨""镜影"三个是时间与空间名词，"如今"不仅表示时间，还暗示尚在"京城"这一空间，"须磨"是即将前往的遥远空间，而"镜影"是留在京城的永恒的静止空间。三者有机地结合在一起，形成欲动又静、令人潸然泪下的画面。第十二回"须磨"是时空描写最为丰富的一回，比如引用了白居易《冬至宿杨梅馆》中的"三千里外远行人"。又如，花散里与源氏公子道别时：

月色静洒在她那深红衣衫上，恰如古歌"月色映衣袖，依稀有泪痕。"她便吟道："孤单衣袖冷月下，期盼清辉再照颜。"源氏公子："何日不思京华春，插花踏歌又时节。"

诸如此类充满时空感的诗句、描述不胜枚举。

文学作品的空间不单纯是普通意义上的物理空间，还包含心理空间，它蕴含了作家深沉的思想和情感指向，作品中所塑造的意象就是作家思想情感的结晶。译者须与作者进行心灵交流，把握原著所蕴藏的心理空间，以达到思想与情感的默契。

① 紫式部著，姚继中译：《源氏物语》，江苏人民出版社 2011 年，第 181 页。

源于六朝志怪的唐代传奇应该算是中国古典小说的前身。传奇小说的普遍特点是带有一定的奇幻色彩，如《枕中记》《南柯太守传》等作品，利用现实中瞬间即逝的时间与神仙世界缓慢的时间进程这两种奇特的时间作为对比尺度，使作品呈现出一种幻中有实、似梦非梦的氛围，其人生与梦幻无异的主题也更加突出，内涵颇为丰富。如前所述，《源氏物语》深受唐代传奇、变文的影响，因此《源氏物语》中多处以梦幻的时空诉说了人物的内心渴求。

《源氏物语》在描写人物的梦境和幻觉时，主要是推动故事情节向纵深发展，这与《源氏物语》产生的时代有着很大关系。10世纪前后的日本文明尚且落后，人们往往将无法解释的东西归为鬼怪神明，紫式部在《源氏物语》中将其认为真实存在的梦境与幻觉嵌入其中，恰恰也体现了紫式部试图对“真实”的追求。虽然紫式部对梦境和幻觉的描写远不如中国唐代的传奇，即便如此，也不能够抹杀《源氏物语》在通过梦境与幻觉追求精神空间的尝试。在此以第十三回“明石”中的例子加以说明。

ひねもすにいりもみつる雷の騒ぎに、さこそいへ、いたう困じたまひにければ、心にもあらずうちまどろみたまふ。かたじけなき御座所なれば、ただ寄りゐたまへるに、故院、ただおはしまししさまながら立ちたまひて、

「など、かくあやしき所にものするぞ」

とて、御手を取りて引き立てたまふ。

「住吉の神の導きたまふままには、はや舟出して、この浦を去りね」

とのたまはす。いとうれしくて、

「かしこき御影に別れたてまつりにしこなた、さまざま悲しきことのみ多くはべれば、今はこの渚に身をや捨てはべりなまし」

と聞こえたまへば、

「いとあるまじきこと。これは、ただいささかなる物の報いなり。我は、位にありし時、あやまつことなかりしかど、おのづから犯しありければ、その罪を終ふるほど暇なくて、この世を顧みざりつれど、いみじき愁へに沈むを見るに、堪へがたくて、海に入り、渚に上ぼり、いたく困じにたれど、かかるついでに内裏に奏すべきことのあるによりなむ、急ぎ上ぼりぬる」

とて、立ち去りたまひぬ。

飽かず悲しくて、「御供に参りなむ」と泣き入りたまひて、見上げたまへ

れば、人もなく、月の顔のみきらきらとして、夢の心地もせず、御けはひ止まれる心地して、空の雲あはれにたなびけり。

年ごろ、夢にうちにも見たてまつらで、恋しうおぼつかなき御さまを、ほのかなれど、さだかに見たてまつりつるのみ、面影におぼえたまひて、「我がかく悲しびを極め、命尽きなむとしつるを、助けに翔りたまへる」と、あはれに思すに、「よくぞかかる騒ぎもありける」と、名残頼もしう、うれしうおぼえたまふこと、限りなし。

胸つとふたがりて、なかなかなる御心惑ひに、うつつの悲しきこともうち忘れ、「夢にも御応へを今すこし聞こえずなりぬること」といぶせさに、「またや見えたまふ」と、ことさらに寝入りたまへど、さらに御目も合はで、暁方になりにけり。

历经大风一昼夜骚扰，源氏公子虽强打精神，也实在疲惫不堪，竟迷迷糊糊昏睡过去了。可惜此居所无一完好帐幕，实在简陋，公子仅能靠壁打盹。不知何时，那已故桐壶上皇竟活生生直立在他跟前，对他道："你为何住于此等龌龊之地？"握手欲拉他起来。接着又道："务必遵照住吉明神指引，驾船速离此浦。"源氏公子惊喜交加，奏道："父皇万福，自诀别以来，所经苦难何其多，如今正欲弃身大海呢！"桐壶上皇答道："休得胡言乱语，此番灾难，不过小小报应而已。我即帝位时，虽大罪不犯，但小过难免。为赎罪过，日日忙于修炼，哪能顾及阳世琐事！近日遭难，我实感不安，故一路饥疲前来此浦。我尚得寻机奏见皇上，有所嘱托，将入京去了。"说罢渐渐隐去。

源氏公子眷恋依依，放声哀号道："父皇让我同去啊！"抬眼一望，哪里还有什么踪影，一轮明月高悬夜空，惟觉父皇慈影依稀在目，不似是在梦中。霎时，顿感天空云彩飘曳，甚是可爱。长年慕父慈容，如今圆此夙愿，虽相见短暂，然清晰分明，记忆犹新。他不禁思忖：怕是因我遭此厄运，父皇特地借暴风雨之夜，托梦前来救助吧！若希望尚在，总是不甚欣慰的。于是满心思慕父皇，反倒心神不定起来，再也无暇顾及现世的悲哀了。便欲续梦，希望再能与父皇详细晤谈，但他紧闭双眼终无睡意，只得辗转反侧直至天明。[①]

① 紫式部著，姚继中译：《源氏物语》，江苏人民出版社2011年，第200页。

源氏与胧月夜私通后被弘徽殿女御发现，并借机将其逐出京城，其在谪地明石浦上做了此梦。此时的源氏虽然已具独立人格，但毕竟从小生活在母爱缺失以及宫廷生活的冷漠中，他唯一的庇护者便是桐壶皇帝。在谪地明石浦这样举目无亲的境况下，源氏潜意识里唯一能求助的人便是自己的父皇，因此于梦中与父皇相遇，并得到父皇的安慰与指引。这一梦境不仅在于推动故事情节的发展，更让读者看到了一个孤立无援、寻求安慰的皇子形象，并为之产生恻隐之心，同时为光源氏此后的精神依托留下了足够的想象空间。虽然《源氏物语》中的梦境和幻觉运用并不多，但确实在一定程度上体现了紫式部对“真实”的追求，特别是对人物的心理真实的追求。

除了以上列举的“须磨”中的例子以外，《源氏物语》中最为典型而优雅的空间便是“六条院”。这是一个带有悲剧性的纯情空间。六条院墙内多姿多彩，六条院墙外却是宫廷贵族的角利空间。紫式部在《源氏物语》里创作的这两个空间世界形成了鲜明对比，前者是乌托邦的世界，而后者则是现实的世界。紫式部的笔墨大多用在了对乌托邦的世界的竭力描写上，而现实世界仅仅只是人们生活的立足之地。很多中国读者在读到六条院时，不知不觉会联想到《红楼梦》中的大观园。虽然六条院与大观园有着文化范畴的本质区别，但也不失为中国读者的一种文化解读，在此暂不赘述。

《源氏物语》翻译中注释的处理

《源氏物语》最早的注释其实只是一系列的私人笔记和旁注，是由不同的读者在不同的时间逐步积累所完成的。正因为如此，各类注释也显示出了不同读者、不同注释者的不同趣味所在。这类注释中现存最早的大约可以追溯到1160年。随后的注释则是由藤原定家于1236年写就的《奥入》。随着时间的推移，单纯的笔记和旁注被逐步完善，以至于成了内容丰富的、独立的《源氏物语》研究类的著作。这些注释中不仅包括背景知识，还有关于物语作者以及物语中出现的传奇人物的详情，并且还详细解释了行文中的各种暗示，甚至《源氏物语》中令人难以理解的词语、官位、日期等，都被一一添加了特别的注释。这些注释家们其实都是社会地位非常高的贵族，他们的注释是逐渐累积渐增的，每个注释者似乎都是在前人留下的注释基础之上继续深入的。

注释，是对书籍或文章的语汇、内容、背景、引文作介绍、评议的文字。为古书注释在中国始于先秦时期。中国古代分得较细，分别称之为注、释、传、笺、疏、章句等，包含的内容很广。诸凡字词音义、时间地点、人物事迹、典故出处、时代背景都是注释对象。有脚注、篇末注、夹注等形式。古籍注释列在正文之中，有单行夹注和双行夹注。

笔者使用的翻译底本是日本小学馆1981年出版的，由阿部秋生、秋山虔、今井源卫校注、翻译的《日本古典文学全集》12—17卷《源氏物语》(1—6)。该版本的构成分为上、中、下三栏，上栏是注释，中栏是《源氏物语》古文文本，下栏是《源氏物语》现代日语文本。笔者在翻译前用心分析了上栏的注释，发现其注释的方法与中国的古注十分相似，注释的类型包括传注、章句、义疏、集解及其他；注释的内容包括：①详解宫廷制度；②解释历史事件；③勘查引用典故、诗词、古歌出处；④说明修辞特点；⑤考订人名、地名、卷名，提示隐含意思；⑥说明古代年中行事；⑦解释古代建筑样式、音乐、舞蹈、服饰等民俗；⑧注明难字读音、校勘文字错讹；⑨阐释语法现象；⑩申述词句旨意；⑪分析难解句读；⑫解释字词的含义；等等。比如，用典注释，其中包括中国典籍和日本典籍。《源氏物语》中运用的中国典籍几乎没有整句引用、整段引用的现象，往往是一两个词语。如果没有日本源学家的校正和注释，很多情况下我们是无法判断其对中国典籍的引用的。这不单是我们作为外国人日语水平的问题，即便是日本人，也无法做出正确的判断。至于对日本本国典籍的引用，主要指紫式部在《源氏物语》中大量引用了诸如《竹取物语》《古今和歌集》等此前的古歌集和相关的物语出典。非常有意思的是，日本很多典籍的收集整理晚于《源氏物语》，所以给人一种错觉，即《源氏物语》引用的典籍晚于《源氏物语》本身。再比如人物注释。《源氏物语》中的人物均无姓名，有官职的以官职名称呼，无官职的则以居住场所、居住场所周边的植物花卉名来指代某人，甚至有的根本就无法判断为何人。作为《源氏物语》的译者，我可以毫不隐晦地说，如果没有日本源学家的校注，翻译《源氏物语》有如破译天书般困难，即使勉强翻译出来，人物关系也会极其混乱，读者根本不可能顺畅阅读。

据笔者粗略统计，由阿部秋生、秋山虔、今井源卫校注·翻译的《日本古典文学全集》12—17卷《源氏物语》前十回的注释多达5539条："桐壶"385条，"帚木"787条，"空蝉"212条，"夕颜"774条，"若紫"679条，"末摘花"490条，"红叶贺"347条，"花宴"173条，"葵姬"932条，"杨桐"760条。以此来推算，《源氏物语》全五十四回的注释将会超过2万条。如果我们在翻译《源氏物语》时将这2万余条注释逐字译出并仍然以脚注列于正文之下，无法想象读者将如何阅读这部小说。

当然，既然校订者能够在校订《源氏物语》的过程中列出 2 万余条注释，可见《源氏物语》原著的理解难度。这不仅由于《源氏物语》离我们年代久远，更源于它所涉及的领域过于宽泛，不是任何读者都具备能够读懂它的知识储备的。

至于《源氏物语》的中文译者，无论是丰子恺先生、林文月先生，还是笔者本人，都采用了注释的方式。在我们看来，小说不同于学术著作，倘若要通过不断看阅注释才能阅读，这样的作品一定会引起读者的心理抵触。当然这也不能一概而论，翻译小说毕竟不同于本民族的创作小说，不同的文化背景需要一定注释才能让读者更好地领悟其真实的内涵。

作为《源氏物语》的译者，笔者在翻译之前对《源氏物语》的注释倾注了很多心血去研究思考。一是有关《源氏物语》可查证的古注有很多，哪些需要关注研读？二是翻译底本的选择，其翻译底本的注释处于何种状态？三是《源氏物语》的翻译定位决定译文使用注释的多寡及内容遴选。《源氏物语》的翻译定位既然是一部古典文学的创作小说，理应区别研究类文献以及日语古文教材类的注释，应以读者的阅读顺畅、理解无障碍为宗旨，因此，翻译文本的注释应以精简为原则。这是笔者在翻译前就已设定的翻译规则之一。

2001 年由人民文学出版社再版的丰子恺译本一共列出了 1271 条注释；2011 年由译林出版社出版的林文月译本一共列出了 1647 条注释；2011 年由江苏人民出版社出版的姚继中译本一共列出了 763 条注释。三个译本虽然列出的注释数量不尽相同，但有一点是共同的，这就是所列的注释主要集中在：①详解日本古代宫廷制度、官阶职责等；②解释历史事件等；③勘查引用典故、诗词、古歌出处等；④解释古代日语修辞特点等；⑤考订人名、地名、卷名，提示隐含意思；⑥解说日本古代年中行事；⑦解释古代建筑样式、音乐、舞蹈、服饰等民俗方面的知识。至于底本中注明的难字的音训、校勘文字错讹、阐释语法现象、申述词句旨意、分析难解句读、解释字词的含义等注释，在中文译本中一概省略了。

作为翻译文学作品，对注释的使用也会因译者而异。在笔者看来，文学作品应尽可能减少注释给读者带来的阅读障碍，除非不得已，否则就应尽量减少注释。因此笔者在翻译过程中，将一些不影响原著作者赋意和文本释义却又需要适当说明的文化现象或人名、地名等直接嵌入了译文文本。故笔者的翻译文本的注释比丰子恺少 508 条，比林文月少 884 条。

将某些注释内容毫无痕迹地嵌入到翻译文本中去，这在一些翻译评论家的眼里或许是对原著的不忠实，甚至是歪曲。然而，如前所述，即便是将中国的文言文翻译成现代汉语，也有所谓“录”“释”“理”“添”“删”“缩”的方法论，经过这一系列的方法论处理后的现代汉语文本，与原先的文言文文本必将有所区别，这种区别在学者面前是显而易见的，但在读者面前却是不留痕迹的。读者无法察觉到翻译过程中的技术处理，也没有任何的阅读不适感，因为这种处理是为了让读者更为方便地阅读和理解原著的作者赋意和文本释义。况且读者在阅读作品时更在意的是故事的可读性和阅读的顺畅性，翻译文本的遣词造句对读者而言只是一种所谓的“作品风格”。坦率地说，对《源氏物语》的读者而言，他们体会到的所谓作者“作品风格”，实际上是“伪风格”，它已经不是纯粹的作者风格，而是作者风格与译者风格的融合体。如果更为严谨地考察的话，这种融合体实际上是由原著古文文本—现代日语翻译文本—中文翻译文本综合而成的。倘若由日本源学专家将原著古文文本翻译成现代日语文本称为一次解读的话，那么我们再在参照一次解读的基础上将原著文本翻译成中文便是二次解读。经历过两次解读也就意味着经历过两次文本空白的填补。这就是说，与原著文本相比较，译著文本已经发生了某种程度的变异。当然，一般读者根本无法判断哪些内容已经发生了变异，更何况这种变异对一般读者而言似乎不甚重要，但对于不能直接阅读日文的外国文学研究者来说，却有着灾难性的误导的可能性。

第三章　紫式部原创和歌翻译验证

在文学翻译中，尤其以诗歌的翻译最为困难。《源氏物语》中的和歌翻译，是《源氏物语》翻译中最令译者费尽心血的一个环节。区区 31 音的和歌看似简单，但其中所蕴含的日本文化精髓，决非其他语言能以诗歌的形式加以再现的。《源氏物语》中的和歌地位非常特殊，说它是诗歌，可是它在很多情况下其实并不能作为一首独立的诗歌而存在，它必须在上下文的意境支撑下，才能以一种诗歌的高雅的境界和语气表达出特定的语意氛围，这在其他任何一种语言中的诗歌都是少有的现象。

然而，和歌的这种特性虽然诞生于日本古代的传统文化，但不能否认它脱胎于中国古代文学精髓的东传。在中国古代诗学审美范式传统里，“意境”总是以灵动的意象而透溢出某种虚化、不易把握的诗兴意蕴质感。这种诗意审美范式，是根植于中国哲学思维形态和文化传统的沃土之上的。因此，辨析其情、景、人之间互为关系及其他外在因素，深入甄别诗歌意境构成的内外相关要素，使其认识摆脱个性直觉和率性而为的诗性涌动等性灵质感尤为重要。作为和歌的翻译，应以理性与诗性互为融通的认知去解读其审美思维样式，以及基于此而获得的跨文化、跨语际表征的美学意境。在这其中，我们必须深刻地认知到一个十分重要的文化现象，这就是日本在吸收、融合中国传统文化的过程中，因其岛国的民族根性，生就依附自然表象，不愿意辩证地思考自然表象背后更深的哲理。换言之，古代日本人在吸收中国文化的过程中抛弃了带有哲学成分的人文思考，只留下了妖艳的风花雪月，这就使得古代日本人全然不在意“诗言志”的人文关怀。正因为如此，和歌尽管在审美过程中追求了极致的高雅与艳丽，却不着力于是否有着促进民众进步的教化作用。

“‘和歌’一词最初见于《万叶集》的题语，其训读之意为‘和答之歌’，用于与某人的唱和。然而，同在《万叶集》之中，还可见到为数不多的‘倭歌’二字，不言而喻，意为‘大和之歌’，即区别于汉诗的日本大和民族诗歌之意。进入平安时代，文字表记形式基本固定为‘和歌’二字，‘和’即‘大和的——日本的’之意，‘歌’意味着有抑扬顿挫，可以吟唱，这说明‘和歌’原本是由音声语言形成的文学表现。”[①]日本最早的和歌集是《万叶集》，万叶歌的特点是真挚、朴素，它以纯朴、雄健的语言表现了人们的真实感情。到了平安时代，和歌在表现艺术与表现形式上益臻成熟完美。但是由于过分追逐辞藻的华丽，构思的新奇，手法的乖巧，以纤细优美为主要特点的和歌已经逐渐失去了诗歌的抒情性和它的思想内容，而成了贵族们舞文弄墨、单纯追逐情趣的游乐手段。这种情况从《古今集》到《新古今集》基本没有什么变化，是和歌的主流趋势和基本特点。“值得我们注意的是，在平安时代，和歌的文学性并不及我们今天对和歌的认识。平安朝初期，汉诗独获隆盛，在贵族社会中汉诗被认为是官方的文学，时髦的文学，受到欢迎；和歌却属于民间文学，受到轻视，以至于在一段时期内逐渐变成了私人抒发感情的东西。汉诗文虽然在传播知识方面起到了积极的作用，但对日本人来说，用外国文学的形式总难以表达生活在岛国上的大和民族特有的纤细感情，不管他们的汉诗文写得怎样工巧，充其量只不过是中国诗人思想感情的翻版，无法充分地表达出扎根于日本人本土意识的感情的真实性和直接性。随着历史的演变，不久之后，被汉诗压抑的和歌重新受到了重视，这与奉敕命参与编纂《古今集》、《新撰和歌集》的纪贯之的努力是分不开的。”[②]

“夫和歌者，托其根于心地，发其花于词林者也。人之在世，不能无为，思虑易迁，哀乐相变，感生于志，咏形于言；是以逸者其声乐，怨者其吟悲，可以述怀，可以发愤；动天地，感鬼神，化人伦，和夫妇，莫宜于和歌。”[③]和歌在当时的主要功能是体现高雅的口头或书面交流，特别是听觉上的交流，以表达心中的情怀。随着假名文字的产生与发展，逐渐由朗诵变成吟咏，并与书写并举，故而有了“赛歌会”“屏风歌”之类的文艺形式。平安时代咏歌的契机有独吟、私交场合的口头交流、类似于书信往来的和歌赠答。此外，也不乏文人墨客相邀的吟咏会、宫廷贵族游宴时的即兴唱和。前者基本上是日常生活性的，决定了和歌用以叙事的功能特征；而后者已将和歌作为一种固定的文学形式，上升到了文艺的高度，具备了文学创作与文学欣赏的特征。

和歌作为日本最早的韵文诗歌形式之一，关于它的韵律形成诸多学者有着不尽相同乃至于全然相左的看法。笔者最为受教的是王勇发表在《日语学习与研究》

① 姚继中：《〈源氏物语〉与中国传统文化》，中央编译出版社 2004 年，第 98 页。

② 姚继中：《〈源氏物语〉与中国传统文化》，中央编译出版社 2004 年，第 98 页。

③ 转引自彭恩华：《日本和歌史》，学林出版社 1986 年，第 51 页。

1990 年第 3 期的《和歌格律探源》一文，见解颇为深刻。他认为，“诗歌的格律一般被称为音数律，格律包括外部格式（字数、行数、句式等）与内部韵律（平仄、对仗、节奏、音步、轻重音等）。日语由于重音、声调、韵部等不发达，很难用平仄、押韵、对仗、音部等表现‘韵律’；但由于音拍与字数严格对应，其外部格式却极为明显。正因为如此，人们往往被视觉上的‘音数’所迷惑，而忽视听觉上的‘韵律’”[①]。

东亚比较文学的大家严绍璗在《日本古代短歌诗型中的汉文学形态》一文中指出：“在日语中，二音一义的情况占多数，这与古汉语的一音一义情况很不相同。按照语言常规，短歌诗行的音数应该趋向于偶数。但是，实际情况恰恰相反，短歌最终是以五音群和七音群构成基调，以奇数音组成韵律。在诗歌史上，多音节语言的诗以奇数组成诗行是不多见的。英语诗每句普通是八个音或十个音，法语诗可多至十二个音。然而，日语却以多音节语言在诗中构成奇数音律，这无疑是一种独特的形式。”[②]土田杏春也有着十分类似的看法，他在《文学之发生》一书中断言：“语音数定型之原因，必得归于汉诗之影响。在此之前，歌谣的长短句中，也不乏五音七音之例，但并未形成定型。（中略）以五音七音定型，无疑是受到中国五言诗的刺激，从而有意识地对其进行模仿的结果。”[③]

王勇认为五音七音是日本韵文——长歌、短歌、片歌、旋头歌、佛足石歌、催马乐、连歌、道行文、俳句、川柳、狂言等的基调，而所谓基调，与民族的生理节奏、语言的独特构造有着内在的必然联系，绝不会是模仿的结果。

和辻哲郎在《日本古代文学》中指出：“从日语的根本性质考虑，体会一下古代民谣中的自然韵动，不难发现长歌的格律确实有其必然性。即使是音数的问题，多元音、多缀的日语与多辅音、单缀的汉语，不可能担负同样的意义。在汉诗赋中，语言的声调、语音的抑扬成为格律的根本；而在日本歌中，则由音数与呼吸的关系取而代之。”[④]

非常有意思的是，日语中每个假名为一拍，和歌是由 31 个假名以五、七、五、七、七的排列构成的。那么，和歌的律句为什么不是“五五”排比或“七七”排比，而是“五七”和“七五”排比呢？对此，岩野泡鸣在《新体诗之作法》中说：

① 王勇：《和歌格律探源》，《日语学习与研究》1990 年第 3 期第 11 页。

② 严绍璗：《日本古代短歌诗型中的汉文学形态》，《北京大学学报》1982 年第 5 期第 69 页。

③ 转引自王勇：《和歌格律探源》，《日语学习与研究》1990 年第 3 期第 12 页。

④ 转引自王勇：《和歌格律探源》，《日语学习与研究》1990 年第 3 期第 12 页。

“七五调的成因之一，是因为它是十二音韵的一种，而日本人的音量一般以十二音时为极限。气息的定量与句调有极大关系。”[①]也就是说，日本人在自然状态下，一口气能发十二个音，将这十二个音分作五音七音或七音五音，便形成五七调式或七五调式。如此说来，我们在读紫式部的《源氏物语》原著文本时，和歌以外的散文部分也是极具韵律节奏的，只是散文的这种韵律节奏没有将视觉、听觉、意义断句的规整性这三者做出最佳统筹而已。换言之，和歌和散文的不同在于，和歌的五音、七音不但是视觉上的格式，还是听觉上的节奏，而这个节奏首先必须能表达一个以上的独立“意群”，其次必须是一个独立的韵律单位，即节奏内部不可以有明显的停顿，节奏之间必得有一定的休止。

“在《源氏物语》之前，和歌有两种显著的倾向：《万叶集》时期的和歌具有抒情诗的性质，其特点在于情感个性化、集中化，表现出内心世界的真实。它几乎不用第一人称的句子，不为技巧所拘，浑然造型，自成一种典雅雄浑的风格。经过一段‘国风黑暗时代（即，唐文化占绝对优势）’之后，以《古今集》的编纂为契机，和歌战胜汉诗，确立了其作为宫廷正统文学的地位。但和歌的风格却发生了潜移默化的改变，由于过分地崇尚和歌的创作技巧，和歌已经不能充分发挥抒情诗的效果了。此后的《伊势物语》被称之为‘歌物语’，和歌的功能进一步转变。《伊势物语》每篇都以‘从前有一个人’起笔，以和歌为中心，一面帮助表达思想，一面写出人世间的喜怒哀乐种种情景，和歌具有了强烈的叙事倾向——朝叙事诗方面发生了根本性的转变。”[②]

“在紫式部的《源氏物语》中，和歌兼具了抒情诗与叙事诗两种截然不同的文学功能。她用和歌的抒情诗特性去表现人物发自内心的主观世界，歌唱刹那的欢乐、悲哀、苦痛与眷恋，体现出了丰沛的浪漫主义情怀；与此同时，在唱和、赠答诗中，它又具有强烈的叙事功能，以浪漫的文学形式诉诸真实的情感交流。这应该是紫式部和歌的典型艺术风格。”[③]

紫式部在《源氏物语》创作中，之所以在散文的基础上又融合了韵文，一是要充分运用和歌兼具抒情诗与叙事诗的特性，在推进故事情节发展的同时渲染“物哀”的浪漫主义情绪；二是当时语言的内在因素从客观上令紫式部做出了这样的

① 转引自王勇：《和歌格律探源》，《日语学习与研究》1990 年第 3 期第 13 页。

② 姚继中：《〈源氏物语〉与中国传统文化》，中央编译出版社 2004 年，第 99 页。

③ 姚继中：《论〈源氏物语〉翻译验证研究——以紫式部原创和歌翻译为例》，《外国语文》2015 年第 1 期第 115 页。

选择。在《源氏物语》中，大凡是和歌的出现，绝不是刻意、生硬地将和歌作为装饰品而插入构文情节，是情到自然处极其自然地表现出了作品中人物的浪漫性叙事需要。和歌的使用与散文浑然一体，和歌烘托情绪，散文叙事催生和歌，两者的紧密结合充分展示了紫式部驾驭语言的非凡才能。

诚然，对当时的人来说，和歌与其说是我们现在所认识的"格律诗"的文学形态，倒不如说是一种洗练、高雅的对话形式，"特别是《源氏物语》中的和歌，这种倾向更为突出。和歌具有清晰明朗的五七音韵律，由和歌过渡到叙事散文，中间没有丝毫的不自然，这不能不说是非常特殊的表现技巧。特别要指出的是，通过对平安时代物语文学文本的研究，笔者发现，当时的韵文语汇与叙事文、会话文之间的差距，并不象后来的文言文与会话文那样有着泾渭分明的差距。用假名文字写成的文章，在当时具有与和歌相伴而生的倾向。因此，即便是叙事的散文，虽说没有定型的韵律，但发声朗读，依然有一种流畅的律动性。正是这语言上的内在因素，使散文与韵文在语言、语法、词汇、语言节奏上显示出了连贯性"①。

在和歌中恋歌所占比重很大，《古今和歌集》中约占 1/3，《新古今和歌集》中约占 1/4。这和日本的社会环境是分不开的。平安贵族在男女关系方面是比较开放的，贵族男女的社会交往比较活跃，女性可以在赛歌会上和男人一起纵情对歌，所以日本古代历史上得以女流歌人辈出。

日本平安时代的贵族们认为恋歌更富有妖艳的情趣，所以在赛歌会上多以恋歌为题。这也是恋歌多的一个原因。其实，在中国南朝出现的宫体诗因其辞藻靡丽，到唐代便被排挤抛弃，没有得到发展。唐诗中的宫怨诗和闺怨诗，严格地讲，不同于日本的恋歌。它由第三者主要是男人描述宫中或闺中少妇的哀怨之情，含蓄、委婉是它的主要特征。富士大学教授山口博在《中国闺怨诗对日本古代和歌的影响》②中列举了《玉台新咏》中的诗来证实南朝的宫体诗对和歌的影响。山口博认为南朝的梁、陈时代盛行的宫体诗，以色情生活为内容，辞藻华丽优美，这种繁缛纤细的艳诗，颇受日本贵族们的喜爱。自平安时代以来盛行的纤细优美的歌风，受了六朝诗的某些影响。更何况日本平安时代的婚姻制度是男人到妾方的家里去过夜。所以在和歌中的恋歌不少是写女人在等待男人来过夜，可是等到漏

① 姚继中：《〈源氏物语〉与中国传统文化》，中央编译出版社 2004 年，第 100 页。

② 山口博：《日本古代和歌に与えた中国閨怨詩の影響》，《日语学习与研究》1985 年第 6 期。

尽更残还不见男人到来，而伤心地倾诉自己的悲怨和思念之情，也可以说是日本式的闺怨歌。

除了以恋爱为咏题以外，和歌中有许多触景生情或寄物感怀的诗句，即抒写通过感官对客观事物所产生的感觉。在咏物写景的诗歌中通过视觉触发情思的诗句很多，内容繁不胜举。诗人赋予了它们人的主观情感，生活中的悲欢起伏都投射出诗人独特情感的影子。“花有泪”“秋虫泣”“小草不胜悲”，无情物变有情物，具有了灵动的人性情感，并随着人的悲欢起伏而变化。他们仿佛变成诗人的化身，呈现物我合一的境界。

日本江户时代的著名国文学家本居宣长，曾在他的《紫文要领》中对《源氏物语》的和歌做过这样的评价：

> 歌道の本意をしらんとならば、此の物語をよくよくみて其のあぢはひをさとるべし。又歌道の有りさまをしらんと思ふも、此の物語の有りさまをよくよく見てさとるべし。此の物語の外に歌道なく、歌道の外に此の物語なし。歌道と此の物語とは全く其のおもむき同じ事也。されば前に此の物語の事を論弁したるは即ち歌道の論としるべし。歌よむ人の心ばへは全く此の物語の心ばへなるべき事也。①

> 欲知歌道之本意，宜精读此物语，领悟其情味；且欲知歌道之风采，宜细观此物语之风采以领悟之。此物语之外则无歌道；歌道之外则无此物语。歌道与此物语其趣全同。盖夫论辩此物语之事之前，即当先知歌道之论。咏歌者之情趣，当全为此物语之情趣也。②

如果笔者没有理解错的话，本居宣长的这段论述告诉我们，《源氏物语》之所以能成为日本文学史上的顶峰，一是由于空前的艺术形式——散文与韵文（和歌）完美结合，二是紫式部的和歌创作技巧胜过了一切空洞的和歌创作理论。《源氏物语》中的795首原创和歌是《源氏物语》的重要组成部分，对其艺术风格的探讨研究，有助于对《源氏物语》整体的解读。

《源氏物语》本身不是一部和歌集，和歌在《源氏物语》中是分布于各回、以松散的形式服务于作品的整体。然而，我们切不可忽视的事实是，《源氏物语》中

① 本居宣长著，子安宣邦校注：『紫文要領』，岩波書店2010年，第162頁。

② 转引自曹顺庆主编：《东方文论选》，四川人民出版社1996年，第782页。

紫式部原创的和歌多达795首，从量上来看，已经相当于著名和歌集《古今和歌集》1110首的2/3以上。而和歌的内容，我们完全有可能仿照《古今和歌集》，将其梳理成春、夏、秋、冬、恋歌、离别、羁旅、庆贺、哀伤、述怀等部别。此外，还可根据和歌在作品中的功能，将其分为唱和、赠答、独吟三类，甚至还可以根据作品中吟咏和歌的人物、数量等进行分类。因此，倘若我们将《源氏物语》中的和歌专门汇成一部《〈源氏物语〉和歌集》，足以体现出紫式部原创和歌的诗学思想与文学审美观。

第一节　和歌在《源氏物语》中的文学布局与艺术张力

《源氏物语》共有出场人物497人，其中有117人有和歌，紫式部的795首原创和歌的分布情况是：光源氏221首、薰君57首、夕雾39首、浮舟26首、匂皇子24首、紫姬23首、明石姬22首、玉鬘20首、二女公子19首、头中将16首、柏木15首、大女公子13首、藤壶皇后12首、六条妃子11首、落叶公主10首、萤亲王10首、胧月夜9首、朱雀院8首、中将（小野妹尼女婿）8首、秋好皇后7首、朝颜7首、空蝉7首、三公主7首、小野妹尼7首、明石尼姑7首、云居雁7首、花散里6首、夕颜6首、源典侍6首、末摘花6首、藏人少将6首、明石道人5首、北山尼姑5首、红梅5首、八亲王5首。以上人物的和歌都是在5首以上，共35人662首和歌，占整个和歌总量的83.3%。其中光源氏一人共有和歌221首之多，占总和歌量的27.8%。在以上这35人中，最扎眼、最意外的人物是浮舟。浮舟没有显赫的身世，没有良好的学问修养，但她却成了《源氏物语》收官故事的中心人物。说实话，围绕浮舟的恋情描写并没有太过复杂的叙事结构，与前三十三回的故事形态相比较，不具有立体的复杂性，显得比较单一，而且她的恋情故事与现代人的恋情描写似乎十分相近，显示出很强的当代故事性。

从上面的数据我们可以看出，和歌的多寡除了取决于该人物在《源氏物语》中的贯穿程度之外，还取决于该人物在《源氏物语》中的故事性，比如浮舟。浮舟在整个《源氏物语》中的贯穿性并不高，但她的故事性很强，所以她的和歌多达26首，甚至超过了紫姬、明石姬、玉鬘、三公主等具有主角性质的人物。相反，空蝉、夕颜、朝颜、末摘花等人的和歌偏少，这也验证了武田宗俊认定的《源氏物语》不是单一线条的故事架构。武田宗俊将《源氏物语》分为三部，第一部前

33 回是由 A、B 两个系列拼合而成的。其中，第 1、5、7、8、9、10、11、12、13、14、17、18、19、20、21、32、33 回为 A 系列；第 2、3、4、6、15、16、22、23、24、25、26、27、28、29、30、31 回为 B 系列。武田宗俊认为 A 系列才是《源氏物语》最初的原始形态，B 系列是在 A 系列完成后插补进去的。其理论根据之一是，B 系列中出现的中心人物，如空蝉、夕颜、末摘花、玉鬘等，在 A 系列中完全未曾露面。武田宗俊认为这 A 系列与 B 系列之间并不是单纯的写作顺序的变更，连故事情节也互不相干。用一个很不恰当的比喻，B 系列中出现的如空蝉、夕颜、末摘花这些人物，就是"客串人物"，给物语增添了一些花边儿，故紫式部在她们身上赋予格调高雅的和歌明显着力不足。

从和歌在章回中的分布来看，在同一章回中有 10 首和歌以上的共计有 35 回："帚木" 24 首、"夕颜" 19 首、"若紫" 25 首、"末摘花" 14 首、"红叶贺" 17 首、"葵姬" 23 首、"杨桐" 33 首、"须磨" 48 首、"明石" 30 首、"航标" 17 首、"松风" 16 首、"薄云" 10 首、"朝颜" 12 首、"少女" 16 首、"玉鬘" 14 首、"蝴蝶" 14 首、"真木柱" 21 首、"梅枝" 11 首、"紫藤末叶" 20 首、"新菜" 24 首、"新菜续" 18 首、"柏木" 11 首、"夕雾" 26 首、"法事" 12 首、"遁入空门" 26 首、"竹河" 24 首、"桥姬" 13 首、"柯根" 21 首、"总角" 32 首、"早蕨" 15 首、"寄生" 24 首、"东亭" 11 首、"浮舟" 22 首、"蜉蝣" 11 首、"习字" 28 首。

从以上统计可以看出，"须磨" 最多，共计有和歌 48 首，排在第二位的是 "杨桐"，共计有和歌 33 首，排在第三位的是 "总角"，共计有和歌 32 首。

那么《源氏物语》中的和歌分布到底有什么特点呢？我们可以从以下几个方面来考察。

（1）人物的个性特征决定了是否吟咏和歌、吟咏多少和歌。"使用和歌较多的人物，首先是性格中具有鲜明的浪漫性；二是具有追求'雅'的审美情趣。《源氏物语》中的桐壶更衣、葵姬、红梅大将、髭黑大将等人，都是故事中的重要人物，但分布在这些人物身上的和歌却很少：桐壶更衣 1 首、葵姬 0 首、弘徽殿女御 0 首、髭黑大将 4 首。这些人的共同特点是缺少浪漫的性格特征，他们追求豪华的物质生活，但没有'雅'的情趣。桐壶更衣的恋情催人泪下，可她生性是一个逆来顺受的女性，柔弱的个性决定了她只需要男人务实的爱护，没有或者不顾上花前月下的浪漫。葵姬是光源氏的正夫人，在《源氏物语》中的重要性是不容置疑的，但她与光源氏之间并没有爱可言。是家庭地位不够显赫？否；是不够高贵漂亮吗？也不是！原因何在？借用光源氏的话说，'这个人气品高雅，毫无半点瑕疵，然而，过于端严庄重，似乎难以亲近，不免美中不足，实为遗憾'。

"葵姬出身名门贵族，父亲是当朝左大臣，显赫的身份地位反而令她的性格变得十分古板。她没有任何事情需要求人，更不曾在情感上给自己、给他人留下一点回旋的空间。正因为如此，她根本就没有做诗的情趣。《源氏物语》中有这样一段小插曲，说的是光源氏嘲笑没有写诗才能的末摘花开口就是'唐装'，并且写了一首'唐装唐装又唐装，反来复去咏唐装'，刻薄地把末摘花挖苦了一番。"①

至于弘徽殿女御，在《源氏物语》前半部分的故事情节中，主要是营造事端的起因、推动情节的演进的关键性的"链接"性质的人物，没有这个人物形象的存在，叙事的有机性将会变得十分低下。因此在这样一个人物身上，是难以以和歌吟咏、和歌唱和营造浪漫情怀的。不难看出，和歌与人物的关系，紫式部理应是经过精心设计的，至少说和歌的吟咏和分布是与人物的性格、情怀十分吻合，丝毫没有勉强或强加的违和感。此外，和歌吟咏、唱和除了必须具有做诗的浪漫情怀之外，还要与做诗的人物的才能相匹配。

（2）"故事人物在《源氏物语》中的叙事量越大，出现的频率越高，和歌的分布量就越大。如前所述，《源氏物语》的出场人物共有 497 人，但著名源学家铃木日出男教授在'《源氏物语》主要人物解说'中列出的主要人物共是 59 人。所谓主要人物，我的理解是有着围绕他们展开的故事。《源氏物语》795 首和歌的确是分布在 118 位人物身上，而这 59 个主要人物身上所分布的和歌量竟达 698 首，占总数的 88%，这充分说明和歌的分布与人物在故事中的叙事量的大小有着极大的关系。"②

（3）"光源氏这一个人物的和歌就多达 221 首，约占总数的 28%；薰君有和歌 57 首，占总数的 7%左右。这种和歌集中在个别人物身上的现象，除了上述 1、2 的原因之外，还跟故事的轴心有着密不可分的因果关系。《源氏物语》前四十一卷的故事轴心，是以光源氏为主线展开的，这就使光源氏与其他人物之间的关系，形成了以光源氏为中心的辐射状，即在光源氏来说，他的交际关系是'一对多'；相反，在其他任何一个与光源氏有故事的个人来说，其交际关系却是'一对一'的。《源氏物语》后十三卷中的薰君，与光源氏有着十分相似的情况，只是因为他

① 姚继中：《〈源氏物语〉与中国传统文化》，中央编译出版社 2004 年，第 105 页。
② 姚继中：《〈源氏物语〉与中国传统文化》，中央编译出版社 2004 年，第 106 页。

的‘一对多’的‘多’不及光源氏多，所以和歌的分布量次于光源氏。”①

（4）光源氏离开后的十三回，特别是“宇治十帖”中的和歌分布相对较为均衡，且数量占总和歌量的约 26%。作为译者，在翻译过程中能够深深地体会到这十三回具有三个特点：一是与前四十一回相比，故事情节的复杂性下了一个台阶，此前呈辐射性的叙事方式几乎变成了线性叙事。“源氏物语”是“源氏”的物语，自第四十二回开始，不再是“源氏”的物语，而是源氏后代的物语，故事的信息量陡然下降也是情理之中的事情。二是故事的舞台也发生了变化，原先的宫廷包括宫廷政治的舞台背景切换成了宇治山中，此前各种要素相互纠缠的故事情节基本上演变成了清晰的爱情描写。这些爱情描写被置于令人“欲断肠”的自然景致和佛教的因果之中，令读者无限感伤。三是恋爱的模式不同于此前似乎有着“游戏人生”的贵族情色行为，基本上有着接近现代人恋爱行为的一对一或三角恋的读者观感。以上这三个特点决定了和歌分布的相对均匀，咏物、咏景、咏情，感伤、感怀、独吟、唱和，在这十三回中随着故事情节的发展，恰到好处地烘托出了物我之间相互交融的情绪。

以上笔者从和歌在《源氏物语》中的分布做了分析，倘若从和歌表现形式来看的话，主要是以唱和、赠答、独吟三种形式加以呈现的。唱和歌主要是指处于同一场所的人物对话过程中吟诵的和歌，可以是一对一人，也可能是一对多人。如果这样定义的话，在《源氏物语》的 795 首和歌中，有 432 首属于唱和的范畴，占总比例的 55%左右。用于唱和的和歌有这样几个特点：会话性强；烘托情绪；推动故事的叙述。由于以上的特点，唱和的和歌具有明显的叙事性特征：

第三十四回“新菜”

唱：年月をなかに隔てて逢坂のさも塞きがたく落つる涙か

久别重逢犹相隔，
热泪纵横苦难抑。　　（光源氏・和歌 469）

和：涙のみ塞きとめがたきに清水にてゆき逢ふ道ははやく絶えにき

纵然难禁热泪涌，
心意已决岂可回？　　（胧月夜・和歌 470）

---

① 姚继中：《〈源氏物语〉与中国传统文化》，中央编译出版社 2004 年，第 107 页。

第十二回“须磨”

唱：初雁は恋しき人の列なれや旅の空飛ぶ声の悲しき

早雁飞过留余音，

依稀伊人信使来。（光源氏・和歌200）

和：かきつらね昔のことぞ思ほゆる雁はその世の友ならねども

归雁非是昨日羽，

缘何闻声思旧情？（良清・和歌201）

和：心から常世を捨てて鳴く雁を雲のよそにも思ひけるかな

不屑去来长征雁，

忽闻凄声自受伤。（惟光・和歌202）

和：常世出でて旅の空なる雁がねも列に遅れぬほどぞ慰む

大雁飞去皆成群，

万里旷野不孤单。（右近将监・和歌203）

光源氏曾因与右大臣之女胧月夜的私情而被迫流放到须磨。赦免回京后，他心中依然忘不了性格奔放的胧月夜，于是情不自禁地前去拜访。此时的胧月夜已是朱雀帝的尚侍，对源氏的到访百感交集，爱、恨、悔、憾之情同时袭上心头，以致六神无主，于是有了上例的唱和。不难看出，胧月夜的和答与源氏的吟唱显得不太情投意合，这正是当时两人不同心情的写照。第十二回“须磨”的唱和例，是光源氏因与胧月夜私通被迫流放后，在流放地须磨思念故乡的情景。光源氏某日走到望海的回廊上，伫立栏前，闲眺四周景色。隐约望去，空中一行大雁飞鸣而过，颇有寂寥之感。对此情景，光源氏不禁感慨垂泪，即景赋诗，以释心中的惆怅。随从们见到此情此景，一一和答，既表示对主人爱莫能助的怜爱之心，也表达了自己思念家人的望乡之情。

《源氏物语》中的赠答歌有时与唱和歌之间难以绝对区分，前面我们把唱和规定为处于同一场所的人物对话过程中吟诵的和歌，其特点近似于一种高雅的对话。其实赠答也同样可以是处在同一场所的人物之间的诗歌往来，可以有赠有答，也可以有赠无答。但大多情况下的赠答，主要用于并非处于同一场所、往往以书面形式相互赠送、应答的和歌。其中既有亲朋好友之间的相赠，亦有男女之间的情感沟通，更有用于约定俗成的礼仪的。如《源氏物语》中常见的男女共寝之后，次日早晨，男方必写信赠诗以示慰问，女方出于真情表达或礼貌写回信或赋诗应答。赠答诗的内容既有叙事——诉说心中的思念，亦有抒情——感叹四时变迁和景物交替。因此，与唱和诗相比，赠答诗既有叙事诗的特征，又有抒情诗的色彩，虽然缺少了会话性，但却增加了文学性。赠答诗在《源氏物语》中共有 259 首，占总比例 32%强。

独吟和歌在《源氏物语》中共有 104 首，占总比例的 13%左右。就比例而言，独吟少于唱和与赠答和歌，但独吟在《源氏物语》中具有十分重要的文学性与结构功能，这是独吟诗的抒情性特点所决定的。在《源氏物语》五十四回中，可称得上是压轴之作的除了“须磨”之外还有第四十一回“遁入空门”。这两个章回描写了光源氏人生中两个全然不可逆转的重大转折，但情感动因截然不同：“须磨”表达的是光源氏被流放时的离愁——在荒凉的海边，长夜、独宿、冷枕等集于一身的苦闷的内心世界；而“遁入空门”则是光源氏失去了紫姬后，深感人生无常，“尘世恍若瑞雪飘，光阴沉寂堪无聊”（光源氏・和歌 566）。光源氏悲伤凝重的心绪令读者心情无比沉重。是什么烘托出了离愁与悲伤的情绪呢？独吟和歌起到了任何文学形式都无法替代的渲染作用。“须磨”是《源氏物语》使用和歌最多的一个章回，共有和歌 48 首，其中独吟有 12 首。

故郷を峰の霞は隔つれど眺むる空は同じ雲居か

遥望故乡丛云隔，
纵然远去共此天。　　　（光源氏・和歌 188）

見るほどぞしばし慰むめぐりあはむ月の都は遥かなれども

思念归期未有期，
清辉月下惟太息。　　　（光源氏・和歌 204）

如果说独吟和歌最能表现人物内心的复杂情感的话，“遁入空门”中理应有更多的独吟诗，而事实正是如此。“遁入空门”中共有和歌 26 首，其中有 13 首是独吟。笔者在翻译过程中还发现，此回中的和歌与其他章回不同，最大的特点就是显得吟诗者在心绪上杂乱无章，而这杂乱无章恰恰是紫式部用以暗示主人公光源氏的烦乱心绪。

植ゑて見し花のあるじもなき宿に知らず顔にて来ゐる鴬

春院梅花开无主，
黄莺依旧鸣新枝。　　　（光源氏・和歌 567）

今はとて荒らしや果てむ亡き人の心とどめし春の垣根を

故人亲手插春园，

我将舍去任其荒！　　　（光源氏・和歌 568）

もろともにおきゐし菊の白露も一人袂にかかる秋かな

怀昔共护东篱菊，

哀今秋露湿单衣。　　　（光源氏・和歌 582）

大空をかよふ幻夢にだに見えこぬ魂の行方たづねよ

游魂萦心难入梦，

行空神明为我寻。　　　（光源氏・和歌 583）

无序的独吟，实际上是光源氏在号哭。冬去春来，明媚的春光与光源氏阴郁悲伤的心情形成了强烈的反差，他把自己锁闭在永无尽头的悲叹中，他呼唤紫姬归来，他号哭紫姬的离去。他再也找不到知音，只能孤独地回忆过去的美好时光。光源氏此时此刻的心情，紫式部是难以用语言表达的，她所能选择的最好的表现手法，那就是毫无秩序的独吟。

通常在《源氏物语》中，如果某一回中的和歌突然增多，这就代表了此时紫式部希望营造出一种特别的氛围，例如在我们之前就分析过的“须磨”中，和歌就营造出了一种特别的效果。在此过程中，和歌不但起到了营造氛围和情绪的效果，同时还起到了场景切换的作用，尤其是唱和、赠答的情况下，往往将情节推向下一个叙事单元。比如第五回“若紫”中光源氏与藤壶妃子的赠答便是如此。

源氏公子于信中道：“连她那幼稚的拙字，我甚至亦想看看。”言辞十分恳切。源氏公子照例在另一折叠成结的纸上写道：

“山中美景何不足？

竟让相思驻心头。”

老尼姑答诗到：

“明知日后终有悔，

不惜三辞浅薄人。”

惟光只得返回，具实禀告公子，道：“老尼姑言明病愈迁京之后，再议此事。”源氏公子听了，心中仍是惆怅不已。

恰在此时，藤壶妃子不幸生病，须得暂回三条院娘家调养，皇上为此甚是担忧。源氏公子见了，心中也觉不安。虽则如此，也想乘此时机，与藤壶妃子幽会，以致整日精神恍惚，疏懒了各处恋人。到了晚上，则去找那贴身侍女王命妇设法。王命妇也竭忠尽智，不辱使命，竟将两人拉拢来了。相会之时，两人如在梦境，心中不胜凄凉！藤壶妃子本已决定誓不再犯，孰料今日又受此际遇！她想起从前那些伤心之事，心有余悸，不禁黯然神伤，愁闷满怀！但此人素来腼腆敦厚，温柔多情，尽管暗里饮恨，外表却尽力克制，不失雍容高贵之态。源氏公子怪道："此人何以如此完美无缺呢？"惟愿天长地久，双栖黑夜之中。无奈春宵苦短，黎明在即，但双双只得依依惜别。真乃相见时难别亦难！于是公子吟道：

"相逢已是分别时，
冀望融身长梦里。"

藤壶妃子见他声泪俱下，不禁为之动容，答诗道：

"入得长梦纵难醒，
但忧声名太狼藉。"

其忧心忡忡之态，见之生怜。其时王命妇送来衣服，催公子早些动身。公子不忍多言，便回二条院去了。

此后，源氏公子茫然若失，足不出户，成天独自笼闭一室，忧思落泪。……[①]

从以上的例子可见，在短短一页的文本中，两次和歌赠答都为了切换情节。这种切换形式既显得自然，又使行文滋润，没有干涩粗糙之感。

诸如此类，和歌对《源氏物语》何等重要由此可见一斑。需要注意的是，独吟和歌与其他对话性的唱和、赠答和歌不同，独吟和歌强调了写歌人物的独立存在或情感上的孤寂，就好像没有赠歌或答歌者存在似的。在这种情况下，"别人"的存在感就被降到了几乎为零的地步。《源氏物语》中的独吟和歌在光源氏（52首）、薰君（19首）、浮舟（7首）身上最为集中。这三个角色的一生基本都是在孤独的寻找中度过的，而他们也一直因为自己的情感而倍受折磨。

和歌的翻译困惑

李树果在《和歌的修辞技巧与汉译问题》[②]一文中说：和歌是具有民族特色的

① 紫式部著，姚继中译：《源氏物语》，江苏人民出版社 2011 年，第 79 页。
② 李树果：《和歌的修辞技巧与汉译问题》，《日语学习与研究》1990 年第 3 期第 11 页。

语言艺术形式。在一千多年的发展过程中，在形体、音韵、修辞等方面，形成了自己独特的艺术风格。然而这些独特的艺术风格是很难用他国语言来代替和表达的。这就给和歌的翻译带来了非常棘手的问题。一般地讲，和歌的翻译只传其意而不能传其神。一首千古称颂的秀歌汉译后往往十分乏味，体现不了它的妙处。特别是着重语言技巧，专在修辞上见功夫的和歌，译出来往往是面目全非。因为被抽掉了它的艺术形式，只剩下其中的一点含意，而往往一首歌中的含意，又是微不足道的。为了保持和歌的原来面目，我们不仅要译其内容，也要适当表达它的艺术形式，即必须思想性和艺术性两者兼顾。由于两国的语言结构不同，和歌五、七、五、七、七的固定格式不能原样移植，不妨可用我国的五言四句、七言两句或其他自由诗的形式来翻译。但和歌工于修辞技巧的特色便消失殆尽。

无论在《源氏物语》古文文本中，还是被译成现代日语的文本中，离开了敬语便有不成其文的感觉。另外，和歌虽然工于修辞，由于它的篇幅很小，不足以在词句中使用表达敬语的助动词等，这给翻译还是带来了极大的便利。其实，在平安的宫廷文化中，和歌几乎没有敬语，这说明日本的诗歌的语言是相对自由的，它不用考虑更多有关阶层与地位这方面的影响。而在中文的诗歌中，读者很多时候都能很清楚地分辨出有关"男性"与"公众"的元素。相比之下，日本的和歌确实是唯一一种不带阶级性的语言体系，和歌使得两个在其他情形下无法交流的人得以毫不介意相互的身份而随意交流。在《源氏物语》中大部分的和歌都与恋爱相关，但恋爱双方的身份地位有时是很悬殊的。即便如此，一对恋人通过相互赠答和歌，可以完全忘记各自的等级、身份，这似乎使得和歌变成了一种完美的通向爱情的语言。

平安时代的宫廷贵族、文人墨客对和歌的认知并不等同于现今我们对和歌的认知，它没有我们现今读古文、用古文写古体诗这样的概念，它仅仅是一种洗练的言语表达。也就是说，写和歌对当时的公卿、贵族等有着一定文学修养的人们来说，并不是一件非常困难的事情。因此，一般有学问的人姑且不说，公卿、贵族中出色的歌人能够在适宜的场合即兴、完美地写出相应的和歌来，应该不是什么值得大惊小怪的事情。

言归正传，《源氏物语》中 795 首原创和歌，就整体而言还是显得比较单调的，其主要原因是其中的和歌不像和歌集的和歌那样成其为一首独立的诗歌，它需要服务于故事情节和人物的情感诉求。独立性的缺乏，导致和歌意境的完整性受到伤害，很多情况下更谈不上有什么主题。但既然写出一首和歌，就必定有着想通过这首和歌表达的意趣。和歌的意趣就是作者写和歌的目的，作者想表达的情感是和歌的灵魂。因此，对于和歌的翻译，发掘字面背后的作者的本意尤为重要。这就要求译者不但能够进入和歌的语言文化语境，还要进入原作者的精神境界。这种双重的历史视角往往会给译者带来巨大的挑战，很多时候为了成全一方，必会以牺牲另一方为代价。

既然严绍璗认为和歌的形成与定型深受汉诗的影响，那么和歌和汉诗在修辞方法上有着相似之处就不足为奇。日本古和歌中有枕词和序词的修辞技巧。它们来自上古歌谣，枕词是冠在某些词前边的特定的修饰词。序词的用法与枕词相似，是可以即兴创造的修饰词，分假意和谐音两种。假意的序词颇似我国《诗经》中“兴”的手法，即托物起兴，先从别的事物写起，再引到所写的主要对象，有引起联想、烘托、渲染气氛的作用。在笔者看来，《源氏物语》中的和歌被翻译成中文的过程中，译者其实是无力过多地考虑到和歌中的枕词和序词的修辞性的，更多的思考集中在如何在译文中能比较完美地将这首和歌的意趣表达出来。因为枕词多数情况下是五个假名，亦有三个、四个假名的情况，它几乎与主题没有太多关联。如果照实翻译，它不单是一两个汉字无法表达的特定内容，还会在译文诗句中显得缺少关联性。可是不译出，不但失去了和歌特有的修辞特征，同时也失去了日本文化中某些特有的隐性寄托要素。在两难中，译者首选的是和歌的整体意境的表达。至于序词，或许《源氏物语》因为是物语小说，它有足够的篇幅在和歌前后的叙事文中做背景铺垫，所以在和歌内部出现冗长序词的情况不多见。正因为如此，序词的问题并不对翻译构成特别的困惑。

其实，中国唐五代文学作品的显著的特征之一，就是装饰性词语的使用。举例来说，体现为身体装饰、服饰的词语比比皆是，如蛾眉、绣襦、金钿、翠翘等；体现为与人物直接相关的器具、用品的，如鸳被、绣衾、鸳枕、鸾镜、罗扇、银釭、兰烛、红烛等；体现为居室环境的，如画屏、绣帐、罗幕、珠帘、珠箔、画堂、画梁、琐窗、朱户、绣户等；体现为整体环境的，如画楼、画阁、画船、兰桡、锦帆等。这些元素都以明丽的色彩和图案，使人产生强烈的视觉印象。试想，如果将这些工于装饰的词汇翻译成外文，又有谁能原汁原味地翻译出来呢？

我们通常把和歌当作一种特殊的语言体系，它有特殊的规则与约束，使得和歌与普通的语言相比显得大不相同。那么，在日语的语境之下，和歌的规则又是什么呢？一首和歌 31 个音节，没有押韵，也没有词语重音，日语这种语言创造出了一种特殊的、让人感到惊喜的同时也很难把握的诗歌形式。和歌虽然没有押韵和词语重音，但和歌中的节奏却是和歌听觉美的重要体现。中国读者熟悉的五言、七言除了有平仄、抑扬顿挫的节奏之外，还有句、行的视觉感，但在日本的和歌中没有明显的几行几行的概念。事实上，所谓的和歌在本质上就只有一行而已。这一点至关重要，因为通常中文翻译版本为了符合中国人对诗歌的阅读习惯，都会将一首和歌要么翻译成一首五言绝句，要么是七言两句或者七言绝句。

仔细分析《源氏物语》的古文文本，你会发现和歌与散文的本质差别，就在于和歌其实就是将一句话努力变形、转化，使它拥有了固定的长短、断句以及由此而产生的意群与意群之间的逻辑空间。换言之，是将散文语言通过音律、修辞、语法、听觉、视觉等方面的综合推敲思考，以形成一种新的审美感受，并加以固化凝练的结晶。

《源氏物语》中的和歌从某种意义上说是不完整的叙述单位，总是需要有前后文来作补充说明。且和歌就是一行文字，所以在和歌中没有并列结构也几乎没有刻意的平行结构。在和歌中我们常常能看到的是一种复杂的类似于文字游戏的，包括双关语、倒装以及通过一行文字让读者联想到一幅繁复图像的修辞技巧。《源氏物语》中的和歌有着不同于《古今和歌集》等歌集的特点，那就是它本身具有鲜明的叙事性。虽然它不能构成独立、完整的叙述单位，但与会话文、散文之间除了在韵律节奏、修辞结构上有不同之外，并没有意义通融和文体上的不和谐。它几乎就是会话中最为典雅的表达形式，具有非常明确的叙事特征。正是因为它的叙事特征，决定了它的叙事结构基本上呈单一线型。所谓单一线型叙事结构，是指它的韵律形式与叙述形式稍欠张力，是非对称的、圆柔的但却富有一定的变化的线性律动。这与中国唐代的绝句有着十分相似的美学效果。

提到唐代绝句，刘承华曾在《潇洒与飘逸的极致——对绝句艺术的美学分析》中对唐代绝句做过专门的分析，他认为唐绝句的叙事结构与律诗的网状结构不同，呈线型结构，“绝句的单线性决定了它不适合对事物的形象精雕细刻，而是转而对它的精神、气质进行简洁、传神的描写，具有强烈的抒情性和音乐性。这种描写是比较概括、比较抽象、比较疏宕、比较随意的”①。笔者在此不去证明紫式部的和歌风格与唐绝句之间的关联，仅就现实性而言，《源氏物语》中的和歌在叙事结构上与唐绝句有着十分相似的美学特征，这为我们的和歌翻译提供了灵感。当然，

① 刘承华：《潇洒与飘逸的极致——对绝句艺术的美学分析》，见王杰主编：《东方丛刊》第二辑，广西师范大学出版社 1998 年，第 204 页。

这种现实性不仅仅局限在与绝句相似的叙事结构上，与中国古诗词之间还有着其他诸多相似，比如含蓄隽永、凝练质朴。因此，在翻译和歌时，可以利用两者之间的通融，传神地刻画出和歌的意境。在实际的翻译过程中，可以适度摆脱原作语言意象形式的束缚，突显原诗的神貌，创造性地易化表面形象，以营造出简约、唯美的诗歌境界。

仅就译者的翻译体会而言，我们不能否认紫式部的原创和歌在文学史上的贡献，也不可否认紫式部在和歌创作上的高超造诣，但我们断不可能用中国古代汉诗的文学性来衡量它！在平安时代，汉诗、汉文仅为宫廷贵族以及男子们欣赏使用，当时的女流作家主要以假名写作。汉诗、汉文与假名文字创作的最大区别就在于，前者一字千金，注重意境、注重哲学性、注重诗言志，而后者仅偏重于细腻的心情倾诉。因此，无论紫式部的才情何等超群，用假名文字创作的和歌是无法与汉诗相提并论的。它没有汉诗气势磅礴的大气，没有汉诗深邃的意境，它所拥有的只是细腻的内心描写。因此，在《源氏物语》的翻译过程中，如果用五言、七言那般工整、大气的汉诗形式翻译紫式部的原创和歌的话，势必过分“抬举”了紫式部、“抬举”了《源氏物语》的文学性。《源氏物语》的和歌的确美，但是其美的气度——意蕴美、音韵美、形象美等等，断断是无法与中国的唐诗比肩的。

第二节　中文经典译本的随机翻译验证

如前所述，和歌翻译实在无法兼顾到“信、达、雅”，当然不排除在某些学术研究中相关学者的确有可能把一些特定的例子翻译得很好。可是《源氏物语》中不包括引用和歌，单是原创和歌就有 795 首之巨，且要考虑到整体的文学性和故事性的有机结合，所以它绝不同于一般独立的和歌的翻译。即便是日本学者所做的《源氏物语》现代日语翻译文本中，造诣深厚的翻译者们也只能是保留和歌原本的形式，再通过注释的形式让读者去理解和歌的意义。因此，我们在翻译成中文时，断无法既保留和歌的原始形式，又能准确达意，所做的最大努力是通过汉诗将这些和歌的作者赋意准确表达出来，与和歌的结构、韵律、修辞性相比，优先考虑其表意的文学性，以适应中国读者的接受心理。

至于散落在《源氏物语》中的大量的引用和歌，这些早期和歌只是作为某种典故引用了其中的词句，并未引出完整的原文和歌，加之数量多、难度大，大多以意译来支撑叙事文。所以在翻译时通常在正文中只译出了借喻的一句，而后在注释中译出了原和歌全诗。

在此不得不稍加赘述的是，在《源氏物语》的现代日语翻译文本中，原著古文文本的和歌形式大部分时候都被译者保留了（不同的现代日语译者的处理方法不尽相同）。虽然这些和歌对于现代日本人来说仍旧很有难度，需要学者用相对应的白话文注解来进行解读，但是译者如果想要完全将古典和歌翻译成现代白话文，会因此破坏掉它在结构、修辞、韵律上的美感。所以现代日语的翻译者们大多时候还是保留了和歌的形式，通过注解让现代的读者们能够更方便地理解和歌的美。但我们在翻译成中文时却没有这么幸运，即便是从文化交流史的角度审视，中日两国之间虽然有着很多的亲缘关系，我们仍然没有办法在汉语中保留和歌的原始形式，只能尽最大的努力来翻译这些和歌所表达的意境。

在英文的三种翻译译本中，Waley 基本上只是简单地依靠双引号来区分和歌与描述性语言，这使得在 Waley 的版本中，和歌与人物间的对话因为都用到了双引号，所以没什么分别。而 Waley 本人似乎对自己没有能够在译文中区分这两者的区别并不十分在意。或许 Waley 在当初翻译《源氏物语》时根本没有意识到和歌的特殊形式，只是简单地用英文改写了和歌的意思而已。Seidensticker 的译本中大量使用了双句（包括两个相连的诗行的一种诗的单位，通常押韵并具有同样的格律，经常组成一个完整的意思和句法单位），但是很不幸的是，由于在双句中需要特殊的写作技巧以及必须押韵，这都是和歌中所没有的，故而 Seidensticker 翻译出来的和歌总是显得相对单调乏味。Tyler 在他的翻译中也采用了双句手法，但是与此同时，他严格地按照和歌的音节模式，在英文译本中也采用了五、七、五、七、七这样的音节顺序，这使得他的译本很多时候在长度上要远远超过日文原文，但是在“信、达、雅”以及形式的对称等效果上却是出奇的好。其实，我们中国译者碰到的问题的难度并不比英文译者少。通常在翻译和歌时，既有同时使用五言、七言的，也有统一使用七言的，还有使用散文诗进行翻译的，而林文月更是自创了“楚歌体”翻译《源氏物语》中的和歌。这些翻译方式基本上符合中国读者对古典小说中的诗歌的认知，同时也符合中国读者阅读古典小说的习惯。但我们切不可以因为中国读者轻易的认同感，便忽视其中隐含的许多重大的翻译失真问题。

对于《源氏物语》中的和歌翻译，丰子恺译本分别采用了七言两句、五言绝句、七言绝句三种形式翻译。其中，584 首和歌翻译成七言两句，占 73%；205 首和歌翻译成五言绝句，占 26%；6 首和歌翻译成七言绝句，不足 1%。至于何时采用七言两句、何时采用五言绝句或七言绝句我们不得而知，但可以基本判断丰子恺是根据原诗意义容量的大小与译文诗句的容量作出的自主判断。丰子恺曾在《我译〈源氏物语〉》[①]中说道："在短歌中，此种例子不胜枚举，我都无法对付，真是一种遗憾。为了避免注解的杀风景，我有时不拘泥短歌中的字义，而另用一种适当的中国文来表达原诗的神趣。这尝试是否成功，在我心中还是一个问题。"丰子恺的译文追求的是和歌的神趣，也就是说，当他无法从物质外形上体现和歌原有的韵律节奏和音乐美感时，他力求做到的是让和歌翻译后形成的感觉类似中国明清章回小说。因为明清章回小说的读者或许能够感受到非常接近当时日本读者阅读《源氏物语》的感觉。出于这样的判断，丰子恺使用五言、七言翻译出来的和歌，在节拍上仍然与原著和歌给予读者的趣味有着共同之处，加之中国自唐代变文、传奇以来，人们已经非常习惯散文+韵文的故事体裁，所以丰子恺的和歌译文在《源氏物语》中文译本中不仅没有破坏它的整体性，反而因为它符合本民族的文化接受心理，使它的抒情性变得尤其突出。况且，《源氏物语》的和歌要满足叙事的需要，同时又受制于它的形式短小，因此它的叙事特征体现在概括、象征、疏宕、随意上，这与唐绝句在技巧上颇有相似之处。试看以下一组和歌的翻译：

秋風にしばしとまらぬ露の世をたれか草葉のうへとのみ見む

风中秋露易消逝，
人生苦短如秋霜。　　（明石皇后・和歌558）

身に近く秋や来ぬらむ見るままに青葉の山も移ろひにけり

红叶点点出绿树，
衰秋日渐侵我身。　　（紫姬・和歌473）

久方の光に近き名のみして朝夕霧も晴れぬ山里

空有佳名寒宫桂，
朝雾夕雨漫山乡。　　（光源氏・和歌295）

唐衣また唐衣唐衣かへすがへすも唐衣なる

唐装唐装还唐装，
反来复去写唐装。　　（光源氏・和歌396）

上述第一首和歌，明石皇后以"秋雾"兴起情思，叹人世间万物无常，人亦

① 丰子恺：《我译〈源氏物语〉》，1962年，出处不详，中国知网可检索。

不例外。第二首和歌是光源氏娶三公主为妻，紫姬深感自己在光源氏心目中的地位会从此减弱。此处“红叶点点出绿树”中的“红叶”并不是指枫叶，而是指秋天山中的树叶被霜打后逐渐发红、枯落前的颜色；“衰秋”的“秋”字在日文中与「厭き」同音，因此和歌原文中是一语双关。显然，这首和歌是以象征的手法暗示了紫姬心中的忧虑。第三首和歌的时空跨度比较大，前一句显示出一种空灵的美，而后一句是写眼前的实景。虽然只有两句，但疏宕有致，读者不至于产生紧迫感、压抑感。第四首和歌有着很大的随意性，近似于打油诗，有一种调侃、诙谐的情趣。不难看出，这些诗在内容上虽然各有不同的情趣，但在叙事结构上是一致的，即单线型的。前后句之间，无论在形式上还是在内容上，没有立体的或者网状的结构关系，交流过程中不会形成理解上的阻隔。

使用五言、七言翻译和歌实际上还是存在着若干问题的。首先，在中国的古代诗学认知中，五言和七言不仅仅是字数的不同，更是古诗体裁的不同。分别使用五言绝句、七言两句、七言绝句翻译和歌，势必会令中国的读者误以为原著中的诗本身就存在不同的体裁。其次，日语和歌 31 个假名不等于 31 个汉字，一个假名基本上没有独立的意义，其基本结构的五、七、五、七、七形成的是 5 个以上的意群，而汉诗的五言绝句以 2/3 的节奏，至少形成 8 个意群，七言两句以 2/2/3 的节奏单位，形成 6 个意群。此外，日语的每一个假名在音律中为 1 拍，因此和歌的 31 个假名为 31 拍。而汉字的律拍为每个汉字 2 拍，推算起来，七言的 14 个汉字为 28 拍，与和歌的 31 拍比较接近。若是五言绝句，共有 20 个汉字 40 拍，比和歌的 31 拍多出许多，且信息容量多达 8 个意群。由此可见，无论使用五言绝句还是使用七言两句来翻译和歌，之间都存在着结构上不对等的问题。七言在音律长度上优于五言绝句，但在意义表达上很可能容纳不了和歌所要表达的全部意思，因此使用七言翻译和歌，就会出现多于五言绝句的意译现象。而五言绝句不仅音律长度上大于和歌，意义容量上也大于和歌。五言绝句是律诗，不能随意增减字数，为了适应格律的需求，很多和歌在使用五言绝句翻译时，无疑会添译一些和歌中原本没有的“内容”以适应律诗的结构需要，但这些“内容”往往不会脱离和歌原意太远。至于七言绝句，仅有 6 首，就算是个例外，不去追究。最后，和歌虽然有着较为严谨的格式和修辞，但就其能够表达出的思想内容而言，仍然比较单调浅显，而汉语的五言、七言格律严谨，汉字意义深邃，如果译者果真能以五言、七言诗的格律要求翻译出和歌，这会在很大程度上提升《源氏物语》在中国读者心目中的文学地位。事实上，《源氏物语》中文译本文学性远远优于原著，笔者的这一观点或许不能得到广泛的认同，但有一个事实是不可否认的，这就是中国当今的译者以中国非常优秀的明清章回小说的语体，翻译了千余年前世界文学史上的第一部长篇小说，这是一个壮举。

此前已有所论述，和歌的修辞法是十分重要的艺术风格，它不仅充分展示了平安时代日本传统语言中很多的修辞特征，而且对外来文化的汉文修辞法也融合得十分娴熟。这些非常宝贵的艺术风格虽然在翻译时不忍割舍，但却真的无能为力。

林文月译本的和歌翻译是以自创的“楚歌体”来实现的。林文月在修订版序言中说：“全书中共出现的七百九十五首和歌，避免采用白话诗的译法，而自创三行、首尾句押韵的类似楚歌体形式。”①

林文月的和歌翻译在《源氏物语》中译本中应该是独树一帜的，尤其是中国古代韵文中的助词“兮”的使用，凸显了和歌特有的「もののあはれ」的感物兴叹情绪，出声吟诵，别有情趣。林文月的和歌翻译非常具有研究价值。首先，和歌用以表达「もののあはれ」并没有固定的用词和格式，枕词、序词、语气词等用于表达感物兴叹的修辞手段灵活多变。而林文月在“楚歌体”第一句与第三句中使用了感叹词“兮”，反而使译文的内部结构固定化，和歌本身的审美张力与审美表现的自由度受到了极度限制。换言之，和歌的情趣与想象空间变得很狭窄。其次，如同五言绝句那样，林文月的“楚歌体”共计 22 个汉字，除去第一句与第三句中使用的感叹词“兮”之外，仍有 20 个实字，从音律长度来看，22 个字相当于 44 个假名的音长，比和歌多出 13 拍的长度。另外，“楚歌体”至少由 8 个意群组成，很多情况下需要添加一些“虚”的成分才能满足“楚歌体”的结构要求。诸如此类，在此后的翻译验证过程中，我们会发现种种此前未曾意识到的现象。

如前所述，《源氏物语》中的和歌很多情况下并不能作为一首意义独立的诗而存在，需要与上下文配合或者与其他和歌呼应才能表现出完整的意思。当然，这并不意味着和歌因表现力上的缺陷不能表达完整的意思，而是说紫式部在《源氏物语》中正是通过这种特殊的文章手法，使和歌变得似朦胧却丰满并充满了特殊的意境。因此，当翻译时，如果将其内部结构加以固化，并形成一首在意思上独立的汉诗的话，有时反而会损伤紫式部的“故意”，以及描写特定话语形式所产生的意境。

“楚歌体”和歌翻译是林文月为和歌的汉译所做的贡献，是一种极具创意的翻

① 紫式部著，林文月译：《源氏物语》修订版序言，译林出版社 2011 年，第 24 页。

译创造，不仅中国读者感谢林文月的用心，日本的学者也不能无视《源氏物语》在外译过程中产生的文化变异。林文月的“楚歌体”和歌翻译高雅端庄，但镶嵌在相当口语化的叙事文之间似乎有欠协调。此种感觉乃部分读者一家之言，并不损伤林文月为和歌的汉译所做出的巨大文化贡献。

至于笔者的翻译，承袭丰子恺的翻译方式，初版分别以五言、七言译出了《源氏物语》中的795首和歌。其原因之一，丰子恺所译的《源氏物语》自1980年由人民文学出版社出版以来，在中国已经形成了巨大的影响。这种影响不仅遍及广大的读者，更在日本文学与中日比较文学界形成了根深蒂固的影响因子。所谓根深蒂固的影响因子，实际上是《源氏物语》这部作品在中国人脑海中的固化现象。只要说到《源氏物语》，就一定是丰子恺翻译文本的文学形态。这不仅体现在作品体裁上，更涉及作品中的大量名词，包括章回名、人名、物品名、年中行事的称谓等等。这对重译者来说，有些是不能轻易改动的，否则会引起同一语言区域的读者的阅读混乱。此处使用“同一语言区域”，是指已经产生了阅读固化的语言地区。比如林文月的译本当初没有在中国大陆地区发行，其中大量与丰子恺不同的名词翻译就不会在大陆地区与丰子恺译本混淆。原因之二，与《源氏物语》最为接近的中国古代小说文体就是唐代的变文、传奇，后逐渐演变成明清白话文的章回小说，这是中国当代读者最为亲近的古典小说形式。因此，韵文部分除了五言、七言之外，别无选择。除非像林文月那样创造出某种诗歌体裁。当然不是说中国古代除了五言、七言之外别无其他诗歌体裁可用，只是说翻译用的诗歌体裁既要兼有古风，又要符合当代读者对古典小说的阅读习惯和喜好。

然而，笔者总觉得分别以五言、七言翻译《源氏物语》的和歌，容易给中国读者形成《源氏物语》原著文本中的和歌原本就有不同体裁的错觉，因此2009年笔者又历时一年零九个月，将初版中译成五言的和歌统一重译成了七言两句，并由江苏人民出版社在2011年出版，此后重庆出版社也于2015年出版了修订版。

丰子恺、林文月、姚继中所译和歌验证

理论上的论述需要以事实为依据，在此我们不妨对丰子恺、林文月、姚继中所译的紫式部原创和歌做一些实际验证，从而可以看清中文译本中和歌的实际翻译状况。

如前所述，和歌几乎就是叙事文中最为典雅的表达形式，具有非常明确的叙事性。其叙事性决定了它的叙事结构基本上呈单线型，且没有明显的几行诗句这

种概念。事实上，所谓的和歌在本质上就只有一行而已。根据这一特征，我们在做验证时，姑且不把它作为一首诗来翻译，以免陷入诗歌框架的藩篱而对其意义进行取舍。我们索性先将其意思用一句话准确翻译出来，以形式的自由换取意义的更为准确。当得到一个意义更为准确的译文后，我们分别再对照丰子恺、林文月、姚继中的和歌译文，从而可以验证三者所翻译的和歌的实际状况。

在此需要说明的有两个问题，一是用于验证的和歌的选择问题，二是翻译验证所涉及的和歌本身的问题。在和歌的选择上，按理应该以随机选择最为合理，但这是一个无法见证的事情。为了防止任意性选择导致学术性的缺失，所以在此避免此前的用例过于集中在《源氏物语》前半部分的状况，故选择了《源氏物语》后半部分的“宇治十帖”中最后的女主人公浮舟的全部26首和歌作为翻译验证的对象。其实26首和歌依次做验证已是烦琐，但若在26首中再做选择，依然会使学术性受到质疑。为此不惧烦琐，拟对26首和歌逐次对比验证。至于和歌本身的问题，在此我们做所的和歌翻译验证主要是翻译达意验证，正如前面所说，和歌的修辞表达在翻译过程中难以再现，因此，在此没有必要一一做出解释。

为了提高验证的学术可靠性，日语原文部分除了使用了日本小学馆1981年出版的由阿部秋生、秋山虔、今井源卫校注・翻译的《日本古典文学全集》12—17卷《源氏物语》的古文文本、现代日语翻译文本之外，同时列出了日本讲谈社2002年出版发行的由濑户内寂听用现代日语翻译的《源氏物语》和歌文本。此外，丰子恺译文出自2001年人民文学出版社出版的版本、林文月译文出自2011年译林出版社出版的版本、姚继中译文出自2011年江苏人民出版社出版的版本。

需要特别说明的是，此验证研究纯属于学术活动，不对任何译本做出优劣评价。此外，译文验证中对和歌前后意境的描述，均出自2011年江苏人民出版社出版的姚继中译本。

【和歌727】

原　作：ひたぶるにうれしからまし世の中にあらぬ所と思はましかば

口語訳：（1）もしここがこの憂き世とは別の世界と思うことができますものなら、一途に うれしかろうと存じますものを　（小学館）

（2）もしここが憂き世でない別世界であったなら、もっともっと何もかも忘れて嬉しいことでしょうに　（瀬戸内寂聴）

【话说诗意】

“倘若此处非坎坷尘世的另一个世界，能忘却一切那该多好啊。”

丰子恺译：但得远离浮世苦，
　　　　　身心安乐永无愁。

林文月译：世事烦兮冀逍遥，
　　　　　结庐人境犹远俗，
　　　　　心实向往兮慰寂寥。

姚继中译：倘若此间非红尘，
　　　　　定可远离浮世苦。

【译文验证】

和歌727是浮舟给母亲的答诗。一日，浮舟母亲遣人给浮舟送来一封信，殷切问候。浮舟念及母亲用心良苦，而自己却屡遭不幸，不觉伤心至极。浮舟母亲信中写道：“独处异地孤寂难耐，实在是委屈我儿了！”浮舟回复母亲道：“请母亲切勿挂怀，女儿已习惯此处境遇，不曾觉得孤寂。赠诗道：倘若此间非红尘，定可远离浮世苦。”此诗流露稚气，浮舟母亲看了不觉流泪，想起女儿这般不幸，竟落得无处安身，的确可悲可怜。遂答诗道：“但愿寻得无愁世，以求富泰降儿身。”如此率直之诗相与赠答，母女俩聊以慰藉。

且看丰子恺的翻译，基本上是符合上下文意境的意译，既贴切原诗的意思，又与原诗的词句之间有着若即若离的感觉。相比较之下，姚继中的翻译与原诗的词句看似比较吻合，但细看之下，第二句中的“定可”二字的使用，使原诗中感慨、感叹的语气未能表达出来，这应该是该诗翻译的败笔之处。

林文月翻译的第一句“世事烦兮冀逍遥”中的“冀”为“企图、希望”之义，“冀逍遥”可理解为“希望悠然自得、安闲自在”，表面上看似乎与原诗意思契合，但不是此时此刻浮舟的心境，反映不出悲苦的境况。第二句“结庐人境犹远俗”中的“庐”字，通常指古代平民一家在郊野所占的房地，引申指季节性临时寄居或休憩所用的简易房舍。词句与原诗的距离较远。第三句“心实向往兮慰寂寥”中的“心实向往”的意思不甚明了。

【和歌 734】

原　作:まだ古りぬ物にはあれど君がため深き心に待つと知らなむ

口語訳:(1)まだ古木の松ではございませんが、若君の御ために千代の御栄えをお祈りして、真っ先にさしあげます深い志をお分かりくださいまし　(小学館)

(2)まだ古木ではないが、若君のおんために千代八千代の御栄え心よりお待ちしている松の木と御覧のほどを(瀬戸内寂聴)

【话说诗意】

"虽然尚未长成古木苍松,但我亦期盼小公子千秋荣华、万代兴盛。"

丰子恺译：松枝虽幼前程远，
敬祝贤郎福寿长。

林文月译：枝犹稚兮未称老，
为君呈献贺千年，
松柏长寿兮谨祝祷。

姚继中译：幼松前程无限量，
谨祝福寿伴贤郎。

【译文验证】

和歌 734 是浮舟写给二女公子的信中，为匂亲王与二女公子的儿子——小公子贺新岁的一首诗，并且还随信附卯槌一柄，作为礼物赠与小公子辟邪（卯槌是用桃木或玉、犀角、象牙制成的小槌，用五色丝线装饰，正月里第一个卯日用以辟邪）。

此诗中用“古木苍松”比喻小公子，丰子恺译成“松枝虽幼”，姚继中直接译成“幼松”。“松枝虽幼”不是一个名词，是一个短语，虽然意思与原诗不背离，但不如用比喻的代名词“幼松”更为妥帖。两者诗中都使用了“贤郎”一词，对一个幼童小公子使用这个词，似乎有些过于看重的感觉。但从浮舟此时的境遇来看，浮舟的自谦是可以理解的。

因为这首诗的内容过于简单，而林文月的翻译又必须满足其“楚辞体”的格式，所以填词的时候就比较费劲。比如“枝犹稚兮未称老”中的“未称老”似乎显得比较勉强，吟咏的对象毕竟是个孩童。第二句“为君呈献贺千年”中的“呈献”通常是一个需要带宾语的动词，如果没有前后文做背景，仅此诗句而言，多少有些语焉不详。第三句“松柏长寿兮谨祝祷”，中国人喜欢松、柏合称为“松柏”，但《源氏物语》中松与柏各有指代，几乎没有合称的用例。

【和歌 736】

原　作:心をば嘆かざらまし命のみ定めなき世と思はましかば

口語訳:(1)人の心の定めなさを嘆かないでもいられましょうものを。この世で不定なのは命だけなのだと考えてよいのでしたら　（小学館）

(2)変わり易い男の心を嘆くことはないのです、この世の中で定めないのは人の命のはかなさだと思ってしまうなら（瀬戸内寂聴）

【话说诗意】

“且不叹人心易变，即便人生在世亦是短暂莫测。”

丰子恺译：如若无常惟寿命，
世间不必叹人心。

林文月译：叹浮世兮不可期，
岂唯生命无所定，
吉士之心兮诚足悲。

姚继中译：大限原本不足惜，
君心不定尤堪悲。

【译文验证】

和歌 736 是浮舟和答匂亲王“纵然盟得千春誓，人生亦有大限时”的一首诗，原本说男人朝三暮四易变心，她自己却命运坎坷叵耐。

由此可见，丰子恺、姚继中翻译这首和歌只是在修辞上做了一个倒装句，以加强浮舟对男人不信任的语气。笔者以为基本上做到了信、达、雅。

林文月的“叹浮世兮不可期”应指的是“人生短暂莫测”，第二句“岂唯生命无所定”作为过渡句，在句中起作用的应该是“岂唯”二字，“生命无所定”与“浮世兮不可期”意思相近。第三句“吉士之心兮诚足悲”

中的“吉士”应该指的是匂亲王，原本表示敬意。但用“吉祥之人的心着实令人悲伤”的词语组合，令人觉得逻辑关系上有些违和。其实，原诗中使用的是模糊表达，既可说男人易变心，也可说暗示匂亲王亦不例外。

【和歌 738】

原　作：涙をもほどなき袖にせきかねていかに別れをとどむべき身ぞ

口語訳：（1）この狭い袖では涙をさえ抑えかねておりますのに、なおさらのこと、このような私にあなた様とのお別れをどうしてせきとどめることができましょう　（小学館）

（2）別れの辛い泪さえ狭いわが袖には堰きとめかねるものをどうしてあなたの帰るのをとどめることができようか　（瀬戸内寂聴）

【话说诗意】

“窄袖难拭伤别泪，又岂能留得郎君不回归？”

丰子恺译：袖小实难收别泪，
身微无力挽行人。

林文月译：泪涟洏兮流未已，
侬袖狭小不足承，
郎君欲别兮如何止。

姚继中译：别离晓泪盈衫袖，
微身难留匆行人。

【译文验证】

和歌 738 依旧是一首和答诗。清晨，匂亲王依依不舍地准备返京，然而他的灵魂，似已被摄入浮舟的怀袖中了（此处引典《古今和歌集》古歌：“别时似觉魂离舍，落入伊人怀袖中。”）。天色微明，屋外催促亲王的咳嗽声不断。匂亲王紧握浮舟的手，来到门口，依恋难舍，吟诗道：“生离悲苦未曾识，别路凄迷泪眼昏。”浮舟亦黯然神伤，答吟道：“别离晓泪盈衫袖，微身难留匆行人。”

此和歌的翻译，三者基本准确达意。其中林文月的翻译尤其与原诗紧扣，而丰子恺与姚继中的翻译都将“岂能”的反问语气译成了确定的

“无力”“难留”。且姚继中的翻译中漏译了“窄袖”，却根据前后文的意境添译了“拂晓”的“晓”字。

【和歌 740】

原　作:絶え間のみ世には危ふき宇治橋を朽ちせぬものとなほ頼めとや

口語訳:（1）絶え間ばかりが多くて危ない宇治橋、そのような不安な仲ですのに、やはり朽ち絶えるものがないものと思って頼りにせよとおっしゃるのでしょうか　（小学館）

（2）橋げたの板の隙間がずいぶん危ない宇治橋は逢瀬の間遠なあなたとの仲とそのままなのにそれでも頼みにせよとおっしゃるとは　（瀬戸内寂聴）

【话说诗意】

“宇治桥亦是裂缝斑斑,世间哪有不朽之物？谁又能说与你相逢亦可相依？”

丰子恺译：宇治桥长多断石，
千春不朽语难凭。

林文月译：世称危兮断又绝，
战兢难渡宇治桥，
奢赖不朽兮如何说。

姚继中译：世上岂有不朽物，
何况宇治断石桥。

【译文验证】

和歌 740 是浮舟与薰大将的唱和诗。浮舟同时与薰大将、匂亲王发生恋情,这使得浮舟痛苦不堪。这日,薰大将觉得浮舟妩媚更胜于往日。但浮舟忧心忡忡，眼泪不觉流淌而出。薰大将不知如何安慰，便赠诗道：“此缘长似宇治桥，千春不朽勿忧患。”浮舟答道：“世上岂有不朽物，何况宇治断石桥。”薰大将与浮舟，此次更是缠绵，依依不舍。

这首和歌的基本意思是:“宇治桥亦是裂缝斑斑，世间哪有不朽之物？谁又能说与你相逢亦可相依？”从和歌的信息容量来看，至少有三个实实在在的信息内容，这已经不是七言两句能够充分表达出来的。丰子恺和姚继中都放弃了“谁又能说与你相逢亦可相依？”。所幸的是，翻译出的这两句具有一定的暗示性，加之上下文的意境，这首和歌的翻译在情节中意义亏损并不严重，只是作为一首独立的译诗来看，显得美中不足。

林文月的翻译原本有足够的空间将原诗的含义表达出来，但她在三句中占用了两句表达宇治桥的危险，且“世称危兮断又绝，战兢难渡宇治桥”这两句的意思发生了引申，与原诗产生了一定的距离。因此原诗中本想表达的“谁又能说与你相逢亦可相依？”在林文月的翻译中依然没有表现出来。

【和歌 742】

原　作:橘の小島の色は変はらじをこの浮舟ぞ行方知られぬ

口語訳:（1）橘の小島の緑は変ることもありますまいけれど、水に浮く小舟のような私の身はどこへ漂っていくのでしょうか（小学館）

（2）橘の小島の木々の緑は永久に変わらないものを波に漂う浮舟のようなはかないわたしの身の末はどこへ流れてゆくのやら　　（瀬戸内寂聴）

【话说诗意】

“橘岛常青依旧，却不知这浮舟将飘向何方？”

丰子恺译：岛上生佳橘，
常青不变心。
浮舟随叠浪，
前途不分明。

林文月译：树色青兮或不改，
唯此浮舟荡何方，
前途茫茫兮可期待?

姚继中译：橘岛绿树万年青，
浮舟叠浪前途冥。

【译文验证】

和歌 742 是浮舟与匂亲王唱和诗。匂亲王指着橘树对浮舟道：“你看它们，虽甚为平常，绿叶却千年不变。”便吟诗道：“轻舟橘岛结长契，心如绿树永碧青。”浮舟亦觉此番风景甚是新奇，遂答道：“橘岛绿树万年青，浮舟叠浪前途冥。”美妙的晨景，与可爱的人儿交相辉映，匂亲王觉得此诗别具风情。

纵观三者的译诗，丰子恺以五言绝句翻译，但原诗的内容非常简洁，反而五言四句显得累赘。特别是一、二句中的“佳橘”和“常青不变心”显得极不自然。林文月的楚辞体亦需要满足20个有实意的字数，所以“或”“唯”“前途茫茫兮可期待”几乎都是在满足格式的需要。相比之下，姚继中的翻译可能更为贴近原诗。这首和歌中的“浮舟”可以看作一语双关，一是浮舟的自称，二是漂浮不定的舟船。因为这是汉字字面意思的双关，不同于音声双关，所以没有翻译处理上的困难。

【和歌744】

原　作：降り乱れみぎはに氷る雪よりも中空にてぞ我は消ぬべき

口語訳：（1）風に吹き乱されて岸辺に凍る雪よりもはかなく、私は空の中途で消えてしまうことでしょう　（小学館）

（2）雪は降り乱れても汀に落ちて凍るけれどその雪よりもはかなくわたしは中空に迷いながら死んでゆくでしょう（瀬戸内寂聴）

【话说诗意】

“飞雪乱舞，落入水边顿成冰，与之相比，我却飘零空中将消失。”

丰子恺译：乱舞风中雪，
犹能冻作冰。
我身两不着，
转瞬即消泯。

林文月译：雪霏霏兮冻汀洲，
命比冰雪更单薄，
消失中空兮何止休？

姚继中译：漫天飞雪凝作冰，
我身悬浮无依着。

【译文验证】

和歌744依旧是浮舟与匂亲王唱和诗。匂亲王眺望隔岸宇治山庄的浮舟居所，但见积雪斑驳，云霞掩映处，透出几枝树梢。远处雪山屏立，夕阳斜照，如明镜般熠熠发光。他便将昨夜途中险境，一一讲与她听。有意夸大其情状，骇人听闻。又吟诗道："踏雪破冰路未迷，神魂早随佳人去。"又取来粗陋的笔砚用具，随意书写古歌"马过木幡里，别有蹊径至"之句。浮舟亦于纸上题诗一首："漫天飞雪凝作冰，我身悬浮无依着。"写好又信手涂掉。匂亲王见到"无依着"几字，心中不悦。

"飞雪乱舞，落入水边顿成冰，与之相比，我却飘零空中将消失"完全是浮舟触景生情、感物兴叹的诗句。浮舟同时与薰大将和匂亲王恋爱、幽会，但内心深处又怀疑两人的真心，面对窘境，觉得自己如同空中飞舞的雪花，不知何时就会随之消失。丰子恺的翻译非常好地诠释了浮舟两头靠不住的苦恼和担忧，特别是第三句"我身两不着"并非原诗中所有，而是根据整个故事情节做出的诠释。第二句的"犹能"应该是出于整首诗意义表达的逻辑需求而使用的。原诗本意是天气十分寒冷，飞雪落地成冰之意，而非"非雪即冰"或递进的关系。姚继中的译文整体性尚可，问题是"飞雪凝作冰"这一句中，缺失了"落入水边"顿成冰的意象。此外，"我身悬浮无依着"缺少了喻体"像飞舞的雪花"。

林文月的翻译与原诗若即若离，"冻汀洲""命比冰雪更单薄""消失中空""何止休"都有一些意义上的更改或意境的变更。

【和歌747】

原　作：里の名をわが身に知れば山城の宇治のわたりぞいとど住み憂き

口語訳：（1）その里の名の「憂し」が私の身の上なのだと分っておりますので、この山城の宇治のあたりに住むのはいよいよつろうございます　　（小学館）

（2）里の名の宇治という字は自分の抱く心の憂いと同じことばだと思えば宇治のこの里はわたしにはひとしお住み憂くて　　（瀬戸内寂聴）

【话说诗意】

“身处宇治知忧愁(「宇治」与「憂し」日语读音相同,故在此为双关语),故感觉这山城宇治越来越难以容身啊。”

丰子恺译：里名宇治人忧患，
渐觉斯乡不可居。

林文月译：称宇治兮诚可忧，
侬生山城知难住，
浮生多忧兮几许愁！

姚继中译：藏身宇治隐忧患，
空寂山乡再难留。

【译文验证】

和歌 747 的背景是浮舟同时收到薰大将和匂亲王两位恋人的来信，正在犹豫如何应对。右近等劝道：“此时无人见得，先给亲王复信吧。”浮舟颇为羞涩，说道：“今日还是不复为好吧！”她迟疑许久，方提笔写了一诗：“藏身宇治隐忧患，空寂山乡再难留。”

丰子恺译诗的第一句为“里名宇治人忧患”，日文中的「里（さと）」为故乡之意，中文里亦有此意，比如“故里”。但诗中的「里の名」一词很难令中国读者立刻意识到“故乡的名字”这一意思，过于晦涩难解。第二句倒是非常贴近原诗的意思。

林文月的“称宇治兮诚可忧,侬生山城知难住,浮生多忧兮几许愁！”非常微妙，原诗是以一语双关的修辞手法，借「宇治」与「憂し」日语读音相同，来隐喻“住在宇治还真是忧愁不断”之意。但“称宇治兮诚可忧”中的“称”与“诚”改变了隐喻的逻辑关系。第二句的“生”与“知”亦与原诗的逻辑关联不符。

三位译者都有着一个共同的缺陷，就是都没有能把“宇治”与“忧愁”的一语双关表现出来。其实，日语的双关语有两种表现形式，一是利用同汉字的字面意思构成双关，二是利用字、词读音相同构成双关。前者在翻译时通常可以表达出来,而后者确实非常困难,甚至不可实现。

【和歌 748】

原　作:かき暮らし晴れせぬ峰の雨雲に浮きて世をふる身をもなさばや

口語訳：（1）あてどなく不安いこの世を過しているこの身を、空も暗く晴れ間もない峰の雨雲に変えてしまいたいものです（小学館）

（2）あてどなくこの世に漂い流れてるようなはかないわたしの身はいっそあの峰の暗い雨雲になって消えてしまいたい　（瀬戸内寂聴）

【话说诗意】

“愿将这毫无着落、浮世度日的身躯化作那昏暗无晴的山峰中的云雨，随之消失。”

丰子恺译：身如萍絮难留住，
欲上山头化雨云。

林文月译：阴沉沉兮晴难邀，
浮生飘摇多愁苦，
愿化云雨兮岭上消。

姚继中译：浮萍飘絮无寄处，
欲化云雨向山峰。

【译文验证】

和歌 748 是浮舟写给匂亲王的伤感诗。浮舟不时展看匂亲王所绘之画，常常对画饮泣。她思虑再三，总觉与匂亲王之情难以久远。然若成全薰大将，而与匂亲王断绝，又觉甚是可悲。便赋诗复匂亲王道：“浮萍飘絮无寄处，欲化云雨向山峰。一旦‘没入白云间’（《花鸟余情》中的古歌：“此身化灰烬，没入白云里。君欲觅我时，只见荒烟起。”），再无缘相见吧！”匂亲王阅罢此诗，不禁失声恸哭。他想道：“她到底深爱我啊！”浮舟那忧郁的神情，让他念念难忘。

《源氏物语》的和歌中有若干“高频词”，如“泪”“袖”“憂い”“浮世”等等，这些词的重复率非常高。倘若我们在翻译时都照原诗译出，有时会使中文读者怀疑译者词穷、翻译水平低下造成了用词单调。倘若中文阅读者有能力比对原著，尚可知道我们在翻译时忠实了原著文本，并非因翻译因素降低了《源氏物语》的文学性。笔者作为后来的重译者，在翻译前充分研究了丰子恺的译本，诚如丰子恺本人所说：“我有时不拘泥短歌中的字义，而另用一种适当的中国文来表达原诗的神趣。”[1]即在不改变特定的日本文化意象的情况下，适当降低一些“高频词”的重复使用，以提高整体的文学性，或许是读者能够认同的翻译手段之一（学者、研究者另当别论）。如此看来，在这首和歌的翻译中，丰子恺使用了原诗中没有的“浮萍”“柳絮”这两个中国读者一目了然且高度意象化的词语，不仅对原诗没有伤害，而且恰到好处地强化了这首和歌的意境和浮舟赋诗时的真实心情。正因为如此，笔者在翻译这首和歌时，沿袭了丰子恺的创意，使用了“浮萍飘絮无寄处”的词句。两者的第二句看似稍有区别，实质意蕴趋同。

林文月翻译的这首和歌几乎无可挑剔。只是日语中的“峰（みね）”通常不太翻译成“岭”，当然，台湾地区如何，笔者不得而知。

【和歌 749】

原　作：つれづれと身を知る雨の小止まねば袖さへいとどみかさまさりて

口語訳：（1）悲しいわが身の上を思い知らされる雨が所在なく降りやみませんので、川の水かさが増すばかりか、この私の袖までも涙でいよいよ濡れまさっております（小学館）

（2）侘びしがるばかりで悲しく思い悩むわたしを知る雨が降り止らないので、宇治川ばかりかこの袖さえ泪に濡れ重っていることよ　（瀬戸内寂聴）

【话说诗意】

“只有下不停的雨知道我的心，岂止川中河水满盈，泪水连我的衣袖都已浸透。”

丰子恺译：知心雨降无休止，
袖上也愁水位高。

林文月译：淅沥沥兮雨未已，
妾心忧苦泪涟涟，
袪袂沾湿兮赛河水。

---

① 丰子恺：《我译〈源氏物语〉》，1962年，出处不详，中国知网可检索。

姚继中译：连绵心雨无休止，
　　　　　愁似川水泪伴袖。

【译文验证】

和歌 749 是浮舟写给薰大将的信中的一首诗。原诗中的“身を知る雨”出自《古今和歌集》的古歌：“君心思我否，但看晴与雨。欲问知心雨，雨降竟如注。”浮舟引用这首古歌，意在怨恨薰大将不思念于她。

原诗有三个元素：下个不停的雨如同知心雨、河水不断上涨满盈、泪水如同河水湿透了我的衣袖。丰子恺的翻译舍去了第二个元素，却将第二句译成“袖上也愁水位高”。实事求是地说，这句诗虽然并非读不懂，但总觉得舍去了“河水上涨”，却将“水位高”安装在“衣袖上”极其不自然。丰子恺、姚继中都将“心雨”翻译了出来，估计两人的底本本就有注释，至少姚继中采用的小学馆的底本是做了注释的。

林文月的译诗“淅沥沥兮雨未已，妾心忧苦泪涟涟，袪袂沾湿兮赛河水”应该是把浮舟这首和歌意境翻译出来了的。但有两个问题，一是在此前的翻译中，浮舟的人称代名词使用的是“侬”，“侬”在中国古代小说中可用于指代第一人称，如“侬今葬花人笑痴，他年葬侬知是谁？”因此无可厚非。但在这首诗中，用作浮舟的人称代名词改成了“妾”，虽然没有意义上的不妥，但不明是何用意。二是“知心雨”没有译出来。林文月翻译总体上是谨慎的，不仅这首诗中没有译出，该回“浮舟”的文本中亦未给出注释，估计是底本中没有该注。

【和歌 752】

原　作：嘆きわび身をば捨つとも亡き影に憂き名流さむことをこそ思へ

口語訳：（1）悲嘆のあまり、こらえきれなくなってこの身を川に投じたとしても、死んだのちにさぞ情けない噂を立てられることだろうと、それがつらくてならない　（小学館）

（2）嘆き苦しんだ果てに身を投げて死のうともわが亡き後に恥ずかしい嫌な浮き名を流されることが思えば辛く気にかかる　（瀬戸内寂聴）

【话说诗意】

“悲叹至极，即便将这不堪忍耐的身躯投入川中，身后恶名相传，亦是难以忍受。”

丰子恺译：忧患多时身可舍，
　　　　　却愁死后恶名留。

林文月译：叹此身兮宁舍弃，
　　　　　但恐人亡留恶名，
　　　　　徒令世人兮添物议。

姚继中译：不惜舍躯绝忧患，
　　　　　但恐后世留恶名。

【译文验证】

和歌 752 是浮舟的独吟和歌。浮舟既不舍匂亲王，又欲依附薰大将，以至于连她自己都觉得很可耻。她为未能与昨夜前来的匂亲王相叙而万分悲痛的同时，又想起薰大将：“他苦心思虑，想尽一切办法欲迎我入京，长相厮守。倘突闻我死去，定会悲痛欲绝，委实愧对他啊！我既死后，也难逃世人非议，实甚可耻。然若苟活于世，被人指责为轻薄女子，予以嘲笑辱骂，势必令薰大将更为难堪，倒不如死了的好。”于是独自吟诗道：“不惜舍躯绝忧患，但恐后世留恶名。”

三位译者对这首和歌的翻译尽管遣词造句不尽相同，但都较为恰到好处地译出了原诗的精髓和意趣。

【和歌 753】

原　作：からをだに憂き世の中にとどめずはいづこをはかと君も恨みむ

口語訳：（1）亡骸をもこの憂世の中に遺しておかなかったら、あなた様はどこを目当てに、この私をお恨みになることでしょう（小学館）

（2）わたしの死後、亡骸さえこの辛い世の中のどこにも残さなかったらどこをわたしの墓として恨み言がおっしゃれよう　（瀬戸内寂聴）

【话说诗意】

"倘若尸骨不留尘世间，你又何处去向我诉说怨恨呢？"

丰子恺译：尸骨不留尘世里，
使君何处哭新坟？

林文月译：欲自灭兮愿消失，
浮世遗骸莫残留，
君虽衔恨兮无处述。

姚继中译：不留遗骸俗世间，
使君何处哭新坟？

【译文验证】

和歌753是浮舟写给匂亲王的，打算以此诀别。是日，匂亲王又写来书信，情思甚是缠绵。但浮舟此时已心如止水，无心思再写信，惟附了一首诗："不留遗骸俗世间，使君何处哭新坟？"她将其交与使者带回。她本欲让薰大将得知自己赴死的决心已定，但转念又想："若二人皆知此事，迟早会相互道破，如此无聊的事，何必多此一举。必不能使人知道我的去向，让我独自去吧。"遂决意暂不将此告知薰大将。

就这首和歌的翻译而言，丰子恺、姚继中的翻译基本无可挑剔，尤其"哭新坟"的"哭"字，笔者认为与"诉说""倾诉"相比较，无疑是神来之笔。

林文月的翻译亦很优秀，但仍然是出于格式的需要，第一句"欲自灭兮愿消失"与第二句"浮世遗骸莫残留"仍有部分重复。

【和歌754】

原　作：後にまたあひ見むことを思はなむこの世の夢に心惑はで

口語訳：（1）後の世でまたお会いできると思ってくださいまし。この世の夢のようにはかない縁いお心を迷わされずに（小学館）

（2）夢のようなはかないこの世で見た夢などに惑わされず来世でふたたび必ずお逢いすることを楽しみにしてほしい（瀬戸内寂聴）

【话说诗意】

“不受今生今世这如梦般虚幻缘分的纠缠，来世尚有结缘之时。”

丰子恺译：此生如梦何须恋，
　　　　　且待来生再结缘。

林文月译：盼后会兮他生缘，
　　　　　今生今世如梦幻，
　　　　　莫为梦境兮心挂牵。

姚继中译：惟盼重结来生缘，
　　　　　何须惜恋如梦生。

【译文验证】

和歌754是浮舟写给母亲的。浮舟收到母亲从京中送来的慰问信，想道：“我命已将绝，母亲却丝毫不晓，这番关怀之语委实叫人心疼！”便乘使者赴寺院之机，回信于母亲。提起笔来，方觉心中千言万语，难以倾诉，终于一句也未能写出，惟赋了一首小诗：“惟盼重结来生缘，何须惜恋如梦生。”

此和歌的翻译似乎都比较达意，没有特别需要纠正的词句。

【和歌755】

原　作:鐘の音の絶ゆる響きに音を添へてわが世尽きぬと君に伝へよ

口語訳:（1）鐘の音の消えてゆこうとする響きに泣く音を添えて、この私の命も尽きたのだと、母君に伝えておくれ　（小学館）

（2）今鳴っている鐘の音が消えてゆこうとする響きにわたしの泣く音を添えてこの世のわたしの命も尽きたと母君に伝えておくれ　（瀬戸内寂聴）

【话说诗意】

“钟声余音犹在时，又添我之悲泣声。烦请告知我母亲，人生就此已走尽。”

丰子恺译：钟声尽处添呜咽，
　　　　　为报慈亲我命终。

林文月译：钟声绝兮哭声随，
女命今尽无余韵，
盼为告母兮请转知。
姚继中译：钟声幽咽泣无泪，
南柯梦断报慈亲。

【译文验证】

和歌755的情境与和歌754紧密相连。此刻，寺中诵经的低沉钟声，随风而至。浮舟卧于榻上，静听着钟声，即刻又赋得一诗："钟声幽咽泣无泪，南柯梦断报慈亲。"浮舟将此诗写于寺中所用的诵经卷数清单纸上。

且看丰子恺的翻译，第一句应该没有问题，但第二句的"为报慈亲我命终"，是极其容易令人误解的——浮舟的赴死是为了报答母恩，事实上暗示的是"容我来世再报母恩"。姚继中的翻译首句尚且过得去，但第二句的"南柯梦断报慈亲"有着巨大的文化意象的改变。虽然这种文化意象的改变不会被读者察觉，且读者甚至还会为之叫好，但从译介学的专业角度去衡量，理应是败笔，因为在不能证实"南柯一梦"是否为当时中日两国能够共享的文化意象时，按理不能将这一文化意象强加给紫式部。

对照原诗"钟声余音犹在时，又添我之悲泣声。烦请告知我母亲，人生就此已走尽"的意境，林文月的前两句"钟声绝兮哭声随，女命今尽无余韵"似乎相差甚远。首先钟声语音未消，所以不能用"绝"，"女"无疑指"女儿"，但抛开文中背景单独使用"女"字，并与"命"字构成偏正结构，读者未必能顿时明白。而且第二句中的"无余韵"也有语焉不详之虞。

【和歌767】

原　作：身を投げし涙の川の早き瀬をしがらみかけて誰れか止めし

口語訳：（1）涙にくれて身を投げた川の早瀬に、誰がわざわざしがらみをかけてこの自分をひきとめ救ってくれたのだろう（小学館）

（2）悲しさのあまり泪川のような宇治川の早瀬に身を投げたわたし誰が川に柵を設けて救ってくれたものやら　（瀬戸内寂聴）

【话说诗意】

“泪水恰似川中激流，我将此躯投其中，谁人设置木栅栏，竟将我救起。”

丰子恺译：我欲投身随激流，
谁将木栅阻川流？

林文月译：欲将身兮投泪川，
讵料谁人设栅堰，
遂令急濑兮侬意悛。

姚继中译：心灰泪干投激湍，
谁知栅栏阻川流。

【译文验证】

和歌 767 出自“习字”。浮舟投河自尽未果。……她觉得自己“命运不济，从未有过抚弦弄管的福分，以致自幼年到成年，向来不懂风雅之趣，可怜之至!”，更感慨自己此身孤寂无趣，枉来人世一遭，不禁深深叹息。于是，习字时禁不住吟道：“心灰泪干投激湍，谁知栅栏阻川流。”此番意外被人救起，竟使她更添忧伤。

原诗有四个意群构成：①悲伤的泪水如同宇治川的急流；②投身急流寻死；③不知何人在河中设置了木栅栏；④被救起。再看丰子恺的翻译，第一句“我欲投身随激流”译出了第一个意群、暗示了第二个意群；第二句“谁将木栅阻川流？”译出了第三个意群、暗示了第四个意群。按理说，丰子恺在翻译此和歌时使用五言绝句更符合他的翻译风格，因为这首和歌使用七言两句来翻译，在意义表达的完整性上实在有些勉强。姚继中翻译的第一句“心灰泪干投激湍”试图表达第一、第二个意群的意思，问题是“泪干”出现变异。笔者当时的考虑是，中国人悲伤至极时常用“欲哭无泪”来形容，所以使用了“泪干”。事实上，为了应对原诗，可能“泪奔”比“泪干”要好得多。总之，使用两个汉字的词组要将第一个意群的意思准确且完整地表达出来，实在是难上加难。

林文月的第一句是“欲将身兮投泪川”，“泪”与“川”是一个偏正结构，即眼泪流成的河，而浮舟欲投的是实实在在的宇治川。第三句“遂令急濑兮侬意悛”中的“侬意悛”是“我的意愿后悔了”。如果真是这样，那么前四个字“遂令急濑”就成了缺少谓语的“断尾句”，与后三个字无法进行语法和意义上的关联。

【和歌 768】

原　作:我かくて憂き世の中にめぐるとも誰かは知らむ月の都に

口語訳:（1）この自分がこうして厭わしいこの世の中に生きていても、都の人たちの誰がこのことを知っているだろうか　（小学館）

（2）まだ死にもせずわたしはこんな有様で辛い憂き世に流転しても月の都の誰がそれを知ってくれよう　（瀬戸内寂聴）

【话说诗意】

“如今苟且偷生活在这令人厌倦的尘世里，京城里又有谁知呢？”

丰子恺译：我身流落风尘里，
都下亲朋总不知。

林文月译：浮世缘兮犹未了，
侬今漂泊仍偷生，
月下京都兮谁知晓？

姚继中译：风尘流落孑然身，
家人居京未可知。

【译文验证】

和歌 768 是浮舟被人救起后眷恋世间诸人诸事的一段情景。被人救起后，虑及此后生涯，更觉悲从中来。每每月夜朗照之时，老尼僧等众人忆往昔诸多人事，纵谈世间百态，浮舟总是默默无语，一味耽于沉思。又写诗道：“风尘流落孑然身，家人居京未可知。”她时常想，当自己决意舍身时，方觉世间恋眷之人颇多。

丰子恺与姚继中均使用了“风尘”一词，如果理解成“风里、尘里，颠沛流离”倒也未尝不可。但现代读者通常会把“风尘”二字定格在以色相谋生的场所，如“沦落风尘”。如果读者真是理解成了“风月场”的话，只能说我们的翻译误导了读者。丰子恺第二句中的“都下”一词，多少也存在一定语焉不详的可能。

林文月的翻译无可挑剔，第二句的人称代名词又用回了“侬”字。

【和歌 777】

原　作：はかなくて世に古川の憂き瀬には尋ねも行かじ二本の杉

口語訳：（1）こうして頼りない有様でこの世に生き長らえている情けない身の上なのだから、わざわざ初瀬川の二本の杉を尋ねていこうとは思わない　（小学館）

（2）はかなく生きている情けないわたしなので二本の杉のある初瀬の古川のあたりは訪ねたくないのです　（瀬戸内寂聴）

【话说诗意】

“苟且偷生已觉无聊，更无心探访初濑古川看二杉。”

丰子恺译：身生此世浑如梦，
不赴古川看二杉。

林文月译：命实薄兮遭世弃，
布留川旁并生杉，
未敢参诣兮初濑寺。

姚继中译：此身沉浮浑如梦，
不赴古川看二杉。

【译文验证】

和歌 777 的背景：收留浮舟的妹尼僧欲赴初濑进香还愿，邀浮舟同行。然浮舟想道：“昔日母亲和乳母，也常常带我到初濑进香，然至今看来，并不应验，自己求死也不得，反而招致更多苦难。如今，跟着这些并不熟识的人前去，又有何意味呢？”浮舟不愿同往，妹尼僧知道她心中害怕，亦不便强求。此时，见浮舟的习字纸中夹有一诗：“此身沉浮浑如梦，不赴古川看二杉。”妹尼僧相戏道：“你提及‘二杉’，定是期冀再逢那个人了？”浮舟心思被触动，不由得一惊，脸上顿时出现一抹红晕，使那面容娇媚无比，魅力更添。

这首和歌中的“二杉”出自《古今和歌集》旋头歌：“初濑古川边，二杉相对生。经年再相见，二杉依旧青。”

丰子恺与姚继中的翻译基本贴近原诗，几乎没有修正的余地。但林文月的翻译就比较有说道。我们不妨逐句分析：第一句“命实薄兮遭世弃”，如果认真考究，浮舟的境遇并非“遭世弃”，而是她自己复杂人生经历令她无法自拔，从而产生厌世情绪。第二句“布留川旁并生杉”中的“布留”笔者未曾考证到出处。虽然日本小学馆出版的《日本古典文学全集》12—17卷的《源氏物语》（六）的原著文本中使用的是「ふる川」，没有汉字，但在上栏的注释中使用了“古川”。且濑户内寂听的「口語訳」中也使用了“古川”一词。笔者在此不敢妄加评论，只能待日后再考证。第三句“未敢参诣兮初濑寺”，虽然“未敢”与“不愿”有微妙差别，但在此不妨认可这一句的翻译基本达意。

这首和歌在翻译时三位译者均给出了注释，丰子恺与姚继中给出的注释相同。林文月的注释是：“‘布留’，日语音同‘旧’，此盖以初濑寺布留川喻往日旧事。”如此说来，“布留”是否是原诗中「ふる」的音译，如果是的话，或许应该译为“古”即“古川”。当然，如前所说，这有待于笔者今后考证。但为了慎重起见，笔者在此还是列出阿部秋生、秋山虔、今井源卫校注·翻译的《日本古典文学全集》12—17卷的《源氏物语》（六）中的注释：“‘古川’亦即‘初濑川’，‘二杉’暗示恋人、友人再次相会。虽然浮舟本人没有意识到‘二杉’的喻义，但事实上是在暗示匂亲王与薰大将的事情。”当然，这在译诗中无论如何也是无法体现出来的，所谓翻译中的文化失真，这便是一例。

【和歌 779】

原　作：心には秋の夕べを分かねども眺むる袖に露ぞ乱るる

口語訳：（1）わたしの心には秋の夕べのわびしさが特に分別できるわけではないけれども、物思いに沈んでいる袖に涙の乱れ落ちることよ　　（小学館）

（2）わたしの心には秋の夕べのもの悲しさを格別に考えてはいないけれど、もの思いに沈むこの袖にいつか涙の露が乱れ落ちている　　（瀬戸内寂聴）

【话说诗意】

“我心并非不解秋宵愁，只是触景沉思，不觉簌簌泪珠落袖上。”

丰子恺译：心虽不识秋宵苦，
　　　　　冥想沉思泪自流。
林文月译：心未谙兮思未就，
　　　　　因何秋夕特愁人，
　　　　　只缘沉思兮泪沾袖。
姚继中译：纵然不解秋宵苦，
　　　　　冥想沉思泪自流。

【译文验证】

和歌 779 是浮舟的一首独吟和歌。收留浮舟的妹尼僧前往初濑寺进香还愿，留下尼僧少将君陪伴浮舟。少将君道："小姐也应常找些寻常有趣之事，以派遣孤寂。这般艳若霞月之人，终日消沉隐忍，恐有不适宜呢！"秋夜风声鹤唳，凄厉无比，浮舟百感丛生，独吟道："纵然不解秋宵苦，冥想沉思泪自流。"不觉皓月升空，天色更显清丽。

原诗的前半部分「心には秋の夕べを分かねども」，意为"我心并非不解秋宵愁"。丰子恺翻译的第一句"心虽不识秋宵苦"中的"不识"，是确定性的否定表达，但他利用"虽"字转折，与第二句"冥想沉思泪自流"相连，似乎在某种程度上并没有影响该诗在文中的上下意义贯通。姚继中的翻译只有第一句的前四个字"纵然不解"与丰子恺不同，但这四个字的不同使译诗与原诗变得非常靠近。笔者翻译时使用"纵然不解"，欲表达的是"就当是不解，实际上不是不解，只是无心顾及"，这与"我心并非不解秋宵愁"应该是异曲同工。

再看林文月的翻译，其实后两句"因何秋夕特愁人，只缘沉思兮泪沾袖"就基本上译出了原诗的意思。因此第一句的"心未谙兮思未就"就显得有些生硬套用楚辞体格式的感觉。

【和歌 781】

原　作：憂きものと思ひも知らで過ぐす身をもの思ふ人と人は知りけり
口語訳：（1）情けない身の上がどうかもよく分らずにおります私のことを、物思いのある身とあなたはお察しになるのですね（小学館）
（2）自分を情けないものと考えもしないまま、ただ日を過してい

るわたしをもの思いでもある人とあなたは思うのでした

(瀬戸内寂聴)

【话说诗意】

“君不知此身在世愁苦，你还以为我是若有所思呢。”

丰子恺译：不识忧思虚度日，

时人误解作愁人。

林文月译：不知忧兮未解愁，

此身懵懂任时过，

若谓识趣兮只合羞。

姚继中译：日月虚度不知忧，

误教斯君任作愁。

【译文验证】

和歌 781 是浮舟的一首答诗。妹尼僧以前的女婿中将君来访，浮舟慌忙避入内室，无以应对。中将君气愤不过，叫道：“于此等优美雅致之地居留，却不识人间情趣。如此冷酷无情，难道铁石心肠？正是气人啊！”随即赋诗道：“山野凄清秋月夜，惟有同愁易相怜。”浮舟无奈，只得低吟：“日月虚度不知忧，误教斯君任作愁。”

这首和歌的翻译验证似乎有些棘手。相比之下，姚继中的翻译与原诗的意思“君不知此身在世愁苦，你还以为我是若有所思呢”倒有些接近。“不知忧”看似含糊，但笔者翻译时想表达的是“犹过而不知”，即过于忧愁反而麻木不知之意。第二句“误教斯君任作愁”的意思是“却让您误解我是在故作忧愁姿态”，基本贴近原诗之意。丰子恺的翻译如果把第二句的“时人”与第一句的“不识”结合在一起理解，即“时人不识我在忧愁中虚度时日，还误解我在装作忧愁人呢”。可是，这需要多大的悟性才能做到啊！

至于林文月的翻译，第一句和第二句基本与丰子恺、姚继中的第一句意思相当，在此姑且不说。第三句“若谓识趣兮只合羞”着实有些难解。浮舟因为与匂亲王、薰大将的恋爱吃尽了苦头，如今恋爱对浮舟来说如同毒药，中将君的纠缠令浮舟竟然躲入了她从未去过的老尼僧房中去了。所以，浮舟回避中将君既不是识趣不识趣的事情，也不是含羞与不含羞的事情。

【和歌 782】

原　作：なきものに身をも人をも思ひつつ捨てし世をぞさらに捨てつる

口語訳：（1）わが身をも、また思いを寄せた人をも、もうこの世にないものとあきらめて、一度捨ててしまった世の中を、さらにまた捨ててしまったことよ　（小学館）

（2）我が身も人もこの世には亡き者と思いあきらめ、一度は捨てはてた世を出家して今またふたたび捨ててしまったことよ　（瀬戸内寂聴）

【话说诗意】

"尘世不再有此身，亦无牵挂者，为此万念俱灰；一度弃红尘，今朝再次远离尘世间。"

丰子恺译：不分人与我，
都作子虚看。
此世曾捐弃，
今朝又弃捐。

林文月译：遣侬身兮忘众人，
岂料初愿偿不得，
一舍再舍兮弃红尘。

姚继中译：人生在世乃虚无，
舍却此身归佛门。

【译文验证】

和歌 782 为浮舟独吟诗。浮舟终于了却心愿，出家为尼。她心想："如今我算遂心如愿了，不再顾虑人世之事。"她一向寡言少语，难得袒露心迹，且如今身边又没有可以倾心相谈之人，故每有心绪郁结，便借笔抒怀，消遣度日。浮舟赋诗道："人生在世乃虚无，舍却此身归佛门。"如今一切无所谓了。然仍有些悲伤。

这首和歌丰子恺以五言绝句译出，每一句都显得有些抽象。既不是直译，又称不上是意译。"不分人与我，都作子虚看"的意思尚且能看懂，但"此世曾捐弃，今朝又齐捐"意思含糊不清，倘若改成"此身曾捐弃，今朝入佛门"就异常清晰。姚继中翻译的上句采用了意译，原因是七个字实在无法容纳“尘世不再有此身、亦无牵挂者，为此万念俱灰”的信息量，下句基本是直译。

林文月的翻译如将第一句“遣侬身兮忘众人”中的“遣”改作“弃”或“舍”字，或许更达意；第二句中的“偿不得”改成“未能偿”，可能读起来更顺意。

【和歌 783】

原　作：限りぞと思ひなりにし世の中を返す返すも背きぬるかな

口語訳：（1）かつてもうこれでおしまいだと、あきらめてしまった世の中を、また繰り返して捨ててしまったことよ　（小学館）

（2）かつてあの時これが最後とばかり捨てはてた世の中を今また繰り返し捨てることになろうとは　（瀬戸内寂聴）

【话说诗意】

“曾已决意了却此身临大限，今朝再次弃红尘。”

丰子恺译：曾逢大限辞人世，
今日重新背世人。

林文月译：既觉悟兮厌浮生，
曾将世间拟背弃，
反反复复兮始告成。

姚继中译：曾别人世临大限，
今朝复又弃红尘。

【译文验证】

和歌 783 是紧接和歌 782 的一首和歌，浮舟吟罢：“人生在世乃虚无，舍却此身归佛门。”心中仍有些为出家为尼而悲伤。为此又赋诗道：“曾别人世临大限，今朝复又弃红尘。”

首先是姚继中的翻译，基本上是直译，且译诗与原诗的意思十分贴切吻合，无须赘言。丰子恺的翻译，首句“曾逢大限辞人世”没有需要特别说明的，但第二句“今日重新背世人”中的“背世人”三个字有些难解。原诗的意思就是“再次抛弃尘世”，直译可以是“弃红尘”，根据上下文可以译成“入佛门”。

林文月第一句“既觉悟兮厌浮生”应该是自己根据上下文添加的。第二句“曾将世间拟背弃”中的“拟背弃”，似乎不能很好地说明曾经有过投河决意了却此身的行为。第三句“反反复复兮始告成”意思非常含糊。按照诗的结构来看，“始告成”应该是针对第二句“曾将世间拟背弃”的，如斯说，理应为“此次总算背弃了世间”。当然，所谓验证，只要未能与本人确认核对，都有逻辑推理的成分在内，某种程度上来说，缺乏科学的严谨性。

【和歌 785】

原　作：心こそ憂き世の岸を離るれど行方も知らぬ海人の浮木を

口語訳：（1）心だけは厭わしい俗世を離れておりますものの、これから先どうなるのやら、行方も分らぬ浮木のようなこの尼の身であることよ　（小学館）

（2）心ばかりは憂き世から離れ漕ぎ出したつもりでも行方も知れず不安な浮き木のように頼りない尼のわたしの身の上なのに　（瀬戸内寂聴）

【话说诗意】

“心已远离俗世之岸，这尼姑之身，如同不知漂向何方的浮舟一般。”

丰子恺译：心已远离浮世岸，
轻舟犹未辨去向。

林文月译：心既远兮离世忧，
俗岸已渺漂何处，
未知去向兮浮木舟。

姚继中译：出世之心若止水，
浮舟远去任飘流。

【译文验证】

和歌 785 是浮舟给追求者中将君的答诗。知道浮舟已经削发为尼的中将君惋惜感叹不已，于是再派使者给浮舟送去一封信道：“事已至此，其奈何呰！”并附诗曰：“浮舟驶向莲花台，吾欲步后渡彼岸。”浮舟正自伤感，例外折了中将君信来看，却更添无限凄苦。她情不自禁，在一小张纸上写到："出世之心若止水，浮舟远去任飘流。"让少将君另用纸封好，将这随意之书送了过去。

丰子恺翻译的第一句"心已远离浮世岸"紧扣原诗，堪称完美。但第二句"轻舟犹未辨去向"中的"轻舟"二字，意为"轻快的小船"，与浮舟此时的心情不相符合。此外，原诗中"这尼姑之身如同浮舟"的比喻没有能在译诗中得到体现。姚继中翻译的第一句"出世之心若止水"为意译，暗含了"出家""远离俗世"，虽然意思没有原诗的诗意清晰，但基本上表达出了原诗意境。至于第二句"浮舟远去任飘流"，应该较为贴切妥当。

林文月译诗的第二句"俗岸已渺漂何处"很有讲究，从音律结构上来看，应该是 4/3 的音律，即"俗岸已渺/漂何处"。单个"渺"字为水远貌、邈远貌、小、微小之意，用在此处也还说得过去，但后三个字"漂何处"与第三句的"未知去向"就显得重复。总之，三者的翻译多少都与原诗之间有一定距离。

【和歌 789】

原　作：かきくらす野山の雪を眺めても降りにしことぞ今日も悲しき

口語訳：（1）空も暗く降りしきる野山の雪を眺めるにつけても、過ぎ去った昔のことが今日も悲しく思い出されてくる　（小学館）

（2）朝から暗く降りしきるこの山里の雪を眺めても昔のことがあれこれと思い出されしのばれて今日はしみじみ悲しい（瀬戸内寂聴）

【话说诗意】

"眺望阴沉沉的山野里，大雪纷飞，忆往昔，不胜悲苦袭心头。"

丰子恺译：彤云蔽白日，
山野雪花飘。
对景思前事，
旧愁今未消。

林文月译：雪霏霏兮天沉沉，
旷山遍野兮眺望，

降雪往事兮伤悲心。

姚继中译：雪飞云低野山间，

触景忆旧愁未消。

【译文验证】

和歌789是浮舟的独吟和歌。新年到时，小野草庵未见春色。溪流尚被封冻，绝无声响，四野一片沉寂。浮舟对往日人事早已厌倦，然终未完全忘却。她于诵经事佛之余，随意习字作诗："雪飞云低野山间，触景忆旧愁未消。"她常陷入沉思，心想："弃绝尘俗已一年有余，可否有人想起我呢？"

这首和歌的翻译，丰子恺用的是五言绝句、姚继中依旧七言两句，用词造句不尽相同，但有异曲同工之妙，都较为完美地译出了原诗的诗意。林文月的翻译亦大同小异，只是第三句"降雪往事兮伤悲心"中的"降雪往事"，无论是从语法关系，还是语意的逻辑关系来看，都有值得推敲的余地。

【和歌791】

原　作：雪深き野辺の若菜も今よりは君がためにぞ年も摘むべき

口語訳：（1）雪の深い野辺の若菜をも、これからはあなた様のために摘むことにいたしましょう。この私も、そのために年を重ねて長らえもいたしましょう　　（小学館）

（2）雪深い野辺の若菜もこれからはあなたの御長寿を祈りながら摘みましょう、そのためわたしも年を重ね長らえることになりましょう　　（瀬戸内寂聴）

【话说诗意】

"山野里，深深雪下新菜青，此后年复年，只为君采摘。"

丰子恺译：山野深深雪，

新蔬寂寂青。

从今延岁月，

只为慰君情。

林文月译：积雪深兮若菜生，

为君摘取为君祷，
福寿无边兮岁岁盈。
姚继中译：雪压山野新菜青，
此身残留图报恩。

【译文验证】

和歌 791 是浮舟给妹尼僧的答诗。一日，有人踏雪前来，挎一只常见的竹篮，盛了些新采嫩菜，专门送给妹尼僧。妹尼僧转赠了浮舟，且附诗道："踏雪采得新菜至，愿君若此常青春。"浮舟回诗道："雪压山野新菜青，此身残留图报恩。"妹尼僧见浮舟情谊深切，心甚感动，说道："倘是尘缘未绝，投身世俗，那该多好啊！"说罢妹尼僧竟呜呜咽咽起来。

其实这首和歌看上去信息容量并不是特别大，但其中却使用了双关的修辞手法：日语中的「摘む（采摘）」与「積む（积累）」读音相同，前者指采摘新菜，后者指祝福妹尼僧年年添岁、长寿。如前所说，诸如此类的修辞出现在诗歌中，是很难在译诗中体现出来的。

这首和歌丰子恺使用了五言绝句来翻译。第一句和第二句中分别使用"深深""寂寂"两组叠字，感觉是为了满足格式的需要。当然，"寂寂"一词有"悄悄"之意，使用上没有什么不恰当。第四句中的"君"字容易形成误解，因为在当代人际交往中，"君"字多用于对男性的尊称，但在古代，亦用于对上层女性的尊称。此诗中指代妹尼僧。另外，"只为慰君情"也显得意犹未尽。

林文月的翻译比较中肯达意，并且她还在这首诗的翻译后面给出了一条注释："浮舟祝福尼君之答歌。日语'摘取'音同'积盈'。原歌颇饶音义双关之趣，译诗径取其意耳。"

【和歌 792】

原　作：袖触れし人こそ見えね花の香のそれかと匂ふ春のあけぼの

口語訳：（1）袖を触れて私ににおいを移したお方の姿は見えないけれど、そのお方のそれかと思わせるように花の香がにおってくる春の明け方よ　　（小学館）

（2）昔袖をふれあったお方のお姿は見えないけど、花の香が

なつかしいあの人かと思われるばかり匂ってくるこの春のあけぼのよ　（瀬戸内寂聴）

【话说诗意】

“衣袖拂过染芳菲，虽未见得尊容，定是使君花香飘春晓。”

丰子恺译：谁将衫袖拂？
人影已茫茫。
着意怜春晓，
梅香似袖香。

林文月译：昔有人兮曾触袖，
未见其人徒闻香，
疑是余芳兮春晓秀。

姚继中译：拂袖飘香不见人，
熏衣留芳惜春晓。

【译文验证】

和歌 792 是浮舟的一首感叹独吟诗。是时，浮舟房前檐下，几株红梅傲雪而开，芳菲依旧，使浮舟油然想起古歌“犹是昔年春”。对于红梅，浮舟可谓情有独钟，不知是否为那“遗恨难亲近”的衣香引起的。后半夜时，她将净水供于佛前之后，便叫一小尼僧于庭院中折来一枝梅花。那红梅幽恨般地散落了几瓣，浮舟独自吟道：“拂袖飘香不见人，熏衣留芳惜春晓。”浮舟虽已皈依佛门，尚有六根未尽时，所谓“遗恨难亲近”是引用的《拾遗集》中的一首古歌：“君衣香可恋，遗恨难亲近。只为梅香似，折来聊慰情。”在此暗指匂亲王的衣香。

三位译者对这首诗的翻译大同小异，应该说基本准确。其中有“袖拂”“触袖”“拂袖”之异，原诗其实就是在摆袖时的触碰，要较真的话，“触袖”更为贴切，而“拂袖”通常带有愤怒、不悦之意。另外，丰子恺根据上下文的语境，在第四句中点明了是“梅香”。

【和歌 794】

原　作：尼衣変はれる身にやありし世の形見に袖をかけて偲ばむ

口語訳：（1）尼衣の姿に変りはてたこの身に、このはなやかな袖をうち

かけて在俗のころの昔をしのぶことにしようか　（小学館）

（2）尼姿に変わりはてたわたしは俗世にありし日の形見として華やかなこの衣裳の袖を我が身にうちかけせめて昔をしのぶこととしようか　（瀬戸内寂聴）

【话说诗意】

"身着青衣已为尼，偶忆昔日霓裳舒广袖。"

丰子恺译：身有袈裟护，
无心着绣裳。
着时怀往昔，
空自恼人肠。

林文月译：着尼衣兮出家人，
彩裳缤纷忆往事，
或将花袖兮温前尘。

姚继中译：若将缁衣换锦绣，
暗自怀旧徒伤悲。

【译文验证】

和歌 794 是浮舟的最后一首感叹诗，也是《源氏物语》795 首和歌中的倒数第二首诗（最后一首和歌是薰大将写给浮舟的）。妹尼僧等人受纪伊守请托，正忙着罗织染制，赶制女装。浮舟见众人为自己周年忌辰，置办布施品，甚觉荒诞滑稽，无奈不好说明，只得远远坐了观看。一尼僧于一红色的衫子上，套上一件表白里红的褂子，对浮舟道："你穿这样的衣服才配呢！总是淡墨色的，太乏味了。"浮舟便写诗一首道："若将缁衣换锦绣，暗自怀旧徒伤悲。"

三位译者用词迥异，但均文采绮丽，与原诗意境相叠，应为佳译。

以上，我们对《源氏物语》最后几回的女主人公浮舟的 26 首和歌做了较为详细的翻译验证。说实话，笔者作为《源氏物语》的译者，还是第一次做这样大量的翻译验证。在中国的《源氏物语》研究界以及比较文学研究界，可能也鲜有如此的验证研究。在这个翻译验证的过程中，笔者越看越害怕，越想越害怕，倘若今后有学者对《源氏物语》的中译本做彻底的翻译验证研究，我们这些译者将如何面对？诚然，我们翻译的是一部古典小说，我们面对的是文学读者，也就是说，我们翻译《源氏物语》不是为翻译界提供一部完美的翻译教材，能作为完美的翻译教材的《源氏物语》恐怕没有人能翻译出来。笔者不是在为我们翻译能力的不足乃至出现翻译错误寻找借口，而是说《源氏物语》的翻译实在是太难太难了，可以说难于上青天。

中国读者对《源氏物语》中译本的认可度很高，特别是丰子恺的翻译版本。但从前面的验证我们也不难看出，即便是大家，也难以做到尽善尽美，因为这不仅仅是文字不同的问题，更是因为在文化差异中有着很多根本无法填平的沟壑。

只有《源氏物语》的译者才深知翻译《源氏物语》过程中的种种艰辛。然而，无论何等艰辛都无法完美地再现原著，这最令译者心有不甘。因此，我们必须认可学术界通过验证而提出的尖锐批评，以促使翻译进步。

第四章 《源氏物语》传统文化意象的翻译再现

文化过滤作为人们接受和了解异文化的认知方式具有普遍性，它指不同文学或文化之间交流时，“接受者不同的文化背景和文化传统对交流信息的选择、改造、移植、渗透的作用”[①]。由于形象创造不是对异文化的被动移植和反映，而是作家的创造性活动，因而形象的生成一般都要经过作家的文化过滤和文化选择。构成创造者本人文化身份的文化背景、情感态度等会自然反映到形象塑造的过程中来，并且扮演重要的角色，这种对本文化的依附实质上就是认同本文化的表现。创造者本身的背景、意识形态、喜好、自身的经历，创造者所处的时代、地域以及社会集团等都是影响创造者的因素，这些因素既有个人的、社会的，也有二者兼而有之的，它们构成了文化过滤的基础，决定着创造者的文化背景在多大程度上以及以何种方式影响到作品中形象的形成。透过形象不难看出形象无一不反映出创造者个人和他从属的文化的社会及文化意识形态的影响。

笔者经历了多年来对文学的研究和思考，特别是翻译了《源氏物语》这样犹如日本古代乃至延续到现当代，甚至可以称为日本民族亘古不变的美学百科全书般的文学经典之后，有时对文学的认识或许有异于常识。曾经笔者的学生问道：我们研究文学的意义何在？笔者的回答是：文学研究是在研究人类自身，优秀的文学作品奉献给读者的不单是一个故事、一个个独立的人物形象，而是人间百态。而这人间百态岂不是人类文化学的缩微景观吗？文学研究虽然不能等同文化人类学研究，但文学文本中所展现出来的人间百态无疑是文化人类学这幅拼图中某个部分或某种色彩。比如现代文化人类学所涉及的研究内容[②]，哪一方面不在《源氏物语》中有所体现？在此不妨罗列如下：①语言的产生和文化的起源，种族、民族的形成与文化之间的联系，文化的机能，文化对人类的作用，文化与个性等。②自然环境与文化的相互作用，生产工具和技术飞速发展历史，采集狩猎民、农耕民、游牧民的经济活动及其生活方式，部落社会的各种经济组织，技术与分工、交换与积累等。③法的形成与人类习惯之间的关系，政治组织的各种形态，没有

---

① 曹顺庆：《比较文学论》，四川教育出版社 2001 年，第 130 页。

② 参见金哲、姚永抗、陈燮君主编：《世界新学科总览》，重庆出版社 1986 年。

统治者的社会结构，宫廷和王权的限制，集中性权威的形成，国家、政治组织的发展等。④婚姻和亲属的基本结构，它包括亲属的概念、亲属的组织化、血缘习惯、血缘集团的机能、宗族的结构、婚姻的意义、婚姻与家庭、社会集团与婚姻等。⑤神话传说、宗教信仰、迷信习俗，它包括咒术与宗教的起源、信仰与礼仪、神话传说与现实世界、部落社会中的原始一神教、游牧民族的动物图腾崇拜、农耕民族中的谷物神灵观念和祭祀、对祖先和英雄的崇拜、多神教的出现等。⑥部落社会的结构与类型，它包括在地域基础上形成的各种集团、建立在性的基础上的社会生活、象征的二元论与社会生活等。⑦语言的结构与体系、语言与文化的相互关系、语言与人类的思维、民俗的分类与语言的关系、语族及其形成等。⑧文化变化的过程、文化的革新、文化的传播、文化的发展与统一、文化的进化过程及其与生态的关系、文化变化与现代社会等。

由此看来，《源氏物语》不仅是日本亘古至今的美学百科全书，同时还是日本平安时代人类社会生活的缩影，其中大量反映出日本古代至平安时代为止所积累的人类加工创制的各种器物，即“物化”的知识力量构成的物质文化形态的文化层，人类在社会实践中组建的各种社会规范构成的制度文化层，人类在社会实践尤其是人际交往中约定俗成的习惯性定式构成的行为文化层，以及人类在社会实践和意识活动中长期蕴化出来的价值观念、审美情趣、思维方式等主体因素构成情感文化层。因此，翻译这样一部文学作品，绝不是像我们通常意义上逐词逐句移译就能轻易译出来的一般小说。正因为如此，我们才有必要认真研究翻译中有关传统文化意象的处理，以匡正在翻译过程中对日本传统文学和传统美学、日本平安时代人类文化生活的误解和歪曲。

文学作品是一个多元的文化舞台，作家通过语言文字的运用将人物形象与故事情节奉献给读者。然而，由于受到社会环境、语言文字、风格个性等的制约，作家的思想并不能完全通过语言文字传达。表面上看，语言似乎是一种独立与纯粹的形式，其实语言更深刻地印记着人的文化属性。因为作家的语言使用不是静止的孤立现象，而是一个连续的过程，它蕴含着使用者社会生活中的丰富的文化因素。因此各种语言之间的真正差异并不是语音或记号的差异，而是世界观的差异。这种差异甚至渗透在语言文字的字里行间，需要读者去意会，去领悟。文学仅是文化系统中的一个要素。文学表观的又是特定区域和特定时代的文化内容。文学作为文化具有双重意义，既有显性的一面又有隐性的一面。我们常说文学是一种语言艺术，这本身就说明它是可以述诸符号载体的信息，它把作家的审美意象传导给读者，这是显性的一面；而文学的隐性常蕴于言不尽意的表达之中，常以审美空白的形式存留在读者的沉思里，表现出一种朦胧美。

那么，翻译中的文化失真究竟失去了什么？简单地说，一是失去了民族语言特有的物质形态，如语音特征、文字特征、组合规则等；二是失去了隐性文化的部分或全部。

既然文学是一种语言艺术，那么语言的应用与作家、翻译家有着十分密切的关系。事实上，日常生活中，即便是作家在创作过程中，语言的使用都是一种下意识的行为，语言应用者把精力大多集中在语言的表意功能上，而对语言的另一个侧面往往不太注意，这便是语言自身的功能。刘传珠在《可译性问题的语言功能观》[①]中将语言的功能分为三个方面：认知表达功能；文化功能；美学功能。笔者认为刘传珠对语言功能的认识颇有独到之处，它为研究文学翻译中的失真问题，特别是由于不同民族语言的局限性所造成的失真问题提供了新的研究路径。

在文学翻译过程中，认知与表达范畴内的失真度取决于译者的水平，文化功能范畴内的失真度取决于民族文化交流的深度与广度，而美学功能范畴内的失真却是游离于译者主观努力之外的无法弥补的遗憾。这里要特别说明的是，语言的美学功能是建立在语言的物质形态之上的，它体现在语音特征、文字特征以及语言单位的组合规则这三个方面。无论将外文译成中文，还是将中文译成外文，都无法将原文中这三方面的特征完全对等地在译文中得到完美的体现，从而导致文学翻译在不同程度上的文化失真。

语言物质层面上的失真，在很多情况下是译者看得到却又无能为力的部分，而隐性文化在翻译过程中的丢失有时则是译者未看到——译者作为读者在解读原著的过程中就未曾能够意识到，更谈不上在译文中去表达它。尤其是有些特有的民族文化现象或某民族特有的修辞表达手法，即便译者看到了，但由于它隐藏在语言符号的背后，其表达之难亦是可想而知的。比如在“杨桐”中有如下一段非常唯美的情节：

「こなたは、簀子ばかりの許されははべりや」とて、上りゐたまへり。

はなやかにさし出でたる夕月夜に、うち振る舞ひたまへるさま、匂ひに、似るものなくめでたし。月ごろのつもりを、つきづきしう聞こえたまはむ

① 刘传珠：《可译性问题的语言功能观》，《中国翻译》2000 年第 1 期第 31 页。

も、まばゆきほどになりにければ、榊をいささか折りて持たまへりけるを、挿し入れて、「変らぬ色をしるべにてこそ、斎垣も越えはべりにけれ。さも心憂く」と聞こえたまへば、

「神垣はしるしの杉もなきものを
いかにまがへて折れる榊ぞ」
と聞こえたまへば、
「少女子があたりと思へば榊葉の香を
なつかしみとめてこそ折れ」

源氏大将道："此乃神宫圣地，于廊下一叙，也无大碍吧？"便跨廊而坐了，适逢月光清幽，更显源氏大将风采。想到与她隔绝已久，定要将几月来胸中的郁积悉数道出，却又不知从何说起，源氏大将便随手折得一枝杨桐塞入帘内，道："我心如这杨桐，常青不变。今番不顾禁地，冲撞神垣，只为见你一面，略诉衷肠，不想却遭如此冷遇……"这里话音未落，只听那六条妃子已吟道：

"此地不长有情杉，
摘来香木也徒然。"

源氏听罢，答吟道：

"闻得此中住女神，
故持香叶访仙居。"[①]

上例古歌中以杉树喻恋人相约的标记，香木乃指杨桐。六条妃子的和歌里引用了《古今和歌集》中的古歌："妾在三轮山下住，一室茅庵常独处。君若恋我请光临，记取门前有杉树。"源氏的答诗引用了《拾遗集》中的古歌："杨桐枝叶发幽香，我今特地来寻芳。但见神女飘渺姿，共奏神乐聚一堂。"

在这段译例中，我们要讨论的不是翻译的准确性问题，而是其中的文化喻义。在中国文化中，说到松、竹、梅，除了表示植物的名称外，更用来表示中国人的某种精神。与之相同，在上面这段例子中，"杨桐"却对日本人有着特殊的意义。在中国福建等很多地区的山上再寻常不过的杨桐，在日本人眼里被视为"神木"，人们将采摘下来的杨桐枝叶，扎成一束束佛手形状代替香烛。日本人觉得，用杨

① 紫式部著，姚继中译：《源氏物语》，江苏人民出版社 2011 年，第 153 页。

桐祭神可以驱灾辟邪，因此，不但祭祀活动中用杨桐“上供”，就是在生日和婚礼上，人们也会送个杨桐叶衬托的花篮表示祝福。即便是平常日子，日本家庭也喜欢把杨桐叶插在花瓶里装饰。

关于文学作品中的显性文化与隐性文化的问题，徐宏力认为：所谓显性文化，是指可以从耳濡目染的现实中总结出来，可以在语言中表述，在文字中储存，它表现为可供归纳的外显规律，常常能得到学习者的认同，带有传播的普遍性。而隐性文化不能用语言文字直接表述，它处于精妙深微的自我意识中，它缺乏传播的普遍性，只能悟得，不能习得。根据这样一种观点，我们不难看出蕴含于文学作品中的隐性文化为何在翻译中容易丢失。

首先是语言的认知与表达功能，大凡从事过实际翻译工作的人都会有这样的体会，翻译绝不是简单的以字换字、以词易词的机械性操作，而是一项艰苦的“再创造”。原因之一，译者受制于对原著的认知；原因之二，译者受制于所译语言的表达局限。文学翻译不是词句的形式对应，而是语言信息与美感因素的整体认知吸收与表达再造。译者在阅读和理解原文的过程中，有语言认知，也有审美体验，通过这双重的活动理解原文，理解的正确与否决定译文的正确与否，认知的程度决定表达的深度。诚然，这只是一个相对客观的程式，因为表达还取决于译者的母语表达能力与学术造诣。

语言的文化功能具有鲜明的本民族特质。每个民族的语言文字都是本民族人民在长期历史发展中逐步约定俗成的。其中许多词语所指称的事物，由于和本民族的社会历史、生活风情相互联系，往往蕴藉着特殊的思想含义和情感氛围，对于本民族读者，其特殊意蕴可以“心有灵犀一点通”；而对于异民族读者，即便是煞费苦心将其译出，多半也只能看到它的表面意义，即直指的或字典的意义，而感悟不到其所内含的象征的或联想的意义。

翻译中有关语言的文化功能层面上的失真度取决于国与国、民族与民族之间文化交流的深度与广度。随着全球一体化进程的步伐，各民族间的交往日益频繁，但这并不意味着民族传统与该民族特有的思维形式走向趋同或消亡。换言之，只要有民族的存在，有民族语言的存在，就会有该民族特有的思维形式、特有的文化存在。既然是“特有”的就意味着其他民族没有，或者内涵不尽相同。这便是造成翻译失真的重要因素之一。

至于语言的美学功能，因其是建立在语言的物质形态之上的，所以在将一种语言译成另一种语言时，可以说它几乎是丧失殆尽。语言特征的不可译性使原语言的音韵美感、节奏美感以及跟音声有关的修辞表达不复存在，文字特征的不可译性使原语言的书法美感以及根据某些特定的书写结构产生的表现美消失，语言单位的组合规则和特点的不可译性使原语言内在美或特定的语气、语感不得不被削弱。如汉语的歇后语、四字成语、词语重叠、对联等，译成外文后，其原先的美感到底还能保存多少，大凡从事过翻译工作的人，心里自然是明白。

再说隐性文化的问题，每一部作品都是一个多维的独立世界，而隐性是其最深远的内涵。问题是，语言艺术中的隐性文化特征之一是它的非继承性。这就是说，有时你从作品中感悟到的某种思想既非作家用明晰的语言文字所述，而又非你能用语言文字所概括。虽然这类言不尽意的作品常常是审美容量丰沛、审美层次深邃的佳作，但却给翻译带来了极大的困难，并使译文产生不同程度上的失真。如“新菜”中有“币袋”一词，在故事情节中根本没有使用其原本蕴含的文化语义，只是借用了其物态外形做了一个比喻：

督の君続きて、

「花、乱りがはしく散るめりや。桜は避きてこそ」

などのたまひつつ、宮の御前の方を後目に見れば、例の、ことにをさまらぬけはひどもして、色々こぼれ出でたる御簾のつま、透影など、春の手向けの幣袋にやとおぼゆ。

丰子恺译文：

柏木卫门督跟着来了，说道：“这花零落得好厉害啊！但愿春风‘回避樱花枝’才好。”一面用眼梢向三公主那方面窥看。三公主的房间一向关闭不甚严密，侍女们各色各样的襟袖露出在帘子底下，帘内显出参差人影，好比暮春旅途上供献路神的币袋。

林文月译文：

督之君也靠拢过来。“花儿飘落得挺厉害嘛。‘风若有情当避花’就好了。”说着，斜眼偷窥三公主那边。照常的，她那儿又是门禁不严，侍女们的各色裳袖自各处簾角外露，人影也隐约可见，宛如行旅之人向春神求佑的彩色币袋一般。

姚继中译文：

柏木卫门督跟了去，道：“落花凋零如此，好生凄怜！‘惟愿春风莫乱吹，回避樱花枝方好’。”并不是暗窥三公主居处。三公主居室向来关不甚严。帘子底下，时露侍女们各色襟袖，帘内人影婀娜，煞是诱人。

所谓“币袋”，原本是日本古代风俗中必用之物。暮春旅行人们必带币袋，沿路贡献道祖神，以求旅途平安。币袋是一个疏网袋，内装各种色彩的布帛或纸片，袋外可看见各种色彩。在三位译者中，丰子恺不仅将“币袋”译出，还给了注释；林文月译出来了，但是没有给注释；姚继中没有译出。像这样一种带有本民族特有文化意象的词语，翻译与否，颇费考量。一是它与上下文在意思、意境上的关联性如何；二是译出来是否能让中国读者领会。如此考量，“币袋”一词虽然在故事情节中没有使用其原本蕴含的文化语义，只是借用了其物态外形做了一个比喻，但丰子恺的处理无疑让中国读者领会到了“币袋”的文化内涵，译得非常得当。林文月未曾给出注释，读者未必能领会“币袋”在此文中的意境。姚继中因为考虑到在本情节中没有使用到“币袋”原本蕴含的文化语义，仅仅是一个日本人才能读懂的比喻，故未曾译出，而是根据上下文的意思判断，以“煞是诱人”取而代之，是否恰当，自有译介学者评述。

日语与汉语无论在语言文字上还是文化渊源上，无疑都有着深厚的亲缘关系。但这并不意味着在汉日、日汉互译中不存在文化失真现象。汉字的东传使日本有了文字。但用外来的文字记载自己已有的民族语言，这必然面临着极其痛苦的选择：要么被外来语言同化，要么将外来语言经过加工改造后为我所用。日本民族明智地选择了后者。汉语传入日本后经历了三个阶段：一是汉语原封不动的使用期；二是汉语与日本传统语言并存并逐步加工改造期；三是脱胎为成熟的本土语言。由于经历了一个相对较长的同化与改造，日语在使用汉字的同时，又与汉语脱离，成为一种独立的民族语言。既然是独立的民族语言，无论它是否使用了汉字，都不可避免地烙上了民族的烙印，而这种民族烙印正是我们在翻译过程中往往无法完全译出的民族文化。就汉字而言，形、声、意三个方面，“形”虽无大的改动，但“声”却发生了巨变，至于“意”则根据音读、训读有所区别。尽管日语汉字的音读源于汉字和原有的读音，但那只是一种渊源上的关系，而非原先的读音。同一个汉字，倘若其“声”发生了变化，其文化功能就会随之发生变化，文化功能发生变化，便导致在实际运用中此已非彼。此外，还有一个往往令人们忽视的问题，这就是日本民族的创造性造就了他们利用汉字的造词能力，并赋予所造的词汇拥有着本民族的特殊寓意，如上例中的“币袋”便是如此。

人们对可译性问题的解决一直寄托于语言形式如何转变，提出了采取音译、意译、替代、注释等许多方法。的确，这些方法从实践角度讲是可取的。然而，当深入到文化领域中去仔细分析研究，你会就会发现可译性与不可译性不仅仅是一个通过语言形式转换能最终解决的问题，因为它是一个文化认同与非认同的问题。尽管说语言和思维的辩证统一是可译性的根据，这与全人类的思维规律有关，任何语言承载的文化都应该是可译的，但可译性和不可译性客观上确实困扰着我们的翻译。即便是有着语言、文化亲缘关系的中日文之间，与可译性或不可译性明显相关的就有双关语、歇后语、成语、民谚、格律诗、民俗称谓、回文等，而这仅仅是形式，隐藏在形式背后的特殊文化寓意，你直译也好，意译也好，无非都是试图通过语言形式的转换或对语言符号的操作，最终要解决的是信息的传达。

第一节　《源氏物语》翻译中文化喻体意象亏损与重建

包通法在《跨文化翻译中异质文化“本土化”接受视域厘定的哲学思辨》[①]中指出：一个民族的历史文化的漫长沉淀，具有顽固的民族性和个性化。它们分别通过外在文化的各个方面——生态文化、物质文化、社会文化、宗教文化、语言文化等充分张扬其个性。除此之外，一个民族文化的个性化和相异于其他文化还体现在：①语言文化的内在诸因素，即语言符号结构、语言体系，以及语言由于长期的历史沉淀而形成的潜在的语言组合能力，如修辞、句、章等。②基于语言文化的内在诸因素而形成的诸如文学体裁、谋篇布局、音韵排序、作品风格和“弦外之音，韵外之致”，即作品意境神韵等等“超乎纯语言符号之上”的一系列因素。词、句、章中意致和意境的构成既属于物质符号的个性化问题，但同时亦属于个性文化熏陶下群体对其主观性认知和赋予美学属性，是历史的、文化的美学理念，具有鲜明的民族个性化和承传性。

文学文本中作者赋意和文本释义是相对确定的，虽然人们对同一文本的理解始终处于历史性的演变之中，但并非意味着文本作者原初的“含义”发生了变化，而是文本的“意义”发生了变化。当代美国解释学理论家赫施（E. D. Hirsch）指

① 包通法：《跨文化翻译中异质文化“本土化”接受视域厘定的哲学思辨》，《上海翻译》2005 年第 4 期第 47 页。

出："一件本文具有着特定的含义，这特定含义存在于作者用一系列符号所要表达的事物中，因此，这含义也就能被符号所复现，而意义则是指含义与某个人、某个系统、某个情境或与某个完全任意的事物之间的关系。像所有其他人一样，在时间行程中作者的态度、感情、观点和价值标准都会发生变化，因此，他经常是在一个新的视野中去看待其作品的。毫无疑问，对作者来说，发生变化的并不是作品的含义，而是作者对作品含义的关系。"[①]所以，在文学翻译中，文本的"含义"没有变化，变化的是译者与文本的一种关系，即"意义"。

《源氏物语》翻译中的文化意义透视

文化是无声的语言，是为同一社会成员所共同拥有并理解的内涵。此内涵包括风俗、礼节、仪式、信仰、价值观、行为规范、意识形态、知识体系、社会事件等，在形式表征上往往以专有名词、成语、名言、典故、隐喻、诗歌、俚语、文本（书籍、电影、图像、文章）的形态出现于谈话或文章之中，也是造成翻译、理解上信息不对等，甚至不可译或无法解读的主要原因。正由于文化词汇的语意内涵，赋予了词语在原有词义之外的文化意象、社会功能、美感经验、价值观照等多重意旨，故译者在传递此类信息之际，既要从源语中保留信息或功能，又要接受译语词法或句法以及语式等限制。

理想的译文应当与原著有着相同的解释空间，即用相同的形式表达相同的信息：原著所用意符表达的意义应当在译文中采用同等的意符来表达；原著用音韵表达的韵律应当在译文中采用同等的韵律来表达；原著用喻义表达的信息在译文中也应当采用同等的喻义来表达；原著中隐含的信息也应当在译文中隐含着同样的信息。曾经有一位研究日语语言学的教授在对研究生开设专题讲座时说过这样一句话："我们从事翻译必须达到这样一种境界，即译文中的一切信息与原著中的一切信息在形式与内容上都应当是对应的，也就是说，翻译应当是可逆的，即译文可以通过再翻译原封不动地还原成原文。"这位教授是否做过翻译工作不得而知。事实上这只是一种永远无法实现的理想，不应也不可能作为翻译标准，但可以作为译者从事翻译工作的理想的境界。

现实的翻译是译者根据自己对原文的理解，并且在读者需要的限度内使译文保持与原文尽可能接近的解释空间。译者只能在自己的价值观、主观认知、客观

① 谢天振主编：《翻译的理论建构与文化透视》，上海外语教育出版社 2000 年，第 81 页。

知识和读者需要等因素的限定之内去翻译。翻译的标准只能服从译者的价值观和读者需要所决定的翻译目的，译者必须为此目的进行必要的取舍。当特别需要注重原著的意义时，译文有时须在其他方面做出适当割舍；当要特别表现原著的形式美时，译文应更注重形式，其他信息则有时会居于次要地位。译者对文本的解读能力与译者自身的知识背景以及人类整体的认知水平有着紧密的联系。同一个文本，不同时代及不同的人可能会作出不同的解读。但无论如何，优秀的翻译应当使译文在尽可能长的时间与原著文本保持着尽可能接近的解读空间。随着人类客观知识的增长，特别是随着与该文本相关的客观知识的增长，原著文本与既有的译著文本之间的解读空间的差距将会发生变化，当这种变化不能满足当前的读者的需求时，重译就成其为自然。尽管好的译文本身就可能成为一件不朽的经典，但仍不能排斥重译。

就目前而言，《源氏物语》的中文译本在国内约十种，在此需要郑重说明的是，纵使重译的缘由有千千万万，但绝不能认定重译的文本一定会超越此前的翻译文本！每一种文本都必定有着各自的长短，能对此作出优劣评判的一定是读者和历史的洗礼。

在翻译中识别原著的文化心理，需要译者对源语文化的深刻理解和感悟。就《源氏物语》而言，其中的物质形态、典章、仪式等文化形式相对而言容易识别，而隐性的文化心理仅靠我们的感知有时是很难把握的，需要通过查阅各种文献、对比若干版本来调动我们的文化认知能力，对原著语言文化意义、体裁文化意义和作者的创作意图加以思考，以帮助我们识别原著所表现的文化心理，最终把握住原著的文化气质。可以说，任何一部文学作品都有着特定的文化气质，而文化气质由不同的文化载体所承载的文化信息整合烘托而成，这些文化载体包括专有词汇或语句、场景或背景、时间或过程、气氛或情态、人物文化特征和叙事行文特征，每一种文化信息载体中都透露出该民族的文化心理。

在国内，包括不少大家在内的学者对《源氏物语》的认知都是值得商榷的。比如日本文学研究界的权威叶渭渠在丰子恺翻译的《源氏物语》初版的“译本序”[①]中，是如斯评价《源氏物语》的：

小说着墨最多的是源氏及其上下三代人对妇女的摧残。源氏的父皇

① 紫式部著，丰子恺译：《源氏物语》，人民文学出版社 1980 年，第 1 页。

玩弄了更衣，由于她出身寒微，在宫中备受冷落，最后屈死于权力斗争之中。源氏依仗自己的权势，糟蹋了不少妇女：半夜闯进地方官夫人空蝉的居室玷污了这个有夫之妇；践踏了出身低贱的夕颜的爱情，使她抑郁而死；看见继母藤壶肖似自己的母亲，由思慕进而与她通奸；闯入家道中落的末摘花的室内调戏她，发现她长相丑陋，又加以奚落。此外，他对紫姬、明石姬等许多不同身份的女子，也都大体如此。在后十回里出现的源氏继承人薰君（他名义上是源氏和三公主之子，实际上是三公主同源氏之妻舅之子柏木私通所生）继承了祖、父两辈人荒淫的传统，摧残了孤苦伶仃的弱女浮舟，又怕事情败露，把她弃置在荒凉的宇治山庄。在这里，读者通过这些故事，可以看出这种乱伦关系和堕落生活是政治腐败的一种反映，和他们政治上的没落与衰亡有着因果的关系。

用我们当代中国人的伦理观来衡量光源氏这样一个人物形象，国内不少的论文中甚至使用了“下流”“无耻”“日本的西门庆”之类的词语来认定光源氏。其实，这绝不是紫式部的初衷。紫式部在《源氏物语》中是将光源氏置于了一种无善无恶的精神空间，简而言之，无善无恶不是不善不恶，而是面对善恶之后一种生命体悟的超然，是引导读者进入到一种空灵忘我甚至是蛮荒大美的创造。即人类生命的苦难和悲凉、无端和凡常，亦深藏着超然的美感。她将自己的小说空间建构在了一个超然物外的世界里，无善无恶，是佛教的精髓，也是人类精神最超然的一次解脱。紫式部在文学作品中营造、构建的精神空间，在一定程度上代表了平安时代作家或那个时代的精神理想，抑或是精神追求。但如果没有在精神空间上有所拓展和开拓，单纯靠所谓的想象力，尽管对文学至为重要，但却还是会有所缺憾的。因此，为平安时代构建一个能安放读者灵魂的精神空间，显得尤为关键。

不乏学者认为日本平安时代的文化特色之一是情色文化，在此笔者不作评论。但是我们看到紫式部笔下的男女间的恋爱交流，从未见一字一句赤裸裸的性描写。情色不等于色情，作者超越了世俗的肉欲，始终以一种高雅的境界讲述男女间的恋情。平安时代的男女并不像现今这样自由，即便是贵族男女之间，女性始终处在等待“被人发现”的境地，但并不是说女性绝对处于完全被动的状态，她们会通过种种策略让自己“被人发现”，比如琴、棋、诗、书、画等等。尤其是通过含蓄的语言和看似无关爱情的和歌，是其令人感知自身存在的最为常见的手段。《源氏物语》中通常会描写男女主人公之间一种近乎仪式、程式化的巧妙对答、交换和歌等，以达成心灵的契合。恋人之间消除时空距离的最大媒介，就是书信与和歌。当然，这样的书信只是一种替代物，只是恋人不在身边的象征。但因为书信的外观（纸质、卷扎方式、随信附赠的植物枝叶及花卉种类等等）、书法，同时又是象征了恋人真实却远在的身影，故而所有人最终又达到了一种近乎恋物的境界。因此，当要准备写信时，恋人们会极为用心地选择色纸，选择附赠的礼物，甚至要选择合适的信使，以符合恋人们所期望达到的当时环境下的心灵满足。

书法显示出了写信人的性别、年龄、地位、品味，而这些都能激发出与性有关的激情。在当时，恋爱关系通常仅仅是因为某人的笔迹开始的，从笔迹中辨别出他人的高下是一种必要的才能，并在两性风俗中被发展到了极致。由于手书具有如此强烈的神秘性，以至于它几乎成为确定相恋者身份的标志。在《源氏物语》的情节中，有很多关于替身，或是恋人们在夜晚有意或无意认错了人的故事，但是却没有任何一个场景讲的是利用书信作为欺骗人的手段。书信的内容可以体现出写信者的心情，等待信使似乎比会面更令人期待。由于男女间的这种通信的内容通常是朦胧而晦涩的，总是用一种暧昧的方式来表达，故而这些文字可以背叛写信人真实的意图，但是书法这种图像化的符号，却是无法不暴露写信人真实的内心的。这种境界，在世界文学史中都是极为罕见的。试看“花宴”中光源氏与胧月夜的浪漫艳遇，光源氏欲与藤壶妃子幽会未果，醉意朦胧中误入了弘徽殿。

> 忽听得有女子在廊下唱歌：“既无阴云遮，又非银辉照。朦胧春月夜，此景堪无双。”乃是一首古歌。声音娇嫩动听，渐渐清晰，正往这边走来。源氏公子大喜过望，待她近了，便撞出门去，一把将她的衣袖拉住。那女子一惊之下，竟也动不得身了。愤然道：“呀，好生唬人！你为何人？”源氏公子答道：“你何必这般讨厌我呢？”便吟诗道：
>
> “如此良宵你我知，
>
> 朦胧月夜续因缘。”
>
> 遂抱她入房，随即将门关上。那女子见事出突然，顿时不知所措，浑身发抖，却也不加挣扎，如小鹿般柔顺甜美，别有一番情趣。她两眼茫然道：“我又不认得你是何人，怎生是好！”遂欲喊人。源氏公子对她道：“谁都容得下我。即便你喊也是无用，且还是不作声的好。”女子听

得此语，心中略有放松，便知是源氏公子了。……只叹那春宵苦短，转眼间便天色渐明了，公子心中不胜惆怅。那女子也是依依不舍，春心荡漾难以抑止。源氏公子对她道："还未请教芳名呢，不然我今后怎生找你？我想你也不愿意就此情断吧。"那女的便吟诗道：

"妾若不幸赴黄泉，

料汝非是扫墓人。"

她吟时姿态娇嗔可爱。源氏公子答道："如此说来也不无道理。但你我若有缘分，日后自能得见的。不过：

匿名终究难寻觅，

谣诼纷纷似竹风。

你若不顾世人议论，我又何慎？若我真想知道，你又岂能瞒得住我？"

谈话未毕，天已渐亮。到宫中去迎接女御的众侍女，也纷纷起身了。门外人来人往，源氏公子不便于此久待，只得与那女子互换扇子，聊作凭证。旋即匆匆出门，返回宫邸。

……无聊之中，又拿出那晚那女子赠他的扇子来看。但见三重樱花，为五色丝线所折，饰于扇面外骨，左右各半，对称相映。扇面另用泥金描了一弯淡月，月下水波不兴，月影倒映水中。画景虽不甚新颖别致，但乃美人证物，也弥足珍贵呢。那个吟得"料汝非是扫墓人"的女子，其面容始终留于心中，挥之不去。便借助诗兴，添写了两行于那扇头：

"朦胧残月落谁家？

不见相思愁煞人。"

写罢，将扇子细加收藏起来不提。[①]

这段文字的意境异常优美，光源氏与胧月夜的邂逅何等浪漫！而胧月夜的芳名正是来自这段文字的字里行间。可见，紫式部笔下平安贵族的恋爱绝非肮脏的苟合，而是充满着雅趣的贵族风情。当然，这毕竟是千余年前日本的宫廷艳事，是一种文化，是一种审美境界，决不可简单粗暴地拿当今的伦理道德去衡量。

① 紫式部著，姚继中译：《源氏物语》，江苏人民出版社 2011 年，第 124 页。

《源氏物语》翻译中文化意象的缺失与重建

文化意象是文学作品特别是诗歌中非常重要的审美形象。在文学翻译中对原著文化意象的忽视，势必导致原著带给译著读者的异域风情和艺术特色丧失，使读者失去独特的审美享受。从文化认同的角度去看，异国形象有助于我们借助他者发现自我和认识自我，同时也可以帮助我们对自我文化的身份认同加以确认。这个观点应该说符合当下形象学研究范式的要求，表明了跨文化、跨种族的文学实践的内在逻辑性，“所有对自身身份依据进行思考的文学，甚至通过虚构作品来思考的文学，都传播了一个或多个他者的形象，以便进行自我结构和自我言说：对他者的思辨就变成了自我思辨”①。但是，由于社会文化心理的差异，文化意象不可避免地在翻译过程中被遗失、被改变和被重构。在诗歌、小说的翻译中，文化意象的动态对应反映出译者的主体操控。

体现在文学文本中的文化层面十分丰富，有作为文明单元的文化、作为文学内容的文化、作为语言信息的文化、作为文本意义的文化以及作为翻译对象的文化。因此，文学文本的翻译实际上是实实在在的跨文化的语言交流活动，具有以文学文本为通道从一种文化进入另一种文化的交流本质，其中最为现实的是作为语言信息的文化移译。语言本身承载了丰富的本民族的社会生活和精神状态的文化信息，而文学是用语言表现社会的特殊方式，文学语言带有本民族的文化遗传因子，如《源氏物语》中的和歌、汉语的诗词等。这里需要特意说明的是，所谓翻译对象的文化，笔者指的是作者意图同作品的语言形式、文本样式的意义共同组成作为翻译对象的文学文化意义。

如前所述，在文学翻译过程中必须兼顾语言的认知表达功能、文化功能以及美学功能。其中作为审美功能的部分，其在翻译中几乎是基于创造性的脑力劳动，是译者的翻译经历积累和各类文本翻译思维的互动结果。“翻译的实质不是对原作品意义的追索或还原，而是译者主体能动地理解诠释过程，是译者主体自身存在方式的呈现，同时也是译者在理解他人的基点上对自我本性的一次深化理解。”②因此，抽象思维、形象思维和灵感思维贯穿于文学翻译的全过程。灵感思维不仅表现在翻译主体对作品的理解、阐释和语言艺术的再创造中，而且体现在两语转换

① 孟华：《比较文学形象学》，北京大学出版社 2001 年，第 179 页。

② 袁莉：《文学翻译主体的诠释学研究构想》，《解放军外国语学院学报》2003 年第 3 期第 76 页。

的思维加工过程中。在这一过程中，译者最为关注的是如何再现原作的思想蕴含、审美意志和语言风格，如何调动作为读者或译者所获得的对原作的理解和审美体悟，调动译者的生活经验和艺术感悟，又使之融入语言表达中。

我们再次回到《源氏物语》的翻译，林文月在译林出版社 2011 年出版的《源氏物语》修订版序言中说："……文中随处出现的特殊名词——包括建筑陈设、衣裳饰物、节令仪式等等。日本的现代语译本尚可保留原文；至于为使读者领会，无论 Waley 或 Seidensticker，都不得不做适度西化的改译。Seidensticker 颇以忠实的翻译态度自诩，他在译著的序文以及别处都对 Waley 的武断及任意删简有所批评，唯有此类名词，他自己也无可如何；不过，为了弥补此缺陷，Seidensticker 在书中大量安排版画插图，几乎每三两页便有一幅图画。"[①]

的确，Seidensticker 的翻译版本与原作非常接近，同时这个版本也为读者能够更好地理解紫式部所擅长的反讽手段提供了一个几乎完美的转译。由于过于死板地做了紧贴原著逐词逐句的翻译，以至于善于阅读宫廷贵族浪漫人生的西方读者丝毫体会不到东方的浪漫。正因为如此，Waley 的翻译尽管离原著有着较远的距离，但他大胆、骇人听闻的文化意象的移植，不但受到西方读者的青睐，还使得日本文学在西方世界变得非常著名。在"玉鬘"这一回中，Waley 就毫不留情地砍掉了很多描写，而在第三十三回"紫藤末叶"和第三十六回"柏木"中，他又删掉了很多让他感到不耐烦的静态景物描写。Waley 甚至在没有告知读者的情况下直接把第三十八回"铃虫"全部省略掉了。Waley 的这种随心所欲的翻译方法不仅对作者紫式部也对《源氏物语》甚至对读者都造成了某种程度上的伤害。比如说，当翻译到紫姬之死的这个部分时，原文被大量缩减；有关夕雾与源氏和紫姬之间的微妙关系的描写在他看来过于冗长，且不能够被西方读者理解，故也一概删去。在第二十五回"萤"中，关于物语的虚构性讨论的情节，Waley 对原著的修改也是为人所诟病的。事实上，Waley 对原著的任意修改在全文中有很多。不过，这样的事例也并非绝无仅有，看看林纾早年翻译那些欧洲小说的先例，Waley 的做法似乎就变得容易理解了些。

由于文本意义的多层次，一个具有独特文化意义的词，有时的确很难在另一种文化中找到完全的对应者。这意味着不同的译者只能在一个词的多个意义层级进行选择，每一种选择在保留了某个层次的意义的同时，都会失去其他一些层次

① 紫式部著，林文月译：《源氏物语》，译林出版社 2011 年，第 26 页。

的意义。而这种选择表现在文化翻译策略上，或许正是利用了文化的外在多样性。换言之，意义本身的多层次性，已经为翻译策略选择的多样性和多译本之间的互补性做了某种铺垫。

第二节 《源氏物语》显性文化与隐性文化的翻译技巧

在《源氏物语》翻译过程中，对其特有的内隐信息的处理是最令译者费心血的事情。所谓内隐信息，是指文学语言符号的自指性、无限衍义性、复义性等。紫式部的语言应用能力无疑是平安时代物语文学、日记文学作家中登峰造极的，她通过运用各种文学技巧和手段，含蓄、隐含地表达自己以及《源氏物语》中人物的丰富的观点、感情和意象，这些信息很大一部分并不是直接通过语言文字符号来明确表达的，而是要通过读者的领悟能力和文学修养，努力从语言符号的自指性、无限衍义性、复义性中去解读。笔者之所以这样说并非没有根据，这从若干版本的《源氏物语》现代日语翻译文本中就可见一斑。读者获取内隐信息的过程是十分复杂的，因为这些内隐信息不单是在文本里获取的，读者主要依赖的是对文本和语境进行推理，然后综合处理而得出的。话语要具有关联性，这种关联性会给读者带来语境效果，所谓语境效果，就是读者对话语和语境信息进行推理综合处理后，在读者的认知环境中产生的认识上的变化。所以语境效果是在话语表达的信息基础之上又在话语表达的信息之外产生的，可见它们是隐含的。

那么文学作品中作者是通过哪些途径表达这些内隐信息的呢？

（1）声音层面。在文学语言这种情感符号中，声音和意义是不可分离的，因为从文学作品的构成要素——文学语言、文学结构、文学形象来看，符号的声音层面是渗透到各个要素之中的，所以声音层面无疑蕴含了丰富的情感和意义。

（2）意义单元的组合层。结构的组织和配置是形式的问题，因为形式是语言的符号链的组成方式，文学语言符号链的长短也都与要表达的内容密切相关。如长句多服务于逻辑性较为严谨、思想表达较为缜密的情境；多重复、少变化的句式往往与沉闷的气氛或心境有关；而短句与省略句则多与情形的紧张有关。所以文学家常常在自己的作品中对日常的生活语言进行艺术加工，通过对生活的再创造和变形来构建一个人们既熟悉又陌生的世界。

（3）形而上质层。所谓形而上质层是指如崇高、悲壮、恐惧、神圣、凝重、飘逸等那种既非客体属性亦非主体属性的心态特征。

在此不妨看看《源氏物语》第二十五回“萤”中的一些段落，就能深刻理会语言符号的自指性、无限衍义性、复义性所表现的光源氏谋求与玉鬘的恋情时，求而不得的复杂心态。

源氏［对玉鬘］虽有所恋，又恐诽言流传，故人前只字未提，心中却甚感悲伤。他便常去探望玉鬘，伺机表白。玉鬘已值晓事之年，对此不免有些懊恼，却并不好严厉拒绝，只得佯装不知，处处加以设防，令源氏好不难堪。

兵部卿亲王盛闻玉鬘端庄娴雅，惹人怜爱，便满怀赤诚，向她去信求婚。熟料却了无回音，心中甚是焦躁。时至五月，风习不宜嫁娶。但亲王已不堪忍耐，仍写信与她道：“万望得见小姐芳容，以诉心中相思之苦。”源氏看罢，便对玉鬘说道：“何必拒绝呢，此乃一大美事。这等人求爱于你，须常回信于他，万不可漠然置之。”便欲教她如何作答。然玉鬘心中嫌恶，借口心绪不佳，不肯作答。……此时，源氏便唤来了宰相君来，口授内容，令其代写。这般安排，或许意在窥探兵部卿亲王与玉鬘的谈情之状吧。玉鬘对此，甚为不悦，为免却源氏纠缠，只得多少用些心思，启阅亲王那缠绵悱恻的情书，而并非心有所爱。

源氏欲窥人私情取乐，闲暇无聊，便自作主张，约了兵部卿亲王前来。兵部卿亲王接到回信，甚为欣喜，即刻悄然赴约。……

时值薄暮降临，天色依稀，兵部卿亲王沉静地坐着，甚为俊逸闲适。忽闻得内室飘来幽香，混着源氏衣香，越发芬芳。兵部卿亲王不由暗想：玉鬘的容貌定是想象所难及的吧。爱慕之情越发炽烈了，遂直言将其倾慕之情诉与了宰相君。实乃字如其人，合情入理，并非冒失贪色之辈，神情亦与常人不同。源氏却在一旁饶有兴味地偷听。玉鬘此刻正笼闭于东厢房，横卧在床。宰相君便膝行入得房内，转达了亲王情意。源氏令其转告小姐：“如此待客，甚为沉闷，万事应见机而行才是。你已知事，怎能回避亲王而令侍女传话呢？即便不欲亲口答话，亦不必如此疏远才是。”此番劝诫，令玉鬘甚为不快，但又恐源氏趁机闯入房来，便索性溜出了房间，行至正厅与厢房之间的帷屏旁，俯身躺下了。

玉鬘静听兵部卿亲王的娓娓倾诉，仍默然不发一言，弄得他好不失望。此刻，源氏悄然溜近了玉鬘身旁，忽地撩起帷屏下端。刹时，四围亮光点点，玉鬘一惊，以为点着了蜡烛，却是源氏作弄了她。原来他于黄昏时分网罗了诸多萤火虫，为免漏光，而藏于身边。此刻见时机成熟，便佯装拉整帷幕，突然放出萤火虫来，昏黑之中，荧光忽闪。玉鬘惊吓之际，忙举扇掩面，其侧影美丽异常。源氏此番戏作，实是别有用心：兵部卿亲王热切求婚，只因玉鬘乃源氏之女，并不知其美貌几何。昏黑屋内突放光明，便可使其一窥玉鬘芳容，好教她气恼。倘玉鬘确系源氏亲生女，他定不会如此，这用心实甚无聊之极。源氏将萤火虫放出后，遂由另一扇门溜出，回府邸去了。[①]

以上这段文字就翻译而言，应该没有太大的翻译技术方面的问题，而读者也不会读不懂译文。但是，这段描写内隐信息非常丰富，不是从字面上就能理解的。表面上看，似乎只是源氏的一个恶作剧、一次浪漫之举，其实并不那么简单。源氏已经身居太政大臣，做出如此无厘头的事情来，反映出他连自己也理不出的情感纠缠。一是玉鬘其实是夕颜与源氏相遇之前，与源氏妻舅头中将所生，当她走投无路投奔源氏时，源氏生拉活扯地认作女儿，这自然是出于对夕颜的遗爱。二是源氏与夕颜的邂逅虽已过去十七年之久，然而源氏始终念念不忘。尽管他阅尽了天下婀娜娉婷的种种女子，可夕颜总是梦魂萦绕。他常想："倘她尚在人世，该有多好啊！"在这种心境下，偶得夕颜遗孤，如获至宝。他将对夕颜的爱移情于玉鬘，可是他对玉鬘的爱却是在父爱与男欢女爱之间游移不定。三是他要显摆自己有一个美貌的女儿，希望看到众多的追求者向玉鬘求婚。如果源氏的这种想法是正常的倒也就罢了，然而他却是以一种变态的心理，试图窥视求婚者与玉鬘之间的爱情交涉，他既不希望求婚者轻易俘获玉鬘的爱情，又不愿意玉鬘无人追求。笔者在此只是简单地做了个解读，实则还有更多的内隐信息隐含在内，在此暂不逐一赘述。

《源氏物语》翻译中的精确与模糊

袁新曾在《文学翻译中的精确与模糊》[②]中指出，文学语言的另一个显著特征就是它的模糊性。模糊性是指事物在类属等诸多方面界限不清晰或不分明，呈现

① 紫式部著，姚继中译：《源氏物语》，江苏人民出版社 2011 年，第 347 页。

② 袁新：《文学翻译中的精确与模糊》，《中国俄语教学》2011 年第 2 期第 57 页。

着“亦此亦彼”的不确定的特征。文学语言的模糊性产生的原因主要有以下几个方面。一是人类语言中许多词语所表达的概念原本就是没有精确边缘的，即所谓的模糊概念。二是描述对象类属边界的不确定性、描述对象自身的不可言说性以及不同社会角色对语言本身理解的差异性等，都会造成语言的模糊性。三是文学作品渗透着作家复杂的心理因素，包含了作家丰富的感情体验，其物化的语言外壳必然会有一定程度的模糊性、不确定性。四是文学作品的审美需要决定了文学语言的模糊性。朦胧美、模糊美是文学作品重要的美学特征，作品的艺术形象、人物性格、意义蕴含等因素，都存在着难以精确界定的动态性、模糊性。

关于《源氏物语》中言语的模糊性，笔者认为主要是由两方面的要素构成的：

第一个要素是紫式部在艺术传达中的精心构思。这种精心构思既有文学方法论上的考量，也有对《源氏物语》中叙事对象的身份和宫廷政治背景的考量。至于文学方法论上的考量，诚如袁新所言，模糊语言可以加大语言的信息含量，传递更多的意义蕴含。作家可以利用模糊语言，构置更多的“未定点”“空白区”，激发读者的想象力，促使其独立思考，从而扩大作品的艺术空间。而出于对叙事对象以及宫廷的政治背景的考量，紫式部在“杨桐”中的一句“作者乃一女流，不宜高谈国事”，为其根据情节的需要而使用模糊性的叙述埋下了伏笔。

第二个要素来自语言本身。《源氏物语》中有大量的模糊性的语言表达其实并不是出于紫式部的精心设计，而是平安时代用于创作物语文学的“日本语”尚称不上是逻辑结构严谨的书面语言。早期的物语文学作品基本上是直接使用口语体去叙事的，这种口语体直接记述的文学创作的确给当时读者带来了一种清新的阅读感受，但随着时代的推移，后来者忽然发现越来越难以准确地理解当时的这些物语，其中最重要的问题之一就是语言的模糊性造成的理解不畅。

模糊语言含蓄精练，可以唤起读者的联想与想象，进而体味言外情趣。那些深刻的道理、复杂的感情以及一切难于明确表达的东西，可以通过模糊含蓄的方法让人在言外思而得之。作为译者，在翻译的过程中对文学翻译中精确与模糊互为依托不但要有理论上的认知，更要有翻译技术上的处理能力。模糊在很多情况下是达到精确转换的重要途径，应在准确把握原文的基础上适时运用模糊语言，恰如其分地表现原文的意义构架、情感倾向、语体风貌等等，并根据情节的需要而设计译文再现的方式方法。

有学者提出，对于原著中的模糊语言表达，译文中仍然应以模糊语言加以再现，以不破坏原著的风格。从理论上说，这种观点应该是正确的。但译者必须清楚地认识到，文学语言的模糊性决不等于令读者阅读时感到语焉不详、无法把握所云，它的特点是表达虽然模糊，但给读者留下的印象并不模糊，只是因人而异，各有其清晰之处罢了。模糊语言拓展了作品的张力，从而符合更多读者的审美情趣。当然，从接受美学的角度来看，译者对原文的理解、对译语的把控，都有自己的局限性，会受到很多因素的制约，比如文化修养、生活经验、所处的社会环境、对美的感知能力、对译语的艺术运用能力等等。因此，从整体来看，文学翻译中的精确性是相对的，是暂时的，而模糊性是绝对的，是普遍存在的。

比如，曾在前面章节中论述过的色彩的问题，日本讲谈社彩色版的《日本语大辞典》①的附录“色名解说”中分色系罗列了350种颜色的名称，并配以解说、色彩比对图。从事美术、色彩研究的专家学者或许都能分辨它们的色差，但未必都能用中文的某个固有名词表述。因为仔细分析可以发现，在350种颜色中有近百种的颜色是用自然界的植物名称直接作为颜色标记的，此外还有一些动物、宇宙体之类的名称用作颜色名称，在此基础上再以浓淡区分。颜色名称是典型的模糊词。颜色本身没有截然分明的界线，不同色调的颜色数量极多，而颜色名词的数量是有限的。此外，对同一颜色的视觉感受也会因背景的不同而有变化，译者有时也只能视情况而定，因为很多情况下根本无法查证。比如曾经有日本学者用声谱仪去验证“大珠小珠落玉盘”的声音，这种严谨的科学态度令人敬佩。但从事这种验证的学者只能是科学家，而不会是文学家或文学欣赏者。

我们的审美知觉源于我们的五感，所谓五感通常指的是视觉、听觉、嗅觉、味觉、触觉，由于这五感的言语表达虽然会因人而异，产生一定的模糊性，但大抵会在能够达成交流，不至于有太大出入的范围内。然而，玄学中的五感指的是心感、触感、意感、人感、情感。在这五感中，除了触感，另外那四感的言语表达的模糊性就非常大，很多情况下会造成误解、曲解，甚至不解。诚然，感觉本身就具有模糊性，很难明确界定。对于感觉词的翻译通常必须结合上下文，判断其在语境中的意思，才能恰当地将其翻译出来。

再从纯语言的角度来看，日语并不属于精微的语言，且不说平安时代“日本语”刚形成不久的阶段，即便是当今的现代日语亦是如此。所谓不够精微，其一是日语的一词多义，这就造成作者与读者必须对同一词作出意义选择；其二是日

① 梅棹忠夫、金田一春彦、阪倉篤義他監修：『日本語大辞典』，講談社 1989 年。

语中大量的“造词”形成了意义上的模糊；三是日语的语法结构只要求谓语部分在句末，其他成分在句子中没有严格的语序要求，这就造成我们在翻译时对逻辑重点的判断出现偏差；四是日本人自古以来在语言交流中习惯于“暧昧”表达，特点是某些成分的省略，尤其是主语的省略，这使得日本民族以外的日语读者时常产生阅读、理解上的困惑。

我们在此论述文学作品中语言的精确性与模糊性，并不是说这两者之间的关系是绝对对立、不可调和的关系，事实上它们是辩证统一的，二者互相联系、互相制约。因此，我们在翻译过程中如果忽视择语的精确性，就会陷入含混糊涂的境地，而排斥语言的模糊性，又会使作品索然寡味，缺乏艺术性。值得注意的是，精确可以细分为语义精确和择语精确，而文学创作中的“模糊”只能是语义上的模糊，在语词的选择上是模糊不得的，作品中的每个字、每个词，即便是个模糊词，都是作家精心挑选出来的，都包含了作者一定的艺术用意，文学翻译中择语的精确性，有时就恰恰表现在正确选择模糊表达方式上。在此不妨看一看第五十回“寄生”中林文月与姚继中的一段翻译：

「夏にならば、三条の宮塞がる方になりぬべし」と定めて、四月朔日ごろ、節分とかいふこと、まだしき先に渡したてまつりたまふ。

明日とての日、藤壷に主上渡らせたまひて、藤の花の宴せさせたまふ。南の廂の御簾上げて、椅子立てたり。公わざにて、主人の宮の仕うまつりたまふにはあらず。上達部、殿上人の饗など、内蔵寮より仕うまつれり。

右の大臣、按察使大納言、藤中納言、左兵衛督。親王たちは、三の宮、常陸宮などさぶらひたまふ。南の庭の藤の花のもとに、殿上人の座はしたり。

…………

御盃参りたまふに、大臣、しきりては便なかるべし、宮たちの御中にはた、さるべきもおはせねば、大将に譲りきこえたまふを、憚り申したまへど、御けしきもいかがありけむ、御盃ささげて、「をし」とのたまへる声づかひもてなしさへ、例の公事なれど、人に似ず見ゆるも、今日はいとど見なしさへ添ふにやあらむ。さし返し賜はりて、下りて舞踏したまへるほど、いとたぐひなし。

上臈の親王たち、大臣などの賜はりたまふだにめでたきことなるを、これはまして御婿にてもてはやされたてまつりたまへる、御おぼえ、おろかならずめづらしきに、限りあれば、下りたる座に帰り着きたまへるほど、心苦しきまでぞ見えける。

按察使大納言は、「我こそかかる目も見むと思ひしか、ねたのわざや」と思ひたまへり。

林文月译文：

入夏以后，三条院邸将成为不吉利的方向，遂于四月初，立夏节分之前，使二公主迁移过来。在移居前一日，皇上亲临藤壶殿，举行藤花之宴。卷起南厢之帘，安放龙椅。今日乃公宴，必由女主人二公主主持，所以公卿殿上人等的菜肴，悉由内藏寮供应。除左大臣、按察大纳言、藤中纳言、左兵卫督以外，亲王辈则有三亲王和常陆宫等陪侍。在南庭的藤花下，设置殿上人的座位。……大臣觉得：皇上赐酒，总是轮到自己，这样子不太好，而在座的亲王又无适当之人，乃让与右大将。右大将初时亦退让再三，大概看出圣旨所在，故只得承杯："臣谨受杯。"无论声音、举止，虽不过是公式行仪，却优于一般人，莫非因为他是皇上爱婿之故吗！将圣杯之酒注入自己杯中饮尽，再下阶答舞，那模样儿更是美妙无与伦比。即使是高阶级的亲王大臣辈受圣杯，都是光彩无上，何况这一位是众人簇拥的驸马，自是宠信深厚，不过，究竟官位有别，瞧他退返末座，难免教人感到惋惜。

按擦大纳言原本希望自己享此无上荣幸，如今只觉得妒恨。[①]

姚继中译文：

经宫中测算：夏日赴三条宫邸一方不吉，便决定四月初，趁未交立夏，将二公主迁至三条院薰大将私邸。动身前一日，皇上特赴藤壶院，亲设藤花宴，为众人辞送。南厢房全珠帘高卷，正中设为御座。此宴因由皇上举办，飨宴均由宫中御厨操持，故王侯公卿及殿上人等齐来参与。如夕雾左大臣、按擦大纳言、已故髭黑大臣之子藤中纳言，及其弟左兵卫督等。亲王中匂皇子及其弟常陆亲王，亦来赴宴。殿上人座位设于南庭藤花下。……皇上赐酒，夕雾左大臣不胜酒力，不好再接受，便将此杯让

① 紫式部著，林文月译：《源氏物语》（4），译林出版社 2011 年，第 123 页。

与薰大将。薰大将不便推卸，勉强接过，唱了声诺，声音仪态优美适中，别具一格。盖因他今日踌躇满志，方精神倍增吧，他将酒倾入另一瓷杯，收藏了天子所赐酒杯，仰头一饮而尽，遂下阶拜谢。他舞姿翩然，优雅异常。那些地位显贵的众亲王大臣，幸蒙天子赐酒，皆引以为荣，何况薰大将以驸马身份受此恩典呢？实为世间奇闻。素来尊卑次序不可更改，他在拜舞之后，便悄然回到末席，于旁人眼中，均觉委屈了他。

按擦大纳言心中好不嫉恨，暗怨自身命薄，不能得此殊荣。[①]

细心对比上述两段译文，你会发现其中有若干的不同。首先，林文月译文中的人物名称“左大臣、按察大纳言、藤中纳言、左兵卫督、三亲王、常陆宫、大臣、右大将”绝无错译，但中文读者却无法立刻领会这些人物称谓分别指称何人。因为在《源氏物语》中，诸如“左大臣、按擦大纳言、藤中纳言”之类称谓，随着历史的变迁和故事情节的进展，前后指称的并非同一人，倘若在翻译时不将其清晰化，读者一定会如堕五里雾中。为此，笔者在翻译此段时，将所有人物都具体指称：“夕雾左大臣、按擦大纳言、已故髭黑大臣之子藤中纳言及其弟左兵卫、亲王匂皇子及其弟常陆亲王、夕雾左大臣、薰大将”（引号中的人物名称与前面林文月译文中的人物名称一一对应），其中一人身份不甚明了，故给出了一条注释：“此处按擦大纳言，一说是红梅，此处按照他的旧官职称呼他；另一说法认为这另指一人，而非红梅。”姚继中的处理方法虽然添入了原著中没有的成分，但这种添加既没有违背原著的传意，更能使中文读者一目了然，笔者认为这是可取的。

此外，上述译文中，无论林文月还是姚继中，都各有小错若干，如林文月译文中的“龙椅”，“龙”不是日本皇家的图腾，日本人不是“龙”的传人，日本天皇的始祖是“天照大神”，因此“龙椅”的使用应该属于文化意象的改变。第二处小错：“今日乃公宴，必由女主人二公主主持”应译为“今日乃公宴，***不***必由女主人二公主主持”。第三处小错：“将圣杯之酒注入自己杯中饮尽，再下阶答舞”应译为“将御杯之酒注入自己杯中，***并将御杯奉还，***再下阶答舞”。姚继中译文亦有小错：“他将酒倾入另一瓷杯，收藏了天子所赐酒杯”，同样应该译为“将御杯之酒注入自己杯中，***并将御杯奉还***”，其他细节暂且不谈。

① 紫式部著，姚继中译：《源氏物语》，江苏人民出版社 2011 年，第 722 页。

朱光潜曾在谈到翻译中的“信”时指出，将字义理解困难列为求信难的第一个层面，并将字义分为六类：一是最为基本的意义；二是上下文决定的意义，这种由搭配和位置而获得的意义在文学作品中最为重要；三是联想意义，如汉语中的风、月、竹、梅等，其特殊情感氛围无从译出；四是声音美；五是历史沿革的意义；六是习惯语的意义。刘宓庆曾从翻译研究的视角提出意义有三个结构层级：一是本体结构层，包括概念意义、引申意义、联想意义和含蓄意义；二是社会结构层，包括语境意义、情景意义和文化意义；三是功能结构层，包括形式意义、交流意义和审美意义。这些大家的论述其实说明了一些共同的问题：作为读者，你是否真正读懂了作者赋意和文本释义；作为译者，你是否准确地向译文读者提供了能够正确体现作者赋意和文本释义的译文文本。

《源氏物语》翻译中的文化误读

笔者认为，翻译中产生的文化误读大抵可以分为三类：第一类是译者本身的语言阅读能力造成的误读，或由于翻译者的疏忽大意、对原语文化缺乏了解造成的误读。这一类的误读有学者称之为“无意误读”。第二类是“有意误读”，所谓“有意误读”，在谢天振看来，指的是“译者则把他的翻译活动推向一种非此即彼的选择：要么为了迎合本民族的文化心态，大幅度地改变原文的语言表达方式：文学形象、文学意境等等；要么为了强行引入异族文化模式，置本民族的审美情趣的接受可能性于不顾，从而故意用不等值的语言手段进行翻译”[①]。第三类则是与民族文化的接受性相关联的误读。

以上这三种情况在当今的《源氏物语》译本中，如果说比比皆是那是十分不负责任的，但此类情况在中文译本中绝不少见。林文月在其修订版序言中就直言：“我自己对此则采用两种方法：一是适度地还原成中国化（如‘西厢’、‘回廊’、‘底衫’、‘皮裘’等等）；另一方面，则采取直译，保留原有汉字名词（如‘妻户’、‘玄关’、‘直衣’、‘狩衣’等等），但直译之词首次出现时，必在文后附注说明。”[②]

有不少学者批评 Waley 的英译版本最大的失误就是没有真正地将情节融入古代日本的环境中去。平安时代的房间和屋宇几乎没有坚固的墙，整座建筑都是建

① 谢天振：《翻译研究新视野》，青岛出版社 2002 年，第 120 页。

② 紫式部著，林文月译：《源氏物语》修订版序言，译林出版社 2011 年，第 27 页。

立在圆木支柱上，而房间与外界的分隔只是一些帘幕和走廊，房屋内部也只是用屏风和拉门隔间。当人处于内室时，大多数时间里他们都是坐在榻榻米上，尤其是女性，她们必须小心翼翼，绝不能让男人们窥看到她们站着的样子。面对这样一幅日本画卷，在英文翻译的早期阶段，Waley 采用了一系列的词语和词组，使得《源氏物语》里的六条院最终看来竟然是一座半西式、半地中海式的古怪屋子：六条院里不仅有“圆柱门廊”“露台”，还有面向花园的“凉廊”，庭院里则有“花坛”和小型“护城河”；六条院的男男女女坐在“椅子”上，通过“窗子”看向外边，退回他们的“卧室”，躺在“睡床”上，“源氏冲进了他的会客厅”“他从长长的梯子上走了下来”，而不管是谁，只要想要写字的时候，肯定会出现一个有抽屉的桌子，如“他坐在台灯旁，看着很多书和信。突然他把旁边桌子抽屉里的所有信都拿了出来”。这些，其实是译者有意为了方便本国读者理解一个全然异国的、奇怪的环境所做出的努力，就像民国早期林纾等人翻译《茶花女》《乱世佳人》时，也都喜欢给主人公安上一个中国式的名字，例如郝思嘉、白瑞德、卫希礼等等，两者如出一辙。

在文学交流和文学接受的过程中，误读是经常发生的现象。学术界对误读特别是作为译者的文化误读持批判的态度，因为译者的文化误读所造成的翻译文本，将会导致译文文本的读者对原著的认知产生曲解。笔者赞同这样的观点，即作为译者的文化误读，与译文读者在文学欣赏过程中的文化误读，是两个截然不同的次元上的问题。固然接受理论告诉我们，由于“接受屏幕”的不同，一部作品在本国读者和在外国读者那里被接受的状况必然会出现差别。人们总是按照自身文化传统、思维方式，自己所熟悉的一切和自己的需要去解读外来的文学作品，因此，误读是一种正常的甚至是不可避免的现象，它是受文化传统、思维方式的制约而产生的，尽管我们不愿接受，但却是不可避免的。但是，这种合理性却不应该出现在译著的源头上，即译者在翻译过程中，理应在最初的原著解读中避免文化误读。译者无疑是原著文本最初的读者，但他不是普通的读者，他肩负着不能随意歪曲原著作者赋意与文本释义的使命。

文化误读的原因很复杂，比如语境赋予了词语和文本本身隐含意义，而存在于源语文化和译入语文化之间的文化差异既是鸿沟，但同时也为译者提供了可创作的空间，因为文本语境也反映了该文化美学概念范畴和价值标准。这里的文化一词，不仅仅指深植于某个民族或某个社会中的显性文化成分，而且还包括了隐藏在词语和语言表述中的文化因素。因此，译者有必要从一个民族的世界观、审美观去理解现实，理解这个民族赋予语言的隐含意义和明示意义。

杨松芳在《文学翻译与文化误读》①中指出：谈述文化误读不能绕过文化语境和文化过滤。语言符号的文化内涵主要受到文化语境的制约，当换成另一种文化语境中的语言符号时，原语言符号的文化内涵必然会发生变化。换句话说，原文化语境下文学语言所承载的文化内涵在新的文化语境下可能被部分地过滤掉了。如中国文学中的菊、竹、兰、梅等具有浓厚民族文化意蕴的文学意象，一旦用另一种语言符号表达出来，它所承载的文化意义或象征意义就会发生改变或消失。由于文化差异，语言或文化意象在文学翻译过程中所遭遇的文化过滤是显而易见的。当然，也有很多文学翻译者，为了迎合读者心理或帮助读者克服文化障碍，在翻译时有意过滤掉一些文化意象——删减或变换。文化过滤主要是文化异质性的缘故，不同文化有不同的特质和不同的文化功用。文化一旦形成就具有相对的独立性和稳定性，因而对外来文化、异域文化存有某种戒心和敌意，本土文化在接受时就会有意无意地加以规范、限制、抵制、改造，从而形成文化过滤。

《源氏物语》翻译中的改写因素

香港翻译学会会长刘靖之认为：“译文实际是原文＋原文文化背景＋译文＋译文文化背景＋原文作者的气质和风格＋译者的气质和风格的混合体。”②从这个“公式”中不难看出，经过翻译后的原著文本，与译著文本之间并非严丝合缝，而是掺入了译者个人的诸多主客观因素，比如译者的文化背景、译者的气质和风格等。从翻译实践的角度来论道，刘靖之的这个“公式”的确反映了翻译的实际状况；但是从译介学的理论高度来探讨，“原文作者的气质和风格＋译者的气质和风格”却是很值得推敲的问题。

不同文化有着不同的文化背景，不同语言有不同的表达系统。因此，跨文化的语言交际不可避免会出现理解的偏差。在翻译过程中，我们常常会发现两种语言、两种文化在概念上难以完全重合甚至还会发生相互冲突的情形。在这种情况下，即使再高明的译者也难免会在其翻译中表现出犹豫和选择：该保留什么？不得不放弃什么？在两难中必须做出抉择。有时译者为了追求形式对应，却引起了语义上的偏差；有时需要追求语义对等，却无法照顾到形式或语用上的趋同。

---

① 杨松芳：《文学翻译与文化误读》，《社会科学家》2006 年第 6 期第 175 页。

② 刘靖之：《翻译——文化的多维交融》，《中国翻译》2000 年第 1 期第 23 页。

在《源氏物语》的翻译过程中，经常会出现文化词语对应的空缺，面对这样的问题，作为译者主要是根据上下文的意境和译文读者的认知能力、期待视野顺应性地在本民族文化语境中列出若干文化意象相近似的表述进行取舍与选择。若译文中所对应的信息是原著的核心意图，或者是影响读者认知、造成读者误解的文化现象，我们通常是通过注释将其显性化，使读者获得原作者的文本赋意。翻译务必要注重文化词汇隐含的和非隐含的文化意义及其使用的语境，突出文化词汇的文化意图和文化价值，以最佳互文性顺应和选择的原则处理文化信息。

文化差异最直接的体现就是词汇。一种文化中的文化负载词，携带了该文化表达对这个世界的认识的最基本概念，代表了一个文化中最有特色的东西。每一种文化都具有自己的独特性，从深层的审美标准、价值体系等精神文化，到日常生活中不可或缺的物质文化，都会在特定的文化负载词中得到体现。可以说文化负载词涉及文化的各个层次，而正是这些文化负载词反映出了民族文化的独特性和排他性。正因如此，在翻译这样的文化信息交流中，文化负载词往往最先被输入或输出，尽管处理的方式可能随当时情境的不同而有所不同，但它却是永远无法回避的。

比如，林文月译本中使用的“龙椅”一词，原文是“おはします殿の東の廂、東向きに椅子立てて、冠者の御座、引入の大臣の御座、御前にあり”，译文为“当天的龙座设在清凉殿东厢向东的位置……”。“龙”原本是传说中的一种神异动物，在中国文化中喻意天子，是中国帝王的象征性图腾。而日本的天皇却是日本神话中“天照大神”的化身，与“龙”毫无意象上的联系。姚继中在一首和歌的翻译中使用了“桃符”一词，原文是“もの思ふと過ぐる月日も知らぬまに年もわが世も今日や尽きぬる”，译文为“不觉岁月空流逝，余命难待换桃符”。“桃符”是中国古代挂在大门上的两块画着神荼、郁垒二神的桃木板，以辟邪。作为中国古代的习俗，每年正月到来之前更换新“桃符”，后来便以“换桃符”喻迎新年。而日本古代却没有这一习俗。

再比如，《源氏物语》译本中由译者意会使用的成语杞人忧天、鱼雁相通、欲盖弥彰、分道扬镳、虚与委蛇、锱铢必较、前车之鉴、见异思迁、门可罗雀、指鹿为马、班门弄斧等等，都蕴含着特定的中国古代的文化意象或某个历史故事，倘若是紫式部在《源氏物语》原著中作为典故使用，在翻译时也只是“还原再现”，但原著中未曾使用，仅仅是译者在翻译时根据上下文的会意而使用了这些成语，就使原著有了文化意象的改变。只是这种文化意象的改变蒙蔽了读者，读者甚至还会为用得恰到好处而喝彩。

在具体翻译中，文本内隐信息常常由于文化、语言的差别而受到制约，持续的关联会由于语言和文化语境的差异而具有相对性。特别是在原著与译著两者的语言处理上，形、声、义的有机结合从理论上说应该得到很好的再现，而在实际翻译过程中，必定会在形、声、义的三个方面顾此失彼。我们不乏看到不少学者举出诸如“可口可乐”“立邦漆”之类的例子论述翻译的精妙。然而这种典型的例子根本不具翻译的普遍性。文化的差异使词语文化信息符号的所指内涵、语用意义和语言内部的意义在语际转换中自然产生冲突，所以也就不能在意义组合层做到绝对对等了。当然正是由于译文读者和原文读者所处文化语境的差异，诸如“龙椅”“桃符”之类的译文对译文读者来说丝毫没有理解上的错愕，并且在语境效果上译文读者的认知似乎与原著达成了高度准确的关联，但却实实在在反映出了原著的文化意象在翻译中被修改。

单纯词汇层面的问题相对比较好处理，随着词汇、短语、句子、段落等信息量的不断膨胀，处理的难度就会越来越大，特别是诗歌。诗歌是文学语言高度浓缩的艺术，意境美、音韵美及至由诗人匠心独运而打造的文字视觉形象美，均对渲染诗歌的气氛和主题起着非常重要的作用，如果只译出意思而不顾音韵和形态等诗歌美学要素，一首诗所营造的境界便会随之流失，甚至连所谓的意义的传达都会大打折扣。因为在诗人眼里，音和形都是构成诗意的一部分。

当在一种语言环境中产生的文学作品被“移植”到另一种语言环境中去时，为了使接受者能产生与原作同样的艺术效果，译者就必须在译语环境里找到能够调动和激发接受者产生相同或相似联想的语言手段。实际上也就是要求译作成为与原作同样的“艺术品”。在此之所以使用“艺术品”而非“作品”，正是对应了刘靖之的“译文实际是原文＋原文文化背景＋译文＋译文文化背景＋原文作者的气质和风格＋译者的气质和风格”翻译公式。也就是说，在这种情况下文学翻译与文学创作已经取得了相同的意义，文学翻译也已显而易见不再是简单的语言文字的转换，而是一种创造性的工作。正如茅盾曾经所说，这样的翻译，自然不是单纯技术性的语言外形的变易，而是要求译者通过原作的语言外形，深刻地体会了原作者的艺术创造过程，把握住原作的精神，在自己的思想、感情、生活体验中找到最合适的印证，然后运用适合于原作的文学语言，把原作的内容与形式正确无遗地再现出来。这样的翻译过程，是把译者与原作者合二为一，好像原作者原本就是用另外一国文字写作自己的作品。这样的翻译需要译者发挥自身的创造性，而又要完全忠实于原作的意图，这无疑是十分困难的工作。但是文学翻译的主要任务，既然在于把原作的精神、文本面貌忠实地再现出来，那么，这种艺术创造性的翻译就是完全必要的。

香港岭南大学的孙艺风在《翻译与多元之美》[①]中说过，翻译过程中由于文化语境以及阅读期望和条件的改变，植根于原文的一般意义演变为文化意义。脱离了原来的文化语境的文本，置身于不同的文化语境下，往往会产生不同的文化意义。一般而言，语义难以传达之处往往是跨文化交流的难点。然而如果翻译的对象仅仅是对语言形态的诠释，那语言形态本身就可以忽略不计吗？文化阐释不能绕过蕴藏着文化价值的语言形态。孙艺风引用了肯尼思·阿伦的观点，“文化意义的核心在于‘协议现实’，人们集体地就一个具体而有限的意义达成协议”。在文化意义上的翻译，即使采取异化的策略，也不可简单地只顾及表象意义，而需以小心翼翼的阐释为基础，或者谨慎估量译语读者对阐释的接受情况，因为文化现实发生了改变，而原有的“协议现实”在译语文化中自然不存在。翻译的适当与否在很大程度上取决于阐释是否合理可靠，同时还要给译语读者留出适度的阐释空间。

文本中某些部分出现的词汇或语法的不确定性需要通过阐释和评估来消除，译者需要谨慎应对这些不确定性。翻译的语言、文化、认知、心理在不同的文化语境中是有差异的。尽管日本曾经是中国文化的接受国，但中国文化在日本民族的文化体系中发生了变异，正是这种变异，使日本文化与中国文化之间拉开了一定的距离。例如中国传统思维体现为伦理性、整体性、意向性、直觉性、意象性、模糊性、求同性、后馈性、内向性和归纳性等，而日本文化特别是在《源氏物语》的叙事中，并不强调伦理性、整体性、意向性、求同性、后馈性、归纳性，却十分重视直觉性、意象性、模糊性、内向性。这些认知思维方式是文化心理特征的集中体现，也是语言和文化沟通的前提，制约着文化翻译行为。由于原语文化语境和译语文化语境之间存在差异，主要是指不同民族间存在着不同的语言规约和文化规约，以及文化心理认知图式层面的差异，这就导致文化心理之间的文化信息解读中出现情境缺省、语境缺省以及文化缺省，产生了翻译的文化距离或者心理距离。其结果是不同的文化心理可能会导致文化交流之间的碰撞，也就是说，民族文化心理制约了语言的吸收同化功能及文化间的互融互通。这需要译者在翻译前谨慎评估译文读者的文化接受能力。显然，翻译要顺应两个不同文化境界的

① 孙艺风：《翻译与多元之美》，《中国翻译》2008 年第 4 期第 11 页。

心理语境，在两个心理语境之间建构文化互文性，继而选择文化取向和文化翻译策略，顺利实现跨文化交际。

笔者以为，顺利实现跨文化交际切忌牵强附会，切忌生拉活扯。像《源氏物语》这样的文学巨著，如果在翻译中的文化妥协毫无原则、毫无节制，仅凭译者的感觉去处理文化的相异性问题，其结果将是灾难性的。译文一味迎合中国读者的喜好，而与原著相去甚远是灾难；生硬的直译，令中国读者阅读困难、无法理解还是灾难。孙艺风在《翻译与跨文化交际策略》[①]中指出：缺乏文采的翻译，即便意义正确，也是远远不够的。生动活泼的语言性格译不出来，交际的效果定会大打折扣。许多译出的作品拘谨、生硬，过分强调原汁原味，结果事与愿违。翻译似乎总是在尝试不可为而为之的事，不可译的结果往往使译作令人不知所云或不忍卒读，译作的可读性便成了紧要的问题。而实际阅读效果和对译作的接受程度又是不可分割的。从这个意义上讲，我们甚至可以说可读性的重要性并不亚于准确性。不可译性困扰译界由来已久，虽然人们关注的焦点已不在技术层面的准确或字面上的异质性，但源语文本固有的特质及内涵是译者断断不可以割舍的。

在跨文化语境下，复杂的文学性尤为凸显，需要创造性地从事翻译活动，否则译作的文学性会明显式微或丧失殆尽。因此，如果重构文学性并重新赋予其功能不得力的话，自然会影响读者接受。

① 孙艺风：《翻译与跨文化交际策略》，《中国翻译》2012 年第 1 期第 16 页。

第五章　中国文化在《源氏物语》中的变异与翻译处理

迟庆立在其博士论文《文化翻译策略的多样性与多译本互补研究——以〈红楼梦〉与〈聊斋志异〉英译本为例》[①]中指出，文化具有多种特性，概括起来有人工性、共享性、后天习得性、传递性、整合性、适应性、变迁性、象征性，以及时代性、地区性、民族性和特定的阶级性等，而其中这些特性中，既有使翻译活动成为可能的，也有在其中掣肘的。

虽然被一个民族所共享的事物并不都是文化，但文化却一定是被一个民族所共享的。正是由于这一点，所以文学作品的原文在原文读者中才能产生相对固定的意义。文化的后天习得性，意味着一个人不是生来就具备作为一个特定社会或民族所特有的一切行为、观念和态度，而是通过后天学习才能获得。从翻译的角度来看，这意味着既然连本社会或本民族的文化都要通过学习才能获得，那么对外来文化的了解，同样需要学习。作为文化译介的重要组成部分的文化因素的翻译，就是为译语读者提供这样一个学习的平台。外来文学作品对于译文读者来说能带来此前从未有过的阅读期待，这种期待不仅局限于对异域文化的好奇，更是在与异文化的话语交流中使自己得到某种提升。然而，这并不意味着一切外来文化都能适应译文读者群的喜好，毕竟文化背景、社会环境、意识形态以及读者的综合素质等等，都会左右读者对外来文学作品的认知和接受。

文化具有特定的整合性。所谓整合性，指的是构成文化的诸要素或特质不仅仅是习俗的随机拼凑，而是在大多数情况下相互适应或和谐一致。人类学家认为文化往往是整合的，其原因之一就是文化一般是有适应性的。如果某些习俗在特定环境中更为适应，那么，在相似的条件下，一般都能发现这些相互联系的文化特质。

社会心理学研究表明，人们倾向于自觉改变那些从认知和概念的角度看来与其他信息不一致的信念或行为。文化的整合性对文化翻译的影响在于，被传递过去的文化因素在试图进入译语文化的当下，既可能由于源语文化在此一方面所处

---

① 迟庆立：《文化翻译策略的多样性与多译本互补研究——以〈红楼梦〉与〈聊斋志异〉英译本为例》，上海外国语大学博士学位论文 2007 年。

的环境与译语文化相似而较为顺利地进入译语文化，也可能因为与译语文化中其他的信念或行为信息不一致而被修改，从而产生所谓的“曲解”或“误释”，甚至被过滤掉。

以上这段文字论述了文化交流中的一个非常特殊却往往又会被人们忽视的现象——文化变异。作为《源氏物语》的译者，我们清楚地看到的不仅仅是我们在翻译过程中的文化变异，我们首先看到的文化变异，从大处着眼，是日本平安时代在吸收中国古代文化过程中的变异，从小处着手，是紫式部在《源氏物语》文本中如何对中国古代典籍进行灵活运用和变形。《源氏物语》中的中国古代文化因素比比皆是，这不是紫式部个人的学术造诣给《源氏物语》带来的意外收获，它是建立在平安时代崇尚汉文学的宏观文学风尚之上的结晶，而紫式部的贡献在于她以高超的文学手法，巧妙地将自己的汉学造诣与时代做了精美的契合。

一个经典的中国典故的引用，不仅使读者获得极大的情感上的满足，而且增加了小说的感染力和趣味性。这种趣味性不单纯是对读者的迎合，它在推动故事情节发展的同时，使小说具有了某种强烈的情绪，这种强烈的情绪或浪漫、或感叹、或愁苦。正是这些心灵的颤动形成了物哀的精神源泉。《源氏物语》特别注重使用中国典籍、诗句渲染气氛，这种创作手法不仅渲染了作品的整体氛围，更为重要的是极大地提高了《源氏物语》的文学地位，以及在中国读者中的亲近感和文化认同感。

第一节　《源氏物语》中的中国典籍与文化意蕴

唐诗中所表现的中国文化的人性精神，一是尽气、尽才的精神，二是尽心、尽情的精神。

中唐时期白居易的新乐府运动，让诗歌文学发生了激发社会良心的作用，“惟歌生民病，愿得天子知”，对后世中国文学产生了深刻影响。但是，《源氏物语》对白居易诗歌的引用并不在于使《源氏物语》具备“惟歌生民病，愿得天子知”教化作用，每一处的使用几乎都是用于人物或情节的感怀。这种转变倒也称不上“变异”，充其量只能说紫式部舍去了白居易诗歌的社会性，仅仅保留了其中的文学性。

紫式部对中国典籍、诗句的引用，是其主观思想感情和所描绘客观事物相互交融的艺术境界。尽管她对中国典籍、诗句的认知与中国的文人墨客以及一般读者之间存在缝隙或理解上的不同，但其在《源氏物语》中的引用几乎做到了形与神的统一、意与境的统一、情与景的统一、物与我的统一。中国的典籍、诗句不同于日本的和歌，它不是以修辞格来体现的线型叙事，所谓一字千金，每个汉字都蕴含着既可言说又言而不尽的幽深意境。这些意境或意与境合，或借景抒意，意象并茂、情境统一，在浓重的诗情画意中给读者以美感。然而，我们在赞美紫式部的同时，切不可忽视中国典籍、诗句在植入《源氏物语》之后，由于整体叙事背景发生了变化，诗句的意蕴随之产生变异，或强化、或弱化、或发生引申，很多情况下其内涵与外延在一定程度上已经与原创作者的赋意发生了错位。所幸的是，这样的现象在翻译上没有任何障碍，仅仅表现为原诗的意蕴与在《源氏物语》情节中的引用已经变得不完全对等。

《源氏物语》作为一部小说，通常以情节为结构中心，所有的事件、场景都有因与果的逻辑关系，但大量和歌的使用在叙事中注入强烈的感情，形成叙事抒情化的特点。叙事的抒情化从结构上开创了物语文学的先河。而大量引用中国典籍、诗句烘托故事情节，这在此前、此后的物语文学中可谓是绝无仅有。

中国典籍的引用不仅增加了叙述性，更主要的是那些中国典籍中的诗词典故具有浓郁的诗意，字里行间渗透出强烈的感情因素。紫式部无论是典籍题材的选择、意境的提炼、叙事的方式、手法的运用、语言的使用，都体现出了超群卓越的意趣和情感，创作主体意识和抒情意识充盈其间。这种主体意识和抒情意识的张扬无疑是平安时代物语文学中不可多得的绝景。尤其是紫式部对平安时代宫廷贵族的审美认知有着入木三分的自觉感受，深知追求自然美的审美意识在宫廷贵族中几乎成为他们无可替代的精神与物质追求。《源氏物语》的舞台设置是宫廷，但政治并非紫式部的着意。她把全部的精力用在了通过宫廷贵族对美的观照上，她不由物见道，美不来自道，不来自任何外在的他者，美就在于感性事物自身，全然以纯净书写的形式和清丽的语言本色地描绘平安贵族对自然之美的极致痴迷。这种对自然之美的极致痴迷不是为了避世，也不是为了寻仙，而是为了更直观、更真切地感受和欣赏自然的感性形式之美及其所蕴含的生命情趣。他们以审美的人生态度，纵情地投入大自然，对山水草木进行自由、极致的审美观照，山水草木作为独立的对象进入人的审美活动领域，成为一种独特的审美形态，使其具有了自身的审美价值。更为重要的是，物语文学将对自然的审美观照与宫廷贵族追求个性自由的生命意识融为一体，以至于使伦理道德皆服从生命意识的审美载体。

中国典籍、诗文类的引用

在前面的章节中，笔者根据古泽未知男《由汉诗文引用所见——〈源氏物语〉研究》[1]整理出《白氏文集》在《源氏物语》中的分布简表。古泽未知男在该书中对《源氏物语》中的汉典籍的引用做了认真的梳理，出典词句原典书目及出典词句在《源氏物语》章回中的分布均分别予以列出。但笔者在仔细阅读查对后发现错误甚多，因此未敢直接作为附录列于书后，于是逐一勘正后列出了以下原著原文与汉籍原典词句对比的一览表，以为后来的研究者提供学术研究的便利。

第一回　桐壶

（1）原著原文：朝政は怠らせたまひぬべかめり
　　引典出处：从此君王不早朝（《白氏文集·感伤·长恨歌》）

（2）原著原文：太液芙蓉未央柳
　　引典出处：太液芙蓉未央柳（《白氏文集·感伤·长恨歌》）

（3）原著原文：燈火をかかげ尽くして
　　引典出处：孤灯挑尽未成眠（《白氏文集·感伤·长恨歌》）

（4）原著原文：尋ねゆく幻もがなつてにても魂のありかをそこと知るべく
　　引典出处：临邛道士鸿都客，能以精诚致魂魄。……遂教方士殷勤觅（《白氏文集·感伤·长恨歌》）

（5）原著原文：亡き人の住処尋ね出でたりけむしるしの釵ならましかば
　　引典出处：惟将旧物表深情，钿合金钗寄将去（《白氏文集·感伤·长恨歌》）

（6）原著原文：翼をならべ
　　引典出处：在天愿作比翼鸟（《白氏文集·感伤·长恨歌》）

（7）原著原文：枝をかさはむ
　　引典出处：在地愿为连理枝（《白氏文集·感伤·长恨歌》）

（8）原著原文：かなはざりける命のほどぞ、尽きせずうらめしき
　　引典出处：此恨绵绵无绝期（《白氏文集·感伤·长恨歌》）

（9）原著原文：上達部、上人なども、あいなく目を側めつつ
　　引典出处：京师长吏为之侧目（《白氏文集·长恨歌传》）

① 古泽未知男：『漢詩文引用より見た源氏物語の研究』，桜楓社 1975 年。

第二回　帚木

（10）原著原文：我が二つの道歌ふを聞け

引典出处：听我歌两途（《白氏文集・讽谕・秦中吟・议婚》）

（11）原著原文：火仄かに壁背け

引典出处：耿耿残灯背壁影(《白氏文集・新乐府・上阳白发人》)

（12）原著原文：疎き人に見えば、面伏せにや思はむ

引典出处：外人不见见应笑（《白氏文集・新乐府・上阳白发人》）

（13）原著原文：つらづらゐつきて対ひ居給へり

引典出处：吟苦支颐晓烛前(《十年三月三十日别微之于沣上》)

（14）原著原文：繋がぬ舟の浮きたる例も、げにあやなし

引典出处：不系舟随去住风（《白氏文集・后续集・偶吟》）

（15）原著原文：繋がね舟の浮きたる例もげに

引典出处：泛乎若不系之舟（《文选・鹏鸟赋》）

第四回　夕颜

（16）原著原文：朝の露に異ならぬ世を、何を貪る

引典出处：朝露贪名利(《白氏文集・讽谕・秦中吟・不致仕》)

（17）原著原文：松の響き、木深く聞こえて、気色ある鳥のから声に鳴きたるも、梟はこれにやとおぼゆ

引典出处：枭鸣松桂枝（《白氏文集・其他・凶宅》）

（18）原著原文：長生殿の古き例

引典出处：七月七日长生殿（《白氏文集・感伤・长恨歌》）

（19）原著原文：翼を交さむ

引典出处：在天愿作比翼鸟（《白氏文集・感伤・长恨歌》）

（20）原著原文：砧の音……正に長き夜

引典出处：八月九月正长夜（《白氏文集・杂律・闻夜砧》）

（21）原著原文：白妙の衣うつ砧の音も、かすかに

引典出处：南楼月下捣寒衣(《和汉朗咏集・刘元叔・妾薄命》)

（22）原著原文：空飛ぶ雁の声、取り集めて、忍びがたき

引典出处：北斗星前横旅雁(《和汉朗咏集・刘元叔・妾薄命》)

第五回　若紫

（23）原著原文：名も知らぬ木草の花ども、いろいろに散りまじり

引典出处：杂木异草，盖覆其上。绿阴蒙蒙，朱实离离，不识其名，四时一色(《白氏文集·杂律·庐山草堂记》)

（24）原著原文：これたゞ御手一つ遊ばして同じくは山も鳥も驚ろかし侍らむ

引典出处：一奏之，有玄鹤二八集乎廊门；再奏之，延颈而鸣，舒翼而舞（《史记·乐书》)

（25）原著原文：かの鬼神の耳とどめ、かたぶきそめにけるものなればにや

引典出处：夜兴帘外鬼神愁（《永熙·听琴》)

第六回　末摘花

（26）原著原文：若き者は形かくれず

引典出处：幼者形不蔽（《白氏文集·讽谕·秦中吟·重赋》)

（27）原著原文：琴をぞなつかしき語らひ人……三つの友にて、今一種やうたてあらむ

引典出处：三友者为谁。琴罢辄举酒，酒罢辄吟诗。(《白氏文集·后续集·北窗三友》)

（28）原著原文：聞き知る人

引典出处：伯牙善鼓琴，钟子期善听（《列子·汤问》)

（29）原著原文：黒貂の皮ならぬ、絹、綾、錦など

引典出处：黑貂之裘弊，黄金百斤尽（《战国策》)

第七回　红叶贺

（30）原著原文：鄂州にありけむ昔の人

引典出处：邻船有歌者（《白氏文集·感伤·夜闻歌者（宿鄂州）》)

第九回　葵姬

（31）原著原文：霜の花白し

引典出处：鸳鸯瓦冷霜华重（《白氏文集·感伤·长恨歌》)

（32）原著原文：旧き枕故き衾、誰と共にか

引典出处：翡翠衾寒谁与共（《白氏文集・感伤・长恨歌》）

（33）原著原文：雨となりしぐるる空の浮雲をいづれの方とわきて眺めむ

見し人の雨となりにし雲居さへいとど時雨にかき暮らすころ

引典出处：旦为朝云，暮为行雨，朝朝暮暮，阳台之下（《文选・宋玉・高唐赋》）

（34）原著原文：雨となり雲とやなりにけむ、今は知らず

引典出处：为雨为云今不知（《刘梦得・有所嗟》）

第十回　杨桐

（35）原著原文：御門のわたり、所なく立ち込みたりし馬、車うすらぎ

引典出处：门前冷落鞍马稀（《白氏文集・感伤・琵琶行》）

（36）原著原文：階のもとの薔薇

引典出处：阶底蔷薇入夏开（《蔷薇正开春酒初熟因招刘十九张大夫崔二十四同饮》）

（37）原著原文：暁の別れはいつも露けきをこは世に知らぬ秋の空かな

引典出处：大抵四时心总苦，就中肠断是秋天（《白氏文集・暮立》）

（38）原著原文：戚夫人の見けむ目のやうに

引典出处：太后遂断戚夫人手足，去眼，辉耳（《史记・吕后本纪》）

（39）原著原文：白虹日を貫けり。太子畏ぢたり

引典出处：白虹贯日，太子畏之（《狱中上梁王书》）

（40）原著原文：文王の子、武王の弟と、うち誦じたまへる御名のりさへぞ、げに、めでたき。「成王の何」とか、のたまはむとすらむ。そればかりや、また心もとなからむ

引典出处：吾，文王之子，武王之弟，成王之叔父（《史记・周公世家》）

第十二回　须磨

（41）原著原文：酔ひの悲しび涙そそく春の盃の裏

引典出处：醉悲洒泪春杯里(《十年三月三十日别微之于沣上》)

（42）原著原文：枕をそばだてて四方の嵐を聞きたまふ

引典出处：遗爱寺钟欹枕听（《重题》）

（43）原著原文：竹編める垣しわたして、石の階、松の柱

引典出处：石阶桂柱竹编墙（《白氏文集·香炉峰下新卜山居，草堂初成，偶题东壁·一》）

（44）原著原文：まことに「三千里の外」の心地する

引典出处：三千里外远行人（《白氏文集·冬至宿杨梅馆》）

（45）原著原文：今宵は十五夜なりけり

引典出处：三五夜中新月色（《白氏文集·八月十五日夜禁中独直，对月忆元九》）

（46）原著原文：「二千里外故人心」と誦じたまへる

引典出处：二千里外故人心（《白氏文集·八月十五日夜禁中独直，对月忆元九》）

（47）原著原文：文集など入りたる箱、さては琴一つぞ持たせたまふ

引典出处：堂中设木榻四，素屏二，漆琴一张（《白氏文集·庐山草堂记》）

（48）原著原文：月いと明うさし入りて……床の上に夜深き空も見ゆ

引典出处：终宵床底见青天（《和汉朗咏集·三善善宗·屋舍壤》）

（49）原著原文：昔、胡の国に遣しけむ女を思しやりて

引典出处：翠黛红颜锦绣妆，泣寻沙塞出家乡（《和汉朗咏集·大江朝纲·王昭君》）

（50）原著原文：「霜の後の夢」と誦じたまふ。月いと明うさし入りて

引典出处：胡角一声霜后梦，汉宫万里月前肠（《和汉朗咏集·大江朝纲·王昭君》）

（51）原著原文：かの鹿を馬と言ひけむ人のひがめるやうに追従する

引典出处：谓鹿为马（《史记·始皇本纪》）

（52）原著原文：黒駒たてまつりたまふ……風に当りては、嘶えぬべければ

引典出处：胡马依北风（《文选·古诗十九首》）

（53）原著原文：恩賜の御衣は今此に在りと誦じつつ

引典出处：恩赐御衣今在此（《菅家后集·九月十日》）

（54）原著原文：唯これ西に行くなりと独りごち給ひて

引典出处：唯是西行不左迁（《菅家后集·代月答》）

第十三回　明石

（55）原著原文：商人の中にてだにこそ、古琴聞きはやす人は、はべりけれ

引典出处：闻舟中夜弹琵琶者……委身为贾人妇(《白氏文集·感伤·琵琶行》)

（56）原著原文：家を離れ、境を去りて、明け暮れ安き空なく、歎きたまふ

引典出处：离家三四月，落泪百千行（《菅家后集·自咏》）

第十四回　航标

（57）原著原文：人の国にも……治まれる世には、白髪も恥ぢず出で仕へけるを

引典出处：四人从太子，年皆八十有余（《史记·留侯世家》）

第十五回　蓬生

（58）原著原文：宮の内、いとど狐の棲みかになりて、うとましう、気遠き木立に、梟の声を朝夕に耳ならしつつ

引典出处：梟鸣松桂树,狐藏兰菊丛(《白氏文集·讽谕·凶宅》)

（59）原著原文：いづれか、この寂しき宿にもかならず分けたる跡あなる三つの径と、たどる

引典出处：三径就荒（《归去来兮辞》）

第十七回　赛画

（60）原著原文：昔の御釵の端をいささか折りて

引典出处：钗留一股合一扇，钗擘黄金合分钿（《白氏文集·感伤·长恨歌》）

第十八回　松风

（61）原著原文：斧の柄さへあらため給はむほど

斧の柄朽ちぬべけれど

引典出处：质起视，斧柯尽烂（《述异记》）

（62）原著原文：など、かう口惜しき世界にて錦を隠しきこゆらむと、心の闇晴れ間なく

引典出处：富贵不归故乡，如衣绣夜行（《史记・项羽本纪》）

（63）原著原文：夜光りけむ玉の心地して

引典出处：明月之珠，夜光之璧（《狱中上梁王书》）

第二十回　朝颜

（64）原著原文：錠のいといたく銹びにければ、開かず

引典出处：用稀印锁涩难开（《白氏文集・赠皇甫庶子》）

第二十一回　少女

（65）原著原文：風の音の竹に待ちとられて、うちそよめく

引典出处：风生竹夜窗间卧（《白氏文集・杂律・赠驾部吴郎中七兄》）

（66）原著原文：風の力蓋し寡し

引典出处：风之力盖寡（《文选・陆机・豪士赋序》）

（67）原著原文：窓の螢をむつび

引典出处：练囊盛数十萤火以照书（《晋书・车胤传》）

（68）原著原文：枝の雪を馴らしたまふ

引典出处：映雪读书（《南史・范云传》）

第二十二回　玉鬘

（69）原著原文：胡の地の妻児をば虚しく棄て捐てつ

引典出处：胡地妻儿虚弃捐（《白氏文集・讽谕・新乐府・缚戎人》）

第二十四回　蝴蝶

（70）原著原文：廊をめぐれる藤の色も、こまやかに

引典出处：绕廊紫藤架（《白氏文集・秦中吟・伤宅》）

（71）原著原文：亀の上の山も尋ねじ舟のうちに老いせぬ名をばここに残さむ

引典出处：不见蓬莱不敢归，童男丱女舟中老（《白氏文集·新乐府·海漫漫》）

（72）原著原文：和してまた清しとうち誦じたまうて

引典出处：四月天气和且清（《白氏文集·杂律·赠驾部吴郎中七兄》）

（73）原著原文：風の竹に鳴るほど、はなやかにさし出でたる月影、をかしき夜のさま

引典出处：风生竹夜窗间卧，月照松时台上行（《白氏文集·杂律·赠驾部吴郎中七兄》）

（74）原著原文：波の綾に紋を交じへたる

引典出处：池有波纹冰尽开（《白氏文集·后续集·府西池》）

（75）原著原文：まことに斧の柄も朽たいつべう思ひつつ

引典出处：质起视，斧柯尽烂（《述异记》）

（76）原著原文：行く方も帰らむ里も忘れぬべう

引典出处：缘溪行，忘路之远近（《桃花源记》）

第二十九回　行幸

（77）原著原文：齢など、これよりまさる人、腰堪へぬまで

引典出处：金章腰不胜（《白氏文集·讽谕·秦中吟·不致仕》）

（78）原著原文：屈まりありく例、昔も今もはべめれど

引典出处：伛偻入君门（《白氏文集·讽谕·秦中吟·不致仕》）

（79）原著原文：羽を並ぶやうに公の御後見も仕う奉らむ

公に仕う奉りし際は羽を並べたるかずに

引典出处：羽翼已成（《史记·留侯世家》）

第三十回　兰草

（80）原著原文：心もて光に向かふ葵……

引典出处：倾心向日葵（《白氏文集·杂律·代书诗一百韵寄微之》）

（81）原著原文：女は三に従ふものにこそあなれど

引典出处：妇人有三从之义（《仪礼·丧服》）

第三十一回　真木柱

（82）原著原文：人一人を思ひかしづき

引典出处：三千宠爱在一身（《白氏文集・感伤・长恨歌》）

（83）原著原文：ほとりまでもにほふ例

引典出处：姊妹兄弟皆列土，可怜光彩生门户（《白氏文集・感伤・长恨歌》）

第三十二回　梅枝

（84）原著原文：見たまふ人の涙さへ、水茎に流れ添ふ心地して

引典出处：唯将老年泪，一洒故人文（《白氏文集・后续集・题故元少尹集后二首》）

第三十三回　紫藤末叶

（85）原著原文：わが宿の藤の色濃きたそかれに尋ねやは来ぬ春の名残を

なかなかに折りやまどはむ藤の花たそかれ時のたどたど

引典出处：惆怅春归留不得，紫藤花下渐黄昏（《白氏文集・杂律・三月三十日题慈恩寺》）

（86）原著原文：前栽どもなど、小さき木どもなりしも、いとしげき蔭

引典出处：童稚尽成人，园林半乔木（《白氏文集・后续集・六十六》）

（87）原著原文：文籍にも、家礼といふことあるべくや

引典出处：五日一朝太公，如家人父子礼（《史记・高祖本纪》）

第三十四回　新菜

（88）原著原文：世の中のわづらひならむこと、さらにせさせたまふまじくなむ

引典出处：吾君不游有深意……中人之产数百家，未足充君一日费（《白氏文集・讽谕・新乐府・骊宫高》）

（89）原著原文：「なほ残れる雪」と忍びやかに口ずさびたまひつつ

引典出处：子城阴处犹残雪（《白氏文集・杂律・庾楼晓望》）

第三十五回　新菜续

（90）原著原文：年深き身の冠を掛けむ、何か惜しからむ

引典出处：掛冠顾翠緌（《白氏文集·讽谕·秦中吟·不致仕》）

（91）原著原文：冠を掛け、車を惜しまず捨ててし身

引典出处：悬车惜朱轮（《白氏文集·讽谕·秦中吟·不致仕》）

（92）原著原文：御門より外の物見、をさをさしたまはず

引典出处：君眼不见门前事（《白氏文集·新乐府·采诗官》）

（93）原著原文：青柳の、枝垂りはじめたらむ心地して、鶯の羽風にも乱れぬべく

引典出处：绿丝条弱不胜莺（《白氏文集·后续集·杨柳枝》）

（94）原著原文：柳の葉を百度当てつべき

引典出处：楚有养由基者，善射者也，去柳叶百步而射之，百发而百中之（《史记·周本纪》）

（95）原著原文：時ならぬ霜雪を降らせ、雲雷を騒がしたる例

引典出处：一奏之，有白云从西北起；再奏之，大风至而雨随之（《史记·乐书》）

（96）原著原文：かく限りなきものにて

引典出处：何变态之无穷（《文选·嵇康·琴赋》）

（97）原著原文：琴の音を離れては、何琴をか物を調へ知るしるべとはせむ

引典出处：众器之中，琴德最优（《文选·嵇康·琴赋》）

（98）原著原文：天地をなびかし、鬼神の心をやはらげ

引典出处：感天地以致和（《文选·嵇康·琴赋》）

（99）原著原文：女は春をあはれぶと、古き人の言ひ置きはべりける。げに

引典出处：有女怀春，吉士诱之（《毛诗·召南·野有死麕》）

（100）原著原文：天地をなびかし、鬼神の心をやはらげ

引典出处：动天地，感鬼神，莫近于诗（《毛诗·关雎序》）

第三十六回　柏木

（101）原著原文：五十八を十取り捨てたる御齢

引典出处：五十八翁方有后（《白氏文集・后续集・自嘲》）

（102）原著原文：静かに思ひて嗟くに堪へたり

引典出处：静思堪喜亦堪嗟（《白氏文集・后续集・自嘲》）

（103）原著原文：「汝が爺に」とも、諌めまほしう思しけむかし

引典出处：慎勿顽愚似汝爷（《白氏文集・后续集・自嘲》）

（104）原著原文：琴の緒絶えにし後より、昔の御童遊びの名残をだに、思ひ出でたまはず

引典出处：钟子期死，伯牙破琴绝弦，终身不复鼓琴（《列子・汤问》）

（105）原著原文：身を顧みる方

引典出处：吾日三省吾身（《论语・学而》）

（106）原著原文：親にも仕うまつり……君に仕うまつることも

引典出处：夫孝，始于事亲，中于事君，终于立身（《孝经》）

第三十七回　横笛

（107）原著原文：耳をぞ明らめ侍らむ

引典出处：如听仙乐耳暂明（《白氏文集・感伤・琵琶行》）

第三十八回　铃虫

（108）原著原文：今宵の新たなる月の色……げになほ、わが世の外まで

引典出处：三五夜中新月色，二千里外故人心（《白氏文集・杂律・八月十五日夜禁中独直，对月忆元九》）

第三十九回　夕雾

（109）原著原文：女の、人二人と見る例

引典出处：忠臣不仕二主（《史记・田单列传》）

（110）原著原文：翁のなにがし守りけむやうに、おれ惑ひたれば

引典出处：释其耒而守株（《韩非子》）

第四十一回　遁入空门

（111）原著原文：「窓を打つ声」など、めづらしからぬ古言を

引典出处：萧萧暗雨打窗声（《白氏文集・讽谕・新乐府・上

阳白发人》）

（112）原著原文：「夕殿に螢飛んで」と、例の、古言も

引典出处：夕殿萤飞思悄然（《白氏文集·感伤·长恨歌》）

（113）原著原文：大空をかよふ幻夢にだに見えこぬ魂の行方たづねよ

引典出处：魂魄不曾来入梦（《白氏文集·感伤·长恨歌》）

（114）原著原文：降りおつる御涙の水茎に流れ添ふを

引典出处：唯将老年泪，一洒故人文（《白氏文集·后续集·题故元少尹集后二首》）

（115）原著原文：夜を知る螢を見ても悲しきは時ぞともなき思ひなりけり

引典出处：蒹葭水暗萤知夜（《和汉朗咏集·许浑·常州留与杨给事》）

第四十五回　竹河

（116）原著原文：遥かに目を側められ

引典出处：已被杨妃遥侧目（《白氏文集·讽谕·新乐府·上阳白发人》）

（117）原著原文：今宵は、なほ鶯にも誘はれたまへ

引典出处：莺声诱引来花下（《白氏文集·杂律·春江》）

（118）原著原文：この桜の老木になりにけるにつけても、過ぎにける齢を思ひたまへ出づれば

引典出处：童稚尽成人，园林半乔木（《白氏文集·后续集·六十六》）

（119）原著原文：塚の上にも掛けたまふべき御心のはど

引典出处：乃解其宝剑，系之徐君冢树而去（《史记·吴世家》）

第四十六回　桥姬

（120）原著原文：しみといふ虫のすみかになりて

引典出处：今日开看生蠹鱼（《白氏文集·杂律·开元九诗书卷》）

第四十八回　总角

（121）原著原文：人の国にありけむ香の煙

引典出处：反魂香降夫人魂（《白氏文集·讽谕·新乐府·李夫人》）

（122）原著原文：馬どものいばゆる音も、旅の宿りのあるやうなど

引典出处：征马连嘶行人出（《白氏文集·感伤·生别离》）

（123）原著原文：簾垂まき上げて見給へば向ひの寺の鐘の声枕を欹てて今日も暮れぬとかすかなるを聞きて

引典出处：遗爱寺钟欹枕听，香炉峰雪拨帘看（《白氏文集·杂律·香炉峰下新卜山居，草堂初成，偶题东壁·四》）

（124）原著原文：もののみ悲しくて、水の音に流れ添ふ心地したまふ

引典出处：边风吹断秋心绪，陇水流添夜泪行（《和汉朗咏集·大江朝纲·王昭君》）

第五十回　寄生

（125）原著原文：人形をも作り、絵にも描きとりて

引典出处：甘泉殿里令写真（《白氏文集·讽谕·新乐府·李夫人》）

（126）原著原文：昔ありけむ香の煙

引典出处：反魂香降夫人魂（《白氏文集·讽谕·新乐府·李夫人》）

（127）原著原文：魂の在処尋ねんには

引典出处：临邛道士鸿都客，能以精诚致魂魄。为感君王辗转思，遂教方士殷勤觅（《白氏文集·感伤·长恨歌》）

（128）原著原文：蓬莱まで尋ねて、釵の限りを伝へて見たまひけむ帝は

引典出处：惟将旧物表深情，钿合金钗寄将去（《白氏文集·感伤·长恨歌》）

（129）原著原文：いたづらに日を送る戯れにて、これなむよかるべき」とて、碁盤召し出で

引典出处：销日不过棋（《白氏文集·杂律·官舍闲题》）

（130）原著原文：秋の空は……堪へがたきこと多くなむ

引典出处：就中肠断是秋天（《白氏文集·暮立》）

（131）原著原文：独り月な見給ひそ
月見るは忌みはべるものを
引典出处：莫对月明思往事，损君颜色减君年（《白氏文集・赠内》）

（132）原著原文：黄金求むる絵師もこそ
引典出处：昭君若赠黄金赂，定是终身奉帝王（《和汉朗咏集・大江朝纲・王昭君》）

（133）原著原文：菊……花の中に偏へにとずし給ひて
引典出处：不是花中偏爱菊（《和汉朗咏集・元稹・十月菊花》）

（134）原著原文：この花一枝許す……おもしろき枝を折りて
引典出处：请君许折一枝春（《和汉朗咏集・纪齐名・恋》）

（135）原著原文：忘れ草生うして後なむ渡り住み
引典出处：焉得谖草？言树之背（《毛诗・卫风・伯兮》）

（136）原著原文：言よきは、心づきなく
引典出处：巧言令色，鲜矣仁（《论语・学而》）

第五十一回　东亭

（137）原著原文：あはれなる御心ざまを、岩木ならねば、思ほし知る
引典出处：人非木石皆有情（《白氏文集・讽谕・新乐府・李夫人》）

（138）原著原文：扇の色も心おきつべき閨
引典出处：班女闺中秋扇色（《和汉朗咏集・尊敬・题雪》）

（139）原著原文：楚王の台の上の夜の琴の声
引典出处：楚王台上夜琴声（《和汉朗咏集・尊敬・题雪》）

第五十二回　浮舟

（140）原著原文：寒き洲崎に立てる鵲の姿も
引典出处：寒汀鹭立重叠烟（《和汉朗咏集・张读・闲赋》）

（141）原著原文：里びたる声したる犬どもの出で来てののしる
引典出处：守家一犬迎人吠（《和汉朗咏集・都良・香田家早秋》）

第五十三回　蜉蝣

（142）原著原文：絵に描きて、恋しき人見る人
引典出处：甘泉殿里令写真（《白氏文集・讽谕・新乐府・李夫人》）

（143）原著原文：人木石に非ざれば皆情あり
引典出处：人非木石皆有情（《白氏文集・讽谕・新乐府・李夫人》）

（144）原著原文：ここらよき人を見集むれど……御前なる人は、まことに土などの心地ぞする
引典出处：顾左右前后，粉色如土（《白氏文集・感伤・长恨歌传》）

（145）原著原文：「中に就いて腸断ゆるは秋の天」……
引典出处：就中肠断是秋天（《白氏文集・杂律・暮立》）

（146）原著原文：などかくねたまし顔に掻鳴らし給ふ
引典出处：故故将纤手，时时弄小弦（《游仙窟》）

（147）原著原文：まろこそ、御母方の叔父なれ
引典出处：容貌似舅，潘安仁之外甥（《游仙窟》）

（148）原著原文：似るべきこのかみや侍るべき
引典出处：气调似兄，崔季珪之小妹（《游仙窟》）

第五十四回　习字

（149）原著原文：このあらむ命は、葉の薄きがごとし
引典出处：命如叶薄将奈何（《白氏文集・讽谕・新乐府・陵园妾》）

（150）原著原文：松門に暁到りて月徘徊す
引典出处：松门到晓月裴回（《白氏文集・讽谕・新乐府・陵园妾》）

（151）原著原文：ひねもすに吹く風の音もいと心細きに
引典出处：柏城尽日风萧瑟（《白氏文集・讽谕・新乐府・陵园妾》）

（152）原著原文：「まことに、人の心惑はさむとて出で来たる仮のも

のにや」と疑ふ

引典出处：假色迷人犹若是（《白氏文集·古塚狐》）

（153）原著原文：玉に疵あらむ心地し侍れ

引典出处：黄金有疵，白玉有瑕（《史记·龟策列传》）

在此要特别说明的是《和汉朗咏集》的问题。《和汉朗咏集》是由日本文学家藤原公任编撰的一部诗集，具体成书年代不详。藤原公任的生卒年为 966—1041 年，因此《和汉朗咏集》稍早于《源氏物语》或与《源氏物语》同期。《和汉朗咏集》原名《倭汉朗咏集》，后因“倭”字不雅，遂改为《和汉朗咏集》。关于《倭汉朗咏集》，在据传为释信阿于应保元年（1161 年）所作的《倭汉朗咏集私注》的序中开宗明义地解释道，“倭者，本朝也，本朝以歌述其怀；汉者，唐家也，唐家以诗言彼志。此诗歌之咏”，由中国诗文佳句、日本汉诗文佳句以及和歌佳句歌谣三部分共汇于一集。平安时代，以宫廷贵族为代表的政治、文化的权力者掀起了崇尚唐文化的热潮，诸事模仿唐制，甚至日本民族认为其固有的神道仪式也受到了唐朝文化的影响。后在遣唐使制度废止后，日本进入了对输入的唐文化的消化、吸收、融合的时期，日本传统文化在唐文化的感染、碰撞过程中得到了前所未有的发展。当时的公卿贵族在游乐宴饮中刻意模仿唐朝的风雅、华丽，追求纤细、雅致的情趣，于是原本用于启蒙学生的汉诗咏诵法被公卿贵族们引入追求闲情逸致的娱乐中，形成了吟唱汉诗佳句及和歌的形式，即所谓的“朗咏”。

正因为如此，我们就不难理解在上述的汉籍出典一览中，为何将出自《和汉朗咏集》的用例列入其中，事实上其引自《和汉朗咏集》，却是出自汉典籍。紫式部或是出于便利，直接从《和汉朗咏集》中将汉典籍引用在了《源氏物语》中。

古泽未知男还列出了 4 例引用出自《日本书纪》，他认为是《日本书纪》引用了中国典籍，但出处不详，所以笔者未曾在上述典籍引用出处一览中列出。

“倭者，本朝也，本朝以歌述其怀；汉者，唐家也，唐家以诗言彼志。此诗歌之咏”除了告诉我们《和汉朗咏集》由中国诗文佳句、日本汉诗文佳句以及和歌佳句歌谣汇于一集这一编纂想象之外，还向我们展示出了另一个重大信息，即中国诗文“诗言志”，而日本和歌主要是“述怀”。比如唐诗，有关唐诗学的一些关键词，如盛唐气象、兴寄风骨、诗赋取士、诗史精神、歌诗合为事而作、讽谏诗等，都指向刚健有为、向社会负责、以天下有道的人文关怀，做到不负此生、不虚此生的时代精神。这些关键词，正可以简明有力地代表唐诗的基本精神。但《源氏物语》中的和歌并不追求这种境界。不但《源氏物语》中的和歌不追求这种境界，就连紫式部引入《源氏物语》中的中国诗文典籍，也已经失去了“诗言志”的教化功能。紫式部需要的似乎只是中国诗文典籍的意境，至于原典的背景在紫式部看来并不是她的着意点。关于这个问题，笔者将在下节予以详述。

中国文论、教育、绘画、书法、音乐、建筑、民族元素的渗透

笔者正在撰写的另一本《源氏物语》研究著作《源氏物语文化论》，由 18 个小专题构成，分别为《源氏物语》之教育观、《源氏物语》之男性观、《源氏物语》之女性观、《源氏物语》之恋爱观、《源氏物语》之婚姻观、《源氏物语》之自然观、《源氏物语》与“物哀”、《源氏物语》的罪障意识、《源氏物语》与佛教、《源氏物语》与阴阳道、《源氏物语》的过渡礼仪、《源氏物语》之物语论、《源氏物语》之和歌论、《源氏物语》之绘画论、《源氏物语》之音乐论、《源氏物语》之书法论、《源氏物语》中的日本传统文化、《源氏物语》中的香道。初步研究成果告诉我们，《源氏物语》中来自日本民族最为原本的初始文化所占比例很少。简单地说，《源氏物语》中所展现的日本文化其实是由三部分构成的：日本民族最为原本的初始文化；对中、晚唐以前的中国古代文化的复制与模仿；由前两种文化融合而成的“混血文化”，这种“混血文化”的典型表现令中国读者感觉到似曾相识却还陌生。

比如第九回“葵姬”中描写的“祓禊”，明显是对中国传统习俗的仿效。所谓“祓禊”，祓者，古代用斋戒沐浴等方法除灾求福，亦泛指扫除，如祓濯、祓除（古代除凶去垢的仪式）；禊者，古代春秋两季在水边举行的清除不祥的祭祀，即修禊。古代中国民间于春秋两季，有至水滨举行祓除不祥的祭礼习俗。源于上古。春季常在三月上旬的巳日，并有沐浴、采兰、嬉游、饮酒等活动。三国魏以后定为三月初三日，称为祓禊。

汉刘桢《鲁都赋》：“及其素秋二七，天汉指隅，民胥祓禊，国于水嬉。”

《后汉书·礼仪志上》：“是月上巳，官民皆絜于东流水上。”南朝梁刘昭注：“蔡邕曰：《论语》‘暮春者，春服既成，冠者五六人，童子六七人，浴乎沂，风乎舞雩，咏而归。’自上及下，古有此礼。今三月上巳，祓禊于水滨，盖出于此。”

唐张志和《上巳日忆江南禊事》诗：“黄河西绕郡城流，上巳应无祓禊游。”

《辽史·王鼎传》：“适上巳，与同志祓禊水滨，酌酒赋诗。”清龚自珍《百字令》词：“珂佩晨闲，文章秋横，祓禊西山雨。”

《周礼·春官·女巫》：“女巫掌岁时祓除衅浴。”郑玄注：“岁时祓除，如今三

月上巳，如水上之类。衅浴，谓以香熏草药沐浴。”汉应劭《风俗通》：“禊者，洁也，故于水上盥洁之也。”

汉张衡《南都赋》：“暮春之禊，元巳之辰，方轨齐轸，祓于阳滨。”

南朝宋刘义庆《世说新语·企羡》刘孝标注引晋王羲之《临河叙》：“暮春之初，会于会稽山阴之兰亭，修禊事也。”

汉至唐代，赋咏极多，如《祓禊赋》、《洛禊赋》、《上巳禊饮诗》、《上巳日祓禊渭滨应制》，皆写此事。

我们再看《源氏物语》第九回“葵姬”中“祓禊”的场面描写：

> そのころ、斎院も下りゐたまひて、后腹の女三宮ゐたまひぬ。帝、后と、ことに思ひきこえたまへる宮なれば、筋ことになりたまふを、いと苦しう思したれど、こと宮たちのさるべきおはせず。儀式など、常の神わざなれど、いかめしうののしる。祭のほど、限りある公事に添ふこと多く、見所こよなし。人がらと見えたり。
>
> 御禊の日、上達部など、数定まりて仕うまつりたまふわざなれど、おぼえことに、容貌ある限り、下襲の色、表の袴の紋、馬鞍までみな調へたり。
>
> 再说那贺茂神社斋院修行期满，卜定弘徽殿太后所生的三女公子为继任人。虽桐壶院与弘徽殿太后视这女子若掌上明珠，但也不得不忍痛割爱。因此斋院入社的仪式更是非寻常可比，祝祭之时，除了规定的仪式，又增添得许多新颖别致的节目。
>
> 入社前几日，举行祓禊仪式，执事公卿皆选用声名高贵、容貌端庄之人，实在讲究。他们衬衣的色彩，外裙的花纹，便是车马鞍镫，也都搭配合理，相得益彰。①

在此需要稍作说明的是，按当时宫中沿袭陈规，天皇在位时称皇上，退位后，以其退居的院落为名，称之为“某某院”，等同于中国古代时的“上皇”。故上文中将日文的“帝、后”译成了“桐壶院与弘徽殿太后”。此外，新天皇即位，按规定要卜定新的斋宫及斋院，以保佑新朝安泰。赴伊势神宫者称斋宫，赴贺茂神社者称斋院。修行有定期。且新任斋宫接受认命之后，需要先举行祓禊仪式，再到禁中左卫门府斋戒几日，称之为入初斋院。之后需要再进行一次

---

① 紫式部著，姚继中译：《源氏物语》，江苏人民出版社 2011 年，第 131 页。

祓禊仪式，移居到京都西北角的嵯峨野宫整整修行一年。这之后，才能正式入驻伊势，成为斋宫。

又如“刍灵”，所谓“刍灵”，是指用茅草扎成的人马，为古人送葬之物。《礼记·檀弓下》：“涂车刍灵，自古有之，明器之道也。”郑玄注：“刍灵，束茅为人马，谓之灵者，神之类。”孙希旦集解：“涂车刍灵，皆送葬之物也。”南朝谢惠连《祭古冢文》：“刍灵已毁，涂车既摧。”《旧唐书·李勣传》：“明器惟作马五六匹，下帐用幔皁为顶，白纱为裙，其中著十个木人，示依古礼刍灵之义，此外一物不用。”清蒲松龄《聊斋志异·莲香》：“生追出，提抱以归，身轻若刍灵。”在《源氏物语》第十二回“须磨”中，紫式部引用了中国古代“刍灵”的文化意象，描述了光源氏被流放到须磨后无所适从，只能求助于虚无缥缈的神灵的场景。

弥生の朔日に出で来たる巳の日、

「今日なむ、かく思すことある人は、御禊したまふべき」

と、なまさかしき人の聞こゆれば、海づらもゆかしうて出でたまふ。いとおろそかに、軟障ばかりを引きめぐらして、この国に通ひける陰陽師召して、祓へせさせたまふ。舟にことことしき人形乗せて流すを見たまふに、よそへられて、

「知らざりし大海の原に流れ来て
　ひとかたにやはものは悲しき」

とて、ゐたまへる御さま、さる晴れに出でて、言ふよしなく見えたまふ。

海の面うらうらと凪ぎわたりて、行方も知らぬに、来し方行く先思し続けられて、

「八百よろづ神もあはれと思ふらむ
　犯せる罪のそれとなければ」

とのたまふに、にはかに風吹き出でて、空もかき暮れぬ。御祓へもし果てず、立ち騒ぎたり。肱笠雨とか降りきて、いとあわたたしければ、みな帰りたまはむとするに、笠も取りあへず。

三月初一，巧逢巳日。有晓事之人建议：“今日乃上巳，公子身蒙祸难，何不前往修禊？”源氏公子遵劝，将几个路过的阴阳师请来，于海边山坡上举行祓禊。阴阳师将一大草人放进一只纸船，送入海中，让它随波飘逝。源氏公子见此情景，顿觉自己正如纸船中草人，便吟道：

“恰似刍灵随浪涌，

沉浮命运谁可知。”

是时风和日丽，水波不兴，海天茫茫。京都旧事、如今境遇，及渺渺未来，次第攒积于胸，公子不禁自语：

“吾罪原是莫须有，

奏请神明予垂怜。”

祓禊尚进行，忽地风云突变，天地陡然暗淡，天空电闪雷鸣，地动山摇，暴雨倾盆。众人皆惊慌失措，斗篷亦顾不及取，立时足不履地，狂奔反邸。[①]

《源氏物语》中诸如“祓禊”“刍灵”之类的中国文化的直接表现、中国文化的变形以及中国文化在日本传统文化中的融合比比皆是。或许正是因为如此,《源氏物语》让中国读者在其“接受屏幕”和“期待视野”中，既体会到了《源氏物语》中的异文化的新奇，又感受到了中国传统文化的亲近。

第二节　中国典籍在《源氏物语》中的变异与译者操控

严绍璗在《“文化语境”与“变异体”以及文学的发生学》[②]中指出：

人类早期的“文化”（包括文学），都是在古代居住民生存的特定的自然环境与人文环境中形成的，由此而在文化中孕育的气质，是文化内具的最早的“民族特性”。任何文化的“民族特性”一旦形成，就具有了“壁垒性”特征。其实，“文化”与“文化运动”，从本质上说，应该是没有文化学家们所津津乐道的所谓“开放的文化”还是“闭锁的文化”之分的。这种由文化的“民族性”特征而必然生成的文化的“壁垒性”，是普遍范围内各民族文化冲突的最根本的内在根源（这里是在排除了文明社会中经济对文化的制约和政治权力对文化的控制等各种因素而言的）。文化冲突并不一定是一件坏事（这里的“冲突”，指的是在广泛的意义上发生的由接触而生的撞击现象），从文化运行的内在机制来说，文化冲突

① 紫式部著，姚继中译：《源氏物语》，江苏人民出版社 2011 年，第 196 页。

② 严绍璗：《“文化语境”与“变异体”以及文学的发生学》,《中国比较文学》2000 年第 3 期第 14 页。

能够激活冲突双方文化的内在的因子，使之在一定的条件中进入亢奋状态。无论是欲求扩展自身的文化，还是希冀保守自身的文化，文化机制内部都会发生一系列的“变异”。

例如，六、七、八、九世纪时代日本文学中原先存在的无格律的“自由”形态的“和歌”，面临中国大陆“汉诗”的重大冲击与挑战，为了寻求和歌的生存之路，争取获得与汉诗相抗衡的能力，“自由形态”的“和歌”内部发生了一系列重大的调整，其中包括从汉文“歌骚体”文学中获取有价值的文学材料，在反复的抗衡与挣扎之中，终于形成了“三十一音音素律”，成为具备了固定音律节奏的“歌”，其生命力一直延续到现代。以“音素”为节奏单位构成格律，是“和歌”、“民族”特征的表现，然而，以“三十一音”作为格律的“型”，则对日本语的“歌”具有明显的强制性（不适应性）。这种新的文学样式，我们称之为“变异体”，它的一系列的衍化过程，便可以称之为“变异”。在日本古文学中，从“记纪歌谣”到《万叶集》的“歌”，可以说是“和歌”发生一系列“变异”的过程，从《万叶集》到《古今和歌集》是“格律和歌”最后定“型”的过程。“和歌”的格律化，便是在数百年间的文化撞击中形成的。

文学的“变异体”形成之后，随着民族心理的熟悉与适应，原先在形成过程中内蕴的一些“强制性”因素在文学传递层面上会逐渐地被溶解（在学理层面上将是永久地留存的）。一旦这些因素被消解，不被人强烈地感受到了，人们因此也就忘记了，并且不承认它们与“异质文化”之间的具有“生命意义”的联系，并且进而认定为“民族”的了，以此为新的本源，又会衍生出新的文学样式。一个民族的文学的民族传统，其实就是在这样的“变异”过程中，得以延续、提升，并在此基础上再次衍生，就像“民族”的日本“和歌”，后来又衍生出了如连句、俳句等等那样。

笔者作为《源氏物语》的译者，深深体会到紫式部在《源氏物语》中对中国古代典籍、诗句的引用是何等娴熟。通常的引用是指在说话或写作中引用诸如诗句、格言、成语等，以表达自己思想感情的修辞方法。其引用可分为明引、暗引两种，在这两个次上位概念下，又有正引、反引、借引等手法。所谓“明引”指直接引用原文，并加上引号，或者是只引用原文大意，不加引号，但是都注明原文的出处。“暗引”指不说明引文出处，而将其编织在自己的话语中，或是引用原句，或是只引大意。“正引”是引用者对所引用的语句持肯定的态度，用在引文与原文意思相一致的场合。正引一般用来印证自己的观点，表达自己的思想感情。它既可以是明引，也可以是暗引。“反引”则是引用者对所引用的语句加以评判，持否定的态度，即所使用的意思与原来的意思是相反的，以达到标新立异，或起到讽刺的作用。反引从形式上还可以分为三类：照录原文，然后对原文加以否定或修正；直接改动原文，使本文所要表达的意义与原文相反；引出原文的大意，然后再提出异议。此外还有“借引”，常用手法分为两种：一种又称“改用”，就是原文的本意与所要表达的意义既不相同相似，也不相反相对，只是在某一方面有相关性。它可以推陈出新，增强生动性，产生幽默风趣的效果，也可引起读者对故事的联想，增强形象性。还有一种就是借用数学中的符号，组合成一个简单的公式，来表达复杂的思想内容，达到言简意赅的目的，有直观形象的艺术效果。

在紫式部的那个时代，并没有这些与引用相关的概念。但是，概念是在由实践上升至理论而形成的。仔细分析上面列出的153个汉典籍、诗句，你会发现明引、暗引、正引、反引、借引，几乎每一种引用手法都被用于其中。

引用只是一种修辞手法，我们切不可忽视在这种修辞手法的背后隐藏着一个重大的文化现象，这就是在《源氏物语》的引用中，被引用的中国古代典籍、诗句发生了文化变异！其中最大的推手就是“反引”和“借引”，其很多情况下帮助紫式部更改或部分更改了原典的文化意象。

严绍璗认为，文学的“变异”是一个十分复杂的文化运行过程，根据我们对东亚文学文本的解析，可以说，几乎一切“变异”都具有“中间媒体”。这是一个还尚未被研究者注意到的文化运转的过程。或者说，关于一切“变异”都具有“中间媒体”的论断，它事实上描述了文学变异的基本轨迹。

在对日本神话向古小说演进过程的研究中，我们发现中国文化的某些因子以一种被分解的形态介入其中；我们在对日本“短歌”的格律性形成的检讨中也发现了相同的文化现象，即某些汉诗被“分解”并成为新的韵文的过渡形式。例如《万叶集》中著名的歌人大伴家持的《悲亡妾歌》，此歌曰：

“从今者，秋风寒，将吹乌，如何独，长夜乎将宿。”（No. 462）

又有著名的歌人柿本人麻吕的《雷神歌》，此歌曰：

“雷神小动，刺云雨零耶，君将留。”（No. 2513）

这两首“歌”并不是“汉诗”，也不是真正的“和歌”，当代日本的“万叶学家”把它们以“三十一音音素律”加以“训读”，其实对日本语文来说，这种“训读”表现出了明显的“不适应性”和“强制性”。从文学的发生学立场上考察这一样式，应该说它们是“汉文韵文体”进入“和歌”过程中一种被分解的形态。

文本的“变异”过程和“变异体”的成立，就其形式与内容考察，从最本质的意义上可以说，它们都是在“不正确的理解”中实现的。关于这一命题，严绍璗曾在《中国比较文学》1998 年第 4 期上为之专论[①]，由这一命题而确认了在文学的“变异”中所形成的新的文学样式（文本），都是本土文学传统的延伸和在另一层面中的继承。

我们不妨再回过头来看看所谓的“反引”和“借引”，“反引”从形式上分出的三种引用形式在《源氏物语》中几乎都使汉典籍、诗句的文化意象发生了变异。而“借引”常用手法“改用”，可以推陈出新，增强生动性，产生幽默风趣的效果，也可引起读者对故事的联想，增强形象性。试看第十二回“须磨”中的两则引用：

引用一：

大江殿と言ひける所は、いたう荒れて、松ばかりぞしるしなる。

「唐国に名を残しける人よりも

行方知られぬ家居をやせむ」

渚に寄る波のかつ返るを見たまひて、「うらやましくも」と、うち誦じたまへるさま、さる世の古言なれど、珍しう聞きなされ、悲しとのみ御供の人々思へり。

途经一地，名大江殿，荒废衰败，惟有几株松树孤立于此。源氏公子目睹此景，细想此番遭遇，感慨地吟道：

“屈原英名垂宇宙，

谁知逐客心渺茫。”

海边波浪迭荡，源氏公子触景生情，且吟唱起：“离愁重，海浪叠。”[②]此歌家喻户晓，配此情此景，甚是相宜。[③]

引用二：

冬になりて雪降り荒れたるころ、空のけしきもことにすごく眺めたまひ

① 严绍璗：《文化的传递与不正确理解的形态》，《中国比较文学》1998 年第 4 期第 3 页。

② 来源于《伊势物语》中的古歌“渐行渐觉离愁重，却羡海浪卷复回”。

③ 紫式部著，姚继中译：《源氏物语》，江苏人民出版社 2011 年，第 186 页。

て、琴を弾きすさびたまひて、良清に歌うたはせ、大輔、横笛吹きて、遊びたまふ。心とどめてあはれなる手など弾きたまへるに、他物の声どもはやめて、涙をのごひあへり。

昔、胡の国に遣しけむ女を思しやりて、「ましていかなりけむ。この世に我が思ひきこゆる人などをさやうに放ちやりたらむこと」など思ふも、あらむことのやうにゆゆしうて、

「霜の後の夢」

と誦じたまふ。

冬季大雪纷飞。源氏公子仰望长空，无限凄楚，便取出琴来，命良清伴歌，惟光吹笛合奏。因哀怨深切，竟致弦凝声歇，众皆抬手拭泪。源氏公子忽想起中国古代远嫁胡国的王昭君，若为我源氏红颜知己，该有何等悲伤！忽转念，倘若自己心爱之人，被放逐异国，又将是何等景象呢？想到此处，仿佛真有其事，心中不胜凄凉，随口吟道："风过边山心起伏，陇水夜行泪冰凉。胡角声声惊梦醒，万里汉宫月前肠。"①

上述这两个引用例，大凡有点文史知识的读者，没有不知道其历史背景的。而紫式部在《源氏物语》中令光源氏吟诗引用这两个典故，只是满足了这两个典故表面所反映出来的一种"凄情"，完全失去了原典的历史背景中的"崇高"。诸如此类的引用在《源氏物语》中不在少数，由此可见，紫式部对中国典籍、诗句的引用，大多会意于字面，而字面背后的意蕴已经发生了变异。当然，这种文化的变异没有好坏、正确与错误之分，因为日本在吸纳中国文化的过程中，必定有着"本土化"心理需求。就一般而言，日本在"本土化"的过程中，会放弃中国典籍、诗句中带有哲理、诗言志的部分，保留的是风花雪月、感物兴叹的情绪。这种意象的改变，既受制于紫式部本人的文学意识和文学理念，同时更受制于当时日本社会的普遍价值观以及所描写的人物对象的身份、地位和立场。

《源氏物语》在很多情况下非常倚重中国典故、诗句抒写特定人物在特定境况下的特定思想感情。在紫式部笔下，诗歌是手段，重点是抒情。如"桐壶"中对《长恨歌》的引用，强力催生了桐壶帝与更衣生离死别的悲伤苍凉情景。然而问题是，唐玄宗面对当时安史之乱刚刚平定，孤身一人西归，又被逼退位，可谓残年

① 紫式部著，姚继中译：《源氏物语》，江苏人民出版社 2011 年，第 192 页。

惨景，正可与《长恨歌传》“时移事去，乐尽悲来”的描写相参照。面临此景此境，唐玄宗借这首诗歌的感情抒发了当时深沉的生命意识及人生无常的感叹，所以唐玄宗才“不终曲而起”。《长恨歌》给我们中国读者印象最深的是，“君王回看救不得，宛转蛾眉马前死”，一个句子缩呈示了一幅对比强烈的画面：一边是代表战争、代表权力、代表无情的历史的一头高大的骏马；而另一边是代表美、代表感性、代表柔情与弱者的蛾眉。《源氏物语》的情境却迥然而异，桐壶帝与更衣之间没有太过复杂的与国运、政治危机相关的背景情节，它所摄取的只是诗人白居易诗歌中代表美、感性、柔情的一面，即一种对女性的同情、爱慕、关心、思念，富于人性优美的心灵。白居易诗歌即便是讽谕，但它的另一面依然是中国文化中所说的大地的气质——女性气质，大地之气温暖地润泽万物，白居易的这首诗就是这样充满着阴阳交感的人情味，杨玉环虽然去世了，唐明皇虽然去世了，白乐天虽然也去世了，但是这种宛转蛾眉的美没有死，天长地久的绵绵长恨没有死，永远感动着后代，痴男怨女的这样一种心灵，就是生生不息的不死的心灵。紫式部借用《长恨歌》，正是要向读者展现白居易诗歌的这一面。

正如宋再新在《和汉朗咏集文化论》[①]中指出的那样，日本人虽然对白居易的作品推崇备至，但并不是无条件地接受、不加分别地欣赏。《和汉朗咏集》即表现出这种态度，集中所收白居易的作品均为闲适、雅致的诗文佳句，不见丧时忧民、社会批判的内容。讽谕诗是白居易诗中精华，但一经平安时代文人文学观的过滤，已全无讽谕精神，只剩闲适、华美的意趣了。

很多中国读者以及研究者对第十二回“须磨”感到特别亲近，在中国知网上能搜索到研究“须磨”的论文不在少数。其实这里面有着非常特殊的原因：一是在这一回中紫式部引用的中国典籍、诗句多达 15 处，其中白居易的诗句就有 7 处；二是旅居、流放、漂泊是中国古代文人的生活方式之一，这种生活方式为文学创作提供了非常丰富的思想和题材。而中国读者十分痴迷悲怆中的豪情。因此，“须磨”的故事情节高度契合了中国读者的阅读喜好。

严绍璗在《中日古代文学关系史稿》中评价“须磨”时说：“这一卷典型地表现了日本平安时代王朝文学最基本的艺术特色——恋爱的惆怅、羁旅的愁苦、仕途的失意，与大自然融为一种空濛的意境。在这一卷中，女作家把和歌的创作手法与散文的艺术特性结合在一起，把人物内心的喜怒哀乐的缕缕情丝，与自然界

① 宋再新：《和汉朗咏集文化论》，山东文艺出版社 1996 年。

的气候、色彩的变换融为一体，在一种空濛的气氛中，让读者跟随着小说中人物内心世界的发展，在自己的心灵上产生共鸣和颤动，在情感上产生余情萦绕。”①

然而，日本平安时代王朝文学所描写的恋爱的惆怅、羁旅的愁苦、仕途的失意等，与中国古代文学的相关描写在境界上有着很大的区别。比如日本学者松浦友久研究李白时使用了“客寓意识”一词，他认为李白是不安定的“客”之子，没有真正意义上的固定的家乡，任何一方都不是其久居之地。在李白那里，“旅人、客子、客寓者”即为人生。这一论述虽是论李白诗歌的，却非常有助于揭示唐代诗人的旅寓生涯与文学创作的关系。客寓一词唐代就有，如杜甫《酬高使君相赠》："古寺僧牢落，空房客寓居。”“客寓意识”来源于唐文人对羁旅生活的情感体验。长期的漂寓使得他们感到自己总为羁旅之人，总有漂寓之感，漫长的求名之路上，没有一个归宿，所渴求的东西永远渺若星辰。然而，丰富而复杂的漂寓之感使诗人时时萌发创作冲动，通常借助比喻和联想，构成生动的喻象和深永的意境，以传达丰富细腻的内心世界。薛能《中秋旅舍》：“云卷庭虚月逗空，一方秋草尽鸣虫。是时兄弟正南北，黄叶满阶来去风。”诗歌以随风乱舞的黄叶象征不能主宰自己的命运，恰到好处地传达了漂泊无根之感。黄落的叶子也使人感到，迟暮之感似乎透过中秋的夜空，逼人而来。

中国唐代的“客寓意识”的漂泊似乎成了当时的文学母题，有着浓郁的感伤色彩：左降官离京之际辞亲别友，总是涕泪潸然；赴任的地方官挈妇将雏，离开京城，皆惨然不乐朝廷沙汰，情思怫郁；奉使者风尘仆仆，奔波劳累；举子则多年不第，心情灰暗；选人赴京，十落七八，一切都显得那么不如意，生活中充满了失望与困苦。总之，对于唐代文人来说，长期安逸的生活是没有的，只要你想仕进，你就会四处漂泊，就得长期忍受失败的痛苦和煎熬。因此，盘旋在他们头上的，常常是因生存空间的迁徙所带来的与亲友的疏隔。对亲情的渴望，政治生命的没有归宿，个人与家族生计的无着落，精神上的彷徨失据与现实生活中的漂荡不定，构成双重的漂泊。唐代文学漂泊母题的内涵，就是个体生命的悬浮无根感，前途命运的渺茫感，政治上的失意愤悱感，还有那无处不在的乡思和挥之不去的孤独……正是这些东西使诗人情感复杂化，可见“客寓意识”作为行旅中的唐代文人精神生活的主要内容，在漂泊母题的艺术表现中始终处在关键位置

“须磨”表面上看，与中国唐代的“客寓意识”的漂泊似乎有着惊人的相似，

① 严绍璗：《中日古代文学关系史稿》，湖南文艺出版社 1987 年，第 268 页。

但光源氏并不以仕途的失意与否为背景，他仅仅是因为一桩错误的恋情而自贬离开京城，是为了躲避不该有的恋爱的过错。所以笔者认为其整体境界与中国唐代的“客寓意识”的漂泊有着很大的格差。

即便说日本的宫廷贵族、文人雅士对自然界的审美情趣颇受中国文学的影响，但日本古人由自然景物、四季变化引发的联想和哀愁是非和歌无法表达的。中国六朝时代兴起的山水诗往往是由政治失意的文人创作的，而写景和歌是有情的日本男女将恋情、哀愁寄托于花鸟风月的产物。这一差别是理解日本和歌文学乃至整个日本文学的至关重要的基础。

物语文学自然审美生命意识的内涵构成中，自然的声、色、形等感性形式是自然审美的基础，其内核是自然的感性形式所体现出的生生不息的生命力、创造力，其中蕴含着平安贵族对大自然的深深眷恋和对自然之美的尽情体味。他们甚至上升不到哲理层面上对宇宙中自然生命意义的一种感触和领悟，也不追求感伤之情的升华，更谈不上是对现实的审美超越。或许这正是日本民族在接受中国文学审美精神中的一种自我选择，因为在中国文学中审美超越不是彻底放弃感情，有时这种超越恰恰是对人生痛苦无可奈何的委顺与怅然，是由极度的痛苦和无奈凝聚成的一种极度静谧超然的存在状态，实质上是一种更具普遍意义的感伤。

日本平安时代将自然山水作为具有独立审美价值的对象进入文学作品，改变了中国文学中把自然山水作为道德精神的象征之物加以审视的局限，更注重对自然生命存在本身风姿的审美体认，更多地观照自然景物的感性形式之美，更尽情地感受自然的野逸与生机。所谓的“物哀”——脱离政治、伦理道德的感物兴叹，正是平安时代日本在接受中国文学审美过程中发生的变异。

译介学研究十分关注在文学翻译中对文化意象的处理。事实上，对《源氏物语》而言，文化意象的问题不仅关乎翻译，早在翻译的上游即紫式部在《源氏物语》的创作过程中，对中国典籍、诗句的引用就已发生了移植、改变、重构，这对中文译者来说看似不构成特别的障碍，其实不然。在翻译的过程中，首先是要识别哪些出典来自中国典籍、诗句，比如上述两例中的“唐国に名を残しける人”“胡の国に遣しけむ女”，前者虽然指出了“唐国”，但未言明何人，后者既未说明哪国遣女胡国，也未说明此女为何人。庆幸的是，翻译的底本都已在学者校正的基础上做出了注释，这为翻译提供了帮助。其次是需要对一些出典的注释作核对校正。因为日本学者所做的注释中的出处，有一部分是从日本的古典文献中转引的，既然是中国典籍、诗句，就需要查证原典的出处。虽然这类引用不是很多，但仍需严谨查证后才能放心。

至于翻译技巧，主要采取了注释和嵌入两种方法。因为紫式部在《源氏物语》中通常只是使用原典中的一两个词语，几乎没有原句完整的引用，所以在翻译时只能尊重原著文本，仍然只用原典中的一两个词语，充其量添译成一句完整的诗句，然后在注释中加以说明。前面列出的经笔者校正过的古泽未知男对《源氏物语》汉典籍引用一览表中，共列出了 153 项，另有 5 项出自《日本书纪》及《大镜》，但无从考证中国的原典出处，故暂且略去。但细心的研究者会发现，丰子恺译本、林文月译本、姚继中译本几乎都只给出了 63 条注释，而且给出注释的章回不尽相同，哪些给出注释、哪些不给注释的判断也不尽相同。在此姑且不去纠缠三者给出注释的区别，但就数量而言，笔者能考查清楚的 153 项汉典籍、诗句的引用中，除去 63 条注释外，还有 90 项出典未曾注释。究其原因，这 90 项出典一是在翻译时就已经在译文文本中添加了出处，二是在翻译时就已经将原典的完整诗句嵌入了译文文本。比如前例中原著文本中仅仅是使用了“霜の後の夢”（霜后梦），笔者在翻译时便将中国原典“风过边山心起伏，陇水夜行泪冰凉。胡角声声惊梦醒，万里汉宫月前肠”嵌入了其中。事实上，“霜后梦”是出自《和汉朗咏集·大江朝纲·王昭君》，此诗改写了中国的原典诗句：“边风吹断秋心绪，陇水流添夜泪行。胡角一声霜后梦，汉宫万里月前肠。”

文学翻译越来越体现出跨文化的交际性特质，而跨文化交际则对认识文化差异和纠正对文化差异的边缘化具有重要作用。翻译中许多微妙的语义变化源于根深蒂固的文化倾向性。文学翻译试图把两种文化的阅读体验有机联系起来，这种尝试能有效加强文化间的相互关系，促进对文化差异性的尊重。必须指出的是，虽然译入语读者阅读时在情感上会有不一样的体验，然而逐渐发展的跨文化移情会使情况发生显著的变化，并且翻译也利用重构来消除文化陌生化和不必要的异国情调。

第六章　译者的受众设定与翻译风格的斟酌

译者的翻译思想对译者风格的制约是通过译者的翻译方法直接体现的。译者的翻译思想与译者风格的关系最简单地说，就是译者的翻译思想决定译者的翻译策略，译者的翻译策略决定译者的翻译方法，译者的翻译方法最终直接决定译者风格。然而，这并不意味着译者可以随心所欲，其中最为重要的因素之一，是译者对未来受众的预设。因此，译文的接受条件与环境，会非常直接地影响译者的翻译风格趋势和价值取向。译文接受者对译者风格的诱导，主要表现在译文接受者的阅读兴趣、阅读习惯、欣赏水平、审美要求、价值取向等方面。这些要素都与译者的翻译风格有着直接或间接的关系，因为接受者所能感受到的一切都来自译者、来自译作。

文学翻译不是简单的语际之间的语符转换。作为译者，必须将原作、原作者、原作读者、译者、译作和译作读者等诸多因素纳入自己的视野加以综合思考。翻译是一个动态的变化过程，所追求的并不仅仅是一个简单的结果。在这些要素中，原作者、原作读者、译作读者这三者看似与翻译活动没有关系，实际上它们同样左右着译者的翻译过程，尤其是翻译策略的设定。接受美学作为一种文艺理论，起源于对原作和读者关系的探讨，其理论价值在于提高了译者（译者首先是原著的读者）和读者的地位。这使文学翻译的前期的文本解读从文本独白的层面上升到读者与文本对话的层面，为文学翻译的后期工作拓宽了技术途径。译者把原作成功地进行语符转换并不代表他的翻译已经完成，还需要读者的参与，读者对其译作的接受和感悟程度从某个角度上说决定着译作的成功与否。文学翻译本身并不是文学作品的终点，没有读者的文本仅仅是“作”，有了读者才能成为“品”。因此，文学的唯一对象是读者，其存在意义和价值是通过读者的接受才能成为一种现实的存在。

翻译研究不能仅仅围绕译者或者原作作者展开，必须把对读者的研究纳入视野，给读者一定的主体地位。除了作品的客体性质能决定文学翻译的审美价值外，读者对审美的主体需求也决定着文学翻译的审美价值。离开了特定需求，作品只能是“作”，而不是“品”，即没有产生价值的纯客体。读者及其特定需求决定了文学审美价值的性质和取向，只有当客体的某种特性适应于、符合于、满足于读者的某种特定需求时，文学作品才具有这方面的特定价值。由此可见，译者将一种语言的文学作品翻译成另一种语言的过程中，在他的心目中不可能没有对译文读者预期的推测与设定。

董务刚曾在《接受美学与翻译研究》[①]一文中说，潜在的读者会潜移默化地融入译家的审美经验期待视界，伴随和影响着译者的整个酝酿和翻译过程。译者翻译前须对原作的主题、语言风格等进行深入细致的研究，并在此基础上考察和推断这部作品在当时的读者中的接受情况。如《源氏物语》的读者基本上是中上层的贵族阶层，这就决定了《源氏物语》笔致飘洒、文风疏隽的文学风格。译者在翻译过程中，理应考虑到原文读者与作者的创作风格之间的关系，同时又要考虑到历史的变迁以及译作的接受范围与局限。其中包括译作读者群的修养水平、文化层次、对异文化的接受水平、对语言表达模式的需求，以及文化认同度等等。译者必须依靠自己长期对译文文化语境的考察研究所获得的审美经验，以及译文潜在的读者的接受模式，将潜在的读者群的思想、感情及期待纳入自己的审美视野中，以相应的语言风格再现原文的文风。只有这样，译作在未来的读者群中才能获得与原作在原作读者群中相似的审美效应。

值得注意的是，在翻译实践中，大多数译者都会自觉或不自觉地受制于意识形态的制约，而且直接作用于其翻译风格，主要原因是：①翻译活动不仅仅是语言活动，它还融进了译者个人对世界的理解、对异域文化现象的阐释、对双语中审美取向的偏向、对翻译结果的接受期待等方方面面，这一切都左右着译者的逻辑判断和语言选择。②每个民族都有其特有的思维方式，中国人由于受脱胎于象形文字的方块字的影响，擅长形象思维，但汉字形成的文章却有着高度的逻辑性和思辨性。而日本的假名脱胎于中国的汉字，其假名书写却远离了汉字书写的高度的逻辑性和思辨性，走向了偏于自然描写的语言模式。③文学规范上的不同会导致语言表现风格上的不同，如果某一文化长期习惯于某一种或某几种文学表现方式，该表现方式就会形成一种规范或图式存储在人的记忆之中，进而在接受者的阅读心理中产生一种审美期待。一个民族的审美图式会带有一定的排他性，对于某一陌生的异类审美现象在初始接受阶段会表现出一定的抵触性。

比如，《源氏物语》中的光源氏，其好色行为在日本读者心目中毫不引起争议，

① 董务刚：《接受美学与翻译研究》，《东华大学学报》（社会科学版）2008年第8卷第1期第53页。

日本读者通常是将光源氏置于一种无善无恶的精神空间。简而言之，无善无恶不是不善不恶，而是面对善恶之后一种生命体悟的超然，是一种引导读者进入到一种空灵忘我甚至是蛮荒大美的创造。即人类生命的苦难和悲凉、无端和凡常，亦深藏着超然的美感。而在中国，光源氏是一个颇受争议甚至被列入倍受唾弃和批判行列的反面人物。不少读者将其比作《金瓶梅》中的西门庆，是一个乱伦、道德败坏的贵族公子哥儿。即便是中国的日本文学界的权威学者，也有认为："小说着墨最多的是源氏及其上下三代人对妇女的摧残。源氏的父皇玩弄了更衣，由于她出身寒微，在宫中备受冷落，最后屈死于权力斗争之中。源氏依仗自己的权势，糟蹋了不少妇女：半夜闯进地方官夫人空蝉的居室玷污了这个有夫之妇；践踏了出身低贱的夕颜的爱情，使她抑郁而死；看见继母藤壶肖似自己的母亲，由思慕进而与她通奸；闯入家道中落的末摘花的内室调戏她，发现她长相丑陋，又加以奚落。此外，他对紫姬、明石姬等许多不同身份的女子，也都大体如此。在后十回里出现的源氏继承人薰君（他名义上是源氏和三公主之子，实际上是三公主同源氏的妻舅之子柏木私通所生）继承了祖、父两辈人荒淫的传统，摧残了孤苦伶仃的弱女浮舟，又怕事情败露，把她弃置在荒凉的宇治山庄。在这里，读者通过这些故事，可以看出这种乱伦关系和堕落生活是政治腐败的一种反映，和他们政治上的没落与衰亡有着因果关系。"①

叶渭渠是我国日语界日本文学研究的大家，且又为丰子恺所译的《源氏物语》在国内出版撰写了前言，他的这种意识形态的导向无疑会在当时的读者心目中产生深刻的影响，并且会在某种程度上左右读者的阅读趋势和认知倾向。笔者在此并非对叶渭渠的观点提出批评，只是为了说明译者在翻译外国文学作品过程中，根本无法摆脱自身所处的社会文化语境以及意识形态的规制。尽管叶渭渠不是《源氏物语》的译者，但他为丰子恺所译的《源氏物语》在国内的出版所写的前言，在某种意义上来说，作为《源氏物语》的导读，是与翻译作品捆绑在一起出现在中国读者面前的，其影响不言而喻。

文学文本在一定程度上是为处于特定的历史及文化语境下的读者量体定制的，翻译虽然改变了原文量身定制的性质，却并非置译入语读者于度外。翻译看似话语的替换，实质是译者用不同的话语来传递原文的信息。译者没有直接的话

① 叶渭渠为丰子恺《源氏物语》译本所作的"前言"，见紫式部著，丰子恺译：《源氏物语》，人民文学出版社 2001 年，第 4 页。

语权，但翻译的过程给了译者操纵文本的机会。翻译受制于不同的文化、社会、历史等条件，面对文化价值的改变，也难以在操作的层面上充分传递原文的意义，尤其是源语文化方面的信息。文学文本翻译切忌沦为意识形态的工具，随意扭曲原作者的赋意和文本释义，误导译文读者在不知不觉中接受译者的意识形态。

由此可见，所谓翻译风格，笔者以为可以从两个方面考察：一是译者的纯语言层面上的，即词汇、句式、典故、语音节奏、修辞手段、篇章结构等；二是译者在译文表达中通过遣词造句、语音节奏、修辞等手法，使译文文本产生包括思想情感、价值取向和艺术风格等诸多方面的倾向性。诚然，人们对风格的研究主要集中在语言层面上。但思想情感倾向、价值取向也都是通过语言表达来体现的。因此，阅读译者的译文文本，首先感受到的是译作的语言韵味，但只要稍加品味，就能得到包括思想情感、价值取向和艺术风格等诸多方面的整体印象。

译者风格和原著内容是密不可分的。译者在翻译创作时不能一味追求独特的语言风格，而置原著本所要表达的内容和思想于不顾。语言是思想的载体，思想内容要靠恰当的语言来表达，而思想又是语言的灵魂，语言形式要受一定的思想支配。语言风格对译者来说不完全是一种自然而然、情不自禁的流露，采用何种语言风格，与译者的世界观、价值观、审美观、生活阅历、翻译环境、文字功底、精神境界等诸多方面有密切关系。中国古代早就有“文如其人”的说法，从行文风格中可以窥视到译者的人格。同时，行文风格也是译者创作个性与具体话语情景造成的相对稳定的整体话语特色。

第一节　译者对《源氏物语》原著文本的理解维度

何谓“维度”，从广义上讲维度是事物“有联系”的抽象概念的数量。“有联系”的抽象概念指的是由多个抽象概念联系而成的抽象概念，和任何一个组成它的抽象概念都有联系，组成它的抽象概念的个数就是它变化的维度。从哲学角度看，人们观察、思考与表述某事物的“思维角度”简称“维度”。例如，人们观察与思考“月亮”这个事物，可以从月亮的“内容、时间、空间”三个思维角度去描述，也可以从月亮的“载体、能量、信息”三个思维角度去描述。笔者之所以使用“译者对《源氏物语》原著文本的理解维度”作为本节的命题，重点是想阐释一个对译者来说十分重要的翻译理念，这就是对原著理解的维度越多越深，翻译文本的失真度就会越低。

正如笔者在第二章中就已说过的，《源氏物语》堪称日本文学、美学、文化学、民俗学的百科全书，它所覆盖的文化层面涉及二十多类，其中包括节庆、风俗、婚恋、娱乐、服饰、饮食、家居、教育、文学、神话、音乐、美术、天气、建筑、历史、宗教、地理、植物等。同时，《源氏物语》更是一部日本语言的百科全书，日本语言的各种概念和应用都被《源氏物语》囊括在内。书中的语言表达运用了各种体裁，包括叙事体、描述体、对话体、诗体等；修辞也应有尽有，包括炼字、措辞、炼句、语音修辞、语形修辞、语义修辞等；习惯语面面俱到，包括格言、谚语、俗语、惯用语等。所有这些都是理解《源氏物语》的不同的维度，尽管有着上下位概念上的区别。

汪正龙在《文学意义研究》[①]中说道，文学是语言的艺术。语词的字面意思无疑构筑了一个含义世界。但是，对于文学来说，字面意思仅仅是语言职能的一个次要方面，而且文学的语言层面和客体化内容层面也并不是准确地按照语词本义意味它所说的东西，文学作为话语活动是一种情感的、不对应于外在事物的间接言语行为，文学语言还要展示自身的指涉功能，还要创造文学意象、隐喻、象征和意境并赋予其形式和意味。历史性在文学意义构成中具有含混性。它在一定程度上特别是在传统的现实主义文学中可以间接表征实际发生的真情实况，就这个角度说，文学注定难以摆脱摹仿与经验，而依托于生活与历史背景的“再现”“索隐”“考据”“背景分析”等释义取向也未尝不触及文本的部分含义。问题的关键在于，生活与历史在文学中并不具有纪实般的指事功能，它在很大程度上已经变异为象征和隐喻，从而具有隐秘的需要被说明的多义。

《源氏物语》作为世界文学史上的第一部长篇小说，我们并不排除其粗糙的一面。但是日本平安时代从中国吸纳的丰厚的文化沃土和早期不甚成熟的物语文学，为紫式部的创作奠定了良好的文学环境。特别是平安时代宫廷贵族的文化氛围，滋养了紫式部的创作激情。一部好的文学作品的诞生，往往和相对稳固的社会秩序相关联，现实和历史的交织转化为特定的文学意象和隐喻模式，并以此与读者既有的与历史、神话、哲学、宗教有关的意指模式和释义向度相契合，以使文学虚构的世界在读者看来仿佛是真实的，从而在作者、文本、读者的三维关系中达成心灵的沟通。

---

① 汪正龙:《文学意义研究》，南京大学出版社 2002 年，第 25 页。

译者对《源氏物语》的理解维度不仅仅涉及译者个人，而且涉及译文文本的广大读者。因此，翻译《源氏物语》不只是工作，更是一种责任。如果译者能在先期的阅读理解阶段很好地进入原作者的历史视界，与原作者的审美视界相吻合，那么，原作与译作的文本传意和美学意境就相契合或相近；倘若译者的视界与原作的视界发生偏差，就会导致原作变形，意境变异，风格也截然不同。

译者对原著文本的阅读不能完全凭自己的主观感受，因为译者不同于一般的读者，阅读只是为用另一种语言表达所做的第一步的工作。为了减少一般读者在阅读时的主观感受的干扰，译者会花费很多精力对原著文本中的包括题材、思想、意义、意境、风格、技巧、手法、遣词造句、段落篇章结构、阅读效果、审美境界等在内的各种因素进行查证和思考。

我们从不怀疑《源氏物语》在日本文学史乃至世界文学史的崇高地位。但是崇高的地位并不意味着它是一部绝对完美、毫无缺憾的作品。笔者在翻译《源氏物语》的过程中，在重视其整体性的同时，更重视每一章回或某几个章回的独立的故事性。人们无法考证《源氏物语》到底是否是一次性创作完成的长篇小说。且日本源学家多年来的研究结果告诉我们，我们现在看到的《源氏物语》未必就是当时的形态。专家普遍的看法认为，被称为《源氏物语》第一部的前三十三回（“桐壶”到“紫藤末叶”）可以明显地看出是以一回乃至两三回作为一个相对独立的故事单元而构成的。比如第一回“桐壶”，即使人们认为它作为全书的序卷，多少具有一定的独立性，但它与第二回的“帚木”几乎没有连贯性。“帚木”与“空蝉”联系紧密，而紧随其后的“夕颜”则是一个独立的故事。然而，由于“帚木”的开头和“夕颜”的末尾有所呼应，所以又可以将这三回归为一个相对完整的故事单元。

从《源氏物语》五十四回整体来看，虽然结构不甚严谨，但《源氏物语》仍然不失为一部完整的长篇物语。就其结构乃至执笔的情况来看，犹如中国“折子戏”的风格与收集、整理、重塑已有的民间口口相传的“光源氏的物语”倒是颇为吻合。或许正是因为有着这样的可能，笔者在翻译的过程中能够充分地体会到作者紫式部在创作《源氏物语》期间，前后有着很大的认知差异，反映到作品中的波动与起伏也是必然的。

当时的物语，虽然也有像《竹取物语》这种故事情节较为严谨的作品存在，但那毕竟是例外。多数情况下是《伊势物语》《大和物语》那样的短篇物语集。或许因为物语这种文学体裁本身属于民间传说、篇章松散的短篇文学类别，即便是最终以长篇形式出现，也将是难逃一个个短篇故事积串成长篇的架构。在《源氏物语》之前既然已经有了《竹取物语》《伊势物语》，那么在着手创作《源氏物语》时，是模仿前人之笔法还是探索创新，紫式部不会没有迷惘与犹豫。这恐怕同样是造成《源氏物语》第一部的前半部各章回之间缺少连贯性的重要因素之一吧。

创作一部长篇小说，必须事先做出种种推动故事情节的设定。比如人物称谓、性别、年龄、容姿容貌、性格特征、生活信条、出身时的环境、童年时代、青年时代、恋爱、家庭关系、友人，以及在故事中谁打压谁、因何打压、经历何种苦难、如何解脱等等。就《源氏物语》来说，自“桐壶”至“紫藤末叶”最为纷乱复杂，虽然故事始终围绕光源氏展开，但并没像传记文学那样涉及光源氏生活的全部，只是将他人生中恋爱的部分抽出，再根据他的成长编年相串，犹如光源氏恋爱谭的折子戏，每回都精彩纷呈，却不是他生活的全部。从文本结构看，编年纪的形式是线型结构，而故事情节却具备立体性。很多学者将这一部分称为《源氏物语》的第一部，正是这第一部，竟然是翻译最为困难的部分。

所谓第二部是指“新菜”至“竹河”，故事情节以及文本结构与第一部相比，逐步变得简单，立体叙事逐步向线型叙事演变。而第三部“桥姬”至“梦浮桥”基本上以线型叙事为主，故事情节更为简约单一。

《源氏物语》第一部至第三部推动故事情节发展的动力因素是各不相同的。就动力因素而言，这部物语的构造看似简单其实并不那么简单。如果要考察这种构造的由来，则不得不将这部物语按其内在关系分切成几个阶段分析。倘若一开始我们就把它作为一部构造单一的长篇小说来看待的话，那么在阅读的过程中肯定会横生奇特之感，特别是第一部和第二部的结构差异，大概会令我们陷入茫然无措的境地。

我们在前文中曾提到，《源氏物语》的篇章松散，有些章回与章回之间几乎没有联系。曾经有日本学者经过仔细的分析，提出了一个非常有趣的观点，认为《源氏物语》故事单元的构造呈现出“姊妹篇”的特征。所谓“姊妹篇”，是指那些具有并列特征的独立故事。例如，“帚木”的姊妹篇为“空蝉”和“夕颜”，“横笛”的姊妹篇为“铃虫”，“匂皇子”的姊妹篇为“红梅”和“竹河”。如果把姊妹篇的篇章结构分成主次两条线的话，我们便会发现，主线上的三十七回是结构比较严谨的完整故事，而处于次要地位的十七回却犹如舞台装饰，其作用是使主线故事呈现出立体的华彩。

尽管《源氏物语》作为一部长篇小说缺乏逻辑意义上的一贯性着实令人遗憾，

但《源氏物语》的魅力并不体现在这种技巧性的问题上。虽然表现手法上的欠缺和破绽十分明显，然而换个角度来看，亦非不可以说是作者在没有先例的情况下，反复探求物语的表现技巧而留下的挣扎的痕迹。这在日本文学发展史来说，应该是弥足珍贵的“破绽”，它使研究者们看到了日本长篇小说源头上的某种初始形态。同时，撇开这些写作技巧上的破绽不说，《源氏物语》的真正魅力还是在于它所描写的人物形象以及散文+韵文的艺术创造。

作家在创造形象时，一般都以自我文化认同为前提来对异文化进行审视和改造。从比较文学的影响研究的角度来看，形象创造者是接受影响的一端，在与异文化相遇后，把个人感受、经历和印象付诸笔墨本身是一个复杂的过程，并且会受到多种因素的制约，其中创造者的文化认同总会以一种显性的或隐性的方式释放影响，且“书写”于形象之中。形象作为作家创造性活动的结晶，是创造者主体性的具体表现。虽然主体性的表现有着多种渠道，但就形象创造而言，达成对自我文化认同/身份的确立是创造者主体性作用得以体现和发挥的主要标志。对此，原著读者即便没有充分的自觉也不会影响自己在阅读中的审美感受。但作为翻译者，不但需要有足够的自觉，更要有清晰的认知，并在此基础上与译文达成良好的共识，才有可能将原著的作者赋意和文本释义较为准确地传达给译文读者。

译者对日本平安时代民俗文化的再审视

民俗文化，又称为传统文化，是民间民众的风俗生活文化的统称。也泛指一个国家、民族、地区中集居的民众所创造、共享、传承的风俗生活习惯。民俗既是社会意识形态之一，又是一种历史悠久的文化遗产。早在《汉书・王吉传》一书中就有“百里不同风，千里不同俗”的记载。《礼记・王制》云：“岁二月，东巡守。至于岱宗，柴而望祀山川。觐诸侯，问百年者就见之。命太师陈诗，以观民风。”这里说的王者巡守之礼，就是国君深入民间，对乡村社会的民情风俗进行一番调查研究。太师是掌管音乐及负责搜集民间歌谣的官吏，他把民间传承的民歌（国风）呈递给国君。国君通过这些民歌，“观风俗，知得失”，制定或调整国家的方针政策。我国古代诗歌总集《诗经》中的“风”，就是古代各民族之间流传的民歌。这些民歌反映了古代人民的风俗习惯，包含着大量的古代民俗事象，对研究我国古民俗具有重大价值。

既然民族文化是依附民众的生活、习惯、情感与信仰而产生的文化，亦即反映出由于民俗文化的集体性培育了社会的一致性。民俗文化增强了民族的认同，强化了民族精神，塑造了民族品格，集体遵从、反复演示、不断实行，这些都是民俗得以形成的核心要素。民俗涉及的内容很多，比如生产劳动民俗、日常生活民俗、社会组织民俗、岁时节日民俗、人生礼仪民俗、民间游艺民俗、民间观念、宗教及巫术、婚丧嫁娶、民族服饰、风土人情等等。由此可见，不同民族之间的民俗文化，既有着共性，同时又具备着特定民族的排他性。当然，作为《源氏物语》的译者，翻译的宗旨是将原著的内涵准确地译成中文，民族文化的共性与排他性对于译者来说似乎不影响翻译的过程和结果。实则不然，我们在翻译的过程中，必须认真做出判断，特别是日本平安时代特有的民俗文化现象，只有正确认知在先，才能采取适当的手段进行翻译处理。我们必须做到的是，在使译文读者能够读懂的前提下，又要能够充分体会到异文化民俗特有的表现形式和内涵。在此我们不妨举出若干事例加以说明。

1. 婚姻伦理

日本经历了漫长的史前发展，于公元初进入文明社会。资料显示，历史上在族内婚发展到族外婚时，日本“只排除了同母兄弟姐妹之间的婚姻关系，并没有排除庶母（父）与庶子（女）之间、叔侄乃至异母兄弟姐妹之间的婚姻关系”[①]。当然，这跟日本最早的神话不无关系。第十八回“松风”中的“今已是蛭子之年”[②]便是紫式部引用了《日本书纪》中的这则神话。

伊邪那岐，又称伊奘诺尊。伊邪那岐的妻子是其妹伊邪那美，又称伊弉冉尊。伊邪那岐是日本诸神之父，也是日本神话的起源，并由此衍生出日本神话中诸神的出现，是日本神话中最重要的神灵之一，出现在日本神话的各个角落。

创世前的日本国土漂浮在汪洋中，十分不稳定，于是众天神就诏示伊邪那岐命和伊邪那美命去修固国土。二神站在天之浮桥上，将众神赐予的天沼矛（《日本书纪》中叫天之琼矛）探入海中并搅动海水，再将矛提起。这时从矛尖滴下来的海水凝聚成岛，这就是淤能基吕岛（意为自然凝结成的岛子）。岛子形成后，伊邪那岐命和伊邪那美命降到岛上，竖起天之玉柱，建立起八寻殿。然后，伊邪那岐命向他的妹子说：“我们围着这根天之玉柱走，在相遇的地方结合，生产国土吧。”伊邪那美命点头说：“好的。”伊邪那岐命补充道：“那你从右边，我从左边，绕着

① 张萍：《日本的婚姻与家庭》，中国妇女出版社 1984 年，第 10 页。

② 紫式部著，姚继中译：《源氏物语》，江苏人民出版社 2011 年，第 264 页。

相遇。”于是他们便绕着柱子走。当相遇时，伊邪那美命说：“哎呀！真是个好男子！”伊邪那岐命赶紧接着说道：“哎呀！真是个好女子！”忽然，他像发现了什么似的，对他的妹妹说：“女人先说话了，不吉利啊。”虽然他们在这次结合后有了孩子，却是个水蛭子（指骨骼发育不全的胎儿）。于是他们把这个孩子放进芦苇船，让它顺水流去。后来又生了淡岛，也没有算在所生的孩子里面。

在生产了淡岛后，伊邪那岐命就跟伊邪那美命商议：“我们这次生的孩子不好，去请教一下天神到底是什么缘故吧。”于是他们便一同回到高天原去见天神。见到天神后，天神让他们占卜神意。天神看着占卜的结果，对他们说：“因为女人先说话了，不好，回去重新说吧。”二神回来，像以前那样绕着天之玉柱走。这次相遇时，伊邪那岐命抢先说：“哎呀！真是个好女子！”伊邪那美命应答道：“哎呀！真是个好男子！”这样说过之后，二神再次结合，生产了淡道之穗之狭别岛（即淡路岛）、伊豫之二名岛（四国的古称）、隐伎之三子岛（即隐岐国）、筑紫岛（九州的古称）、津岛（即对马岛）、伊伎岛（即壹伎岛）、佐度岛（今佐渡岛）、大倭丰秋津岛（即大和，指本州岛）。以上诞生的八岛组成了日本的大部分，所以日本古时又称为大八岛国。

平安宫廷中的男女关系以及婚姻习俗是男人与他的妻子们分开居住，男人不时拜访她们，但绝不是与她们住在一起。源氏公子与他的正妻葵姬成婚后，葵姬就是继续住在她的父亲左大臣府上，而盼望源氏公子能花尽可能多的时间陪伴她。

那么，紫式部为什么要描写紫姬和源氏公子之间近乎现代家庭生活的那种关系？紫姬和源氏公子之间的婚姻关系在当今的我们看来是非常自然的，但平安时代却是最脱离现实、最虚构的那一部分。正如野岛芳明在《源氏物语交响乐》中所言，紫式部自己是在梦想着一种理想的男女关系，而非描写事实真相。不管是社会还是个人都不会被这种假象所迷惑，而且，没有人可以想象一个像源氏公子那样的男人，会与一个像紫姬这样无依无靠的孤女，不论在政治上还是地位上都不能给他带来任何好处的女人组建一个家庭。事实上，源氏公子与紫姬真正生活在了一起并且结了婚，这种情形在平安时代的贵族中也是非同寻常的。

中国读者最不可思议的是《源氏物语》中的近亲通婚以及乱伦。其实这种现象并非紫式部全然杜撰，它着实是日本传统文化中的一种现象。日本文化中有着浓郁的生殖崇拜文化，生殖能力等同于生命力。在日本远古神话中有一个叫猿田昆古的阴茎神，他是生命力的象征，在世界各国的神话中，除了印度神话中的湿婆林伽外，这是极少见的。日本民族借助幻想在神话传说中创造出阴茎神，这本已显示出日本文学的生殖崇拜倾向。在神话记载中，猿田昆古有强大无比的神威，令一切生灵闻风丧胆。但当“高天骇人女妖”脱下自己的裙子露出自己的隐私部位时，猿田昆古就会像花朵一样枯萎瘫软，可见女性隐藏起来的部位具有无可比拟的神力。

同时，日本民族崇尚自然神，其中也包括对性的崇拜。比如前面提到的日本神话中，最早天神命令伊邪那岐命、伊邪那美命两位兄妹神去造就一片漂浮在海上的国土，由此发生了这个民族神话中的第一次性行为，即发生在神灵之间，而且是两位兄妹神之间，这两位兄妹神的交合创造了世界、形成了国家，人类开始在这片土地上繁衍生息。这两位兄妹神的性爱交合被称为“神婚”，这也是日本文学中出现得最早的性爱乱伦描写。日本的“记・纪文学”对性的表现非常坦率、非常认真。通过最早的“神婚”，日本的神道认为性爱是属于神的，是以神的意志来行动的，这具有极强的规范性的意义。所以，按着日本神道教的观念，本能的情欲与道德上的罪恶是无论如何也联系不到一起的。日本神道对性爱的这种宽容与赏玩态度，首先影响了日本人对性爱的伦理观，其次影响着后世日本文学的审美情趣。因此日本文学大量描写恋情、性爱以及私情、殉情等，有时甚至超越伦理不顾道德，这就表现为“乱伦”。

在日本民族的审美观里，美是最重要的，为了美的目的可以牺牲善。这种独特的重美而轻善的审美观也使得日本文学中缺乏对“乱伦”的道德追究。

2. 皇家祭祀

位于平安京北面的伊势神宫与贺茂神社，都是证明皇室正统性的最重要的神宫。伊势神宫是迄今为止最古老的神宫，但和其他神宫一样都是远离平安京，它与平安京唯一的联系就是担任斋宫的高级神官，通常是由皇室的少女作为天皇的代表担任。在《源氏物语》中，担任伊势斋宫的是六条妃子的女儿秋好皇后。公卿中只有很少的一部分人有机会到达伊势，他们中大部分的人对伊势神宫只有一个非常模糊的大致方位印象。而贺茂神社离平安京则较近。810 年嵯峨天皇在位时，开始在贺茂神社设置斋院这一职位。每当新天皇登基，贺茂的斋院就必须重新卜定。贺茂的斋院也是由一位少女代表天皇担任，以保证各种仪式的正确进行，以及这些仪式的纯洁。不论是伊势神宫还是贺茂神社，都不是哪个个人可以前去参拜的。伊势与贺茂都是圣地，神明隐匿真身，居住于此。通常情况下，只有斋宫或斋院才有资格进入。每年神社都会有一次或两次祭典，通常是以节祭的形式开展。

贺茂祭：贺茂别雷神社（祭神、贺茂别雷神）、贺茂御祖神社（祭神、玉依姬命・贺茂健角身命）的例祭，是三大敕祭（贺茂祭、石清水祭、春日祭）之一。亦称“葵祭”。贺茂祭于每年四月中旬的酉日举行，若逢当年四月有两个酉日，则后一个酉日举行。

大尝祭：新天皇登基后所举行的第一次新尝祭称为大尝祭，仪式异常隆重。

新尝祭：天皇每年十一月举行的以新谷祭告天神、地祇然后自食的仪式。

丰明节：丰明节是十一月中旬第一个辰日。若十一月内有三个辰日，则是第二个辰日。此日天皇赐群臣饮新谷酿成的酒。宴后举行五节舞会。

3. 宗教及巫术

平安时代的所谓信仰，笔者认为并没有形成具有某种特性的体系。从某种意义上来说，普通民众的所谓的信仰更多是与生殖、避免恶灵、安抚众神的魂灵等有关的特定宗教仪式。但在以文化统治者为主体的宫廷贵族来说，却逐步将宗教信仰的内容、形式、时间、空间规范化，这些规范化了的宗教信仰，很多都是通过“年中行事”来体现的。民间信仰中的神话传说、寺庙庵观、巫术用具以及生产生活中的禁忌戒律等内容，蕴含了丰富的历史文化记忆。对民众来说，这些就是他们的生活。一个民族或一个族群所经历的悲欢离合与兴衰荣辱等重大的历史事件，一定会深深地留在他们的记忆里，并且在他们的信仰世界中有直接或间接的反映，这种集体记忆不仅对增强群体的内聚力具有重要意义，而且也是为现存社会秩序寻找某种合法性的重要依据和源泉。

《源氏物语》中涉及宗教的描述显得较为杂乱无章。所谓杂乱无章，是指既有佛教、神道（平安时代尚未上升到有明确道义和固定形式的“神道”），又有巫术、神话传说之类，相比之下，贯穿于整个作品的还是佛教的相关教义。比如，夕颜是第四回中的柔顺女子。由于生魂作祟，在夜晚死于和光源氏过夜的一间怪诞荒废的宅邸中。其原因却是光源氏的情人六条妃子出于嫉妒和怨恨，其灵魂出窍作祟，导致夕颜被吓死。在第九回“葵姬”中依然是六条妃子的嫉妒，还是灵魂出窍作祟害死了产后虚弱的葵姬。紫姬最虚弱的时候依旧是六条妃子的亡灵作祟。嫉妒被视为女性的“原罪”，她们对此没有丝毫的抵抗能力。六条妃子是已故皇太子的遗孀，不仅有高贵的血统，还拥有卓越的才华。但光源氏认为六条妃子对自己索要过多，对其爱理不理。六条妃子原本失去丈夫后日积月累悲哀便不断地加剧，这使得她对所有和光源氏有关系的女人的嫉妒之心不断膨胀，最后失去了控制，化出了生魂，袭击并毁灭了那些女人。六条妃子最终试图净化自我，与她的女儿一起远赴伊势神宫，但这还不够，她任性的灵魂仍然继续威胁着光源氏的平静与安宁。直到死后，六条妃子还是没能将自己从怨恨的桎梏中解放出来。

4. 主要年中礼仪习俗

正月节会：每逢元旦，宫廷中举行盛大的迎春仪式。

朝贺：又称“朝拜”。元日辰时，天皇在大极殿接受群臣的新年贺禧，仪式盛大庄严，犹如即位大礼。据文献记载，该仪式始于大化二年（646年），后逐步形成恒例。

四方拜：新年伊始，参拜天地四方，祈祷消灾、五谷丰登。该仪式通常是元日清晨寅时在皇宫清凉殿东庭举行。天皇亲设祭坛，参拜天地四方神灵。

白马节会：正月初七从左右马寮牵出白马二十一匹，供天皇观赏后，在宫中游行，称之为“白马节会”。时人相信，新年见白马可以驱邪。

春秋诵经会：每年的二月与八月，由百位僧人在紫宸殿诵经三日，每位僧人每日诵读大般若经两卷，百位僧人三日内共诵读大般若经六百卷。

新菜：古昔禁中惯例，正月中第一个子日，内膳司用七种新菜作羹供奉，谓食之可去百病。

七菜粥：七菜是指春天的七种菜，即芹菜、荠菜、鼠曲草、繁缕、佛座、芜菁、萝卜。正月初七把这七种菜剁碎后放入粥里，叫做七菜粥。当时认为吃了能治百病。

齿固：“齿固”意即寿命巩固。正月初一至初三，共食镜饼、猪肉、鹿肉、咸鲇鱼、萝卜等物，谓之祝齿固。镜饼是扁圆形饼，大小两个重叠。

踏歌节会：踏歌原为中国习俗，于唐时传入日本。日本古代宫中每年于正月十四日或十五日举行男踏歌会，十六日举行女踏歌会。初以中国唐诗为歌，后亦杂用催马乐。

穿裙仪式：穿裙仪式为男童初次穿裙时举行的仪式。古时在3岁，后来也有在5岁或7岁时举行的。女子亦举行此种仪式。

冠礼：平安时代，男童11—16岁时，为了表示转变为成年人，举行改装、结发、加冠的仪式，称为“冠礼”。按宫中惯例，皇太子、太子加冠之夜，即由公卿之女侍寝，行婚礼。

斋月：九月是斋戒之月，宫中举行种种佛事。

斋院、斋宫：未婚的皇女或贵女，赴贺茂神社修行者称为斋院，赴伊势神宫修行者称为斋宫。每逢天皇易代，都要另行卜定斋宫和斋院，替换前任斋宫和斋院。

避凶：在阴阳术中要避开金神、天一神（中神）、八将神当道的方向。按当时的民间习俗，前一晚上就必须前往能避开不利方向的地方居住，改变方向后再前往他地。

打鬼：当时的风俗，除夕夜行打鬼仪式，把鬼怪驱赶出去。是夜，命一人扮着疫病鬼，其他许多人用各种器物发出响声，将鬼赶走，可保来年人口平安。

五坛法会：供养五大明王的佛事，中央不动尊、东坛降三世、西坛大威德、南坛军荼利夜叉、北坛金刚夜叉。

司召：秋季决定京官任免，称为“司召”；春季决定地方官任免，称为“县召”。

亥儿饼：当时的风俗，阴历十月内的第一个亥日，大家做饼，名曰“亥儿饼”。饼是各种颜色的，由大豆、小豆、豇豆、芝麻、板栗、柿子、糖粉混合而成，当时认为吃了这种饼可以消灾祛病。亥者，地支的第十二位，猪也。借猪多产仔之故，喻子孙繁昌。至今有些地方还保存此风俗。此外，当时还有这样一种习俗，即新婚第三日，必在新郎新娘的枕边供饼，饼是一色的，祈福多生贵子。

祓禊：祓禊是一种仪式，祓除不祥之意。凡斋宫受任命后，先行祓禊，入禁中左卫门府斋戒若干日，此时称为入初斋院，然后举行第二次祓禊，移居京都西北角的嵯峨野宫修行一年，再赴伊势。

加栉：新天皇即位时，卜定新的斋宫、斋院前去修行。斋宫、斋院告别时，天皇亲手取栉加在她的额发上，并叮嘱她“勿再回京”。因为她若回京，必是天皇易代。梳头时只有去（向下梳），而无回（从发梢向上梳），故以栉加额也。

修禊：阴历三月上旬之巳日，谓之“上巳”，临水祓除不祥，谓之修禊。中国自古亦有修禊之俗。

五节舞会：每年十一月间的丑、寅、卯、辰四日内举行。舞姬共五人，从朝臣及地方官家中选出。每一舞姬随带保姆八人、童女二人、其他杂役七人。

祭星：每年正月、五月、九月，三次祭祀本命星宿，可以息灾获福。

坎日：阴阳术中指出门须万事谨慎的凶日：正月的辰日、二月的丑日、三月的戌日、四月的未日、五月的卯日、六月的子日、七月的酉日、八月的午日、九月的寅日、十月的亥日、十一月的申日、十二月的巳日。

立谈：按当时的惯例，参与朝廷神事的人，倘在神事期间访问有者之家，只许立谈片刻就离去。

相扑节会：每年七月下旬，宫中举行相扑竞赛，赐群臣宴。

彼岸会：春分、秋分前后各三日，共七日，举行法事，称为彼岸会。

更衣节：四月、十月的初一为更衣节。四月初一改用夏装，十月初一改用冬装。

守庚申：当时的迷信，说是庚申之夜如果睡了，便有一种叫作“三尸虫”的虫，上天去把这人的恶事告诉天帝，对这人不利。因此大家这一夜不睡觉，通宵做游戏。

抚物：“抚物”是祓禊时所用的纸人纸衣。祓终，以此拂拭身体后投入河中，意思是拂去灾殃。

五十朝：按当时习俗，婴儿生后五十日，将举行“五十朝”仪式。是日，将婴儿面朝是年岁德神的方向，由其祖父母或外祖父母用筷子夹一小块米糕喂在婴儿口中含着。此米糕称为“五十日饼”。

撒米：时人认为把“精米”撒在地上，可以驱除妖魔鬼怪。因此，家中若有人生病或常常做不吉利的噩梦，便会令人在地上撒上“精米”，以赶走恶魔。

卯槌：卯槌是用桃木或玉、犀角、象牙制成的一个小槌，长三四寸①，用无色丝线装饰。正月里的第一个卯日用以避邪。

产后贺庆：按当时的风俗，产后三、五、七日晚上亲朋好友都来贺喜，馈赠食品、婴儿服饰等礼品。特别是第五日的晚上，通宵诵经，举行“啜粥”仪式；七日晚上举行取乳名的贺庆仪式。

帷屏：置于贵妇人座侧，以障隔内外之用。帷屏与折叠屏风不同，是在台座上竖立两根高三四尺的细柱，柱上架一根长条横木，在这横木上挂五幅垂布。垂布用料讲究，冬天用熟绢，夏天用生绢或斜纹织物等。

打结：在当时，男女相别时，相约在再会之前各不恋爱别人，女的在内裙带、男的在兜裆布上打一个结，表示立誓。

常陆带：常陆国鹿岛神社举行祭祀之日，男女各将意中人的姓名写在带上，将带供在神社前。神官将带结合，以定婚姻。

男欢女悦之礼：按当时的风习，男女共寝之后，次日早晨男的离开后必写信、

① 1寸≈3.33厘米。

作诗去慰问，女的必写回信答诗。第二天晚上男的必须再到女的那里宿夜，才合礼貌。

怀纸：把横二折、竖四折的纸叠成一叠，藏在怀内，用以起草诗歌或拭鼻。此种纸称为“怀纸”。

着裳仪式：女子12—14岁举行着裳仪式，表示成人，同时垂髫改为结发。

纸烛：纸烛是古代禁中所用的一种照明工具。松木条长一尺①五寸②，径三分③，上端用炭火烧焦，涂上油，点火用，下端卷纸。

伊豫浴槽：伊豫地方多浴槽，古语“伊豫浴槽”，成了形容数目甚多的代名词。

葛城神仙：日本古代传说，葛城山的神仙在葛城山与金峰山之间架石桥，他宣誓一夜竣工，结果并未完成。后人戏称桥或架桥者为葛城神仙。

鸣弦：时人认为弓弦的鸣响声可以驱除妖魔。

寝台：平安王朝时代，殿内主屋中设有比地面略高之寝台，四周垂挂帷幕，为贵人坐卧之用。

鸟边野：平安时代京都的火葬场。时人时兴火葬。

丧服：丧服为黑色。对死者关系亲近、哀思深的，丧服的黑色亦深。

《难波津之歌》：昔日日本儿童习字之初，必书《难波津之歌》。歌云：“辽阔难波津，寂寞冬眠花；和煦阳春玉，香艳满枝桠。”难波津是古地名，今大阪。

膝行：日本妇女坐时双膝下跪，坐在脚跟上。所以近距离移动时，膝行甚便。

天儿：一种布娃娃，小儿带在身边，时人认为可以避凶灾。

立文：“立文”是日本的书信形式之一，把信纸卷作筒形，用白纸包起来，上下端捻好。

放岛：一种考试方法。即让每人乘坐一舟，放乎中流，朝着岛的方向飘去。可使各人在舟中作诗文，不能与他人交谈。

反穿睡衣：时人相信思念某人时，只要将睡衣反穿就睡，便会梦见此人。

币袋：古代风俗。暮春旅行必带币袋，沿路供献道祖神，以祈旅途平安。币袋是一只疏网袋，内装各种色彩的布帛或纸片，袋外看见各种色彩。

如果笔者说《源氏物语》是日本古代特别是平安时代以前民俗文化的总汇，

---

① 1尺≈33.33厘米。

② 1寸≈3.33厘米。

③ 1分≈0.33厘米。

想必绝大部分的学者不会有异议。问题是，作为翻译，无论是丰子恺、林文月，还是笔者本人，我们的文化背景和文化参照系都是中国传统文化，对日本民俗文化只能依靠习得，而习得是有局限的，必须花费很多时间查阅资料予以考证确认，这是翻译中最耗费时间和精力的事情。即便如此，译文中仍然有许多牵强附会乃至于将日本传统文化嫁接到中国传统文化中加以表达的移花接木的现象。这些问题都有待于学术界的有心人今后逐一论证批评。

第二节　译者文化身份与翻译策略的选择

任何一位接受者都具有自己独特的接受屏幕和期待视野。而译者首先是原著的读者。正是译者的文化先结构决定了他解读文学作品的视角。所谓文化先结构，包括译者在本民族文化中所形成的思维方式、生活风俗、知识结构、语言表达方式等。

文学作品是由包括从内容到形式、从内涵到外延在内的方方面面的因素组成的一个有机的整体。译者应把原著有机整体中的一切因素——题材、思想、意义、意境、风格、技巧、手法、遣词造句、段落篇章结构、阅读效果、审美境界等在内的各种因素，都尽可能从宏观和微观上去全面把握，并尽其所能在译作中全面忠实地加以再现。在此意义上，忠实就是文学翻译的唯一目标和标准。全面忠实于原作，既应是译者追求的目标，也应当是批评者评判译作的标准。

段峰在其博士论文《文化视野下的文学翻译主体性研究》[①]中指出，译者对原著文化因素的认知分别在文学翻译的三个层面上进行，一是文学语言的文化认知，二是文学体裁的文化认知，三是文学内容的文化认知。文学翻译的文化认知的三个层面对应了文学翻译的三个组成部分：语言转换、艺术审美、文化传送。在这三个层面上的文化认知及文化表现，需要源语文化、作者、原著、译者、译著、读者、译语文化的共同参与。源语文化是作者的文化母体，作者将源语文化典型、集中地体现在原著中；而译者须要对源语和源语文化，包括作者本人，拥有足够的认知和了解，同时非常清楚自己的母体文化与源语文化的异同以及读者的文化期待，并协调、处理好之间的关系。所以，文学翻译的文化认知和文化表现对译者提出很高的要求。

---

① 段峰：《文化视野下的文学翻译主体性研究》，四川大学博士学位论文，2007年。

在此，笔者要提出的是译者本身的文化身份对翻译策略的选择，这是不可忽视的一个重要因素。所谓文化身份，主要诉诸文学和文化研究中的民族本质特征和带有民族印记的文化本质特征在该民族民众的潜意识中烙下的印记。译者在阅读原著文本时，会在自觉不自觉中比较原著文本的民族文化与自身文化两种文化语境下的文学的本质差异，并透过这种本质的差异去寻找某种具有共性的相同点，以便达到一定程度上的文化认同。当然这种认同主要是审美上的认同。

人们通常把文化身份看作是某一特定的文化所特有的，同时也是某一具体的民族与生俱来的文化认知的依据。“身份认同”既隐含着一种带有固定特征的“身份”之含义，同时也体现了具有主观能动性的个人所寻求的“认同”之深层含义。身份认同是对主体自身的一种认知和描述，比如文化认同、国家认同。由于文化主体不同，所以需要主体的身份认同，文化主体之间的相互作用导致了身份认同的嬗变。由此可见，身份认同其实是文化认同问题，主要由主体的个体属性、历史文化和发展前景组成。身份认同感和身份认同度则表征个体在诸多文化个体间的身份确认度。

从文化角度讲，在个体认同过程中，文化机构的权力运作促使个体积极或消极地参与文化实践活动，以实现其身份认同。作为译者的文化身份问题，既有自身个性，同时又无法将自己排除在自己所处的社会环境带来的集体身份认同之外。因为受到不同文化的影响，这个文化主体须将一种文化视为集体文化自我，而将另一种文化视为他者。自我身份认同强调的是自我的心理和身体体验，以自我为核心。而社会身份认同强调人的社会属性。从个体认同到集体认同，构成了牢固不变的身份认同机制。这种机制作用于人们的社会生活的各个领域，左右着人们对外来文化的认知，其中包含着接受、融合、修正、排斥以及冲撞。我们不妨再回过头来看一看丰子恺的《我译〈源氏物语〉》[①]：

> 记得我青年时代，在东京的图书馆里看到古本《源氏物语》。展开来一看，全是古文，不易理解。后来我买了一部与谢野晶子的现代语译本，读了一遍，觉得很象中国的《红楼梦》，人物众多，情节离奇，描写细致，含义丰富，令人不忍释手。读后我便发心学习日本古文。记得我曾经把第一回“桐壶”读得烂熟。起初觉得这古文往往没有主语，字句太简单，

① 丰子恺：《我译〈源氏物语〉》，出处不明，中国知网可检索。

难于理会；后来渐渐体会到古文的好处，所谓“言简意繁”，有如中国的《论语》、《左传》或《檀弓》。当时我曾经希望把它译成中国文。然而那时候我正热衷于美术、音乐，不能下此决心，况且这部巨著长达百余万字，奔走于衣食的我，哪里有条件从事这庞大的工作呢？结果这希望只能成为梦想而已。岂知过了四十年，这梦想竟变成了事实。这是多么可喜可庆的事！

……

我执笔时，常常发生亲切之感。因为这书中常常引用我们唐朝诗人白居易等的诗句，又看到日本古代女子能读我国的古文《史记》、《汉书》和《五经》（易经、书经、诗经、礼记、春秋）；而在插图中，又看见日本平安时代的人物衣冠和我国唐朝非常相似。所以我译述时的心情，和往年我译述俄罗斯古典文学时不同，仿佛是在译述我国自己的古书。我相信这译文会比西洋文的译文自然些，流畅些。但也难免有困难之处，举一个例：日本文中，樱花的“花”和口鼻的“鼻”都称为“hana”。《源氏物语》中有一个女子，鼻尖上有一点红色，源氏公子便称这女子为“末摘花”，而用咏花的诗句来暗中讥笑这女子的鼻子，非常富有风趣。但在中国文中，不可能表达这种风趣，我只能用注解来说明。然而一用注解便杀风景了。在短歌中，此种例子不胜枚举，我都无法对付，真是一种遗憾。为了避免注解的杀风景，我有时不拘泥短歌中的字义，而另用一种适当的中国文来表达原诗的神趣。这尝试是否成功，在我心中还是一个问题。

不难看出，丰子恺给自己的翻译做了一个明确的定位，也就是翻译策略的选择。这种选择与丰子恺的个人涵养、学术造诣以及当时的语境是密不可分的。再看看林文月的翻译策略：

我想，一个翻译者落笔之初首先面对的问题，应该是文体的选择。尤其是文学的翻译，不仅须求其“信”与“达”而已，原著文字氛围的把握，更不容忽视。紫式部的《源氏物语》具有何种语言特色呢？雍容华丽、缠绵悠闲，时则典雅，时则隽永，是其风格。这种语言文字的氛围，甚至在现代日本人的日常生活中，也已经很难寻觅得到了。故而日本的现代语译本，无论自最早的与谢野晶子本，或最近完成的円地文子本，改译后的文章并不同于现代日本小说的文笔；换言之，今天日本读者阅读这些现代语的《源氏物语》，他们仍可以从字里行间仿佛想像千年前的平安王朝文化。……我译《源氏物语》，虽然采用白话文体，但是在字句的斟酌方面，也努力避免陷于过度现代化，尤忌外来语法的羼入，以此试图把握比较典雅的效果。也就因为这个缘故，全书中共出现的七百九十五首和歌，避免采用白话诗的译法，而自创三行、首尾句押韵的类似楚歌体形式。如此，在白话的散文叙事之中时时出现比较古趣的诗歌，或者可以使人在视觉与听觉上，有接近原著的典丽感受。[①]

虽然林文月自己给自己立下的翻译策略是“在字句的斟酌方面，也努力避免陷于过度现代化，尤忌外来语法的羼入，以此试图把握比较典雅的效果”，但通读过林文月译本的读者都能体会到她在叙事文部分已经非常口语化了，尤其是其中使用了大量的口语化的语气词，这些语气词的使用使原本典雅的文学语言变得通俗，其结果有违林文月最先的翻译设定。当然，笔者提出这样的看法并非质疑林文月的语言文字功夫，而是想要说明译者在很多情况下是身不由己的。就林文月译本而言，她与其他译者最大的不同就是最初并不是以独立出书去翻译《源氏物语》的，而是耗费五年多的时间，分六十六期在台湾大学外文系刊物《中外文学》上连载的。《中外文学》是一本大众读物，林文月的译文语体和话语表达形式很难完全从心，通常情况下不能有违该刊物的办刊宗旨和读者群的偏好。这或许导致了林文月译本叙事文的通俗性。至于韵文亦即和歌的翻译，林文月自创了“楚歌体”，译诗韵味无穷，在此不再赘述。

同样，姚继中重译《源氏物语》亦有自己的翻译设定。尽管从比较文学的角度来说，《源氏物语》与《红楼梦》之间没有直接的关联，但《源氏物语》自从译介到中国之初，就被赋予了“日本的《红楼梦》”的桂冠，令人不无惊讶的是，中国读者竟然能够公认《源氏物语》就是日本的《红楼梦》。正是由于这样一种渊源，笔者在重译时就决定将《源氏物语》的话语感觉更为靠近《红楼梦》。

需要说明的是，本书根据日本小学馆1981年出版的《日本古典文学全集》之《源氏物语》一至六卷译出。该书在翻译和润色过程中，仰承了许多翻译界前辈及红学与源学研究者的才情。考虑到《源氏物语》与中国古代传奇小说和话本，特别是与《红楼梦》有许多相似之处，在翻

① 紫式部著，林文月译：《源氏物语》修订版序言，译林出版社2011年，第24页。

译时力求使之在语言风格上具备《红楼梦》的质感，故有极强的古代白话小说的倾向。但相对于《红楼梦》而言，其语言更为清新、恬静、质朴，使读者能感觉到，本书如同一枝经年褪色的樱花。另外还需要说明的是，《源氏物语》原作在结构上显得有些庞杂、冗长，对某些场景和人物心理的描写也不够精准，在翻译时，故尽量强化该书的小说性，回避了有损于作品艺术完美性的不足之处，这样做是否妥当，还望读者指正。

这里的翻译设定说明了三件事：一是底本；二是力求给读者带来阅读《红楼梦》的质感；三是为了强化小说的艺术性，对庞杂、冗长、重复的词句做了相关的技术处理。在这三个翻译设定中，最受争议的应该是对庞杂、冗长、重复的词句做了相关的技术处理。如前所述，据著名语言学家大野晋统计，《源氏物语》用40万个词写成，除了助词、助动词之外，大概由1.3万个不同的单词构成了约21万个词组。翻译成中文后的《源氏物语》的字数因译者而大相径庭：丰子恺译本91.1万字，林文月译本109.1万字，姚继中译本初版83万字、修订版78.8万字。我们不难发现三个中文译本的字数差异很大。三者相比较，丰子恺译本比姚继中译本多12.3万字(多出15.6%)，林文月译本比姚继中译本多30.3万字(多出38.5%)。《源氏物语》原本是用古代日语写成，翻译成白话文体的中文后，字数必然会多出很多。这些译本的字数是因何而多出来的，三位译者的字数又为何相差如此之巨，有待于日语界的学者加以研究。

总之，以上是三位译者的“自白”，不需要做任何的考证就可以看出各自有着非常鲜明的翻译策略的设定，至于翻译设定与最终文本之间的契合度如何，其实是一个需要谨慎研究的课题。因为翻译的过程是一个动态的过程，虽然原著文本是稳固的，但在不同的时间、不同的状态下，译者的认知与表达不会是一成不变的。更何况《源氏物语》的翻译不是一两年就能完成，林文月花费了五年多时间翻译，姚继中仅是修订就花费了整整一年零九个月的时间。译者无法像机器人那样，给他一个初始设定，就能自始至终生产出统一规格的产品。在长达好几年的翻译进程中，会不断地反复斟酌、前后审视，最后还只能在诸多的缺憾中完成全书的翻译。

第三节　《源氏物语》译者对接受美学的观照

作者的主体意识和抒情意识的强化，就必然相应地要求小说语言有充分的表现力和感染力。紫式部的语言操控和原典引用能力，可以说是千余年来日本作家中无人能及的。《源氏物语》语言叙述婉转，文辞华艳，特别是对中国典籍、诗句的灵活引用，使《源氏物语》形成了崇尚华丽多彩却又不失雅俗交融的独特语言风格。那么，文学翻译区别于其他体裁的重要特征之一，就是要传递作品的美感。这里所说的美感包含着文学的各个维度。然而，任何一个维度的美的创造，又都是通过语言文字来达成的。文学文本往往通过字、音、词的描述为读者提供美感，因此文学翻译是一种心智活动，学术界通常称之为“艺术再创造”。翻译的艺术再创造要求把原著文本中各个维度的美感通过另一种文字传递出去，所以文学翻译的首要目的就是要传递美，即文学翻译的最高层次就是在美学层次上的体现。而在美学层次上，本节着重从意境美和语言美两个主要层面来检验译者再现能力。

所谓意境美，庞艳艳在《从文学翻译目的层次性谈译者主体性》中说：“译者改变原文本形式，以帮助原作者达到传递一种意境美的目的。意境是文学文本的一个重要特征，是文学翻译中必须表达和再现的层面。‘利用美学观点来分析评判文学翻译作品，首先不能回避的是美学体系中的重要范畴——审美意识。分属于不同文化系统的美学在对美的本质、美的思维方式等方面的认识也各不相同，各自的文化系统有其相对独立的审美意识、审美趣味、审美理想等等。而这些美学范畴在文学翻译过程中对译者有相当大的作用’。译者的审美感受，决定了译文所能给读者带来的美感。既然译者审美意识存在，就势必要发挥其主体性。由于译者是在和作者一起用力，传达原文的意境和力量美，有时不改变原文语言的形式和表达方法，就难以使目的语读者对原作产生美的共鸣。”①

对于上述观点中的“译者改变原文本形式，以帮助原作者达到传递一种意境美的目的”“由于译者是在和作者一起用力，传达原文的意境和力量美，有时不改变原文语言的形式和表达方法，就难以使目的语读者对原作产生美的共鸣”，笔者并不能完全苟同。改变原文本形式在翻译中经常是不得已而为之的事情，并且多数情况下并不单纯是出于审美的需要，而是两种语言的互通障碍或两种文化现象均为其民族所特有，相互间缺失对应关系。比如《源氏物语》中的和歌的翻译，中日文无法达成形式上的一致，所以就出现了七言两句、五言绝句、七言绝句、

① 庞艳艳：《从文学翻译目的层次性谈译者主体性》，《河南理工大学学报》（社会科学版）2009 年第 3 期第 409 页。

楚辞体等翻译上的错位。这种翻译上的错位不能完全视为审美的需要，更多的是出于达意的目的。

译者作为审美活动的主体所要把握的是原著文本中的生命属性和审美属性，这就需要译者在感知对象时要将自己的情感移入对象，使之人性化、生命化，并产生最为贴切的文学认知，对原著文本进行心灵上的组织、选择和阐释。艺术想象力是译者在记忆原著文本的基础上所实现的形象的自由组合，它把实际上并不在一起的事物从观念上组合在一起，从而实现了新的形象和形象系统的创造的能力。没有艺术想象力的译者其译文不可能有美的存在。艺术情感力指译者那种能使情景交融、物我合一的结合能力，以及使情感呈现为形式的表现力。译者需要知觉、情感和想象力三者的相互综合、协调才能产生对原语的艺术体验，在此基础上结合灵感，才能译出美的境界。试看第五十回“寄生”的一组译例：

丰子恺译文：

朔风异常凛冽，令人难于禁受。枝上红叶尽行脱落，狼藉满地，而全无人足践踏的痕迹。薰中纳言看了这景象，徘徊不忍遽去。有些寄生的常春藤附缠在姿态优美的深山古木上，还毫不褪色地活着。薰中纳言命人从其中摘取一些红叶，拟带回去送给二女公子。独自吟诗曰：

“当年曾追随，犹似寄生草。
若无此旧谊，旅宿太孤悄。”

弁君答道：

“当年寄生处，荒凉剩朽木。
今日重来访，哀哉此旅宿！”

此诗虽是十足的古风，但亦不无风趣，薰中纳言听了觉得聊可慰情。

林文月译文：

整夜吹着寒风，枝梢的红叶已凋零，铺满地上，也无人迹。中纳言之君一时竟不舍得离去。深山里的古树上，寄生的茑叶，颜色仍未褪，依然残留在那儿，便取来一些，预备送给中君的吧，径自拿了回去。

念宿木兮多记忆，
若非木下尝泊休，
旅人寂寞兮何所极。

听他自言自语，尼君便也咏歌：

朽木荒兮蒙相忆，

犹记昔日寄生时，

如何衔悲兮得缄默。

这种歌也未免老派得可以，然亦不失其情致，故中纳言之君倒是颇觉得聊堪安慰。

姚继中译文：

临行时，朔风呼啸，残叶乱飞，一片凄惨暗淡之状。薰中纳言看到这般光景，不胜悲凉，但一些常春藤仍显得十分顽强，缠在虬枝盘旋的古木上生长，并不褪色，使人稍感欣慰。薰中纳言叫人摘下几片红叶，拟送与二女公子，且独自吟诗道：

“忆君曾似寄生藤，

旅居再苦独为情。”

弁君回道：

“朽木孤守寄生地，

重访荒居悲独宿。”

此诗虽古朴凝重，然亦不失雅致风趣，薰中纳言尚觉可以此自慰。

上例的翻译差异并非仅仅是文字、用词造句的差异，它体现出三位译者的审美差异。若有心人对照三位译者的全文本，便会发现诸如此类的差异举不胜举。笔者作为译者之一，不便妄加评议。但只要将三个翻译文本对比阅读，就会发现三位译者在译文表达上的审美标准和审美境界是有区别的。这种区别不能用优劣来评价，但却显现出译者的翻译风格。

许钧在《翻译的主体间性与视界融合》[①]中指出，期待视界是站在读者的立场提出来的。文本的接受和理解都有赖于特定的期待视界，对于翻译来说，这便涉及多种期待视界存在的可能性。对原文本的读者而言，存在着至少两种不同视界，即文本问世时最初读者的期待视界和当下读者的期待视界。一旦引入目的语的接受语境，便又出现目的语读者的期待视野。这种视界的历史间距与空间间距是客观存在的。译者作为一个特殊的读者，他的基本任务之一是要通过自己的理解和阐释，融合成一个更大的视界，让翻译涉及的多维视界达到贯通融合，亦即最终

① 许钧：《翻译的主体间性与视界融合》，《外语教学与研究》2003 年第 4 期第 290 页。

完成沟通与交流。那么如何去达到视界的融合呢？就翻译而言，视界融合在某种意义上是为了保证作者的意图、文本的意义在目的语中得到再生，获得目的语读者的共鸣。对这一问题，译界近年来有不少思考，其中主要涉及以下两个方面，它们都与译者在翻译活动中如何正确定位有关。

（1）客观与主观的关系。对大多数译者来说，他们长期以来都奉行一条原则，那就是在翻译中不要掺入自己的主观因素。这条原则的形成是基于如下认识：只有保持客观，才能保证正确的理解与再表达。这是一种典型的客观主义翻译观。当我们通过对意义的探索，不再认为作品的意义是永远固定不变和唯一的，不再把翻译当作复制原作者的意图、传达原作的意义的简单的语言转换时，我们便有可能从一个更深刻的角度去理解伽达默尔的观点，即理解不只是一种复制的行为，而始终是一种创造性的行为。因为在伽达默尔看来，作品的意义场永远是一种不断开放的结构，其意义并不只存在于文本的字面，而是需要读者的不断阐释来激活它，阐释的最好方法便是作者视界和读者视界的融合。

（2）冲突与和谐的问题。在翻译活动中，从一个陌生的语言世界转换到一个自己的语言世界，由于语言、思维与现实的参照方式发生了变化，涉及翻译各个层面的维度差异客观存在，翻译在某种意义上说，是在不可能中求得可能，于是冲突不可避免。也就是说，凡翻译必有冲突，且冲突会出现在翻译活动的方方面面，正因如此，翻译中才存在一系列难以解决的矛盾，存在令译者两难的悖论。

面对客观存在冲突的可能性，译者不可能回避冲突，否则翻译就无法进行下去。译者能做同时也是必须做的往往是在充分认识有可能造成冲突的种种障碍与困难面前，充分发挥自己的主观能动性，采取各种方式去化解冲突，以达成两种语言、两种文化互通中的和谐沟通。

“陌生化”与《源氏物语》的翻译

“陌生化”是俄国形式学派的代表人物维克多·什克洛夫斯基（Viktor Shklovsky）提出的一种艺术主张。“陌生化”一词含有“使之陌生、奇特、不同寻常”等含义。作为一种艺术手法，“陌生化”是指作家、诗人手腕的新奇，使所表现的客体在接受者那里显得“陌生”，从而达到一种新鲜的美感。什克洛夫斯基认为，艺术就是要还给人们对事物的新鲜感觉；文学不是对现实的反映，而仅仅是现实符号组织化了的所指。所以，文学文本不但不反映现实，而且倾向于使所表现的现实“陌生化”，打破我们对现实世界的习惯性知觉方式。

“陌生化”原本不是针对翻译提出的，它是作为一种创作的修辞手段，以使作品与读者之间拥有一定的距离感，从而产生常看常新的审美感受。既然翻译是一种再创作，那么“陌生化”在译文中至少有两个次元的体现，一是原作中作为修辞手段的“陌生化”，二是译者在翻译过程中创造出来的“陌生化”——翻译过程中对异文化的陌生化处理。对于注重形式的译者来说，再现原作的“陌生化”的修辞手段，恰好可以保存原作者异常的写作手法，而“陌生化”手法移用于文学翻译，恰好是译者的再创造。“陌生化”手法的运用，往往使译文同原作的语言形式之间保持一定“距离”，突出译者再创造的艺术效果。

文学翻译既然是再创造，就应该允许译者手眼“使熟者生，或使文者野”。但译者在运用“陌生化”手段时，须考虑译文与原作的整体的和谐性。细部的背离应在整体的把握之中。“信”之必得意忘言，“得”“失”有度，若“忘言”失度则“信”字不存，就更谈不上“达”“雅”了。

在丰子恺、林文月、姚继中三个译本中，尤其显得“陌生化”的是林文月对《源氏物语》中人物名称的处理。林文月在其修订版序言中直言：

> 《源氏物语》的读者最容易感觉困扰之处，可能是书中许多人物的称谓吧。说来也许令人不能置信，在这一大部著作之中，登场人物多达数百，可是其中有名姓可称道者竟寥寥无几。即使主人公“光源氏”这三个字，都是后世读者约定俗成所取的绰号而已。我们仅知他蒙天子赐“源”之姓，至其正名为何？全书中未见提及。“光之君”（见第一帖“桐壶”）的称呼，盖以其风采超凡，光芒四射，遂得称；而即使连这个绰号在全书中都很少提到。这种情形，在后面的“宇治十帖”里也同样存在。“薰之君”、“匂宫”（“匂”为日人所造汉字，读为 niou，义为香味），也都是绰号而并非正式姓名。然则，原著如何称呼这许多男女老少的人物呢？一般言之，男性多以其官衔称呼，例如：“头中将”、“大纳言”、“左大臣”……女性则每以其身份或所居处称之，例如：“公主”、“女御”、“南殿夫人”……这种称谓，往往因各帖内容而异，有时一个人物的称谓也会因前后时间的不同而有所变更。换言之，同是“头中将”，或“尚侍之君”，须视其出现于何帖，方知所指为何人。以光源氏而言，初时称为“中将之君”，后变为“大将之君”，又变为“太政大臣”等不一。又如在众多侍女中，“中将之君”或“宰相之君”（当时习惯，女官以父兄官衔称

之，以示其地位身份）等称呼亦频频出现，却未必为同一人。这种现象极易造成令人混淆不清的人际关系。非仅此也，一人而有数种不同之称谓，在书中亦屡见不鲜。虽然我国的《左传》，也往往有此情形，但《源氏物语》的称谓紊乱，又更在《左传》之上。古来《源氏物语》的注释者，每以诗文中具代表性之名词命其角色。例如："玉鬘"、"明石"、"夕雾"、"柏木"、"真木柱"……莫不以此得名，实则均为避免混淆不清所取的方便而已，却非作者所命名。①

林文月对人物名称的处理基本上是尊重原著，问题是原著中称之为左大臣、大将、中将、大纳言、中纳言等，诸如此类的称谓前后根本不是同一个人，甚至指的是三个以上的不同人物，读者在阅读过程中，几乎无法弄清人物关系。此外，诸如"日宫""光君""光之君""源氏之君""中将之君""大将之君""常夏之华""尚侍之君""落叶宫""匂宫"等等，可能多少会给读者一些新奇感，但从汉语的语法规则及表达习惯来看，是否妥当还有待商榷。

相比林文月译本，丰子恺译本和姚继中译本在人物名称上做了翻译技术上的处理，当一个人物第一次出场时给出的名字，在全书中将一贯到底，比如林文月称之为"日宫""光君"的称呼在《源氏物语》中只出现过一次，为了便于理解，我们译成了"昭阳妃子"和"光华公子"。林文月对光源氏的称谓直接使用了"源氏之君""中将之君""大将之君""太政大臣"，我们分别使用了"源氏公子""源氏中将""源氏大将""源氏太政大臣"。"薰君"，此后随着地位的变化，便有着"薰中将""薰大将""薰中纳言"的称呼，其"薰"字依然一贯到底。这样的技术处理能帮助读者在阅读中不会张冠李戴，更不会出现人物关系的混乱。说实话，像林文月那样直接使用原著中的汉字称呼人物倒也省事，问题是对读者来说，连人物关系都难以理清，就更谈不上读懂《源氏物语》。

异国形象的生成是一个极为复杂的过程，可以反映出一个集体或个体看待另一文化的复杂心态和情感。因此，《源氏物语》翻译中的"陌生化"的形象创造，不能归咎于译者个人的凭空创造，译者背后有着广大受众的思维向度和情感态度。也就是说，译者的所谓"陌生化"形象创造，实际上反映出本国公众对异文化的认同和态度。由于受众对异文化天生带有某种下意识的文化过滤倾向，所以译者

① 紫式部著，林文月译：《源氏物语》(1)，译林出版社 2011 年，第 25 页。

“陌生化”形象创造受制于本土文化的认同程度，因而总会自觉不自觉地依附于本国文化，以本土文化为参照系来审视异文化，那么文化身份也会有意识无意识地影响创造者对异文化的认识和再现。在某种程度上甚至会迎合受众所处的文化群体的需要，并且在强化自我文化认同的前提下，对“陌生化”的程度做出恰当的判断。

第七章　《源氏物语》在中国的文化认同

曾文雄在其博士论文《翻译的文化参与——认知语境的互文顺应视角》中指出："翻译中的文化认同指某一文化主体在强势和弱势的文化之间对一种集体身份的选择，具体表现在原语文化因子在进入译语文化语境后被异质文化读者所认知，并最终被接受或吸收。翻译的文化认同层面至少包括语言和文化等内容。当然，文化认同的进程受到原语文化语境和译语文化语境之间的关联程度的影响，而且，文化认同影响到翻译素材和翻译策略的选择，例如译者可能会选择自己认同的对象为翻译素材。翻译的文化认同有利于它者文化的丰富和发展，也利于我者文化的传播和发展，成为人类分享各种价值观和文化观的基础，也是超越文化障碍的基础。"[①]

文化认同包含着两个要素，一是文化，二是认同。"文化"无须赘述，指人们在社会历史实践过程中所创造的物质财富和精神财富的总和。特别指精神财富，如教育、科学、文艺等。文化对该民族的任何人而言，已经深入到了生命意义的建构，并以"集体无意识"的形式存在于人的精神建构之中。可以说，没有人能完全脱离自己的文化去审视世界。所谓"认同"，在哲学、社会学和逻辑学中译为同一性，指某社会行为体之所以为"我"而非"他"的规定性。认同的实现，必须以他者作为参照，因为只有在差异和对照中才能看到自己不同于"他者"的特性，才能建构自身的形象。因此，文化认同必须在与他文化的对照和比较中完成自我界定。

任何一个民族的文学艺术，必定是对一定的客观现实的反映，同时又必定是这个民族的民族精神的一种表现。它的内在的精神特质是由这个民族的民族精神或说精神本性所决定和赋予的。这种决定和被决定的关系，在绝大多数情况下是通过人们深层意识中一些看不见的过程，以一种不自觉的方式实现的，是不以人们的意志为转移的。正如普列汉诺夫所说的那样："任何一个民族的艺术都是由它的心理所决定的；它的心理是由它的境况所造成的，而它的境况归根到底是受它

---

① 曾文雄：《翻译的文化参与——认知语境的互文顺应视角》，华东师范大学博士学位论文2010年，第176页。

的生产力状况和它的生产关系制约的。”[①]“文学——民族的精神本性的反映——是那些创造这个本性的历史条件本身的产物。”[②]

《源氏物语》在中国的文化认同根据不同的读者自然会产生不同的认知，就一般意义而言，读者主要有一般读者和研究者两大类，前者以阅读欣赏为主，后者侧重于对《源氏物语》展开多方位的研究。然而，无论是一般读者还是研究者，面对一个外来的文学文本，其社会性、文学性、审美性以及意识形态等等迥然不同，并且由于异文化的接受者本身有着自己的“期待视野”或称为“文化先结构”的不同的思维方式、生活风俗和知识结构，所以在有意无意中会产生认同、融合、排斥甚至冲突。笔者认为，在异文化的文学交流中，文化间彼此的独特个性正是被拒斥之处，反映了人们由于长期社会经验沉淀而形成的“集体无意识”和人们共有的文化心理结构，而一个文化系统的“集体无意识”和人们的文化心理结构又总是通过个体表现出来的。对异文化的排斥性体现在国家、社会意识形态的选择性中时，通常会在出版时就被过滤掉，而体现在个人阅读行为中时，通常是跳跃性、省略性的阅读。其实无论是国家层面的意识形态还是个人的阅读喜好，文化过滤都是极其普遍的客观存在。

笔者在《中日比较文学研究之现状与未来》[③]中就曾经指出，文化过滤是读者在文学交流活动中主体性、积极性的重要表现之一，它是多层次的、多角度的、立体的、具有明确的功利性和方向性，并且贯穿文学交流活动的始终。尤其在跨文明交际的比较文学研究中，更应关注文化过滤的作用，如中日两国文化在诸多方面互为异质，中日语属不同的语言体系，各自有完全不同的文化传统和话语体系，这必然导致中日文学交流活动中文化过滤现象的多样性与复杂性。文学翻译是文化互动的一种形式，翻译的过程也是文化过滤的过程，文学翻译为我们提供了研究文化过滤现象的显著的、综合的、便捷的途径。对文化过滤现象的研究，不但将比较文学研究与接受者所处的社会、历史、文化背景联系起来，还将使我们能够更有效地寓文学研究于文化视野之中。

① 普列汉诺夫：《没有地址的信》，见《普列汉诺夫美学论文集》（第一卷），人民文学出版社 1983 年，第 350 页。

② 普列汉诺夫：《没有地址的信》，见《普列汉诺夫美学论文集》（第一卷），人民文学出版社 1983 年，第 346 页。

③ 姚继中：《中日比较文学研究之现状与未来》，《东北亚论坛》2006 年第 3 期第 78 页。

第一节 《源氏物语》中文译本的诗学变脸

一部文学作品在翻译为另外一种文字时，必定会经历译者的解读与阐释。倘若再改编成电影脚本，又会经过改编者的解读与阐释。电影脚本在被拍成电影时，还会经过导演的解读与阐释。这一系列的解读与阐释过程虽然会最大限度地保持原著的原有风貌，但事实上已经在此过程中发生了不以人的意志为转移的改变，这种改变笔者曾在一篇文章中称为“诗学变脸”。

“诗学”一词在亚里士多德的《诗学》里指组成文学系统的文体、主题与文学手法的总和。诗学概念用于翻译研究领域时被赋予了新的阐释。比如，巴恩斯通（Willis Barnstone）在《翻译诗学：历史、理论和实践》中将诗学分为若干层面：“诗学的内涵包括如下几个层面：一是指艺术的形式问题，比如诗体论、可译性、忠实性、翻译方法、对等、差异、措辞和句法；二是指翻译的分类或变体；三是指双语翻译中的理论和方法；四是指各种理论流派中的诗学观。”①

翻译的诗学变脸受制于多种意识形态的操纵，诸如国家意识形态、宗教意识形态、审美意识形态和个人意识形态。其中个人意识形态则涉及解读与阐释的个人倾向，解读与阐释者认同和服从于怎样的意识形态，就会导致出现相应的诗学形式。

在阐释学理论中，翻译的意义阐释性在于它开启了人们认识和理解原作者和原文意义的多元化视角，为意义的多元解读提供了哲学依据。文本之所以存在就是因为创造意义的需要，而意义却是一个不确定的、无限开放的过程。在跨文化交流视野中，意义翻译的多元阐释是文学翻译研究发展的要求，也是多元文化发展的要求。文学文本的多义性也正是意义的栖息之地。事实上，在理解文本意义的过程中能决定文本含义的只有创造该文本的作者，文本只能复现作者的只言片语，没有任何一种意义能离开它的创造者而存在。因此，在译作和原作、译者和原作者中间总是存在着文化、历史、意识形态以及认知的差异。

文本的意义总是开放的，而且是在不确定的状态下推迟延宕。不同的译者由于理解的历史性原因，译出的作品必然会有所差异甚至迥然不同，这正是缘于译者以不同的视域与文化态度对原作所作的解读和阐释。显然，当我们越是给予这

① 转引自杨柳：《翻译的诗学变脸》，《中国翻译》2009 年第 6 期第 42 页。

种意义的多元性以充分的尊重，越是努力挖掘文本深层的意义，我们就越感觉到其中的意蕴无法穷尽。因此，诗学变脸只是一种表象，而隐藏在表象背后的各种人文因素才是值得我们深究的学问。

一部小说用什么样的语言来写，决定了这部小说的"诗性"。具有"诗性"的语言，是在说者和听者之间建立一种超越日常生活会话的语言，即我们常说的所谓"文学语言"。文学语言的丰富性、结构的复杂性、本质的多重性，决定了翻译文化价值取向的多维性、多层次性。

在一次国际学术会上，笔者与日本某学者就日本文化与日本人的思维模式做过一次探讨。简单地说，中国式思维的特点是强调整体概念，追究各事物之间内在的必然联系，全面了解和掌握事物发生、发展的根本原因和规律，从而得出一个完整、统一的结论。而日本式的思维特点是强调细节的丰富性、具体性和完整性。虽然每个细节最终都是服务于整体，但在发展过程中顺应"意识流"的思维习惯决定了岛国思维与大陆思维的根本区别。如果根据这样一种观点回过头来审视《源氏物语》的结构特征，我们就会恍然大悟，原来《源氏物语》故事情节的松散并不是紫式部的疏漏，而是源自日本国民的特定的思维模式。《源氏物语》无论是故事情节还是整体结构，单调与重复相互交织，因此，单一定式的翻译模式是难以译出《源氏物语》丰富的文学性的。

笔者曾在中国知网上下载阅读了 400 余篇有关译介学的论文，其中具有学术含量的论文不足 1/5。有着翻译经验的明眼人一眼就能看出，很多论文的作者根本没有实实在在地从事过翻译实践，于是抱着几个所谓的翻译理论反复做着无聊的游戏般的演绎。这些论文作者动辄给出一个定义，比如：译文为了照应原文文化特质而寻求相同文化特质的契合采用异化译法，一般是直译法；译文为了照应目标语言读者的语言文化接受能力和趣好而背离原作语言文化特质采用归化译法，一般为阐释译法云云。就笔者的翻译体会而言，在翻译之前必须尽量做足功课，主要是对原著文本的反复解读和译文文本风格的斟酌，但从来没有首先确定该项翻译笔者将使用归化译法还是异化译法之类的定义来规范此后的翻译。翻译手段设定应该服从于原著文本的诗学特征，并通过译者利用自己辩证、客观的翻译需求来判断。译者在实际翻译过程中必须考虑到诸多因素与变量，如语言形式、文化内涵、作者意图、翻译目的、文本类型、读者对象、可接受程度、意识形态（社会的、集体的、个体的）、诗学形态等等，而不是首先设定一个所谓的翻译观或翻译理论，而后顺从其预设从事作品的翻译。

《源氏物语》的翻译难点之一还在于其语言的模糊性。模糊语言的使用不等于作者创作思路的模糊，它是建立在知性和理性之上的，是一种为了达到某种目的或效果的语言策略。《源氏物语》中语言的模糊包含着两大类型，一类是受制于日本民族语言表达习惯的模糊性，而另一类却是平安时代物语文学的话语方式造成的模糊性，即假名书写的女性文学的口语性造成的语句的不完整等。语言的模糊性对翻译提出了很高的要求，而且翻译出来的译文与原文之间无论在文体抑或文本传意方面出现错位的概率很大。译介研究界常用“形似”“神似”来评判译文的效果。其实，同时能兼顾“形似”与“神似”这不是通常的译者能达到的。尤其是面对语言的模糊性，“神似”往往是译者努力的目标。

但原著作者与译者之间有着巨大的历史跨度时，通过文本所进行的作者与译者之间的心灵交流的难度也随之不断加大。究其原因，无非是处于历史状态的原作者和处于现实状态的译者之间的思想特征，即个性特点、文学背景、创作特点、文化意识倾向或社会文化价值观等方面必然会有很大的区别。就拿《源氏物语》来说，其有着千余年的历史跨度，通过文本和史料去认识紫式部的创作意图，始终是有着局限性的。“意图并不是一个先在于作者创作的静态心理范畴，而是一个体现于文本客体化内容和文本特点中的关系性存在。从这个角度说，表意策略、文本所表达的思想主张都与意图有关。意图表示作者对文学意义的约束关系，对意图及其在作品中的体现的艺术分析是艺术审美经验的重要来源和解读文学意义的途径之一。”[①]虽然历史跨度不是原著与译者之间产生诗学变异的决定性因素，但无论从译者本人来说，还是从译本的历史发展来说，随着时间的推移和译者阅历的变化，译者对原文的认识也会随之发生变化，从而才会有要求对原有的译文表达进行修改和再表达。正是由于这样的原因，经典作品会出现多次重译，而每一次重译，必定会导致两种语言文本之间产生程度不同的差异化。

确切地说，译者进行翻译活动一方面是在对照原著文本从事文化阐释和语言转换工作，另一方面译者为了超越语言障碍或为了自我特殊的目的在有意或无意地抛开原著的语言文化羁绊，尽可能自由地运用目标语言进行创作。

每位译者都具有其独特的理论水平、心理状态、道德水准、审美情趣、风俗习惯、价值观念、智力和能力等等。这些因素都以它独特的方式支配、影响着译者对原文的理解和再创作。因此，由不同译者翻译的同一作品的不同译本，都会

---

① 汪正龙:《文学意义研究》，南京大学出版社 2002 年，第 207 页。

打上译者各自或显明或隐含的“文化身份”的烙印，体现着译者各自的具有性格特点的独特个性——所谓“文如其人”，标志着他们各自的情趣和表达水平。即便是同一译者对同一原著在其不同人生阶段、不同时代翻译的译本，也会有语言风格差异。这一方面因为语言是不断变化的，每一种语言现象都具有时代性；另一方面因为随着译者人生“境遇”与文字表达水平发生的变化，由其“心境”左右的译笔也会发生变化。这些都是左右译著诗学变脸的因素。

笔者赞同王理行的观点，在翻译过程中，对于易形成作家或作品的独特个性的因素，如语言特色与习惯、民族色彩、地域色彩、历史文化凸显的因素等，尤其要细心地加以理解和把握，并在译作中尽可能地加以保留和再现。异域的民族、地域、历史、文化色彩很浓的因素再现于译文中后，若担心读者不了解或不懂，可以加注解解释，而不宜用中国人耳熟能详的或中国文化色彩很浓的因素取而代之。但王理行认为：“句子是能够表达完整意思的语言单位，以其后的句号、问号或感叹号为标志。在翻译中，一般宜以句子为处理单位，即原作中的一个句子，译文中尽量要在一个句子中处理妥当。不论是长句、短句、省略句还是由一字一词构成的句子，译文中宜尽量处理成同样的一个句子。尽量不要把原文的连续几个短句或省略句在译文中合并为一个句子，尽量不要把原作中的一个长句在译文中拆成几个短句。原文是省略句，非不得已尽量别在译文中把省略成分一一补足。”[①]对于王理行的这一观点，恕笔者不敢完全苟同。

不同的语言有着各自的约定俗成的语法结构，相互之间的互通不是任何情况下都可以对等的。诚然，原文中的句子之所以呈现如此结构，这必然体现了作者的思维过程和诗学安排，任意在译文中调整、改变都会影响甚至歪曲原著作者的意图。但语言间的互通障碍势必会导致译者采取一些通融的措施，在无法“形似”的情况下，一定会努力在文本传意上下功夫，力求“神似”，即尽可能多地反映出原文的原貌。比如在前面的章节中曾举例说明过，《源氏物语》中的汉文典籍、诗句的引用往往只是引用一字一词，如果照原著直译的话，中文读者是无法意识到原典出自汉文典籍、诗句的。我们在翻译中除了给出注释外，不排除使用了还原原典的嵌入式添译。

作为《源氏物语》的译者，笔者始终认为与《源氏物语》的原著文本相比较，

---

① 王理行：《忠实是文学翻译的目标和标准——谈文学翻译和文学翻译批评》，《外国文学》2003 年第 2 期第 99 页。

其中文译本的文学性、诗学特质更优于原著文本，尽管这是一般读者可能永远都无法知晓的阅读感受，但它却是一个不可否认的事实。或许笔者的这种观点得不到《源氏物语》研究界的认同，同样也得不到译介研究界的认同。因为从理论上说，同一张胶片无论你冲洗出多少张相片，应该万变不离其宗。可是大家切不可忽视另一个事实，冲洗出来的相片与原型之间必定会有色差，而且不同批次冲洗出来的相片之间也会产生色差。这种色差理所当然会给观赏者带来不同的审美感受和不同的偏好。那么《源氏物语》被译成中文之后，其诗学变脸主要体现在哪些方面呢？

1. 汉语音律的丰富性提升了《源氏物语》的文学美感

笔者在此前的章回中说过，笔者在重译《源氏物语》时所作的翻译风格设定中，包含着充分利用汉语音律的丰富性来提升《源氏物语》艺术欣赏的品位。笔者尽量避免使用长句，通过短句来提高《源氏物语》的语言的节奏感。笔者力求重译的《源氏物语》不单是通过视觉阅读，更要欣赏到通过音声展现出来音律美感享受阅读的趣味。换句话说，笔者设想的是在夜晚临睡之前，出声读一两页《源氏物语》，不仅能陶醉在故事情节的美意中，更能犹如朗读美文似的在优美的音律节奏中使一天的浮躁心情得以宁静。

所谓音律，也称声律、声韵或韵律，是文学的语音层面的基本形态之一，由声调、语调和韵的变化和协调而形成的内部和谐状况。音律的形成和左右音律的形成是与声调、语调和韵调等的相互调节与协调相关的。汉语是一种有声调而这种声调又能区别词的意义的语言。声调，也叫字调，是语言的每一音节所固有的能区别词汇或语法意义的声音的高低升降状况。汉语语音有“阴平、阳平、上声和去声”四声之分；在古代汉语中指“平、上、去、入”。汉语的声调本身具有一种形象表现力。辞的声调是利用语言文字的声音以增饰语词的情趣所形成的现象。在文学文本中，声调的运用应当服从于整体音律效果的营造和意义的表现。

之所以说汉语音律的丰富性提升了《源氏物语》的文学美感，是因为日文并不具备汉语丰富的音律。现代汉语普通话体系有 400 多个读音（统计标准各有差异，故此处使用了模糊表述），再加上四声，普通话中真正用到的是 1200 多个声音。这 1200 多个声音可以不重复表达 1200 多个事物。而日语只有 110 多个读音，所以日本人在读汉字、汉文时总是显得很别扭。

《源氏物语》翻译成中文之后，几乎没有人能意识到这背后的音律的巨大差别。

但译者在翻译的过程中，时常会将原著读出声音，以体会原著的意境，同时也会将译文反复发声朗读，去检验自己的译文读出声音时是否具有节奏美感。由于日文读音少，且没有汉语“平、上、去、入”声调区别，所以朗读《源氏物语》原著日文时，明显感到语言的单调，缺少汉语的具有立体感的形象表现力。

2. 汉诗特有张力与意蕴的典雅提升了《源氏物语》的艺术美感

诗词是中国独有的一种文体，有特殊的格式及韵律要求。诗按音律分，可分为古体诗和近体诗两类。古体诗和近体诗是唐代形成的概念，是从诗的音律角度来划分的。若按内容分，有叙事诗、抒情诗、送别诗、边塞诗、山水田园诗、怀古诗、悼亡诗、咏物诗、军旅诗等等。《源氏物语》中的诗歌实际上就是指“和歌”，但和歌与中国的古代诗歌无论音律、结构、修辞等方面相比较，都有着本质上的区别。尽管严绍璗认为：“日本文学中原先存在的无格律的‘自由’形态的‘和歌’，面临中国大陆‘汉诗’的重大冲击与挑战，为了寻求和歌的生存之路，争取获得与汉诗相抗衡的能力，‘自由形态’的‘和歌’内部发生了一系列重大的调整，其中包括从汉文‘歌骚体’文学中获取有价值的文学材料，在反复的抗衡与挣扎之中，终于形成了‘三十一音音素律’，成为具备了固定音律节奏的‘歌’，其生命力一直延续到现代。”①

《源氏物语》中的和歌就表现的内容来看，与中国古代诗歌颇为契合的有咏物诗、山水田园诗、行旅诗和闺怨诗、送别诗。但契合不等于相同。中国古代咏物诗的特点是以某一物为描写对象，抓住其某些特征着意描摹。思想上往往是托物言志，由物到人，由实到虚，写出精神品格。常用比喻、象征、拟人、对比等表现手法。而《源氏物语》中的咏物和歌主要修辞手法就是比喻，结构如同素描，不太讲究深邃的意境，更无托物言志的意思。

中国的山水田园诗以描写自然风光、农村景物以及安逸恬淡的隐居生活见长，诗境隽永优美，风格恬静淡雅，语言清丽洗练。严格地说，《源氏物语》中没有能称得上类似中国的山水田园诗的和歌。虽然有不少描写包括山水在内的自然景色的和歌，但绝没有中国山水田园诗人的大境界，他们只是着眼牵动心绪的眼前的一片景色，少有单纯享受静谧的诗句，多数情况下反映的是在幽静的境况下内心的不安。

① 严绍璗：《“文化语境”与“变异体”以及文学的发生学》，《中国比较文学》2000年第3期第14页。

至于行旅诗，原本表达古人或久宦在外，或长期流离漂泊，或久戍边关引起浓浓的思乡怀人之情，所以这类诗文就特别多，它们或写羁旅之思，或写思念亲友，或写征人思乡，或写闺中怀人。写作上或触景伤情，或感时生情，或托物传情，或因梦寄情，或妙喻传情。坦率地说，《源氏物语》中，表示行旅的和歌并不多，少许表达行旅的和歌主要集中在“须磨”和“明石”这两回，且大量引用了中国典籍、诗句来起烘托作用，纯粹以和歌表达漂泊、离愁的和歌少之又少。

《源氏物语》中的闺怨诗却特别多。平安时代流行的婚姻方式是“访夜婚”。男女相爱后，男人到女人家，晓行夜宿。这种婚姻关系不很固定，男女双方都有很大的自由性。在贵族中间，实行的还是一夫多妻制，且不严格限制近亲通婚。因此，和歌中的恋歌不少是写女人等待男人来过夜，可是等到漏尽更残还不见男人到来，而伤心地倾诉自己悲怨和思念之情和歌是再好不过的艺术手段，因此可以说，这类和歌实际上就是日本式的闺怨歌。

送别诗是古人离别之际折柳相送时吟诗话别，其离情别绪就成为古代文人一个永恒的主题。《源氏物语》中这类和歌主要在三个场景出现过：一是光源氏送六条妃子的女儿去当斋院；二是紫姬送光源氏前往须磨；三是明石姬送光源氏离开明石浦。此外几乎没有以送别为主题的和歌。

在此要特别提醒读者注意的是，和歌自古以来以表达爱情的“恋歌”为主要创作内容和表现特征。“《记・纪》歌谣群是日本最早的和歌，所以其内容和艺术特色不可避免地对后世的和歌创作产生了重大的影响。……《记・纪》歌谣群中恋歌所占的比重最大，后出的《万叶集》受其影响，所收录的作品也是恋歌最多，这样，无形之中有使恋情成为和歌主要题材的趋势；再后出的《古今和歌集》、《后撰和歌集》等载录之歌同样是以恋歌为多。同时，《记・纪》歌谣群中恋歌的写作方法也被后世所模仿。”[①]可以这样说，《源氏物语》中795首和歌不乏叙事、抒情、送别、山水田园、悼亡、咏物的和歌，但无论哪个类别，都是建立在男女恋情这一背景之上的。

《源氏物语》中的和歌尤以恋歌居多，其恋歌逐渐由寄恋情于自然升华到亲近自然、热爱自然，追求纤细、典雅、含蓄。平安贵族以新奇敏锐的眼光发现了大自然的声色之魅和形式之美，他们以细腻的笔触和独特的审美经验描绘自然，突出其色彩、形态和声音等外在特征的美。万物生机、朝岚夕霏，尽在其笔底。他

① 彭恩华：《日本和歌史》，学林出版社1986年，第8页。

们极其细致地体察和敏锐地体悟大自然的一草一木的生命形式，借和歌来表现自然清新生动的生命本色。从自然草木的生命之中，他们深深地体味到人自身的生命韵律和生命情调，他们用感性的心灵去拥抱自然，树荣草茂、秋虫幽鸣的自然界成为他们内心激情萌动和个人生命力鲜活跃动的真切反映。他们以自在的心灵领悟自然，使触着的一切呈露出新的灵魂，从中体会到生命性灵的悠远无际，领悟着生命的价值、意义和人性之美。《源氏物语》中吟咏恋情的和歌很少直接诉说男女之间的恋情，而是将恋情的倾诉寄托于对自然的描写。他们往往借助自然山水最精致的生命形式和最细微的生命颤动隐喻相互间的恋情。自然界的四季变迁周而复始，而人生是无可重复的，对恋情的隐喻因此总是充满着感伤。

然而，紫式部在《源氏物语》中所作的 795 首和歌由于重在推进故事的叙事性，所以已经失去了早期《万叶集》歌风的纯朴和豪放，取而代之的是纤巧流丽、精雕细刻，以山风、春花秋月等寄托情思，其和歌特别巧妙地利用时间和空间感隐喻情感上的时空间距，特别擅长表现四节的往复及其在人的心理、感情上引起的细微变化。这些都与中国古代诗词有着非常大的民族性差异。

我们将和歌译成了汉诗，这从任何一个方面来看，无不改变了原有的诗学特征，这种改变只发生在译者的翻译过程之中，原著读者不知、译文读者不晓，只能在翻译验证研究中才能发现两者之间的诗学变脸。

诗歌是最凝练、最精粹、内涵最丰富的一种文学体裁，诗人用艺术手段通过优美的语言抒发情怀，激发读者的想象。特别是中国古代诗词，诗人们总是以其娴熟不凡的语言操控能力，以语言的音调、韵律、间歇、节奏、重音、重复等为表现形式，形成音乐般的美感。诗歌翻译理应让读者领略到不同文化的浑然丰厚的文化意境，传递出原诗歌的语言美、意境美。但《源氏物语》的中文译本却无法体会到日本和歌的美感。

3. 译者的匠心使其具有了明清章回小说的读者观感

明清是中国小说史上的繁荣时期。元末明初，在话本的基础上产生了长篇章回小说。其长篇小说类别包括讲史小说、神魔小说、世情小说、英雄传奇小说和公案小说等。《源氏物语》与其中的世情小说有着很多的相似性。所谓世情小说，表现出两种倾向：一种是在世情描绘中宣扬因果报应思想，如成书于明末清初西周生所著的《醒世姻缘传》等；另一种则演化为才子佳人小说，如成书于明末清初的《玉娇梨》《好逑传》等。在写法上模仿唐宋传奇，世情小说的完备和丰富将叙事文学推向了极致。明清小说无疑铸就了中国古典文学的最后的辉煌。明清小说注重史传色彩——世俗文学的历史依傍；惩劝教化——儒家文化的影响；神妖仙道——佛道思想的濡染、因果业报的结构，以及由此孕育的小说母题，为小说带来了奇观异彩。

明清章回小说的特点是将全书分为若干章节，称为“回”或“节”。少则十几回、几十回，多则上百回。每一回标题用单句或两句对偶，称为“回目”，概括本回的故事内容。每回开头以“话说”“且说”等起叙，每回末有“欲知后事如何，且听下文分解”之类的收束语，一回叙述一个较完整的故事段落，有相对独立性，但又承上启下。

翻译成中文的《源氏物语》与明清章回小说相比较，异同不一。就异而言，首先《源氏物语》的“回目”没有单句、两句对偶，而是多出自本章回中某首和歌中的某个词，这些词中有 18 个词是借花喻人，结果就成了人名，有 30 个用于叙事，有 6 个是地名。其次是没有固定的起叙词和“欲知后事如何，且听下文分解”之类的收束语。但是从篇章结构、故事情节来看，中译本《源氏物语》给中国读者的感觉与明清小说十分相似。这倒不是说《源氏物语》原著本身拥有这种感觉，而是译成中文后给中国读者形成了这种感觉。当然，我们要注意不同的译者、不同的翻译文本给读者带来的感觉是不同的。比如林文月的文本，就没有非常强烈的明清小说的语感，而丰子恺和姚继中无疑有着与明清小说十分相似的文章风格和阅读语感。这种差异的产生不是出自偶然，而是源自译者最初的翻译设定。既然不同的译者、不同的翻译文本给读者带来的阅读感受不尽相同，这等于从侧面证实了《源氏物语》被翻译成中文后发生了某种程度的诗学变脸。

4. 译著遣词造句的考究提升了中国读者对《源氏物语》的认知

日本早期的物语文学更多是女性的参与，“日本的女性文学并非突然开始于平安时代的女房文学。早在《万叶集》的时代，这个国家的文学，妇女所起的作用就很大了”[①]。《源氏物语》的作者紫式部便是日本平安时期“女房文学”的典型代表。这一时期“贵族竞尚骄奢浮华，作品纤丽柔媚，著名的作品，多出自女流之手，这时代的作品，有女性文学之称”[②]。这种玩赏性与封闭性决定了女性的创作多以

① 加藤周一著，叶渭渠、唐月梅译：《日本文学史序说（上）》，外语教学与研究出版社 2011 年，第 70 页。
② 谢六逸：《日本文学史》，上海书店 1991 年，第 15 页。

贵族生活为主要描写对象，“物语文学描写贵族社会男女的感情生活，绝对没有想越出这个社会之外”[1]。女房文学的作者们如紫式部、清少纳言等，其身份多为宫廷后妃的伴读或女官，这样的活动范围以及社会文化的限制使其无法解除更广阔的社会大环境，从而也就无法获得更深刻的社会体认和社会经历，因此只能拘囿于狭小的宫廷环境，“实际上，作为平安朝女流文学，今天广为人知的，无论何处都不能出现身份低微的人物，甚至连片断都不能描写地方的政治经济状况……女房社会如果不是一般贵族社会的讽刺画，至少是一种极度夸张的形态”[2]。

现代日语的词汇分类有汉语、大和语、外来语，古代日语里没有外来语，但汉语和大和语自古沿袭至今。这两种语词系统最大的不同点就在于“汉语”的理性、思辨性、逻辑性和汉字在表意中的张力；而大和语则以假名书写为主，用以表达日本人纤细的内心情感。我们知道，“女房文学”是以假名书写的文学，因此其特点不言而喻。可是当我们把以假名书写的“女房文学”翻译成了用汉字书写的中文后，汉语的语词系统自然而然地放大了《源氏物语》的理性、思辨性、逻辑性和汉字在表意中的张力的部分，使《源氏物语》原有的“女房文学”的特质发生了变异，即便是故事情节没有大的改变，但阅读时的语感已经不再“柔弱”，而是变得厚实、坚毅。

5. 人物称谓的明晰化处理使《源氏物语》的逻辑关系更为严谨

中国读者普遍认为《源氏物语》中的人物名称很美（互联网上有两个喜爱《源氏物语》的志同道合的群体，一个叫“源氏物语吧”，另一个叫“源氏物语馆”。笔者经常浏览这两个群体发表的《源氏物语》读后感，收获颇丰），殊不知，《源氏物语》中的人物原本没有名称，如同各章回名一样，他们往往出自情节中的名句和歌。后世人为了阅读方便，在《源氏物语》注释的过程中，或者将其翻译成现代日语的过程中，逐步将一些人名加以固定化。即便如此，依然没有人能改变《源氏物语》原著中的人物混乱。

《源氏物语》中的人物称谓不易辨识只是其一，紫式部的行文风格又经常省略主词。要判断情节中的某人为某人，虽然大致可以根据上下文做出推定，但即便是日本的源学家之间，也时有分歧。在此试举一例：

① 加藤周一著，叶渭渠、唐月梅译《日本文学史序说（上）》，外语教学与研究出版社 2011 年，第 18 页。

② 加藤周一著，叶渭渠、唐月梅译《日本文学史序说（上）》，外语教学与研究出版社 2011 年，第 180 页。

月は入り方の、空清う澄みわたれるに、風いと涼しくなりて、草むらの虫の声々もよほし顔なるも、いと立ち離れにくき草のもとなり。

「鈴虫の声の限りを尽くしても

　長き夜あかずふる涙かな」

えも乗りやらず。

「いとどしく虫の音しげき浅茅生に

　露置き添ふる雲の上人

かごとも聞こえつべくなむ」

と言はせたまふ。をかしき御贈り物などあるべきをりにもあらねば、ただかの御かたみにとて、かかる用もやと残したまへりける御装束一領、御髪上の調度めく物添へたまふ。

丰子恺译本：

其时凉月西沉，夜天如水；寒风掠面，顿感凄凉；草虫乱鸣，催人堕泪。命妇对此情景，留恋不忍遽去，遂吟诗道：

“纵然伴着秋虫泣，

哭尽长宵泪未干。”

吟毕，还是无意登车。太君答诗，命侍女传告：

“哭声多似虫鸣处，

添得宫人泪万行。

此怨恨之词，亦请代为奏闻。”此次犒赏命妇，不宜用富有风趣之礼物。太君便将已故更衣的遗物衣衫一套、梳具数事，赠与命妇，籍留纪念。这些东西仿佛是专为此用而遗留着的。[①]

林文月译本：

这时候，月轮已半沉，晴空无云，清风徐吹，草丛中的虫声格外诱人哀伤，令人依依不舍得相别。

促织鸣兮夜未央，

哀情悲苦泪滂沱，

含恨衔命兮心迷茫。

① 紫式部著，丰子恺译：《源氏物语》，人民文学出版社 2001 年，第 9 页。

命妇口中吟咏着，脚步却不忍跨上车。

“荒郊外兮秋虫鸣，

贵人将去不稍待，

老妇独处兮泪纵横。

真忍不住要这样埋怨起来呢。”老妇人也差遣了一名侍女送上这样的答咏。居丧中的人不便有一般的风雅馈礼贻赠，所以只能将更衣生前的遗物——衣裳一套及梳栉用具一组，托命妇持归宫中呈献皇上。[①]

姚继中译本：

是时，月沉西天，寒风拂面，天籁冷静，使人倍觉凄凉；雀鸟哀鸣，尤其乱人情怀。命妇徘徊不忍归去，吟诗道：

“秋虫纵然伴人泣，

长宵虽去泪难尽。”

吟罢此诗，尚不思登车。却说那太君也答诗一首，令侍女相传道：

“哭声稠稠似虫鸣，

宫人同悲泣难禁。”

请将此怨尤之句，转奏皇上。自思犒赏使君之物，须得素朴无华。遂将更衣遗留之一套衣衫，一些梳妆用具相赠以资留念，似亦甚宜。[②]

短短不足200字的译文，三位译者竟然有两处的人称指代不尽相同。

第一处是：丰子恺的“哭声多似虫鸣处，添得宫人泪万行”中流泪的是“宫人”，疑似指的是命妇，因为在此场景中，命妇是皇上派来的使臣。林文月的译诗“荒郊外兮秋虫鸣，贵人将去不稍待，老妇独处兮泪纵横”中“泪纵横”的是“老妇”。姚继中的翻译为“哭声稠稠似虫鸣，宫人同悲泣难禁”，流泪的是“宫人”和“太君”两人，采用了模糊处理。

第二处是：丰子恺译文是“太君便将已故更衣的遗物衣衫一套、梳具数事，赠与命妇，籍留纪念”，林文月译文是“将更衣生前的遗物——衣裳一套及梳栉用具一组，托命妇持归宫中呈现皇上”，姚继中译文是“自思犒赏使君之物，……”。可见，丰子恺、姚继中认为太君的馈赠是犒赏命妇的，而林文月认为是太君托命

① 紫式部著，林文月译：《源氏物语》，译林出版社2011年，第8页。

② 紫式部著，姚继中译：《源氏物语》，江苏人民出版社2011年，第7页。

妇转赠皇上的。

诸如此类的问题，根源在于紫式部原著文本中人物名称的缺失和句子中人称代名词的缺省。这为翻译带来了极大的困难。虽然有日本源学家的注释，但有时注释本身就含糊不清。这说明有些问题在日本的源学界迄今为止仍然存在着某些争议。

至于国内读者觉得《源氏物语》中的部分人物名称非常优美，其实这不是翻译的结果，而是《源氏物语》原著文本在长期的阅读传承过程中，部分人物与某个名词捆绑固化了，这些名称中大多数来自植物花卉，所以尤其显示出美感。在笔者看来，中国读者感觉到其优美不是没有参照系的，比如《红楼梦》中的诸多姐妹，各有一个不同凡响的名字——鸳鸯、紫娟、入画、司棋等等，这些文化参照系不知不觉地被读者带入了《源氏物语》的阅读和欣赏，在下意识中形成文化认同的亲近感。

翻译是寻求原著文本在新的文化背景下获得理解并在新的文化背景下获得异文化历史性定位的过程。只有有意识地为译本在新的语境中寻找到适当的历史定位，译本才有可能给处于不同文化背景下的读者提供相似的阅读和审美效果。翻译如果不和文本作者的历史性联系起来，文本就难以理解和解释，如果不和阐释者本人的历史性联系起来，文本的理解和阐释也就失去了意义和目的。

第二节 《源氏物语》在中国历史语境中的文化认同

不同的文化系统都是对其生存环境的解释，都是对各自不同的生活世界的理解与思考。看待民族历史文化，需要具有哲学高度的理论自觉和眼光。

朱祥海在《历史叙事中的文化认同》[①]一文中指出，在思考不同的意义世界时，应持有一个价值合理的理解角度，文化认同即价值合理主义的历史叙事，它表征并强化着特定的归属感和神圣的精神情感。……生活世界的不同，源于生活的自然状况、社会条件的差异。生活世界决定了人们的“眼界”并制约着对未来的想象。对生活的不同理解和对生活意义的期许，形成了人们不同的精神世界和文化认同。

日本平安时代的文化虽然受中国文化影响，但随着本土化的推进，其民族

① 朱祥海：《历史叙事中的文化认同》，《商丘师范学院学报》2012 年第 7 期第 90 页。

文化与中国文化逐渐拉开距离，其文化主导“既不属佛教，也不属儒教。它是一个日本体系”[①]。它不像中国文化那样以文字传达道德伦理观念，也不期望自己的作品能够起到教化作用。“原始的民族，他们还没有披上道德，理论的外衣，所以会大胆的说出来”[②]，因此“在《记》、《纪》中，除了血统以外，没有看到将王权正统化的原理，这与重视‘天命’的正统化的中国传统形成了鲜明的对照，另外，与血统相关联，在婚姻关系方面，《记》、《纪》承认极端近亲婚姻的原则（禁止父母子女、同母兄妹或姐弟的婚姻，但不禁止异母兄妹、姐弟的婚姻），这是独特的，它与儒教式的中国风习大不相同”[③]。由此可以看出，日本早期文学作品中对道德伦理的关注是少之又少的。而到了《源氏物语》出现的平安时代，这种思想仍然没有改变。如摄关时代在日本流行的是白居易的诗歌，贵族阶层广为流传《白氏文集》，而在中国最为有名的李白、杜甫却鲜有人问津，特别是杜甫，其作品似乎不为人们推崇。因此，可以说“日本方面有自己选择模仿中国文学的一面，及至批判社会时就脱离政治社会的‘俗’，而隐居于‘雅’”[④]。因此平安时代的文学作品特别是《源氏物语》，它不以儒佛的善恶评判是非，不以道德的眼光看待作品，而是要求符合人的情感，以题材来引发读者的兴叹、感动。“物语不是像儒、佛那种阐明严肃的道理、破除迷津引人开悟的教示，由于它只不过是世上的故事，且不管那些世上的善恶议论，只将那些能使人理解‘物哀’的优点提示出来就可以了。”[⑤]《源氏物语》出现于平安王朝的衰落期，此时尚雅崇文的思想仍然存在，书中多描写雅的事物和人物，极力塑造高雅的氛围，由此形成了“物哀”的审美精神，写实中带有浪漫主义的成分，成为日本“雅”文学的高峰，同时也使之形成了含蓄的文学风格。在这种含蓄、物哀的审美影响下，小说对人物形象的塑造也会偏于美化和想象虚构，从而在描写人物的肖像、动作、语言等方面并不追求实际生活中的精准详细，甚至出现有违生活常理的现象。

1997 年笔者在日本东京大学文学部做研究员时，曾受拓殖大学文明史学者野

---

① 本尼迪克特著，孙志民、马小鹤、朱理胜译：《菊花与刀——日本文化的诸模式》，浙江人民出版社 1987 年，第 17 页。

② 谢六逸：《日本文学史》，上海书店 1991 年，第 60 页。

③ 加藤周一著，叶渭渠、唐月梅译：《日本文学史序说（上）》，外语教学与研究出版社 2011 年，第 42 页。

④ 加藤周一著，叶渭渠、唐月梅译：《日本文学史序说（上）》，外语教学与研究出版社 2011 年，第 159 页。

⑤ 坪内逍遥著，刘振瀛译：《小说神髓》，上海译文出版社 2010 年，第 60 页。

岛芳明的委托，将其力作《源氏物语交响乐》翻译成中文，以供中国读者共享。其间我们就中日文化交流史、文明的发生，以及文化、文明的共享等问题有过多次交谈。在历次交谈中，特别引起我注意的是，野岛芳明认为，日本史上与中国最大的不同点就是日本没有阶级斗争。说实话，对野岛芳明的这一观点，笔者很长时间不能理解，也不敢苟同。但经过很长一段时间的思考，并认真研究日本史以及日本社会后，终于明白了野岛芳明这句话的含义。野岛芳明所说的日本没有阶级斗争，实际上是指日本有阶级，但没有斗争。纵观日本史，我们会发现，日本天皇之所以能千余年来一脉相承，就是因为没有人试图推翻天皇，哪怕是摄关政治，也不会取而代之。就普通社会生活而言，日本民众对自己所处的社会阶层基本采取的是“认命”的态度，虽然谋求生活能得到更好的改善，但不谋求自己所处的社会阶层的改变。

无论日本如何坚持不懈地从外部输入文化，其根深蒂固的等级观念始终未曾被动摇过。尽管日本近百年来受到西方文化的熏染，但是其本质依然是一个等级社会。尊卑贵贱的社会等级世界观是日本文明的支柱，并被赋予了“神性”，否定这套等级观念意味着对日本文明本身的否定。因此日本人从来没有设想过放弃等级体系的价值观，他们习惯了按照“尊卑、贵贱、上下、长幼”这样的“天道”来安排自己的生活、组成日本社会。以天皇为中心的等级式道义社会，以层层的恩义为砖石，维持其稳定与和谐。每个日本人都不再是单独的个人，他是这个恩义大世界的有机组成部分，而且他本身和邻近的人也是一个具体而微的恩义宇宙。每个人都要明白自己在这个宇宙中的位置，他的一言一行都要符合其身份地位，不能越界。只有“各得其所、各安其分”地生活在等级关系中，日本人才会由衷地感到安全和踏实。

1998 年笔者在北京首都师范大学参加一个中日比较文学学术会议时，遇到了参加同一会议的人民文学出版社的社长，我建议他们在再版丰子恺翻译的《源氏物语》时，请叶渭渠将《源氏物语》的译本序做些修改，因为 1980 年出版的《源氏物语》的“译本序”[①]过于夸大了《源氏物语》中阶级斗争的意识形态倾向，错误地引导中国读者把《源氏物语》当作一部倾诉日本平安时代宫廷阶级斗争的小说。与笔者的建议是否有关不得而知，但 2001 年人民文学出版社再版丰子恺翻译的《源氏物语》时，叶渭渠为丰子恺写的《源氏物语》“译本序”中有关阶级斗争

---

① 紫式部著，丰子恺译：《源氏物语》（上），人民文学出版社 1980 年，第 1—10 页。

的内容几乎全部删除了。为了便于相关学者做动态语境下有关文化认同的研究，特将所删除内容罗列如下（括号内的内容是未删除的，在此用括号列出，是为了读者阅读时能够前后文意思通畅）：

（1）比我国第一批长篇小说《三国演义》《水浒传》和欧洲的长篇小说先驱《十日谈》都早三百多年。因此可以说，《源氏物语》是世界上最早的长篇写实小说。关于作者的考证，日本的源学家也是众说纷纭。一说前四十四回是紫式部所作，后十回由其女贤子续补。一说是其父创作大纲，由紫式部著成。更有一说是在紫式部之前已有，由紫式部修订。但这些说法，都缺乏充分的论据。

（2）揭露贵族统治阶级种种黑暗和罪恶，及其不可克服的内部矛盾，揭示了日本贵族社会必然崩溃的历史趋势。

（3）（特别是贵族内部）尔虞我诈（的斗争）。

（4）（……政治势力之间）的矛盾为主线，铺展错综复杂的斗争情节，广泛地反映了贵族阶级的权力之争。

（5）包括左大臣在内的源氏一派，也都被除名简册，剥离官爵，成了失势的人。从此，弘徽殿一派在摄关政治的权势之争中取得了胜利。

源氏一派虽然失败，但贵族内部围绕着夺取权势的斗争却愈演愈烈。弘徽殿得势之后，到处树敌，处境孤立，加上权臣横行暴敛，平民百姓怨声载道，京城不断发生灾难，引起皇室上下、朝廷内外极大不满。

（6）这说明摄关政治的上层贵族社会内部矛盾不断此起彼伏，贵族政治加速衰败，最后，统治日本社会四百年的平安王朝贵族阶级也濒于总崩溃的结局。因此可以说，《源氏物语》是日本一幅从奴隶社会过渡到封建社会的历史画卷。

（7）从而烘托出一幅贵族社会及其没落的景象。以爱情来说，（在贵族社会里，爱情往往是同政治利益联系在一起的。）

（8）（男女婚嫁成为政治斗争的手段，妇女成了政治交易的工具。）这种情况，日本也不能例外。无论宫内宫外，都是如此，是贵族社会的普遍现象。

（9）作者其实是把这些爱情故事作为政治斗争的补述，从更广的方面暴露贵族内部人与人之间明争暗斗的相互关系。作者将这种关系描写得如此深刻，也就艺术地再现了贵族社会的这一特征：在那个社会里，“结婚是一种政治行为，是一种借新的联姻来扩大自己的势力的机会；起决定作用的是家世的利益，而决不是个人的意愿”（恩格斯：《家庭、私有制和国家的起源》）。

（10）紫式部在反映这种矛盾时，还揭示了这种利害关系同贵族的堕落生活是不可分的。作者是女作家，对这点观察得更加敏锐深刻。

（11）作品主题的这种互相矛盾，对贵族社会既诅咒又哀挽的现象，正是作者世界观矛盾的反映，而这种世界观的矛盾在当时历史条件下是无法克服的。

（12）《源氏物语》以过多的篇幅渲染了一些（贵族阶级的美学）观点，超度众生、（因果报应的佛教思想，以及虚空感伤的情调，）这也给作品的思想内容带来一定的损害。

（13）作者在《源氏物语》第二十五回《萤》里就曾说过：“这些虚构的故事之中，亦颇有情味，描写得委婉曲折的地方，仿佛真有其事，所以虽然明知是虚构，看了却不由你不动心。”又说：“物语并非如实记载某一人之事迹，但不论善恶，均为世间真人真事；观之不足，但觉此种情节不能笼闭在一人心中，必须传告后世之人，于是执笔写作。因此欲写一善人时，则又专选其人之善事，而突出善的一方；在写恶的一方时，则又专选稀世少见的恶事，使两者互相对比。这些都是真情实事，并非世外之谈。”这段话，不仅指在文学的虚构中应包含生活的真实，而且借区别历史与文学的不同，阐明了对艺术概括的看法。根据这种观点，她在书中写了宫廷贵族生活，但又非生活的原本记录，而是经过高度的概括和精心的构思，比较完整地反映了平安王朝贵族阶级各方面的生活，揭示了当时贵族社会某些本质的东西，同时也为现实主义创作方法的发展作出了贡献。

（14）现在将全文翻译和出版，对于我们认识日本贵族社会趋于没落的必然规律，对于研究日本文学的发展和中日古代文学交流，并且对于中国文学工作者在艺术上借鉴都有着重大的意义。

本书是由著名漫画家、作家、翻译家丰子恺先生在六十年代初化（花）费不少心血翻译出来，译文优美，传神达意，既保持了原著的古雅风格，又注意运用中国古典小说的传统笔法，译笔颇具特色。……现在几经周折，经过刘振瀛同志提出不少有益的意见和丰一吟同志对全书进行整理，作为日本文学丛书之一，同读者见面了。

丰子恺翻译的《源氏物语》分别于1980年第一次出版和2001年再版，前后两次出版相隔21年。两次出版的前言均由叶渭渠所作，初版时称为“译本序”，再版时称为“前言”。一部书的序言或者前言通常位于该书的开篇位置，目的在于阐释作书的起因、过程、概述内容等，为读者起到导读的作用。《源氏物语》的“译本序”同样是为读者理解和认识《源氏物语》起一个导读的作用，在该小说的历史内涵和审美价值的实现过程中起着不可忽视的作用。不论是译者自己写序还是请他人撰写，写序的作者都是大家，他们将自己的想法和意见转化为卷首文字，对此书在文学史和现实语境下的定性决不可小觑。

20世纪80年代，我国出版的一些外国文学教材，诸如《外国文学简编》《东方文学作品选》等，都把《源氏物语》单独列为一章，基本上都介绍了紫式部的生平和《源氏物语》的故事梗概，并且大都是从以下四点加以介绍的：①通过光源氏权势的消长巧妙地再现了贵族阶级的权力斗争、揭示了贵族政治的腐败和摄关政治的盛衰；②揭露了上层贵族颓废的精神生活，成功地塑造了一夫多妻制下痛苦挣扎的女性形象；③作者擅长心理描写和场景描写，但也不乏重复和冗长之处；④作者既对女性的命运寄予了深深的同情，但又把好色的光源氏描写成风雅多情的贵公子，这恰好体现了作者贵族出身的局限性。对《源氏物语》产生这样的理解，难免说没有受到1980年版的《源氏物语》中叶渭渠所写的“译本序”的影响。

如前所述，2001年再版的丰子恺翻译本《源氏物语》的前言部分进行了大量的删减，而删减的内容大多涉及意识形态方面的评述。笔者粗略统计，初版序中出现的“矛盾”和“斗争”两个词语的频率达到11次，其中包括“政治势力之间的矛盾”“贵族阶级的权利之争”“权势之争”等词语，充分表明那个年代的话语特征。再版前言删去的正是和阶级斗争、矛盾斗争相关的段落和语词表述。后现代思想家福柯曾说过，人类的一切都是通过“话语”而获得的，任何脱离“话语”的事物都不存在。而话语则是时代特征的外在表现，是建立在内化的社会结构和社会习俗之上的。20世纪80年代人们的思想意识并没有完全摆脱此前的惯性思维，所以我们看到叶渭渠在1980年的译本序中的话语形式仍然停留在“以阶级斗争为纲”的时代。

任何话语都无法从历史语境中剥离出来而单独存在，相反话语一直都在强大的历史语境的控制之下，这种控制程度远超过我们的想象。从这个意义上来讲，拒绝任何历史语境、切除所有外部联系的文化真空是不存在的。

历史语境，这是文章产生意义的文化空间。历史语境的结构不仅包含了当前的文化视野与文化成规，而且还承传了部分古老的文化传统——这一部分传统业已从历时之轴转换到共时的现实平面上。而文化认同除了体现在国与国、民族与民族之间的跨文化交流中，也表现为民族内部的自我认同。一个民族的文化发展既要继承其文化传统，又要随时代发展而不断更新。这种文化认同是跟随历史语境的变迁而不断在建构中的认同。

“译随境变”这个现象是社会历史语境作用于译者而产生的，这对叶渭渠亦不能例外。尽管他不是译者，但他是在为译著——异文化的进入做出适应当时中国语境的评判。他的评判并不完全基于个人因素，在很大程度上是基于社会因素所形成的作序者的视域，是文化意识作用下社会潜在力量令其进行的选择。这些潜在的社会力量就是文章产生的历史语境。语境中的历史主题、历史文本、历史环境都影响了写作者的主体选择。

在《源氏物语》主题研究方面，主要为“历史画卷”还是“恋爱画卷”的争论。主张“历史画卷”的则多是受到了 1980 年版的《源氏物语》中叶渭渠所写的“译本序”的影响。叶渭渠在“译本序”中明确提出，《源氏物语》是日本一幅从奴隶社会过渡到封建社会的历史画卷。紫式部自认为“作者女流之辈，不敢奢谈天下大事”，所以书中对贵族社会的政治斗争，大多运用侧面描写的手法曲折地表达出来。作者处在一种矛盾的心情中。她既不满当时的社会现实，哀叹贵族阶级的没落，却又无法彻底否定这个社会，否定这个阶级；她既感到“这个恶浊可叹的末世……总是越来越坏”，可又未能认识贵族阶级灭亡的历史必然性，往往把主要原因归结为统治阶级的腐化堕落和内部倾轧。丰子恺翻译《源氏物语》是在 1961—1965 年，在 1965 年 11 月写下“译者后记”，因此其中不可避免地会反映当时的社会形势，带有当时的话语色彩。而叶渭渠的译本序揭示了《源氏物语》的社会历史政治意义，认定了《源氏物语》是一部批判现实主义的作品，在此基础上形成了其“历史画卷”的主题思想研究。这一研究范式后来也得到很多的追随者。

受众处于一定的社会环境中，文化传统、社会的政治经济条件和群体影响使其具有了不同的社会特征。不管是译者、作序者还是受众，都会受到自身所处的社会历史语境的制约，受众在接受文本信息时总会根据自身的社会历史语境进行选择，因为社会历史语境在潜移默化地对受众产生影响，赋予他们某种具有社会和时代特色的视域和话语方式，共同的社会历史语境下也会形成某一特定历史时期人们对事物观察所持有的共同特点，这种共同特点使得这一时期的受众会具有相同或者类似的视域，这就使得他们在这一具体的社会历史语境中产生一个总体需求。这个总体需求就表现为读者受众在需求、选择和接受上具有的共同的时代特征。

由此可见，叶渭渠 1980 年所作的译本序在很长的一段时间里确立了《源氏物语》是一部“历史画卷”的学术定性。因为叶渭渠在中国日语界有着很高的学术地位，他的定性就自然而然地对中国读者和学术界产生了深刻的影响，顺理成章地形成了 20 世纪 80 年代视域背景下读者的视野期待，他们在阅读《源氏物语》译著之前，都会受到这一既已存在的认知的影响。修改后的 2001 年版的《源氏物语》前言将很多有关阶级斗争的词句删除，采用了较符合当今话语方式的表达形式来给予读者更多的阅读空间，摆脱了偏激的意识形态评价体系。

一个国家、一个民族在历史的演进中总会有不同阶段的主要矛盾，从而形成了不同阶段的历史语境下的时代主题。在这种历史语境下的时代主题的话语表达方式又带有明显的政治色彩等因素。历史语境作为一种无形的存在，实际上是一种隐性的权力话语。前后两篇译本序实际上是顺应了不同历史阶段的时代潮流，是符合当时时代要求的话语方式。2001 年的修改笔者认为意义重大，它不仅仅是顺应社会语境的大趋势，更是一种力量和勇气的象征。

文化认同建构中的超越性

虽然不同的民族拥有着各自独特的文化，但并不意味着异民族、异文化之间完全没有相似性。所谓独特的文化是该民族的文化个性，而相似性指的是不同民族间在风俗习惯、历史背景、宗教信仰以及对客观世界的认识等方面的相同或相似性，即所谓的文化共性。文化个性易于导致文化冲突，而文化共性则是缓和文化冲突的重要因素。因此，对于不同的民族文化，应该在充分尊重个性的基础上，不断拓展共性，才能达到人类的和谐。

文学翻译是文化交流的一个重要的领域，也是最能缓和文化冲突的最便捷的手段。但就翻译活动而言，文化共性的部分只涉及语言形式的转换，而文化个性则是影响翻译的主要因素，因为它能赋予不同语言各自鲜明的民族特征。因此，在《源氏物语》翻译过程中，我们对异文化表达形式特别谨慎，以寻求文化个性中的文化共性。

对于异域文化，人们总是有一个从初识到全面认识并理解接受的过程，在这个过程中，人们的经验视野激烈动荡，总是在自己原有的文化参照系中寻找与之相适配的价值观。当发现外来文化中的价值观与自己参照系的价值观相吻合或相近似时，就能在自己的接受检阅中顺利通过；倘若与自己参照系中的价值观相悖，就会引起慎重的思考，力求寻找其合理性，能动地谋求同这新的事物发生联系。这就是最终接受异域文化的内在基础。有了这样的基础，任何起始时令人瞠目的陌生文化，最终总能达到某种程度上的沟通。

比如从接受美学的角度来说，"乱伦"母题文学作品的出现，在不同程度上带给人各种审美滋味，并通过文学作品对人性的大胆关涉，将人类精神深处凝聚的某些集体无意识通过文本转化为社会所能容忍和接受的方式再现出来，从而使读者在阅读的过程中获得意想不到的审美经验和审美效果。日本叙事文学中的"乱伦"母题的价值不仅于此，除了乱伦问题本身，他还给文学提供了一种独特的叙事模式——神话原型模式，作家们通过神话原型的"置换变形"以文学的方式使得神话中人类祖先的乱伦这种故事情节得以延续。同时，乱伦题材的文学作品在宣泄人类潜在乱伦欲望的同时又传递着人类对乱伦的恐惧和禁忌。潜在的欲望与强大的禁忌，所呈现的是一种恒久而强烈的二元背反结构和精神对峙状态，其中蕴含着丰厚的情感和心理、复杂的矛盾和性格，而情感的丰富性和性格的复杂性正是文学艺术的强大魅力所在。

美国日本学家赖肖尔在其名著《日本人》中写道："弗洛伊德心理学里的支配一切的父亲，在日本人的心理上并不存在。但弗洛伊德学说中的另一面，即母亲极其喜爱男孩子，男孩子则依恋母亲，这是日本人心理上一个较为重要的问题。这种爱恋心理我们已有所见闻。一个丈夫有时似乎是妻子身旁的一个成年的大孩子，他象其他孩子一样，需要温柔的照顾和溺爱。"[①]伊恩·布鲁玛则更为直截了当地指出："日本女人都是母亲，男人都是儿子。"[②]按照日本精神病医生土井健夫的观点，这是理解日本人性格的关键所在——母亲需要施爱于儿子般的男人，男人则需要受爱于母亲般的女人。唯其如此，在传统的日本家庭里，妻子更多的是扮演着一个母亲的角色，而丈夫则像一个永远长不大的孩子。因此，在这

① 埃德温·赖肖尔著，孟胜德、刘文涛译：《日本人》，上海译文出版社 1980 年，第 226 页。

② 伊恩·布鲁玛著，张晓凌、季南译：《日本文化中的性角色》，光明日报出版社 1989 年，第 19 页。

个民族的潜意识里，对于男性来说，既然妻子被当作了母亲，那么反过来说母亲也就有可能被当成妻子。而对于女性来说，既然丈夫被当作了儿子，那么反过来说儿子也就有可能被当成丈夫。妻子与母亲、丈夫与儿子在心里深层的这种角色互换和情感错位，久而久之，难免就会造成性爱对象上的角色混淆与情感错位，使其"情"不自"禁"地走向乱伦。

再比如，紫式部本人在多大程度上奉行佛教教义我们无法考证。但却在《源氏物语》中描写了不少众多主要人物以佛教教义逃避现实的事实。尽管如此，笔者并不认为当时的贵族男女就笃信佛教，而是当时的习俗频频举行各种祭祀，看似佛教仪式，很多情况下是作为传统习俗、年中行事来举办的。正因为如此，《源氏物语》中的人物总是难断尘缘，在佛门前徘徊惆怅。可是话又说回来，《源氏物语》中的宿命论意识始终占据主流，宗教宿命的悲剧色彩十分明显。人们头脑中宿命论思想的产生，除了接受某种宗教教义之外，社会的原因也是一个不可忽视的重要因素之一，它与时代的社会物质生活条件以及与此相适应的人对客观世界的认识水平有着密切的关系。紫式部笔下的人物到头来都以出家遁世或死亡作为最终的解脱，只能说明紫式部有着较为强烈的宗教宿命论思想，使之构成了悲剧发展的动力。

虽然佛教经由中国传入日本，但中国人与日本人对佛教教义的认知和笃信程度是大不相同的。"佛教的来世观与神道的现世观的撞击，在平安时代问世的名著《源氏物语》中表现得最为典型。《源氏物语》深受佛教文化观念的影响，写了无常与出家，宿命与因果救济以及心性，但它是根植在神道现世观的土壤上吸收与消化的。就以主人公源氏出家来说，他在爱欲、荣华与出家的猛烈撞击中踌躇不决。他的无常观是与现世荣华富贵等'现实场'紧密联系的，他没有力量走到否定现世的一步。可以说，源氏的出家意志是基于现世的想念，而不是来世的谛念。因为这个时期，日本化了的佛教来世思想不是很完整的，它也和神道一样，强调神和佛都是现世和幽界的存在者。作者紫式部正是受到神道和这种日本化了的佛道现世主义的影响，把现世生活放在第一位，她引进佛教，首先是祈愿佛对现世的冥助，谋求现世生活的安稳，其次才是宣扬佛教的理念。她塑造的源氏及有关人物追求或执着现实的生活，而不太憧憬死后世界。"①

① 叶渭渠主编：《日本文明》，中国社会科学出版社 1999 年，第 118 页。

第三节　《源氏物语》在中国的文化认同的两个层面

《源氏物语》在中国的文化认同主要可以从两个不同的层面考察：学者层面和一般读者层面。学者层面又可以分为实证研究和比较文学研究。比较文学研究层面还可以分为日语学界的比较文学研究和中文系的比较文学与世界文学研究（图 7-1）。

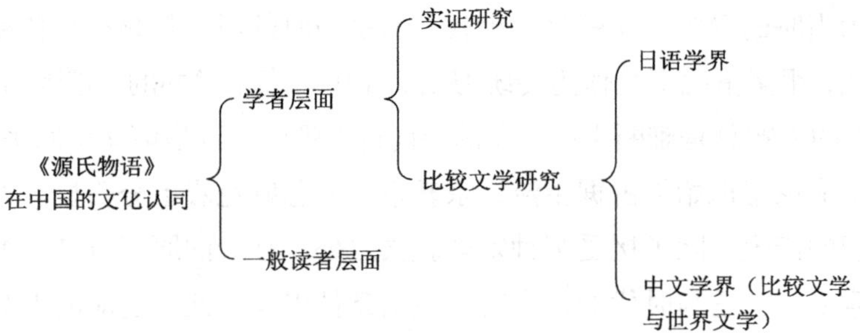

图 7-1　《源氏物语》在中国的文化认同

就学术研究而言，国内《源氏物语》研究学术界最出类拔萃的学者首选张龙妹。张龙妹以实证研究见长，其力作《源氏物语的佛教思想》[①]即便在日本的《源氏物语》研究界也是非常有分量的研究成果。要说张龙妹，实为同门师姐。1997年，笔者作为高级访问学者前往东京大学访学，亦师从铃木日出男教授从事《源氏物语》相关的学习研究。特别有幸的是，铃木日出男教授的一番褒贬使我走上了从比较文学的视角研究《源氏物语》的道路。想当时，铃木日出男教授对我说："张龙妹是非常优秀的《源氏物语》研究学者，无论是其研究视野还是研究的深度，都不在日本学者之下。她的天分不是你所能及的。但是，既然你在尝试重译《源氏物语》，我觉得你通过翻译一定会对《源氏物语》有区别于他人深刻的认知，因此你可以将研究的重点放在异文化（在中国文化）背景下，《源氏物语》是如何被异民族、异文化读者接受的研究领域。对此我不但十分有兴趣，而且也很期待你能有研究成果。"铃木日出男教授充分肯定了张龙妹在《源氏物语》研究方面的学术造诣，指出了我以实证方法论研究《源氏物语》的能力不足，但同时又给我指明了另一条学术道路——以比较文学的方法论研究《源氏物语》，笔者沿着这条道

① 该著作日文原名「源氏物語の救済」，日本风间书房 2000 年出版。

路走到了今天。

比较文学研究界情况比较复杂，但国内《源氏物语》研究的主要成果却是比较文学研究界做出来的。从日本学成归来的博士、学者在日本从事研究的过程中，通常不太认可中日比较文学研究的方法论，这是中日两国学术研究的重要区别之一。但是这些留日回国博士、学者回到国内后，经过一段时间的水土不服之后，也纷纷介入中日比较文学研究。虽然不少学者仍然希望从事实证研究，无心介入比较文学，但苦于学术资源的匮乏以及考虑到国内的学术氛围、学术发表、学术评价体系等综合因素，不得不做比较研究的学者也不在少数。

事实上，大量《源氏物语》的研究成果出自中文系的比较文学与世界文学研究领域。这个领域尽管研究成果丰硕，但呈现的问题很多。值得我们认真思考的是，学术界鲜有学者去发现和指正出现的问题，这在学术研究领域是非常危险的事情。

问题之一，由于中日比较文学研究自然形成了两个不同的研究平台——日语界的比较文学研究和中文系的比较文学研究，两个不同的研究平台之间缺少有机的学术联系，从而导致各自的研究出现了严重的偏向性。主要原因是两个平台分属不同的一级学科，各自独立，两者之间没有能够形成学术研究的合力。问题之二，由于缺少信息资源的共享，中文系的中日比较文学研究者们普遍缺少日本文学研究的前沿资料，他们在研究过程中往往只能对现有的译介作品进行解构。就其研究方法而言，本是无可厚非的，但现有的译介作品已经经过了译者的重新诠释，与原著之间产生了一定的乖离。因此，以已经与原著产生了一定的乖离的译著作为研究对象，不排除其研究成果的可靠性值得怀疑。问题之三，在不少中日比较文学研究中，将“比较文学”狭隘化的倾向比较严重。研究者自我感觉两部作品有些相似，便粗糙地进行比较。如《源氏物语》与《金瓶梅》的比较，《源氏物语》中的“六条院”与《红楼梦》中的“大观园”的比较，葵姬、空蝉、六条妃子、紫姬、藤壶皇后、末摘花、胧月夜、明石姬、夕颜、花里散、玉鬘、三公主与《红楼梦》中的金陵十二钗的比较、光源氏与西门庆的比较等等，在概念与形式两方面造成牵强附会。笔者认为，在以比较文学的方法论进行中外文学作品比较的过程中，切忌将“比较”的概念狭隘化，对号入座、硬套、牵强附会等，都是对学术的不尊重。问题之四，不能以历史的眼光去看待作品，动辄用当代人的伦理道德观以及中国语境下的意识形态去分析衡量日本不同时期的文学作品中的人、事及作者，忽视了作品所处的历史背景、民俗生态、审美环境。比如有文章认为好色、荒淫是日本宫廷贵族们追求享乐的一个重要方面，《源氏物语》在这方面的描写更加淋漓尽致，书中写光源氏凭借相貌俊美而深得闺中裙衩的爱慕，从十几岁便开始了偷香窃玉的放荡生活，上至与他的继母藤壶女御发生了乱伦关系，下至与出身微贱的婢女通奸，从 10 岁的幼女到 60 岁的老妇无不染指，先后竟与 12 个女性发生恋情，无休止地宣泄他的情欲，反映出源氏精神上的堕落、生活上的腐化已经到了无以复加的程度等等。总之，在中日比较文学研究领域中存在的各种学术上的问题很多，在此不再赘述。

据吉林大学比较文学与世界文学李光泽的博士论文《〈源氏物语〉在中国的传播与接受》统计研究[①]，截止到 2013 年初，在中国知网上能够浏览的《源氏物语》研究论文有 500 余篇（动态数据，随时有所增加变更），笔者通过本校图书馆的资源下载了 400 余篇详细阅读分析，发现有见解的、称得上是学术论文的不足整体的 1/5。大多数论文是对《源氏物语》中文译本的翻译批评。有些论文作者过于功利、东拼西凑，甚至对《源氏物语》缺少整体认知，动辄寻找一两处明显错译的单词或句子，套用西方的翻译理论加以严厉批评。

一般读者的文化认同

笔者 2010 年曾经指导一位硕士研究生专题做了“中国读者对《源氏物语》的鉴赏”研究，其目的是想通过这项研究得到中国读者对《源氏物语》接受、认同方面的数据。关于一般读者认同的问题，笔者觉得可以从两方面去考察，一是《源氏物语》在中国的出版发行量，二是读者对《源氏物语》发表的读后感。关于《源氏物语》在中国的发行量属于各个出版社的商业数据，不是可以轻易发表的。但是《源氏物语》在中国有约十个翻译版本，说明《源氏物语》有着相当广泛的读者群。在约十个翻译版本中，丰子恺的版本有过再版。而笔者的版本可能是全世界《源氏物语》翻译版本中比较特殊的一个版本。初版于 2006 年由深圳报业集团出版社出版。由于在初版出版过程中出现了一些传统编辑理念方面的问题，加上笔者对《源氏物语》中紫式部的 795 首原创和歌翻译体例甚感不足，于是笔者此后耗费了 1 年零 9 个月的时间，将其中 400 余首和歌重译，同时对初版的不足加以修正，于 2011 年由江苏人民出版社出版了全新修订本。此后，重庆出版社于 2015 年又出版了笔者的修订本。从 1996 年开始重译到 2015 年重庆出版社出版第三个版本，这在《源氏物语》翻译史上尚未有过。笔者的《源氏物语》翻译版本

① 李光泽：《〈源氏物语〉在中国的传播与接受》，吉林大学博士学位论文 2013 年。

尚受好评，市场销售突破110余万册（2018年动态数据）。这是对笔者20年来辛劳的肯定，同时也是《源氏物语》在中国颇受欢迎的一个佐证。

至于一般读者对《源氏物语》的文化认同，从读者发表的读后感中可见一斑。在中国的网络里有两个重要的《源氏物语》读者园地，一个叫“源氏物语馆”，另一个叫“源氏物语吧”。2014年笔者前往日本国立山口大学东亚研究科为博士生讲授“东亚比较文化”学位课程时，专门对“源氏物语馆”和“源氏物语吧”做了一次检索统计，但就“源氏物语馆”而言，如果将100字以上的短评作为统计对象的话，2014年8月笔者统计到了2300余条短评（动态数据，随时有所变更）。在这些短评中，最长的有3000字以上的评论。就短评的内容而言，一言以蔽之，不折不扣的百花齐放、百家争鸣。从哲学的角度来说，不管对《源氏物语》中的人物、事件等持赞同意见也好，持反对意见也罢，都属于文化认同的一种话语方式。“源氏物语吧”有所不同，短评较少，多以一言两语的留言方式发表自己的看法。与“源氏物语馆”最大的区别在于吧内的读者常常会有很热烈的争论，甚至为了维护自己的观点而相互攻击。通过标题页面计算，当时的留言页面多达200余页，以每页20条计算，总计有4000多条留言（动态数据，随时有所变更）。

除此之外，《源氏物语》的影视作品以及动漫、漫画作品在中国的高中生、大学生甚至白领中间非常受欢迎。特别是动漫《源氏物语千年纪》、大和和纪的漫画版《源氏物语》等，在中国有着无数的忠实爱读者。

通常对这类数据的收集会采取随机抽样调查来完成，但《源氏物语》的读者文化认同研究不能等同于一般的社会问题调查，因为《源氏物语》读者的观念不会是板上钉钉、一成不变的结果。随着社会语境的不断变化，读者的认知也是在不断变化的，这类研究切忌使用固定数据来妄下结论。

第四节　《红楼梦》情结背后的《源氏物语》文化认同

《源氏物语》的《红楼梦》错觉，这是笔者对中国部分学者及部分读者在《红楼梦》错觉下感受《源氏物语》的趋势概括。其实在中国形成这种错觉趋势也不是没有原因的。一是《红楼梦》在中国家喻户晓、深入人心，因此在翻译风格的设定、翻译语言的操控，以及出版操作的过程中，不能说与潜意识中的《红楼梦》完全没有关系；二是《源氏物语》中的确有着很多与《红楼梦》趋同的要素，尤其是对“雅”“精致”的审美追求，有着令人不可思议的一致性；三是两者对色彩的描写达到了极致；四是两部作品的作者对作品中时空与自然的安排有着巧夺天工的娴熟。《源氏物语》与《红楼梦》最大的不同点在于意识形态特别是伦理道德观迥异。

以比较文学的方法论将《源氏物语》与《红楼梦》放在一起做比较研究，其实是存在很多问题的。但是，当《源氏物语》来到中国之后，人们就将其认定为“日本的《红楼梦》”，学界也就顺水推舟成全了人们的这一认知。笔者仔细分析了国内关于《源氏物语》与《红楼梦》比较研究的论文，发现这些论文 2/3 以上出自比较文学与世界文学研究界，日语学界很少有学者做这类的比较研究。近年来，日语专业的本科生的毕业论文、硕士研究生的毕业论文有不少关于《源氏物语》与《红楼梦》比较研究的选题，这些论文基本上是对前人研究成果的摘录、拼凑，基本没有新意，更谈不上有自己的学术观点，有的学生甚至没有通读过《源氏物语》全著，只是停留在看过一些动漫的阶段，就贸然写成毕业论文。

国内较早介入《源氏物语》与《红楼梦》比较研究的是当时首都师范大学的赵连元。他写了若干篇较有分量的比较研究的学术论文，为此笔者在江苏人民出版社 2011 年出版的修订版《源氏物语》译者序中专门做了一个小结：

> 尽管我不能完全赞成将两部巨著过于直观地作比较，但在《源氏物语》与《红楼梦》的比较方面，中日两国学者均有大量研究。首都师范大学赵连元先生所著《〈红楼梦〉与〈源氏物语〉之比较》（见《东方丛刊》1995·第三辑）一文极具代表性，这里我将其要点摘录于下，以便读者在阅读《源氏物语》时，对比欣赏。
>
> 1.《源氏物语》与《红楼梦》都以爱情为主线，创造了两个不同国度的“女儿国”。《源》为“六条院”，《红》为“大观园”。
>
> 2.《源》与《红》一样，与书中主要人物光源氏息息相关的 12 位女性（葵姬、空蝉、六条妃子、若紫、藤壶妃子、末摘花、胧月夜、明石姬、夕颜、花散里、玉鬘、三公主）和《红》中所记金陵 12 钗（黛玉、宝钗、湘云、元春、迎春、探春、惜春、李纨、秦可卿、妙玉、凤姐、巧姐），均展示了“千红一哭，万艳同悲”的悲剧气氛，由此唱出了一首感人至深的末世“大挽歌”。
>
> 3.《源》中的主要人物光源氏，与《红》中的主要人物贾宝玉比较：不仅出身相同，而且都是盖世无双的美男子，都极度迷恋女色，都没有

"男尊女卑"的观念，却都有"怜香惜玉"的情怀，竟像是一对"双胞胎"。

4.《源》中的主人公紫姬，与《红》中的宝钗比较，均是标准的淑女，她们不仅才貌相同，品德相同，而且命运也相同，最终都成为了封建礼教的殉葬品。

5.《源》和《红》的主人公在经历了一番荣华富贵后，都对人生感到失望，看破红尘，遁入空门。

6.《源》与《红》各自所展示的人物画廊中，均有 400 多个人物，这也是一个巧合。

看完赵连元的比较，的确令人有一种匪夷所思的感觉。恍然间觉得两部巨著似乎是同时代且作者之间有过某种交集。其实，《源氏物语》问世比《红楼梦》的成书年代整整早了 700 年。那么为什么会有如此之多的机缘巧合呢？这的确是人类文化史上一个值得研究的学术之谜。

除了赵连元之外，顾鸣塘曾经在《红楼梦学刊》上刊登过一组《源氏物语》与《红楼梦》比较研究的文章：《关于依田学海的《〈源氏物语〉与〈红楼梦〉》及其他》（红楼梦学刊，2006 年 7 月 15 日）、《关于松枝茂夫的《〈源氏物语〉与〈红楼梦〉》及其他》（红楼梦学刊，2007 年 11 月 15 日）、《文化的交融与分流——浅论〈源氏物语〉与〈红楼梦〉的全面比较研究》（红楼梦学刊，2009 年 1 月 15 日）、《〈源氏物语〉中的唐锦与〈红楼梦〉中的云锦》（红楼梦学刊，2009 年 3 月 15 日）、《另一种功用：再论〈源氏物语〉与〈红楼梦〉中的"锦"》（红楼梦学刊，2009 年 7 月 15 日）。这一组文章有别于粗制滥造、牵强附会的比较研究，而是以实证的方法论对某些学术观点、民俗文化展开了脚踏实地的研究，颇具学术性。

笔者认为，对《源氏物语》与《红楼梦》的比较研究已经形成了不可逆转的趋势。既然如此，我们不妨加以引导，使两者之间的比较研究更具有建设性。可以建立在以下几个层面：一是追溯《源氏物语》与《红楼梦》的共同影响因子；二是作品构成比较研究；三是文学意义生成研究——包括语言、修辞、人物创造等文学性的各个领域。

（1）追溯两者的共同影响因子。唐代传奇小说是贵族的沙龙文学，属于雅文学的范畴，但它也重故事，因而可以通过改编为"说话"和戏曲这些形式向俗文化转化。随着儒家道统的恢复，"文以载道"成为主流观念小说便被文人所疏远，传奇小说渐渐俗化，明末清初终于与通俗小说合流。然而一般庶民的精神需要却推动着通俗小说的产生和发展，通俗小说依附着“说话”缓慢发展。到了嘉靖万历年间，由于文人的参与，话本小说和长篇小说迅猛发展起来，产生了一系列优秀的作品，并以《三国演义》《水浒传》《西游记》《金瓶梅》《红楼梦》为标志达到了它的顶峰。特别是《红楼梦》熔诗、词、赋、曲、铭、诔等各种文体于一炉，广采博收，兼收并蓄，集文言白话成就之大成，达到古代小说语言成就的高峰。

至于《源氏物语》与中国古代文化的关系特别是与唐代变文、传奇，以及典籍诗文之间的交集，在此前的章节中已经做了详细阐述。那么我们会发现,《源氏物语》与《红楼梦》之间并非完全没有联系，尽管两者相隔 700 年之久，其实是有着某种机缘和交集的（图 7-2）。

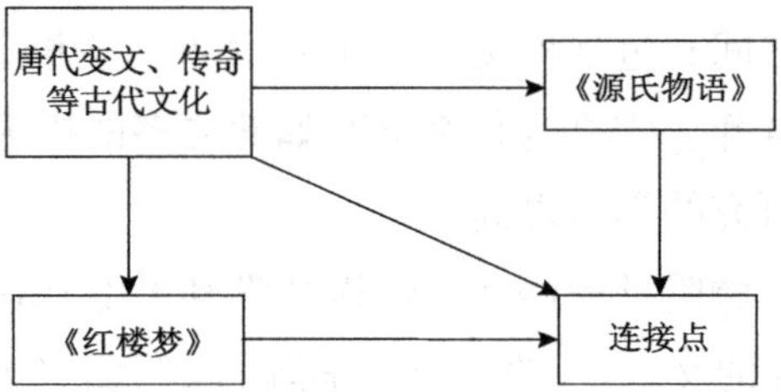

图 7-2　《源氏物语》与中国古代文化的关系图

倘若图 7-2 的逻辑关系成立且合理，那么，以比较文学的方法论去追踪《源氏物语》与《红楼梦》之间的某种联系，笔者认为在学术上应该是可行的。

（2）作品构成比较研究。杨芳的力作《〈红楼梦〉与〈源氏物语〉时空叙事比较研究》（另一篇力作《〈红楼梦〉与〈源氏物语〉英译史对比研究》被中国人民大学报刊复印资料《外国文学研究》2013 年第 2 期全文转载）引起了我极大的兴趣。这篇论著从作品方法论的视角对《源氏物语》与《红楼梦》做了比较研究。该论著分为四章：第一章《红楼梦》与《源氏物语》的线性时间叙事；第二章《红楼梦》与《源氏物语》时间循环叙事比较研究；第三章《红楼梦》与《源氏物语》地志空间叙事比较研究；第四章《红楼梦》与《源氏物语》文本空间叙事比较研究。笔者反复研读、推敲杨芳的这篇论著后的感想是：杨芳的《〈红楼梦〉与〈源氏物语〉时空叙事比较研究》称得上是国内《源氏物语》与《红楼梦》比较研究领域最具有建设性、学术性的研究成果之一，不可多得。

（3）文学意义生成研究。《源氏物语》与《红楼梦》的比较研究并非局限于实证研究，两者都有着非常广阔的理论研究空间。这两本文学巨著，虽然经历了成百上千年的历史沧桑，不但不褪色，反而在读者心目中越发光鲜，这不是没有理由的，这一切皆出于两部巨著的文学意义生成机制。

我们对任何一个文学文本研究，切不可仅仅停留在语言文字的层面上，应该透过语言文字去探索其文学意义的生成机制，包括自律与他律。汪正龙在《文学意义研究》一书中说："文学意义从构成上说包括两个方面：一是文学语言的字面意思和文本客体内容所呈现的较为确定的意义层面，可以称为'指意'，对指意的解读构成文学的语言意义。二是文本通过隐喻、象征、空白等传意方式所蕴含的潜在意义和有待进一步解释重构的言外之意，可以称为'蕴意'，对蕴意的解读构成文学的人文意义。文学的语言意义可以在以日常经验为基础的阅读中被觉知和复现，文学的人文意义则需要在一定的理论分析模式中通过反思性阅读被提升和阐发。文学意义的本质是可能性，它不仅具有可供经验观察和实证分析的语义信息和意象内容，还包含了面向未来的价值指向和理想憧憬，它对各种发展潜能和阐释向度保持敞开。"[①]

至于文学意义研究方法论，笔者在此推荐各位后学认真研读汪正龙的《文学意义研究》，想必会在今后的文学研究中有所收获。

① 汪正龙：《文学意义研究》，南京大学出版社 2002 年，第 206 页。

附　　录

《源氏物语》紫式部原创和歌及汉译一览对照

——紫式部原著和歌文本、现代日语翻译和歌文本、丰子恺汉译文本、林文月汉译文本、姚继中汉译文本

为了学术研究的便利，笔者将《源氏物语》中紫式部的795首原创和歌进行了统一编号，同时也做了按章回编序，并以“《源氏物语》紫式部原创和歌及汉译一览对照——紫式部原著和歌文本、现代日语翻译和歌文本、丰子恺汉译文本、林文月汉译文本、姚继中汉译文本”的形式做了汇编附于书后。

本附录看似简单，其实是一个十分用心的学术创意。《源氏物语》中紫式部的原创和歌多达795首，再加上原作古文文本、现代日语文本、丰子恺的汉译、林文月的汉译、姚继中的汉译，汇集在一起更是多达3975首之巨。笔者的这项用心不仅为国内外“源学”界今后从事《源氏物语》原创和歌的汉译验证研究提供了便利，也为单纯的《源氏物语》原创和歌的汉译比较研究提供了研究素材。这也算是笔者从事《源氏物语》翻译与研究二十余年来为学术界做出的微小贡献。

《源氏物语》紫式部原著和歌文本和现代口译和歌文本分别摘录自日本小学馆昭和五十六年发行《日本古典文学全集》12—17卷《源氏物语》（1—6）；丰子恺《源氏物语》和歌汉译摘录自人民文学出版社2001年10月重印版《源氏物语》（上·中·下）；林文月《源氏物语》和歌汉译摘录自译林出版社2011年6月版《源氏物语》1—4卷；姚继中《源氏物语》和歌汉译摘录自江苏人民出版社2011年3月版《源氏物语》。特此说明，以资研究者备查。

为了便于查找，在此特将目录与对应的和歌数罗列如下：

第一回　桐壶（1-9）

1. 原　作：限りとて別るる道の悲しきにいかまほしきは命なりけり

口語訳：かぎりとて……（今は、それが定めとお別れしなければならない死出の道が悲しく思われますにつけて、私の行きたいのは生きる道のほうでございます）

丰子恺译：面临大限悲长别，

留恋残生叹命穷。

林文月译：生有涯兮离别多，

誓言在耳妾心苦，

命不可恃兮将奈何！

姚继中译：大限已至悲永别，

残灯将尽叹命穷。

2. 原　作:宮城野の露吹きむすぶ風の音に小萩がもとを思ひこそやれ

口語訳:宮城野の……(宮城野—宮中を吹き渡る風の音に涙が催されるにつけても、小萩—若宮はどうしていることかと思いやられます)

丰子恺译：冷露凄风夜，

深宫泪满襟。

遥怜荒渚上，

小草太孤零。

林文月译：秋风起兮露华深，

宫城野外多幼荻，

安得稚儿兮慰朕心。

姚继中译：秋风萧瑟凄伤泪，

荒庭细草更孤零。

3. 原　作:鈴虫の声の限りを尽くしても長き夜あかずふる涙かな

口語訳:鈴虫の……(あの鈴虫のように声の限り泣きつくしても、秋の夜長も足りないくらいに、とめどなくこぼれる涙ですこと)

丰子恺译：纵然伴着秋虫泣，

哭尽长宵泪未干。

林文月译：促织鸣兮夜未央，

衷情悲苦泪滂沱，

含恨衔命兮心迷茫。

姚继中译：秋虫纵然伴人泣，

长宵虽去泪难尽。

4. 原　作:いとどしく虫の音しげき浅茅生に露置き添ふる雲の上人

口語訳:いとどしく……(虫がしきりに鳴いているこの草深い詫住いにおいでくださって、いよいよ悲しみの涙の露を置きそえる大宮人でございます)

丰子恺译：哭声多似虫鸣处，
添得宫人泪万行。

林文月译：荒郊外兮秋虫鸣，
贵人将去不稍等，
老妇独处兮泪纵横。

姚继中译：哭声稠稠似虫鸣，
宫人同悲泣难禁。

5. 原　作：荒き風ふせぎし蔭の枯れしより小萩がうへぞ静心なき

口語訳：あらき風……（荒い風を防いでいた親木が枯れてしまったように、若宮を守っていた更衣が亡くなってからは、残された小萩のような若宮の身の上が案ぜられてなりません）

丰子恺译：嘉荫凋残风力猛，
剧怜小草不胜悲。

林文月译：狂风劲兮荒野中，
可怜幼荻失庇护，
飘摇不定兮忧忡忡。

姚继中译：繁华凋去秋风劲，
弱草无奈不禁悲。

6. 原　作：尋ねゆく幻もがなつてにても魂のありかをそこと知るべく

口語訳：たづねゆく……（亡き更衣の魂を捜しにゆく幻術士がいてほしいものよ。そうすれば、人伝にでもその魂のありかをどこそこと知ることができるだろうに）

丰子恺译：愿君化作鸿都客，
探得香魂住处来。

林文月译：悲莫悲兮永别离，
芳魂何处难寻觅，
安得方士兮寻蛾眉。

姚继中译：君若化作鸿都客，
香魂应循居处来。

7. 原　作：雲の上も涙にくるる秋の月いかですむらむ浅茅生の宿

口語訳：雲のうへも……（雲上の宮中でさえ、涙にくもってよくも見えない秋の

月は、ましてあの荒れた宿では、どうして澄んで見えようぞ。どんなにか悲しみにかきくれて過ごしていることであろう)

丰子恺译：欲望宫墙月，
嗁多泪眼昏。
遥怜荒邸里，
哪得见光明。

林文月译：云掩翳兮月朦胧，
清辉不及荒郊舍，
独有一人兮怀苦衷。

姚继中译：宫墙月暗泪眼昏，
遥问荒居有无明。

8. 原　作：いときなきはつもとゆひに長き世を契る心は結びこめつや

口語訳：いときなき……（幼い君がはじめて結んだ元結には、あなたの娘との末長い縁をかたく約束する気持を結びこめたかどうか)

丰子恺译：童发今承亲手束，
合欢双带绾成无。

林文月译：新束发兮初加冠，
金童玉女诚嘉偶，
紫带可曾兮系合欢？

姚继中译：承君亲手束童发，
安知能否结合欢？

9. 原　作：結びつる心も深きもとゆひに濃きむらさきの色しあせずは

口語訳：結びつる……（深い心を結びこめた元結ですから、そのゆかりの色の濃い紫の色が、いつまでも変わらぬように、源氏の君の心の変ることがございませぬならば、どんなにうれしいことでありましょう)

丰子恺译：朱丝已绾同心结，
但愿深红永不消。

林文月译：新束发兮紫带鲜，
曾将丝组殷勤系，
但愿君情兮似此坚。

姚继中译：合欢已为朱丝连，
惟愿紫红永不衰。

第二回　帚木（10-23）

10. 原　作：手を折りてあひ見しことを数ふればこれひとつやは君が憂きふし
口語訳：手を折りて……（指を折って連れ添ってきた間にあったことを数えてみると、あなたの悪い癖はこれ一つだけなものか）
丰子恺译：屈指年来相契日，
瑕疵岂止妒心深？
林文月译：屈指数兮同苦甘，
贫贱夫妻多龃龉，
惟此瑕疵兮最难堪。

姚继中译：屈指忆数合欢日，
难耐岂止妒心深？
11. 原　作：憂きふしを心ひとつに数へきてこや君が手を別るべきをり
口語訳：うきふしを……（つらいところを胸一つにおさめていつもがまんしてきましたが、今度という今度こそあなたとお別れしなければならないのでしょう）
丰子恺译：胸中数尽无情恨，
此是与君撒手时。
林文月译：风流种兮薄幸郎，
龃龉虽多总相忍，
君心既定兮妾何妨？
姚继中译：数尽胸中无穷恨，
应是与君分手时。
12. 原　作：琴の音も月もえならぬ宿ながらつれなき人をひきやとめける
口語訳：琴の音も……（琴の音も月も、えもいわず美しいお宅ですが、薄情なお方をひきとめることができましたか）
丰子恺译：琴清菊艳香闺里，

不是情郎不肯留。

林文月译：琴音妙兮月华白，
良夜佳景诚难逢，
可曾留得兮多情客？

姚继中译：艳菊香闺琴声起，
郎君情深方肯留。

13. 原 作:木枯に吹きあはすめる笛の音をひきとどむべき言の葉ぞなき

口語訳:木枯に……(木枯しの音に合奏するような、おみごとな笛の音をひきとめるだけの琴はございません。憎らしいこと)

丰子恺译：笛声怒似西风吼，
如此狂夫不要留。

林文月译：秋叶飘兮笛声衰，
若有真情总缱绻，
琴弦岂可兮为良媒！

姚继中译：笛声吹得西风乱，
此般狂夫何不走！

14. 原 作:山がつの垣ほ荒るとも折々にあはれはかけよ撫子の露

口語訳:山がつの……(山がつの家の垣根は荒れていても、何かの折々にはお情けの露をかけてくださいませ、その垣根に咲くなでしこの上に)

丰子恺译：败壁荒山里，
频年寂寂春。
愿君怜抚子，
叨沐雨露恩。

林文月译：郫家垣兮半颓倾，
庭中偏生石竹朵，
雨露曾否兮沾其茎？

姚继中译：荒壁残垣亦逢春，
抚子可有沐露时？

15. 原 作:咲きまじる色はいづれと分かねどもなほ常夏にしくものぞなき

口語訳:咲きまじる……(いろいろに咲いている花の色は、どれが美しいと区別がつかないけれども、やはり、常夏—あなたに及ぶ花はないので

すよ）

丰子恺译：群花历乱开，

烂漫多姿色。

独怜常夏花，

秀美真无匹。

林文月译：荒野僻兮罕人烟，

满园花开竞秀色，

常夏之华兮最堪怜。

姚继中译：花簇烂漫竞相艳，

独怜常夏孤芳秀。

16. 原　作:うち払ふ袖も露けき常夏にあらし吹きそふ秋も来にけり

口語訳:うち払ふ……（夜がれの床の塵を払う袖も涙で濡れている私に、嵐までが吹き加わって、飽きて捨てられる秋もやってきました）

丰子恺译：哀此拂尘袖，

频年泪不干。

秋来风色厉，

常夏早摧残。

林文月译：君不临兮枕席凉，

偷将衣袖拂尘积，

涟洏呜咽兮秋夜长。

姚继中译：拂尘衫袖泪湿透，

秋风厉色摧常夏。

17. 原　作:ささがにのふるまひしるき夕ぐれにひるま過ぐせといふがあやなさ

口語訳:ささがにの……（蜘蛛の動きから、私の訪れることがはっきりしている夕暮に、昼間を過せ—にんにくのにおいが消えるまで待て、とおっしゃるのは筋が通りません）

丰子恺译：蟢子朝飞良夜永，

缘何约我改天来？

林文月译：蜘蛛劳兮结网丝，

明知相访黄昏后，

何须推迟兮误佳期。

姚继中译：乐见今朝蟢子飞，
　　　　　缘何愁对郎君来？

18. 原　作：逢ふことの夜をし隔てぬ仲ならばひる間も何かまばゆからまし
　　口語訳：あふことの……（夜ごとに逢っている仲でしたら、昼間でも、どうして恥ずかしいことがありましょう。にんにくのにおいのするときだって、お逢いいたしましょうに）

丰子恺译：使君若是频来客，
　　　　　此夕承恩也不羞。

林文月译：君莫嫌兮莫猜疑，
　　　　　若非夜夜对孤影，
　　　　　妾心缘何兮徒自卑。

姚继中译：倘若君是常来客，
　　　　　今夕岂羞承郎恩。

19. 原　作：つれなきを恨みも果てぬしののめにとりあへぬまでおどろかすらむ
　　口語訳：つれなきを…（あなたのつれなさを、いくら恨んでみても恨みきれずにいるのに、空が白んできて、どうして鶏までが取るものも取りあえぬほどあわただしく、このわたしを起こすのでしょう）

丰子恺译：恨君冷酷心犹痛，
　　　　　何事晨鸡太早鸣？

林文月译：良宵短兮卿情绝，
　　　　　东方既白怨未伸，
　　　　　鸡何频啼兮催人别！

姚继中译：怨君冷酷犹心痛，
　　　　　晨鸡偏又太早鸣？

20. 原　作：身の憂さを嘆くにあかで明くる夜はとり重ねてぞ音もなかれける
　　口語訳：身のうさを……（わが身のつたなさをいくら嘆いても嘆き足りないのに、夜明けとなり、あの鶏の声に重ねて私も声をたてて泣かずにはいられません）

丰子恺译：忧身未已鸡先唱，
　　　　　和着啼声哭到明。

林文月译：君情深兮妾忧多，

良宵虽短长啜泣，
天命既定兮可奈何？

姚继中译：鸡已啼时忧未已，
鸣声已无泪未干。

21. 原　作：見し夢を逢ふ夜ありやと嘆くまに目さへあはでぞころも経にける

口語訳：見し夢を……（先夜の夢が正夢になって再び逢える夜があろうかと嘆いている間に、目さえも合わず眠れないままに幾日かたってしまいました）

丰子恺译：重温旧梦知何日，
睡眼常开直到今。

林文月译：光阴徂兮心寂寥，
往事如梦不忍忆，
辗转反侧兮度几宵。

姚继中译：何日旧梦得重温，
至今睡眼仍常开。

22. 原　作：帚木の心を知らで園原の道にあやなく惑ひぬるかな

口語訳：帚木の……（帚木のように近寄ってみると消えてしまうあなたの気持も知らずに近づこうとして、埒もなく園原の道にまよってしまったものです）

丰子恺译：不知帚木奇离相，
空作园原失路人。

林文月译：帚木生兮薗原区，
奇树人谓多变幻，
寻觅徘徊兮终迷途。

姚继中译：岂知帚木迷人状，
空为园原失路人。

23. 原　作：数ならぬ伏屋に生ふる名の憂さにあるにもあらず消ゆる帚木

口語訳：数ならぬ……（いやしい伏屋の生れといわれるのがつらいのですから、居るにも居られず姿の消える帚木—それがこの私でございます）

丰子恺译：寄身伏屋荒原上，
虚幻原同帚木形。

林文月译：植凡树兮傍伏屋，
只缘卑微不足观，
悄然销匿兮如帚木。

姚继中译：荒原伏屋暂寄身，
虚幻亦如帚木形。

第三回　空蝉（24-25）

24. 原　作:空蝉の身をかへてける木のもとになほ人がらのなつかしきかな

口語訳:空蝉……(蝉が脱け殻を残して姿を変え、去ってしまった後の木の下で、もぬけの殻の衣を残していったあの人の気配をやはり懐かしく思っている。)

丰子恺译：蝉衣一袭余香在，
睹物怀人亦可怜。

林文月译：空蝉蜕兮去无影，
徒遗残壳枝枒间，
芳踪何处兮情思骋。

姚继中译：一袭蝉衣香犹存，
可怜物在人已去。

25. 原　作:空蝉の羽に置く露の木隠れて忍び忍びに濡るる袖かな

口語訳:空蝉の……(空蝉の羽に置く露のように、木陰に隠れて、人目を忍んでは，涙に濡れるわが袖よ)

丰子恺译：蝉衣凝露重，
树密少人知。
似我衫常湿，
愁思可告谁？

林文月译：露痕濡兮空蝉翅，
身隐树间人不知，
忍声吞泣兮袪有泪。

姚继中译：蝉衣凝露树荫中，
深闺愁思暗自泣。

第四回　夕顔（26-44）

26. 原　作：心あてにそれかとぞ見る白露の光そへたる夕顔の花

口語訳：心あてに……（当て推量にあのお方かしらと見当をつけております。白露の美しさで、こちらの夕顔の花もいっそう美しくなります）

丰子恺译：夕颜凝露容光艳，
料是伊人驻马来。

林文月译：白露濡兮夕颜丽，
花因水光添幽香，
疑是若人兮含情睇。

姚继中译：露凝夕颜华光艳，
料是光君驻马来。

27. 原　作：寄りてこそそれかとも見めたそかれにほのぼの見つる花の夕顔

口語訳：寄りてこそ……（もっと近くに寄って、はっきりとお目にかかろうと思います。夕暮時にぶんやりと見た花の夕顔を）

丰子恺译：苍茫暮色蓬山隔，
遥望安知是夕颜？

林文月译：夕颜华兮芳馥馥，
薄暮昏暗总朦胧，
如何窥得兮真面目？

姚继中译：暮色苍茫若蓬山，
依稀见得是夕颜？

28. 原　作：咲く花に移るてふ名はつつめども折らで過ぎ憂き今朝の朝顔

口語訳：咲く花に……（咲く花のようなそなたに心を移したという評判が立つのは気がねなことだけれども、しかし、このまま手折らずに素通りはできかねる今朝の美しい朝顔よ）

丰子恺译：名花褪色终难弃，
爱煞朝颜欲折难！

林文月译：朝颜绽兮娇楚楚，
见异思迁虽未当，

情难自禁兮欲摘汝。

姚继中译：花色虽褪终难弃，

欲折朝颜何其难！

29. 原　作：朝霧の晴れ間も待たぬ気色にて花に心を止ぬとぞ見る

口語訳：朝霧の……（朝霧の晴れてくる間もお待ちにならずお発ちになるご様子で、花に心をおとめになっていらっしゃらぬものとお見受けいたします）

丰子恺译：朝雾未晴催驾发，

莫非心不在名花？

林文月译：晨雾浓兮路闭塞，

何事不肯稍盘桓，

莫非无暇兮赏花色？

姚继中译：催驾早发朝雾里，

莫是名花留心难？

30. 原　作：優婆塞が行ふ道をしるべにて来む世も深き契り違ふな

口語訳：優婆塞が……（優婆塞がお勤めをしている仏の道に導かれて、あなたも来世までの深い約束にそむかないでください）

丰子恺译：请君效此优婆塞，

莫忘来生誓愿深。

林文月译：优婆塞兮道无碍，

愿得两情如许坚，

世世不渝兮永相爱。

姚继中译：君应效此优婆塞，

常将誓愿向来生。

31. 原　作：前の世の契り知らるる身の憂さに行く末かねて頼みがたさよ

口語訳：前の世の……（前世の因縁の思い知られる身の上のつらさを思いますと、これから先のことはとても頼みがとうございます）

丰子恺译：此身不积前生福，

怎敢希求后世缘？

林文月译：妾薄命兮福分轻，

前世宿缘既未副，

何敢奢望兮来世情。

姚继中译：此身之福尚未积，

后世之缘何以求？

32. 原　作：いにしへもかくやは人の惑ひけむ我まだ知らぬしののめの道

口語訳：いにしへも……（昔の人もこのようにしてさ迷い歩いたものだろうか、私の今まで知らなかった夜明けの恋の道行きに）

丰子恺译：戴月披星事，

我今阅历初。

古来游冶客，

亦解此情无？

林文月译：晨曦微兮路朦朦，

古人为爱每踟蹰，

我今初试兮惑盈衷。

姚继中译：披星戴月初相阅，

古来游客能解乎？

33. 原　作：山の端の心も知らで行く月はうはの空にて影や絶えなむ

口語訳：山の端の……（山の端がどういう気持ちでいるのかも知らずに、そこを目ざして渡ってゆく月は、もしかしたら空の途中で姿が消えてしまうのかましれません）

丰子恺译：落月随山隐，

山名不可知。

会当穷碧落，

蓦地隐芳姿。

林文月译：月冉冉兮将西匿，

澄辉不察山崖心，

中空何堪兮突隐蚀！

姚继中译：此山何以隐落月，

碧沉已尽芳姿裉。

34. 原　作：夕露に紐とく花は玉鉾のたよりに見えし縁にこそありけれ

口語訳：夕露に……（こうして夕べの露に花を開いて顔を見せてくださるのも、あの通りすがりの道でお逢いしたご縁によるものだったのですね）

丰子恺译：夕颜带露开颜笑，
只为当时邂逅缘。

林文月译：夕露繁兮催花开，
如今终展真面目，
只缘路旁兮曾徘徊。

姚继中译：露中夕颜抬首笑，
当初邂逅也应缘。

35. 原　作：光ありと見し夕顔のうは露はたそかれどきのそら目なりけり
口語訳：光ありと……（光り輝いていると拝見したあの夕顔の上露のようなお顔は、夕暮時の見まちがいでございました）

丰子恺译：当时漫道容光艳，
只为黄昏看不清。

林文月译：夕颜丽兮露光中，
往日为花尝陶醉，
盖因薄暮兮总玲珑。

姚继中译：艳艳华光漫道时，
只因黄昏看不清。

36. 原　作：見し人の煙を雲と眺むれば夕べの空もむつましきかな
口語訳：見し人の……（連れ添ったあの人を葬った煙があの雲かと思って眺めていると、この夕べの空も懐かしくてならない）

丰子恺译：闲云倘是尸灰化，
遥望暮天亦可亲。

林文月译：云蔼蔼兮长空澹，
佳人魂销徒留烟，
烟为暮云兮促吾感。

姚继中译：莫非尸灰化游云，
遥望暮天甚觉亲。

37. 原　作：問はぬをもなどかと問はでほどふるにいかばかりかは思ひ乱るる
口語訳：問はぬをも……（お見舞できませぬのを、なぜかとお尋ねくださることもないままに日がたちますにつけて、どれほど私は思い乱れておりますことやら）

丰子恺译：我不通音君不问，

悠悠岁月使人悲。

林文月译：日月逝兮去迟迟，

念君卧痾未敢问，

妾心烦乱兮常苦悲。

姚继中译：问君何以无音信，

光阴荏苒怎不悲？

38. 原　作：空蝉の世は憂きものと知りにしをまた言の葉にかかる命よ

口語訳：うつせみの……（空蝉のようにはかないあなたとの仲はつらいものととっくに分っていたのに、お便りをいただくと、またその言葉にすがって生きていたい気になります）

丰子恺译：已知浮世如蝉蜕，

忽接来书命又存。

林文月译：空蝉蜕兮多变更，

人生苦恼本常事，

为感卿情兮聊偷生。

姚继中译：人生浮世如蝉蜕，

命存只因得来书。

39. 原　作：ほのかにも軒端の荻を結ばずは露のかことを何にかけまし

口語訳：ほのかにも……（ほんのちょっとであるにせよ、あなたとああして軒端の荻を結ぶ契りをかわさなかったら、このいささかの恨み言でも、何かこつけて訴えることができたでしょう）

丰子恺译：一度春风归泡影，

何由诉说别离情？

林文月译：曾邂逅兮轩端荻，

露水姻缘虽难恃，

安能忘怀兮常怨戚。

姚继中译：春风一度皆泡影，

而今何又诉别情？

40. 原　作：ほのめかす風につけても下荻の半ばは霜にむすぼほれつつ

口語訳：ほのめかす……（あのことをほのめかされるお便りにつけ、荻の下葉

が霜にあたったように私は今も半ばは思いしおれております)

丰子恺译：荻上佳音多美意，

寸心半喜半殷忧。

林文月译：微风摇兮荻叶梢，

霜随风信渐消散，

思君怨君兮难解嘲。

姚继中译：荻叶置于寒霜下，

半喜半忧是我心。

41. 原　作:泣く泣くも今日は我が結ふ下紐をいづれの世にかとけて見るべき

口語訳:泣く泣くも……(涙ながらに今日は私が一人で結ぶ袴の下紐を、いつの世に再びあの人とともに解き、打ち解けて逢うことができるだろうか)

丰子恺译：含泪亲将裙带结，

何时重解叙欢情?

林文月译：心悲悼兮涕涟涟，

我今为卿结袴纽，

姻缘何世兮再相牵?

姚继中译：裙带乃吾含泪结，

何时解带叙欢情?

42. 原　作:逢ふまでの形見ばかりと見しほどにひたすら袖の朽ちにけるかな

口語訳:逢ふまでの……(また再びお逢いするまでの形見ぐらいに思っていた間に、この小袿の袖は涙ですっかり朽ちてしまったことです)

丰子恺译：痴心藏此重逢证，

岂料啼多袖已朽。

林文月译：睹斯褂兮思红妆，

总盼重逢有期限，

泪已腐袖兮志未偿。

姚继中译：痴心企盼再重逢，

谁料泪浸袖已朽。

43. 原　作:蝉の羽もたちかへてける夏衣かへすを見てもねは泣かれけり

口語訳:蝉の羽も……(蝉の羽のような夏衣を脱ぎ替えて、秋の衣更えもす

ませた今になって、お返しくださったのを拝見しますにつけても、声をたてて泣かずにはいられません）

丰子恺译：蝉翼单衫今见弃，
寒冬重抚哭声哀。

林文月译：禅羽薄兮难耐寒，
夏衣见弃虽常理，
缘何哀泣兮复长叹！

姚继中译：秋弃单衫若蝉翼，
冬时触景自悲伤。

44. 原　作：過ぎにしも今日別るるも二道に行く方知らぬ秋の暮かな

口語訳：過ぎにしも……（亡くなってしまった人も、今日新しく別れて行く人も、行く道は別々に、その行く方も知られぬ秋の暮のわびしさよ）

丰子恺译：秋尽冬初人寂寂，
生离死别雨茫茫。

林文月译：逝者逝兮去者去，
生离死别两成空，
萧条暮秋兮独思虑。

姚继中译：秋去冬来凄心苦，
泪眼茫茫生死别！

第五回　若紫（45-69）

45. 原　作：生ひ立たむありかも知らぬ若草をおくらす露ぞ消えむそらなき

口語訳：生ひたたむ……（これからどこでどう生い立ってゆくのかも分らぬ若草を、この世に残して消えてゆく露の身は、消えようにも消える空がありません）

丰子恺译：剧怜细草生难保，
薤露将消未忍消。

林文月译：幼草生兮旷野中，
朝露寿短易消失，

空留水痕兮渐蒙笼。

姚继中译：悲怜弱草势难熬，

残露将尽不忍消。

46. 原　作：初草の生ひ行く末も知らぬまにいかでか露の消えむとすらむ

口語訳：初草の……（萌えはじめたばかりの若草が生い立ってゆく先も分らぬうちに、どうして露が先に消えようとするのでしょうか）

丰子恺译：嫩草青青犹未长，

珍珠薤露岂能消？

林文月译：茎叶稚兮嫩草微，

露水本宜恒相伴，

云何消失兮忍弃违？

姚继中译：青草稚嫩犹待长，

残露尚润岂能消？

47. 原　作：初草の若葉の上を見つるより旅寝の袖も露ぞ乾かぬ

口語訳：初草の……（初草の若葉のようなかわいらしい方を見てからは、旅の宿りの衣の袖も恋しさの涙の露に濡れて、まったくかわく間もないのです）

丰子恺译：自窥细草芳姿后，

游子青衫泪不干。

林文月译：初草鲜兮嫩叶秀，

自遇娇女情痴迷，

旅宿转辗兮泪沾袖。

姚继中译：细草芳姿自窥后，

游子落泪青衫湿。

48. 原　作：枕ゆふ今宵ばかりの露けさを深山の苔に比べざらなむ

口語訳：枕ゆふ……（旅寝の枕を結ぶ今夜一晩だけのあなた様の袖の露けさを、深山に住む私どもの苔の衣のそれとお比べにならないでいただきたいものです）

丰子恺译：游人一夜青衫湿，

怎比山人衲裰寒？

林文月译：结草枕兮羁客愁，

辗转反侧虽多泪，
如何比得兮山人忧。
姚继中译：游人今宵湿青衫，
岂知山人衲裰寒？
49. 原　作：吹きまよふ深山おろしに夢さめて涙もよほす滝の音かな
口語訳：吹き迷ふ……（懺法の声をのせて吹き巡る山おろしの風に、煩悩の夢が覚めて、感涙をさそう滝の音であるよ）
丰子恺译：浩荡山风吹梦醒，
静听瀑布泪双流。
林文月译：风飒飒兮迷梦醒，
深山唯闻忏法声，
泉鸣经声兮催泪并。
姚继中译：山风浩荡惊梦人，
瀑布声声催泪流。
50. 原　作：さしぐみに袖ぬらしける山水に澄める心は騒ぎやはする
口語訳：さしぐみに……（あなたがいきなり感涙に袖をお濡らしになった山水にも、ここに住んで行いすましている心は動かされることもありません）
丰子恺译：君闻风水频垂泪，
我老山林不动心。
林文月译：山水清兮感君心，
情根未断终有泪，
心犹止水兮隐山林。
姚继中译：君闻风水频垂泪，
我见山林不动心。
51. 原　作：宮人に行きて語らむ山桜風よりさきに来ても見るべく
口語訳：宮人に……（帰って大宮人たちに語って聞かせましょう、このみごとな山桜のことを。花を散らす風が吹かないうちに、来て見るようにと）
丰子恺译：归告宫人山景好，
樱花未落约重游。
林文月译：去将话兮晓宫中，
山中樱色竞争艳，

君当赏花兮先春风。

姚继中译：仙山美景告宫人，

赏樱须在此时来。

52. 原　作：優曇華の花待ち得たる心地して深山桜に目こそ移らね

口語訳：優曇華の……（君にお目にかかっては、優曇華の花を待ちに待ってついにそれを見ることができたような気持になりまして、この山奥の桜などには目も移りません）

丰子恺译：专心盼待优昙华，

山野樱花不足观。

林文月译：优昙华兮色可餐，

心慕贵花无旁骛，

山樱凡资兮何足观？

姚继中译：山野樱花何足赏，

一心只盼优昙花。

53. 原　作：奥山の松のとぼそをまれに開けてまだ見ぬ花の顔を見るかな

口語訳：奥山の……（こうして引きこもっております奥山の松の戸をめったにないことながら開けて、まだ見たこともない花のような君のお顔を拝見することでございます）

丰子恺译：松下岩扉今始启，

平生初度识英姿。

林文月译：开山扉兮松下庵，

老僧隐居罕阅世，

为拜花颜兮今来探。

姚继中译：深山松扉今方启，

平生初次识英姿。

54. 原　作：夕まぐれほのかに花の色を見て今朝は霞の立ちぞわづらふ

口語訳：夕まぐれ……（昨日の夕暮時ちらりと美しい花の色を見ましたので、今朝は、霞の立つのとともに立とうとしても立ち去りかねております）

丰子恺译：昨宵隐约窥花貌，

今日游云不忍归。

林文月译：暂窥花兮昨之暮，

秀丽鲜美且芬芳，
留恋娇姿兮难举步。

姚继中译：昨日朦胧见花客，
今日不忍伴霞归。

55. 原　作：まことにや花のあたりは立ち憂きと霞むる空の気色をも見む

口語訳：まことにや……（本当に花のあたりを立ち去りにくいのでしょうか、そうはおっしゃるけれど、はっきりとしない空——あなたの様子を見ておりましょう）

丰子恺译：怜花是否真心语？
且看游云幻变无。

林文月译：难举步兮君留恋，
花下徘徊虽常情。
愿得此心兮永不变。

姚继中译：怜爱花容真心否？
应识游云变幻无。

56. 原　作：面影は身をも離れず山桜心の限りとめて来しかど

口語訳：面影は……（山桜の美しい面影が私の身を離れません。私の心のありたけをそちらに置きとどめてきたのでしたが。）

丰子恺译：山樱倩影萦魂梦，
无限深情属此花。

林文月译：山樱艳兮似丽人，
自遇娇女情难禁，
朝夕相思兮已逾旬。

姚继中译：山樱倩影动梦魂，
此花更系无限情。

57. 原　作：嵐吹く尾の上の桜散らぬ間を心とめけるほどのはかなさ

口語訳：嵐吹く……（嵐が吹いていずれは散ってしまう峰の桜の、まだ散らないでいるほんの一時だけ、お心を止められたのは頼りないことでございます）

丰子恺译：山风多厉樱易散，
片刻留情不足凭。

林文月译：山风拂兮樱枝低，
　　　　　殷勤总为花开季，
　　　　　但恐终久兮将离携。
姚继中译：山风厉吹花易散，
　　　　　片刻寄情何足凭。

58. 原　作：あさか山浅くも人を思はぬになど山の井のかけ離るらむ
　口語訳：あさか山……（あさか山というその名のようにけっしてあなたのことを浅くは思っていませんのに、どうして山の井に影の宿らぬように、あなたはわたしからかけ離れておしまいなのでしょうか）
丰子恺译：相思情海深千尺，
　　　　　却恨蓬山隔万重。
林文月译：浅香山兮诱深情，
　　　　　梦寐难忘倩女态，
　　　　　卿何忍心兮拒相迎？
姚继中译：山中美景何不足？
　　　　　竟让相思驻心头。

59. 原　作：汲み初めてくやしと聞きし山の井の浅きながらや影を見るべき
　口語訳：汲みそめて……（汲んでみて後悔するとか聞いておりました浅い山の井のように、あなたのお心浅のままでは、どうして姫君をさし上げることができましょう）
丰子恺译：明知他日终须悔，
　　　　　不惜今朝再三辞。
林文月译：山井浅兮不宜汲，
　　　　　明知辘轳亦徒然，
　　　　　何用枉费兮将桶入。
姚继中译：明知日后终有悔，
　　　　　不惜三辞浅薄人。

60. 原　作：見てもまた逢ふ夜まれなる夢のうちにやがて紛るる我が身ともがな
　口語訳：見てもまた……（こうしてお逢いすることができてもまたお目にかかれる夜はめったにないのですから、いっそこの夢の中にこのまま紛れ消えてしまいとうございます）

丰子恺译：相逢即别梦难继，
　　　　　但愿融身入梦中。

林文月译：相会难兮重逢遥，
　　　　　魂牵梦萦肠为断，
　　　　　恨不殉情兮在今宵。

姚继中译：相逢已是分别时，
　　　　　冀望融身长梦里。

61. 原　作：世語りに人や伝へむたぐひなく憂き身を覚めぬ夢になしても

　口語訳：世がたりに……（後々の世までの語りぐさとならないでしょうか。類いなくつらいこの身を覚めることのない夢の中のものとしましても）

丰子恺译：纵使梦长终不醒，
　　　　　声名狼藉使人忧。

林文月译：如梦幻兮爱亦悲，
　　　　　人言可畏恐贻笑，
　　　　　妾心哀苦兮君岂知？

姚继中译：入得长梦纵难醒，
　　　　　但忧声名太狼藉。

62. 原　作：いはけなき鶴の一声聞きしより葦間になづむ舟ぞえならぬ

　口語訳：いはけなき……（幼い鶴の一声を聞いてからというもの、早くそちらへという思いに駆られながらも、葦の間を分けて行き悩むこの舟は、やりきれない思いなのです。）

丰子恺译：自闻雏鹤清音唳，
　　　　　苇里行舟进退难。

林文月译：幼鹤鸣兮舟止桨，
　　　　　徘徊苇间不忍离，
　　　　　我闻娇声兮亦迷惘。

姚继中译：闻得雏鹤一声唳，
　　　　　苇里行舟进退难。

63. 原　作：手に摘みていつしかも見む紫の根にかよひける野辺の若草

　口語訳：手に摘みて……（手に摘んで早く見たいものよ。紫草の根につながっているのであった、あの野辺の若草を）

丰子恺译：野草生根通紫草，
何时摘取手中看？

林文月译：幼草根兮连紫草，
随风摇颤野途边，
我欲采摘兮及日早。

姚继中译：嫩苗紫草根相通，
摘来看视待何时？

64. 原　作：あしわかの浦にみるめはかたくともこは立ちながらかへる波かは

口語訳：あしわかの……（葦の若芽の生える和歌の浦に海松布は生いにくくとも―姫君にお逢いするのがむずかしかろうとも、寄せてきてそのまま立ち返る波のようなこのわたしだと思いですか）

丰子恺译：弱柳纤纤难拜舞，
春风岂肯等闲回？

林文月译：海藻聚兮芦若浦，
波涛拍案复返归，
此行坚定兮岂容衤卜？

姚继中译：纵然弱柳难拜舞，
春风已过再难回！

65. 原　作：寄る波の心も知らでわかの浦に玉藻なびかむほどぞ浮きたる

口語訳：寄る波の……（寄せてくる波の心をよく確かめもせずに、和歌の浦に美しい藻―姫君が波のまにまになびきましては、あまりに軽々しいことになりましょう）

丰子恺译：未识春风真面目，
低头拜舞太轻狂。

林文月译：玉藻荡兮随海浪，
未谙波心徒漂摇，
轻言辄靡兮嫌放宕。

姚继中译：春风容颜未可辨，
岂能低头随风舞？

66. 原　作：朝ぼらけ霧立つ空のまよひにも行き過ぎがたき妹が門かな

口語訳：あさぼらけ……（明け方の空に霧がたちこめてあたりの見分けがつ

かない中にも、素通りしかねるあなたの家の門であるよ)

丰子恺译：朝寒雾重香闺近，

岂有过门不入人？

林文月译：晨雾浓兮路茫茫，

到此踌躇不忍去，

阿妹闭门兮将谁防？

姚继中译：香闺朝寒浓雾起，

过门岂有不入时？

67. 原　作：立ちとまり霧のまがきの過ぎうくは草のとざしにさはりしもせじ

口語訳：立ちとまり……(立ち止って霧のたちこめたこの垣根が素通りしにくいのでしたら、閉ざしてある草の戸など何の妨げにもなりますまいに)

丰子恺译：雾重朝寒行不得，

蓬门不锁任君开。

林文月译：雾迷濛兮车徘徊，

若有情意来相访，

蓬门已然兮为君开。

姚继中译：朝寒雾中行路难，

蓬门未锁只为君。

68. 原　作：ねは見ねどあはれとぞ思ふ武蔵野の露分けわぶる草のゆかりを

口語訳：ねは見ねど……(まだ枕を交わしてはいないけれども、しみじみとかわいく思う。武蔵野の露を分けあぐねるように、逢いかねている紫草のゆかりのあなたを)

丰子恺译：渴慕武藏野，

露多不可行。

有心怜紫草，

稚子亦堪亲。

林文月译：武藏野兮草连卉，

虽未交枕已销魂，

得此佳人兮聊足慰。

姚继中译：紫草根生武藏野，

虽未同衾甚可慰。

69. 原　作:かこつべきゆゑを知らねばおぼつかないかなる草のゆかりなるらむ

口語訳:かこつべき……(「かこたれぬ」となぜおっしゃらねばならないのか、わけが分かりませんので気になります。いったい私はどんな草のゆかりなのでしょうか)

丰子恺译:渴慕武藏野，
缘何怜紫草？
原由未分明，
怀疑终不了。

林文月译:草连卉兮乃君谓，
无端承欢竟何缘？
得不教人兮衷心畏！

姚继中译:紫草何须系武藏，
不胜疑问难释然。

第六回　末摘花（70-83）

70. 原　作:もろともに大内山は出でつれど入る方見せぬいさよひの月

口語訳:もろともに……(ごいっしょに宮中を退出なさったのに、入る方を見せぬ十六夜の月のように、行く先々をくらましておしまいになったのですね)

丰子恺译:共见东山明月上，
不知今夜落谁家。

林文月译:退禁中兮同作乐，
忽隐形踪敛其身，
十六夜月兮太闪烁！

姚继中译:但见东山明月起，
安知今夜落谁家？

71. 原　作:里わかぬかげをば見れどゆく月のいるさの山を誰か尋ぬる

口語訳:里分かぬ……(どこの里も分け隔てなく照らす月の光を眺めることはあっても、その月の入ってゆく山を尋ねてゆく人があるものだろうか

—行く先々まで後をつけてくるとはひどいではありませんか)

丰子恺译：月明到处清光照，

试问今宵落哪边？

林文月译：月皎皎兮光普照，

万人仰首观澄辉，

奈又穷究兮隐何峤！

姚继中译：月色沉寂生清辉，

非是吾影岂可随？

72. 原　作:いくそたび君がしじまにまけぬらむものな言ひそと言はぬ頼みに

口語訳:いくそたび……(いったい何度あなたの沈黙にわたしは負けたことでしょう。あなたがものを言うなとおっしゃらないのを頼みにしてお訴え申してきたのですが)

丰子恺译：千呼万唤终无语，

幸不禁声且续陈。

林文月译：几度呼兮几度唤，

卿不赐言吾空谈，

遂教频频兮增喟叹。

姚继中译：千呼万唤仍缄默，

幸不令止更续陈。

73. 原　作:鐘つきてとぢめむことはさすがにて答へまうきぞかつはあやなき

口語訳:鐘つきて……(鐘をついて、もうこれで終わりとばかりに、あなた様のお話をお断りすることはやはりいたしかねますが、そうかといってお答えしにくいのは、我ながらどうしたことなのか合点しかねることでございます)

丰子恺译：岂可禁声君且说，

缘何无语我难知。

林文月译：无言行兮击钟磬，

彼僧犹得表论终，

我今如何兮不相应？

姚继中译：不语绝非本无缘，

命中寡言苦难堪。

74. 原　作:言はぬをも言ふにまさると知りながらおしこめたるは苦しかりけり

口語訳:いはぬをも……(何もおっしゃらないのは、おっしゃる以上に、私を思ってくださるのだとは存ぜられますけれど、そうして黙ってばかりいらっしゃるのは、つらいことでございました)

丰子恺译:原知无语强于语,
如哑如聋闷煞人。

林文月译:知无言兮胜有言,
卿虽默默吾解意,
得无独言兮消忧烦?

姚继中译:却道无声胜有声,
更知无言恼煞人。

75. 原　作:夕霧の晴るるけしきもまだ見ぬにいぶせさそふる宵の雨かな

口語訳:夕霧の……(夕霧の晴れる気配も見えないように、あなたが心を開いて迎えてくださる様子もまだ見えませぬうえに、いっそう私の気持の晴れやらぬ今夜の雨です)

丰子恺译:夕雾迷离犹未散,
更逢夜雨倍添愁。

林文月译:夕雾浓兮未消散,
黄昏细雨正添愁,
能不教人兮意兴懒。

姚继中译:不散夕雾犹迷离,
浓稠夜雨倍添悲。

76. 原　作:晴れぬ夜の月待つ里を思ひやれ同じ心に眺めせずとも

口語訳:晴れぬ夜の……(晴れぬ夜に月の出を待っている里のように、わびしい思いであなた様のおいでをお待ちしている私の心を思いやりくださいまし。たとえこの私と同じお気持ちで物思いをなさらぬにしても)

丰子恺译:雨中待月荒园里,
纵不同心亦解怜。

林文月译:云掩蔽兮月朦胧,
虽不同心曾共枕,
盼君相候兮待晴空。

姚继中译：风雨荒原痴待月，
非道同心方解怜。

77. 原　作：朝日さす軒の垂氷は解けながらなどかつららの結ぼほるらむ
口語訳：朝日さす……（朝日のさす軒のつららは溶けているのに、どうしてあなたのお気持ちは、池の氷がかたく張っているように、打ち解けてくださらないのでしょうか）

丰子恺译：朝日当轩冰箸解，
缘何地冻不消融？

林文月译：朝日映兮冰柱溶，
我虽铸情卿未许，
何时方得兮相允从？

姚继中译：朝阳临轩冰凌融，
缘何地冻终难消？

78. 原　作：降りにける頭の雪を見る人も劣らず濡らす朝の袖かな
口語訳：ふりにける……（この雪の朝、老人の頭の白髪に降る雪を見ると、わたしもその老人に劣らず涙で袖を濡らすことよ）

丰子恺译：白首老翁衣积雪，
晨游公子泪沾襟。

林文月译：古稀翁兮鬓发白，
纷纷雪花濡翁头，
吾袖润湿兮沾泪迹。

姚继中译：雪落翁首头更白，
公子晨游泪沾襟。

79. 原　作：唐衣君が心のつらければ袂はかくぞそぼちつつのみ
口語訳：からころも……（あなた様の冷たいお心が恨めしく思われますので、私の袂はこんなにも濡れどおしでございます）

丰子恺译：冶游公子情可薄，
锦绣春衣袖不乾。

林文月译：试唐衣兮袪常湿，
怨君薄情泪涟涟，
妾心虽苦兮总羞涩。

姚继中译：奈何情薄冶游人，

锦绣春衣袖常湿。

80. 原　作:なつかしき色ともなしに何にこのすゑつむ花を袖に触れけむ

口語訳:なつかしき……(親しく心ひかれる色でもないのに、どうしてこんな末摘花に袖を触れてしまったのだろう——こんな女とどうして契りを結んでしまったのか)

丰子恺译：明知此色无人爱，

何必栽培末摘花？

林文月译：末摘花兮色非艳，

花貌平凡本无奇，

当时牵袖兮缘何念？

姚继中译：色泽暗红无人爱，

何须又栽末摘花？

81. 原　作:紅のひと花衣うすくともひたすら朽す名をし立てずは

口語訳:紅の……(薄紅の一度染めの衣の色のように、たとえお気持ちが薄くいらっしゃいましょうとも、ただもう姫君のお名前に傷のつくようなことさえなさらなければよろしいのですけれど)

丰子恺译：纵然情比春纱薄，

莫为他人树恶名！

林文月译：红花衣兮色虽清，

君当爱惜勿捐弃，

如何忍心兮太无情？

姚继中译：春纱虽薄情更薄，

岂可任性扬恶名！

82. 原　作:逢はぬ夜をへだつるなかの衣手に重ねていとど見もし見よとや

口語訳:逢はぬ夜を……(あなたにお逢いしない夜が重なっているので、中を隔てる衣の袖を恨めしく思っておりますのに、さらにこの衣を重ねて、いよいよ逢はぬ夜を重ねてみよとおっしゃるのですか)

丰子恺译：相逢常恨衣衫隔，

又隔新添一袭衣。

林文月译：相逢夜兮本不多，

何故赠衣增隔阂，
卿不见时兮已蹉跎。

姚继中译：相逢常恨衣衫隔，
岂料又添一袭衣。

83. 原　作:紅の花ぞあやなくうとまるる梅の立ち枝はなつかしけれど
口語訳:紅の……(赤い花だけはどうにも好きになれない。紅梅の高く伸び立っている枝には心ひかれるけれども)

丰子恺译：梅枝挺秀人欣赏，
底事红花不可怜?

林文月译：红梅娇兮色可餐，
奈何如今怕相觑，
人花两似兮徒增叹。

姚继中译：春在枝头诱人望，
惟独红花不可怜。

第七回　紅葉賀（84-100）

84. 原　作:もの思ふに立ち舞ふべくもあらぬ身の袖うち振りし心知りきや
口語訳:もの思ふに……(物思いのために、とても舞うことなどできそうもない私が、とくにあなたのために袖を打ち振ってお目にかけた、この心中をお察しくださいましたか)

丰子恺译：心多愁恨身难舞，
扇袖传情知不知?

林文月译：方寸乱兮忍将舞，
踏步翻袖情痴迷，
卿岂察知兮莲心苦?

姚继中译：满腹忧愁为谁舞，
舞袖传情尔可知?

85. 原　作:唐人の袖振ることは遠けれど立ち居につけてあはれとは見き
口語訳:から人の……(唐土の人が袖を振って舞ったという故事には疎うご

ざいますが、あなたの舞の一挙一動につけて、しみじみ感慨深く拝見いたしました)

丰子恺译：唐人扇袖谁能解？
绰约仙姿我独怜。

林文月译：唐人舞兮遥不知，
观君翩翾弄长袖，
清影曼妙兮拟仙姿。

姚继中译：唐人舞袖何人解？
绰约仪姿惟我怜。

86. 原　作:いかさまに昔結べる契りにてこの世にかかるなかの隔てぞ

口語訳:いかさまに……(どのような前世でのお約束ゆえに、現世でこうも私たちの仲は隔てられるのだろうか)

丰子恺译：前生多少冤仇债，
此世离愁如许深？

林文月译：宿世缘兮究何如？
而今钟情却隔阂，
忍将相思兮换欷歔。

姚继中译：几多冤仇前生绪，
如此离愁今世浓？

87. 原　作:見ても思ふ見ぬはたいかに嘆くらむこや世の人のまどふてふ闇

口語訳:見ても思ふ……(若宮をごらんになっている宮も物思いをなさいますが、ごらんにならぬ君もまたどんなにお嘆きでしょう。これが世の人の、子ゆえに迷うという親心の闇というものでございましょう)

丰子恺译：人生多恨事，
思子倍伤心。
相见犹悲戚，
何况不见人。

林文月译：睹见皇儿兮母心悲，
未得见子父心苦，
可怜亲情兮难补弥。

姚继中译：人生思子倍伤情，

相见隔帘犹悲戚。

88. 原　作：よそへつつ見るに心はなぐさまで露けさまさる撫子の花

口語訳：よそへつつ……（なでしこの花を若宮になぞらえてしのぶつもりでおりましたが、心は慰められず、かえって花の露にもまして涙がこぼれました）

丰子恺译：将花比作心头肉，
难慰愁肠泪转多。

林文月译：常夏华兮正盛开，
目睹斯花思吾子，
泪湿衣袖兮衷情哀。

姚继中译：此花恰似吾至爱，
难慰愁肠眼底泪。

89. 原　作：袖濡るる露のゆかりと思ふにもなほ疎まれぬ大和撫子

口語訳：袖ぬるる……（このやまとなでしこ一若宮があなたのお袖を濡らす涙の露のゆかりと思うにつけても、やはりこれをいとおしむ気にはなれません）

丰子恺译：为花洒泪襟常湿，
犹自爱花不忍疏。

林文月译：常夏华兮诱涕泪，
衣袖常湿为此儿，
踌躇难爱兮多顾忌。

姚继中译：泪湿衣襟皆为花，
今犹爱之不忍疏。

90. 原　作：君し来ば手なれの駒に刈り飼はむ盛り過ぎたる下葉なりとも

口語訳：君し来ば……（あなたがおいでくださるなら、お手ならしの馬に草を刈ってご馳走いたしましょう。盛りも過ぎて若くもない下葉の私ではございますけれども）

丰子恺译：请看过盛林荫草，
盼待君来好饲驹。

林文月译：林下草兮衰芸芸，
君若惠临及早刈，

尚得饲驹兮致殷勤。

姚继中译：林茂草密近暮春，

但待君临好饲驹。

91. 原　作：笹分けば人やとがめむいつとなく駒なつくめる森の木隠れ

口語訳：笹分けば……（笹を踏み分けてあなたにお逢いに行ったら、他の人がわたしを見咎めることでしょうに。いつということなく多くの馬が慕い寄って行くらしい、森の木隠れがあなたのところだから）

丰子恺译：林荫常有群驹集，

我马安能涉足来？

林文月译：林荫下兮既多驹，

踏草相访恐引咎，

岂敢冒昧兮实多虞。

姚继中译：林荫常有群驹集，

吾马岂能踏草来？

92. 原　作：立ち濡るる人しもあらじ東屋にうたてもかかる雨そそきかな

口語訳：立ち濡るる……（私を訪ねて雨だれに濡れてくださる人などありますまいに、この東屋には疎ましくも雨のしずくがかかります）

丰子恺译：檐前岂有湿衣者？

唯见泪珠似雨淋。

林文月译：东屋寂兮无人知，

雨打门窗空自湿，

泪下沾襟兮益心悲。

姚继中译：檐下湿衣为何人？

泪珠似雨又浸润。

93. 原　作：人妻はあなわづらはし東屋の真屋のあまりも馴れじとぞ思ふ

口語訳：人妻は……（人妻は、なんとも面倒でしてね。東屋の、真屋の軒先に立ちなれるように、あなたにはあまり馴れ馴れしく近づくことはしますまいと思うのですよ。）

丰子恺译：窥人妻女多烦累，

不惯屋檐立等门。

林文月译：卿多客兮酬酢繁，

东屋檐下敢辄立，
狂蜂浪蝶兮忌怨言。

姚继中译：窥人妻女非吾为，
更无屋檐门前立。

94. 原　作:つつむめる名や漏り出でむ引きかはしかくほころぶる中の衣に

口語訳:つつむめる……(包み隠そうとなさる浮名が漏れ出てしまうことでしょう。引っ張り合って、二人の仲を包んでいた中の衣がこんなにほころびてしまったのですから)

丰子恺译：直须扯得衣裳破，
隐秘真情露出来。

林文月译：衣裳破兮不蔽体，
佛要金装人须衣，
锦衣既破兮名誉诋。

姚继中译：扯得衣破方能识，
露出真情隐秘来。

95. 原　作:隠れなきものと知る知る夏衣着たるを薄き心とぞ見る

口語訳:かくれなき……(薄い夏衣では何も隠しきれないものとよく知っていながら、その夏衣を着ているのはあさはかというもの。あなたと典侍との仲は知られずにすまぬものと承知していながら、こうしてやって来たあなたは薄情な人だと思います)

丰子恺译：明知隐秘终难守，
故意行凶心太狠！

林文月译：夏裳薄兮难蔽身，
既知衣破体暴露，
何苦相扯兮显乏贫！

姚继中译：撕破单衫尚且可，
薄情揭短犹可憎。

96. 原　作:恨みてもいふかひぞなきたちかさね引きてかへりし波のなごりに

口語訳:うらみても……(いくらお恨みしてもなんのかいもございません。お二人が次々とたち重ねておいでになり、そのあと、波の引くように連れ立っていっせいにお帰りになったあとでは)

丰子恺译：两度浪潮来又去，
　　　　　矶头空剩寂寥春。
林文月译：似波浪兮往复返，
　　　　　双双离去空留侬，
　　　　　衷心怨怼兮时运蹇。
姚继中译：浪涌潮退无主宰，
　　　　　空剩矶头寂寥者。

97. 原　作:あらだちし波に心は騒がねど寄せけむ磯をいかが恨みぬ
　口語訳:あらだちし……(荒々しく寄せてきた波ー頭中将のために心の騒ぐことはなかったけれども、その波を寄せつけた磯ーあなたをどうして恨まずにおられよう)
丰子恺译：骇浪惊涛何足惧？
　　　　　我心但恨此矶头！
林文月译：浪虽壮兮不介意，
　　　　　惊涛拍岸亦寻常，
　　　　　特怨矶石兮未拒避。
姚继中译：惊涛骇浪不足惧，
　　　　　惟有憎恨此矶头！

98. 原　作:中絶えばかごとやおふとあやふさにはなだの帯は取りてだに見ず
　口語訳:中絶えば……(もしもあなたと典侍との仲が絶えたならば、私に帯を取られたせいだと恨み言を言われはしないかと、それが心配なので、この縹の帯には手を触れて見ることもいたしません)
丰子恺译：怜君失带恩情绝，
　　　　　原物今朝即奉还。
林文月译：恐妨碍兮怕阻绝，
　　　　　两情不悦莫责吾，
　　　　　完带奉还兮未尝撷。
姚继中译：君失此带恩情绝，
　　　　　今朝物还似人来。

99. 原　作:君にかく引き取られぬる帯なればかくて絶えぬるなかとかこたむ
　口語訳:君にかく……(あなたにこうして帯—典侍を取られてしまったのです

から、こうしてあの女との仲は絶えてしまったのだと、お恨みいたしましょう）

丰子恺译：恨君盗我天蓝带，
此是与君割席时。

林文月译：既取带兮复夺爱，
带与情人俱归君，
能不责怪兮太妨碍！

姚继中译：盗去蓝带尤可恨，
与君割席在此时。

100. 原　作：尽きもせぬ心の闇に暮るるかな雲居に人を見るにつけても

口語訳：尽きもせぬ……（尽きることのない心の闇に目もくらむ思いです。及びもつかぬ雲居—宮中の人になられたあなたを見るにつけても）

丰子恺译：纵能仰望云端相，
幽恨绵绵无绝期。

林文月译：爱无尽兮忧未已，
而今卿更升云端，
高不可望兮情难理。

姚继中译：纵然观得云端相，
绵绵幽恨终无期。

第八回　花宴（101-108）

101. 原　作：おほかたに花の姿を見ましかばつゆも心のおかれましやは

口語訳：おほかたに……（もしも世間の人並にこの花のようなお姿を見るのであったら、露ほどの気がねもなく心ゆくまで賞賛することができたであろうに）

丰子恺译：若能看作寻常舞，
贪赏丰姿不疚心。

林文月译：舞偏翾兮美若花，
赏花何须心悲苦？

悲苦往事兮增叹嗟。

姚继中译：若是世间寻常人，

恋此丰姿且疚心。

102. 原　作：深き夜のあはれを知るも入る月のおぼろけならぬ契りとぞ思ふ

口語訳：深き夜の……（あなたが夜更けの風情に感じ入られるのも、入り方の朧月を愛されでしょうか、その月に誘われてやってまいりましたこの私にめぐり会うのも、ひとかたならぬ縁ゆえと思います）

丰子恺译：你我皆知深夜好，

良缘恰似月团圞。

林文月译：夜深沉兮月朦胧，

月下相遇当珍惜，

缘定三生兮乃今隆。

姚继中译：如此良宵你我知，

朦胧月夜续因缘。

103. 原　作：憂き身世にやがて消えなば尋ねても草の原をば問はじとや思ふ

口語訳：うき身世に……（不幸せな私がこのままこの世から消えてしまったら、名のらなかったからといって、あなたは、草の原を分けてでも私を尋ねようとはなさらないのでしょうか）

丰子恺译：妾如不幸归泉壤，

料汝无缘扫墓来。

林文月译：人生短兮若浮云，

妾或不幸早即世，

宁肯草中兮访孤坟？

姚继中译：妾若不幸赴黄泉，

料汝非是扫墓人。

104. 原　作：いづれぞと露のやどりを分かむまに小笹が原に風もこそ吹け

口語訳：いづれぞと……（お名前をうかがっていないと、どれが露のようにはかないあなたのお宿かと捜しまわっている間に、小篠の原に風が吹いて一噂が立って私たちの縁も絶たれてしまいましょう）

丰子恺译：东寻西探芳名字，

谣诼纷传似竹风。

林文月译：披荒草兮冒寒露，
欲将芳名来相寻，
世人多事兮得不惧？

姚继中译：匿名终究难寻觅，
谣诼纷纷似竹风。

105. 原　作：世に知らぬ心地こそすれ有明の月のゆくへを空にまがへて

口語訳：世に知らぬ……（今まで経験したこともないほど、やるせない気持がすることよ。有明の月の行方を空に見失って）

丰子恺译：朦胧残月归何处？
刻骨相思恼杀人。

林文月译：月朦胧兮云掩翳，
浮云蔽月失影踪，
寻月未得兮落沾袂。

姚继中译：朦胧残月落谁家？
不见相思愁煞人。

106. 原　作：わが宿の花しなべての色ならば何かはさらに君を待たまし

口語訳：わが宿の……（私の家の藤の花が、もしも通りいぺんの美しさならば、どうしてことさらにあなたをお待ち申しましょうぞ）

丰子恺译：我屋藤花如拙陋，
何须特地待君来？

林文月译：藤花盛兮樱花薫，
藤樱并妍傲众色，
若非名花兮敢邀君？

姚继中译：檐下藤花非娇艳，
何须特地邀君来？

107. 原　作：あづさ弓いるさの山にまどふかなほの見し月のかげや見ゆると

口語訳：あづさ弓……（いつぞやちらりと見た有明の月の姿が、また再び見られぬものかと、いるさの山をうろうろと迷っております）

丰子恺译：暂赏朦胧月，
还能再见无？
山头凝望处，

忧思入迷途。

林文月译：月朦胧兮途茫茫，

光隐山后失清影，

何时重现兮常彷徉。

姚继中译：莫非又逢朦胧月，

山头凝望入迷途。

108. 原　作：心いる方ならませば弓張の月なき空に迷はましやは

口語訳：心いる……（お心にかけてくださるのなら、弓張の月のない空でも、お迷いになることはありますまいに）

丰子恺译：但得心相许，

非关月有无。

山头云漠漠，

安得入迷途？

林文月译：月暂隐兮远山后，

澄辉虽蚀有见时，

辄谓迷途兮会寻否？

姚继中译：倘若真个心相印，

无月也难入迷途。

第九回　葵（109-132）

109. 原　作：影をのみ御手洗川のつれなきに身の憂きほどぞいとど知らるる

口語訳：影をのみ……（影を宿しただけで流れ去る御手洗川のような君のつれなさゆえに、その姿を遠くから拝したわが身の不幸せがいよいよ身にしみて分かってきます）

丰子恺译：仅能窥见狂童影，

徒自悲伤薄命身。

林文月译：祓禊日兮逢盛会，

遥望郎君美姿容，

怨叹薄幸兮总无奈！

姚继中译：英姿顿去似泡影，
徒自悲怜薄命人。

110. 原　作：はかりなき千尋の底の海松ぶさの生ひゆくすゑは我のみぞ見む

口語訳：はかりなき……（測りようもない千尋もある海の底の海松ぶさが伸びてゆくように、あなたの御髪の伸びてゆく将来は、このわたしだけが見届けましょう）

丰子恺译：千寻海水深难测，
荇藻延绵我独知。

林文月译：乌丝伸兮似海草，
千寻万丈未可量，
天长地久兮情不槁。

姚继中译：难测海水深千寻，
延绵荇藻惟我知。

111. 原　作：千尋ともいかでか知らむ定めなく満ち干る潮ののどけからぬに

口語訳：千尋とも……（千尋の海の底の海松ぶさの行く末を一人で見届けるとおっしゃるけれども、そんなお心の深さとはどうして思われましょう。満ち干る潮のように定めなく、落ち着いていらっしゃらないあなたなのに）

丰子恺译：安知海水千寻底？
潮落潮生无定时！

林文月译：海底深兮千万寻，
潮水涨退莫能测，
变换无端兮似君心。

姚继中译：海水千寻仍有底，
潮落潮生难定时！

112. 原　作：はかなしや人のかざせる葵ゆゑ神の許しの今日を待ちける

口語訳：はかなしや……（ほんとにつまらないことでした。他の方のものになってしまったあなたなのに、それと知らずに賀茂の神のお許しになった葵—逢う日の祭の今日を待っていましたとは）

丰子恺译：拟托神灵逢好侣，
人皆鹣鲽我孤单。

林文月译：葵之祭兮含辛悲，
　　　　　君既有女共车赏，
　　　　　妾独空盼兮此佳期。
姚继中译：梦里青丝终难求，
　　　　　只因君处异地中。
113. 原　作：かざしける心ぞあだにおもほゆる八十氏人になべて逢ふ日を
　　口語訳：かざしける……（男に逢おうとして葵をかざしたその気持が浮いたものだと思われますよ。今日は、誰彼の分け隔てなく逢える日なのですからね）
丰子恺译：早已知君多好侣，
　　　　　专诚待我是空言！
林文月译：卿多情兮知盼谁？
　　　　　不意相逢葵之祭，
　　　　　心旌为荡兮亦嬉嬉。
姚继中译：春已过时弄风情，
　　　　　且言此行只待我！
114. 原　作：悔しくもかざしけるかな名のみして人だのめなる草葉ばかりを
　　口語訳：くやしくも……（お逢いしようと思って葵をかざしたりして、くやしいと思います。葵—逢う日などとは名だけで、人に空頼みをさせる草の葉にすぎないものなのに）
丰子恺译：神灵本是无灵物，
　　　　　轻信空名懊悔迟。
林文月译：悔相逢兮此佳日，
　　　　　葵叶徒有美好名，
　　　　　实乃凡草兮不足述。
姚继中译：有心插柳不逢春，
　　　　　自不量力悔已迟。
115. 原　作：袖ぬるるこひぢとかつは知りながら下り立つ田子のみづからぞうき
　　口語訳：袖ぬるる……（袖の濡れる泥—恋路であると一方では分かっていながら、その泥の中に踏み込む田子のように恋の路に踏み込んでしまう私は、そうしたわが身のつたなさが思われてなりません）

丰子恺译：身投情网襟常湿，
足陷泥田恨日深。
林文月译：明知田兮多泥泞，
奋不顾身稼穑人，
妾亦深陷兮相思径。
姚继中译：襟袖只为情人湿，
陷足泥淖可曾知！

116. 原　作:浅みにや人はおりたつわが方は身もそほつまで深き恋路を
口語訳:浅みにや……(あなたは浅い所に下り立っていらっしゃるのでしょうか、私のほうは全身ずぶ濡れになるくらいに深い泥—恋路に踏み込んでおりますのに)
丰子恺译：卿居浅濑但濡袖，
我立深渊已没身。
林文月译：相思径兮吾陷身，
卿何忍心责濡袖，
谅常伫立兮浅水津。
姚继中译：卿为浅濑湿袖者，
我乃深渊没身人。

117. 原　作:嘆きわび空に乱るるわが魂を結びとどめよしたがへのつま
口語訳:なげきわび……(嘆きのあまりに身を抜け出て空にさまよっている私の魂を、下前の褄を結んでつなぎとめてください)
丰子恺译：郎君快把前裾结，
系我游魂返本身！
林文月译：叹妾魂兮空飘荡，
云游西东无定时，
盼结裾端兮息魍魉。
姚继中译：请君速将前裾结，
催遣游魂返吾身！

118. 原　作:のぼりぬる煙はそれとわかねどもなべて雲居のあはれなるかな
口語訳:のぼりぬる……(亡骸を焼いたときに立ち昇った煙は、どの雲になっているのか見分けはつかないけれども、雲の空一帯がしみじみと

慕わしく思われる)

丰子恺译：丽质化青烟，
和云上碧天。
夜空凝望处，
处处教人怜。

林文月译：人已亡兮化青烟，
青烟袅袅入霄汉，
云烟交流兮情焦煎。

姚继中译：丽人化着青云去，
凝视上苍无限情。

119. 原　作：限りあれば薄墨衣浅けれど涙ぞ袖を淵となしける

口語訳：限りあれば……(定めがあるので薄墨色の衣を着けてはいるけれども、深い悲しみの涙がその袖の色を、深い深い淵—藤の色に変えてしまったではないか)

丰子恺译：丧衣色淡因遵制，
袖泪成渊痛哭多。

林文月译：淡墨衣兮缘定制，
服色虽浅情愫深，
袖为浸湿兮长悲涕。

姚继中译：身着丧衣守陈规，
色泽虽浅泪染深。

120. 原　作：人の世をあはれと聞くも露けきに後るる袖を思ひこそやれ

口語訳：人の世を……(人生の無常—女君の亡くなられたことを悲しくお聞きいたしますにつけても涙をさそわれますが、ましてや後にお残りになったあなた様のお袖がどんなに濡れることかとお察し申しております)

丰子恺译：侧闻辞世常堕泪，
遥想孤身袖不干。

林文月译：惊噩耗兮心怵惕，
人世哀苦本居多，
悯君衷情兮遂戚戚。

姚继中译：近闻辞世悲欲绝，
遥知孤身袖未干。

121. 原　作：とまる身も消えしもおなじ露の世に心置くらむほどぞはかなき

口語訳：とまる身も……（後に残る者も、消えてしまった者も等しくはかない露の命の世に生きているだけなのに、その露の世にいつまでも執着しているのは、つまらないことです）

丰子恺译：先凋后死皆朝露，
执念深时枉费心。

林文月译：亡者亡兮生者生，
生亡虽殊犹朝露，
终归空无兮莫慌惊。

姚继中译：纵然凋谢有先后，
露干心碎空自悲。

122. 原　作：雨となりしぐるる空の浮雲をいづれの方とわきて眺めむ

口語訳：雨となり……（雨となってしぐれる空の浮雲は、煙となって昇っていった亡き人の姿であろうが、さて今の浮雲のどれをそれと見分けて眺めようか）

丰子恺译：为雨为云皆漠漠，
不知何处是芳魂。

林文月译：旦为云兮暮为雨，
浮云朵朵满天游，
芳魂何处兮摧肺腑。

姚继中译：为雨为云皆无踪，
且问何处是芳魂。

123. 原　作：見し人の雨となりにし雲居さへいとど時雨にかき暮らすころ

口語訳：見し人の……（亡きわが妻が雲とあり雨となってしまった空までが、時雨のためにますます暗くなって、わたしの心も悲しみに閉ざされている今日このごろよ）

丰子恺译：芳魂化作潇潇雨，
漠漠长空也泪淋。

林文月译：暮为雨兮伤故人，

叆叆云深不知处，
泪雨交加兮徒悲辛。

姚继中译：潇潇雨若为香魂，
茫茫长空也悲怜。

124. 原　作：草枯れのまがきに残る撫子を別れし秋のかたみとぞ見る

口語訳：草枯れの……（草の枯れた垣根に残る撫子－若君を、過ぎ去った秋—亡くなったお方の形身として懐かしく思っております）

丰子恺译：草枯篱畔鲜花小，
好作残秋遗物看。

林文月译：石竹华兮绽垣下，
秋来霜降众草衰，
独爱此花兮聊慰藉。

姚继中译：篱下鲜花枯草畔，
凝似残秋遗情物。

125. 原　作：今も見てなかなか袖を朽たすかな垣ほ荒れにし大和撫子

口語訳：今も見て……（今こうして荒れた垣根の大和撫子－若君を見るにつけても、そのためにかえって袖が朽ちるばかりに涙を流しております）

丰子恺译：草枯篱畔花虽美，
看后翻教袖不干。

林文月译：石竹华兮命独苦，
风里摇颤傍垣前，
睹花拭泪兮袪为腐。

姚继中译：篱下花美草却枯，
黯然相对泪湿袖。

126. 原　作：わきてこの暮こそ袖は露けけれもの思ふ秋はあまた経ぬれど

口語訳：わきてこの……（特に今日の夕暮は、涙に袖が濡れてなりません。物思いに沈む秋はもう何度となく経験してきましたが）

丰子恺译：饱尝岁岁悲秋味，
此日黄昏泪独多。

林文月译：悲莫悲兮秋之气，

曾经几度感伤秋，
今秋尤悲兮泪潸潸。

姚继中译：岁岁悲秋历风霜，
泪多独在此黄昏。

127. 原　作：秋霧に立ちおくれぬと聞きしよりしぐるる空もいかがとぞ思ふ

口語訳：秋霧に……（秋霧の立ちこめるころ女君に先立たれあそばしたとうかがいましてからこのかた、今日のように時雨れる空をどのようなお気持ちでごらんになっていらっしゃるかと、お察し申し上げております）

丰子恺译：秋雾生时悲永诀，
满天风雨惹人愁！

林文月译：闻噩耗兮衷心悼，
秋雨秋风为君悲，
秋雾满空兮情颠倒。

姚继中译：蒙蒙秋雾哀逝者，
潇潇风雨愁煞人！

128. 原　作：なき魂ぞいとど悲しき寝し床のあくがれがたき心ならひに

口語訳：亡き魂ぞ……（亡き人とともに寝たこの床をいつも離れがたく思っていたが、それにつけてもこの床を離れていったその人の魂はどんなにせつない思いだっただろうかと、ひとしお悲しくてならない）

丰子恺译：爱此合欢榻，
依依不忍离。
芳魂泉壤下，
忆此更伤悲。

林文月译：曾共枕兮道恩爱，
物是人非遗故床，
天上芳魂兮宁心碎？

姚继中译：凝视香榻依依情，
每忆往昔悲更增。

129. 原　作：君なくて塵つもりぬる常夏の露うち払ひいく夜寝ぬらむ

口語訳：君なくて……（あなたが亡くなってから、いたずらに塵が積ってしま

った床に、常夏の露—涙を払いながら、わたしはわびしく独り寝の幾夜を過してしまうのであろう)

丰子恺译：抚子多朝露，
孤眠泪亦多。
空床尘已积，
夜夜对愁魔。

林文月译：鸳鸯梦兮而今消，
寒床尘积人去后，
和泪独卧兮度几宵。

姚继中译：抚子孤眠应多泪，
愁眠空床已积尘。

130. 原　作：あやなくも隔てけるかな夜をかさねさすがに馴れし夜の衣を

口語訳：あやなくも……(どうして今まであなたと契りを結ばず夜の衣を隔てていたのか分らない。幾夜もいっしょに夜の衣を共にして馴れ親しんできたわたしたち二人の仲なのに)

丰子恺译：却怪年来常共枕，
缘何不解石榴裙?

林文月译：同衾枕兮共卧榻，
至今犹隔衣一层，
卿何疏离兮未允纳。

姚继中译：只道来日常共枕，
而今未解石榴裙。

131. 原　作：あまた年今日改めし色衣着ては涙ぞふる心地する

口語訳：あまた年……(長い間、年ごとに、今日こちらで着替えをいたしました美しい色の晴着を、今年も着てみると、昔のことが思われてただ涙がこぼれるばかりでございます)

丰子恺译：年年今日新艳装，
惟此春衫有泪痕。

林文月译：试新赏兮迎新春，
华服依旧丽且艳，
泪沾襟袖兮含悲辛。

姚继中译：年年今日春衫艳，
独此新装泪斑斑。

132. 原　作：新しき年ともいはずふるものはふりぬる人の涙なりけり
口語訳：新しき……（新しい年を迎えたと申してましても、相変わらず降るものは、年古りてしまったこの私の涙でございました）

丰子恺译：不管新年春色好，
昏花老眼泪频流。

林文月译：既开春兮岁云新，
物是人非又一季，
老泪纵横兮尽湿巾。

姚继中译：春色虽好难长久，
眼花泪浊频频流。

第十回　賢木（133-165）

133. 原　作：神垣はしるしの杉もなきものをいかにまがへて折れる榊ぞ
口語訳：神垣は……（ここの神垣には人を導く目印の杉もないのに、どうおまちがえになってこの榊を折ったりして訪ねていらっしゃったのでしょう）

丰子恺译：神垣门外无杉树，
香木何须折得来？

林文月译：神垣内兮岂有杉，
既无目标亦无树，
误将贤木兮来相衔。

姚继中译：此地不长有情杉，
摘来香木也徒然。

134. 原　作：少女子があたりと思へば榊葉の香をなつかしみとめてこそ折れ
口語訳：少女子が……（神様にお仕えする少女のいるあたりと思いますので、榊葉の香に心ひかれ、捜し求めて折ってまいったのです）

丰子恺译：闻道此中神女聚，

故将香叶访仙居。

林文月译：传芬芳兮贤之叶，

慕少女子遂此行，

折枝之情兮卿当接。

姚继中译：闻得此中住神女，

故持香叶访仙居。

135. 原　作：暁の別れはいつも露けきをこは世に知らぬ秋の空かな

口語訳：あかつきの……（暁の別れは、いつも涙の露に濡れていましたが、今朝はまたこれまで経験したこともないくらいに悲しい秋の空です）

丰子恺译：从来晓别催人泪，

今日秋空特地愁。

林文月译：晓之别兮总黯然，

泪为沾衣袪为湿，

就中断肠兮是秋天。

姚继中译：朝别自古催人泪，

秋尽之时更添愁。

136. 原　作：おほかたの秋の別れも悲しきに鳴く音な添へそ野辺の松虫

口語訳：おほかたの……（いったい秋の別れというだけでも悲しいのに、さらに悲しみをそそるかのように鳴く音を添えてくれるな、野辺の松虫よ）

丰子恺译：寻常秋别愁无限，

添得虫声愁更浓。

林文月译：大抵别兮心总苦，

秋别尤悲伤神情，

忍听蟋蟀兮泣肺腑。

姚继中译：秋别已是无限愁，

虫声不绝更添悲。

137. 原　作：八洲もる国つ御神も心あらば飽かぬ別れの仲をことわれ

口語訳：八洲もる……（八島を守っておられる国つ神も、もし思いやりがおありであるのなら、尽きぬ思いの別れをしなければならぬ、この二人の仲についてどうかお裁きくださいまし）

丰子恺译：护国天神如解爱，
应知情侣别离难。
林文月译：护国神兮若有知，
灵皇皇其来裁决，
人间何故兮多别期。
姚继中译：护国天神若释情，
应解情侣难诀别。

138. 原　作：国つ神空にことわる仲ならばなほざりごとをまづや糾さむ
口語訳：国つ神……（国つ神がもしも空からお二人の仲をお裁きになるのでしたら、あなた様の実意のないお言葉を、まず先におただしになりましょう）

丰子恺译：若教天神知此事，
应先质问负心人。
林文月译：神若知兮能裁判，
灵其降临先纠明，
出言不实兮慢无惮。
姚继中译：天神若是断此事，
首当质问薄情人。

139. 原　作：そのかみを今日はかけじと忍ぶれど心のうちにものぞ悲しき
口語訳：そのかみを……（その昔のことを今日は心にかけまいとこらえているけれども、心の中ではただ無性に悲しくてならない）
丰子恺译：我今不想当年事，
其奈悲哀涌上心。
林文月译：今日事兮应庆喜，
往事乖迕宜暂忘，
无奈衷情兮悲未已。
姚继中译：未及忆起当年事，
悲哀已自心头来。

140. 原　作：振り捨てて今日は行くとも鈴鹿川八十瀬の波に袖は濡れじや
口語訳：ふりすてて……（この私を振り捨てて今日お立ちになったとしても、鈴鹿川を渡るころ、その八十瀬の川波にあなたの袖がお濡れに

ならないでしょうか—別れを悔いる涙にお濡れにならないでしょうか)

丰子恺译：今朝舍我翩然去，
珠泪当如铃鹿波。

林文月译：铃鹿川兮不停流，
忍心弃我去不复，
宁不沾袖兮恨悠悠。

姚继中译：今朝翩然离我去，
泪珠犹如铃鹿波。

141. 原　作：鈴鹿川八十瀬の波に濡れ濡れず伊勢まで誰か思ひおこせむ

口語訳：鈴鹿川……(鈴鹿川の八十瀬の川波に私の袖が濡れるか濡れないか、いったいどなたがはるばると私の行く先の伊勢まで思いやってくださるというのでしょうか)

丰子恺译：铃鹿泪珠君莫问，
谁怜伊势远行人？

林文月译：独衔恨兮渡铃鹿，
袖为沾湿缘泪川。
伊势遥远兮对谁哭？

姚继中译：铃鹿泪波碎无语，
谁怜伊势寂寞人？

142. 原　作：行く方を眺めもやらむこの秋は逢坂山を霧な隔てそ

口語訳：行く方を……(あの女たちの去り行く方に思いを馳せて眺めていよう。だから今年の秋は、霧よ、逢坂山を隔てないでおくれ)

丰子恺译：痴心欲望人归处，
秋雾莫将逢坂迷！

林文月译：路迢迢兮伊势远，
逢坂山关阻其间，
秋雾有情兮开混沌。

姚继中译：欲望佳人远去处，
逢坂已被秋雾迷！

143. 原　作：蔭ひろみ頼みし松や枯れにけむ下葉散りゆく年の暮かな

口語訳：かげ広み……（木陰が広いので、お頼りにしていた松が枯れてしまったのだろうか、その下葉が散ってゆく——院がお亡くなりあそばして、ゆかりの人々の散り散りになってゆく年の暮であるよ）

丰子恺译：嘉荫难凭松已槁，
枝头叶散岁华终。

林文月译：岁云暮兮松萧条，
广荫从此不复有，
下枝枯槁兮叶渐凋。

姚继中译：欲蒙嘉荫松已槁，
叶散枝枯光华终。

144. 原　作：さえわたる池の鏡のさやけきに見なれし影を見ぬぞ悲しき

口語訳：さえわたる……（一面に凍っている池の面が鏡のようにさやかに澄んでいるのに、お見なれ申した院の面影を拝見することのできないのが悲しい）

丰子恺译：冰封池面平如镜，
不照慈容使我悲。

林文月译：池面澄兮如明镜，
明镜依旧人事非，
不照圣颜兮空自映。

姚继中译：池面冰封如平镜，
慈容难见吾心悲。

145. 原　作：年暮れて岩井の水もこほりとぢ見し人影のあせもゆくかな

口語訳：年暮れて……（年が暮れて、岩井の水も凍りついてしまって、今まで見なれていた人影も、しだいにまばらになってゆきますこと）

丰子恺译：岁暮天寒岩井冻，
斯人面影渐依稀。

林文月译：岩井冻兮岁已晚，
繁华成空园寂寥，
人影渐疏兮不复返。

姚继中译：岁末天冻岩井封，
不舍依稀面影去。

146. 原　作:心からかたがた袖を濡らすかな明くと教ふる声につけても

口語訳:心から……(自分から求めてあれやこれやと涙に袖が濡れることです。夜が明けるのを教える声を聞くにつけても、あなたがこの私を飽きるというふうに聞えて)

丰子恺译：报晓声中知夜尽，
却疑情尽泪双流。

林文月译：衷心悲兮泪濡袂，
报晓声里天转明，
离别在即兮情思滞。

姚继中译：夜尽先听报晓声，
疑是情绝悲泪起。

147. 原　作:嘆きつつわが世はかくて過ぐせとや胸のあくべき時ぞともなく

口語訳:嘆きつつ……(嘆きを繰り返しながら、わが世をこうして過せというのだろうか。夜は明けても、胸の思いのあけるときもなくて)

丰子恺译：夜已尽时情不尽，
空劳愁叹度今生！

林文月译：长太息兮天已亮，
命何悲苦运堪嗟，
吾生何故兮多惆怅！

姚继中译：夜色虽尽情未尽，
愁叹今生空自过！

148. 原　作:逢ふことのかたきを今日に限らずは今幾世をか嘆きつつ経む

口語訳:逢ふことの……(あなたにお逢いすることのむずかしさが、今日に限らず後々いつまでも続くのでしたら、私はこれから幾かえりの世を生まれ変って、この嘆きを繰り返しながら過すことになるのでしょう)

丰子恺译：相逢长是难如此，
世世生生别恨多。

林文月译：缘何薄兮相逢难，
今日一别几时会？
悲怨再世兮永难安。

姚继中译：因缘注定难相聚，

三世不解怨恨多。

149. 原　作：長き世の恨みを人に残してもかつは心をあだと知らなむ

口語訳：ながき世の……（長く幾世にもわたるお恨みをこの私の上にお残しになるとしましても、一つには、ご自身のお心にまことがないからなのだと知っていただきたいのです）

丰子恺译：我身世世怀长恨，
只为君心越礼多。

林文月译：君虽怨兮妾难盛，
咎由自取风流债，
扪心寻问兮当自明。

姚继中译：憎恨永世萦我心，
只因君心越礼多。

150. 原　作：浅茅生の露のやどりに君をおきて四方の嵐ぞ静心なき

口語訳：浅茅生の……（浅茅生の露のようにはかない住みかにあなた一人を残しておいて、わたしはここで四方の嵐を聞くにつけ、あなたが吹き払われはすまいかと案じられて心も落ち着かいのです）

丰子恺译：君居尘世如朝露，
听到山岚悬念深。

林文月译：徒留卿兮空相寻，
风雨飘摇教坠露，
山风袭耳兮震吾心。

姚继中译：身居尘世如朝雾，
岂将悬念寄山岚。

151. 原　作：風吹けばまづぞ乱るる色変はる浅茅が露にかかるささがに

口語訳：風吹けば……（枯れて色あせた浅茅の露にかかっている蜘蛛の糸は、風が吹くと真っ先に乱れます—お心の移りやすいあなたを頼みにする私は、落ち着いてはいられません）

丰子恺译：我似蜘丝萦露草，
风吹丝断任飘零！

林文月译：风乍起兮蛛丝乱，
君心易改似东风，

不可凭恃兮空长叹。

姚继中译：露草蛛丝萦萦绕，
风吹丝断飘零零！

152. 原　作：かけまくはかしこけれどもそのかみの秋思ほゆる木綿欅かな

口語訳：かけまくは……（言葉に出して申すも畏れ多いのですが、あの昔の秋の思い起こされる木綿欅でございます）

丰子恺译：含情窃慕当年乐，
恐渎禅心不敢言。

林文月译：木绵襻兮在卿身，
虽恐渎神总难忘，
去秋此时兮书信频。

姚继中译：窃忆当年秋日时，
恐渎禅心未敢言。

153. 原　作：そのかみやいかがはありし木綿欅心にかけてしのぶらむゆゑ

口語訳：そのかみや……（その昔、あなたと私との間にはどういうことがあったと仰せられるのでしょうか。お心にかけてその昔をおしのびになるというその子細は）

丰子恺译：当年未有萦心事，
何用含情慕往时？

林文月译：木绵襻兮究何事？
往昔平静本无缘，
辄谓难忘兮教人悸！

姚继中译：当年未有劳心人，
缘何含情伫往昔？

154. 原　作：九重に霧や隔つる雲の上の月をはるかに思ひやるかな

口語訳：ここのへに……（幾重にも霧が立ちこめて私を隔てているのでしょうか、雲の上の見えない月をはるかに想像しております—宮中には悪意ある人々がいて防げるせいでしょうか、私は帝にお目にかかることができません）

丰子恺译：重重夜雾遮明月，
遥慕清辉饮恨多。

林文月译：九重雾兮阻清辉，
云上徘徊不见月，
遥思倩影兮情依依。

姚继中译：明月迷朦浓雾起，
空自遥慕饮仇怨？

155. 原　作：月影は見し世の秋に変はらぬを隔つる霧のつらくもあるかな

口語訳：月かげは……（月の光はこれまでの秋と変わりませんのに、それを隔てる霧の心が恨めしく思われます）

丰子恺译：清辉不改前秋色，
夜雾迷离惹恨多。

林文月译：月依旧兮未尝变，
云雾阻隔遂朦胧，
衷心怨怼兮未得见。

姚继中译：清辉不减金秋色，
夜雾迷离冷我心。

156. 原　作：木枯の吹くにつけつつ待ちし間におぼつかなさのころも経にけり

口語訳：木枯の……（木枯しの吹くにつけてもお便りが運ばれてくるかと待っておりました間に、もどかしい思いのままに日々が過ぎてしまいました）

丰子恺译：秋风已厉音书绝，
寂寞无聊岁月经。

林文月译：盼音信兮渺无踪，
日复一日空等待，
飒飒秋风兮愁盈胸。

姚继中译：秋风厉时音信绝，
寂寞无聊历岁月。

157. 原　作：あひ見ずてしのぶるころの涙をもなべての空の時雨とや見る

口語訳：あひ見ずて……（お目にかかれずに恋しさをこらえている今日このごろの私の涙ですのに、それをただ一通りに時雨とだけごらんになるのでしょうか）

丰子恺译：莫将惜别伤离泪，

看作寻常秋雨霖!

林文月译：强忍情兮抑相思，

情为化泪泪为雨，

云何秋雨兮得不悲!

姚继中译：莫将别时伤离泪，

看做空秋寻常雨。

158. 原　作:別れにし今日は来れども見し人に行き逢ふほどをいつと頼まむ

口語訳:別れにし……(院にお別れ申した今日という日がめぐってきましたが、その亡き院に再びお目にかかれるのを、いつのことと頼りにすればよいのでしょうか)

丰子恺译：诀别于今周岁月，

何时再见眼中人?

林文月译：逢国忌兮念先帝，

逝者已矣生者悲，

重见何日兮不可系。

姚继中译：别已一载尤悲伤，

何日得见梦里人?

159. 原　作:ながらふるほどは憂けれど行きめぐり今日はその世に逢ふ心地して

口語訳:ながらふる……(生き長らえているうちはつろうございますが、御命日にめぐりあって、今日は再び院ご在世の御代に出会ったような心地がいたしまして)

丰子恺译：苟延残命多愁苦，

今日痴心慕往年。

林文月译：苟生存兮未亡身，

值此忌日忆往事，

聊堪慰情兮好婚姻。

姚继中译：苟延残命悲欲绝，

痴心念慕百日恩。

160. 原　作:月のすむ雲居をかけて慕ふともこの世の闇になほや惑はむ

口語訳:月のすむ……(月の澄む空を心にかけて、お跡をお慕い申して出家するといたしましても、私はこの世の闇—小ゆえの心の闇に、や

はり迷うことでしょう）

丰子恺译：清光似月君堪羡，
世累羁身我独悲。

林文月译：月皎洁兮人羡仰，
徘徊云间散澄辉，
高处甚寒兮增迷惘。

姚继中译：清光如月心平静，
世累羁身我自悲。

161. 原　作：おほふかたの憂きにつけては厭へどもいつかこの世を背き果つべき

口語訳：おほかたの……（この世のおおよそのつらさゆえに、出家はいたしましたけれども、いつになったらこの世を捨てきって、子ゆえの心の闇の迷いから脱けきることができるのでしょう）

丰子恺译：一例红尘都看破，
何时全断世间缘？

林文月译：世多忧兮遂生厌，
弃绝红尘皈佛门，
唯此幼子兮总惦念。

姚继中译：今世红尘均看破，
决绝缘断待何时？

162. 原　作：ながめかる海人のすみかと見るからにまづしほたるる松が浦島

口語訳：ながめかる……（ここがあの松が浦島で、物思いに沈んでおられる尼宮のお住まいかと拝見いたしますと、何よりも先に涙がひとりでにこぼれてきます）

丰子恺译：知是伤心渔女室，
我来松浦泪先流。

林文月译：有渔人兮居海滨，
常刈海草松浦岛，
泪共盐渍兮为湿巾。

姚继中译：浦岛小屋渔女悲，
谁知更有垂泪人。

163. 原　作：ありし世のなごりだになき浦島に立ち寄る波のめづらしきかな

口語訳：ありし世の……（昔の名残さえもとどめていないこの浦島に、立ち寄る波が珍しいように、お立ち寄りくださいますとはご奇特なことでございます）

丰子恺译：浦岛已非当日景，
飘来浪蕊倍堪珍。

林文月译：松浦岛兮异往日，
荒凉空寂少人踪，
难得浪潮兮肯留迹。

姚继中译：浦岛已非昔日景，
浪蕊飘至倍是珍。

164. 原　作：それもがと今朝開らけたる初花に劣らぬ君が匂ひをぞ見る

口語訳：それもがと……（人々から、それが見たいと待ちうけられながら、今朝はじめて咲いた花、それに劣らぬあなたの美しさと思われます）

丰子恺译：闻歌瞻望君侯貌，
胜似蔷薇初发花。

林文月译：百合花兮清且艳，
冷艳清丽人拟花，
人花竞妍兮觑不厌。

姚继中译：瞻望歌中君侯貌，
胜似今朝百合花。

165. 原　作：時ならで今朝咲く花は夏の雨にしをれにけらし匂ふほどなく

口語訳：時ならで……（時季にあわずに今朝咲く花は、咲きにおう時もなく夏の雨でしおれてしまったらしい）

丰子恺译：花开今日乖时运，
转瞬凋零夏雨中。

林文月译：百合花兮绽非时，
骤遇夏雨色衰矣，
残瓣凋萎兮不堪窥。

姚继中译：百合花开不适时，
转瞬败谢夏雨中。

第十一回　花散里（166-169）

166. 原　作:をちかへりえぞ忍ばれぬほととぎすほの語らひし宿の垣根に

口語訳:をち返り……(ほととぎす—このわたしは、その折の気持に立ち返って、恋しさに堪えかねて鳴いているのです。昔いささかお訪ねしたことのあるこの家の垣根に)

丰子恺译：杜鹃苦挽行人住，
追忆绿窗私语时。

林文月译：不如归兮不如归，
子规频啼何忍去，
墙垣依旧兮情痴迷。

姚继中译：杜鹃遥啼留行人，
忆得绿窗私语时。

167. 原　作:ほととぎす言問ふ声はそれなれどあなおぼつかな五月雨の空

口語訳:ほととぎす……(ほととぎすのおとずれる声は、たしかに昔のあの声ではあるけれど、五月雨の空がはっきりしないように、どうもはっきり分かりかねております)

丰子恺译：啼鹃确似当年调，
梅雨声中不辨人。

林文月译：子规声兮虽依旧，
无奈晦暗梅雨天，
遂难分辨兮难查究。

姚继中译：啼鹃啼鸣乃依旧，
梅雨帘中不辨人。

168. 原　作:橘の香をなつかしみほととぎす花散る里をたづねてぞとふ

口語訳:橘の……(昔の人を思い出させる橘の香りが懐かしいので、ほととぎすは橘の花の散るこのお邸を捜してやてきました)

丰子恺译：杜鹃也爱芬芳树，
飞向橘花散处来。

林文月译：橘飘香兮诱子规，

众花渐散故里寂，
满园余芳兮有谁知？

姚继中译：子规夜啼芬芳树，
同入橘枝花散里。

169. 原　作：人目なく荒れたる宿は橘の花こそ軒のつまとなりけれ

口語訳：人目なく……（訪れる人もなく荒れはててしまったこの住まいは、橘の花だけが軒端に咲いて、昔を恋しく思うあなたをお誘いするよすがとなったのでした）

丰子恺译：荒园寂寂无人到，
檐外橘花引客来。

林文月译：荒宅寂兮正惆怅，
幸有橘树传芬芳，
犹得诱君兮来相访。

姚继中译：寂寂荒园本无客，
檐前橘花引人来。

第十二回　須磨（170-217）

170. 原　作：鳥辺山燃えし煙もまがふやと海人の塩焼く浦見にぞ行く

口語訳：鳥辺山……（あの折の鳥辺山に燃えた煙に似通ってはいないかと、海人が塩を焼く煙を眺めに須磨の浦に出向いて行きます）

丰子恺译：远浦渔夫盐灶上，
烟云可似鸟边山？

林文月译：鸟边山兮曾睹烟，
而今将赴须磨浦，
犹恨渔人兮烧盐田。

姚继中译：将作渔翁赴远浦，
烟云相似鸟边否？

171. 原　作：亡き人の別れやいとど隔たらむ煙となりし雲居ならでは

口語訳：亡き人の……（亡き人との別れはますます遠く隔たってしまいましょ

う。煙となってたち昇った都の空の下をお立ち去りになるのでは）

丰子恺译：烟云不到须磨浦，
从此幽魂远别离！

林文月译：人虽亡兮化云烟，
漂浮游移京城上，
今君将去兮愈隔焉。

姚继中译：自此幽魂远相离，
青云难飘须磨浦。

172. 原　作：身はかくてさすらへぬとも君があたり去らぬ鏡の影は離れじ
口語訳：身はかくて……（わたし自身はこうして遠くへ流浪していこうとも、心はあなたのそばを離れない鏡みたいに、あなたからかけ離れはしないでしょう）

丰子恺译：此身远戍须磨浦，
镜影随君永不离。

林文月译：将流浪兮去京城，
吾身孤单虽堪叹，
愿留镜影兮长伴卿。

姚继中译：孤身远戍须磨浦，
留得镜影相伴君。

173. 原　作：別れても影だにとまるものならば鏡を見ても慰めてまし
口語訳：別れても……（お別れしましても、せめてあなたの影だけでも鏡にとどまるものなら、それを見て心を慰めることもできましょうけれども）

丰子恺译：镜中倩影若长在，
对此菱花即慰心。

林文月译：生别离兮总苦悲，
镜若有情留君影，
对此卿堪兮慰相思。

姚继中译：祈求镜影长留在，
聊慰念夫相思情。

174. 原　作：月影の宿れる袖はせばくともとめても見ばやあかぬ光を
口語訳：月影の……（月影の宿っているこの袖はたとえ狭くても、いつまで

見ていても見飽きることのない月の光ーあなたをお引きとめしておきたいのです）

丰子恺译：月中衣袖虽孤陋，

愿得清光再照临。

林文月译：袖虽狭兮月影寓，

光华皎洁目难移，

愿得澄辉兮永留驻。

姚继中译：孤单衣袖冷月下，

期盼清辉再照颜。

175. 原　作：行きめぐりつひにすむべき月影のしばし雲らむ空な眺めそ

口語訳：行きめぐり……（再びめぐってきて結局は澄み輝くことになる月影がしばらくの間曇っているのを、愁わしげいごらんにならないでください。最後には潔白の証を立ててあなたとともに住むことができるのですから、悲しまないでください）

丰子恺译：后日终当重见月，

云天暂暗不须忧。

林文月译：月暂隐兮光华消，

阴晴圆缺寻常事，

重待澄辉兮见汉霄。

姚继中译：时明时暗月有时，

人间沧桑不可忧。

176. 原　作：逢ふ瀬なき涙の河に沈みしや流るる澪の初めなりけむ

口語訳：逢ふ瀬なき……（逢う折もない悲しみの涙川に身を沈めたのが、こうして流されてゆく身の始まりだったのでしょうか）

丰子恺译：空流往日相思泪，

变作今朝祸水源。

林文月译：相逢难矣泪潸潸，

汇成泪川身沉没，

从此漂流兮向何湾。

姚继中译：往日相思空流泪，

如今铸成祸水源。

177. 原　作:涙河浮かぶ水泡も消えぬべし流れて後の瀬をも待たずて

口語訳:涙川……(涙川に浮ぶ水の泡のように、泣き悲しんでいる私はすぐにも死んでしまいそうです。あなたが許されてお帰りになる後の逢瀬も待つことができないで)

丰子恺译：身似泪河浮水泡，
未逢后会已先消。

林文月译：泪河泛兮湍濑急，
妾亦沉浮任漂流，
后会之期兮恐难舍。

姚继中译：怜妾身在泪河中，
不期相逢在何时。

178. 原　作:見しはなくあるは悲しき世の果てを背きしかひもなくなくぞ経る

口語訳:見しはなく……(お連れ添い申した院はお亡くなりになり、生き残っているあなたは悲しいめにあっていらっしゃる世の末を、私は出家したかいもなく、泣きながら暮らしております)

丰子恺译：死者长离生者去，
焚修无益哭残生。

林文月译：亡者已矣生者悲，
生离死别多恨事，
空门犹泣兮枉为尼。

姚继中译：生离死别世无常，
隐遁空门还悲伤。

179. 原　作:別れしに悲しきことは尽きにしをまたぞこの世の憂さはまされる

口語訳:別れしに……(父院にお別れしたときに悲しみの限りを味わいつくしたのに、今またこの世のつらさが以前にもまさることです)

丰子恺译：死别悲伤犹未尽，
生离愁恨叹新增。

林文月译：顿失父兮已堪悲，
复遭迁谪倍增痛，
世间忧苦兮无休期。

姚继中译：才送死者伤未绝，

今又生离愁更愁。

180. 原　作:ひき連れて葵かざししそのかみを思へばつらし賀茂の瑞垣

口語訳:ひき連れて……(かつて行列をつくって葵をかざしたあの当時を思うと、この賀茂の瑞垣までが恨めしく思われます)

丰子恺译：当时同辇葵花艳，
今日重来恨社神。

林文月译：曾追随兮贺茂祭，
葵叶盛饰忆游行，
重见瑞垣兮不忍睇。

姚继中译：辇车侧旁同游日，
目睹社神今遗恨。

181. 原　作:憂き世をば今ぞ別るるとどまらむ名をば糺の神にまかせて

口語訳:うき世をば……(情けない世の中と別れてこれから遠くへまいります。あとに残りとどます噂は、その名も正邪を明らかになさるという糺すの森の神にお任せ申すことにして)

丰子恺译：身离浊世浮名在，
一任神明判是非。

林文月译：繁华世兮而今别，
是非曲直身后名，
任由神祇兮来裁决。

姚继中译：身虽流落浮名在，
神明自应断是非。

182. 原　作:亡き影やいかが見るらむよそへつつ眺むる月も雲隠れぬる

口語訳:なきかげや……(泣き父院の御魂はこの私の有様をどうごらんになっていらっしゃることだろう。父院になぞらえては眺める月までも、雲に隠れてしまった)

丰子恺译：皇灵见我应悲叹，
明月怜人隐入云。

林文月译：何所见兮何所思?
灵影偃蹇丛草里，
月为不忍兮云间窥。

姚继中译：皇若有灵当同悲，
明月怜人入云中。

183. 原　作:いつかまた春の都の花を見む時失へる山賤にして

口語訳:いつかまた……(いつ再び春の都の花を－東宮のめでたいご時世を見ることができるのでしょうか。時勢から疎んじられているこの山賤の身ですから)

丰子恺译：时运不济归隐遁，
何时花发返春都？

林文月译：衔泪别兮断眷恋，
世人嫌我如村夫，
京城春花兮得重见？

姚继中译：林隐皆因时运尽，
何时赏花返春都？

184. 原　作:咲きてとく散るは憂けれどゆく春は花の都を立ち帰り見よ

口語訳:咲きてとく……(花が咲いてすぐ散るのは情けないことでございますが、いま暮れてゆく春－都を去って行かれるあなた様は再び立ち帰って来て、花の都をごらんになってくださいまし)

丰子恺译：花事匆匆开又谢，
愿春早日返京华。

林文月译：樱花凋兮春去矣，
花开花谢虽添忧，
珍重再会兮为探蕊。

姚继中译：花开花落定有时，
愿君逢春早还京。

185. 原　作:生ける世の別れを知らで契りつつ命を人に限りけるかな

口語訳:行ける世の……(生きている間にも生き別れのあることを気づかずに、命のあるかぎりは別れまいとあなたに幾度も約束したことでした)

丰子恺译：但教坚守终身誓，
偶尔生离不足论。

林文月译：曾约契兮长相厮，
信誓旦旦犹在耳，

世事难卜兮竟生离。

姚继中译：白头偕老盟誓时，
哪料今世生离异。

186. 原　作：惜しからぬ命に代へて目の前の別れをしばしとどめてしがな

口語訳：惜しからぬ……（惜しげもない私の命と取り替えてでも、目の前のあなたとの悲しいお別れをしばらくでも引きとめたいものです）

丰子恺译：痴心欲舍微躯命，
换得行人片刻留。

林文月译：妾薄命兮不足惜，
愿将寿命抵光阴，
常驻此刻兮莫相迫。

姚继中译：即或余得妾身命，
为君挽取少许留。

187. 原　作：唐国に名を残しける人よりも行方知られぬ家居をやせむ

口語訳：唐国に……（唐の国でその名を後世に残した人よりも、この私はこれからさき行く方も知れぬ不安な旅住まいをしなければならないのだろうか）

丰子恺译：屈原名字留千古，
逐客去向叹渺茫。

林文月译：昔唐国兮有屈原，
以遭谗言遂流放，
吾今漂泊兮亦衔冤。

姚继中译：屈原英名垂宇宙，
谁知逐客心渺茫。

188. 原　作：故郷を峰の霞は隔つれど眺むる空は同じ雲居か

口語訳：ふる里を……（故郷を峰の霞がさえぎり隔てているけれど、わたしがうち沈んでじっと眺めている空は、あの都の人の眺めているのと同じ一つの空であろうか。）

丰子恺译：故乡虽有云山隔，
仰望长空共此天。

林文月译：云雾阻兮故乡邈，

魂牵梦系两地情，
伊人岂盼兮在天表？

姚继中译：遥望故乡丛云隔，
纵然远去共此天。

189. 原　作：松島の海人の苫屋もいかならむ須磨の浦人しほたるるころ
口語訳：松島の……（須磨の浦に涙の日々を過しております今日このごろですが、私の帰りをお待ちくださる松島の海人－尼君のお住いではどのようにお過しでしょうか）

丰子恺译：须磨迁客愁无限，
松岛渔女意若何？

林文月译：海风拂兮须磨浦，
有人独居泪沾衫，
可曾相待兮尼之庑。

姚继中译：无限愁容居须磨，
松岛渔女可平安？

190. 原　作：こりずまの浦のみるめのゆかしきを塩焼く海人やいかが思はむ
口語訳：こりずまの……（性懲りもなくあなたにお逢いしたくてならないのですが、須磨の浦の塩焼く海人－あなたはどうお思いなのでしょうか）

丰子恺译：我无顾忌思重叙，
卿有柔情怀我无？

林文月译：情所钟兮未敢忘，
刻骨铭心遂多憾，
卿知海人兮遥盼望！

姚继中译：纵佚祈盼重聚日，
卿怀柔情念旧否？

191. 原　作：塩垂るることをやくにて松島に年ふる海人も嘆きをぞつむ
口語訳：しほたるる……（藻塩が垂れる－涙に濡れますのを仕事にして、松島で長年過している海人—尼の私も嘆きを重ねております）

丰子恺译：身证菩提心积恨，
经年红泪湿袈裟。

林文月译：泪未干兮日日叹，

海风轻拂松岛滨，
可闻海人兮遥呼唤？
姚继中译：身居菩提心有恨，
泪染袈裟尘缘深。

192. 原　作：浦にたく海人だにつつむ恋なればくゆる煙よ行く方ぞなき
口語訳：浦にたく……（浦で投げ木を燃やす海人さえ人目をはばかる恋の火なのですから、胸にふすぶる煙は行く先もなく晴れるすべもございません）
丰子恺译：为防世上千人目，
闷煞心中万斛愁。
林文月译：隐私情兮暗相恋，
闻悉海人焚盐田，
烟为薰心兮目为眩。
姚继中译：世人目光不堪防，
心中恨愁无了期。

193. 原　作：浦人の潮くむ袖に比べ見よ波路へだつる夜の衣を
口語訳：浦人の……（浦人が潮を汲むように泣き濡れていらっしゃるというあなたの袖と比べてごらんくださいまし。遠く波路を隔てた都で毎夜涙に濡れている私の衣とを）
丰子恺译：海客潮侵袖，
居人泪湿襟。
请将襟比袖，
谁重复谁轻？
林文月译：君处浦兮袖弄潮，
妾独居京情何托，
波路阻隔兮泣红绡。
姚继中译：泪若海浪浸远客，
念念忆君君不见。

194. 原　作：うきめかる伊勢をの海人を思ひやれ藻塩垂るてふ須磨の浦にて
口語訳：うきめ刈る……（伊勢国で浮海布を刈る海人—憂き目にあっている私のことをお思いやりくださいまし。あなたが「藻塩たれつつ」涙に

濡れるという須磨の浦で）

丰子恺译：但愿须磨流放客，

垂怜伊势隐居人。

林文月译：须磨浦兮潮如泪，

寂寞海藻逐浪花，

伊势有人兮更憔悴。

姚继中译：身系须磨流放人，

却怜伊势隐居客。

195. 原　作：伊勢島や潮干の潟に漁りてもいふかひなきは我が身なりけり

口語訳：伊勢島や……（伊勢島の潮の引いた潟で貝をあさっても、何の貝もないように、いまさら生きがいのない私の身の上でございました）

丰子恺译：君有佳期重返里，

我无生趣永飘零。

林文月译：既撒网兮伊势岛，

不见鱼贝属徒劳，

一无所获兮妾自讨。

姚继中译：君有拔云返京日，

吾身茫茫永飘零。

196. 原　作：伊勢人の波の上漕ぐ小舟にもうきめは刈らで乗らましものを

口語訳：伊勢人の……（須磨の浦で浮海布を刈る－憂き目にあうよりも、伊勢人が波の上を漕ぐ小舟にでも乗ればよかったものを）

丰子恺译：摆脱离忧伊势去，

小舟破浪度今生。

林文月译：逐海藻兮渺无踪，

早知弄潮不可恃，

何不伊势兮泛舟从。

姚继中译：俨然一介伊势夫，

浪中扁舟度余生。

197. 原　作：海人がつむなげきのなかに塩垂れていつまで須磨の浦に眺めむ

口語訳：海人がつむ……（海人が積む投げ木—嘆きの中に泣き濡れて、いつまで須磨の浦で物思いに沈んでいなければならないのでしょう）

丰子恺译：今生永伴愁和泪，
　　　　　怅望须磨浦上云。

林文月译：荒郊浦兮多盐田，
　　　　　海人孤独迎风立，
　　　　　须磨迢递兮无人怜。

姚继中译：泪伴今生无了时，
　　　　　客死须磨空自悲。

198. 原　作：荒れまさる軒のしのぶを眺めつつしげくも露のかかる袖かな

口語訳：荒れまさる……（ますます荒れてゆく軒の忍ぶ草を眺め眺めしながら、あなたをしのんでおりますと、涙の露がしとどにかかる私の袖でございます）

丰子恺译：愁看蔓草封堦砌，
　　　　　泪涌如泉袖不干。

林文月译：荒轩下兮生忍草，
　　　　　睹物思君泪涟涟，
　　　　　似露如雨兮袖浸潦。

姚继中译：满阶蔓草不忍睹，
　　　　　泪珠忽出袖不干。

199. 原　作：恋ひわびて泣く音にまがふ浦波は思ふ方より風や吹くらむ

口語訳：恋ひわびて……（恋しさに耐えかね泣く声かと聞える浦波の音は、わたしのことを思っている人たちのいる都の方から風が吹いてくるせいであろうか）

丰子恺译：涛声哀似离人泣，
　　　　　疑有风从故国来。

林文月译：恋京城兮泪下流，
　　　　　涛声缘何似呜咽，
　　　　　悲风岂发兮故乡秋。

姚继中译：涛声相伴人泣声，
　　　　　莫是故国风吹来。

200. 原　作：初雁は恋しき人の列なれや旅の空飛ぶ声の悲しき

口語訳：初雁は……（初雁は都にいる恋しい人の同じ仲間なのかしら、旅の

空を飛ぶ声が悲しく聞えてくる)

丰子恺译：客中早雁声哀怨，

恐是伊人遣送来。

林文月译：初雁过兮遗悲鸣，

行行列列展旅翼，

禽鸟岂解兮恋人情？

姚继中译：早雁飞过留余音，

依稀伊人信使来。

201. 原　作：かきつらね昔のことぞ思ほゆる雁はその世の友ならねども

口語訳：かきつらね……(次々とつらねて昔のことが思い出されてなりません。雁はその当時の友というわけではないけれども)

丰子恺译：征鸿不是当年友，

何故闻声忆往时？

林文月译：雁嗈嗈兮横天飞，

吾与此禽虽素昧，

啼声动心兮情依稀。

姚继中译：归雁非是昨日羽，

缘何闻声思旧情？

202. 原　作：心から常世を捨てて鳴く雁を雲のよそにも思ひけるかな

口語訳：心から……(自分から進んで故郷の常世の国を捨てて旅の空に鳴いている雁を、今までは雲のかなたのよそごとと思っていたのでした)

丰子恺译：向来不管长征雁，

今日闻声忽自伤。

林文月译：雁南飞兮弃故土，

当时无心责伊痴，

而今漂泊兮始知苦，

姚继中译：不屑去来长征雁，

忽闻凄声自受伤。

203. 原　作：常世出でて旅の空なる雁がねも列に遅れぬほどぞ慰む

口語訳：常世いでて……(常世の国を出て旅の空を飛んでいる雁も、その

仲間から遅れずにいる間は心が和みます)

丰子恺译：离乡背井长征雁，
幸有同群可慰情。

林文月译：弃故土兮试旅翼，
雁心虽亦恋家园，
犹得列队兮在友侧。

姚继中译：大雁飞去皆成群，
万里旷野不孤单。

204. 原　作：見るほどぞしばし慰むめぐりあはむ月の都は遥かなれども

口語訳：見るほどぞ……(この月の顔を見ている間だけはしばらくでも心が和んでくる。再び月の都一京に帰れる日は遠くはるか先のことであるけれども)

丰子恺译：神京遥隔归期远，
共仰清光亦慰情。

林文月译：路迢迢兮京城远，
相思难偿情依依，
卿望此月兮暂缱绻。

姚继中译：思念归期未有期，
清辉月下惟太息。

205. 原　作：憂しとのみひとへにものは思ほえで左右にも濡るる袖かな

口語訳：うしとのみ……(帝に対して一途に恨めしいとばかりも思われず、懐かしくもあって、左に右にそれぞれの涙で濡れる袖であるよ)

丰子恺译：命穷不恨人间世，
回首前尘泪湿衣。

林文月译：遭逆境兮虽窘困，
泪湿御衣手足情，
遥念皇恩兮心无怨。

姚继中译：人生无常命中定，
回首前尘泪湿襟。

206. 原　作：琴の音に弾きとめらるる綱手縄たゆたふ心君知るらめや

口語訳：琴の音に……(お琴の音に引きとめられ、綱手縄のようにたゆたっ

ております私の心を、あなた様はお察しくださいましょうか)

丰子恺译：闻琴心似船停纤，

进退两难知不知？

林文月译：海风拂兮送琴音，

舟子闻声忍引缆，

踌躇难离兮是妾心。

姚继中译：琴扰心旌船离去，

进退维谷谁知君？

207. 原　作：心ありて引き手の綱のたゆたはばうち過ぎましや須磨の浦波

口語訳：心ありて……(わたしのことを思って引き手の網のように心が揺れるというのでしたら、このまま素通りできるものでしょうか、この須磨の浦を)

丰子恺译：若教心似船停纤，

永泊须磨浦上波。

林文月译：道有情兮难举橹，

若是真心慰相思，

何忍空过兮须磨浦？

姚继中译：倘若心像纤颤动，

应泊须磨浦上波！

208. 原　作：山賤の庵に焚けるしばしばも言問ひ来なむ恋ふる里人

口語訳：山がつの……(山賤の小屋で焚いている柴ではないが、しばしば便りを寄せてほしい。恋しい故郷の人よ)

丰子恺译：但愿故乡诸好友，

佳音多似此柴烟。

林文月译：烧柴枝兮樵民忙，

缕缕轻烟袅袅起，

可叹故人兮岂我望？

姚继中译：惟愿京都众友人，

不断佳音似柴烟。

209. 原　作：いづ方の雲路に我も迷ひなむ月の見るらむことも恥づかし

口語訳：いづかたの……(これから私はどちらの雲路に迷ってゆくのだろう

か。ひたすら西へ急ぐ月が見ていることだろうが、そう思うと恥ずかしく感じられる）

丰子恺译：我身漂泊迷前途，
羞见月明自向西。

林文月译：月不迷兮唯西行，
吾竟漂泊无去向，
羞见澄辉兮心难平。

姚继中译：吾身漂泊迷方向，
明月知羞西隐去。

210. 原　作：友千鳥諸声に鳴く暁はひとり寝覚の床も頼もし

口語訳：友千鳥……（友千鳥が声を合わせていっしょに鳴いているの聞くと、暁の床にひとり目を覚ましているのも心丈夫に感じられる）

丰子恺译：晓鸟齐鸣增友爱，
愁人无寐慰离情。

林文月译：鹬鸟啼兮近晓天，
彼禽犹知呼唤友，
独醒旅榻兮思婵娟。

姚继中译：百鸟齐鸣天将晓，
几无睡眠思旧人。

211. 原　作：いつとなく大宮人の恋しきに桜かざしし今日も来にけり

口語訳：いつとなく……（いつと限らず大宮人が恋しく思われるけれども、わけても桜をかざして楽しんだ春の日の今日がまためぐってきたことよ）

丰子恺译：无日不思春殿乐，
插花时节又来临。

林文月译：思京城兮念故旧，
樱花依旧迎春风，
花开徒伤兮泪沾袖。

姚继中译：何日不思京华春，
插花踏歌又时节。

212. 原　作：故郷をいづれの春か行きて見むうらやましきは帰る雁がね

口語訳：ふる里を……（故郷をいつの春になったら帰って行って見ることが

できるのだろうか、うらやましいのはこれから帰っていく雁—あなたです)

丰子恺译：何时再见春都友，
羡煞南归雁数行。

林文月译：雁成行兮飞过去，
羡鸟犹得归故乡，
都春何日兮重相觑。

姚继中译：何日我如南归雁，
飞向京都聚旧友。

213. 原　作:あかなくに雁の常世を立ち別れ花の都に道や惑はむ

口語訳:あかなくに……(まだ思いも尽きないうちに、あなたが仮住いをしておられる異境から立ち別れて行く私は、花の都に帰る道にも迷うことになりましょう)

丰子恺译：离情未罄辞仙浦，
此去花都路途迷。

林文月译：语未尽兮情未了，
依依不忍别客乡，
泪眼迷途兮花都邈。

姚继中译：辞别仙浦情难了，
迷途花都独此径。

214. 原　作:雲近く飛び交ふ鶴も空に見よ我は春日の曇りなき身ぞ

口語訳:雲ちかく……(雲—内裏近くを飛びかる鶴—あなたも空—宮中にあってごらんください。私はこの春の日のように、曇りのない潔白な身です。いつまでもこんなめにあうはずがない)

丰子恺译：鹤上九霄回首看，
我身明净似春阳。

林文月译：鹤交飞兮白云际，
可曾下窥吾处身？
明若春空兮无阴翳！

姚继中译：鹤冲云霄频回首，
明净吾身如阳光。

215. 原　作:たづかなき雲居にひとり音をぞ鳴く翼並べし友を恋ひつつ
　　口語訳:たづがなき……(鶴—私は頼りなく心細い雲居—宮中にひとりで声を立てて泣いています。つばさを並べた友—あなたをいつも恋い慕いながら)
丰子恺译：孤鹤翔空云路杳，
　　追寻旧侣唳声哀。
林文月译：天空旷兮云未散，
　　昔日比翼今单翔，
　　声声悲啼兮为寻伴。
姚继中译：云霄孤鹤不知路，
　　寻找旧伴唳声声。
216. 原　作:知らざりし大海の原に流れ来てひとかたにやはものは悲しき
　　口語訳:知らざりし……(人形のように、まだ知らぬ大海原に流れて来て、ひとかたならず、あれこれと悲しい思いを重ねている)
丰子恺译：我似刍灵浮大海，
　　随波漂泊命堪悲。
林文月译：漂兮荡兮逐海波，
　　吾身未定若萍藻，
　　前程茫茫兮空蹉跎！
姚继中译：恰似刍灵随浪涌，
　　沉浮命运谁可知。
217. 原　作:八百よろづ神もあはれと思ふらむ犯せる罪のそれとなければ
　　口語訳:八百よろづ……(八百万の神々も私を哀れんでくださるであろう。これといって犯している罪もないのだから)
丰子恺译：原知我罪莫须有，
　　天地神明应解怜。
林文月译：四面神兮八方祇，
　　灵皇皇其降悲悯，
　　衔冤未昭兮人谁知？
姚继中译：吾罪原是莫须有，
　　奏请神明予垂怜。

第十三回　明石（218-247）

218. 原　作：浦風やいかに吹くらむ思ひやる袖うち濡らし波間なきころ

口語訳：浦風や……（そちらの浦風はどんなにはげしく吹いていることでしょう。遠く遥かに案じております私の袖も涙に濡れてかわく間もない今日このごろに）

丰子恺译：闺中热泪随波涌，
浦上狂风肆虐无？

林文月译：泪涟洳兮泣红袖，
相思无极雨未停，
须磨海风兮岂有究！

姚继中译：料想浦上狂风虐，
翘首遥望泪泉涌！

219. 原　作：海にます神の助けにかからずは潮の八百会にさすらへなまし

口語訳：海にます……（海にいらっしゃる神のお助けにすがらなかったら、潮路の八重に集まる沖の海に漂っていたことだろう）

丰子恺译：不是海神呵护力，
碧波深处葬微躯。

林文月译：蒙海神兮赐庇护，
得逃巨浪避狂涛，
遂免漂流兮命暂驻。

姚继中译：若非海神庇佑我，
微躯定葬碧波中。

220. 原　作：遥かにも思ひやるかな知らざりし浦よりをちに浦伝ひして

口語訳：はるかにも……（遥かにあなたの御身の上に思いを馳せているのです。見も知らぬ所であった須磨の浦から、なお遠い明石の浦に浦伝いに移って）

丰子恺译：渐行渐远皆荒渚，
从此思君路更遥。

林文月译：经一湾兮转一浦，

如今离卿更迢迢，
千里相思兮愈悲苦。

姚继中译：人随荒渚飘行远，
思君至此路更长。

221. 原　作：あはと見る淡路の島のあはれさへ残るくまなく澄める夜の月

口語訳：あはと見る……（昔の人が「あはれ」といって淡路島を眺めた折の風情までも、残るところなく味わわせる今夜の澄みわたった月よ）

丰子恺译：无边月色溶溶夜，
疑是身居淡路山。

林文月译：眇忽忽兮淡路岛，
澄辉广被愈玲珑，
复照予心兮耀烦恼。

姚继中译：月如明镜夜色浓，
恰似置身淡路中。

222. 原　作：一人寝は君も知りぬやつれづれと思ひ明かしの浦さびしさを

口語訳：ひとり寝は……（独り寝のつらさはあなたもお分かりになったでしょうか。明石の浦で所在なく夜明しする寂しい娘の気持をお察しください。）

丰子恺译：暗尽孤眠滋味者，
应怜荒浦独居人。

林文月译：地偏僻兮明石浦，
有女一人常独居，
寂寂怏怏兮岂不苦?

姚继中译：暗尽寂寞孤眠者，
应怜明石独居人。

223. 原　作：旅衣うら悲しさに明かしかね草の枕は夢も結ばず

口語訳：旅衣……（この明石の浦で旅寝の悲しさに夜を明かしかねている私は安らかな夢を見ることもできません）

丰子恺译：离居长夜如年永，
放枕孤单梦不成。

林文月译：空漂泊兮居无所，

旅邸独眠常悲辛，
梦亦难成兮怎自处？

姚继中译：离居夜长盼拂晓，
旅枕巾短梦难成。

224. 原　作：をちこちも知らぬ雲居に眺めわびかすめし宿の梢をぞ訪ふ

口語訳：をちこちも……（どちらとも分からない旅の空に目をやり、物思いに沈んでは、ほのかにお噂にうかがった宿の梢を霞のかなたにおたずねするのです）

丰子恺译：怅望长空迷远近，
渔人指点访仙源。

林文月译：难分辨兮远近云，
京城迢递徒沉念，
暂得一枝兮拜红裙。

姚继中译：天际苍茫迷途远，
渔人遥指访仙踪。

225. 原　作：眺むらむ同じ雲居を眺むるは思ひも同じ思ひなるらむ

口語訳：ながむらん……（あなた様が眺めていらっしゃると仰せられる、その同じ空を娘も眺めやっておりますのは、きっと同じ思いからなのでございましょう）

丰子恺译：双方怅望同天宇，
两地相思共此心。

林文月译：眺兮望兮共翘首，
今日相看一天云，
春女之心兮同君否？

姚继中译：同是怅望此天宇，
两情相悦共此心。

226. 原　作：いぶせくも心にものを悩むかなやよやいかにと問ふ人もなみ

口語訳：いぶせくも……（やりばのない気持で思い悩んでおります。もし、どうしたのですか、と尋ねてくれる人もいないのですから）

丰子恺译：未闻亲笔佳音至，
只索垂头独自伤。

林文月译：孤独者兮乏人问，

我心忧郁谁晓知？

悠悠旦暮兮任转运。

姚继中译：不见佳丽含香来，

只是垂头独自伤。

227. 原　作：思ふらむ心のほどややよいかにまだ見ぬ人の聞きか悩まむ

口語訳：思ふらん……（お思いくださるというあなた様のお心のほどは、さてどれくらい深くいらっしゃるのでしょうか。この私をまだごらんになったことのないお方が、噂だけでお悩みになるものでしょうか）

丰子恺译：试问君思我，

情缘几许深？

闻名未见面，

安得恼君心？

林文月译：相思意兮究何如？

未拜庐山真面目，

何以解得兮情密疏！

姚继中译：问君情缘深几许，

未曾相识何以忧。

228. 原　作：秋の夜の月毛の駒よ我が恋ふる雲居を翔れ時の間も見む

口語訳：秋の夜の……（秋の夜の月毛の駒よ、わたしが恋い慕っている空を駆けておくれ、ほんの束の間でも恋しい人の姿を見ようものを）

丰子恺译：我马应随秋夜月，

暂游玉宇见嫦娥。

林文月译：月空明兮秋无涯，

天马行空若可信，

愿得驰京兮慰相思。

姚继中译：赤马轻踏秋月夜，

直奔玉宇会嫦娥。

229. 原　作：むつごとを語りあはせむ人もがな憂き世の夢もなかば覚むやと

口語訳：むつごとを……（親しい言葉を交わし合える人がほしいのです。憂き世の悲しい夢も半ばは覚めようかと存じまして）

丰子恺译：痴心欲得多情侣，
　　　　　慰我浮生若梦身。
林文月译：寄客乡兮独漂泊，
　　　　　悲苦人生何遣怀？
　　　　　红粉知己兮慰寂寞。
姚继中译：拨去愁云觅知己，
　　　　　但求驱散浮生梦。

230. 原　作：明けぬ夜にやがて惑へる心にはいづれを夢とわきて語らむ
　口語訳：明けぬ夜に……（明けることのない長夜の闇をそのままに迷っておりますこの私には、どれを夢と知り分けてお話しすることができましょう）

丰子恺译：依心幽暗如长夜，
　　　　　是梦是真辨不清。
林文月译：夜漫漫兮若无极，
　　　　　妾心迷惘犹梦中，
　　　　　难辨真幻兮遂缄默。
姚继中译：我心幽暗似长夜，
　　　　　梦幻真伪难辨清。

231. 原　作：しほしほとまづぞ泣かるるかりそめのみるめは海人のすさびなれども
　口語訳：しほしほと……（あなたを思い出してしおしおとまず泣かずにはいられません。かりそめにほかの女に逢ったのは、海人の戯れごとのようなものにすぎないのですけれども）

丰子恺译：远浦寻花柳，
　　　　　逢场作戏看。
　　　　　思君肠欲断，
　　　　　夜夜泪汍澜。
林文月译：有一人兮暂相随，
　　　　　聊慰寂寞逢场戏，
　　　　　心实恋卿兮泪常垂。
姚继中译：孤浦寻花作戏看，
　　　　　思君肠断泪若澜。

232. 原　作:うらなくも思ひけるかな契りしを松より波は越えじものぞと

口語訳:うらなくも……(思えば正直に信じていたものです、お約束したのですからよもや浮気心をお待ちになることなどありますまいと)

丰子恺译：山盟海誓如磐石，
海水安能漫过山？

林文月译：临别辞兮犹萦耳，
讵知浪涛越山高，
君心浮荡兮似海水。

姚继中译：山盟海誓已此般，
潮水岂能浸过山？

233. 原　作:このたびは立ち別るとも藻塩焼く煙は同じ方になびかむ

口語訳:このたびは……(今度はたとえお別れすることになっても、あの藻塩を焼く煙が同じ方向になびくように、いずれは必ずいっしょになりましょう)

丰子恺译：此度分携暂，
他年必相逢。
正如盐灶上，
烟缕方向同。

林文月译：去将去兮离此浦，
似那盐烟随风靡，
有情同心兮总重聚。

姚继中译：此度暂别定相逢，
犹如盐灶烟归一。

234. 原　作:かきつめて海人のたく藻の思ひにも今はかひなき恨みだにせじ

口語訳:かきつめて……(海人がかき集めて焼く藻塩火のように物思いの種は多うございますが、今はかいのないお恨みさえも申しますまい)

丰子恺译：惜别愁无限，
心如灶火烧。
今生悲命薄，
怨恨亦徒劳。

林文月译：妾心忧兮如焚火，

奈何人生多苦悲，
未敢怨叹兮独负荷。

姚继中译：惜别情怀如灶火，
今生命薄怨徒劳。

235. 原　作:なほざりに頼め置くめる一ことを尽きせぬ音にやかけて偲ばむ

口語訳:なほざりに……(かりそめのお約束なのでしょうが、そのお一言を、私はいつまでも声をあげて泣きながら心にかけてお慕いしておりましょう、尽きぬ形見の琴を頼りとして)

丰子恺译：信口开河说，
我姑记在心。
从今琴韵里，
和泪苦思君。

林文月译：轻许诺兮辄置词，
明知戏言不可恃，
忍声偷泣兮总相思。

姚继中译：顺情相约欠凝重，
此后思君泪伴琴。

236. 原　作:逢ふまでのかたみに契る中の緒の調べはことに変はらざらなむ

口語訳:逢ふまでの……(また逢う日までの形見の品にと、お互いに約束するこの琴の中の緒の調子—わたしたちの仲は、特に変ることなくあってほしいものです)

丰子恺译：临别留遗念，
宫弦不变音。
愿卿心似此，
永不忘前情。

林文月译：筝一具兮十三弦，
丝弦音调常不变，
情爱不渝兮会团圆。

姚继中译：别后宫弦不变音，
如此卿心思前情。

237. 原　作:うち捨てて立つも悲しき浦波の名残いかにと思ひやるかな

口語訳:うちすてて……(あなたを残して、この浦を立ち去って行くのも悲しくて、その後はどうなるのだろうかと思いやられます)

丰子恺译：别卿离此浦，
对景感伤多。
如我东行后，
余波复如何？

林文月译：不忍离兮泪洒隈，
今日一别何时见？
寂寞波涛兮空徘徊。

姚继中译：别卿离浦感伤多，
此后余波当如何？

238. 原　作:年経つる苫屋も荒れて憂き波の返る方にや身をたぐへまし

口語訳:年へつる……(あなたがお立ちになった後では、長年たった苫屋も荒れてつらいことでしょう。波が返る方角へ—あなたがお帰りになる京の方へ、できることならこの身もいっしょに添わせてやりたい、お後を慕って身を投げてしまいたいのです)

丰子恺译：君行经岁月，
茅舍亦荒芜。
不惯离忧苦，
纵身投逝波。

林文月译：君将行兮茅屋废，
何忍苟容此山冈？
去将逐波兮身心碎。

姚继中译：君行岁逝茅舍荒，
不惯离苦逐逝波。

239. 原　作:寄る波に立ちかさねたる旅衣しほどけしとや人の厭はむ

口語訳:寄る波に……(裁ち重ねてあるこの旅衣は涙に濡れているとて、お厭いになるでしょうか)

丰子恺译：旅衫亲手制，
热泪未曾干。
只恐襟太湿，

郎君不要穿。

林文月译：和泪裁兮此旅装，

一针一线寄情爱，

恐君厌嫌兮润似浪。

姚继中译：行装我缝泪未干，

若嫌襟湿君莫穿。

240. 原　作：かたみにぞ換ふべかりける逢ふことの日数隔てむ中の衣を

口語訳：かたみにぞ……（お互いに形身として取り換えるべきなのですね。また逢う日までの間二人の仲を隔てる中の衣を）

丰子恺译：屈指重逢日，

相思苦不禁。

从今披此服，

睹物怀斯人。

林文月译：相逢日兮究何时？

试把衣裳来交换，

留作誓物兮表相思。

姚继中译：屈指记日相思苦，

睹物难忘故人情。

241. 原　作：世をうみにここらしほじむ身となりてなほこの岸をえこそ離れね

口語訳：世をうみに……（世間を厭い離れて、長年にこの海辺に暮す身の上となりましても、やはりまだこの岸－穢土を離れきることができません）

丰子恺译：遁世长年栖海角，

痴心犹不舍红尘。

林文月译：弃红尘兮避海滨，

潮风长年任吹拂，

烦恼依旧兮未了身。

姚继中译：长年遁世隐海角，

此心终难舍红尘。

242. 原　作：都出でし春の嘆きに劣らめや年経る浦を別れぬる秋

口語訳：都出でし……（先年都を出た春の嘆きに劣るだろうか、年経て住ん

だ浦と年老いたあなたに別れてしまうこの秋の嘆きはこれに劣りはしない）

丰子恺译：久居此浦悲秋别，
一似前春去国时。

林文月译：当年春兮泣别京，
时光流转增感喟，
今秋将去兮魂梦萦。

姚继中译：久居孤浦伤秋别，
犹如去春离京时。

243. 原　作：わたつ海にしなえうらぶれ蛭の児の脚立たざりし年は経にけり

口語訳：わたつ海……（海辺でうちしおれて、落ちぶれながら、蛭の子のように立つこともできない年月を過しました）

丰子恺译：落魄彷徨窜海角，
倏经蛭子跛瘫年。

林文月译：蛭之子兮本神嗣，
奈遭苇舟海上迁，
经年未步兮遂颠踬。

姚继中译：绝望落魄飘海涯，
倏经蛭子跛瘫年。

244. 原　作：宮柱めぐりあひける時しあれば別れし春の恨み残すな

口語訳：宮柱……（こうしてめぐり会うときもあるのだから、別れた春の恨みは忘れてほしいのです）

丰子恺译：二神绕柱终相会，
莫忆前春去国悲。

林文月译：绕宫柱兮神嗣生，
若得相逢何须怨？
相别之春兮勿置评。

姚继中译：绕柱二神终相会，
悲忆前春离京时。

245. 原　作：嘆きつつ明石の浦に朝霧の立つやと人を思ひやるかな

口語訳：嘆きつつ……（あなたが嘆き嘆きして夜を明かす明石の浦には、そ

の嘆きの息が朝霧となって立っていようかと思いやられます)

丰子恺译：遥知浦上无眠夜，

叹息应如朝雾升。

林文月译：长叹息兮苦别离，

气为朝雾罩明石，

情意缭绕兮卿岂知？

姚继中译：浦上夜长却无眠，

晨雾笼罩叹息无？

246. 原　作:須磨の浦に心を寄せし舟人のやがて朽たせる袖を見せばや

口語訳:須磨の浦に……(須磨の浦で心をお寄せした船人が、あのまま涙に朽ちさせてしまった袖をお見せしたいものです)

丰子恺译：一自须磨通信后，

罗襟常湿盼君看。

林文月译：有舟娘兮住须磨，

私情相思未敢忘，

泪腐衣袖兮形婆娑。

姚继中译：自有须磨倾心人，

罗衫常湿盼君睹。

247. 原　作:かえりてはかごとやせまし寄せたりしなごりに袖のひがたかりしを

口語訳:かへりては……(こちらのほうからかえって恨み言を言ってみたいところです。あなたがお手紙をくださった後、涙に濡れたわたしの袖がかわきにくかったのですから)

丰子恺译：自闻音信襟常湿，

我欲向卿诉怨情。

林文月译：展卿书兮读卿字，

衷情为动泪涟涟，

吾袖亦朽兮非嬉戏。

姚继中译：遥得音信襟常湿，

更欲向卿诉怨情。

第十四回　澪標（248-264）

248. 原　作:かねてより隔てぬ仲とならはねど別れは惜しきものにぞありける

口語訳:かねてより……(以前から隔てのない間柄として親しんできたのではないけれども、しかし別れというものは名残惜しいものであった)

丰子恺译：往日交情虽泛泛，
今朝惜别亦依依。

林文月译：素相隔兮非相亲，
未尝深交吾与汝，
别离滋味兮总悲辛。

姚继中译：往昔虽无深交谊，
今日别时亦依依。

249. 原　作:うちつけの別れを惜しむかことにて思はむ方に慕ひやはせぬ

口語訳:うちつけの……(この私との別れが名残惜しいなどとおっしゃるのはなおざりの口実にすぎなくて、じつは思うお方のほうにいらっしゃりたいのではございませんか)

丰子恺译：惜别何妨当口实，
同车共访意中人。

林文月译：说悲辛兮道惜别，
情驰他方实有人，
托词慰妾兮真心折。

姚继中译：何须惜别为借口，
亦能同访意中人。

250. 原　作:いつしかも袖うちかけむをとめ子が世を経て撫づる岩の生ひ先

口語訳:いつしかも……(早くこのわたしの袖で撫でてあげたいものです。天女が長い年月その羽衣で撫でる岩のように生い先長い姫君を)

丰子恺译：朝朝祝福长生女，
早早相逢入我怀。

林文月译：经几月兮复几岁，
始得怀袖抱吾女，

如何亲生兮不爱怜。

姚继中译：朝夕祈福长生女，

早日相逢入父怀。

251. 原　作：ひとりして撫づるは袖のほどなきに覆ふばかりの蔭をしぞ待つ

口語訳：ひとりして……（この私ひとりで姫君を撫でるのには袖が狭すぎますので、覆うばかりの、広いあなたのお袖の庇護をお待ちしております）

丰子恺译：单身抚幼女，

袖狭不周身。

欲蒙朝衣荫，

朝朝待使君。

林文月译：将独抚兮此娇儿，

妾袖嫌狭难蔽护，

君袖宽大兮何日垂？

姚继中译：狭袖不足抚爱女，

欲蒙使君朝依荫。

252. 原　作：思ふどちなびく方にはあらずともわれぞ煙に先立ちなまし

口語訳：思ふどち……（思い合った同士が同じ方になびくとおっしゃる、その方角ではないにしても、私はその煙に先立って死んでしまったらよかったのかしら）

丰子恺译：爱侣如烟缕，

方向尽相同。

我独先消散，

似梦一场空。

林文月译：方向异兮非海滨，

君自相思妾自恨，

宁为化烟兮灭此身。

姚继中译：爱侣若烟升空中，

独我先散一场梦。

253. 原　作：誰により世を海山に行きめぐり絶えぬ涙に浮き沈む身ぞ

口語訳：誰により……（いったい誰ゆえにこのつらい世を海や山にさすらっ

て、絶えぬ涙に浮き沈みしたわたしだったのでしょう）

丰子恺译：海角天涯客，
浮沉身世哀。
青衫终岁湿，
毕竟为谁来？

林文月译：世事艰兮命不厚，
万里流浪山海间，
为谁忍誓兮卿知否？

姚继中译：海角天涯多浮沉，
为谁欢喜为谁忧？

254. 原　作：海松や時ぞともなき蔭にゐて何のあやめもいかにわくらむ

口語訳：海松や……（海松、いつとても変らず水中の岩陰に隠れているそれと同じように、寂しい海辺に暮す姫君は、今日の五十の祝いを、またあやめの節句を常の日と変りなく迎えるのであろう）

丰子恺译：可惜名花生涧底，
虽逢佳节也凄凉。

林文月译：常寂寥兮似海松，
五月五日嘉庆日，
何以祝颂兮相思浓。

姚继中译：涧底名花惜惜生，
佳节来时何凄清。

255. 原　作：数ならぬみ島がくれに鳴く鶴を今日もいかにと問ふ人ぞなき

口語訳：数ならぬ……（島陰に鳴く鶴のように、人数にも入らぬこの私を頼りにしております姫君を、今日の五十日の祝いにも、いかに過しているかと尋ねてくださる人はいないのです）

丰子恺译：可怜仙鹤栖荒岛，
佳节无人过访来。

林文月译：鹤哀鸣兮穷海滨，
今日虽逢五十日，
君自慰问兮更无人。

姚继中译：荒岛仙鹤最可怜，

适逢佳节无访客。

256. 原　作：水鶏だにおどろかさずはいかにして荒れたる宿に月を入れまし

口語訳：水鶏だに……（せめて水鶏だけでも戸をたたいて驚かしてくれないのでしたら、どうしてこの荒れはてた宿に月—あなた様をお迎え申すことができたでしょう）

丰子恺译：听得秧鸡叫，
开门月上廊。
不然荒邸里，
哪得见清光。

林文月译：夜寂寂兮人孤独，
若非水鸡鸣晚氛，
月光肯入兮此荒屋？

姚继中译：若非秧鸡叩荒邸，
怎得月色室内辉？

257. 原　作：おしなべてたたく水鶏におどろかばうはの空なる月もこそ入れ

口語訳：おしなべて……（どの家の戸をも一様にたたく水鶏に驚いていたのでは、うわの空の月—気まぐれな男も入ってくるかもしれません）

丰子恺译：听得秧鸡叫，
蓬门立刻开。
窃疑香闺里，
夜夜月光来。

林文月译：水鸡啼兮晚氛惊，
若逢鸟鸣便启户，
满屋月色兮宁太明？

姚继中译：秧鸡鸣时香闺开，
莫非夜夜月光来？

258. 原　作：住吉の松こそものは悲しけれ神代のことをかけて思へば

口語訳：住吉の……（住吉の松を見るにつけても、まず胸にこみあげてくるものがございます。住吉の神の昔、流離の昔のことが思い出されまして）

丰子恺译：答谢神恩还愿毕，

回思往事感伤多。

林文月译：住吉松兮翳青苍，

今日盛会犹忆昔，

否极泰来兮夙愿偿。

姚继中译：谢罢神恩还愿回，

不堪往事倍伤心。

259. 原　作：荒かりし波のまよひに住吉の神をばかけて忘れやはする

口語訳：あらかりし……（恐ろしかった須磨の波風、あのころの苦境を思うにつけても、住吉の神のことはけっして忘れられまい）

丰子恺译：回思浪险风狂日，

感谢神恩永不忘。

林文月译：波涛高兮须磨湾，

狂风暴雨若无极，

幸赖住吉兮渡难关。

姚继中译：忆及风狂浪险时，

住吉神恩铭刻心。

260. 原　作：みをつくし恋ふるしるしにここまでもめぐり逢ひけるえには深しな

口語訳：みをつくし……（身を尽くして恋い慕うかいがあって、澪標のあるこの難波までもやってきてめぐりあったのです。あなたとの宿縁は深いのですね。）

丰子恺译：但得“图相见”，

不惜“舍身命”。

赖此宿缘深，

今日得相近。

林文月译：拚今生兮为爱卿，

处处相逢时时念，

情意深重兮再生盟。

姚继中译：难波航标可为证，

明石相遇乃缘深。

261. 原　作：数ならで難波のこともかひなきになどみをつくし思ひそめけむ

口語訳：数ならで……（人数にも入らぬ身の上で、何の生きるかいもないこの

私なのに、どうして身を尽して君を思いはじめてしまったのでしょう)

丰子恺译：我身无足道，
万事不随心。
哪得通情素，
为君舍此身？

林文月译：妾身贱兮敢高攀？
只缘冥冥牵红线，
遂教相思兮未得闲。

姚继中译：妾身低微无足道，
何缘思君舍此身？

262. 原　作：露けさの昔に似たる旅衣田蓑の島の名には隠れず

口語訳：露けさの……(涙の露に濡れているわたしの旅衣は流離の昔に似ている。田蓑の島というけれども、それは名ばかりでこの身は隠れず涙の雨に濡れている)

丰子恺译：青衫常湿透，
犹似旅中情。
闻道田蓑好，
此蓑不掩身。

林文月译：泪涟涟兮旅裳湿，
田蓑之岛虚有名，
不堪遮雨兮不劝泣。

姚继中译：行装常湿似当年，
田蓑难遮泪化雨。

263. 原　作：降り乱れひまなき空に亡き人の天翔るらむ宿ぞ悲しき

口語訳：降りみだれ……(雪や霙が絶え間なく降り乱れている中空に、亡き母君がお邸を離れず天翔っておいでなのだろうと、悲しく存じあげるのです)

丰子恺译：雨雪纷飞荒邸上，
亡灵萦绕我心悲。

林文月译：雪霙霜兮阴沉沉，
灵皇皇其翔天际，

追念亡人兮悲难禁。

姚继中译：纷纷雪雨荒邸上，

萦萦之灵绕我心。

264. 原　作：消えがてにふるぞ悲しきかきくらしわが身それとも思ほえぬ世に

口語訳：消えがてに……（雪が消えかねるほど降るように、身も消えかねて生き長らえておりますのが悲しゅうございます。わが身がわが身であるとも分別のつかぬこの世の中に生きておりまして）

丰子恺译：泪如雨雪身如梦，

饮恨偷生自可悲。

林文月译：阴沉沉兮悲切切，

泪流纵横似雪霙，

孤苦伶仃兮常呜咽。

姚继中译：此生似梦泪如雨，

饮恨偷生叹可悲。

第十五回　蓬生（265-270）

265. 原　作：絶ゆまじき筋を頼みし玉かづら思ひのほかにかけ離れぬる

口語訳：たゆまじき……（離れることはあるまいと頼みに思っていた玉かずら―あなたなのに、思いもかけず遠くへ行ってしまうのですね）

丰子恺译：发绺常随青鬓在，

谁知今日也离身。

林文月译：玉鬘美兮莫断绝，

未料脱落遂相离，

不可恃赖兮终将别。

姚继中译：犹如发绺常相随，

安知今日离我去。

266. 原　作：玉かづら絶えてもやまじ行く道の手向の神もかけて誓はむ

口語訳：玉かづら……（玉かずらが絶えるように、あなた様とお別れいたしましても、けっしてお見捨て申すことはございますまい。そのことを旅の道中の手向の神にもかけてお誓いいたしましょう）

丰子恺译：发绺虽离终不绝，
每逢关塞誓神明。

林文月译：玉鬘断兮虽暂离，
衷心不违情依旧，
道只为证兮莫怀疑。

姚继中译：发绺虽落青丝在，
宿缘不断祈明神！

267. 原　作：亡き人を恋ふる袂のひまなきに荒れたる軒のしづくさへ添ふ

口語訳：亡き人を……（亡き宮を恋い慕う涙で袂のかわく暇もないのに、この荒れはてた軒の雫までがいっそう濡らし添うことである）

丰子恺译：亡人时入梦，
红泪浸衣罗。
漏滴荒檐下，
青衫湿更多。

林文月译：念亡父兮泪涟涟，
悲哀常在袖长湿，
屋漏雨滴兮自添怜。

姚继中译：梦中思故泪湿巾，
漏滴荒檐更添悲。

268. 原　作：尋ねても我こそ訪はめ道もなく深き蓬のもとの心を

口語訳：たづねても……（探り尋ねてこちらからお見舞いしてあげよう。通う道もないくらい深く生い茂った蓬の宿の、昔に変らぬ姫君の心を）

丰子恺译：不辞涉足蓬蒿路，
来访坚贞不拔人。

林文月译：蓬乱生兮没胫膝，
欲寻无途披拂趋，
深情感人兮访此室。

姚继中译：不辞涉历蓬蒿径，
寻访坚贞失意人。

269. 原　作：藤波のうち過ぎがたく見えつるは松こそ宿のしるしなりけれ

口語訳：藤波の……（藤波が私に素通りしにくく見えたのは、それのからみ

ついている松の木が、私を待つという宿のしるしだったからなのでした)

丰子恺译：藤花密密留人住，

松树青青待我来。

林文月译：松苍翠兮攀藤花，

当时驻足不忍过，

为记此树兮遂返家。

姚继中译：密密藤花留人宿，

青青松针待客来。

270. 原　作:年を経て待つしるしなきわが宿を花のたよりに過ぎぬばかりか

口語訳:年をへて……(長い年月あなたのおいでをお待ちしておりましたが、そのかいもなかった私の宿を、藤の花をごらんになるついでだけで、お立ち寄りくださったのですか)

丰子恺译：经年盼待无音信，

只为看花乘便来?

林文月译：空等待兮虚度岁，

蓬屋今日得迎君，

宁为赏花兮遂施惠?

姚继中译：翘首苦盼杳无音，

只为赏花乘道来?

第十六回　関屋(271-273)

271. 原　作:行くと来とせき止めがたき涙をや絶えぬ清水と人は見るらむ

口語訳:行くと来と……(行きも帰りも、せきとめかねる私の涙を、絶えず湧き出る関の清水と君はごらんになることでしょうか)

丰子恺译：去日泪如雨，

来时泪若川。

行人见此泪，

错认是清泉。

林文月译：昔我往兮泪涟涟，

今我重来啼未已，
人或错谓兮清水川。

姚继中译：去日泪雨来如川，
行人错认是清泉。

272. 原　作：わくらばに行き逢ふ道を頼みしもなほかひなしや潮ならぬ海

口語訳：わくらばに……（たまたま行き逢った所が近江路だと、その名から頼もしく存じましたのに、お目にかかれぬとは、やはりかいのないことでした。貝のすむ塩の海ではなかったのですから）

丰子恺译：地名逢坂虽堪喜，
不得相逢也枉然。

林文月译：乍相逢兮逢坂关，
忧喜参半相思路，
不见玉颜兮泪潸潸。

姚继中译：逢坂关口偶相逢，
未得相见自枉然。

273. 原　作：逢坂の関やいかなる関なればしげき嘆きの仲を分くらむ

口語訳：逢坂の……（逢うという名の逢坂の関とは、いったいどういう関所ゆえに、生い茂る木々の間をかきわけてこうも深い嘆きを重ねるのでしょう）

丰子恺译：关名逢坂知何用？
人叹生离永不逢！

林文月译：逢坂关兮是何关？
既已相逢徒增叹，
生也茫茫兮多苦难。

姚继中译：关名逢坂待若何？
犹自愁叹生难逢！

第十七回　絵合（274-282）

274. 原　作：別れ路に添へし小櫛をかことにて遥けき仲と神やいさめし

口語訳：わかれ路に……（伊勢下向のためのお別れの折、再び帰りたもうな

と、別れの小櫛を挿してあげたが、そのことを理由にして、あなたとわたしとは縁なき仲と神はお決めになったのでしょうか）

丰子恺译：昔年加栉送君时，
曾祝君行“勿再回”。
岂是神明闻此语，
故教聚首永无期？

林文月译：昔别离兮为插栉，
当时诵祷情依依，
遂教阻隔兮难亲昵？

姚继中译：昔年加栉与君别，
聚首无期岂神意？

275. 原　作：別るとて遥かに言ひし一言もかへりてものは今ぞ悲しき

口語訳：別るとて……（あのお別れのとき、遠く離れて、再び京に帰るなと仰せになった一言も、帰京した今になっては、かえってもの悲しく思われることでございます）

丰子恺译：当年告别亲聆旨，
今日回思特地悲。

林文月译：蒙赠言兮昔日别，
伤心一语铭记心，
乃今成谶兮遂相诀。

姚继中译：昔别加栉聆君语，
今日思忆更伤悲。

276. 原　作：一人ゐて嘆きしよりは海人の住むかたをかくてぞ見るべかりける

口語訳：ひとりゐて……（私は都にひとりで寂しく過しておりましたが、それよりは、この絵にお描きになった海人の住む海辺のさまを、あなたとごいっしょにこうして見ていられたらよかったと思います）

丰子恺译：图写渔樵乐，
离人可忘忧。
岂知空闺里，
独抱影儿愁。

林文月译：独留京兮虚掷时，

恨不当时从君去，
犹得共绘兮渔村篱。

姚继中译：画作渔樵忘烦忧，
岂谅空闺映愁影。

277. 原　作：憂きめ見しその折よりも今日はまた過ぎにしかたにかへる涙か

口語訳：うきめ見し……（海辺にさすらってつらい思いをしたあのころにもまして、今日はまたこの絵を見て、過ぎ去った昔にたちかえり、いっそう涙が流れます）

丰子恺译：抚今思昔虽堪泣，
胜似当年蒙难时。

林文月译：睹斯画兮忆当时，
新愁旧恨重汹涌，
得不泪下兮难自持。

姚继中译：感今叹昔堪悲泣，
胜却须磨落难时。

278. 原　作：伊勢の海の深き心をたどらずてふりにし跡と波や消つべき

口語訳：伊勢の海の……（伊勢物語の深い趣意をわきまえないで、ただ古びてしまったものとけなし去ってよいものでしょうか）

丰子恺译：不知伊势千寻海，
岂可胡言是浅滩？

林文月译：伊势海兮无底深，
浪涌沙滩消足迹，
徒嫌古老兮何堪任。

姚继中译：未知伊势海底深，
浪拍沙滩自浅薄。

279. 原　作：雲の上に思ひのぼれる心には千尋の底もはるかにぞ見る

口語訳：雲のうへに……（雲の上の、宮中にまで志た高い心からすれば、伊勢の海の千尋の底もはるかに低く見おろされます）

丰子恺译：身登云汉低头望，
海水虽深实甚卑。

林文月译：志霄汉兮登尊位，

居高临下乃了然，
千寻海底兮亦得伺。

姚继中译：临驾霄汉俯首视，
深海亦觉难为舟。

280. 原　作：みるめこそうらふりぬらめ年経にし伊勢をの海人の名をや沈めむ

口語訳：見るめこそ……（見た目には、うらぶれて、古びてしまっておりましょうが、年月を経て名高い伊勢の海人の名声を沈めてよいものでしょうか）

丰子恺译：一朝初见虽疑旧，
自古芳名岂可轻？

林文月译：经几年兮传几代，
虽云古老岂可消，
伊势海人兮名不废。

姚继中译：一朝方见即疑旧，
岂可轻辱千古名？

281. 原　作：身こそかくしめの外なれそのかみの心のうちを忘れしもせず

口語訳：身こそかく……（このわたしはいま注連の外—宮中の外にいてあなたと隔たっているけれども、その昔、心のうちに思ったことを、今もなおけっして忘れてはいないのです）

丰子恺译：身居禁外无由见，
不忘当年加栉时。

林文月译：身虽退兮宫殿外，
衷心常忆往日情，
未尝忘怀兮叹无奈！

姚继中译：身在禁外无缘逢，
铭记昔日加栉时。

282. 原　作：しめのうちは昔にあらぬ心地して神代のことも今ぞ恋しき

口語訳：しめのうちは……（注連のうち—宮中の中はご在位の昔とは変ってしまった心地がしまして、神にお仕えしていた昔のことも、今となっては懐かしゅうございます）

丰子恺译：禁中情景全非昔，

却恋当年奉神时。

林文月译：禁中变兮异往昔，

物换星移几度秋，

仕神之时兮堪珍惜。

姚继中译：禁中今非昔时景，

但恋当初奉神时。

第十八回　松風（283-298）

283. 原　作：行く先をはるかに祈る別れ路に堪へぬは老いの涙なりけり

口語訳：行くさきを……（姫君の遠い行く末を祈るこの別れにあたって、こらえきれずにこぼれるのはわたしの老いの涙であった）

丰子恺译：遥祝前程多幸福，

临歧老泪苦难禁。

林文月译：行将别兮为祝祷，

愿神保佑此明珠，

老泪纵横兮形枯槁。

姚继中译：愿汝前程似锦绣，

斜风歧路老泪横。

284. 原　作：もろともに都は出で来このたびやひとり野中の道に惑はむ

口語訳：もろともに……（かつてあなたといっしょに都を出てきたのでしたが、今度の旅ではただ一人あてどなく野中の道で途方にくれることでしょう）

丰子恺译：当年联袂辞京阙，

今日独行路途迷。

林文月译：曾随君兮共离都，

而今独自返京去，

如何中野兮不迷途！

姚继中译：昔日联袂辞帝京，

今朝挥手马不行。

285. 原　作：いきてまたあひ見むことをいつとてか限りも知らぬ世をば頼まむ

口語訳：いきてまた……（こうしてお別れしていったら生きて再びお会いするのはいつのことと、その定めも分からないこの世の中を当てにするのでしょうか）

丰子恺译：此去何时重拜见，
无常世事渺难知。

林文月译：命无常兮事难测，
今日一别得重逢？
忍将欷歔兮换默默。

姚继中译：此去渺茫无定数，
谁知何日重相聚。

286. 原　作：かの岸に心寄りにし海人舟の背きし方に漕ぎ帰るかな

口語訳：かの岸に……（彼岸に心を寄せたいた海人船—尼の身の私が捨て去ったこの世に立ち帰り、都の方へ再び漕ぎ帰ることになるとは）

丰子恺译：欲登彼岸心如矢，
船到中流又折回。

林文月译：慕彼岸兮遂为尼，
欲弃红尘求清净，
橹桨复指兮来时涯。

姚继中译：欲去彼岸心似箭，
船至中流复归还。

287. 原　作：いくかへりゆきかふ秋をすぐしつつうき木にのりてわれかへるらん

口語訳：いくかへり……（幾返りか秋を過してきて、いまさらに浮き木のような頼りない舟に乗って都へ帰って行くのでしょうか）

丰子恺译：浦滨几度春秋更，
忽上浮搓入帝京。

林文月译：经几秋兮度几岁，
滨海渔村是吾家，
竟泛浪涛兮从此逝。

姚继中译：浦滨几度好春秋，
忽向浮槎入京都。

288. 原　作:身を変へて一人帰れる山里に聞きしに似たる松風ぞ吹く

口語訳:身をかへて……(昔と変った尼姿の身となり、一人帰ってきたこの山里には、明石の浦で聞いたのと同じような松風が吹いている)

丰子恺译：祝发独寻山里静，
松风犹是旧时音。

林文月译：出家人兮归故里，
物换星移人事非，
松风依旧兮鸣未已。

姚继中译：削却青丝独返京，
忽闻明石松风声。

289. 原　作:故里に見し世の友を恋ひわびてさへづることを誰か分くらむ

口語訳:ふる里に……(ふるさとの明石の浦で親しくしていた人たちが恋しくてたまらぬ気持から、私のかき鳴らしている田舎びた琴の音を誰がそれと聞き分けてくれるでしょうか)

丰子恺译：拟托琴心怀故友，
他乡何处觅知音?

林文月译：念故居兮怀故人，
清调一阕托寂寞，
人谁倾耳兮空自陈。

姚继中译：欲借琴声怀故情，
但求他乡遇知音。

290. 原　作:住み馴れし人は帰りてたどれども清水は宿の主人顔なる

口語訳:住みなれし……(昔ここに住みなれていた私は、かえっておぼつかない思いをしておりますが、遣水の流れはまるで主人顔に昔のままの音を立てています)

丰子恺译：故主重来人不识，
泉声絮语旧时情。

林文月译：反故居兮屋主人，
往事如梦无处觅，
但闻清泉兮空自陈。

姚继中译：旧主重返不相识，

泉声低语昔日情。

291. 原　作:いさらゐははやくのことも忘れじをもとの主人や面変はりせる

口語訳:いさらゐは……(遣水は昔のことを忘れてもいないだろうに、それが主人顔をしているというのは、もとの主人が面影を変えてしまわれたからだろうか)

丰子恺译:泉声不忘当年事,
故主音容异昔时。

林文月译:涓兮淙兮庭中流,
悠悠世事或未忘,
旧主故姿兮不可留。

姚继中译:泉咽仍念昔年事,
故主今非往日颜。

292. 原　作:契りしに変はらぬ琴の調べにて絶えぬ心のほどは知りきや

口語訳:契りしに……(お約束のまま今も変らぬこの琴の調べで、あなたを思い続けてきた私の心の深さを分っていてくださっただろうか)

丰子恺译:弦音不负当年誓,
始信恩情无绝时。

林文月译:曾相约兮重逢期,
曲调不改情依旧,
吾心耿耿兮卿岂知?

姚继中译:琴心不负昔时誓,
确信未绝旧日情。

293. 原　作:変はらじと契りしことを頼みにて松の響きに音を添へしかな

口語訳:変らじと……(心変りはすまいとお約束になられた言—琴を頼みとして、松風の響きに泣く音を添えてお待ちしておりました)

丰子恺译:弦音誓不变,
聊慰相思情。
一曲舒愁绪,
松风带泣声。

林文月译:曾相誓兮情不渝,
幸有清琴慰寂寞,

松风伴鸣兮荒海隅。

姚继中译：弦音未改相思意，
松风若泣离别情。

294. 原　作：月のすむ川のをちなる里なれば桂の影はのどけかるらむ

口語訳：月のすむ……（月が住む—澄んでいるという川向こうの里ゆえ、月の光ものどかで、あなたも落ち着いていられることでしょう）

丰子恺译：院居接近蟾宫桂，
料得清光分外明。

林文月译：月有桂兮桂庭廓，
安享清福远人尘，
澄辉冉冉兮谅多乐。

姚继中译：庭院修近蟾宫桂，
何以尚无清光香。

295. 原　作：久方の光に近き名のみして朝夕霧も晴れぬ山里

口語訳：久かたの……（桂の里と申しますと、その名ばかりは月の光に近いようですが、そのじつ朝夕霧の晴れ間もない山里でございます）

丰子恺译：空有嘉名称月桂，
朝朝苦雾满山乡。

林文月译：桂之庭兮享虚名，
朝夕唯雾山里寂，
月华掩翳兮减光明。

姚继中译：空有佳名寒宫桂，
朝雾夕雨漫山乡。

296. 原　作：めぐり来て手に取るばかりさやけきや淡路の島のあはと見し月

口語訳：めぐり来て……（月日も廻り、自分も都に戻ってきて、手に取るほどにはっきり見えている月影は、明石の浦で、「淡路の島のあは」とかすんで見えたのと同じ月であろうか）

丰子恺译：否去泰来日，
月华在手旁。
当年窜淡路，
遥望此清光。

林文月译：岁月流兮时运转，
淡路岛月光依稀，
而今澄辉兮自彰显。
姚继中译：昔日淡路叹此月，
而今京都同此辉。

297. 原　作：浮雲にしばしまがひし月影のすみはつる夜ぞのどけかるべき
口語訳：うき雲に……（浮雲にしばらく隠れていた月影が澄みきっているように、あなたが一時不運からのがれて都にお住みつきになった世の中はどこまでも平安でありましょう）
丰子恺译：月明暂被浮云掩，
此夜清光普万方。
林文月译：浮云流兮暂蔽月，
云消雾散显光芒，
重享闲情兮乐无歇。
姚继中译：浮云犹可暂隐月，
难阻银辉洒人间。

298. 原　作：雲の上のすみかを捨てて夜半の月いづれの谷にかげ隠しけむ
口語訳：雲の上の……（雲の上の住い—宫中を捨てて、夜半の月—桐壶院はどこの谷間にお姿を隠しておしまいになったのでしょうか）
丰子恺译：月明遽舍天宫去，
落入深山何处边？
林文月译：弃霄汉兮夜半月，
孤独西行冉冉光，
将隐何谷兮渐沉没。
姚继中译：皎月弃舍天宫去，
坠没山间在何方？

第十九回　薄雲（299-308）

299. 原　作：雪深み深山の道は晴れずともなほ文かよへ跡絶えずして
口語訳：雪ふかみ……（雪の深いこの山道は晴れ間がなくても、やはり途絶

えることなくお便りをお寄せください)

丰子恺译：深山雪满无晴日，

鱼雁盼随足迹来。

林文月译：雪霰降兮掩山深，

寻觅无由路虽绝，

盼请踏雪兮来相寻。

姚继中译：白雪深山无丽日，

企愿鱼雁踏雪来。

300. 原　作:雪間なき吉野の山を訪ねても心のかよふ跡絶えめやは

口語訳:雪間なき……(たとえ雪の晴れ間もない吉野の奥山を捜してでも、心を通わせる跡の途絶えることがありましょうか)

丰子恺译：深山雪满人孤寂，

意气相投信自通。

林文月译：吉野山兮雪霏霏，

纵使积雪蔽山路，

衷心无绝兮誓有依。

姚继中译：深山雪间何足惧，

心心相印暖情溶。

301. 原　作:末遠き二葉の松に引き別れいつか木高きかげを見るべき

口語訳:末遠き……(行く末遠い二葉の松—幼い姫君と別れて、いつの日にまたその大きくなられたお姿を見ることができるのでしょうか)

丰子恺译：小松自有参天日，

别后何时见丽姿?

林文月译：忍相别兮嫩叶松，

悠悠岁月任流转，

何日得见兮枝丰容?

姚继中译：日后幼松自参天，

此时一刻何日见?

302. 原　作:生ひそめし根も深ければ武隈の松に小松の千代をならべむ

口語訳:生ひそめし……(小松の生いはじめた根ざしも深いのだから、武隈の相生の松の間に並べて先々を見届けよう—生れてきた因縁も深

いのだから、いずれ私たちは、この姫君とともに末長く暮すことになるでしょう）

丰子恺译：翠叶柔条根柢固，
千秋永伴武隈松。

林文月译：根既深兮土亦厚，
武隈之松连理枝，
得庇小松兮至永久。

姚继中译：繁枝茂叶因根固，
千载长伴武隈松。

303. 原　作：舟とむる遠方人のなくはこそ明日帰り来む夫と待ち見め

口語訳：舟とむる……（舟—あなたを引きとめる「をちかた」の人がいないのでしたら、「明日帰り来む」のお言葉どおりに、明日お帰りになる夫と思ってお待ちしてもみるのでしょうけれど）

丰子恺译：若无人系行舟住，
明日翘盼荡子归。

林文月译：送郎君兮终不悔，
若无远人为羁牵，
明日之期兮犹可待。

姚继中译：飘零浮舟无人系，
翘望浪子明日还。

304. 原　作：行きて見て明日もさね来むなかなかに遠方人は心置くとも

口語訳：行きてみて……（あちらへ行ってみて、明日になったら本当に帰ってきましょう。たとえその「をちかた」人がなまじしばしの訪れに気をわるくしようとも）

丰子恺译：匆匆一泊明朝返，
不为伊人片刻留。

林文月译：犹未去兮已念归，
云何远人相留引，
明日之期兮必无违。

姚继中译：匆匆夕宿晨时还，
吝惜短暂伊人怨。

305. 原　作：入り日さす峰にたなびく薄雲はもの思ふ袖に色やまがへる

口語訳：入日さす……（夕日の射している峰にたなびいている薄雲は、悲嘆にくれている私の喪服の袖に色を似せているのだろうか）

丰子恺译：岭上薄云含夕照，
也同丧服色深黝。

林文月译：夕日倾兮不稍候，
薄云低垂覆群峰，
灰暗凝重兮似吾袖。

姚继中译：薄云萦岭红夕照，
依稀黑衣暗色深。

306. 原　作：君もさはあはれを交はせ人知れずわが身にしむる秋の夕風

口語訳：君もさは……（あなたが秋の夕べに心をお寄せになるとおっしゃるのなら、しみじみと思いを交わしてください。秋の夕風の人知れず身にしみるこの私なのですから）

丰子恺译：君怜秋景好，
我爱秋宵清。
既是同心侣，
请君谅我心。

林文月译：卿喜秋兮亦吾好，
秋风萧萧盈我身，
倘得同心兮情不劳。

姚继中译：君受秋意知物哀，
同心若伴谅吾心。

307. 原　作：漁りせし影忘られぬ篝火は身の浮舟や慕ひ来にけむ

口語訳：いさりせし……（明石の浦の漁火を思い起させるこの篝火は、あの浦の浮舟がここまで後を追ってきたのでしょうか—身の憂さがどこまでもついてまわるのでしょうか）

丰子恺译：篝灯映水如渔火，
伴着愁人到此乡。

林文月译：影暗淡兮篝灯微，
忽明忽灭似渔火，

悲苦恒伴兮无所归。

姚继中译：水影渔灯若萤火，

相伴浮舟到此乡。

308. 原　作：浅からぬしたの思ひを知らねばやなほ篝火の影は騒げる

口語訳：あさからぬ……（わたしの浅からぬ心の底を理解なさらぬから、篝火の影のようにあなたの心は乱れているのでしょう）

丰子恺译：只缘不解余怀抱，

心似篝灯影动摇。

林文月译：情匪浅兮卿当知，

篝灯渔火虽仿佛，

迄今骚扰兮岂相宜。

姚继中译：只恨无人解心怀，

心如流萤摇水影。

第二十回　朝顔（309-321）

309. 原　作：人知れず神の許しを待ちし間にここらつれなき世を過ぐすかな

口語訳：人知れず……（心ひそかにあなたのお仕えする賀茂の神のお許しを待っておりました間、あなたの冷たいお仕向けにあいながら、よくぞ長い年月を過したものだと思います）

丰子恺译：偷待神明容汝返，

甘心首疾已经年。

林文月译：盼兮望兮求神宥，

岁月悠悠难遣怀，

为情颠倒兮为卿瘦。

姚继中译：翘盼神明佑汝返，

疾首痛心已经年。

310. 原　作：なべて世のあはればかりを問ふからに誓ひしことと神やいさめむ

口語訳：なべて世の……（一通り世の中の悲しい有様ぐらいをお尋ねするだけでも、誓いに背くことと、賀茂の神はお戒めになりましょう）

丰子恺译：寻常一句风情话，
背誓神前获罪多。

林文月译：既仕神兮身份殊，
世俗约束当须记，
敢毁圣誓兮残贱躯？

姚继中译：世俗一言风情话，
违誓神明罪深重。

311. 原　作：見し折のつゆ忘られぬ朝顔の花の盛りは過ぎやしぬらむ

口語訳：見しをりの……（昔お目にかかったときのことが今もって少しも忘れられない朝顔の花の盛り—あなたの盛りのお美しさは過ぎておしまいになったのでしょうか）

丰子恺译：昔年曾赠槿，
永不忘当初，
久别无由见，
花容减色无？

林文月译：犹难忘兮槿之华，
芳露濡瓣艳冠俗，
但恐凋零兮伴泥砂。

姚继中译：昔日朝颜艳异常，
如今花容是从前？

312. 原　作：秋果てて霧の籬にむすぼほれあるかなきかに移る朝顔

口語訳：秋はてて……（秋も暮れて、霧のかかった垣根にまつわりついて、あるかなきかの姿で色移ろっている朝顔—それが私なのでございます）

丰子恺译：秋深篱落畔，
苦雾降临初。
槿色凋伤甚，
花容有若无。

林文月译：秋既深兮雾弥漫，
满园萧条不忍窥，
残瓣犹缀兮断垣畔。

姚继中译：篱畔藤枯蒙秋雾，
色衰质褪乃朝颜。

313. 原　作:いつのまに蓬がもととむすぼほれ雪降る里と荒れし垣根ぞ
口語訳:いつのまに……(いつの間にこの邸は蓬がこうも生い茂り、雪の降り積るふる里となって荒れはててしまったのだろう)

丰子恺译：曾几何时荒草长，
蓬门积雪断垣倾。

林文月译：蓬草深兮极目衰，
残垣断壁满园老，
更覆白雪兮忍徘徊?

姚继中译：荒草杂生门靠处，
断垣积雪无人顾。

314. 原　作:年経れどこの契りこそ忘られね親の親とか言ひし一言
口語訳:年ふれど……(幾年か過ぎてもこのご縁が忘れられません。親の親とかおっしゃったお一言に)

丰子恺译：经年不忘当时谊，
犹忆一言“亲之亲”。

林文月译：经几月兮度几年，
虽蒙戏谑称祖母，
难忘旧情兮共缠绵。

姚继中译：年深不忘旧时情，
犹难一语“亲之亲”。

315. 原　作:身を変へて後も待ち見よこの世にて親を忘るるためしありやと
口語訳:身をかへて……(来世に生れ変って後までも待って見ていてください。この世で親を忘れる子の例があるかどうかと)

丰子恺译：长忆亲恩深如海，
生生世世不能忘。

林文月译：虽经世兮再换生，
亲子之情永难忘，
谓予不信兮请察侦!

姚继中译：有无忘却亲恩人，

却待来世可验证。

316. 原　作：つれなさを昔に懲りぬ心こそ人のつらきに添へてつらけれ

口語訳：つれなさを……（昔のつれないお仕打ちにも懲りようともしない私の心では、今のあなたの薄情さがいっそう恨めしく思われます）

丰子恺译：昔日伤心心不死，

今朝失意意添愁。

林文月译：狠心人兮心依旧，

热情激荡吾仍然，

遂令深爱兮换愧疚！

姚继中译：往日心伤今未愈，

不绝新怨更增愁。

317. 原　作：あらためて何かは見えむ人のうへにかかりと聞きし心変はりを

口語訳：あらためて……（いまさらどうしてこれまでの気持を変えられましょう。よその女の場合にはそうしたことがあると聞いております心変りなど、私にはとても……）

丰子恺译：闻人改节心犹恨，

岂有今朝自变心？

林文月译：莫怨恨兮莫责怪，

风闻郎君善变心，

妾身焉得兮不惕戒！

姚继中译：不似见异思迁女，

吾心坚定若磐石。

318. 原　作：氷閉ぢ石間の水は行きなやみ空澄む月の影ぞ流るる

口語訳：こほりとぢ……（氷の張った石間の水は流れかねているけれども、空に澄む月影は西へと傾いてゆきます—私は閉じこめられて、どう生きていけばよいのか悩んでおりますので、嘘ばかりおっしゃって私を離れていこうとするあなたのお顔を見ると泣けてきます）

丰子恺译：塘水冰封凝石隙，

碧天凉月自西沉。

林文月译：冰封泉兮似凝脂，

岩间留滞若明镜，

唯见月影兮西向移。

姚继中译：冰封池水细流断，

明月西沉谁奈何？

319. 原　作：かきつめて昔恋しき雪もよにあはれを添ふる鴛鴦の浮寝か

口語訳：かきつめて……（あれこれと昔のことがいっしょに恋しく思い出される雪のなかに、いっそう哀れを増す鴛鴦の悲しい声よ）

丰子恺译：雪夜话沧桑，

悭悭惜逝光。

鸳鸯栖不稳，

喋喋恼人肠。

林文月译：雨雪夜兮愁绪生，

旧情难忘强自抑，

鸳鸯啼声兮复添情。

姚继中译：流光数载雪夜识，

鸳鸯细语恼人肠。

320. 原　作：とけて寝ぬ寝覚さびしき冬の夜にむすぼほれつる夢の短さ

口語訳：とけて寝ぬ……（安らかに眠ることもならぬ寂しい冬の夜の寝覚めに、はかなく結んだ夢はなんと短かったことよ）

丰子恺译：冬夜愁多眠不稳，

梦回人去渺难寻。

林文月译：有所思兮遂不眠，

寂寞冬夜何其短，

梦也难成兮泪涟涟。

姚继中译：冬夜不眠梦短暂，

见得故人怨恨来。

321. 原　作：亡き人を慕ふ心にまかせても影見ぬ三つの瀬にや惑はむ

口語訳：なき人を……（亡き宮をお慕いする心のままにお訪ね申しても、そのお姿の見えない三途の川瀬で途方にくれることだろうか）

丰子恺译：渴慕亡人寻逝迹，

迷离冥途影无踪。

林文月译：难忘怀兮总依恋，

魂为徘徊奈何津，
倘寻冥界兮恐难见。
姚继中译：纵任思慕寻仙影，
但恐迷失冥三途。

第二十一回　少女（322-337）

322. 原　作：かけきやは川瀬の波もたちかへり君がみそぎの藤のやつれを
口語訳：かけきやは……（かねて思い及んだことだったでしょうか。賀茂の川瀬の波が立ち返るように御禊の日が巡ってきたのに、斎院の御禊ならぬ除服の禊をあなたがなさろうとは）
丰子恺译：君当斋院日，
祓禊在山溪。
岂意今年禊，
是君除服期。
林文月译：纠川波兮异往常，
贺茂御禊犹昨日，
光阴倏忽兮已除丧。
姚继中译：犹忆斋院祓禊日，
不期今朝除丧服。

323. 原　作：藤衣着しは昨日と思ふまに今日はみそぎの瀬にかはる世を
口語訳：ふぢごろも……（喪服を着けましたのは、昨日のように思われますのに、今日はもう除服の禊のために川瀬に立つとは、移り変りのはげしい世の中ですこと）
丰子恺译：临丧成服日，
犹是眼前情。
转瞬忽除服，
流光殊可惊！
林文月译：哀丧服兮如同昨，
又逢御禊感时光，
世事变幻兮不可废。

姚继中译：身着丧服似昨日，
　　　　　贺茂逢祭今非昔。

324. 原　作:さ夜中に友呼びわたる雁が音にうたて吹き添ふ荻の上風
　　口語訳:さ夜中に……(ま夜中に友を呼び交しながら空を渡ってゆく雁の声も寂しく聞えるが、そのうえに萩の葉末を渡る風がいよいよ吹き加わることよ)

丰子恺译：夜半呼朋啼雁苦，
　　　　　风吹芦荻更增愁。

林文月译：雁嗈嗈兮将友觅，
　　　　　声声悲鸣划夜空，
　　　　　更添惆怅兮风吹荻。

姚继中译：深夜苦雁惊呼伴，
　　　　　风吹荻飞愁更添。

325. 原　作:くれなゐの涙に深き袖の色を浅緑にや言ひしをるべき
　　口語訳:くれなゐの……(あなたを思って流す血の涙で、深紅に染まったわたしの袖の色を、六位ふぜいの浅緑よと、言いおとしめてよいものでしょうか)

丰子恺译：羡他血泪沾双袖，
　　　　　浅绿何年得变红？

林文月译：泣血泪兮染袖红，
　　　　　情为燃烧爱弥固，
　　　　　岂容讥嘲兮浅绿穷！

姚继中译：血泪不止如泉涌，
　　　　　谁知浅绿何年红？

326. 原　作:いろいろに身の憂きほどの知らるるはいかに染めける中の衣ぞ
　　口語訳:いろいろに……(いろいろなことにつけて、私の身の不運のほどを思わずにはいられませんが、いったいどのように定められた私たち二人の仲なのでしょう)

丰子恺译：妾身薄命多忧患，
　　　　　你我因缘不可知！

林文月译：多忧虑兮每懊恼，

形形色色浮生情，
底事因缘兮难究考。

姚继中译：只因命薄徒忧怨，
如此姻缘未可知！

327. 原　作：霜氷うたてむすべる明けぐれの空かきくらし降る涙かな

口語訳：霜氷……（霜がつらくも凍てついている夜明けの暗い空を、なおもかきくらして降る涙の雨よ）

丰子恺译：冰霜凛冽天难曙，
泪眼昏蒙暗更浓。

林文月译：冰霜降兮天惨澹，
独自饮泣思悄然，
泪盈眼眶兮添幽暗。

姚继中译：冰霜寒天夜难明，
迷离泪眼更觉暗。

328. 原　作：天にます豊岡姫の宮人もわが心ざすしめを忘るな

口語訳：あまにます……（天にまします豊岡姫にお仕えする宮人のあなたも、わたしが思いをかけて注連をはり、自分のものと思っていることを忘れないでください。）

丰子恺译：相逢已绾同心结，
寄语天人莫忘情。

林文月译：丰冈姬兮非凡姿，
乍见天仙心旌荡，
吾情深厚兮勿相疑。

姚继中译：奉神天女初逢时，
勿忘已绾同心结。

329. 原　作：少女子も神さびぬらし天つ袖古き世の友よはひ経ぬれば

口語訳：をとめごも……（その昔のうら若い舞姫も今は年をとってしったことだろうか。天つ袖を振って舞ったころの古い昔の友であることのわたしも、こんなに齢を重ねてしまったのだから）

丰子恺译：当年少女知非昔，
昔日檀郎今老矣。

林文月译：少女子兮舞仙袖，
光阴流转忽多年，
故人同我兮皆增寿。

姚继中译：昔日少女格外艳，
如今檀郎却已老。

330. 原　作：かけて言へば今日のこととぞ思ほゆる日蔭の霜の袖にとけしも

口語訳：かけていへば……（五節のことにつけてそうおっしゃっていただきますと、昔、日蔭のかずらをかけたこの私が、日ざしにあって霜が袖にとけるように、あなたになびいたこともまるで今日のことのように思われます）

丰子恺译：当年舞袖传情愫，
旧事重题在眼前。

林文月译：如昨日兮似今日，
五节盛会幸逢君，
袖底旧情兮犹专一。

姚继中译：昔日风情记犹新，
红袖传神心自明。

331. 原　作：日影にもしるかりけめや少女子が天の羽袖にかけし心は

口語訳：日かげにも……（あなたのかけた日蔭のかずらではないが、日光にもはっきりお分りだったことでしょう、舞姫のひるがえして舞う天の羽衣の袖に思いをかけた私の心は）

丰子恺译：爱煞翩跹少女舞，
恋情正苦诉君知。

林文月译：舞翩翾兮少女儿，
天羽袖翻动吾意，
情为颠倒兮卿岂知？

姚继中译：赏罢少女翩跹舞，
心中至爱苦难诉。

332. 原　作：鶯のさへづる声は昔にて睦れし花の蔭ぞ変はれる

口語訳：鶯の……（鶯のさえずる声—春鶯囀の曲は昔のままですが、かつての花の宴の折、親しく遊びかわした花の陰はすっかり変ってしま

いました)

丰子恺译：莺啭春光犹似昔，

赏花旧侣已全非。

林文月译：黄莺啭兮春依然，

物换星移花非昔，

故人寥落兮似云烟。

姚继中译：春光莺语景依旧，

赏花未逢故人询。

333. 原　作:九重を霞隔つるすみかにも春と告げくる鴬の声

口語訳:九重を……(宮中から遠く霞を隔てたこの住みかにも、春の来たことを告げる鶯の声がすることです)

丰子恺译：遥隔九重居别院，

报春莺啭也能闻。

林文月译：九重霞兮满春意，

而今远隔九重城，

莺啭报春兮未相弃。

姚继中译：霞隔九重别院居，

今日喜闻春莺啭。

334. 原　作:いにしへを吹き伝へたる笛竹にさへづる鳥の音さへ変はらぬ

口語訳:いにしへを……(昔の聖代の音色をそのままに吹き伝えた春鶯囀の曲の調べに、さえずり合せる鶯の音まで昔と変りはありません。まことにめでたいかぎりです)

丰子恺译：笛声嘹亮今犹昔，

莺啭悠扬不改音。

林文月译：竹笛鸣兮圣代音，

悠悠自古传今世，

黄莺啭调兮感人心。

姚继中译：清嘹笛声音依旧，

婉转莺啼语如初。

335. 原　作:鴬の昔を恋ひてさへづるは木伝ふ花の色やあせたる

口語訳:鶯の……(鶯が昔を恋しがってさえずるのは、飛びまわっている木

の花の色があせたからであろうか。春鶯囀の曲に昔を恋しく思われるのは、わが治世が劣るからであろうか）

丰子恺译：林莺飞啭如怀旧，
恐是春花色已衰？

林文月译：黄莺啭兮展彩翮，
飞越枝头寻旧春，
岂嫌花色兮不及昔？

姚继中译：飞莺鸣翠怀旧事，
恐是凋零春花残？

336. 原　作：心から春まつ園はわが宿の紅葉を風のつてにだに見よ

口語訳：心から……（ご自分のお好みから、春の季節をお待ちのお庭では、今は所在なくていらっしゃいましょうから、私どもの庭の美しい紅葉を、せめて風の便りにでもごらんくださいまし）

丰子恺译：闻君最爱是春天，
盼待春光到小园。
请看我家秋院里，
舞风红叶影翩跹。

林文月译：待春园兮春尚远，
野花红叶在眼前，
为传秋风兮到贵苑。

姚继中译：君盼小园沐春光，
我院金秋红叶染。

337. 原　作：風に散る紅葉は軽し春の色を岩根の松にかけてこそ見め

口語訳：風に散る……（風に散る紅葉などはこれといったこともございません。春の緑の色を永遠に変らぬ岩根の松に託して見ていただきとうございます）

丰子恺译：舞风红叶影翩跹，
剩有空枝太可怜。
争似岩前松一树，
青青春色向人间？

林文月译：秋风起兮红叶飘，

轻易离枝不堪睹，
岩松长青兮春非遥。
姚继中译：红叶既去徒留枝，
怎若岩畔青松翠？

第二十二回　玉鬘（338-351）

338. 原　作：舟人もたれを恋ふとか大島のうらがなしげに声の聞こゆる
口語訳：舟人も……（船人も誰を恋しがっているというのか、大島の浦を過ぎつつ悲しそうに歌う声が聞こえます）
丰子恺译：舟经大岛船歌咽，
想是梢公也怀人？

林文月译：何所思兮何所恋？
舟子悲歌诱人哀，
余音绕浦兮犹震颤。
姚继中译：船歌幽咽过大岛，
梢公莫非怀故人。
339. 原　作：来し方も行方も知らぬ沖に出でてあはれいづくに君を恋ふらむ
口語訳：来し方も……（あとも先もはっきりしない沖に漕ぎ出してきて、ああどこへ向ってあなたを恋い求めているというのでしょう）
丰子恺译：茫茫大海舟迷路，
苦恋斯人何处寻？
林文月译：来无影兮去无踪，
茫茫苍海欲何往？
思恋女君兮悲盈胸。
姚继中译：大海浩渺迷行舟，
何处寻觅苦恋人？
340. 原　作：君にもし心違はば松浦なる鏡の神をかけて誓はむ
口語訳：君にもし……（姫君に対して、もし私が心変りをしましたら、どのような罰でも……松浦の鏡の神にかけてお誓いしましょう）
丰子恺译：今日神前宣大誓：

小生不作负心郎。

林文月译：不违心兮情不替，

若谓余言非坦诚，

宁指镜神兮以为誓！

姚继中译：今日发誓神像前，

此生不做负心汉。

341. 原　作：年を経て祈る心の違ひなば鏡の神をつらしとや見む

口語訳：年を経て……（長年の間、姫君のお幸せをお祈りしてきた、その望みがかなわなかったら、鏡の神をさぞ恨めしく思うことでしょう）

丰子恺译：经年拜祷陈心愿，

愿不遂时恨杀神！

林文月译：求神明兮常祈祷，

佳人宜配好郎君，

镜神可恨兮不我保。

姚继中译：朝夕祈祷表心愿，

愿违不遂恨杀神！

342. 原　作：浮島を漕ぎ離れても行く方やいづく泊りと知らずもあるかな

口語訳：浮島を……（苦しかった土地を去って、浮島を漕ぎ離れていくにつけても、これから先どこが船泊りなのかも分らず不安なことです）

丰子恺译：苦海初离魂未定，

不知今夜泊何方。

林文月译：舟摇摇兮去浮岛，

将离忧愁适地方，

奈何漂泊兮知苦恼？

姚继中译：方脱苦海未定魂，

何方今夜泊浮身。

343. 原　作：行く先も見えぬ波路に舟出して風にまかする身こそ浮きたれ

口語訳：行くさきも……（行く先も見えない波路に船出をして、風にまかせている身の上は頼りないことです）

丰子恺译：前程渺渺歧无路，

身世飘零逐海风。

林文月译：去将去兮路茫茫，
浩渺乘波任舟驶，
飘零何方兮徒自伤。

姚继中译：渺茫前程多歧路，
随风逐放身飘零。

344. 原　作：憂きことに胸のみ騒ぐ響きには響の灘もさはらざりけり

口語訳：うきことに……（つらい思いにただ騒ぎたつ胸のひびきからすれば、響灘のひびきなぞ、たいしたものではなかった）

丰子恺译：身经忧患胸如捣，
声比响滩响得多。

林文月译：心骚扰兮怦怦响，
若将心悸比此滩，
滩名虚设兮堪比仿？

姚继中译：忧患流离胸如潮，
心搏胜过响滩声。

345. 原　作：ふたもとの杉のたちどをたづねずはふる川のべに君をみましや

口語訳：ふたもとの……（二本の杉の立っているこの初瀬にお参りしなかったら、古川のほとりで姫君にお会いできたでしょうか）

丰子恺译：若非探访双杉树，
安得川边会见君？

林文月译：初濑川兮双杉生，
人道此木保相会，
幸诣灵寺兮遂君迎。

姚继中译：若非寻访初濑杉，
焉能逢君在川边？

346. 原　作：初瀬川はやくのことは知らねども今日の逢ふ瀬に身さへ流れぬ

口語訳：初瀬川……（流れの速い初瀬川の昔のことは存じませんが、今日、あなたにお会いすることができて、うれし涙にこの身まで流れてしまいそうです）

丰子恺译：何事双杉虽不解，
相逢喜极泪沾身。

林文月译：初濑川兮偿所求，
　　　　　旧说纷纭莫衷一，
　　　　　喜泣成川兮身将流。
姚继中译：双杉不解千千结，
　　　　　但贺欣逢喜泪盈。
347. 原　作：知らずとも尋ねて知らむ三島江に生ふる三稜の筋は絶えじを
　口語訳：知らずとも……（今はご存じなくとも、そのうちどなたかに尋ねてお分かりになりましょう。三島江に生えている三稜の筋のように、あなたとわたしとは深い縁につながっているのですから）
丰子恺译：
　　　　我对你如此关怀，
　　　　纵尔不知情，
　　　　我曾到处觅。
　　　　尔我宿缘深，
　　　　绵绵永不绝。
林文月译：知弗知兮莫相疑，
　　　　　与尔原本深缘系，
　　　　　终将了然兮吾衷私。
姚继中译：纵然不知觅尔苦，
　　　　　宿缘未绝似三棱。
348. 原　作：数ならぬ三稜や何の筋なれば憂きにしもかく根をとどめけむ
　口語訳：数ならぬ……（人数でもないこの身は、どういう筋合いから、三稜が沼に根をおろすように、この憂き世の中に生れてきたのでしょうか）
丰子恺译：我身无足道，
　　　　　漂泊似飞蓬。
　　　　　宿世因缘恶，
　　　　　沉浮苦海中。
林文月译：身卑微兮不足道，
　　　　　如何飘零来世间，
　　　　　辗转似蓬兮难自保。

姚继中译：三棱命苦生淤泥，
吾身宿孽沉浮多？

349. 原　作：恋ひわたる身はそれなれど玉かづらいかなる筋を尋ね来つらむ
口語訳：恋ひわたる……（夕顔を慕い続けてきたこの身は昔そのままだけれど、その娘はどういう筋をたどって私を尋ねてきたのだろう）

丰子恺译：夕颜恋侣今犹昔，
玉鬘何缘依我来？

林文月译：恋故人兮情惆怅，
究何因缘玉鬘来，
见女忆母兮命难抗。

姚继中译：恋侣夕颜今犹在，
何缘玉鬘随我来？

350. 原　作：着てみれば恨みられけり唐衣返しやりてむ袖を濡らして
口語訳：きてみれば……（着てみるとつい恨めしく存ぜずにはいられません。この着物は私の涙で袖を濡らしたままお返ししてしまいたいのです）

丰子恺译：唐装乍试添新恨，
欲返春衫袖已濡。

林文月译：着唐衣兮怨情郎，
悠悠岁月教虚掷，
泪为湿袖兮返旧裳。

姚继中译：初试唐装添新愁，
欲返春衫却濡袖。

351. 原　作：返さむと言ふにつけても片敷の夜の衣を思ひこそやれ
口語訳：かへさむと……（返そうとおっしゃるにつけても、その衣の片袖を敷いて独り寝をなさるあなたのお気持をおいとおしくお察しします）

丰子恺译：欲返罗衣寻好梦，
可怜孤枕独眠人。

林文月译：道返衣兮便返里，
夜深寂寂难成眠，
卿何单衾兮独拥被。

姚继中译：欲寻好梦返春衫，
独枕衣袖难入眠。

第二十三回　初音（352-357）

352. 原　作:薄氷解けぬる池の鏡には世に曇りなき影ぞ並べる
口語訳:うす氷……(薄氷もとけてきた鏡のような池の面には、この世に二つとなく幸せなわたしの影が並んで映っています)
丰子恺译：池面冰开明似镜，
双双倩影映春塘。
林文月译：春已届兮冰渐融，
池面澄清似明镜，
倩倩俪影兮映其中。
姚继中译：冰消水静若明镜，
鸳鸯丽影喜庆春。

353. 原　作:曇りなき池の鏡によろづ代をすむべき影ぞしるく見えける
口語訳:くもりなき……(みじんの曇りもない鏡のような池の面に、幾久しく暮していけるにちがいいない私たちの影が、はっきりと見えるのでした)
丰子恺译：春塘水满如明镜，
映出千春万福人。
林文月译：池面澄兮似明镜，
并肩映照影成双，
瑞兆千岁兮诚可庆！
姚继中译：春塘盈盈碧波里，
摇曳多姿福人影。

354. 原　作:年月を松にひかれて経る人に今日鶯の初音聞かせよ
口語訳:年月を……(年月を小松—姫君にひかれて過してまいりました私に、今日の鶯の初音—初便りをお聞かせくださいまし)
丰子恺译：静待春秾经岁月，
今朝盼听早莺声。

林文月译：岁月流兮长期待，
　　　　　黄莺婉啭应啼春，
　　　　　盼试初音兮勿疏怠。
姚继中译：幽寂岁月绿又至，
　　　　　惟盼闻得早莺声。

355. 原　作：ひき別れ年は経れども鶯の巣立ちし松の根を忘れめや
　　口語訳：ひきわかれ……（お別れしたまま年がたちましたが、鶯—私は巣立った松の根—生みの母をお忘れ申しましょうか、今でもよく憶えています）
丰子恺译：一别慈颜经岁月，
　　　　　巢莺岂敢忘苍松？
林文月译：经几年兮度几日，
　　　　　黄莺出谷离旧巢，
　　　　　难忘松根兮情专一。
姚继中译：慈颜别去几春秋，
　　　　　离巢怎敢忘松荫？

356. 原　作：めづらしや花のねぐらに木づたひて谷の古巣を訪へる鶯
　　口語訳：めづらしや……（なんと珍しくうれしいことか。花の咲く御殿に楽しく住んでいながら、谷の古巣を訪ねてくれた鶯よ）
丰子恺译：莺在花埘宿，
　　　　　今朝下谷飞。
　　　　　旧巢重访问，
　　　　　珍重好时机。
林文月译：出谷黄莺飞花丛，
　　　　　日日流连芳香处。
　　　　　犹肯返谷兮访旧宫。
姚继中译：早莺悠然宿花埘，
　　　　　飞鸿谷中访旧巢。

357. 原　作：ふるさとの春の梢に訪ね来て世の常ならぬ花を見るかな
　　口語訳：ふるさとの……（昔住んでいた住まいの春の梢を訪ねてきて、世の常の花とはちがった花—鼻を見ることよ）

丰子恺译：重来故里春光好，

又见枝头稀世花。

林文月译：为寻芳兮访旧屋，

梅枝梢头春意浓，

又见奇花兮香馥馥。

姚继中译：故居春光无限好，

奇花又见枝头发。

第二十四回　胡蝶（358-371）

358. 原　作:風吹けば波の花さへ色見えてこや名に立てる山吹の崎

口語訳:風吹けば……(風が吹くと波までが花の咲いたように山吹色を映しているのですから、これがあの有名な山吹の崎ということになるのでしょうか)

丰子恺译：风起浪中花影美，

恍疑身在棣棠崎。

林文月译：风乍起兮池影乱，

棣棠华开满水波，

仿佛置身兮山吹畔。

姚继中译：和风拂影浪中花，

疑是身至棣棠崎。

359. 原　作:春の池や井手の川瀬にかよふらむ岸の山吹そこも匂へり

口語訳:春の池や……(この春の御殿の池は井手の川瀬に通じているのでしょうか、岸の山吹は水底にまで咲きにおっています)

丰子恺译：棣棠花映春池底，

此水应通井手川。

林文月译：春之池兮绽棣棠，

芬芳满园沁水底，

可曾毗连兮井手乡。

姚继中译：棣棠花缀春池底，

此水通贯井手川。

360. 原　作：亀の上の山も尋ねじ舟のうちに老いせぬ名をばここに残さむ

口語訳：亀の上の……（わざわざ蓬莱山を訪ねてゆくこともありますまい。この船の中で命を延ばして不老の名を残すことにしましょう）

丰子恺译：无须远访蓬莱岛，
不老仙乡即此船。

林文月译：蓬莱山兮寻非易，
舟中自有乐无穷，
不老之名兮永留志。

姚继中译：何须寻访蓬莱岛，
此处即胜众仙乡。

361. 原　作：春の日のうららにさしてゆく舟は棹のしづくも花ぞ散りける

口語訳：春の日の……（春の日のうららかに照るなかをのどかに棹さしてゆく船では、その棹からしたたるしずくまでも花となって美しく散るのでした）

丰子恺译：日丽风和舟荡漾，
兰篙水滴似飞花。

林文月译：日冉冉兮春无边，
舟行欸乃逐波荡，
橹桨滴珠兮疑花溅。

姚继中译：风和日丽竞荡舟，
兰篙水溅赛飞花。

362. 原　作：紫のゆゑに心をしめたれば淵に身投げむ名やは惜しけき

口語訳：むらさきの……（紫のゆかりあるお方のために、私は心をすっかり奪われてしまいましたので、この藤―淵に身投げをしたという悪い噂を立てられても、なんの悔いがあるものですか）

丰子恺译：血缘太近相思苦，
愿赴深渊不惜身。

林文月译：紫之故兮表心迹，
若因此情获恶名，
宁投深渊兮亦不惜！

姚继中译：苦思何奈血缘近，

不惜此身赴深渊。

363. 原　作:淵に身を投げつべしやとこの春は花のあたりを立ち去らで見よ

口語訳:ふちに身を……(藤—淵に身を投げることがおできになるものかどうか、今年の春は、花のあたりを立ち去らずに様子をごらんいただきたいものです)

丰子恺译：莫非值得报渊死?
春在枝头请细看!

林文月译：果投渊兮且待觑,
缘分浅深看今春,
但守花下兮莫离去!

姚继中译：休言为情投深渊,
春在枝头请细赏!

364. 原　作:花園の胡蝶をさへや下草に秋待つ虫はうとく見るらむ

口語訳:花ぞのの……(草の陰で秋を待つ虫—そちらでは、春の花園のこの美しい胡蝶をまでもお気に召さぬものとごらんになっているのでしょうか)

丰子恺译：君爱秋光不喜春,
香闺静待草虫鸣。
春园蝴蝶翩翩舞,
只恐幽人不赏心。

林文月译：蝴蝶飞兮花园中,
既喜秋虫草下泣,
肯稍留意兮春花红?

姚继中译：采蝶翩跹闹春园,
小虫待秋藏草中。

365. 原　作:胡蝶にも誘はれなまし心ありて八重山吹を隔てざりせば

口語訳:こてふにも……(「来」という名の胡蝶にもつい誘い出されて参上してしまうところでした。そちらで八重山吹の隔てをおつくりになりませんでしたら)

丰子恺译：但得君心无歧见,
我将随蝶访春园。

林文月译：蝴蝶诱兮心向往，
若非层山相隔离，
得一偿愿兮将春赏。

姚继中译：倘若越得棣棠篱，
我欲随蝶访春殿。

366. 原　作：思ふとも君は知らじなわきかへり岩漏る水に色し見えねば

口語訳：思ふとも……（私があなたのことをお慕いしていることもご存じありますまい。湧きかえって岩間を漏れ出る水に色がないように、この思いも目には見えないのですから）

丰子恺译：思君君不知，
我心常恻恻。
犹似岩中水，
奔腾而无色。

林文月译：相思情兮似泉逼，
溢岩出谷滔滔流，
水清无色兮君岂识？

姚继中译：思君之心若涧水，
奔流不息尔可知？

367. 原　作：ませのうちに根深く植ゑし竹の子のおのが世々にや生ひわかるべき

口語訳：ませのうちに……（この邸の内に根を深く植えた竹の子—あの大事に育てた娘も、それぞれに縁を得て、わたしの手から離れてゆくのだろうか）

丰子恺译：庭前生小竹，
篱内托根深。
渐渐出墙去，
青青向世人。

林文月译：围篱笆兮竹之子，
移根深植节节伸，
而今既长兮将他徙。

姚继中译：扎根篱内滴翠竹，
婆娑越墙欲系人。

368. 原　作：今さらにいかならむ世か若竹の生ひ始めけむ根をば尋ねむ

口語訳：今さらに……（今となっては、どのような時が来ようと若竹の生いはじめたもとの根—生みの親を尋ねていくようなことをいたしましょうか）

丰子恺译：山中生小竹，
移植在庭前。
从此承恩养，
不思返故山。

林文月译：弱竹长兮姿便娟，
既生斯园徙何处？
寻根究底兮亦徒然。

姚继中译：山中小竹移院庭，
承尊恩育岂思回？

369. 原　作：橘のかをりし袖によそふればかはれる身とおもほえぬかな

口語訳：橘の……（昔の人をしのばせる橘の香りをかぐにつけても—亡き母君に比べてみるにつけても、あなたがそのお方と別人には思えないのです）

丰子恺译：桔子花开日，
闻香忆故人。
玉颜何酷肖，
宛似故人身。

林文月译：橘之花兮传芬芳，
馨香盈袖忆往昔，
仿佛故人兮居身旁。

姚继中译：橘香熏袖忆故人，
错将斯女当夕颜。

370. 原　作：袖の香をよそふるからに橘の身さへはかなくなりもこそすれ

口語訳：袖の香を……（袖の香—亡き母にお比べになるそのために、橘の実—私自身までも、はかなくなってしまうのではないかと存じます）

丰子恺译：容颜既与故人似，
命短亦应似故人。

林文月译：袖盈香兮致疑误，

芬芳本异昔与今，
命何短暂兮似朝露？

姚继中译：熏袖橘香不复在，
残存橘实或消殒？

371. 原　作：うちとけて寝も見ぬものを若草のことあり顔にむすぼほるらむ

口語訳：うちとけて……（何もかもゆるしあって共寝したわけでもないのに、どうしてあなたは事あり顔に思い悩んでいるのでしょう）

丰子恺译：未解罗襦同枕席，
缘何嫩草叹春残？

林文月译：情难协兮未交欢，
稚草嫩根不曾见，
何假惺惺兮频怨叹！

姚继中译：未解罗衫同枕席，
何缘嫩草怨春残？

第二十五回　萤（372-379）

372. 原　作：鳴く声も聞こえぬ虫の思ひだに人の消つには消ゆるものかは

口語訳：なく声も……（鳴く声も聞こえぬ蛍の光でさえ、人が消そうとして消えるものではありません。まして私の胸に燃える火は、どうして消すことができましょう）

丰子恺译：流萤无声息，
情火亦高烧。
纵尔思消灭，
荧荧不肯消。

林文月译：萤悄然兮飞绕缭，
星星之光犹不灭，
情火何堪兮任熄消。

姚继中译：流萤无声幽光明，
我情似火炽热焚。

373. 原　作:声はせで身をのみこがす螢こそ言ふよりまさる思ひなるらめ

口語訳:声はせで……(鳴く声を立てずに、ひたすら身を焦している蛍のほうが、あなた様のように声に出しておっしゃるのよりは、もっと深い思いなのでしょう)

丰子恺译：流萤虽不叫，
但见火焦身。
却比多言者，
含情更苦辛。

林文月译：火既燃兮情自明，
萤虽悄然犹熠熠，
此时无声兮胜有声。

姚继中译：流萤不吟蒙火烧，
有苦难言受煎熬。

374. 原　作:今日さへや引く人もなき水隠れに生ふる菖蒲の根のみ泣かれむ

口語訳:今日さへや……(端午の節句の今日でさえ、引く人もなく水の下に隠れて生えている菖蒲の根は、ただ水に流れているのでしょうか。あなたに相手にしていただけない私は、人目に隠れて独りで声をあげて泣いていなければならないのでしょう)

丰子恺译：菖蒲逢午节，
隐没在溪滨。
寂寞无人采，
根端放泣声。

林文月译：端午节兮采菖蒲，
根植深渊暗饮泣，
人谁眷顾兮人谁须？

姚继中译：菖蒲遗没深水滨，
无人怜悯根在泣。

375. 原　作:あらはれていとど浅くも見ゆるかな菖蒲もわかず泣かれける根の

口語訳:あらはれて……(隠れて水の下を流れていた菖蒲の根が水の面に現れると、いっそう浅く見えることです。分別もなく声をあげて泣かずにはいらっしゃれないというあなたのお気持のいよいよ浅いこと

が分かりました)

丰子恺译：菖根溪底泣，
深浅未分明。
一旦离泥出，
原来不甚深。

林文月译：采菖蒲兮拔其根，
始知浅薄未足贵，
缘何饮泣兮难思存。

姚继中译：菖根出水始知浅，
放声悲泣更轻浮。

376. 原　作：その駒もすさめぬ草と名に立てる汀の菖蒲今日や引きつる

口語訳：その駒も……(駒でさえ食べようとしない草と評判になっているあの水際の菖蒲のような私を、今日は節句なのでお引き立てくださったのでしょうか)

丰子恺译：我似菖蒲草，
稚驹不要尝。
欣逢佳节日，
出谷见阳光。

林文月译：菖蒲生兮列汀洲，
本自生灭驹不顾，
得非佳节兮蒙援求？

姚继中译：汀中菖蒲驹不食，
欣逢端阳沐光辉。

377. 原　作：鳰鳥に影をならぶる若駒はいつか菖蒲に引き別るべき

口語訳：にほどりに……(雌雄並んで離れぬ鳰鳥のように、あなたと影を並べる若駒のわたしは、いつ菖蒲のあなたと別れることがあろうか)

丰子恺译：君似菖蒲草，
我身是水菰。
溪边常并茂，
永不别菖蒲。

林文月译：似关雎兮并俪影，

幼菰菖蒲亦连生，
须臾不离兮持此永。

姚继中译：犹似鸂鶒影成双，
矢志溪滨伴菖蒲。

378. 原　作：思ひあまり昔の跡を訪ぬれど親に背ける子ぞたぐひなき

口語訳：思ひあまり……（思案に余って、昔の例を尋ねてみるけれども、親にそむいた子というのは類のないことです）

丰子恺译：愁极苦心寻往事，
背亲之女古来无。

林文月译：思途蔽兮寻古迹，
为人子女总孝亲，
未见前例兮竟叛逆。

姚继中译：愁苦忧心觅旧例，
古来未有背亲女。

379. 原　作：古き跡を訪ぬれどげになかりけりこの世にかかる親の心は

口語訳：ふるき跡を……（昔の例を尋ねてみるのですけれど、おっしゃるとおり、この世にこうした親の心は見当たりませんでした）

丰子恺译：我亦频频寻往事，
亲心如此古来无。

林文月译：寻古迹兮果如言，
天下父母虽爱子，
居心叵测兮焉不烦？

姚继中译：我亦遍寻古来事，
从未见识此亲心。

第二十六回　常夏（380-383）

380. 原　作：撫子のとこなつかしき色を見ばもとの垣根を人や尋ねむ

口語訳：なでしこの……（撫子—いつまでも心ひかれるあなたの美しいお姿を父君がこらんになったら、もとの垣根—亡き母君のことをお尋ね

になることでしょう)

丰子恺译：见此鲜妍新抚子，
有人探本访篱根。

林文月译：石竹朵兮堪销魂，
倘能一窥此花色，
焉得不访兮旧时垣？

姚继中译：娇艳抚子新露芽，
寻找篱根已有人。

381. 原　作:山賤の垣ほに生ひし撫子のもとの根ざしを誰れか尋ねむ

口語訳:山がつの……(いやしい山賤の垣根に育った撫子－そうした私の母のことをどなたがお尋ねになるでしょうか)

丰子恺译：抚子托根山家畔，
何人探本访荒篱？

林文月译：石竹朵兮生荒园，
花色平凡地偏僻，
谁人肯访兮任晨昏。

姚继中译：寄根山篱苦抚子，
探访本源应有人！

382. 原　作:草若み常陸の浦のいかが崎いかであひ見む田子の浦波

口語訳:草わかみ……(常陸の浦や河内のいかが崎それに駿河の田子の浦、なんとかしてあなた様にお目にかかりとうございます)

丰子恺译：小草生在常陆海，
或恐在伊香加崎。
安得身在田子浦，
拜见芳颜得追随。

林文月译：幼草生兮荒田中，
常陆湾浦近江浪，
得蒙相会兮偿愚衷？

姚继中译：伊香加崎常陆浦，
田子渴望拜芳姿。

383. 原　作:常陸なる駿河の海の須磨の浦に波立ち出でよ筥崎の松

口語訳:ひたちなる……(常陸にある駿河の海の須磨の浦に波が早く立つように筥崎の松、こちらにお出かけください、お待ちしております)

丰子恺译：常陆骏河海波涌，
流到须磨浦上逢。
盼待芳踪光临早，
此间亦有箱崎松。

林文月译：常陆浦兮骏河海，
须磨岸边浪往返，
箱崎之松兮空等待。

姚继中译：常陆骏河须磨浦，
且待急流涌箱崎。

第二十七回　篝火(384-385)

384. 原　作:篝火にたちそふ恋の煙こそ世には絶えせぬ炎なりけれ

口語訳:篝火に……(篝火の煙といっしょに立ちのぼる恋いの煙こそは、常に燃え立つわたしの恋の炎たっだのです)

丰子恺译：胸中情思如篝火，
焰重烟浓永不消。

林文月译：篝火燃兮照园红，
光焰渐升渐灼热，
伴我恋情兮共熊熊。

姚继中译：情焚中胸似篝火，
浓烟盛焰不减灭。

385. 原　作:行く方なき空に消ちてよ篝火のたよりにたぐふ煙とならば

口語訳:行く方なき……(果てしもない大空でお消しになってくださいまし。篝火といっしょに立ちのぼる、思いの煙とおっしゃるのでしたら)

丰子恺译：君心若果如篝火，
烟入长空永不还。

林文月译：烟无踪兮半空消，
既谓情同燃篝火，

胡不熄灭兮莫焚烧。

姚继中译：君心若如篝火焚，
烟飘长空永不返。

第二十八回　野分（386-389）

386. 原　作:おほかたに荻の葉過ぐる風の音も憂き身ひとつにしむ心地して

口語訳:おほかたに……（ただ一通り萩の葉を吹き過ぎてゆく風の音も、つらいわが身にだけはしみじみとやるせなく感じられる）

丰子恺译：微风一阵经芦荻，
也教离人独自伤。

林文月译：拂荻叶兮寻常风，
经田过野自呼啸，
妾徒感喟兮怀苦衷。

姚继中译：微风浮过芦荻叶，
瞬时喜过长患忧。

387. 原　作:吹き乱る風のけしきに女郎花しをれしぬべき心地こそすれ

口語訳:吹きみだる……（吹き乱れる風の様子に、女郎花は今にもしおれてしまいそうな気配です。あなたの無体ななさりかたに、私は今にも死んでしまいそうな思いでございます）

丰子恺译：暴乱西风无赖甚，
直将吹损女萝花。

林文月译：风乍起兮肆狂虐，
枝叶为凋女郎花，
人共花颤兮靡有托。

姚继中译：西风无情迎面来，
凶悍狂吹败酱花。

388. 原　作:下露になびかましかば女郎花荒き風にはしをれざらまし

口語訳:した露に……（木の下露になびいているのだったら、女郎花は荒々しい風にあってもしおれることはあるまいに。ひそかに私にな

びいておられたら、あなたはいまさらお困りのこともなかろうに)

丰子恺译：但使芳菲能受露，
狂风不损女萝花。

林文月译：暗承露兮女郎花，
倘使迎风肯披靡，
弱茎堪怜兮敢折耶？

姚继中译：倘使芳草能承露，
西风难损败酱花。

389. 原　作：風騒ぎむら雲まがふ夕べにも忘るる間なく忘られぬ君

口語訳：風さわぎ……(風が吹き荒れ、むら雲が迷う夕べでも、私には、片時とて忘れようにも忘れることのできないあなたです)

丰子恺译：昨宵云暗风狂吼，
刻刻相思不忘君。

林文月译：狂风起兮云飞乱，
万户昨夜未安宁，
怀君难忘兮空自叹。

姚继中译：昨夜狂风卷乌云，
总是相思难忘君。

第二十九回　行幸（390-398）

390. 原　作：雪深き小塩山にたつ雉の古き跡をも今日は尋ねよ

口語訳：雪ふかき……(雪深い小塩山に飛び立つ雉の跡を尋ねて一この大原野の行幸の古例を尋ねて、今日はあなたも同行してほしかった)

丰子恺译：小盐山积雪，
雉子正于飞。
欲请循先例，
同来看雪霏。

林文月译：小盐山兮积雪深，

雉鸡特立白原上，
何不援旧兮将迹寻？

姚继中译：雪深雉飞小盐山，
循古行李盼君随。

391. 原　作：小塩山深雪積もれる松原に今日ばかりなる跡やなからむ

口語訳：をしほ山……（小塩山の松原に雪が降り積もるように、これまでも大原野の行幸は幾度もおありでしたが、今日ほどの盛んな例はございませんでしょう）

丰子恺译：小盐山积雪，
美景在松原。
自古常行幸，
今年特地欢。

林文月译：松之原兮白雪积，
小盐山上圣主行，
今日盛况兮最足惜！

姚继中译：松原雪景不胜绝，
行幸古有今忧欢。

392. 原　作：うちきらし朝ぐもりせし行幸にはさやかに空の光やは見し

口語訳：うちきらし……（立ちこめた霧に朝曇りして、雪もちらついておりました行幸ですから、はっきりと空の光を－帝のお姿を、拝することなどどうしてできましたでしょうか）

丰子恺译：浓荫薄雾兼飞雪，
隐约天颜看不清。

林文月译：晨雾暖兮有余霭，
白雪皑皑视矇矇，
遥拜天光兮总无奈。

姚继中译：天空飘雪阴雾笼，
隐约不辨天娇颜。

393. 原　作：あかねさす光は空に曇らぬをなどて行幸に目をきらしけむ

口語訳：あかねさす……（美しい光が曇りなく空に射しておりましたのに、どうしてあなたは行幸の日の雪に目をくもらせて、はっきりごらんにな

らなかったというのでしょう。そんなはずはありますまい)

丰子恺译：天颜明朗如朝日，

不信秋波看不清。

林文月译：似茜色系天光明，

万里晴空无阴翳，

深雪焉得兮耀眼睛？

姚继中译：帝颜透雾如朝日，

岂有秋波看不清。

394. 原　作：ふた方にいひもてゆけば玉くしげわが身はなれぬかけごなりけり

口語訳：ふた方に……(源氏の大臣と内大臣と、お二方いずれの筋から申しても、しょせんこの私には孫として切ろうにも切れない縁のあるあなたなのでした)

丰子恺译：玲珑玉梳盒，

两面有深情。

是我亲孙子，

莫教离我身。

林文月译：玉栉笥兮寄亲情，

内孙外孙总骨肉，

双重缘分兮爱愈生。

姚继中译：里外皆缘甚珍惜，

聚散岂可随意间。

395. 原　作：わが身こそ恨みられけれ唐衣君が袂に馴れずと思へば

口語訳：わが身こそ……(わが身が恨めしくてなりません。いつもあなたのおそばに置いていただけないのだと思いますと)

丰子恺译：素日不亲君翠袖，

我身多恨惜唐装。

林文月译：睹唐衣兮叹妾身，

旧裳见捐泪沾袖，

怨君薄幸兮君岂怜？

姚继中译：平素不见君翠袖，

凄身依旧惜唐装。

396. 原　作：唐衣また唐衣唐衣かへすがへすも唐衣なる
　口語訳：唐衣……（唐衣また唐衣唐衣、繰り返し唐衣とおっしゃるのですね）
丰子恺译：唐装唐装又唐装，
　　　　反来复去咏唐装。
林文月译：此唐衣兮彼唐衣，
　　　　反来覆去总相怨，
　　　　旧裳新衣兮又唐衣。
姚继中译：唐装唐装还唐装，
　　　　反来复去写唐装。
397. 原　作：恨めしや沖つ玉藻をかづくまで磯がくれける海人の心よ
　口語訳：うらめしや……（恨めしいことです。磯がくれの海人のように、裳を着る日までよそに隠れていた娘の心が）

丰子恺译：渔人遭禁闭，
　　　　久隐在矶头。
　　　　今日方浮海，
　　　　安能不怨尤？
林文月译：浪往返兮岸边扫，
　　　　寂寞玉藻任匿藏，
　　　　却恨海人兮未相报。
姚继中译：犹恨渔翁隐矶头，
　　　　而今再生不解忧。
398. 原　作：よるべなみかかる渚にうち寄せて海人も尋ねぬ藻屑とぞ見し
　口語訳：よるべなみ……（頼り所もなく、このような所に身を寄せていた姫君は、海人も捜し求めてくれぬ藻屑のように、どなたからも捜し出されぬ身の上と思っていたのです）
丰子恺译：长年漂泊后，
　　　　寄迹渚边头。
　　　　藻屑诚微贱，
　　　　渔人不要收。
林文月译：随波浪兮扫岸边，
　　　　可怜藻屑任漂泊，

海人无情兮肯撷搴？

姚继中译：渔翁流落江渚头，

藻屑贱微无人收。

第三十回　藤袴（399-406）

399. 原　作：同じ野の露にやつるる藤袴あはれはかけよかことばかりも

口語訳：おなじ野の……（あなたと同じ野の露でしおれている藤袴—同じ大宮の孫として祖母の死を悼む私に、せめて申し译ほどにでも、いとおしいとおっしゃってください）

丰子恺译：兰草生秋野，

朝朝露共尝。

请君怜惜我，

片语也何妨。

林文月译：藤袴花兮沾野露，

同生原中共萎凋，

忍教欷歔兮空倾诉！

姚继中译：秋原兰花同沐露，

望君怜爱赐言语。

400. 原　作：尋ぬるにはるけき野辺の露ならば薄紫やかことならまし

口語訳：たづぬるに……（お尋ねになってみて、それが遠い野辺の露というのであれば、この藤袴の薄紫の色は単なる申し译でしかありませんでしょう）

丰子恺译：既蒙君来访，

自非疏远人。

交亲原不薄，

何必枉伤心？

林文月译：寻野露兮却嫌远，

藤袴花缘本非深，

莫怨冷漠兮莫责遁。

姚继中译：情薄若似原野露，
何言兰草共生缘？

401. 原　作：妹背山深き道をば尋ねずて緒絶の橋に踏み迷ひける

口語訳：妹背山……（私たちが姉弟であるという深い事情を詮索することもせずに、文をさしあげなどして遂げられるはずもない恋の道に踏み迷ったことでした）

丰子恺译：不曾探悉妹山道，
绪绝桥头路途迷。

林文月译：兄妹山兮实盘迂，
幽径崎岖难寻觅，
绪绝桥畔兮遂迷途。

姚继中译：不知你我同根生，
冒失寄情心悔恨。

402. 原　作：惑ひける道をば知らず妹背山たどたどしくぞ誰も踏み見し

口語訳：まどひける……（あなたが恋の道に踏み迷っておられるとも気づかずに、姉弟なのに合点のゆかぬことと思いながら御文を拝見していました）

丰子恺译：不知何故迷山路，
只觉来书语不伦。

林文月译：途遥遥兮兄妹山，
未识幽径踏迷路，
心也茫茫兮谁见闲。

姚继中译：焉知同根使动情，
惟觉赐书语无伦。

403. 原　作：数ならば厭ひもせまし長月に命をかくるほどぞはかなき

口語訳：数ならば……（人並の者であったならばこの九月を忌む月として厭わしく思ったでしょうに。しかし私は、あなたが出仕なさることもないからと生命をかけて頼みにしている、それもはかないことです）

丰子恺译：九月不祥且不管，
岂知拼命也徒劳。

林文月译：人皆忌兮此长月，

今我转盼时光留，

忍抛微命兮换唐突。

姚继中译：寄望九月未出仕，

劳命奔波徒伤悲。

404. 原　作：朝日さす光を見ても玉笹の葉分けの霜を消たずもあらなむ

口語訳：朝日さす……（朝日の光をごらんになっても－帝のご威光に接するようになられても、玉笹の葉分の霜のような私をお忘れにはなりませぬよう）

丰子恺译：莫教艳艳朝阳色，

消尽区区竹上霜。

林文月译：九重城兮曜晨光，

倘见筱尖露珠转，

得请稍忆兮莫相忘。

姚继中译：莫教熠熠朝阳艳，

融安斑斑竹上霜。

405. 原　作：忘れなむと思ふもものの悲しきをいかさまにしていかさまにせむ

口語訳：忘れなむと……（あなたのことを忘れてしまおうと思うにつけても、そのことが無性に悲しいので、いったいどのように考えてどうしたらよいのでしょうか）

丰子恺译：心虽欲忘悲难堪，

如之奈何如之何？

林文月译：盼相忘兮何能忘，

此事本属真悲痛，

将何自处兮正茫茫。

姚继中译：心悲欲绝难忘君，

无可奈何君将去？

406. 原　作：心もて光に向かふ葵だに朝おく霜をおのれやは消つ

口語訳：心もて……（自分から日の光に向う葵でさえも朝置く霜を自ら消すでしょうか。まして心ならずも出仕する私は、あなたを忘れはいたしません）

丰子恺译：葵花纵有心向日，

亦不自消早降霜。

林文月译：向日葵兮随日转，

命也如此可奈何，

朝露虽消兮总能辨。

姚继中译：葵花朝阳或有意，

自身难消落寒霜。

第三十一回　真木柱（407-427）

407. 原　作：おりたちて汲みは見ねども渡り川人の瀬とはた契らざりしを

口語訳：おりたちて……（あなたとは立ち入って親しい仲にはならなかったけれど、あなたが三途の川を渡るとき、まさか他の男に手を取らせようとは約束しなかったのに）

丰子恺译：未得同衾枕，

常怀恋慕情。

谁知川上渡，

援手是他人。

林文月译：缘分浅兮徒欷歔，

虽未交欢情未忍，

岂容他人兮引三途。

姚继中译：今生不得同衾枕，

悔叹未约引三途。

408. 原　作：みつせ川渡らぬさきにいかでなほ涙の澪の泡と消えなむ

口語訳：みつせ川……（三途の川を渡らぬさきに、どうぞして悲しみの涙の川の水脈の泡となって消え失せてしまいたいと思います）

丰子恺译：未向川边渡，

先沉泪海中。

微躯成泡沫，

消失永无踪。

林文月译：三途川兮虽未达，

心已为碎泪成流，
恨不消失兮乘浮沫。

姚继中译：未渡三途沉泪海，
微躯成泡消无踪。

409. 原　作：心さへ空に乱れし雪もよにひとり冴えつる片敷の袖

口語訳：心さへ……（私の心までがうわの空になってかき乱れたこの大雪に、ただ冷えきって片敷の袖の独り寝でございました）

丰子恺译：心似雪花飞乱舞，
独眠双袖冷如冰。

林文月译：思茫然兮情难安，
心共雪花满天舞，
不耐独卧兮袖袂寒。

姚继中译：纷飞雪花乱似心，
双袖如冰难独眠。

410. 原　作：ひとりゐて焦がるる胸の苦しきに思ひあまれる炎とぞ見し

口語訳：独りゐて……（こんなことになったのは北の方が一人取り残されていて、恋い焦れていらっしゃるお胸の苦しさから、思いあまって燃え出た炎のせいだと存じます）

丰子恺译：孤居寂处心如灼，
妒火中烧炙破衣。

林文月译：断然去兮恩未偿，
不甘独处叹苦悲，
妒火中烧兮遂炙裳。

姚继中译：寂寞独居心如焚，
胸中妒火灼破衣。

411. 原　作：憂きことを思ひ騒げばさまざまにくゆる煙ぞいとど立ちそふ

口語訳：うきことを……（昨夜の情けない一件に気持が落ち着かないでいると、くゆる煙が立ちそうように、いよいよあれこれと後悔の念がわいてくることだ）

丰子恺译：每闻恶疾心常悔，
怨气如烟炙破衣。

林文月译：忧难忘兮恨难消，
骚骚扰扰昨日事，
得不懊悔兮心为焦。

姚继中译：目睹恶疾心意灰，
不堪回首怨如烟。

412. 原　作：今はとて宿かれぬとも馴れ来つる真木の柱はわれを忘るな

口語訳：今はとて……（今はかぎりて、このお邸を離れていってしまっても、これまでなれ親しんできたこの真木の柱は、私を忘れないでおくれ）

丰子恺译：临别赠言真木柱，
多年相倚莫相忘！

林文月译：将离去兮此房屋，
真木柱遗旧时情，
切莫相忘兮聊留牍。

姚继中译：临别寄语真木柱，
相倚多年莫忘情。

413. 原　作：馴れきとは思ひ出づとも何により立ちとまるべき真木の柱ぞ

口語訳：馴れきとは……（真木の柱のほうで、長年のなじみを思い出してくれるにしても、私たちはいまさらどうしてこの邸にとどまることがありましょう）

丰子恺译：纵有多情真木柱，
故人缘断岂能留？

林文月译：托记忆兮真木柱，
物虽有情人寡情，
不可滞留兮难起步。

姚继中译：纵使挚情真木柱，
缘尽人去岂可留？

414. 原　作：浅けれど石間の水は澄み果てて宿もる君やかけ離るべき

口語訳：浅けれど……（石間にたまる水が、浅いながらにどこまでも澄んでいて一殿とはご縁の浅いあなたがいつまでもここに居残って、この家をお守りになるべきお方が立ち去られるということがあってよいものでしょうか）

丰子恺译：岩间浅水长留住，
镇宅之君岂可离？
林文月译：石间水兮本浅澄，
讵料得遂长留意，
夫人反离兮悲不胜。
姚继中译：岩畔细水可长住，
镇宅主君岂可离？

415. 原 作：ともかくも岩間の水の結ぼほれかけとむべくも思ほえぬ世を
口語訳：ともかくも……（あなたは「すみはてて」とおっしゃいますが、とにもかくにもいいようもないくらい岩間の水－私の心は悲しみに閉ざされて、いつまでもここに住み続けていられようとも思われない世の中ですのに）
丰子恺译：岩间浅水虽留住，
毕竟情缘不久长。
林文月译：水既浅兮难映影，
世事无恒人谁知？
得留且驻兮岂冀永。
姚继中译：岩畔细水今虽在，
情缘浅短不长留。

416. 原 作：深山木に羽うち交はしゐる鳥のまたなくねたき春にもあるかな
口語訳：深山木に……（深山木の大将殿と仲よく翼を交えている鳥のあなたのことが、またとなく妬ましい春ですこと）
丰子恺译：深山乔木上，
比翼鸟双栖。
妒杀孤单客，
芳春独自悲。
林文月译：憩深山兮相颉颃，
载翔载飞比翼鸟，
得不艳羡兮好春光。
姚继中译：深山苍松双栖鸟，
妒煞探春孤单客。

417. 原　作:などてかく灰あひがたき紫を心に深く思ひそめけむ

口語訳:などてなく……(どうして、こうも逢うことのできない紫の衣の人をわたしは心に深く思いそめてしまったのであろう)

丰子恺译：底事依心思慕苦?
今朝才见紫衣人。

林文月译：加紫色兮称卿意,
千呼万唤今始逢,
如何未见兮心先醉。

姚继中译：依心惹我恋慕苦,
紫衣倩影今始见。

418. 原　作:いかならむ色とも知らぬ紫を心してこそ人は染めけれ

口語訳:いかならん……(どのようなお情けによるのかも存じませんでした紫の色、これは特別のおぼしめしで賜りましたのですね)

丰子恺译：不知何故承恩赐,
无德无才受紫衣。

林文月译：乍获紫兮竟不知,
而今亲聆方始信,
圣主厚爱兮何如之。

姚继中译：无故仰承圣主恩,
紫衣赐赏无才人。

419. 原　作:九重に霞隔てば梅の花ただ香ばかりも匂ひ来じとや

口語訳:九重に……(幾重にも霞に隔てられることになれば、梅の花は香りさえもにおってこないことになるのだろうか。大将のじゃまだてによって、あなたのほんのちょっとの参内も、もう望めないのであろうか)

丰子恺译：云霞隔断九重路,
一缕梅香也不闻。

林文月译：卿将离兮思纷纷,
九重烟霞从此隔,
梅花清香兮哪得闻。

姚继中译：重重云雾隔断路,
不闻娇梅半缕香。

420. 原　作:香ばかりは風にもつてよ花の枝に立ち並ぶべき匂ひなくとも

口語訳:かばかりは……(香りだけは風の便りにおことづけくださいまし。ほかの花の枝のような御方々の美しさに立ち並ぶことができるような私ではございませんが)

丰子恺译：虽非桃李秾春色，
一缕香风总可闻。

林文月译：众花艳兮敢并枝，
满园芬芳幸垂顾，
盼时赐音兮慰相思。

姚继中译：非似浓春桃李艳，
也可闻得一缕香。

421. 原　作:かきたれてのどけきころの春雨にふるさと人をいかに偲ぶや

口語訳:かきたれて……(降り続いてのどかな今日このごろの春雨に、あなたは古里の人のわたしを、どのように思い出していてくださるでしょうか)

丰子恺译：寂寞闲庭春雨久，
可曾遥念故乡人?

林文月译：悄然静兮度昏晨，
春雨绵绵细如发，
可曾相忆兮故里人。

姚继中译：庭院寂寥春雨绵，
即景可曾思故人?

422. 原　作:眺めする軒の雫に袖ぬれてうたかた人を偲ばざらめや

口語訳:ながめする……(長雨の降り続く軒の雫とともに、物思いに沈む私は袖を濡らしながら、片時もあなたのことをお偲び申さずにはおられましょうか)

丰子恺译：泪如久雨沾双袖，
一日思亲十二时。

林文月译：雨绵绵兮湿檐牙，
罗袖长濡泪不绝，
片刻难忘兮每吁嗟。

姚继中译：泪如绵雨常濡袖，
　　　　　每日思亲十二时。

423. 原　作：思はずに井手の中道隔つとも言はでぞ恋ふる山吹の花

　口語訳：思はずに……（不本意にも井手の中道が、わたしたちの仲を隔ててはいるけれど、心の中では山吹の花ーあなたを恋い慕っているのだ）

丰子恺译：不觉迷山路，
　　　　　谁将井手遮？
　　　　　口头虽不语，
　　　　　心恋棣棠花。

林文月译：念伊人兮意难忘，
　　　　　咫尺天涯讵料隔，
　　　　　棣棠不言兮深情藏。

姚继中译：遥绽井手棣棠艳，
　　　　　难隔久远恋花情。

424. 原　作：おなじ巣にかへりしかひの見えぬかないかなる人か手ににぎるらむ

　口語訳：おなじ巣に……（せっかく同じ巣の中に孵ったかいもなく、その卵の一つが見えないことです。いったいどういう人の手ににぎられているのでしょうか）

丰子恺译：巢中一卵无寻处，
　　　　　握在谁人手掌中？

林文月译：同巢孵兮少一卵，
　　　　　辛苦亲情付水流，
　　　　　何人握中兮任冷暖？

姚继中译：同巢一卵无去向，
　　　　　不知谁握手掌中？

425. 原　作：巣隠れて数にもあらぬかりの子をいづ方にかは取り隠すべき

　口語訳：巣がくれて……（巣の片隅に隠れて、物の数にも入らない鴨の卵ー仮の子を、どこに誰が取り返したりするものでしょうか）

丰子恺译：此卵隐藏巢角里，
　　　　　微区之物有谁寻？

林文月译：隐巢隅兮一雏雁，
本末列数任自生，
人谁藏匿兮人谁问！
姚继中译：此卵珍藏吾巢角，
区微之物谁来寻？

426. 原　作：沖つ舟よるべ波路に漂はば棹さし寄らむ泊り教へよ
口語訳：おきつ舟……（沖の舟が寄るべもなく波路にただようように、あなたのご縁談がきまらずにいらっしゃるのなら、私が棹をさし寄せておそばにまいりましょう。どこにお泊りかその場所を教えてください）
丰子恺译：大海孤舟无泊处，
何妨到此渚边来！
林文月译：舟颠簸兮逐波荡，
浪来潮去任漂流，
请示泊港兮得摇桨。
姚继中译：浮舟漂泊无寄处，
不妨系此渚边来！

427. 原　作：よるべなみ風の騒がす舟人も思はぬ方に磯づたひせず
口語訳：よるべなみ……（寄るべがなくて、風にもてあそばれて困っている舟人のように、縁の定まらない私でも、気の向かない所に磯伝いはいたしません。心にもない人はお断りします）
丰子恺译：舟人虽苦风涛恶，
不肯停船别渚边。
林文月译：诚漂荡兮无着落，
舟人自有其目标，
未肯辄泊兮心有托。
姚继中译：惊涛骇浪舟子苦，
不停无缘渚矶边。

第三十二回　梅枝（428-438）

428. 原　作：花の香は散りにし枝にとまらねどうつらむ袖に浅くしまめや

口語訳：花の香は……（この薫物の花の香りは、花の散ってしまった枝と同様の私の身には役にたちませんが、たきしめてくださる姫君のお袖には深く薫ることでございましょう）

丰子恺译：残枝花落尽，
香气已成空；
移上佳人袖，
芬芳忽地浓。

林文月译：花已残兮空有枝，
香随花散无觅处，
聊供薰袖兮香如之。

姚继中译：残枝落英芬芳尽，
异香薰袖馥郁浓。

429. 原　作：花の枝にいとど心をしむるかな人のとがめむ香をばつつめど

口語訳：花の枝に……（あなたは、人が見咎めはしないかと香を隠していらっしゃるが、そうした花の枝とおっしゃるあなたに、私はいよいよ心をひかれるのです）

丰子恺译：为防疑怪藏来信，
喜见花枝忆故人。

林文月译：花虽残兮芳犹传，
人言可畏遂隐秘，
情实弥坚兮魂为牵。

姚继中译：暗藏幽香不示人，
自喻残枝更惹心。

430. 原　作：鶯の声にやいとどあくがれむ心しめつる花のあたりに

口語訳：鶯の……（私が心を奪われております花のあたりで、鶯のような美しい声で「梅が枝」を謡うのを聞くと、心はいよいよ体をぬけ出してさまようことでしょう）

丰子恺译：饱餐花香心已醉，
忽闻莺啭意如迷。

林文月译：清夜宴兮实风雅，
莺声宛转更动听，

得不陶醉兮梅花下。

姚继中译：置身莺转梅艳处，
恍恍惚惚意如迷。

431. 原　作：色も香もうつるばかりにこの春は花咲く宿をかれずもあらなむ

口語訳：色も香も……（花の色も香りもあなたの身に染みつくほどに、今年の春は花の咲くこの家に絶えずお出ましいただきたいものです）

丰子恺译：今春饱餐香与色，
日日盼君来看花。

林文月译：既赏花兮当爱惜，
盼君常访此花乡，
色为染袖兮香盈腋。

姚继中译：郁香色艳今春醉，
时时盼君赏花来。

432. 原　作：鶯のねぐらの枝もなびくまでなほ吹きとほせ夜半の笛竹

口語訳：鶯の……（鶯がねぐらにしている梅の枝もたわむくらいに、その夜半の笛竹を音色のかぎりもっと吹きとおしてください）

丰子恺译：请君彻夜吹长笛，
惊起高枝巢里莺。

林文月译：夜半笛兮音缭绕，
今宵吹撼梅花枝，
摇颤莺巢兮莫休了。

姚继中译：通宵长笛任尔吹，
惊飞高枝巢中莺。

433. 原　作：心ありて風の避くめる花の木にとりあへぬまで吹きや寄るべき

口語訳：心ありて……（風が、花を散らすまいとの心づかいから避けて吹いているらしい梅の木に、鳥もいたたまれぬほど不用意に笛を吹き寄ることができましょうか）

丰子恺译：春风有意避花树，
玉笛安能放肆吹？

林文月译：梅花秀兮传清香，
风且有情为回避，

笛吹何忍兮肆猖狂。

姚继中译：春风有意避花枝，

玉笛岂可恣意吹?

434. 原　作：霞だに月と花とを隔てずはねぐらの鳥もほころびなまし

口語訳：かすみだに……（せめて霞だけでも月と花との間を隔てずにいてくれたら、月の光にもう夜明けかと勘違いして、梅の枝をねぐらとする鳥も鳴きだすことでしょう）

丰子恺译：春云不忍遮花月，

惊起巢莺夜半啼。

林文月译：月澄辉兮花怒放，

若非烟霞隔月花，

巢鸟齐啭兮疑天亮。

姚继中译：晚霞不掩花与月，

莺攀梅枝始翠鸣。

435. 原　作：花の香をえならぬ袖にうつしもてことあやまりと妹やとがめむ

口語訳：花の香を……（この芳しい花の香りを、この頂戴したご立派な装束の袖にたきしめて帰りましたら、どんな女と過ちがあったのかと、わが家の妹が咎めだてをすることでしょう）

丰子恺译：归去浓香携满袖，

山妻应骂冶游郎。

林文月译：蒙赠衣兮复受香，

若将薰染盈怀袖，

妹儿定疑兮责荒唐。

姚继中译：满袖携香醉归去，

浮游郎君怕山妻。

436. 原　作：めづらしと故里人も待ちぞ見む花の錦きを着て帰る君

口語訳：めづらしと……（これはめずらしいことと、あなたの里のお方も待ち受けていて、ごらんになるでしょう、夜の錦ならぬ花の錦を着てお帰りになるあなたを）

丰子恺译：衣锦还家风采美，

细君喜见玉郎归。

林文月译：香馥馥兮人醺醺，
衣锦归里有女盼，
定当赞赏兮迎郎君。

姚继中译：风采神逸喜还家，
玉郎归去娇妻迎。

437. 原　作:つれなさは憂き世の常になりゆくを忘れぬ人や人にことなる

口語訳:つれなさは……(あなたの冷淡なお気持は、つらい世の中の人並になってゆくのに、そのあなたを忘れずにいる私は、人並の男ではないのでしょうか)

丰子恺译：你是无情女，
全同浮世人。
我心与俗异，
永远不忘君。

林文月译：浮世情兮无悬殊，
卿意渐淡渐冷漠，
唯独吾爱兮永不渝。

姚继中译：恨君无情同世人，
我心不异长相思。

438. 原　作:限りとて忘れがたきを忘るるもこや世になびく心なるらむ

口語訳:かぎりとて……(そうするよりほかないとして、忘れがたいとおっしゃる私をお忘れになる、これも世間の人並になったお心なのでしょうか)

丰子恺译：口称不忘我，
心已早忘情。
弃旧怜新者，
良由随俗心。

林文月译：道难忘兮已相忘，
信誓旦旦皆空话，
君心随俗兮不恒常。

姚继中译：口言不异心早离，
此乃世间俗夫心。

第三十三回　藤裏葉（439-458）

439. 原　作:わが宿の藤の色濃きたそかれに尋ねやは来ぬ春の名残を

口語訳:わが宿の……(私の家の藤の花が色美しく咲いておりますこの夕暮に、春の名残を尋ねておいでくださらぬことがありましょうか)

丰子恺译：日暮紫藤花正美，
春残何事不来寻?

林文月译：色正浓兮藤花盛，
满园芬芳春意阑，
得请枉驾兮赏枝柄。

姚继中译：日暮藤花正艳时，
不惜晚春观赏来?

440. 原　作:なかなかに折りやまどはむ藤の花たそかれ時のたどたどしくは

口語訳:なかなかに……(夕暮時のはっきりしないころでは、春の名残を尋ねよとおっしゃられても、なまじその藤の花を手折ってよいものかどうかまごつくことでしょう)

丰子恺译：暮色苍茫难辨识，
如何折取紫藤花?

林文月译：日夕倾兮光昏暗，
虽有藤枝饰贵园，
犹豫未前兮敢折滥。

姚继中译：不意承邀暮色中，
何时折得紫藤花?

441. 原　作:紫にかことはかけむ藤の花まつより過ぎてうれたけれども

口語訳:紫に……(藤の花お紫に恨み言は申すとしましょう。松の木末を越える花房をつらく思うけれども一待ち遠しい思いをさせたあなたをいまいましいと思うけれど、その恨み言は娘のほうに持っていくことにしましょう)

丰子恺译：可恨小藤花，
凌驾老松上。

为爱紫色好，
其罪当曲谅。

林文月译：藤之花兮越松开，
辛苦等待非所愿，
托言紫色兮为传媒。

姚继中译：紫藤一味缠老松，
念花前程心释然。

442. 原　作：いく返り露けき春を過ぐし来て花の紐解く折にあふらむ

口語訳：いくかへり……（これまで幾たび涙にくれた春を過してきて、こうしてやっと花の開くように望みのかなう時節にめぐりあえたのでしょう）

丰子恺译：几度春来和泪待，
今朝始得见花开。

林文月译：露华浓兮几度春，
时光荏苒教虚掷，
而今花下兮庆结姻。

姚继中译：含泪等候几春秋，
今朝始闻花香浓。

443. 原　作：たをやめの袖にまがへる藤の花見る人からや色もまさらむ

口語訳：たをやめの……（やさしい少女の袖かとみえる藤の花は、これを見はやす人しだいで一段と色も映えることでしょう）

丰子恺译：少女春衫袖，
色香似此藤。
欣逢高士赏，
花色忽然增。

林文月译：藤似袖兮人拟花，
香泽随花女随婿，
色香愈添兮人人夸。

姚继中译：艳丽少女胜藤花，
雅人相映色更艳。

444. 原　作：浅き名を言ひ流しける河口はいかが漏らしし関の荒垣

口語訳：あさき名を……（あのとき私たちの浮名を世間に流した河口の関守

ーあなたは、どういうおつもりで関の荒垣のことー私たちの仲を漏らされたのでしょうか)

丰子恺译：河口流传轻薄事，
疏栏何故泄私情？

林文月译：河口决兮浮名流，
如何轻令关垣毁，
遂教侬心兮徒增忧。

姚继中译：轻薄之事出河口，
私情何故泄出栏？

445. 原　作：漏りにける岫田の関を河口の浅きにのみはおほせざらなむ

口語訳：もりにける……(きびしく守っていてもその荒垣を越えて浮名が漏れたという岫田の関なのにー浮名の漏れたのは父大臣の口からなのに、河口の浅さー私のいたらなさゆえと、そのことばかりお責めにならないでください)

丰子恺译：莫怪河口关，
疏栏多漏泄，
久木多关上，
关守应负责。

林文月译：关垣守兮实露泄，
徒令浮名四处流，
卿何独责兮河口决。

姚继中译：绯闻泄自岫田关，
河口滩浅顶恶名。

446. 原　作：とがむなよ忍びにしぼる手もたゆみ今日あらはるる袖のしづくを

口語訳：とがむなよ……(お咎めにならないでください。これまで人目をはばかって、涙に濡れた袖をしぼっては隠してきたけれど、今はその手もくたびれて力が入らず、雫の垂れる涙の袖をお目にかけますことを)

丰子恺译：偷绞青衫泪，
年来手已酸。
今朝莫怪我，
当面泪汍澜。

林文月译：偷将袖兮绞泪痕，
　　　　　手腕已疲袪犹湿，
　　　　　今日任潮兮莫咎论。
姚继中译：隐忍拭泪已数载，
　　　　　拧挤湿袖手既酸。

447. 原　作：何とかや今日のかざしよかつ見つつおぼめくまでもなりにけるかな
　　口語訳：なにとかや……（なんという名だったかしら、今日のかざしは。それを目の前にしながら、一方では、思い出せぬくらいに、あなたと逢うこともない日数がたってしまいましたね）
丰子恺译：缘何眼见葵花饰，
　　　　　问我花名说不清？
林文月译：称何叶兮唤何名，
　　　　　人皆插头庆今日，
　　　　　徒逢佳节兮未伺侦。
姚继中译：目睹发际葵花饰，
　　　　　恍若久已忘花名？

448. 原　作：かざしてもかつたどらるる草の名は桂を折りし人や知るらむ
　　口語訳：かざしても……（ご自分でかざしていながら、しかも思い出せないとおっしゃる草の名は私も存じませんが、桂を手折ったお方、あなたならよくご存じでいらっしゃいましょう）
丰子恺译：花虽插鬓名难识，
　　　　　请问蟾宫折桂人。
林文月译：既插头兮更怀疑，
　　　　　此叶何名当谁问？
　　　　　折桂之人兮自应知。
姚继中译：不知鬓间花之名，
　　　　　且问寒宫攀桂人。

449. 原　作：浅緑若葉の菊を露にても濃き紫の色とかけきや
　　口語訳：あさみどり……（浅緑の若葉の菊を見て、いつか濃い紫色の花が咲くことを少しでも予想したことがあったか－六位宿世と言われたわたしがこうなるとは思わなかったであろう）

丰子恺译：浅绿当年秋菊小，
谁知能变紫红花。
林文月译：色浅绿兮菊叶嫩，
今日一变成紫深，
世事难料兮莫短论。
姚继中译：含苞小菊呈浅绿，
未料怒放紫红花。

450. 原　作：双葉より名立たる園の菊なれば浅き色わく露もなかりき

口語訳：二葉より……（二葉の時から名高い園に生い立った菊ですから、色が浅緑だからとて、いつまでも分け隔てる気持は少しもございませんでした－名門のあなた様がいつまでも六位でいらっしゃるはずはございませんでした）

丰子恺译：生长名园秋菊小，
岂因浅绿受人轻？
林文月译：菊自幼兮生名园，
叶虽娇嫩品高贵，
敢嫌色浅兮实衔冤。
姚继中译：幼小秋菊出名园，
岂敢轻视曾经绿？

451. 原　作：なれこそは岩守るあるじ見し人の行方は知るや宿の真清水

口語訳：なれこそは……（宿の真清水よ、お前こそは岩をあふれ出て、この邸を守ってくれている主だが、昔ここでお前をごらんになった大宮の御行方は知っているか）

丰子恺译：岩前清水好，
长守此园林。
知否当年主，
行踪何处寻？
林文月译：清水流兮似往常，
汝是此庭守护者，
可知故主兮今何方？
姚继中译：岩前清水守故园，

安知旧主今何在?

452. 原　作:亡き人の影だに見えずつれなくて心をやれるいさらゐの水

口語訳:なき人の……(亡くなられた大宮の影さえも映ってはいず、知らぬ顔をして、心地よげに流れている小さな泉ですこと)

丰子恺译:清泉流石上,
细水本无心。
不见当年主,
泉中照影清。

林文月译:亡者已兮灭踪影,
清水无心任淙淙,
世事变幻兮在俄顷。

姚继中译:细流潺湲淌依旧,
不映故主昔时影。

453. 原　作:そのかみの老木はむべも朽ちぬらむ植ゑし小松も苔生ひにけり

口語訳:そのかみの……(その昔の老木は朽ちてしまっているだろうが、無理もないことだ。そのころ植えた小松も年を経て苔が生えてしまったのだから－子供であったわたしもこの年になってしまうほど年月が流れてしまった)

丰子恺译:小松亲手植,
转眼已成荫。
莫怪高年树,
凋零化作尘。

林文月译:岁月荏苒既去久,
当时小松已覆苔,
老树焉得兮不凋朽。

姚继中译:昔日小松遂成荫,
莫叹老树已凋零。

454. 原　作:いづれをも蔭とぞ頼む双葉より根ざし交はせる松の末々

口語訳:いづれをも……(お二方のどちらをも、私は末長くお力とお頼み申しております。二葉のころから深く根ざしを交し合っていた松のような御間柄なのですから)

丰子恺译：双松枝叶茂，
自幼即同根。
我在双松下，
终身仰绿荫。

林文月译：连理枝兮并肩生，
而今双双枝叶茂，
得憩荫下兮承昔情。

姚继中译：双松同根自动劲，
我等终身仰绿荫。

455. 原　作：色まさる籬の菊も折々に袖うちかけし秋を恋ふらし

口語訳：色まさる……（色が一段と美しくなった籬の菊も、折りにふれて袖うちかけて舞ったあの秋を恋しく思い出しているのでしょう。太政大臣にご昇進のあなたも、あの秋をお思い出しになることでしょう）

丰子恺译：菊花增色泽，
篱畔夸芳姿。
犹恋初秋日，
含苞共放时。

林文月译：篱边菊兮傲霜色，
可尝恋眷昔日时，
舞袖翩翾兮共秋息。

姚继中译：秋菊篱畔相竞秀，
犹忆当年共舞时。

456. 原　作：紫の雲にまがへる菊の花濁りなき世の星かとぞ見る

口語訳：むらさきの……（聖の御代に現れる紫雲の中にまじっている菊の花は、濁りなき御代の星かと見えます一帝、上皇と御同列のあなたは、聖代の星かと存じます）

丰子恺译：菊花变作层云紫，
遥望青天仰景星。

林文月译：菊花灿兮疑紫云，
清丽绝俗傲众色，
圣代星光兮照人群。

姚继中译：瑞云相映菊花贵，
仰望秋星竞相繁。

457. 原　作：秋をへて時雨ふりぬる里人もかかる紅葉の折をこそ見ね

口語訳：秋をへて……（宮中を去って幾たびかの秋を経て、時雨の降るとともに年をとってしまった里住いの私も、このような紅葉の折に出合ったことがなかった－私の在位のころにはこういう紅葉の宴はついぞなかった）

丰子恺译：阅世经风雨，
看花到白头。
年年红叶好，
总不及今秋。

林文月译：经几秋兮度几岁，
时雨又降湿村夫，
未见红叶兮这等丽。

姚继中译：阅尽尘世鬓发白，
今秋红叶格外艳。

458. 原　作：世の常の紅葉とや見るいにしへのためしにひける庭の錦を

口語訳：世のつねの……（世間普通の紅葉とごらんになっていらっしゃるのでしょうか。今日のこれは、先朝の紅葉の御賀の例に倣った庭の錦ですのに－上皇様は、当時それを東宮としてごらんあそばしたことでしょうに）

丰子恺译：庭中锦幕前朝赐，
不是寻常红叶秋。

林文月译：似铺锦兮红叶秋，
今日风流实拟古，
如何等闲兮视此游。

姚继中译：庭中锦幕前朝赐，
红叶方胜寻常秋。

第三十四回　若菜（459-482）

459. 原　作：さしながら昔を今に伝ふれば玉の小櫛ぞ神さびにける

口語訳：さしながら……（そのまま頭にさしながら昔賜ったお情けを今日までありがたくこの身に伝えておりますので、この美しい小櫛もずいぶん古くなってしまいました）

丰子恺译：玉梳原是神通物，
插发今情似旧情。

林文月译：亲蒙插兮此玉栉，
日移月迁几多时，
乃今完璧兮奉献出。

姚继中译：神通玉梳插发髻，
今日深情似旧情。

460. 原　作：さしつぎに見るものにもが万世を黄楊の小櫛の神さぶるまで

口語訳：さしつぎに……（あなたに引き続いて、この女宮が幸せに栄えていく姿を見たいものです。万世のことほぎを教えるこのつげの小櫛が古びてゆくまでに）

丰子恺译：喜见黄杨梳子古，
后见相继万年荣。

林文月译：黄杨栉兮见赐还，
愿得珍品托万福，
代代相传兮为插鬟。

姚继中译：黄杨古梳今喜见，
万年永继荣未衰。

461. 原　作：若葉さす野辺の小松を引き連れてもとの岩根を祈る今日かな

口語訳：若葉さす……（若葉が芽ぐむ野辺の小松－幼い子供たちを引き連れて、もとの岩根—この私をお育てくださいましたあなた様の幾久しきご繁栄をお祈りにあがった今日なのでございます）

丰子恺译：嫩叶双松小，
生根在此岩。
今朝来祝寿，
磐石万斯年。

林文月译：牵嫩叶兮引小松，
寻访岩根庆今日，

千秋万岁兮常丰容。

姚继中译：根生此岩两小松，

不忘亲恩祈万福。

462. 原　作：小松原末の齢に引かれてや野辺の若菜も年を摘むべき

口語訳：小松原……（小松原－孫たちの行く末長い齢にひかされて、野辺の若菜—わたしもきっと長生きすることができましょう）

丰子恺译：嫩叶双松小，

会当寿命长。

野边青青菜，

托福永繁昌。

林文月译：托小松兮来日长，

为感今日情意重，

嫩叶添寿兮亦何妨。

姚继中译：托福稚嫩两小松，

野边新菜亦常青。

463. 原　作：目に近く移れば変はる世の中を行く末遠く頼みけるかな

口語訳：目に近く……（目のあたりこうも変れば変るあなたとの仲でしたのに、行く末長くと頼りにしておりましたとは）

丰子恺译：欲将眼底无常世，

看作千秋不变形。

林文月译：尝目睹兮世事变，

人心难料妾未知，

竟以终身兮托眷眷。

姚继中译：世事无常深莫测，

但愿你我共千秋。

464. 原　作：命こそ絶ゆとも絶えめ定めなき世の常ならぬ仲の契りを

口語訳：命こそ……（人の命というものは、絶えるときは絶えもしようけれど、しかし、この不定の人の世の常とは別のわたしたちの縁なのですよ）

丰子恺译：死生有命终当绝，

尔我恩情永不衰。

林文月译：命可绝兮爱无贰，

海誓山盟岂寻常，
此情此意兮卿当记。

姚继中译：死生断绝终由命，
永不衰竭你我情。

465. 原　作：中道を隔つるほどはなけれども心乱るる今朝のあは雪

口語訳：中道を……（あなたのお部屋とこちらの途中の道をふさぐほどではありませんけれど、降り乱れる淡雪にさえぎられてお伺いできず、心が乱れます）

丰子恺译：非关大雪迷中道，
只为朝寒困我身。

林文月译：道未阻兮途未绝，
只因今朝雪霏霏，
心绪纷乱兮似纷雪。

姚继中译：不为大雪隔归道，
只因身受朝寒困。

466. 原　作：はかなくてうはの空にぞ消えぬべき風にただよふ春のあは雪

口語訳：はかなくて……（風に吹かれてただよう春の淡雪は、中空に、きっとはかなく消えてしまいましょう－あなたのお越しがないので、寄るべなく消えてしまいそうなこの私でございます）

丰子恺译：雪花飘泊春风里，
转瞬消融碧宇中。

林文月译：君不临兮意迷惘，
心似轻雪逐春风，
上下飞舞兮任飘荡。

姚继中译：雪花迷人春风里，
转瞬身融碧云中。

467. 原　作：背きにしこの世に残る心こそ入る山路のほだしなりけれ

口語訳：背きにし……（出家して捨ててしまった俗世に残りとどまる親心というものは、山寺にこもって修行するわたしにとっての妨げになることでした）

丰子恺译：欲出红尘心未绝，

入山道上有魔障。

林文月译：弃红尘兮绝俗欲，
尚余一丝未了情，
山门当前兮独踽躅。

姚继中译：未绝情缘弃红尘，
思凡阻隔入山道。

468. 原　作：背く世のうしろめたくはさりがたきほだしをしひてかけな離れそ

口語訳：背く世の……（お捨てあそばした俗世のことが気がかりでいらっしゃいますなら、のがれがたい絆をしいてお絶ちになるようなことはなさいますな）

丰子恺译：尚有尘缘难断绝，
莫离人世入空门。

林文月译：身隐遁兮心羁绊，
父慈子孝亦常情，
何须强抑兮何须断。

姚继中译：难绝尘缘因有情，
莫入空门断凡心。

469. 原　作：年月をなかに隔てて逢坂のさも塞きがたく落つる涙か

口語訳：年月を……（長い年月お目にかからずにいて、今やっとお逢いすることができましたのに、このような隔てがあるのでは、悲しくて、涙がせきとめがたく落ちることです）

丰子恺译：久别重逢犹隔远，
沾襟热泪苦难收。

林文月译：时悠悠兮岁月隔，
重逢奈设逢坂关，
泪落如泉兮不可却。

姚继中译：久别重逢犹相隔，
热泪纵横苦难抑。

470. 原　作：涙のみ塞きとめがたきに清水にてゆき逢ふ道ははやく絶えにき

口語訳：涙のみ……（涙ばかりは逢坂の関の清水のようにせきとめがたく流れますが、あなたとお逢いする道はとうに絶えてしまいました）

丰子恺译：热泪难收如清水，
　　　　　行程已绝岂能逢！
林文月译：泪涟涟兮似清水，
　　　　　心虽悲苦路无由，
　　　　　既已断绝兮何须尔。
姚继中译：纵然难禁热泪涌，
　　　　　心意已决岂可回？

471. 原　作：沈みしも忘れぬものをこりずまに身も投げつべき宿の藤波
　口語訳：沈みしも……（あなたゆえに不幸な身の上に沈んだことを忘れはしないのに、また性懲りもなくこの身を投げてしまいそうなこの家の淵です－あなたのためには命を投げうってしまいたくなります）
丰子恺译：为汝沉沦终不悔，
　　　　　重寻爱海欲投身。
林文月译：昔为卿兮沉须磨，
　　　　　岁移月迁性未易，
　　　　　甘愿投身兮逐藤波。
姚继中译：不悔沉沦终因汝，
　　　　　愿投爱海寻旧情。

472. 原　作：身を投げむ淵もまことの淵ならでかけじやさらにこりずまの波
　口語訳：身をなげむ……（あなたが身を投げようとおっしゃる淵は本当の淵ではありますまい。そんな偽りの淵にいまさら性懲りもなくあなたに袖を濡らすようなことはいたしますまい）
丰子恺译：投身爱海非真海，
　　　　　不为空言再恋君。
林文月译：姑妄言兮姑听之，
　　　　　投渊之词岂可信，
　　　　　泪波既平兮止哀悲。
姚继中译：爱海虚幻莫投身，
　　　　　岂因空言复慕君。

473. 原　作：身に近く秋や来ぬらむ見るままに青葉の山も移ろひにけり
　口語訳：身にちかく……（この私の身に秋が迫ってきたのでしょうか。見てい

るうちに青葉の山の色も変ってしまいました－殿は私に飽きて冷たくなっておしまいになった）

丰子恺译：青山绿树成红叶，
渐觉衰秋近我身。

林文月译：秋已近兮景萧条，
满目青叶渐转色，
情亦厌倦兮觉寂寥。

姚继中译：红叶点点出绿树，
衰秋日渐侵我身。

474. 原　作：水鳥の青羽は色も変はらぬを萩の下こそけしきことなれ

口語訳：水鳥の……（秋が来ても、水鳥の青い羽は変らないのに、萩の下葉のほうこそ、様子がいつもとはちがっています－わたしの気持は変らないのに、あなたのほうこそおかしいのですよ）

丰子恺译：松柏常青终不变，
荻花何事感秋心？

林文月译：秋虽届兮景未变，
山叶青青色依然，
萩下叶色兮不回旋。

姚继中译：鸟羽色泽终不变，
缘何荻花落秋境？

475. 原　作：老の波かひある浦に立ち出でてしほたるるあまを誰かとがめむ

口語訳：老の波……（長く生き長らえたかいがあって、こうした晴れがましさに出会うことができ、うれし涙に咽んでいるこの私を、どなたが咎めだてできましょう）

丰子恺译：老尼偶到神仙窟，
莫怪尊前喜泪淋。

林文月译：沧海老兮波荡漾，
湾浦有贝堪暂临，
海人弄潮兮人谁惊！

姚继中译：老尼偶然入仙室，
喜泪难禁且莫怪。

476. 原　作:しほたるる海人を波路のしるべにて尋ねも見ばや浜の苫屋を
　口語訳:しほたるる……(泣いておいでになる尼君に、海路をご案内いただいて、この私の生れ故郷の明石の住いを訪ねてみたいものです)
丰子恺译：欲乞老尼当向导，
天涯海角访茅庵。
林文月译：盼相告兮弄潮人，
湾浦何处是葺屋，
波路迢迢兮愿遵循。
姚继中译：老尼可否作向导，
寻访草庵至天涯。

477. 原　作:世を捨てて明石の浦に住む人も心の闇ははるけしもせじ
　口語訳:世をすてて……(この世をお捨てになって明石の浦にお住いの父君も、子を思う心の闇ばかりは晴らしかねていらっしゃいましょう)
丰子恺译：身居明石离人世，
神往京华念子孙。
林文月译：弃红尘兮隐滨海，
明石湾浦有一人，
亲情深厚兮岂容悔。
姚继中译：辞别尘世居明石，
亦念子孙望京华。

478. 原　作:光出でむ暁近くなりにけり今ぞ見し世の夢語りする
　口語訳:ひかり出でん……(光の射し出てくる暁がいよいよ近づいてきたのです。それで、今はじめて、昔私の見た夢のお話をするのです)
丰子恺译：已见曙光天近晓，
敢将旧梦证今情。
林文月译：晓已近兮光皓皓，
夙愿既偿心渐平，
乃今话昔兮将梦告。
姚继中译：曙光微露天欲晓，
方得今情验旧梦。

479. 原　作:いかなれば花に木づたふ鶯の桜をわきてねぐらとはせぬ

口語訳：いかなれば……（花から花へと渡り歩くあの鶯は、どうして桜を特に大事にして自分のねぐらとしないのであろう）

丰子恺译：莺爱群芳多护惜，
缘何不喜宿樱花？

林文月译：莺穿梭兮众花枝，
满园芬芳依处处，
何不择樱兮最相宜。

姚继中译：群芳竞姿莺独惜，
何故不喜栖樱花？

480. 原　作：深山木にねぐら定むるはこ鳥もいかでか花の色に飽くべき

口語訳：みやま木に……（深山木をねぐらと定めているはこ鳥も、どうして花の色に飽きることがあろう）

丰子恺译：青鸟深山巢古木，
如何不爱好樱花！

林文月译：虽筑巢兮深山木，
容鸟自有赏芳心，
岂嫌花色兮忍移目。

姚继中译：深山古树巢中鸟，
缘何不依好樱花！

481. 原　作：よそに見て折らぬ嘆きはしげれどもなごり恋しき花の夕かげ

口語訳：よそに見て……（よそながら見るばかりの、手折ることもならぬ投げ木は茂っているけれど、名残の恋しい花の夕影ですよ－宮のお姿をよそに見るばかりでお近づき願えぬ悲しみは深くなるが、あの夕べかいま見た宮のお姿が恋しくて忘れられない）

丰子恺译：遥望不能折，
教人叹息频。
夕阳花色好，
恋慕到如今。

林文月译：尝遥窥兮一丽人，
可望不及徒增喟，
难忘花夕兮怎生亲。

姚继中译：遥望花艳不可折，
昨日恋慕日渐深。

482. 原　作:いまさらに色にな出でそ山桜およばぬ枝に心かけきと
口語訳:いまさらに……(手の届きそうもない山桜の枝に思いをかけたなどと、いまさら無用なことをお顔の色にお出しになりませんように)

丰子恺译：托迹青峰上，
山樱不可攀。
何须空恋慕，
不必再多言。

林文月译：山樱娇兮露秀色，
花在高枝不宜攀，
枉用心机兮何须逼？

姚继中译：山樱托根青峰上，
岂可妄言欲折枝。

第三十五回　若菜续（483-500）

483. 原　作:恋ひわぶる人のかたみと手ならせばなれよ何とて鳴く音なるらむ
口語訳:恋ひわぶる……(やるせなくも自分の恋い慕うあの方の形見と思って飼いならしていると、おまえはまあ、どういうつもりでこうした鳴き方をするのだろう。わたしの気持がよく分るのだろうか)

丰子恺译：欲慰相思苦，
见猫如见人。
缘何向我叫，
岂是我知音？

林文月译：恋无方兮遂饲汝，
忍将情思托指端，
何故频啼兮不言语。

姚继中译：寂寥悲情无处诉，
惟赖此猫慰我心！

484. 原　作:たれかまた心を知りて住吉の神代を経たる松にこと問ふ

口語訳:たれかまた……(あなたとわたしのほかには、誰が昔の事情を知っていて、住吉の社頭の、神代以来久しく年を経た松に話しかけることができようか)

丰子恺译：谁人省得当年事，
共向寺前问老松？

林文月译：人谁知兮往昔事，
风霜经年住吉松，
除却老树兮无与志。

姚继中译：昔日旧事何人晓？
共询苍松神庙前。

485. 原　作:住の江をいけるかひある渚とは年経る尼も今日や知るらむ

口語訳:住の江を……(住吉の浜は生きがいのある渚であるということを、長年住みなれている海人も、この儀を拝見した今日は知ることでございましょう)

丰子恺译：老尼今日方深信，
住吉江边出贵人。

林文月译：住吉浦兮庆居息，
地灵人杰有殊荣，
年老海人兮乃今识。

姚继中译：老尼今方信不疑，
贵人多出住吉地。

486. 原　作:昔こそまづ忘られね住吉の神のしるしを見るにつけても

口語訳:昔こそ……(昔のことがまず思い出される。住吉の神のご利益ゆえの私たちの繁栄であったと思うにつけても)

丰子恺译：欣看住吉神奇迹，
猛忆当年落魄时。

林文月译：住吉神兮城灵验，
往事历历总难忘，
得不感怀兮暗自念。

姚继中译：忽忆昔日落魄时，

更信住吉神灵验。

487. 原　作：住の江の松に夜深く置く霜は神の掛けたる木綿鬘かも

口語訳：住の江の……（住吉の松に夜が更けてからおく真っ白の霜は、神のおかけになった木綿鬘でしょうか、まことに神々しいこと）

丰子恺译：深夜江松霜满顶，
却疑神赐木绵鬘。

林文月译：住吉松兮霜斑斑，
一片白茫映深夜，
似神覆盖兮木绵鬘。

姚继中译：夜半繁霜覆江松，
疑是神赐木绵鬘。

488. 原　作：神人の手に取りもたる榊葉に木綿かけ添ふる深き夜の霜

口語訳：神人の……（神主たちの手に捧げ持っている榊の葉に、木綿をかけ添えてでもいるかのような、夜更けの真っ白い霜の色ですこと）

丰子恺译：僧官手持杨桐叶，
染遍霜华似木绵。

林文月译：执榊叶兮祭祀官，
夜深天寒霜更白，
疑是木绵兮挂神坛。

姚继中译：僧官所持杨桐叶，
尽染寒霜似木绵。

489. 原　作：祝子が木綿うちまがひ置く霜はげにいちじるき神のしるしか

口語訳：祝子が……（神主たちの木綿と見まがうくらい真っ白におく霜は、いかにも、奉納を神がお受けになった明らかな証でございましょう）

丰子恺译：霜华胜似木绵白，
足证神明显圣灵。

林文月译：霜既降兮不可敛，
白茫茫似木绵鬘，
足证神祇兮显灵验。

姚继中译：木绵犹逊霜枝白，
神明认证慰诚心。

490. 原　作:起きてゆく空も知られぬ明けぐれにいづくの露のかかる袖なり

口語訳:起きてゆく……(あなたに別れて起きてゆく、その行く先も分らない夜明け方の薄暗がりに、いったいどこから露がかかってこうも袖が濡れるのでしょう)

丰子恺译: 黎明起去迷归路,
袖上何来露水多?

林文月译: 晓曚曚兮迷方向,
薄暗起归心茫茫,
露何沾袖兮添惆怅!

姚继中译: 曙色朦胧失归途,
重露何以湿青衫?

491. 原　作:明けぐれの空に憂き身は消えななむ夢なりけりと見てもやむべく

口語訳:あけぐれの……(明け方の薄暗がりの空にこの私の不運な身は消えてしまってくれればよい。これは夢だったのだと思ってすまされもするように)

丰子恺译: 但愿前尘如一梦,
残躯消失曙光中。

林文月译: 晓既近兮心悲痛,
恨不销魂在今晨,
辛苦昨宵兮忧似梦。

姚继中译: 蒙辱前尘如恶梦,
残躯消失曙光中。

492. 原　作:悔しくぞ摘み犯しける葵草神の許せるかざしならぬに

口語訳:くやしくぞ……(不本意にもあの女君にお逢いするという罪を犯してしまったことよ。神のお許しになった挿頭でもないのに、その葵を摘んでしまって)

丰子恺译: 葵草青青好,
神明不许簪。
我今随手摘,
痛恨罪愆深。

林文月译: 悔之晚兮漫摘葵,

插头未经神明佑，
而今畏罪兮徒自悲。

姚继中译：神明岂容弄葵草，
痛悔浮薄罪愆深。

493. 原　作：もろかづら落葉を何に拾ひけむ名は睦ましきかざしなれども

口語訳：もろかづら……（もろかづら－ご姉妹のうちでも、自分はどうして落葉のほうを拾ってしまったのだろうか。その名だけは、皇女の優り劣りのない睦まじい挿頭であるけれども）

丰子恺译：同根花共发，
香色有妍媸。
自恨因缘恶，
拾来落叶枝。

林文月译：插两鬘兮双葵嫩，
优劣高下自判然，
捡得落叶兮空遗恨！

姚继中译：同枝花放媸妍色，
缘恶恨拾落叶枝。

494. 原　作：わが身こそあらぬさまなれそれながらそらおぼれする君は君なり

口語訳：わが身こそ……（私の身は、今は昔と変りはてた姿となってしまいましたが、昔そのままにそらとぼけていらっしゃるあなたは、昔のままのあなたです）

丰子恺译：我身成异物，
君是昔时君。
何故明知我，
佯装陌路人？

林文月译：妾身郁兮异前时，
郎君依然同往昔，
薄幸冷漠兮恨情痴。

姚继中译：我化异身君如昔，
何故弃之似路人？

495. 原　作：消え止まるほどやは経べきたまさかに蓮の露のかかるばかりを

口語訳：消えとまる……（蓮にかかる露が消えずに残っている間だけでも生きていられるでしょうか。たまたま、その露の残っているようなはかない命でございますのに）

丰子恺译：病愈留得残躯在，
只似莲间露未消。

林文月译：命实轻兮不可恃，
犹那露珠转荷间，
忽焉即没兮消失矣。

姚继中译：纵然病愈留残身，
却似露凝莲花间。

496. 原　作：契り置かむこの世ならでも蓮葉に玉ゐる露の心隔つな

口語訳：契りおかむ……（今から約束しておきましょう。この世ばかりではなくあの世においても、蓮の葉の露の玉のように一連托生であることを。けっしてわたしの心をお疑いになりませんよう）

丰子恺译：生生世世长相契，
共作莲间玉露珠。

林文月译：殷勤誓兮再世缘，
一莲托生实所望，
岂限今生兮得团圆。

姚继中译：生生世世结长契，
双双凝露同一莲。

497. 原　作：夕露に袖濡らせとやひぐらしの鳴くを聞く聞く起きて行くらむ

口語訳：夕露に……（夕露に袖を濡らして泣けというおつもりなのでしょうか、蜩が鳴くのをお聞きになりながら起きてお帰りになりますのは）

丰子恺译：日暮闻蜩君欲去，
泪珠似露湿蓝襟。

林文月译：夕雾繁兮濡罗袖，
蝉鸣聒絮催君离，
去将去兮不稍逗。

姚继中译：日暮蜩鸣君欲去，
泪似露珠湿蓝襟。

498. 原　作：待つ里もいかが聞くらむ方がたに心騒がすひぐらしの声

口語訳：待つ里も……（わたしを待っているあちらの里でも今ごろどのように聞いていることでしょう。あれやこれやとわたしの心を騒がせるこの蜩の声を）

丰子恺译：日暮鸣蜩急，
我心怅惘多。
不知待我者，
闻此意如何。

林文月译：此方怨兮彼方待，
心烦意乱缘蝉鸣，
分身乏术兮两慢怠。

姚继中译：蜩鸣急促满惆怅，
噪声怎弄盼归人？

499. 原　作：海人の世をよそに聞かめや須磨の浦に藻塩垂れしも誰ならなくに

口語訳：あまの世を……（尼におなりになったのをよそごとに思えましょうか。須磨の浦でわび住いの涙に濡れたのは、どなたのせいでもない、あなたのせいだったのですから）

丰子恺译：为君远戍须磨浦，
君入空门我不闻。

林文月译：尝为卿兮漂须磨，
而今如何等闲视，
忍遁空门兮徒蹉跎。

姚继中译：流落须磨皆因君，
却未闻君入空门。

500. 原　作：海人舟にいかがは思ひおくれけむ明石の浦にいさりせし君

口語訳：あま舟に……（どうしてあま舟に乗りおくれられたのでしょうか。明石の浦で海人のようにわび住いをなさったあなたですのに）

丰子恺译：明石浦头遭苦难，
缘何后我入空门？

林文月译：明石浦兮既漂泊，
底事犹豫山门前，

遂令君志兮空遗落。

姚继中译：落魄明石身心惫，

缘何未遂入空门？

第三十六回　柏木（501-511）

501. 原　作：今はとて燃えむ煙もむすぼほれ絶えぬ思ひのなほや残らむ

口語訳：いまはとて……（もうこの世の最期と私を葬る煙も燃えくすぶって、あなたをあきらめきれぬ思いの火はやはりどこまでもこの世に残ることでございましょう）

丰子恺译：身经火化烟长在，

心被情迷爱永存。

林文月译：命将尽兮身将焚，

此躯虽化烟缕缕，

情思残留兮仍慕君。

姚继中译：身焚青烟却长在，

情迷痴心挚爱存。

502. 原　作：立ち添ひて消えやしなまし憂きことを思ひ乱るる煙比べに

口語訳：立ちそひて……（あなたの煙といっしょに私も消えてしまいたいくらいです。この情けない私の物思いの火に乱れる煙は、あなたのとどちらがはげしいかを比べるためにも）

丰子恺译：君身经火化，

我苦似煎熬。

两烟成一气，

消入暮云天。

林文月译：郎心忧兮侬情乱，

相思徒留恨为烟，

互比悲苦兮俱化散。

姚继中译：火焚君身心犹煎，

两烟并入碧云天。

503. 原　作:行く方なき空の煙となりぬとも思ふあたりを立ちは離れじ

口語訳:行く方なき……(行方も知れない、大空の煙となってしまっても、この私の魂は恋しく思うあなたのおそばを立ち離れることはありますまい)

丰子恺译：我已成灰烬，
烟消入暮天。
思君心不死，
时刻在尊前。

林文月译：形既焚兮化烟移，
幽幽空中自飘荡，
仍将卿觅兮不忍离。

姚继中译：灰烬飞天无踪影，
爱恋之魂永伴君。

504. 原　作:誰が世にか種は蒔きしと人問はばいかが岩根の松は答へむ

口語訳:誰が世にか……(いったい誰がこの世に種を蒔いたのかと、人が尋ねたなら、この岩根の松－若君はなんと答えることでしょうか)

丰子恺译：岩下青松谁种植？
若逢人问答何言？

林文月译：若有人兮问岩松，
是谁莳得此幼种，
将何以答兮惑盈胸。

姚继中译：若问谁植岩下松，
何言相对探询人？

505. 原　作:時しあれば変はらぬ色に匂ひけり片枝枯れにし宿の桜も

口語訳:時しあれば……(その時節ともなれば、花は昔に変りなく美しい色に咲きにおうものなのですね。片枝が枯れてしまった宿の桜も)

丰子恺译：庭前樱一树，
半面已枯斜。
但得良时至，
依然开好花。

林文月译：时既届兮樱花开，

色香依然不异昔，
虽云枝枯兮宜节哀。

姚继中译：半面枯残庭前樱，
适逢季节依然艳。

506. 原　作：この春は柳の芽にぞ玉はぬく咲き散る花のゆくへ知らねば

口語訳：この春は……（今年の春は、柳の芽に露の玉を貫くように、目に涙を宿しております。深い悲しみにとざされて花の咲き散る行方も分りませんので）

丰子恺译：今春频堕泪，
柳眼露珠穿。
花发与花落，
不知在哪边。

林文月译：柳吐芽兮玉泪涌，
今春任花开且凋，
纷纷飘零兮坠何陇。

姚继中译：今春垂泪穿柳叶，
花开花落有谁赏？

507. 原　作：木の下の雫に濡れてさかさまに霞の衣着たる春かな

口語訳：木の下の……（子に先立たれた悲しみの涙に濡れて、逆さまに、親のほうが喪服を着ている春であることよ）

丰子恺译：反教老父穿丧服，
春雨连绵哭子哀。

林文月译：木之下兮滴露珠，
春霞蔼蔼凝重色，
丧服倒着兮袪沾濡。

姚继中译：未料子去父着丧，
悲泣犹如春雨绵。

508. 原　作：亡き人も思はざりけむうち捨てて夕べの霞君着たれとは

口語訳：亡き人も……（亡くなったお方とて、よもやお思いにもならなかったことでしょう、あなた様をお残しして、こうした喪服を着ていただこうとは）

丰子恺译：亡人撒手西归去，
　　　　　抛却双亲服子丧。
林文月译：何忍弃兮竟先逝，
　　　　　亡者原非寡情人，
　　　　　却教父君兮衣墨袂。
姚继中译：亡魂西去无思量，
　　　　　双亲悲戚服子丧？

509. 原　作：恨めしや霞の衣誰着よと春よりさきに花の散りけむ
　　口語訳：うらめしや……（恨めしいことです。墨染の衣を誰にきてもらおうと思って、春の逝くよりも先に花は散ってしまったのでしょう）
丰子恺译：青春未到花先落，
　　　　　可叹谁人为服丧！

林文月译：恨只恨兮墨之制，
　　　　　为谁凝重此晚霞，
　　　　　先春凋零兮不稍滞。
姚继中译：风华正茂忽凋零，
　　　　　任谁服丧不断肠？

510. 原　作：ことならば馴らしの枝にならさなむ葉守の神の許しありきと
　　口語訳：ことならば……（同じことならば、この連理の枝のように親しくしていただきたいものです。葉守の神－亡きお方の許しがあったとおぼしめして）
丰子恺译：木神既许相亲近，
　　　　　结契宜同连理枝。
林文月译：请依赖兮盼亲近，
　　　　　柏木枫树本交缠，
　　　　　似有叶神兮宥情分。
姚继中译：亲近既承木神许，
　　　　　结契应似连理枝。

511. 原　作：柏木に葉守の神はまさずとも人ならすべき宿の梢か
　　口語訳：柏木に……（柏木に葉守の神－亡き夫はおいでにならなくとも、ほかの人をお近づけしてよいこの宿の梢でしょうか）

丰子恺译：柏木守神虽已逝，
　　　　　庭前枝叶岂容攀！
林文月译：虽无神兮守柏木，
　　　　　宁任枝叶空青青，
　　　　　岂容他人兮擅入宿。
姚继中译：柏木神魄虽已散，
　　　　　岂容攀折庭前枝。

第三十七回　横笛（512-519）

512. 原　作：世を別れ入りなむ道はおくるとも同じところを君も尋ねよ
　口語訳：世をわかれ……（あなたがこの俗世を捨ててお入りになった仏の道は、わたしより遅くとも、同じ野老一所、極楽浄土をあなたも尋ね求めてお暮しになるように）
丰子恺译：看破红尘虽较晚，
　　　　　往生净土道相同。
林文月译：别红尘兮皈佛道，
　　　　　悟法虽云有后先，
　　　　　愿同相寻兮极乐岛。
姚继中译：抛离凡尘自有序，
　　　　　往生极乐道相同。
513. 原　作：憂き世にはあらぬところのゆかしくて背く山路に思ひこそ入れ
　口語訳：うき世には……（つらく厭わしいこの世とは別の所に住みたいと思いまして、この私も父院が世をそむいてお入りなった山路に深く心をお寄せしております）
丰子恺译：渴慕远离尘世处，
　　　　　欲辞俗界入深山。
林文月译：厌红尘兮慕闲寂，
　　　　　心如止水不起波，
　　　　　欲入山路兮将道觅。

姚继中译：既是诚心脱凡俗，
莫如及早入深山。

514. 原　作:うきふしも忘れずながらくれ竹のこは棄てがたきものにぞありける

口語訳:うきふしも……(あの厭わしい出来事を忘れられずにいるものの、なんといってもこの子はかわいくて捨てがたいものではあった)

丰子恺译：伤心旧事虽难忘，
竹笋青青不忍抛。

林文月译：浮生恨兮虽难忘，
吴竹丛下自成荫，
为爱竹子兮愿珍藏。

姚继中译：幼竹娇笋不忍弃，
只因难忘昔时情？

515. 原　作:ことに出でて言はぬも言ふにまさるとは人に恥ぢたるけしきをぞ見る

口語訳:言に出でて……(言葉に出しておっしゃらないのも、おっしゃる以上に深い思いでいらっしゃるのだと、遠慮しておいでになるご様子を拝見して、そのようにお察しいたします)

丰子恺译：窥君不语含羞意，
始信无言胜有言。

林文月译：意矜持兮态娇羞，
此时无言胜有语，
得非默许兮不相酬。

姚继中译：隔帷窥得含羞貌，
始信情深胜语言。

516. 原　作:深き夜のあはればかりは聞きわけどことより顔にえやは言ひける

口語訳:深き夜の……(深い夜にお弾きになるあなた様のお琴の音にこもるしみじみとしたお気持だけは、よく分りますが、私はこの琴を奏でることのほかに何を申しあげることができましたでしょうか)

丰子恺译：纵知深夜琴声苦，
只解听音不解言。

林文月译：夜深沉兮饶情趣，
弦音助哀动人心，

除却琴声兮别无句。

姚继中译：夜深纵闻琴音苦，
不解情意只听音。

517. 原　作：露しげきむぐらの宿にいにしへの秋に変はらぬ虫の声かな

口語訳：露しげき……（露のしとどにおりに草深い宿に、昔の秋に変らぬ虫の声がしております。涙に濡れたわが宿に、故人のと変らぬ懐かしい笛の音を聞かせていただきました）

丰子恺译：露重草长荒邸内，
秋虫声美似当年。

林文月译：蓬草茂兮露华浓，
草庐荒废人已故，
笛声不改兮诱秋虫。

姚继中译：沉雾长草侵荒邸，
啁啾虫鸣又当闻。

518. 原　作：横笛の調べはことに変はらぬをむなしくなりし音こそ尽きせね

口語訳：横笛の……（横笛の調子は昔と特に変ってはいませんので、故人の吹き鳴らされた音色は、いつまでも世に伝えられてゆくことでしょう）

丰子恺译：吹残横笛声如昔，
哭友哀音无尽时！

林文月译：横笛音兮虽未变，
睹物怀人衷情悲，
哀哀念友兮徒眷念。

姚继中译：横笛余声犹在耳，
思君悲极可曾知？

519. 原　作：笛竹に吹き寄る風のことならば末の世長きねに伝へなむ

口語訳：笛竹に……（この笛の音が風に乗ってどこへ伝わっていくか、吹き寄る風－笛を望んで寄ってくる人としては、同じことなら末長くわたしの子孫に伝えてほしいと思うのです）

丰子恺译：愿教笛上精深曲，
永远留传付子孙。

林文月译：吹竹笛兮奏妙音，
风若有情为传递，
子孙代代兮同吾心。

姚继中译：此笛精妙自有因，
但传子孙非外人！

第三十八回　鈴虫（520-525）

520. 原　作：蓮葉を同じ台と契りおきて露の分かるる今日ぞ悲しき

口語訳：はちす葉を……（来世は極楽で同じ蓮の台の上に生れ変ろうとお約束はしますものの、しかしこの世では露のこぼれるように別れて暮さなければならないのが悲しいのです）

丰子恺译：誓愿他年莲座共，
心悲今日泪分流。

林文月译：虽相誓兮共约期，
但愿来世同莲坐，
为悲今日兮露分离。

姚继中译：无奈今生哭缘尽，
但愿后世共莲台。

521. 原　作：隔てなく蓮の宿を契りても君が心や住まじとすらむ

口語訳：へだてなく……（来世は同じ蓮の台、とお約束なさいましても、あなたのお気持は、この私をお許しにならず、いっしょに住もうとはなさらないのでしょう）

丰子恺译：莲台纵有同登誓，
只恐君心不屑居。

林文月译：虽相约兮同莲宿，
难弃前嫌是君心，
如何不隔兮未敢卜。

姚继中译：纵有同登莲台意，
惟恐君心不此居。

522. 原　作：おほかたの秋をば憂しと知りにしをふり捨てがたき鈴虫の声

口語訳：おほかたの……（秋といえばいったいにつらく厭わしいものと知っておりました私ですのに、鈴虫の声を聞くと、その秋も振り捨てにくうございます）

丰子恺译：秋气凄凉虽可厌，
铃虫声美总难抛。

林文月译：百虫鸣兮悲怀惹，
大抵人心厌秋虫，
唯独铃虫兮难相舍。

姚继中译：秋意凄凄虽可厌，
铃虫声声却难弃。

523. 原　作：心もて草の宿りを厭へどもなほ鈴虫の声ぞふりせぬ

口語訳：心もて……（あなたはご自分からすすんでこの世をお捨てになりましたけれど、その鈴虫の声のように相変わらずお若く美しいのです）

丰子恺译：心虽厌世离尘俗，
身似铃虫发美音。

林文月译：厌俗世兮遂出家，
卿心既倦留不得，
草间铃虫兮有声嘉。

姚继中译：离尘弃世因心倦，
声比铃虫更甘美。

524. 原　作：雲の上をかけ離れたるすみかにももの忘れせぬ秋の夜の月

口語訳：雲の上を……（帝の位を退いてしまったわたしの所にも、中秋の名月は忘れず光を照らしてくれている。あなたは訪れてくれないけれども）

丰子恺译：九重天样远，
闲院绿苔生。
秋夜团圞月，
不忘旧主人。

林文月译：去万乘兮离宫阙，
而今得享自由身，

云间仍见兮秋夜月。

姚继中译：中秋月辉洒闲院，
身不由己思团圆。

525. 原　作:月影は同じ雲居に見えながらわが宿からの秋ぞ変はれる

口語訳:月かげは……(主上は昔に変らぬご威光と存じあげておりますものの、私どもの身の上の変りようのゆえにお伺いもならずにおりました)

丰子恺译：月影当空终不变，
蓬门秋色已全非。

林文月译：月皎皎兮正徘徊，
清辉不改同往昔，
臣宅之秋兮岂变哉。

姚继中译：不改清空皎月影，
蓬门秋色非从前。

第三十九回　夕霧（526-551）

526. 原　作:山里のあはれを添ふる夕霧に立ち出でむ空もなき心地して

口語訳:山里の……(山里の寂しい思いをつのらせる夕霧が立ちこめて、どちらの空に向って立ち出でてよいものか、おそばを去ることもならぬ心地でございます)

丰子恺译：漫天夕雾添幽致，
欲出山家路途迷。

林文月译：山里寂兮已伤悲，
夕雾茫茫更添趣，
归心为阻兮不忍离。

姚继中译：雾霭漫天林野幽，
欲别山家归途迷。

527. 原　作:山賤の籬をこめて立つ霧も心そらなる人はとどめず

口語訳:山がつの……(山賤の垣根をつつんで立ちこめております霧も、心

の浮ついているお方をお引きとめするわけはございません)

丰子恺译：茅舍深藏烟雾里，
狂童俗客不相留。

林文月译：雾茫茫兮袅离宅，
山庄自有人寂寥，
无意引留兮风流客。

姚继中译：诚然重雾罩茅舍，
俗客无心不相留。

528. 原　作：我のみや憂き世を知れるためしにて濡れそふ袖の名を朽たすべき

口語訳：われのみや……(この私一人が不幸な男女の仲らいを知っている女として、そのうえにまたあなたとのことで悲しい濡れ衣を着せられ、世間から取り沙汰されなければならないのでしょうか)

丰子恺译：我独多忧患，
频年袖不干。
今宵添热泪，
名节受摧残。

林文月译：恨只恨兮妾薄命，
浮生哀苦独承担，
袖既濡湿兮名又病。

姚继中译：长年忧泣泪濡袖，
今宵更悲名节残。

529. 原　作：おほかたは我濡衣を着せずとも朽ちにし袖の名やは隠るる

口語訳：おほかたは……(この私があなたに濡衣をお着せしなくても、あのご不幸でいったん取り沙汰された世間の評判はおおかた消えるものではありますまい)

丰子恺译：公主纵轻我，
今宵泪不添。
当年曾湿袖，
名节早摧残。

林文月译：袖既湿兮浮名流，
大抵世人总好事，

竟蒙咎责兮得不忧。

姚继中译：今宵轻我不添泪，

昔日濡袖名节摧。

530. 原　作：荻原や軒端の露にそぼちつつ八重立つ霧を分けぞ行くべき

口語訳：萩原……（軒端の外は萩原、その露にしとど濡れながら、幾重にも立ちこめる霧を分けて、この私は寂しく帰っていかなければならないのでしょうか）

丰子恺译：露重荻原沾袖湿，

雾迷归途阻人行。

林文月译：荻之原兮近轩寓，

裳裾为湿秋露浓，

寂寞独归兮踏层雾。

姚继中译：荻原轩端露水重，

怎奈拨雾急归还？

531. 原　作：分け行かむ草葉の露をかことにてなほ濡衣をかけむとや思ふ

口語訳：分けゆかむ……（あなたの踏み分けてお帰りになる草葉の露にお濡れになるのを言いがかりにして、やはりこの私に濡れ衣を着せようとお思いになるのですか）

丰子恺译：托辞野草多霜露，

更欲教人泪湿衣。

林文月译：君自归兮披草莽，

衣沾不惜缘露繁，

湿衣何故兮强相赏。

姚继中译：假托雾重路草湿，

陷我不义泪濡袖。

532. 原　作：たましひをつれなき袖にとどめおきてわが心からまどはるるかな

口語訳：たましひを……（魂を薄情なあなたのお袖の中に残してまいりまして、自分のせいとはいえ、虚けた私は途方にくれるばかりです）

丰子恺译：心空似觉魂离舍，

落入无情怀袖中。

林文月译：魂离散兮缠卿袖，

卿袖冰冷乏温情，
吾心茫茫兮未克救。

姚继中译：神魂落入无情袖，
多情偏遇无意人。

533. 原　作：せくからに浅さぞ見えむ山川の流れての名をつつみ果てずは

口語訳：せくからに……（私の気持を堰きとめようとなされば、それだけにそのお考えのあさはかさがはっきりするというものでしょう。世間に流す浮名は包みきれるはずもないのですから）

丰子恺译：在山泉水清，
出山溪水浊。
若欲保清名，
徒然成浅薄。

林文月译：欲设堰兮将泉堵，
防不胜防浮名流，
反见识浅兮未若取。

姚继中译：清泉入溪不再清，
欲守清白已枉然。

534. 原　作：女郎花萎るる野辺をいづことて一夜ばかりの宿を借りけむ

口語訳：女郎花……（女郎花—宮の泣きしおれております野辺を、あなたはいったいどことお思いになってただ一夜限りお宿りになったのでしょうか）

丰子恺译：女萝牛野畔，
佳种出名州。
何故探花者，
匆匆一夜留？

林文月译：女郎花兮萎荒邸，
既蒙相顾岂容绝，
如何一宿兮即弃抛。

姚继中译：败酱花萎荒山庄，
何故一夜宿小野？

535. 原　作：秋の野の草の茂みは分けしかど仮寝の枕結びやはせし

口語訳：秋の野の……（秋の野の草の茂みを分けてお訪ねはしましたけれども、宮とともに仮寝の枕を結んだことはございませんでした）

丰子恺译：冶游遥入深秋野，
未结同衾共枕缘。

林文月译：披秋草兮曾相访，
山里寂寞人幽居，
岂敢共枕兮肆狂妄。

姚继中译：野游迷失深山郊，
未结同枕共褥缘。

536. 原　作：あはれをもいかに知りてか慰めむあるや恋しき亡きや悲しき

口語訳：あはれをも……（あなたのせつないお気持をどのように考えてお慰めすればよいのでしょう。あとにお残りになったお方が恋しいのですか、亡くなられたお方のことが悲しいのですか）

丰子恺译：欲慰君心苦，
君心不可知：
莫非悲死别，
或是叹生离？

林文月译：欲劝慰兮如何写，
未知君心为谁悲，
究恋生者兮哀逝者。

姚继中译：欲慰君心苦茫然，
生离死别两悲伤？

537. 原　作：いづれとか分きて眺めむ消えかへる露も草葉のうへと見ぬ世を

口語訳：いづれとか……（そのどちらのためにとりわけ物思いに沈んでいるわけでもないのです。はかなく消えてしまう露も、草葉の上とのみは限らず、人の命も同じ世の中なのですから）

丰子恺译：不为生离叹，
岂因死者悲！
但伤人命促，
似露受朝晞。

林文月译：难分辨兮此寂寥，

总为人生似朝露，
草上晶莹兮瞬息消。

姚继中译：朝露滴翠顿消失，
生离死别皆无常。

538. 原　作：里遠み小野の篠原わけて来て我も鹿こそ声も惜しまね

口語訳：里遠み……（人里も遠く小野の篠原を分けてきて、わたしもこうして鹿と同じように声を惜しまず泣いているのです）

丰子恺译：跋涉离人里，
遥临小野庄。
声如鸣鹿苦，
不惜湿衣裳。

林文月译：披筱原兮来访卿，
小野地僻隔村里，
不惜饮泣兮犹鹿鸣。

姚继中译：跋涉草莽访小野，
如鹿苦鸣泪沾衣。

539. 原　作：藤衣露けき秋の山人は鹿のなく音に音をぞ添へつる

口語訳：藤衣……（喪服の藤衣も涙に濡れがちに、この露深い秋の山里に住む私どもも、鹿の泣く音に声を添えて泣いておりました）

丰子恺译：热泪沾丧服，
秋山人意乖。
鹿鸣声正苦，
添得哭声哀。

林文月译：处秋山兮服藤衣，
泪沾袖袪拟露重，
鹿鸣人泣兮更添悲。

姚继中译：泪湿丧服秋意冷，
闻得鹿鸣更添哀。

540. 原　作：見し人の影澄み果てぬ池水にひとり宿守る秋の夜の月

口語訳：見し人の……（昔の友の姿を映すこともなくなってしまった池水に、ひとり秋の夜の月だけが影を宿してこの邸を守っていることよ）

丰子恺译：俊赏人何在？
身随泡影亡！
可怜秋夜月，
独宿守池塘。

林文月译：人已逝兮空遗屋，
池水不映故主身，
唯见秋月兮独留宿。

姚继中译：空池不映柏木影，
惜叹秋宵孤月寒。

541. 原　作:いつとかはおどろかすべき明けぬ夜の夢覚めてとか言ひしひとこと

口語訳:いつとかは……(長い夜の夢がさめたときにとかおっしゃいました一言を、いつのことと思ってあなたをお訪ねしたらよいのでしょうか)

丰子恺译：闻说愁如梦，
秋深夜不明。
何时愁梦醒，
始得见卿卿？

林文月译：梦沉沉兮夜昏昏，
为守信诺不忍促，
几时盼得兮卿一言。

姚继中译：痴心企盼愁梦醒，
翘首长待邀我访。

542. 原　作:朝夕に泣く音を立つる小野山は絶えぬ涙や音無の滝

口語訳:朝夕に……(朝に晩に声をたてて泣いているこの小野山では、とめどもない私の涙が音無の滝となるのでしょうか)

丰子恺译：愁人居小野，
朝夕哭声啾。
热泪知多少，
无声瀑布流。

林文月译：小野山兮水潺潺，
朝朝暮暮任呜咽，
泪实汇流兮无声泉。

姚继中译：愁居深山苦泣悲，
　　　　　泪似瀑布落无尽。

543. 原　作：のぼりにし峰の煙にたちまじり思はぬ方になびかずもがな
　　口語訳：のぼりにし……（峰の煙となって空にのぼっておしまいになった母君とごいっしょして、思いもよらない方角にはなびくようなことはしたくない一大将の言うままにならず、このまま死んでしまいたい）

丰子恺译：愿随亡母乘烟去，
　　　　　誓不风靡意外人。
林文月译：荼毗烟兮升远峰，
　　　　　但得相随任飘荡，
　　　　　不堪披靡兮情非钟。
姚继中译：宁愿乘风随母去，
　　　　　誓不遂意痴狂人。

544. 原　作：恋しさの慰めがたき形見にて涙にくもる玉の筥かな
　　口語訳：恋しさの……（母君の形見の玉の箱を拝するにつけても、恋しさに心も慰められず、流れる涙に目もくもることです）

丰子恺译：物是人非难慰藉，
　　　　　摩挲玉盒泪盈眸。
林文月译：睹遗物兮思亡母，
　　　　　眷恋情深泪满眶，
　　　　　遂令玉匣兮减光否。
姚继中译：摩挲玉奁泪纷飞，
　　　　　物是人非难慰情。

545. 原　作：怨みわび胸あきがたき冬の夜にまた鎖しまさる関の岩門
　　口語訳：うらみわび……（あなたのつれなさをお恨みして胸の晴れぬ長い冬の夜に、そのうえわたしを堰き隔てる関の戸に掛け金までおろされるとは）

丰子恺译：愁恨填胸冬夜苦，
　　　　　又逢深谷锁岩扉。
林文月译：恨寡情兮胸为塞，
　　　　　漫漫长夜苦难挨，

复遭闭关兮岩石侧。

姚继中译：悲怨萦胸冬夜寒，
岩扉深锁叩不开。

546. 原　作：なるる身をうらむるよりは松島のあまの衣にたちやかへまし

口語訳：なるる身を……（長い間連れ添ってきて飽きられてしまったこの身の不幸を恨むよりは、いっそのこと尼にでもなってしまおうかしら）

丰子恺译：断绝情缘成弃妇，
何如披剃着缁衣！

林文月译：糟糠妻兮犹此裳，
喜新厌旧何须恨，
忍着尼衣兮聊可忘。

姚继中译：憎恨缘绝成弃妇，
不若披剃远尘俗！

547. 原　作：松島の海人の濡衣なれぬとて脱ぎ替へつてふ名を立ためやは

口語訳：松島の……（長い間連れ添ってきて飽きがきたからといって、わたしを見捨てて尼になったなどと噂されてよいものですか）

丰子恺译：厌弃故夫披剃去，
枉教人世笑君痴。

林文月译：虽云厌兮总夫妻，
日久倦腻或可谅，
如何弃吾兮遁为尼。

姚继中译：披剃离弃夫君去，
痴心枉教世人讥。

548. 原　作：契りあれや君を心にとどめおきてあはれと思ふ恨めしと聞く

口語訳：契りあれや……（これも深い因縁と申すべきでしょうか。あなたのことをいつも気にとめていて、おいたわしいと思い、また恨めしいお方ともお聞きしております）

丰子恺译：因缘由宿命，
无日不关心。
忆昔诚堪痛，
思今实可憎。

林文月译：因缘深兮心念君，
昔为儿妇今婿爱，
既怜复恨惜难辨分。

姚继中译：因缘既深乃天命，
不堪妄为尤可憎。

549. 原　作：何ゆゑか世に数ならぬ身ひとつを憂しとも思ひかなしとも聞く

口語訳：何ゆゑか……（どういうわけで、私のような人数にも入らない者のために、情けないとお思いになり、また悲しいこととお聞きになるのでしょうか）

丰子恺译：我身无足数，
岂敢蒙关心。
忆昔何须痛，
思今不必憎。

林文月译：妾身卑兮不足道，
怜恨交加大人心，
可哀命薄兮自懊恼。

姚继中译：微躯岂敢蒙关爱，
毋庸憎今却痛昔。

550. 原　作：数ならば身に知られまし世の憂さを人のためにも濡らす袖かな

口語訳：数ならば……（この私が人並の者でしたら夫婦の仲のつらさもわが身のこととして分ることでしょうに。そうではないのですから、あなた様の御ために涙で袖を濡らしております）

丰子恺译：我身无此分，
设想亦生悲。
双泪为君落，
时时湿透衣。

林文月译：身卑微兮未达理，
人情冷暖良可悲，
泪为濡袖兮缘阿姊。

姚继中译：设身处地亦伤悲，
为君抛泪湿衣襟。

551. 原　作:人の世の憂きをあはれと見しかども身にかへむとは思はざりしを
口語訳:人の世の……(他人の夫婦仲をお気の毒と思ったことはありますけれど、わが身に代えてまで同情しようとは思ったこともありませんでした)
丰子恺译:他人遭苦厄,
常使我心寒。
身有不平事,
反怜自慰难。
林文月译:尝悲哀兮问他人,
讵料今日更伤己,
可叹浮世兮多苦辛。
姚继中译:常为他人空悲叹,
不幸今朝临此身。

第四十回　御法(552-563)

552. 原　作:惜しからぬこの身ながらもかぎりとて薪尽きなむことの悲しさ
口語訳:惜しからぬ……(惜しくも思われないこの身でありますが、いよいよこれを最後として、薪の尽きて火の消えるように寿命の尽きることが悲しゅうございます)
丰子恺译:身随物化无须惜,
薪尽烟消亦可哀。
林文月译:未足惜兮此微躯,
薪尽火灭命有限,
遂亦添悲兮减欢愉。
姚继中译:不惜此身随物化,
可悲薪尽消散时。

553. 原　作:薪こる思ひは今日を初めにてこの世に願ふ法ぞはるけき
口語訳:薪こる……(薪をこり水をくみなどして法華経に奉仕なさるのは今日の御法会がそのはじめで、この世で仏法を成就なさるまでの道は

いつまでも遠く続くことでございましょう。あなた様は末長くご寿命をお保ちになることでございましょう）

丰子恺译：樵薪供佛今伊始，
在世修行岁月长。

林文月译：采薪赞兮今日始，
奉事经于千岁长，
寿比御法兮无休止。

姚继中译：今始樵薪供神佛，
尘世修行无限期。

554. 原　作：絶えぬべき御法ながらぞ頼まるる世々にと結ぶ中の契りを

口語訳：絶えぬべき……（私がこの世で営む最後の法会でしょうが、この公徳によって結ばれるあなたとの生々世々のご縁を頼もしく思います）

丰子恺译：此生法事从今了，
世世良缘信可期。

林文月译：永不绝兮赖御法，
生生世世愿相逢，
法力无边兮托融洽。

姚继中译：今了此身佛法事，
惟盼良缘世代兴。

555. 原　作：結びおく契りは絶えじおほかたの残りすくなき御法なりとも

口語訳：結びおく……（残りの命の長からぬ私には一通りの法会であってもありがたいのですから、この盛大な法会によって結ばれるご縁の絶えることはございますまい）

丰子恺译：纵使寻常行法事，
也能世世结良缘。

林文月译：既结契兮不可绝，
御法不断命渐残，
愿托法力兮常相悦。

姚继中译：纵然法事寻常间，
亦能结得宿世缘。

556. 原　作：おくと見るほどぞはかなきともすれば風に乱るる萩のうは露

口語訳：おくと見る……（私がこうして起きているとごらんになっても、それは束の間のこと、萩の葉に露が宿ったと思う間もなく、ややもすればあっけなく風に乱れ散ってしまうように、すぐに消えはてることでしょう）

丰子恺译：露在青荻上，
分明不久长。
偶然风乍起，
消散证无常。

林文月译：妾命薄兮犹荻露，
风吹露散了无痕，
不堪依恃兮不可驻。

姚继中译：荻上露珠难久驻，
阵风来时即消去。

557. 原　作：ややもせば消えをあらそふ露の世に後れ先だつほど経ずもがな

口語訳：ややもせば……（どうかすると先を争って消える露にも等しいこの世の命ではあるけれど、わたしたちはおくれ先立つ間をおかず、いっしょに死なれるようでありたいものです）

丰子恺译：世事如风露，
争消不惜身。
与君同此命，
不后不先行。

林文月译：似露珠兮命实短，
后先殊途究同归，
愿得追随兮恒相伴。

姚继中译：人世无常若风露，
但愿命中共此行。

558. 原　作：秋風にしばしとまらぬ露の世をたれか草葉のうへとのみ見む

口語訳：秋風に……（秋風に吹かれてしばらくの間もとどまることなく散っていく露のようなこの世の命を、誰が草葉の上のこととだけ見過すことができましょう。私どももみな同じことでございましょう）

丰子恺译：万物如秋露，
风中不久长。
谁言易逝者，
只有草边霜?

林文月译：草上露兮易消散，
秋风过处不稍留，
唯此寿命兮诚可叹。

姚继中译：风中秋露易消逝，
人生苦短如秋霜。

559. 原　作：いにしへの秋の夕べの恋しきに今はと見えし明けぐれの夢

口語訳：いにしへの……(昔、ほのかにお姿を見かけた秋の夕べが恋しくてならないにつけても、ご臨終と思われたあの明けぐれの夢のようなお姿…)

丰子恺译：当年窥面影，
忆此恋秋宵。
今日瞻遗体，
迷离晓梦遥。

林文月译：昔尝窥兮秋之夕，
倩影难忘生恋情，
临终玉容兮似梦迹。

姚继中译：长忆秋宵窥娇影，
一旦玉殒晓梦遥。

560. 原　作：いにしへの秋さへ今の心地して濡れにし袖に露ぞおきそふ

口語訳：いにしへの……(昔、あの方が亡くなった秋のことも今のような心地がして、お亡くなりになった上をお悼みする涙で濡れた袖にまた露がおくように、涙を添えております)

丰子恺译：当年伤故侣，
此日哭斯人。
旧袖今犹湿，
新添热泪痕。

林文月译：忆往秋兮犹昨今，

旧疮未愈添新痛，
露实沾袖兮悲盈心。

姚继中译：今哭斯人忆故侣，
旧泪未干添新泪。

561. 原　作：露けさは昔今ともおもほえずおほかた秋の夜こそつらけれ

口語訳：露けさは……（露のおくように涙で袖を濡らすことは、あの昔も、このたびも、どちらがどう変りあるものとも思われません、いったいに秋の夜というものがただ恨めしゅうございます）

丰子恺译：旧恨新愁无两样，
衰秋总是断人肠。

林文月译：悲盈胸兮袖沾露，
旧疮新痛两难堪，
秋之为气兮辛苦诉。

姚继中译：新恨旧悲袭心头，
此秋终是愁煞人。

562. 原　作：枯れはつる野辺を憂しとや亡き人の秋に心をとどめざりけむ

口語訳：枯れはつる……（すべて草木の枯れてしまった野辺の風情をお嫌いあそばして、亡きお方は、秋に未練をお残しにならなかったのでございましょうか）

丰子恺译：生前不喜萧条色，
死后应嫌塞草秋。

林文月译：叶枯落兮物萧瑟，
郊野景色无可观，
亡人厌秋兮不爱恤。

姚继中译：生前偏爱春色美，
仙逝亦嫌秋萧瑟？

563. 原　作：昇りにし雲居ながらもかへり見よわれ飽きはてぬ常ならぬ世に

口語訳：のぼりにし……（煙となってのぼっておしまいになった高い空から、この私を振り返って見てくだされ。この秋の果てとともに、私も無常な人の世に飽きはててしまいました）

丰子恺译：君在九重应俯瞰，

我心厌世叹无常。

林文月译：卿贵人兮升云第，
九重城内可察知？
吾诚厌倦兮无常世。

姚继中译：君居九重俯人世，
此间可恨太无常。

第四十一回　幻（564-589）

564. 原　作：わが宿は花もてはやす人もなし何にか春のたづね来つらむ

口語訳：わが宿は……（私のところには花を賞ではやす者もいなくなってしまいました。なんのためにわざわざ春—あなたは尋ねておいでになったのでしょうか）

丰子恺译：侬家无复怜花客，
底事春光探访来？

林文月译：赏花人兮既远去，
何事春光空相寻，
徘徊此宅兮爰莫助。

姚继中译：惜花幽客不复有，
为何寻访春光来？

565. 原　作：香をとめて来つるかひなくおほかたの花のたよりと言ひやなすべき

口語訳：香をとめて……（私は、この梅の香り　あなたを尋ねてまいりましたのに、ただ一通りの花見のついでに立ち寄ったものとおっしゃるおつもりでしょうか）

丰子恺译：为爱幽香寻胜境，
非同随例看花人。

林文月译：将寻芳兮遂专访，
如何等闲视此心，
花下彳亍兮为探望。

姚继中译：觅胜但为怜幽香，
非是寻常赏花人。

566. 原　作:憂き世には雪消えなむと思ひつつ思ひの外になほぞほどふる

口語訳:うき世には……(厭わしいこの世からは、雪の消えるように、わたしも姿を消してしまいたいとは思いながらも、その雪が相変わらず降るように、心ならずもこうして月日を過していることよ)

丰子恺译：明知浮世如春雪，
怎奈蹉跎岁月迁。

林文月译：似梦幻兮浮生忧，
恨不消匿如雪散，
叆叇犹降兮未休止。

姚继中译：尘世恍若瑞雪飘，
光阴沉寂堪无聊。

567. 原　作:植ゑて見し花のあるじもなき宿に知らず顔にて来ゐる鴬

口語訳:植ゑて見し……(この梅の木を植えて花を楽しんでいた主人もいない宿に、それも知らぬ顔にやってきて鳴いている鶯よ)

丰子恺译：闲院春光寂，
群花无主人。
黄莺浑不管，
依旧叫新晴。

林文月译：曾手植兮此红梅，
春到花开人已故，
黄莺无心兮又飞来。

姚继中译：春院梅花开无主，
黄莺依旧鸣新枝。

568. 原　作:今はとて荒らしや果てむ亡き人の心とどめし春の垣根を

口語訳:今はとて……(いよいよ出家するとなれば、亡きお方が丹精して作り置かれたこの春の庭も、すっかり荒れ果てさせてしまうことになるのだろうか)

丰子恺译：春院花如锦，
亡人手自栽。
我将抛舍去，
日后变荒台。

林文月译：昔亡人兮爱此花，
今忍荒废弃此去，
春之藩篱兮了无痕。

姚继中译：故人亲手插春园，
我将舍去任其荒！

569. 原　作：なくなくも帰りにしかな仮の世はいづこもつひの常世ならぬに

口語訳：なくなくも……（雁が常世の国に帰ってゆくように、わたしも、泣き泣き古巣に帰ってきました。仮のこの世は、どこへ行ったところで、永遠の住処ではないのに）

丰子恺译：虚空世界难常住，
夜半分携饮泣归。

林文月译：泣啼归兮如雁鸣，
世本无常相皆假，
浮生若寄兮宿何棚？

姚继中译：难留虚渺无常世，
泪泣啼归夜半寒。

570. 原　作：雁がゐし苗代水の絶えしより映りし花の影をだに見ず

口語訳：雁がゐし……（雁のおりていた苗代の水が涸れてしまってからは、水に映っていた花のかげさえも見えなくなりました－あのお方が亡くなられてからというもの、以前はときおりお姿をお見せくださいましたあなた様にお目にかかることができなくなりました）

丰子恺译：一自秧田春水涸，
水中花影也无踪。

林文月译：雁飞逝兮稻田涸，
昔为照花水盈盈，
田水既枯兮花影落。

姚继中译：秋田春水自涸后，
无迹觅寻水中花。

571. 原　作：夏衣裁ち替へてける今日ばかり古き思ひもすすみやはせぬ

口語訳：夏衣……（夏衣をお召し替えになる今日は特に、亡きお方をおしのびになるお気持がさだめしおつのりになりましょう）

丰子恺译：今日新穿初夏服，
恐因春去又添愁？

林文月译：夏之衣兮今日更，
春去夏来光阴转，
诚恐徒增兮旧时情。

姚继中译：今朝始着初夏装，
怀春复增忧悲否？

572. 原　作：羽衣の薄きに変る今日よりは空蝉の世ぞいとど悲しき

口語訳：羽衣の……（蝉の羽のように薄い夏衣に着替える今日からは、その空蝉のはかないこの世がいよいよ悲しく思われます）

丰子恺译：换上夏衣蝉翼薄，
今将蜕去更增悲。

林文月译：蝉衣薄兮今始换，
时令推移无奈何，
可悲浮生兮堪嗟叹。

姚继中译：夏装透薄如蝉翼，
换去旧衣徒添悲。

573. 原　作：さもこそはよるべの水に水草ゐめ今日のかざしよ名さへ忘るる

口語訳：さもこそは……（いかにも、よるべの水が古くなって水草が生え、神のお憑りになることもなくなりましたが－久しくこの私をお見限りなのはいたしかたございませんが、ほかでもない今日のかざしの「葵」－「逢う日」の名までお忘れになりますとは）

丰子恺译：供佛花名浑忘却，
神前净水已生萍。

林文月译：葵之叶兮为饰头，
池塘已涸生水草，
今日相遇兮忘名忧。

姚继中译：忘却佛前供花名，
奉神净水浮萍生。

574. 原　作：おほかたは思ひ捨ててし世なれども葵はなほや摘みをかすべき

口語訳：おほかたは……（おおよそこの世のことは思い捨ててしまった身で

はあるけれど、やはりこの葵を摘んでしまいたくなる－そなたに逢う罪を犯してしまいたくなる）

丰子恺译：寻常花柳都抛舍，
只爱葵花罪未消。

林文月译：世事淡兮异往时，
大抵弃绝不复惜，
唯恐相遇兮罪孽遗。

姚继中译：娇花玉柳纵全抛，
惟爱葵花情未了。

575. 原　作：亡き人を偲ぶる宵の村雨に濡れてや来つる山ほととぎす

口語訳：なき人を……（亡きお方を恋い慕う今夜、わたしの涙のむら雨に濡れつつやってきたのか、山ほととぎすよ）

丰子恺译：骤雨敲窗夜，
悼亡哭泣哀。
山中有杜宇，
濡羽远飞来。

林文月译：忆亡人兮值宵雨，
杜鹃为啼声声悲，
穿山越岭兮濡双羽。

姚继中译：雨敲寒窗浓愁夜，
子规哀泣锦羽湿。

576. 原　作：ほととぎす君につてなむふるさとの花橘は今ぞ盛りと

口語訳：ほととぎす……（ほととぎすよ、亡きお方に言伝てておくれ。昔のお住いの花橘は今が盛りですよ）

丰子恺译：杜宇通冥国，
凭君传语言：
故乡多橘树，
花发满家园。

林文月译：劝杜鹃兮勿悲哀，
托君传言告亡母，
故乡橘花兮正盛开。

姚继中译：杜宇通冥托言去，
橘花依旧满故园。

577. 原　作：つれづれとわが泣き暮らす夏の日をかことがましき虫の声かな

口語訳：つれづれと……（所在なく一日じゅう泣き暮している夏の日を、まるでわたしのせいであるかのように鳴き続ける虫の声よ）

丰子恺译：夏日无聊赖，
哀号尽日悲。
鸣蜩如有意，
伴我放声啼。

林文月译：蝉频鸣兮夏日长，
知了知了我心苦，
虫声为伴兮更哀伤。

姚继中译：夏日寂苦长悲戚，
鸣蝉有意伴相啼。

578. 原　作：夜を知る螢を見ても悲しきは時ぞともなき思ひなりけり

口語訳：夜を知る……（夜を知って光を放つ蛍を見ても悲しいのは、夜昼の別なく亡きお方を恋いしのぶ思いの火い焦れるわたしではあった）

丰子恺译：流萤知昼夜，
只在晚间明。
我有愁如火，
燃烧永不停。

林文月译：萤知夜兮逢宵明，
吾见萤火亦焦苦，
昼夜不分兮追慕卿。

姚继中译：流萤幽光夜始发，
愁绪似火昼夜焚。

579. 原　作：七夕の逢ふ瀬は雲のよそに見て別れの庭に露ぞおきそふ

口語訳：七夕の……（七夕の逢瀬の喜びは雲の上の別世界のことと思われ、この地上では二星の別れを惜しむ涙の露のおく庭に、わたしの悲しみの涙がさらに降りそそいでいる）

丰子恺译：云中牛女会，

何用我关心？
但见空庭露，
频添别泪痕。

林文月译：七夕会兮已无由，
今宵独悲泪难禁，
露添别庭兮思悠悠。

姚继中译：露凝闲庭泪泉涌，
鹊桥之趣不复在。

580. 原　作：君恋ふる涙は際もなきものを今日をば何の果てといふらむ

口語訳：君恋ふる……（亡きお方を恋い慕う涙はいつまでも果てしなく流れますものを、今日をいったいなんの果ての日というのでしょうか）

丰子恺译：恋慕情无限，
终年泪似潮。
谁言周忌满，
哀思已全消？

林文月译：恋慕君兮情无极，
情既绵绵泪涟涟，
云何周忌兮为终息。

姚继中译：恋慕常年泪如雨，
谁言哀消忌辰满？

581. 原　作：人恋ふるわが身も末になりゆけど残り多かる涙なりけり

口語訳：人恋ふる……（亡き人を恋い慕うこのわたし自身の命も、もう残り少なくなってくるけれども、いつまでも尽きることなく、残り多い涙であることよ）

丰子恺译：悼亡身渐老，
残命已无多。
唯有相思泪，
尚馀万顷波。

林文月译：情无极兮思无垠，
垂垂老矣寿余几？
唯觉泪水兮独多身？

姚继中译：残身垂暮日不多，
相思泪溢万顷波。

582. 原　作：もろともにおきゐし菊の白露も一人袂にかかる秋かな
口語訳：もろともに……（かつてはいっしょに起き居して長命を祈ったこの菊の朝露も、今年の秋はわたし一人の袂にかかる涙の露であることよ）

丰子恺译：哀此东篱菊，
当年共护持。
今秋花上露，
只湿一人衣。

林文月译：昔日取兮菊花露，
卿已亡逝吾尚留，
独湿裳袂兮今秋暮。

姚继中译：怀昔共护东篱菊，
哀今秋露湿单衣。

583. 原　作：大空をかよふ幻夢にだに見えこぬ魂の行方たづねよ
口語訳：大空を……（大空を自在に行き交う幻術士よ、せめて夢の中にでも見えてくれればよいのに、それすらかなわないあの人の魂の行く方を捜し出しておくれ）

丰子恺译：梦也何曾见，
游魂忒渺茫。
翔空魔法使，
请为觅行方。

林文月译：幻术翼兮横天翔，
请君勤勤为寻觅，
梦中不见兮魂魄方。

姚继中译：游魂萦心难入梦，
行空神明为我寻。

584. 原　作：宮人は豊明といそぐ今日日影も知らで暮らしつるかな
口語訳：宮人は……（大宮人はいそいそと豊明の節会に参内する今日であるけれど、わたしは日の光にそむいて一昔の恋も忘れて一日を暮してしまったものよ）

丰子恺译：今日丰明宴，
群臣上殿忙。
我身孤独甚，
日月已浑忘。

林文月译：宫人忙兮丰明期，
今日人人参祭祀，
吾独未察兮日影移。

姚继中译：众人欢腾丰明节，
惟我孤居忘日月。

585. 原　作：死出の山越えにし人を慕ふとて跡を見つつもなほ惑ふかな

口語訳：死出の山……（死出の山を越えていったあの人を追い慕う心から、その筆の跡を目にしながらも、まだわたしは途方にくれていることよ）

丰子恺译：故人登彼岸，
恋慕不胜情。
发箧观遗迹，
中心感慨深。

林文月译：欲相寻兮死亡山，
遂将旧函来重读，
依旧迷惑兮泪潸潸。

姚继中译：旧侣西去登彼岸，
目睹遗墨悲难禁。

586. 原　作：かきつめて見るもかひなし藻塩草同じ雲居の煙とをなれ

口語訳：かきつめて……（かき集めてみたところでなんのかいもないことよ、藻塩草ーこの文殻も焼かれて亡き人と同じ空の煙となるがよい）

丰子恺译：人去留遗迹，
珍藏亦枉然。
不如随物主，
化作大空烟。

林文月译：聚海草兮可奈何，
重读无益徒增喟，
焚之为烟兮任婆娑。

姚继中译：故人已去枉存迹，
不若随之同化烟。

587. 原　作：春までの命も知らず雪のうちに色づく梅を今日かざしてむ
口語訳：春までの……（春までの命があるのかどうかも分らないのだから、この雪の中でほころびはじめた梅の花を今日は挿頭とすることにしよう）

丰子恺译：命已无多日，
春光欲见难。
梅花开带雪，
且插鬓毛边。

林文月译：寿余几兮未可知，
试把梅花乘雪插，
谁知来春兮人何之？

姚继中译：残命终难阅春色，
鬓际且插含雪梅。

588. 原　作：千代の春見るべき花と祈りおきてわが身ぞ雪とともにふりぬる
口語訳：千代の春……（千歳にわたって春にあう花のようにと、院のご長寿をお祈りしておいて、この白髪の私は、雪が降るのといっしょに年ふりてしまいました）

丰子恺译：祝君千载寿，
岁岁看春花。
怜我头如雪，
空嗟日月赊。

林文月译：为祈祷兮千岁春，
君寿共花无穷极，
似雪堆积兮此老身。

姚继中译：叹我蹉跎发如雪，
祝君岁岁赏春花。

589. 原　作：もの思ふと過ぐる月日も知らぬまに年もわが世も今日や尽きぬる
口語訳：もの思ふと……（物思いに、月日の過ぎてゆくのを知らずにいる、その間にこの一年も、そしてわが人生も今日でいよいよ終ってしま

うのか）

丰子恺译：抱恨心常乱，

安知日月经？

年年今日尽，

我命亦将倾。

林文月译：思悠悠兮情空空，

日月推移竟茫昧，

岁共寿命兮今日终。

姚继中译：不觉岁月空流逝，

余命难待换桃符。

第四十二回　云隐（缺）

第四十三回　匂宫（590）

590. 原　作：おぼつかな誰に問はましいかにして初めも果ても知らぬわが身ぞ

口語訳：おぼつかな……（気がかりなことよ。いったい誰に問い尋ねたらよいのだろう。どのようにしてこの世に生れ、またこの先どうなっていくのかも分らないこの身であることよ）

丰子恺译：此身来去无踪迹，

独抱疑虑可问谁？

林文月译：无由问兮谁晓达？

吾身独苦多惑疑，

未知其始兮焉测末。

姚继中译：此根缘系何处生，

独自抱疑无可询。

第四十四回　紅梅（591-594）

591. 原　作：心ありて風の匂はす園の梅にまづ鴬の訪はずやあるべき

口語訳：心ありて……（思う心があって風がにおいを吹き送る園の梅に、何はさておき鶯の訪れぬはずがありましょうか。こうしてこちらからお手紙をさしあげるからには、色よいご返事をくださってしかるべきことと存ぜられます）

丰子恺译：东风有意通消息，
为报园梅待早莺。

林文月译：风有心兮飘芬芳，
满园红梅香馥馥，
黄莺岂容兮懒探望？

姚继中译：东风惠通园梅意，
盼待早莺入园鸣。

592. 原　作：花の香に誘はれぬべき身なりせば風のたよりを過ぐさましやは

口語訳：花の香に……（花の香のお誘いを受けるに値するようなこのわたしなのでしたら、風の便りを見過しているでしょうか）

丰子恺译：早莺若爱梅香好，
多谢东风报信来。

林文月译：花有香兮诱人闻，
倘闻清香便拜访，
岂容等闲兮视尊文。

姚继中译：梅香若为早莺爱，
诚谢东风送信来。

593. 原　作：本つ香の匂へる君が袖触れば花もえならぬ名をや散らさむ

口語訳：本つ香の……（もともと薫り高くいらっしゃるあなた様のお袖が触れたら、こちらの花もいうにいわれぬにおいを添えて世間の評判にもなりましょう）

丰子恺译：梅花若得亲君袖，
染上奇香名更高。

林文月译：本有香兮溢芬芳，
若蒙君袖稍稍拂，
花名定当兮播四方。

姚继中译：园梅若蒙君赏识，

更染奇香增盛名。

594. 原　作:花の香を匂はす宿に訪めゆかば色にめづとや人の咎めむ

口語訳:花の香を……(花の香りをにおわせている宿うっかり尋ねていったら、色に目のない浮気な男と世間から取り沙汰されることになりましょう)

丰子恺译：寻芳若向花丛宿，
只恐时人笑色迷。

林文月译：花云香兮芳袭人，
无奈未敢辄拜访，
恐忒轻狂兮众谴询。

姚继中译：宿居花丛寻芳艳，
痴迷却恐世人言。

第四十五回　竹河（595-618）

595. 原　作:折りて見ばいとど匂ひもまさるやとすこし色めけ梅の初花

口語訳:折りて見ば……(折り取ってみたら、なおいっそうよいにおいもまさるかと思われますものを、少しは色めかしく咲いてくださいな。梅の初花の君よ)

丰子恺译：小梅初放蕊，
艳色更须添。
折取手中看，
花容分外妍。

林文月译：枝堪折兮香气飘，
芳馨既添人人赏，
初梅含苞兮色更娇。

姚继中译：芬芳梅枝初吐蕊，
折于手中不胜看。

596. 原　作:よそにてはもぎ木なりとや定むらむ下に匂へる梅の初花

口語訳:よそにては……(よそ目には枝葉をもいだ枯木とでも定めているの

でしょう。心の底では色香ににおう梅の初花なのですよ)

丰子恺译：小梅初放蕊，
远看似残柯。
不道花心里，
深藏艳色多。

林文月译：或有人兮未详情，
定当视此为枯木，
实则初梅兮香正清。

姚继中译：遥看小梅似残柯，
未知初蕊格外看。

597. 原　作:人はみな花に心を移すらむ一人ぞ惑ふ春の夜の闇

口語訳:人はみな……(どなたもみな、花に心を寄せているのであろう。このわたし一人だけが春の夜の闇に思い迷っている)

丰子恺译：春花灼灼人皆赏，
春夜沉沉我独迷。

林文月译：人皆赏兮爱花色，
茫茫春夜沉沉暗，
独自迷惑兮长太息。

姚继中译：众皆赏赞熠熠花，
我独迷恋霭霭夜。

598. 原　作:をりからやあはれも知らむ梅の花ただ香ばかりに移りしもせじ

口語訳:をりからや……(折りに応じて感興もおぼえるというものでしょう。ただ梅の花の薫りばかりに心をひかれるわけでもありますまい)

丰子恺译：佳兴都因时地发，
赏心不仅为梅香。

林文月译：事总视兮时与地，
人人虽赏梅花香，
此物原非兮唯一媚。

姚继中译：皆因时地生雅兴，
不只梅香悦春心。

599. 原　作:竹河の橋うちいでし一節に深き心の底は知りきや

口語訳：竹河の……（「竹河」を謡わせていただいた、その一ふしの中に、私の深い心の底はお分りいただけましたでしょうか）

丰子恺译：唱出《竹河》章末句，
我心深处谅君知？

林文月译：《竹河》谣兮用心唱，
聊托吾心寄相思，
情意深浅兮曾见谅？

姚继中译：吟唱《竹河》末两句，
料君知悉我深心。

600. 原　作：竹河に夜を更かさじといそぎしもいかなる節を思ひおかまし

口語訳：竹河に……（「竹河」をお謡いになって、夜が更けないうちにとお帰りをお急ぎになったにつけましても、そのおっしゃる深い心をどのようなものとお察しすればよいのでしょうか）

丰子恺译：唱罢《竹河》良夜水，
问君何事去匆匆？

林文月译：歌《竹河》兮旋即归，
夜色未暗底事急？
谓君情深兮信可疑！

姚继中译：歌罢《竹河》尚未暮，
问君何故匆匆归？

601. 原　作：桜ゆゑ風に心の騒ぐかな思ひぐまなき花と見る見る

口語訳：桜ゆゑ……（この桜のおかげで風が吹くにつけても気がもめてなりません。私を負けさせて思いやりのない花とは承知してはいるものの）

丰子恺译：纵使此樱非我物，
也因风厉替花愁。

林文月译：为争樱兮致败输，
此花无情却可爱，
英随风凋兮叹须臾。

姚继中译：此樱纵非为我有，
风虐也替花担忧。

602. 原　作:咲くと見てかつは散りぬる花なれば負くるを深き恨みともせず

口語訳:咲くと見て……(咲いたかと思うと、一方ですぐさま散ってしまう花のことですから、お負けになって花を取られてしまったのをそれほど深く恨みもいたしません)

丰子恺译：花开未久纷纷落，
如此无常不足珍。

林文月译：适见开兮忽散遁，
花开花落太匆匆，
故虽败输兮未足怨。

姚继中译：缤纷花落开未久，
不足惜此无常物。

603. 原　作:風に散ることは世の常枝ながら移ろふ花をただにしも見じ

口語訳:風に散る……(花が風に散るのは、世間の常で恨めしいことでもありますまいが、枝ごとこちらのものになってしまう花を平気ではごらんになれますまい)

丰子恺译：风吹花落寻常事，
输却此樱意不平。

林文月译：随风凋兮本无奈，
世间常枝每如斯，
枝花两赢兮可舒泰?

姚继中译：本是寻常花飞落，
切莫输樱意不平。

604. 原　作:心ありて池のみぎはに落つる花あわとなりてもわが方に寄れ

口語訳:心ありて……(心あって池の水際ー右方に散り落ちる花よ、泡となってでも私たちのほうに寄ってきておくれ)

丰子恺译：落花有意归依我，
化作尘泥也可珍。

林文月译：花有心兮落池汀，
载沉载浮任飘荡，
盼靠我方兮托叮咛。

姚继中译：多情花落镜池中，

不忘随波向我来。

605. 原　作:大空の風に散れども桜花おのがものとぞかきつめて見る

口語訳:大空の……(桜の花は大空の風に吹き散らされてゆきますけれど、やはり私たちのものなのですから、かき集めて見るのです)

丰子恺译：樱花虽落风尘里，

我物应须拾集藏。

林文月译：风无私兮左右吹，

吹得樱花四处落，

收集我花兮尽顾宜。

姚继中译：残英纵落伴风尘，

亦须收取珍我物。

606. 原　作:桜花匂ひあまたに散らさじとおほふばかりの袖はありやは

口語訳:桜花……(いくら桜花のにおいを方々い散らすまいとなさってもそれをすっかり覆い隠すほどの袖をお持ちでしょうか。ご自分たちのものと欲ばってもかいのないことです)

丰子恺译：欲保樱花长不谢，

恨无大袖可遮风。

林文月译：既独占兮欲专有，

馨香四溢徒奈何，

焉得巨袖兮蔽天否?

姚继中译：欲得长保樱花盛，

只恨蔽风无长袖。

607. 原　作:つれなくて過ぐる月日をかぞへつつもの恨めしき暮の春かな

口語訳:つれなくて……(わたしの気持など素知らぬふうに過ぎてゆく月日を送り迎えしているうちに、なんとなく恨めしい思いの春の果てになりました)

丰子恺译：无情岁月蹉跎过，

又到春残肠断时。

林文月译：忒无情兮日月过，

匆匆流逝任数叹，

又逢春暮兮恨则个。

姚继中译：时光无情空虚掷，
又逢春去人断肠。

608. 原　作：いでやなぞ数ならぬ身にかなはぬは人に負けじの心なりけり
口語訳：いでやなぞ……（いやもう、どうしてなのか、人数でもないこの身なのに、人に負けてなるものかという気持だけは思いどおりにはいかないものでした）

丰子恺译：吁嗟我是无名卒，
何事刚强不让人？

林文月译：身自卑兮未足道，
徒具傲骨不认输，
无奈情愫兮空怀抱。

姚继中译：我身无名空嗟叹，
何故倔强不饶人。

609. 原　作：わりなしや強きによらむ勝ち負けを心一つにいかがまかする
口語訳：わりなしや……（それはご無理というものですよ。強いほうが勝つにきまっている勝負事なのに、どうして、あなたのお心ひとつで決められるものでしょう）

丰子恺译：棋局输赢凭力量，
一心好胜总徒劳。

林文月译：强者胜兮弱方败，
胜负原本有来由，
奈不认输兮忒奇怪！

姚继中译：棋中之数凭智慧，
好胜逞强徒劳心。

610. 原　作：あはれとて手を許せかし生き死にを君にまかするわが身とならば
口語訳：あはれとて……（かわいそうだと思ってわたしに打つ手を許してください。生き死にをあなたにお任せしているこの身なのだから）

丰子恺译：我身生死凭君定，
盼待垂怜援手伸。

林文月译：请哀怜兮盼援手，
生死一任卿意操，

吾身城卑兮堪恤否?

姚继中译：任君定夺我生死，

盼待援引困厄身。

611. 原　作:花を見て春は暮らしつ今日よりやしげき嘆きの下に惑はむ

口語訳:花を見て……(花を見て一あなたのことばかり思い続けて、春は暮してしまいました。夏に入った今日からは、繁る木陰でおろおろと嘆くことになるのでしょう)

丰子恺译：春时犹得窥花貌，

夏日彷徨绿树阴。

林文月译：春既去兮花不再，

今日季换亦伤心，

树下浓荫兮聊进退。

姚继中译：春时窥得花月貌，

夏日叹息绿树荫。

612. 原　作:今日ぞ知る空を眺むるけしきにて花に心を移しけりとも

口語訳:今日ぞ知る……(今日はじめてあなたのお歌で知りました。春の空を眺めるふりをしながら、じつは花〈大君〉に心を移していらっしゃったということを)

丰子恺译：沉思怅望长空色，

今日方知意在花。

林文月译：君喜望兮天一片，

今日始知意在花，

无可如何兮终难变。

姚继中译：怅对青空沉思久，

方知君心在娇花。

613. 原　作:あはれてふ常ならぬ世の一言もいかなる人にかくるものぞは

口語訳:あはれてふ……(無常のこの世の中についていわれる「あはれ」の一言を、私はどのようなお方に向って申すべきなのでしょうか)

丰子恺译：“可怜”不是寻常语，

岂可无端说向人?

林文月译：世无常兮诚可怜，

人人尽知此言实，
究竟对谁兮独申宣。

姚继中译："怜惜"非比寻常语，
怎可无由向人言。

614. 原　作：生ける世の死には心にまかせねば聞かでややまむ君が一言
口語訳：生ける世の……（この世に生きている間は死ぬことも思いのままにならないのですから、このまま聞かずじまいになってしまうのでしょうか、あなたの「あはれ」の一言を）

丰子恺译：人生在世难寻死，
欲得君怜不可能。

林文月译：生兮死兮不由己，
此身苟活只缘卿，
未闻一言兮宁肯止！

姚继中译：人生岂可随意死，
乞盼君赐一声怜。

615. 原　作：手にかくるものにしあらば藤の花松よりまさる色を見ましや
口語訳：手にかくる……（もし自分の手にかけることができるものであったなら、あの藤の花の、松よりも濃く美しいその色をただむなしく眺めているだけですまされようか）

丰子恺译：若得当时争折取，
藤花颜色胜苍松。

林文月译：藤花美兮更胜松，
恨不手摘赏秀色，
奈何遥隔兮计无从。

姚继中译：倘若昔日用心摘，
岂会遥望花姿美。

616. 原　作：紫の色はかよへど藤の花心にえこそかからざりけれ
口語訳：むらさきの……（その藤の花は私には同じゆかりの、色も濃い間柄ですが、だからとて私の思うようにはならなかったのでした）

丰子恺译：我与藤花虽有故，
奈何未得为君攀。

林文月译：同紫色兮藤之花，
　　　　　颜色无异缘同类，
　　　　　心不可强兮亦堪嗟。
姚继中译：藤花原自舍家园，
　　　　　无奈未能助君攀。

617. 原　作：竹河のその夜のことは思ひ出づやしのぶばかりの節はなけれど
　口語訳：竹河の……（「竹河」を謡われたあの夜のことはお思い出しになりますか。格別に思い出の種になるようなことはございませんでしたけれど）
丰子恺译：忆否《竹河》清唱夜？
　　　　　纵无苦恋也关情。
林文月译：《竹河》谣兮曾记否？
　　　　　当夜琐事虽平凡，
　　　　　节节增思兮空自守。
姚继中译：可忆吟唱《竹河》夜，
　　　　　不无暗恋思慕情？

618. 原　作：流れての頼めむなしき竹河に世は憂きものと思ひ知りにき
　口語訳：流れての……（月日が流れてみると、わたしにいだかせてくれた期待がむなしくはずれてしまった今、この世はつらいものだとはっきり悟ったのでした）
丰子恺译：梦逐竹河流水去，
　　　　　方知世人苦辛多。
林文月译：空流逝兮《竹河》谣，
　　　　　而今境迁乃了悟，
　　　　　世事多忧兮聊逍遥。
姚继中译：梦随竹河飘流去，
　　　　　不堪苦多叹人生。

第四十六回　橋姫（619-631）

619. 原　作：うち捨ててつがひ去りにし水鳥の仮のこの世にたちおくれけむ

口語訳:うち棄てて……(父鳥をうち捨てて母鳥が先立ってしまったそのあと、仮のこの世に子供たちばかりがどうしてとり残されてしまったのだろうか)

丰子恺译:双双水鸟相偎傍,
雌去雄留顾影单。

林文月译:舍伴去兮雌鸳鸯,
忍将巢卵亦遗弃,
遂今浮生兮独徜徉。

姚继中译:水鸟相依浮水面,
独父离母何以生。

620. 原　作:いかでかく巣立ちけるぞと思ふにも憂き水鳥の契りをぞ知る

口語訳:いかでかく……(どうしてこれまでに成人したのだろうかと思うにつけても、水に浮く水鳥のような憂わしいこの身の不運を思い知られることです)

丰子恺译:成长全凭慈父育,
雏禽无母命孤单。

林文月译:既离巢兮顿觉悟,
浮生忧患实为多,
无怪鸳鸯兮每恐惧。

姚继中译:慈父恩深育成长,
雏鸟命舛失母亲。

621. 原　作:泣く泣くも羽うち着する君なくはわれぞ巣守りになるは果てまし

口語訳:泣く泣くも……(涙ながらも、はぐくんでくださる父君がいらっしゃらなかったら、孵らない卵のようにこの私も育つことができなかったでしょう)

丰子恺译:若无慈父辛勤育,
卵在巢中不得孵。

林文月译:泪涟洏兮强鼓翅,
育我让我守此巢,
幸蒙父翼兮免碎弃。

姚继中译:慈父倘未勤心哺,

巢中之卵焉得出？

622. 原　作：見し人も宿も煙になりにしをなにとてわが身消え残りけむ

口語訳：見し人も……（連れ添っていたあの方も、また住みなれていた邸も煙になって消えてしまったのに、どうしてこの自分だけが生き残ってしまったのだろう）

丰子恺译：斯人斯宅皆灰烬，
何必孤单剩此身？

林文月译：既丧妻兮复焚宇，
人屋两消似烟云，
吾身何故兮独留苦！

姚继中译：斯人化烟尽作尘，
何须孑然留残身。

623. 原　作：世を厭ふ心は山にかよへども八重立つ雲を君や隔つる

口語訳：世をいとふ……（俗世を厭う私の心はあなたのお住まいになる山里へと誘われていきますけれど、お伺いできないのは、八重に重なる雲でお隔てになるからでしょうか）

丰子恺译：心虽厌世慕山奥，
身隔重云不见君。

林文月译：心厌世兮慕山里，
身不由己底事缠？
层层云雾兮阻君矣。

姚继中译：厌弃尘世慕深山，
层云阻隔拜君颜。

624. 原　作：あと絶えて心澄むとはなけれども世を宇治山に宿をこそ借れ

口語訳：あとたえて……（俗世と縁を断って悟りすましているというわけではございませんが、この世を憂きものと思い、この宇治山に仮住まいしております）

丰子恺译：未得安心离俗世，
且来宇治暂栖身。

林文月译：心未澄兮迹未绝，
但观世事如许忧，

宇治山麓兮托岩穴。

姚继中译：身离尘俗心未安，
暂居宇治试修禅。

625. 原　作：山おろしに耐へぬ木の葉の露よりもあやなくもろきわが涙かな

口語訳：山おろしに……（山おろしの風に耐えきれずに降り落ちる木の葉の露よりも、なぜかしらいっそうもろくもこぼれてくるわが涙よ）

丰子恺译：山风吹木叶，
叶上露难留。
我泪更易落，
无端簌簌流。

林文月译：山风吹兮木叶飘，
露随叶落滴滴冷，
泪水缘何兮更潇潇。

姚继中译：风吹木叶露易逝，
无端泪落更难收。

626. 原　作：あさぼらけ家路も見えず尋ね来し槙の尾山は霧こめてけり

口語訳：あさぼらけ……（この夜が明けてゆくが、たち帰るべき家路も見えないくらいに、はるばる尋ねてまいった槙の尾山は、霧が深く立ちこめています）

丰子恺译：雾封槙尾山前景，
拂晓还家路途迷。

林文月译：朝曚曚兮路难辨，
雾深阻途京何方？
槙之尾山兮不可眄。

姚继中译：槙尾山景浓雾锁，
晨曦朦胧迷归途。

627. 原　作：雲のゐる峰のかけ路を秋霧のいとど隔つるころにもあるかな

口語訳：雲のゐる……（雲のかかっている峰の険しい路を、さらにまた秋霧までがいっそう隔ててしまっているこのごろでございます）

丰子恺译：云深山峻兼秋雾，
此刻还家路更难。

林文月译：云掩峰兮秋意深，
浓雾更阻山崖路，
重重相隔兮途难寻。
姚继中译：层云叠嶂秋雾绕，
此时更难觅归道。
628. 原　作：橋姫の心を汲みて高瀬さす棹のしづくに袖ぞ濡れぬる
口語訳：橋姫の……（宇治の姫君のお気持をお察しして、浅瀬をゆく舟の棹のしずくに舟人が袖を濡らすように、私も涙で袖が濡れてしまいました）
丰子恺译：浅滩泛小楫，
滩水沾双袖。
省得桥姬心，
热泪青衫透。
林文月译：桥姬心兮怀戚戚，
寂寞波浪去还来，
泪湿衫袖兮犹棹滴。
姚继中译：桥姬之心催泪生，
宛似舟篙弄湿袖。
629. 原　作：さしかへる宇治の河長朝夕のしづくや袖を朽し果つらむ
口語訳：さしかへる……（棹さしかえては行ったり来たりする宇治の渡し守は、朝夕の棹のしずくが袖を朽ちさせてしまうのでしょう。この私の袖も涙に朽ち果てることでしょう）
丰子恺译：千帆经宇治，
川上守神愁。
朝夕沾滩水，
可怜袖已朽。
林文月译：摆渡翁兮去复来，
朝夕摇桨波水溅，
袖为腐朽兮吞悲哀。
姚继中译：守神愁满宇治川，
朝夕水濡袖早朽。

630. 原　作：目の前にこの世を背く君よりもよそに別るる魂ぞ悲しき

口語訳：目の前に……（目のあたりこの世をそむいて尼になられたあなたよりも、あなたにお別れしてこの世を去っていく私の魂のほうが悲しいのです）

丰子恺译：卿今离俗界，
削发伴缁衣。
我欲长辞世，
游魂更可悲。

林文月译：眼前世兮卿不恋，
心怀悲戚弃俗尘，
命尽魂哀兮更悲颤。

姚继中译：君离俗尘着缁衣，
我辞人世成孤魂。

631. 原　作：命あらばそれとも見まし人知れぬ岩根にとめし松の生ひ末

口語訳：命あらば……（生きていられるのでしたら、よそながらわが子として見ることもできましょうものを、人知れず岩根に残した松の生いゆく末を）

丰子恺译：小松生意永，
偷植在岩根。
但得残生在，
旁观亦慰情。

林文月译：愿静观兮观其变，
松子植根岩石间，
唯此命促兮无由见。

姚继中译：偷生岩根小松劲，
但得旁观亦慰情。

第四十七回　椎本（632-652）

632. 原　作：山風に霞吹きとく声はあれど隔てて見ゆる遠方の白波

口語訳：山嵐に……（山嵐にのって霞を吹き解く楽の音が聞えてきますが、はるかに遠くの白波が私どもを隔てているように思われます－お訪ねくださらぬのが、恨めしく思われます）

丰子恺译：山风吹笛韵，
仙乐隔云闻。
白浪中间阻，
无缘得见君。

林文月译：山风吹兮传笛音，
穿云过霞入吾耳，
白浪相隔兮未肯寻。

姚继中译：风送笛韵仙乐音，
白浪阻隔见君难。

633. 原　作：遠方こちの汀に波は隔つともなほ吹きかよへ宇治の川風

口語訳：をちこちの……（そちらとこちらと川岸に波が立って、わたしたちの間を隔てておりましょうとも、宇治の川風よ、やはり川を渡って吹きかよってほしいものです－お親しくしていただきたく思います）

丰子恺译：汀边多叠浪，
隔岸两分开。
宇治川风好，
殷勤送信来。

林文月译：说远近兮道彼此，
波浪虽隔两岸间，
宇治川风兮吹未已。

姚继中译：汀畔叠浪纷相扰，
宇治川风捎信来。

634. 原　作：山桜匂ふあたりに尋ね来て同じかざしを折りてけるかな

口語訳：山桜……（山桜の美しく咲いているあたり－美しい姫君たちのお住いの近くまで訪れてきて、同じ山桜の枝を私も挿頭に手折ったことでございます）

丰子恺译：山樱花开处，
游客意流连。

折得繁枝好，
效颦插鬓边。

林文月译：山樱佳兮适来访，
折得同花供插头，
人比花娇兮情荡漾。

姚继中译：樱花缤纷游人恋，
折撷繁枝插鬓边。

635. 原　作：かざし折る花のたよりに山賤の垣根を過ぎぬ春の旅人

口語訳：かざしをる……（挿頭の花をお祈りになろうとする、そのついでに、このような山賤の垣根のあたりを通り過ぎられただけなのです、行きずりの春の旅人であるあなたは）

丰子恺译：春山行旅客，
暂立土墙前。
只为贪花好，
折来插鬓边。

林文月译：攀撷花兮供插头，
柴门如何蒙青睐，
春客之意兮别有由。

姚继中译：探寻山樱春之客，
顺便路过篱笆下。

636. 原　作：われなくて草の庵は荒れぬともこのひとことはかれじとぞ思ふ

口語訳：われ亡くて……（私が亡くなって、この邸は荒れはててしまいましょうとも、あなたがお約束くださった一言にはまちがいあるまいと思います）

丰子恺译：人去草庵荒废后，
知君不负我斯言。

林文月译：我虽亡兮获君言，
一语然诺聊寄托，
草屋庶几兮免荒园。

姚继中译：撒手西去草庵荒，
盼君不负吾斯言。

637. 原　作：いかならむ世にかかれせむ長き世の契りむすべる草の庵は

口語訳：いかならむ……（いつの世になろうとこのお住いをお見捨て申すことがありましょうか。末長くとお約束いたしましたからには）

丰子恺译：我与草庵长结契，
终身不敢负斯言。

林文月译：既出言兮重然诺，
草屋恒久得保存，
结契何忍兮轻废却。

姚继中译：既与草庵长结契，
岂敢背信负重托。

638. 原　作：牡鹿鳴く秋の山里いかならむ小萩が露のかかる夕暮

口語訳：牡鹿鳴く……（牡鹿の鳴く秋の山里では、どのようにしてお過しでしょうか。小萩の露がこぼれるように涙が袖に降りかかる、このような夕暮どきには）

丰子恺译：蒿上露如泪，
闲愁入暮多。
秋山鸣鹿苦，
寂处意如何？

林文月译：牡鹿鸣兮声呦呦，
露沾山荻泪湿袖，
山里秋暮兮几多愁？

姚继中译：鹿鸣草枯闲愁浓，
泪似露珠秋山寒。

639. 原　作：涙のみ霧りふたがれる山里は籬に鹿ぞ諸声に鳴く

口語訳：涙のみ……（霧が立ちふさがって涙にくれてばかりおりますこの山里では、垣根のそばで鹿が私どもといっしょに声をそろえて泣いております）

丰子恺译：热泪常封眼，
荒山雾不开。
墙根鸣鹿苦，
室内泣声哀。

林文月译：泪犹雾兮山中暮，

垣下鹿鸣诱人哀，
啼声呦呦兮添悲诉。

姚继中译：悲泪化雾罩山庄，
伤心泣声伴鹿鸣。

640. 原　作：朝霧に友まどはせる鹿の音をおほかたにやはあはれとも聞く

口語訳：朝霧に……（朝霧に連れを見失って鳴く鹿の声を、ただ一通りに気の毒がりながら聞いていられましょうか。父宮に先立たれたお嘆きを、ただ世間事としてではなく同情申しあげております。）

丰子恺译：失却良朋朝雾里，
鸣鹿悲切异寻常。

林文月译：呦呦鸣兮鹿失友，
朝雾濛濛音声哀，
人亦何堪兮闻知否。

姚继中译：雾里失却觅朋道，
凄悲鹿鸣殊异常。

641. 原　作：色変はる浅茅を見ても墨染にやつるる袖を思ひこそやれ

口語訳：色かはる……（秋も深くなって末の枯れゆく浅茅を見ても、墨染の喪服にやつれていらっしゃるお袖がさぞかし涙の露に濡れていらっしゃるのだろうと拝察されます）

丰子恺译：青葱已变焜黄色，
想见居丧憔悴姿。

林文月译：天渐寒兮芦苇枯，
草色已变心沉重，
念卿墨袖兮为长吁。

姚继中译：霜打浅茅日渐黄，
居丧思亲人憔悴。

642. 原　作：色変はる袖をば露の宿りにてわが身ぞさらに置き所なき

口語訳：色かはる……（この墨染の喪服の袖を涙の露の宿り所にして、この私はこの世に身の置き所もございません）

丰子恺译：丧服已成红泪薮，
我身无地可安居。

林文月译：衣色变兮泪沾袪，

泪珠寻得袪为宿，

侬身何托兮独唏嘘！

姚继中译：丧服浸透孝女泪，

悲戚之身无置处。

643. 原　作：秋霧の晴れぬ雲居にいとどしくこの世をかりと言ひ知らすらむ

口語訳：秋霧の……（秋霧の立ちこめている空を飛んでゆく雁は、晴れぬ思いのわたしに、この世を仮のものと今までにもまして強く言い聞かせているのだろう）

丰子恺译：秋雾漫天心更苦，

雁鸣似叹世无常。

林文月译：愁云郁兮锁一天，

心似秋空愁不展，

雁鸣告知兮浮生怜。

姚继中译：秋雾漫天雁飞过，

哀鸣似诉世无常。

644. 原　作：君なくて岩のかけ道絶えしより松の雪をもなにとかは見る

口語訳：君なくて……（父宮が亡くなられてから、山寺へ通う岩のかけ道の行き来も途絶えてしまったけれど、あなたは、この松にかかる雪をなんとごらんになりますか）

丰子恺译：人亡山路寂，

无复往来人。

怅望松枝雪，

如何遣此情？

林文月译：先父逝兮岩道绝，

而今松雪虽依然，

盼望等待兮亦悲切。

姚继中译：人亡路寂无行踪，

怅问松雪怎遣情？

645. 原　作：奥山の松葉に積もる雪とだに消えにし人を思はましかば

口語訳：奥山の……（せめて、亡くなられた父宮を、この奥山の松葉に積る

雪とでも思うことができたらと思います）

丰子恺译：山中松上雪，

消尽又重积。

人死不重生，

安得如松雪？

林文月译：深山雪兮消又积，

松叶几度覆皑皑，

惟人一去兮渺无踪！

姚继中译：松上雪消复重积，

人亡怎比雪再生？

646. 原　作：雪ふかき山のかけ橋君ならでまたふみかよふあとを見ぬかな

口語訳：雪ふかき……（雪深い山のかけ橋は、あなた様おほかにには踏み通っていらっしゃるどなたの足跡をも見たことはございません。私は、あなた様以外のお方とお手紙のやりとりをしたことはございません）

丰子恺译：冒雪入山君独堪，

传书通信更无人。

林文月译：山雪深兮栈道危，

踏雪往来岂容易，

除君一人兮更有谁！

姚继中译：只见君影踏雪来，

不与他人传飞鸿。

647. 原　作：つららとぢ駒ふみしだく山川をしるべしがてらまづや渡らむ

口語訳：つららとぢ……（氷が張って駒が踏み砕いて通る山川を、宮のご案内をするついでに、この私が先に渡ることにいたしましょう。容易ならぬ恋路ですが、まずもって私の思いを成就させたいものです）

丰子恺译：走马冰川寻胜侣，

二人同渡我当先。

林文月译：冰封河兮驹蹄过，

为友向导此山川，

遂先为渡兮冒颠簸。

姚继中译：雪川停骖觅佳侣，

我当先渡他人前。

648. 原　作：立ち寄らむ蔭と頼みし椎が本空しき床になりにけるかな

口語訳：立ち寄らむ……（いずれこの身を寄せてお導きいただく陰と思って頼みにしていた椎の木のもと－宮は亡くなって、そのお部屋はむなしい床となってしまったことよ）

丰子恺译：修行欲向柯根学，

不道人亡室已空。

林文月译：曾寄托兮赖为功，

椎本之下可庇荫，

而今尘积兮坐席空！

姚继中译：欲求柯根修行道，

不料室空贤人亡。

649. 原　作：君が折る峰の蕨と見ましかば知られやせまし春のしるしも

口語訳：君がをる……（父君がご存生で折り取ってくださった峰の蕨であるのだったら、春の訪れたしるしともうなずけましょうに）

丰子恺译：家君若在山中住，

见蕨怀亲喜早春。

林文月译：君若居兮山中寺，

岭上蕨草为摘赠，

报知春讯兮添喜意。

姚继中译：吾父若在山中住，

定送蕨菜报春来。

650. 原　作：雪深き汀の小芹誰がために摘みかはやさむ親なしにして

口語訳：雪深き……（雪深い水際の小芹を、いったい誰のために摘み取って楽しもうというのでしょうか、親もいない私たちは）

丰子恺译：雪深汀畔青芹小，

家已无亲欲献谁？

林文月译：雪深沉兮封河汀，

小芹谁为摘相遗，

女欲事亲兮亲目睹。

姚继中译：青芹生长深雪渚，

吾父已去献与谁？

651. 原　作：つてに見し宿の桜をこの春は霞隔てず折りてかざさむ

口語訳：つてに見し……（この前は、旅の途上よそながら拝見したお邸の桜を、この春は、霞を隔てず、この手でじかに折って挿頭にしたいものです）

丰子恺译：客岁经仙馆，
樱花照眼明。
今春当手折，
常向鬓边簪。

林文月译：宿中望兮去春樱，
而今霞散觅无遗，
愿得折枝兮插头行。

姚继中译：去岁遥望山樱绝，
今春当折簪鬓边。

652. 原　作：いづことか尋ねて折らむ墨染に霞みこめたる宿の桜を

口語訳：いづくとか……（折ってかざすとおっしゃいますが、いったいどこをお捜しになるのでしょうか。墨染の喪にとざされているこの宿の桜ですのに）

丰子恺译：樱花经墨染，
深锁隔云层。
欲折樱花者，
迷离何处寻？

林文月译：云霞浓兮锁山庄，
似墨遍染无由见，
何处折樱兮忒猖狂！

姚继中译：愁云深锁樱花墨，
君寻何处可折枝？

第四十八回　総角（653-683）

653. 原　作：あげまきに長き契りを結びこめ同じ所に縒りも会はなむ

口語訳：あげまきに……（名香の糸の総角結びの中に行く末長く変らぬ契りをも結びこめて糸が幾重にも同じ所に出会うように、あなたと私とはいつまでもいっしょにいたいものです）

丰子恺译：永结良缘如总角，
红丝百转绕同心。

林文月译：结总角兮托长契，
丝组几度穿同心，
惟愿处处兮得偕俪。

姚继中译：永结良缘似总角，
红丝百绕同心圆。

654. 原　作：ぬきもあへずもろき涙の玉の緒に長き契りをいかが結ばむ

口語訳：ぬきもあへず……（緒に貫きとめることもできないほど、もろくこぼれる涙の玉のような消えやすい私の命ですのに、末長い契りなどどうして結ぶことなどできましょう）

丰子恺译：脆似泪珠穿不得，
红丝无法结良缘。

林文月译：泪涟涟兮贯不得，
此身脆弱似泪珠，
长契如何兮结终极？

姚继中译：余生犹若泪珠脆，
纵有红丝难结缘。

655. 原　作：山里のあはれ知らるる声々にとりあつめたる朝ぼらけかな

口語訳：山里の……（山里の風情を感じさせるとりどりの声を聞くにつけても、さまざまの思いに胸のつもるような夜明けです）

丰子恺译：荒山鸡唱声声苦，
百感交心对晓霞。

林文月译：山里寂兮传诸声，
声声助哀情为动，
会成朝氛兮告平明。

姚继中译：荒野鸡鸣声声悲，
拂晓云霞丝丝情。

656. 原　作:鳥の音も聞こえぬ山と思ひしを世の憂きことは尋ね来にけり
口語訳:鳥の音も……(鳥の声も聞えない静かな山奥と思っておりましたのに、この世の中のつらいことだけはここまで追いかけてきて、私に物思いをさせるのでした)
丰子恺译：鸟声不到荒山里，
浊世烦忧过访来。
林文月译：远尘俗兮山居深，
鸟鸣罕闻常寂寂，
讵料世忧兮亦来寻。
姚继中译：荒野不闻鸟脆鸣，
俗世烦忧访愁身。

657. 原　作:おなじ枝を分きて染めける山姫にいづれか深き色と問はばや
口語訳:おなじ枝を……(同じ枝の一方を紅に染め分けた山姫に、どちらのほうが深い色なのかとお尋ねしたいのです。私はご姉妹のどちらに心をお寄せしたらよいのでしょうか)
丰子恺译：同枝染出不同色，
借问花神何者深？
林文月译：山女神兮实染设，
叶色虽异枝相同，
借问深浅兮怎区别？
姚继中译：异色同染一枝枫，
花神可识谁更浓？

658. 原　作:山姫の染むる心はわかねども移ろふ方や深きなるらむ
口語訳:山姫の……(山姫が木の葉を染め分ける気持は分りかねますが、紅に染まったほうに深い心がこもっているのでしょう。あなたが心をお移しになった中の宮のほうが大事でございましょう)
丰子恺译：花神用意虽难解，
恐是殷红色较深。
林文月译：山神意兮未可知，
枫叶变红君心转，
转向深色兮信不疑。

姚继中译：纵难悉晓花神意，
　　　　无疑红枫秋意浓。

659. 原　作：女郎花咲ける大野をふせぎつつ心せばくやしめを結ふらむ

口語訳：女郎花……（女郎花の咲いている広い野原に他人が入りこまぬようにと、あなたは狭い了見から標縄を張るのでしょうか。姫君たちを独り占めするとは欲が深い）

丰子恺译：旷野花开处，
　　　　何须篱栅遮？
　　　　君心真吝啬，
　　　　独占女郎花。

林文月译：女郎花兮开遍野，
　　　　心胸狭窄可奈何，
　　　　竟将绳索兮重围也。

姚继中译：花开荒野何须拦，
　　　　君心独占败酱花。

660. 原　作：霧深き朝の原の女郎花心を寄せて見る人ぞ見る

口語訳：霧ふかき……（霧の深い朝の野原の女郎花は、心を深く寄せている人だけが見ることができます。私は姫君にお逢いできるけれども、あなたではどんなものでしょうか）

丰子恺译：秋郊浓雾里，
　　　　深锁女郎花。
　　　　热爱秋花者，
　　　　方能赏翠华。

林文月译：雾既深兮难窥伺，
　　　　女郎花开满朝原，
　　　　情洁意诚兮始得致。

姚继中译：秋雾深锁败酱花，
　　　　护花使者得翠华。

661. 原　作：しるべせし我やかへりて惑ふべき心もゆかぬ明けぐれの道

口語訳：しるべせし……（案内役をおつとめした私のほうがかえって迷わなければならないのか、満たされぬ思いで帰る夜明けの暗い道を）

丰子恺译：引人入胜境，
自己反迷路。
苦心无处诉，
破晓独归去。

林文月译：任向导兮我反迷，
心思抑郁情未遂，
晨晓薄暗兮独寻蹊。

姚继中译：引人入胜反自迷，
且问何苦破晓归。

662. 原　作：かたがたにくらす心を思ひやれ人やりならぬ道に惑はば

口語訳：かたがたに……（あれこれにつけて心を暗くしております私をお察しくださいまし。ご自分から好んで道にお迷いになるのでしたら）

丰子恺译：妾心古井水，
君岂不知情。
自己投迷路，
无须恨别人。

林文月译：怨侬命兮叹妹身，
此心劳苦人谁察，
君自迷途兮徒伤神！

姚继中译：妾身愁苦君当知，
惘然迷途勿恨人。

663. 原　作：世の常に思ひやすらむ露深き道の笹原分けて来つるも

口語訳：世のつねに……（私の寄せる思いを世間並のありふれた恋心のようにお思いなのでしょうか。露のしとどにおく山路の笹原を踏み分けてお伺いしましたのに）

丰子恺译：冒霜犯露遥寻侣，
莫作等闲恋爱看。

林文月译：冒繁露兮踏筱原，
不畏跋涉来相会，
卿岂等闲兮待吾言。

姚继中译：遥迢寻侣披霜露，

岂可视为等闲情。

664. 原　作：小夜衣着て馴れきとは言はずともかことばかりはかけずしもあらじ

口語訳：小夜衣……（夜着を着てあなたと枕を交しなじみを重ねた仲だとは申しませんが、あのようなことがあったのですから言いがかりぐらいはつけぬわけでもありませんよ）

丰子恺译：卿虽不欲言衾枕，
我借斯言慰苦情。

林文月译：卿尝语兮未共衾，
我将扬言已同裳，
痴情托词兮聊慰心。

姚继中译：君既不言同衾枕，
我亦慰情道此言。

665. 原　作：隔てなき心ばかりは通ふとも馴れし袖とはかけじとぞ思ふ

口語訳：へだてなき……（心だけは隔てなくお付き合いさせていただいておりますけれど、なじみを重ねた間柄だなどとはまさかお口になさるはずもあるまいと存じます）

丰子恺译：生憎衾枕缠绵事，
只许灵犀一点通。

林文月译：论交游兮心沟通，
心虽沟通未逾礼，
云何同裳兮忧忡忡！

姚继中译：休言缠绵同衾枕，
心灵通情自可容。

666. 原　作：中絶えむものならなくに橋姫の片敷く袖や夜半に濡らさむ

口語訳：中絶えむ……（私たちの仲は絶えるはずもないけれど、あなたは宇治の橋姫のように独り寝の衣を片敷いて涙に袖を濡らされることもおありでしょう。おいたわしいことです）

丰子恺译：恩情无断绝，
艳色似桥神。
恐有孤眠夜，
中宵泪沾襟。

林文月译：无意绝兮且莫疑，
未忍害卿空等待，
夜半袖湿兮似桥姬。

姚继中译：恐有孤枕泪湿袖，
桥姬勿疑情绵绵。

667. 原　作：絶えせじのわが頼みにや宇治橋の遥けきなかを待ちわたるべき

口語訳：絶えせじの……（絶えることはあるまいとのお約束をあてにして、あの宇治橋ではありませんが、長い絶え間をお待ちしなければならないのでしょうか。今から途絶えなどをおっしゃるのが悲しゅうございます）

丰子恺译：因缘长不绝，
誓约信今宵。
愿得恩情久，
长如宇治桥。

林文月译：君然诺兮聊赖托，
宇治桥长似姻缘，
中途遥遥兮盼莫绝。

姚继中译：不言离别今宵誓，
但得情若宇治川。

668. 原　作：いつぞやも花の盛りに一目見し木のもとさへや秋は寂しき

口語訳：いつぞやも……（いつぞや花盛りの折に一目見かけたこのお邸の桜木のあたり－とり残された姫宮たちさえも、この秋は寂しくお暮しでしょう）

丰子恺译：忆昔春芳日，
曾窥两树樱。
秋来零落尽，
寥寂不胜情。

林文月译：曾窥拜兮春盛时，
山里木下花灼灼，
而今秋来兮转寂悲。

姚继中译：昔日春芳窥两樱，

秋来零落寂寥情。

669. 原　作:桜こそ思ひ知らすれ咲き匂ふ花も紅葉も常ならぬ世を

口語訳:桜こそ……(桜こそ人い思い知らせてくれます。咲きにおう春の花も美しく映える秋の紅葉も、たちまちに散ってしまう無常の世の中であることを)

丰子恺译:春至群花放,
秋来红叶翔。
山樱开又落,
告我世无常。

林文月译:樱花开兮不稍滞,
秋叶转红忽已凋,
花叶为告兮无常世。

姚继中译:春花群放秋叶红,
山樱荣枯世无常。

670. 原　作:いづこより秋は行きけむ山里の紅葉の蔭は過ぎ憂きものを

口語訳:いづこより……(どこから秋は出ていってしまったのだろう、山里の紅葉の陰はとても立ち去りにくいものなのに)

丰子恺译:红叶映骄阳,
山乡正盛妆。
游人看不足,
秋去向何方?

林文月译:秋何方兮觅无踪?
山里红叶实可恋,
竟忍相离兮去匆匆!

姚继中译:层林尽染红叶下,
秋去游人何以赏?

671. 原　作:見し人もなき山里の岩垣に心長くも這へる葛かな

口語訳:見し人も……(かつてお会いした八の宮も今はいらっしゃらない、この山里の石垣に、ご生前と変らず気長にも這いまつわっている葛の葉よ)

丰子恺译:好景何人赏?

烟消无处寻。
多情唯葛藟，
缠绕此岩阴。

林文月译：人既亡兮无由览，
山里岩垣空盘缠，
葛条牢固兮竟不撼！

姚继中译：好景烟消无人赏，
多情藤葛绕岩间。

672. 原　作：秋はてて寂しさまさる木のもとを吹きな過ぐしそ峰の松風

口語訳：秋はてて……（秋が去って、ひとしお寂しくなってくる山里の木のあたり－姫君おお邸をあまり荒々しく吹き過ぎないでおくれ、峰の松風よ）

丰子恺译：秋尽添萧索，
山居寂寞时。
松风应体恤，
峰顶莫狂吹！

林文月译：秋意阑兮山里寂，
万物凋零木下空，
岭上松风兮莫吹激。

姚继中译：萧瑟深秋山居寂，
松风应恤休劲吹！

673. 原　作：若草のね見むものとは思はねどむすぼほれたる心地こそすれ

口語訳：若草の……（若草のように美しいあなたと、姉弟ゆえ共寝をしようとは思いませんが、悩ましく晴れやらぬ私の心です）

丰子恺译：嫩草美如玉，
只可隔帘看。
迎风弄娇姿，
使我春心乱。

林文月译：缘嫩草兮强抑制，
未忍妄想盼共衾，
心实荡漾兮欲结契。

姚继中译：隔帘偷窥芳草青，
迎风弄姿春心乱。

674. 原　作：眺むるは同じ雲居をいかなればおぼつかなさを添ふる時雨ぞ

口語訳：ながむるは……（あなたを恋しく思って眺めるのはいつもと同じ空であるのに、どういうわけで今日の時雨はあなたにお逢いしたい思いをつのらせ涙をさそうのでしょう）

丰子恺译：朝朝凝望处，
同是此天空。
何故逢阴雨，
愁思特地浓？

林文月译：仰首眺兮此苍天，
苍天无异同往时，
何故雨势兮添爱怜？

姚继中译：同是仰望此长空，
何缘阴雨添愁浓？

675. 原　作：あられふる深山の里は朝夕に眺むる空もかきくらしつつ

口語訳：あられふる……（霰の降る深い山里では、朝に晩に悲しい思いで眺める空までもかき曇っていて、あなたのつれなさをお恨みする私の胸のうちは晴れる折とてございません）

丰子恺译：深山秋寂寂，
霰雪已飘零。
怅望长空色，
朝朝添暗云。

林文月译：霰雪降兮深山里，
朝夕阴霾更沉沉，
心似天暗兮悲未已。

姚继中译：霰雪飘零秋将逝，
朝夕翘首望长空。

676. 原　作：霜さゆる汀の千鳥うちわびて鳴く音悲しき朝ぼらけかな

口語訳：霜さゆる……（霜の冷たくおりている汀で千鳥のやるせなく鳴いている声が、悲しく聞える夜明け前でございますね）

丰子恺译：冬晨霜重汀洲畔，
　　　　　众鸟悲鸣惹我愁。
林文月译：雾凄凄兮汀洲冷，
　　　　　千鸟振翼啼声悲，
　　　　　愁绪更添兮清晨景。
姚继中译：残冬晨霜覆沙洲，
　　　　　群鸟哀鸣动我愁。

677. 原　作：暁の霜うち払ひ鳴く千鳥もの思ふ人の心をや知る
　　口語訳：あかつきの……（夜明け前の霜を払い落しながら鳴く千鳥は、物思いに沈む私の恋しい心を知っているのでしょうか）
丰子恺译：霜晨振翅悲鸣鸟，
　　　　　知否骚人万叠愁？

林文月译：晨晓霜兮千鸟啼，
　　　　　声声悲鸣亦辛苦，
　　　　　可知一人兮情凄迷？
姚继中译：千鸟悲鸣拂晨霜，
　　　　　可知惊醒梦中人。

678. 原　作：かき曇り日かげも見えぬ奥山に心をくらすころにもあるかな
　　口語訳：かきくもり……（空もかき曇り、日ざしも見えない奥山で、私の心までも真っ暗な日々であることよ）
丰子恺译：阴云笼罩深山里，
　　　　　暗淡心情度日难。
林文月译：云叆叆兮翳四方，
　　　　　日影不及深山岙，
　　　　　心房深锁兮暗无光。
姚继中译：阴云沉滞锁深山，
　　　　　愁绪无尽心晦暗。

679. 原　作：くれなゐに落つる涙もかひなきは形見の色を染めぬなりけり
　　口語訳：くれなゐに……（悲しみに血の涙を流してもかいもないことよ。亡き人をしのんで着物を喪の色に染めることもできないのだから）
丰子恺译：未能为汝穿丧服，

血泪沾襟亦枉然。

林文月译：血泪落兮悲凄恻，
奈何无缘攀姻亲，
遂令墨色兮染不得。

姚继中译：难着丧衣祭亡君，
血泪枉然濡襟袖。

680. 原　作：おくれじと空ゆく月を慕ふかなつひに住むべきこの世ならねば

口語訳：おくれじと……（あとにとり残されまいと空ゆく月を追っていきたいものよ。いつまでも住んでいられるこの世ではないのだから）

丰子恺译：人世无常难久住，
拟随落月共西沉。

林文月译：月冉冉兮西天行，
心慕澄辉欲追迹，
终究无常兮叹浮生。

姚继中译：难堪久居无常世，
欲伴落月西沉去。

681. 原　作：恋ひわびて死ぬる薬のゆかしきに雪の山にや跡を消なまし

口語訳：恋ひわびて……（あのお方恋しさに堪えかねて死ぬ薬がほしいから、あの雪の山に入って姿を隠してしまおうかしら）

丰子恺译：拟入雪山寻死药，
从今免得苦相思。

林文月译：恋亡人兮悲欲绝，
天竺雪山有药灵，
愿得妙方兮从此别。

姚继中译：欲觅绝药踏雪川，
免受相思断肠苦。

682. 原　作：来し方を思ひ出づるもはかなきを行く末かけてなに頼むらむ

口語訳：来し方を……（今までのつれないお仕打ちを思い出すにつけても頼りない気がいたしますのに、行く末のことまで何をあてにせよとおっしゃるのでしょうか）

丰子恺译：回思往昔都无信，

预约将来怎可凭!

林文月译：顾来路兮既茫茫，

君情冷漠不可恃，

如何前途兮堪指望。

姚继中译：回首杳无音信事，

将来怎可为凭证。

683. 原　作：行く末を短きものと思ひなばば目の前にだに背かざらなむ

口語訳：行く末を……（行く末をはかないものとお思いなのでしたら、せめてただ今のところだけでも、この私をお見捨てにならないでいただきたいのです）

丰子恺译：但念将来时日短，

目前应不背依心。

林文月译：觉人生兮既短促，

更应珍惜眼前时，

请从吾言兮莫踯躅。

姚继中译：将来时短生无常，

目今誓不负尔情。

第四十九回　早蕨（684-698）

684. 原　作：君にとてあまたの春を摘みしかば常をわすれぬ初蕨なり

口語訳：君にとて……（亡き宮にと毎年春ごとに摘んでさしあげたものですから、今年もその習わしを忘れずにお届けする初蕨でございます）

丰子恺译：年年采蕨供春膳，

今岁不忘旧日情。

林文月译：为君采兮春草嫩，

年年此时常不忘，

采得初蕨兮聊供献。

姚继中译：昔日愿许八亲王，

逢春送蕨情谊深。

685. 原　作:この春は誰にか見せむ亡き人のかたみに摘める峰の早蕨

口語訳:この春は……(姉君まで亡くなられた今年の春は、いったい誰にお見せしたらよいのでしょうか、亡き父宮の形見として摘んでくださった峰の早蕨を)

丰子恺译：摘来山蕨谁欣赏，
物是人非感慨深。

林文月译：岭上草兮谁为赏，
父逝姊亡侬独留，
今春早蕨兮增怅惘。

姚继中译：今摘山蕨与谁赏，
深慨物是人却非。

686. 原　作:折る人の心にかよふ花なれや色には出でず下に匂へる

口語訳:折る人の……(この梅の花はこれを手折るあなたと心が通っているのでしょうか。外には色が現れないで、内ににおいを包んでいます。あなたは何気なくよそおいながら、内心ではあのお方を恋い慕っているのではあるまいか)

丰子恺译：含苞犹未放，
香气已清佳。
料得折花者，
其心似此花。

林文月译：折花人兮类此花，
红梅含苞香内蕴，
沉寂收敛兮胜喧哗。

姚继中译：不显娇艳藏暗香，
折枝心境若此花。

687. 原　作:見る人にかこと寄せける花の枝を心してこそ折るべかりけれ

口語訳:見る人に……(ただ梅の花を賞美しているこの私ですのに、それがそのような言いがかりをおつけになる花の枝なのでしたら、はじめからそのつもりで折るべきでした。あのお方を私が頂戴すればよかったのですね)

丰子恺译：看花岂有簪花意，

既被人猜便折花。

林文月译：无心眺兮折芳枝，

讵料竟遭人讥刺，

早应用心兮将花持。

姚继中译：赏花焉存窃香意，

既遭猜疑即折枝。

688. 原　作：はかなしや霞の衣裁ちしまに花のひもとく折も来にけり

口語訳：はかなしや……（はかなくも過ぎゆく月日です。亡き姉君のためにあなたが喪服を裁ち縫い、お着けになったと思ったら、もう花の開く時期がめぐってきて、はなやかな常の衣にお召し替えになる折にもなりました）

丰子恺译：日月无常相，

悲欢任宿缘。

才将丧服制，

又把彩衣穿。

林文月译：无奈何兮日月流，

似霞丧服方裁制，

已届改服兮花带羞。

姚继中译：悲欢离合本无定，

除却丧服着彩装。

689. 原　作：見る人もあらしにまよふ山里に昔おぼゆる花の香ぞする

口語訳：見る人も……（もうこれからは見る人もなくなりましょうのに、嵐に吹き迷わされておりますこの山里に、亡き人を思い出させる花の香がにおっていることです）

丰子恺译：山乡风凛冽，

愁杀看花人。

香色依然好，

花前不见君。

林文月译：无人赏兮空山里，

徒遗梅香随风传，

花为留念兮忆亡姊。

姚继中译：山风凄厉愁煞人，
　　　　　花香枝俏不见君。

690. 原　作：袖ふれし梅は変はらぬ匂ひにて根ごめ移ろふ宿やことなる

　口語訳：袖ふれし……（かつて私が袖を触れたことのあるこの梅は、今も変らぬ香りににおっておりますのに、それが根こそぎ移っていく京のお住い先はもう私の宿ではないのですね）

丰子恺译：曾傍梅花宿，
　　　　　花容似往年。
　　　　　但愁移植处，
　　　　　不在我身边。

林文月译：袖尝拂兮此株梅，
　　　　　花香未改犹往日，
　　　　　奈将迁根兮异宿栽。

姚继中译：此袖曾染娇梅香，
　　　　　如今植根他人院。

691. 原　作：さきに立つ涙の川に身を投げば人におくれぬ命ならまし

　口語訳：さきにたつ……（何より先立つものは涙ですが、その涙の川に、もしわが身を投げていたのでしたら、あのお方に死におくれてこうも悲しい思いを経験せずにすんだ私の命だったでしょうに）

丰子恺译：老泪多如川，
　　　　　但愿投身死。
　　　　　何苦命残生，
　　　　　含悲而忍耻！

林文月译：老懵懂兮每多泪，
　　　　　若其投身此泪川，
　　　　　定不落后兮偿吾志。

姚继中译：老泪不干如川水，
　　　　　惟念投身随君去。

692. 原　作：身を投げむ涙の川に沈みても恋しき瀬々に忘れしもせじ

　口語訳：身を投げむ……（身を投げようとおっしゃる涙の川に沈んでみたところで、折々ごとにあの方を恋しく思う気持を忘れることはできます

まい）

丰子恺译：纵有泪如川，
任尔投身死。
时刻念斯人，
苦恋永不止。

林文月译：欲投身兮泪之川，
容有泪川将身没，
难忘恋情兮常挂牵。

姚继中译：纵然投身悲泪渊，
不能化解朝暮思。

693. 原　作：人はみないそぎたつめる袖の浦に一人藻塩を垂るる海人かな

口語訳：人はみな……（どなたもみなお引越しの支度をして、着物の袖を裁ち縫いしているようですのに、この私は、袖の浦で藻塩たれつつ涙に濡れる海人－尼でございます）

丰子恺译：人皆盛饰登天都，
独有尼僧泪满襟。

林文月译：欣欣然兮人情激，
忙裁袖里为赴京，
独有海人任潮滴。

姚继中译：众皆盛妆赴帝都，
僧尼袖染藻盐涩。

694. 原　作：塩垂るる海人の衣に異なれや浮きたる波に濡るるわが袖

口語訳：しほたるる……（潮垂れて悲しみの涙に濡れている海人の衣にちがいがありましょうか、京に出ていく私も、波にただよう不安な身の上なので、涙に袖を濡らしております）

丰子恺译：萍飘絮泊衫应湿，
何异尼僧泪满襟？

林文月译：潮水滴兮海人衣，
波浪浮沉泊何处？
依袖亦湿兮无所依。

姚继中译：身如浮萍风飘絮，

泪满襟袖何异君？

695. 原　作：あり経ればうれしき瀬にもあひけるを身をうぢ川に投げてましかば

口語訳：あり経れば……（こうして生きておりますればこそ、今日のうれしい折にも恵まれましたものを。もしもわが身を、憂きものとして宇治川に身を投げていましたら、どんなにくやしいことだったでしょう）

丰子恺译：人生在世能逢喜，
幸未投身宇治川。

林文月译：有此身兮乃逢喜，
倘将身投宇治川，
焉得福分兮享斯美。

姚继中译：苦尽终有甘来时，
幸未投身宇治川。

696. 原　作：過ぎにしが恋しきことも忘れねど今日はたまづもゆく心かな

口語訳：過ぎにしが……（亡くなられた姫宮を恋しく思う気持を忘れるわけではないけれど、中の宮が都にお移りになる今日という日は、やはり何はさておき晴れやかな気持になります）

丰子恺译：昔年永诀情难忘，
今日荣行乐未央。

林文月译：念逝者兮刻难忘，
今日赴京喜庆日，
心实欣愉兮情激昂。

姚继中译：难忘当年死别情，
欣幸今朝乐无尽。

697. 原　作：眺むれば山より出でて行く月も世に住みわびて山にこそ入れ

口語訳：ながむれば……（ぼんやりと空を見ていると、山の端からのぼってゆく月も、この世に住みかねて、また山の端に入っていくことよ。この私も、再びこの山里に戻ることになるかもしれない）

丰子恺译：闲观明月东山出，
为厌红尘又入山。

林文月译：眺苍穹兮月出山，
冉冉运行复西坠，

世俗难居兮重归山。

姚继中译：仰观冬岭瞻月出，

叹月厌世又入山。

698. 原　作：しなてるや鳰の海に漕ぐ舟のまほならねどもあひ見しものを

口語訳：しなてるや……（鳰の湖を漕ぐ船の真帆－そんなふうに真実はっきりと契ったわけではないけれども、あのお方とは一夜をともに過したことがあるものを）

丰子恺译：虽无云雨巫山梦，

曾有清宵促膝缘。

林文月译：曾摇桨兮鸠之湖，

虽未扬帆亦舟楫，

一度相见兮奈虚无。

姚继中译：纵无云雨同衾枕，

亦曾促膝通宵谈。

第五十回　宿木（699-722）

699. 原　作：世の常の垣根に匂ふ花ならば心のままに折りて見ましを

口語訳：世のつねの……（これが世の常の垣根に咲いている花なのでしたら、思いのままに手折っても見ましょうものを。尊いご身分の姫宮に対しては遠慮申さずにはいられません）

丰子恺译：若是寻常篱下菊，

不妨任意折花枝。

林文月译：花实香兮色更绝，

倘使依傍寻常垣，

定将随心兮来攀撷。

姚继中译：倘若寻常篱下菊，

何妨任情折枝来。

700. 原　作：霜にあへず枯れにし園の菊なれど残りの色はあせずもあるかな

口語訳：霜にあへず……（霜に堪えかねて枯れてしまった園の菊ではある

けれど、残りの花の色香はまだ移ろうことなく、美しい盛りなのですよ。母を失った宮ではあるけれども、美しく生い育っています）

丰子恺译：园菊经霜枯萎早，
尚留香色在人间。

林文月译：满园枯兮众芳谢，
独留此菊傲霜姿，
残色未褪兮堪慰藉。

姚继中译：霜打园菊已枯去，
惟余香色留此间。

701. 原　作：今朝の間の色にや賞でむ置く露の消えぬにかかる花と見る見る

口語訳：今朝のまの……（おく露が消えずにいる間だけのはかない命の花と見ながら、せめてその束の間の今朝の色香をもてはやさなければならないのだろうか）

丰子恺译：晓露未消尽，
朝颜已惨然。
昙花开刹那，
何足惹人怜。

林文月译：似朝露兮易凋零，
花色短暂虽知晓，
瞬开瞬谢想怜爱增。

姚继中译：朝露未消花已萎，
昙花一现更可怜。

702. 原　作：よそへてぞ見るべかりける白露の契りかおきし朝顔の花

口語訳：よそへてぞ……（白露が契り残した朝顔を、その白露によそえて見るべきものでした－亡き姫宮が約束してくださったあなたを、そのお方の形見としてお世話すればよかった）

丰子恺译：欲把朝颜花比汝，
只因与露有深缘。

林文月译：人即逝兮似白露，
曾将朝颜托殷勤，
此契岂容兮不眷顾？

姚继中译：欲将君身比朝颜，
但因此露宿缘深。

703. 原　作：消えぬまに枯れぬる花のはかなさにおくるる露はなほぞまされる

口語訳：消えぬまに……（露の消えぬ間に枯れてしまった朝顔の花のようにはかない命の姉君でしたが、あとに残された露のような私は、いっそうはかない身の上です）

丰子恺译：露未消时花已萎，
未消之露更凄凉。

林文月译：花含露兮奈枯萎，
命何单薄悲短促，
朝露后消兮更凄其。

姚继中译：娇花萎谢露未消，
残滴犹在徒悲哀。

704. 原　作：大空の月だに宿るわが宿に待つ宵過ぎて見えぬ君かな

口語訳：大空の……（大空の月でさえさし入っておりますわが家に、お待ち申している宵が過ぎてもお越しくださらぬとは恨めしいことです）

丰子恺译：天上团圞月，
清光上我阶。
如何宵过半，
不见使君来？

林文月译：月冉冉兮升天空，
光华尚为照吾宿，
待君不见兮宵且终。

姚继中译：圆月清辉映楼台，
中宵已过不见君。

705. 原　作：山里の松の蔭にもかくばかり身にしむ秋の風はなかりき

口語訳：山里の……（宇治の山里の松の陰の住いにも、これほど身にしみて悲しい秋風の吹くことはなかった）

丰子恺译：山里松风秋瑟瑟，
何曾如此惹人愁？

林文月译：宇治山西称寂寥，

松树荫下秋风过，
犹觉聊胜兮此飘摇。
姚继中译：萧萧松籁到秋山，
愁绪无情潜心来。

706. 原　作：女郎花しをれぞまさる朝露のいかに置きける名残なるらむ
口語訳：女郎花……（女郎花が今朝はひとしおうち萎れております。朝露がどんなふうにおいた名残なのでしょうか。あなた様はどういうお扱いをなさったのでしょうか）
丰子恺译：朝露摧残何太甚，
女郎花萎减芳容。
林文月译：女郎花兮何萎绝，
莫非朝露忒无情，
遂教葩蘂兮含悲切。
姚继中译：无情朝露摧残甚，
初次放蕊容姿暗。

707. 原　作：おほかたに聞かましものをひぐらしの声恨めしき秋の暮かな
口語訳：おほかたに……（あのまま宇治にとどまっていたのだったら、あの蜩の声もただ一通りの寂しさと聞いていただろうに、なまじ都へ出てきたばかりに恨めしい気持でそれを聞く秋の暮であるよ）
丰子恺译：蝉声不改当年调，
时值衰秋惹恨多。
林文月译：蝉声繁兮人彷徨，
知了知了恨未了，
只缘秋暮兮处异乡。
姚继中译：蝉鸣依旧萦山野，
时值衰秋惹人恨。

708. 原　作：うち渡し世に許しなき関川をみなれそめけむ名こそ惜しけれ
口語訳：うちわたし……（世間一帯からは認められないあなた様との仲ですのに、こうしたかりそめに関を越えての逢瀬ゆえに、なれそめたと噂されるのは残念でございます）
丰子恺译：身越禁关偷结契，

心忧缘断恶名留。

林文月译：关川微兮汩汩流，
既已渡川来相会，
何事急离兮妾蒙羞。

姚继中译：偷结良缘越禁关，
暗留恶名忧情断。

709. 原　作：深からず上は見ゆれど関川の下の通ひは絶ゆるものかは

口語訳：深からず……（うわべは深くもないように見えようとも、人目を忍んで通うわたしの愛情はどうして絶えるものですか）

丰子恺译：关河水面人疑浅，
下有深渊不绝流。

林文月译：看似浅兮此关川，
渊底深广流不绝，
水流不绝兮情绵绵。

姚继中译：人疑关河水面浅，
岂料深渊底下流。

710. 原　作：いたづらに分けつる道の露しげみ昔おぼゆる秋の空かな

口語訳：いたづらに……（せっかくおそばまでまいりながら、そのかいもなく引き返してまいりました道の露の繁さゆえに、昔を思い出さないではいられない秋の空でした）

丰子恺译：懊恨空归繁霜道，
秋容依旧似当年。

林文月译：露华繁兮秋空清，
徒劳往返披草径，
遂忆往日兮恨痴情。

姚继中译：露道空归多懊恼，
秋容满载似昔年。

711. 原　作：また人に馴れける袖の移り香をわが身にしめて恨みつるかな

口語訳：また人に……（あなたが別のお方となれ親しんで袖に残したその移り香を、この身に染ませて、あなたを恨めしく思ったことです）

丰子恺译：汝有新欢香染袖，

我怀旧谊恨缠身。

林文月译：既许吾兮又别遁，
袖香分明属他人，
如何深痛兮不嫉恨！

姚继中译：汝袖新染他人香，
我身恨牵旧情长。

712. 原　作：みなれぬる中の衣と頼めしをかばかりにてやかけ離れなむ

口語訳：みなれぬる……（なれ親しんできた夫婦の仲であると頼りにしておりましたのに、これぐらいのことでご縁が切れてしまうというのでしょうか）

丰子恺译：既有常同衾枕谊，
岂因细故便分离？

林文月译：妾与君兮既结缡，
赖似中衣无阻隔，
讵料微此兮便仳离。

姚继中译：同衾共枕情长久，
离散岂凭细微因？

713. 原　作：結びける契りことなる下紐をただ一筋に恨みやはする

口語訳：むすびける……（ほかのお方と縁を結んでしまわれたあなたを、今となってはどうして一途にお恨み申したりいたしましょうか）

丰子恺译：心怜罗带好，
物已属他人。
何必萦怀抱，
徒劳诉恨情？

林文月译：君与人兮既结契，
下纽牢系可奈何，
恨亦徒然兮忍泣涕。

姚继中译：心惜罗带附他人，
何故缠怀徒诉恨？

714. 原　作：宿り木と思ひ出でずは木のもとの旅寝もいかにさびしからまし

口語訳：やどり木と……（昔宿ったことがあるという懐かしい思い出がないの

だったら、この深山木の下の旅寝もどんなにか寂しいものとなっただろう）

丰子恺译：当年曾追随，
犹似寄生草。
若无此旧谊，
旅宿太孤悄。

林文月译：念宿木兮多记忆，
若非木下尝泊休，
旅人寂寞兮何所极。

姚继中译：忆君曾似寄生藤，
旅居再苦独为情。

715. 原　作：荒れ果つる朽木のもとを宿りきと思ひおきけるほどの悲しさ

口語訳：荒れはつる……（荒れはてた朽木のような尼の住いを、昔の宿と覚えてくださっているお心のほども悲しゅうございます）

丰子恺译：当年寄生处，
荒凉剩朽木。
今日重来访，
哀哉此旅宿！

林文月译：朽木荒兮蒙相忆，
犹记昔日寄生时，
如何衔悲兮得缄默。

姚继中译：朽木孤守寄生地，
重访荒居悲独宿。

716. 原　作：穂に出でぬもの思ふらし篠薄招く袂の露しげくして

口語訳：穂にいでぬ……（表面にはあらわさずに内心では恋していらっしゃるようですね。あの薄のように手招きする袖を涙で濡らして）

丰子恺译：玉露频频来润泽，
幼芒哪得不知情？

林文月译：未出穗兮见颜色，
丛草披靡若愁思，
招风袖袂兮露无极。

姚继中译：幼芒频频承珠露，
哪能不报滋润情？

717. 原　作：秋果つる野辺のけしきも篠薄ほのめく風につけてこそ知れ

口語訳：秋はつる……（秋の果てる野辺の様子も、篠薄にそよめく風でそれと知れるように、私をお飽きになったあなたのお心のほどもそのそぶりから分ります）

丰子恺译：吹到芒花风力弱，
可知秋色已凋零。

林文月译：秋已尽兮景萧条，
郊野风光最难耐，
微风过处兮知寂寥。

姚继中译：轻风微拂芒花寂，
秋色凋零惹人悲。

718. 原　作：すべらきのかざしに折ると藤の花及ばぬ枝に袖かけてけり

口語訳：すべらきの……（主上の御挿頭にさしあげようと思って、藤の花のとても手の届かぬ高い枝に袖をかけたのでございました。主上の御意にかなうようにと、及びもつかぬ高貴な姫宮をいただきました）

丰子恺译：欲为君王添冕饰，
高抬罗袖摘藤花。

林文月译：折藤花兮供插头，
为顺圣旨遑鲁莽，
敢攀高枝兮将袖投。

姚继中译：举袖攀折紫藤花，
奉赠君王饰冠冕。

719. 原　作：よろづ世をかけて匂はむ花なれば今日をも飽かぬ色とこそみれ

口語訳：よろづ世を……（この藤の花は万世いつまでも変らずにおいゆく花と思うゆえに、今日も見飽きることのない色なのだと思われる）

丰子恺译：藤花万世长鲜艳，
今日贪看无餍时。

林文月译：花飘香兮传万代，
香色可餐非寻常，

今日饱览兮无倦态。

姚继中译：藤花娇妍万年盛，
如今长览无厌时。

720. 原　作:君がため折れるかざしは紫の雲に劣らぬ花のけしきか

口語訳:君がため……(主上のために折った挿頭の花は、極楽浄土の紫雲にも劣らぬ美しさでございます)

丰子恺译：此花原为君王摘，
饰冕鲜明胜紫云。

林文月译：为君折兮插头花，
花色花香两可赏，
色实堪拟兮紫云霞。

姚继中译：本为君皇折此花，
紫云犹逊冕饰明。

721. 原　作:世の常の色とも見えず雲居までたち昇りたる藤波の花

口語訳:世のつねの……(九重に生い立った藤の花は、ありふれた世の常の花の色とは思われません。主上の婿君となったお方は、並一通の好運とは思われません)

丰子恺译：移植九重深苑内，
藤花香色不寻常。

林文月译：非常花兮自有别，
九重庭内傲云霄，
藤波异色兮称一绝。

姚继中译：深苑移植紫藤花，
香飘九重岂等闲。

722. 原　作:貌鳥の声も聞きしにかよふやと茂みを分けて今日ぞ尋ぬる

口語訳:かほ鳥の……(姿の美しいかお鳥ではないが、その面ざしだけでなく、その声も昔聞いたお方のそれに似通っているだろうかと、茂みをかき分けて今日ここへ尋ねてきたのでした)

丰子恺译：好鸟似相识，
鸣声亦惯听。
分开榛莽路，

跋涉远来寻。

林文月译：貌鸟丽兮声宛转，

声貌俱佳似故人，

披草冒露兮寻偪俛。

姚继中译：恍若旧识鸣翠鸟，

遥途披荆寻故人。

第五十一回　東屋（723-733）

723. 原　作：見し人の形代ならば身に添へて恋しき瀬々のなでものにせむ

口語訳：見し人の……（昔お目にかかったお方の形代なのでしたら、いつもそばに置いて、恋しい折々その思いをはらい去るなでものにいたしましょう）

丰子恺译：倘能代伊人，

与我长相处。

可以作抚物，

拂去相思苦。

林文月译：念故人兮形代身，

恋情难歇常携带，

时时赏玩兮聊解羈。

姚继中译：替得故人长厮守，

拂去相思作抚物。

724. 原　作：みそぎ河瀬々に出ださむなでものを身に添ふ影と誰か頼まむ

口語訳：みそぎ河……（禊河のあの瀬この瀬に流すなでものとは、そんなはかないものでしたら、いつもおそばに置いていただけると誰が頼みにできましょう）

丰子恺译：抚物拂身后，

投水不复问。

君言长相处，

此语谁能信？

林文月译：御禊川兮泛形代，
赏玩终必奔波流，
岂敢托身兮恐见背。
姚继中译：抚物拂身投水去，
君言长伴谁可信？
725. 原　作：しめ結ひし小萩が上も迷はぬにいかなる露に映る下葉ぞ
口語訳：しめ結ひし……（注連を結って囲いをしておいた小萩の上葉は、風に乱れもしませんのに、どんな露がおいて色変りしたのでしょう。あなたはどうして一方的に約束を破ってしまわれたのか）
丰子恺译：小萩有护篱，
清高意自得。
绿叶逢霜露，
何故即变色？
林文月译：结绳索兮围小荻，
上叶依旧未乱迷，
下叶色移兮岂露涤！
姚继中译：藩篱庇荫娇小荻，
绿叶承露何变色？
726. 原　作：宮城野の小萩がもとと知らませば露も心を分かずぞあらまし
口語訳：宮城野の……（宮城野の小萩と知っていたのでしたら、どうして露が分け隔てをしておくなどということがありましたでしょう。八の宮の姫君と分っていたのでしたら、ほかへ心を移しはしなかったでしょう）
丰子恺译：早知萩是宫城种，
决不分心向别花。
林文月译：宫城野兮产小荻，
当时若知已正名，
何须分心兮露珠滴。
姚继中译：若知小荻出宫城，
此心怎会怜异花？
727. 原　作：ひたぶるにうれしからまし世の中にあらぬ所と思はましかば
口語訳：ひたぶるに……（もしここがこの憂き世とは別の世界と思うことがで

きますものなら、一途にうれしかろうと存じますものを）

丰子恺译：但得远离浮世苦，
身心安乐永无愁。

林文月译：世事烦兮冀逍遥，
结庐人境犹远俗，
心实向往兮慰寂寥。

姚继中译：倘若此间非红尘，
定可远离浮世苦。

728. 原　作：憂き世にはあらぬ所を求めても君がさかりを見るよしもがな

口語訳：うき世には……（憂き世とは別の世界を捜し求めてでも、なんとしてもあなたのお栄えになるのを見たいものです）

丰子恺译：但得儿身交泰运，
虽非人世也甘心。

林文月译：宁寻觅兮俗尘外，
愿尔欣然享光荣，
不辞辛劳兮吾实赖。

姚继中译：但愿寻得无愁世，
以求福泰降儿身。

729. 原　作：絶え果てぬ清水になどか亡き人の面影をだにとどめざりけむ

口語訳：絶えはてぬ……（昔から絶えることなく流れるこの清水に、どうして亡き人は面影だけでも映しとどめておいてくださらなかったのだろう）

丰子恺译：池塘清水依然满，
不见亡人照影留。

林文月译：未涸绝兮淙淙流，
清水依旧似往日，
故人影像兮不得留。

姚继中译：绿水盈池景依旧，
故人清影不见留。

730. 原　作：さしとむる葎やしげき東屋のあまりほど降る雨そそきかな

口語訳：さしとむる……（葎が生い茂って戸口をふさいでしまったのだろう

か、東屋の雨だれに濡れて、あまりに長い間待たせられることよ）

丰子恺译：草长东亭门紧闭，
雨中等待已多时。

林文月译：野草深兮东屋空，
莫非草封呈阻碍，
遂令久候兮坐雨中。

姚继中译：东亭门闭榛草生，
久立斜雨不解情。

731. 原　作：形見ぞと見るにつけては朝露のところせきまで濡るる袖かな

口語訳：かたみぞと……（このお方を亡き姫君の思い出のよすがと見るにつけては、悲しみの涙があふれ、朝露があたりいっぱいにおいているように袖がしとどに濡れることよ）

丰子恺译：愁对新人思旧侣，
弥天朝雾湿青衫。

林文月译：念故人兮护替身，
思潮起伏路迢递，
泪似朝露兮湿袖均。

姚继中译：晓雾弥漫湿我袖，
新人惹得旧恋愁。

732. 原　作：宿り木は色変はりぬる秋なれど昔おぼえて澄める月かな

口語訳：やどり木は……（宿木の葉もすっかり紅葉してしまった秋でございますが、月は昔そのままに澄みわたっていることでございます）

丰子恺译：细草经秋虽变色，
月光清丽似当年。

林文月译：寄生木兮色未变，
日移月迁几度秋，
唯月依旧兮总眷恋。

姚继中译：寄生秋山红叶中，
昔年月华仍清丽。

733. 原　作：里の名も昔ながらに見し人の面変はりせる閨の月影

口語訳：里の名も……（世を憂きものと思うわたしも、宇治という里の名も昔

のまま変らないのに、閨に射し入る月の光で見る人の面輪は昔のお方のそれとは変ってしまっております）

丰子恺译：绿水青山仍旧里，
深闺明月照新人。

林文月译：里名同兮月依然，
月下人影独有异，
故人何处兮事难圆。

姚继中译：物我依旧宇治地，
蟾月新临香闺人。

第五十二回　浮舟（734-755）

734. 原　作：まだ古りぬ物にはあれど君がため深き心に待つと知らなむ

口語訳：まだ古りぬ……（まだ古木の松ではございませんが、若君の御ために千代の御栄えをお祈りして、真っ先にさしあげます深い志をお分かりくださいまし）

丰子恺译：松枝虽幼前程远，
敬祝贤郎福寿长。

林文月译：枝犹稚兮未称老，
为君呈献贺千年，
松柏长寿兮谨祝祷。

姚继中译：幼松前程无限量，
谨祝福寿伴贤郎。

735. 原　作：長き世を頼めてもなほ悲しきはただ明日知らぬ命なりけり

口語訳：長き世を……（行く末長くと約束するにつけても、やはり悲しいのは、明日のことさえ分からない人の命のはかなさというものです）

丰子恺译：纵然订得千春约，
寿命无常总可悲。

林文月译：欲约誓兮世世盟，
情深爱浓意长久，

未知明日兮悲浮生。

姚继中译：纵然盟得千春誓，

人生亦有大限时。

736. 原　作：心をば嘆かざらまし命のみ定めなき世と思はましかば

口語訳：心をば……（人の心の定めなさを嘆かないでもいられましょうものを。この世で不定なのは命だけなのだと考えてよいのでしたら）

丰子恺译：如若无常惟寿命，

世间不必叹人心。

林文月译：叹浮世兮不可期，

岂唯生命无所定，

吉士之心兮诚足悲。

姚继中译：大限原本不足惜，

君心不定尤堪悲。

737. 原　作：世に知らず惑ふべきかな先に立つ涙も道をかきくらしつつ

口語訳：世に知らず……（世間にまたとなくわたしは途方にくれるほかないのです。まず先に立つ涙にかきくらされ、道も見えなくなって）

丰子恺译：平生不识生离苦，

泪眼昏花别路迷。

林文月译：未成别兮泪先流，

泪流濛濛途黯淡，

前途茫茫兮无止休。

姚继中译：生离悲苦未曾识，

别路凄迷泪眼昏。

738. 原　作：涙をもほどなき袖にせきかねていかに別れをとどむべき身ぞ

口語訳：涙をも……（この狭い袖では涙をさえ抑えかねておりますのに、なおさらのこと、このような私にあなた様とのお別れをどうしてせきとどめることができましょう）

丰子恺译：袖小实难收别泪，

身微无力挽行人。

林文月译：泪涟洏兮流未已，

侬袖狭小不足承，

郎君欲别兮如何止。

姚继中译：别离晓泪盈衫袖，

微身难留匆行人。

739. 原　作：宇治橋の長き契りは朽ちせじを危ぶむ方に心騒ぐな

口語訳：宇治橋の……（宇治橋のように末長い二人の契りは朽ち絶えることはあるまいから、不安に思い心配することはないのです）

丰子恺译：千春不朽无忧患，

结契长如宇治桥。

林文月译：宇治桥兮长又长，

因缘坚固永不朽，

情比桥长兮莫心慌。

姚继中译：比缘长似宇治桥，

千春不朽忽忧患。

740. 原　作：絶え間のみ世には危ふき宇治橋を朽ちせぬものとなほ頼めとや

口語訳：絶え間のみ……（絶え間ばかりが多くて危ない宇治橋、そのような不安な仲ですのに、やはり朽ち絶えるものがないものと思って頼りにせよとおっしゃるのでしょうか）

丰子恺译：宇治桥长多断石，

千春不朽语难凭。

林文月译：世称危兮断又绝，

战兢难渡宇治桥，

奢赖不朽兮如何说。

姚继中译：世上岂有不朽物，

何况宇治断石桥。

741. 原　作：年経とも変はらむものか橘の小島の崎に契る心は

口語訳：年経とも……（長い年月がたっても変ることがあろうか。この橘の小島の崎であなたに行く末をお約束する私の心は）

丰子恺译：轻舟来橘岛，

结契两情深。

似此常青树，

千年不变心。

林文月译：虽经年兮情不变，
橘之小岛为证明，
心契此崎兮众所见。

姚继中译：轻舟橘岛结长契，
心如绿树永碧春。

742. 原　作：橘の小島の色は変はらじをこの浮舟ぞ行方知られぬ

口語訳：橘の……（橘の小島の緑は変ることもありますまいけれど、水に浮く小舟のような私の身はどこへ漂っていくのでしょうか）

丰子恺译：岛上生佳橘，
常青不变心。
浮舟随叠浪，
前途不分明。

林文月译：树色青兮或不改，
唯此浮舟荡何方，
前途茫茫兮可期待？

姚继中译：橘岛绿树万年青，
浮舟叠浪前途冥。

743. 原　作：峰の雪みぎはの氷踏み分けて君にぞ惑ふ道は惑はず

口語訳：峰の雪……（峰の雪や岸辺の氷を踏み分けて、あなたへの恋の道に迷いつつも、この道には迷わずまっすぐに逢いに来たのです）

丰子恺译：马踏山头雪，
车行渚上冰。
不曾迷道路，
为汝却迷心。

林文月译：冒洲冰兮踏岭雪，
不辞辛劳不迷途，
唯将卿迷兮浓且烈。

姚继中译：踏雪破冰路未迷，
神魂早随佳人去。

744. 原　作：降り乱れみぎはに氷る雪よりも中空にてぞ我は消ぬべき

口語訳：降りみだれ……（風に吹き乱されて岸辺に凍る雪よりもはかなく、私

は空の中途で消えてしまうことでしょう）

丰子恺译：乱舞风中雪，
犹能冻作冰。
我身两不着，
转瞬即消泯。

林文月译：雪霏霏兮冻汀洲，
命比冰雪更单薄，
消失中空兮何止休？

姚继中译：漫天飞雪凝作冰，
我身悬浮无依着。

745. 原　作：眺めやるそなたの雲も見えぬまで空さへ暮るるころのわびしさ

口語訳：ながめやる……（あなたのことを恋いしのんで眺めやる宇治の方角の雲も見えないくらいに、わたしの心ばかりか空まで真っ暗になっているこのごろのなんとわびしいことよ）

丰子恺译：遥望君家云漠漠，
长空暗淡我心悲。

林文月译：眺远空兮徒烦恼，
心境悒郁情黯然，
乌云密布兮天亦老。

姚继中译：凝望山居云霭阻，
阴霾不散我心悲。

746. 原　作：水まさる遠方の里人いかならむ晴れぬ長雨にかき暮らすころ

口語訳：水まさる……（長雨に降りこめられて晴れぬ物思いに沈みあがら暮しているこのごろですが、川水のまさる遠い宇治の里に住むあなたはいかがお過しでしょうか）

丰子恺译：苦雨添愁绪，
心头久不晴。
川中春水涨，
遥念远方人。

林文月译：水弥漫兮宇治川，
我心黯然难排遣，

远方里人兮可婵娟？

姚继中译：愁绪如雨无绝期，
遥望春水念斯人。

747. 原　作：里の名をわが身に知れば山城の宇治のわたりぞいとど住み憂き
口語訳：里の名を……（その里の名の「憂し」が私の身の上なのだと分っておりますので、この山城の宇治のあたりに住むのはいよいよつろうございます）

丰子恺译：里名宇治人忧患，
渐觉斯乡不可居。

林文月译：称宇治兮诚可忧，
依生山城知难住，
浮生多忧兮几许愁！

姚继中译：藏身宇治隐忧患，
空寂山乡再难留。

748. 原　作：かき暮らし晴れせぬ峰の雨雲に浮きて世をふる身をもなさばや
口語訳：かきくらし……（あてどなく不安いこの世を過しているこの身を、空も暗く晴れ間もない峰の雨雲に変えてしまいたいものです）

丰子恺译：身如萍絮难留住，
欲上山头化雨云。

林文月译：阴沉沉兮晴难邀，
浮生飘摇多愁苦，
愿化云雨兮岭上消。

姚继中译：浮萍飘絮无寄处，
欲化云雨向山峰。

749. 原　作：つれづれと身を知る雨の小止まねば袖さへいとどみかさまさりて
口語訳：つれづれと……（悲しいわが身の上を思い知らされる雨が所在なく降りやみませんので、川の水かさが増すばかりか、この私の袖までも涙でいよいよ濡れまさっております）

丰子恺译：知心雨降无休止，
袖上也愁水位高。

林文月译：淅沥沥兮雨未已，

妾心忧苦泪涟涟，
祛袂沾湿兮赛河水。
姚继中译：连绵心雨无休止，
愁似川水泪伴袖。
750. 原　作：波越ゆるころとも知らず末の松待つらむとのみ思ひけるかな
口語訳：涙こゆる……（あなたが心変りしているとも知らず、ただわたしを待っていてくださるものとばかり思っていたのですよ）
丰子恺译：妄想美人盼待我，
不知波越末松山。
林文月译：空等待兮徒盼望，
末山松下波往返，
痴情冀盼兮卿岂知？
姚继中译：波越末松浑不觉，
赤诚相恋太愚痴。
751. 原　作：いづくにか身をば捨てむと白雲のかからぬ山も泣く泣くぞ行く
口語訳：いづくにか……（どこに身を捨てたらよいのかと、白雲の懸からぬ山とてない、その山道を、わたしは泣く泣く帰っていくことよ）
丰子恺译：白云遮断山山路，
无处舍身饮泣归。
林文月译：思茫茫兮啼泣归，
白云悠悠几重峦，
弃身何山兮无所依。
姚继中译：山险路峭云雾重，
无处舍身饮泣归。
752. 原　作：嘆きわび身をば捨つとも亡き影に憂き名流さむことをこそ思へ
口語訳：なげきわび……（悲嘆のあまり、こらえきれなくなってこの身を川に投じたとしても、死んだのちにさぞ情けない噂を立てられることだろうと、それがつらくてならない）
丰子恺译：忧患多时身可舍，
却愁死后恶名留。
林文月译：叹此身兮宁舍弃，

但恐人亡留恶名，
徒令世人兮添物议。

姚继中译：不惜舍躯绝忧患，
但恐后世留恶名。

753. 原　作:からをだに憂き世の中にとどめずはいづこをはかと君も恨みむ

口語訳:からをだに……(亡骸をもこの憂世の中に遺しておかなかったら、あなた様はどこを目当てに、この私をお恨みになることでしょう)

丰子恺译：尸骨不留尘世里，
使君何处哭新坟?

林文月译：欲自灭兮愿消失，
浮世遗骸莫残留，
君虽衔恨兮无处述。

姚继中译：不留遗骸俗世间，
使君何处哭新坟?

754. 原　作:後にまたあひ見むことを思はなむこの世の夢に心惑はで

口語訳:のちにまた……(後の世でまたお会いできると思ってくださいまし。この世の夢のようにはかない縁いお心を迷わされずに)

丰子恺译：此生如梦何须恋，
且待来生再结缘。

林文月译：盼后会兮他生缘，
今生今世如梦幻，
莫为梦境兮心挂牵。

姚继中译：惟盼重结来生缘，
何须惜恋如梦生。

755. 原　作:鐘の音の絶ゆる響きに音を添へてわが世尽きぬと君に伝へよ

口語訳:鐘の音の……(鐘の音の消えてゆこうとする響きに泣く音を添えて、この私の命も尽きたのだと、母君に伝えておくれ)

丰子恺译：钟声尽处添呜咽，
为报慈亲我命终。

林文月译：钟声绝兮哭声随，
女命今尽无余韵，

盼为告母兮请转知。

姚继中译：钟声幽咽泣无泪，

南柯梦断报慈亲。

第五十三回　蜻蛉（756-766）

756. 原　作：忍び音や君も泣くらむかひもなき死出の田長に心通はば

口語訳：忍び音や……（この私と同じようにあなたも忍び泣きに泣いていらっしゃるのでしょう。嘆いてみてもかいのない死出の田長—亡き人に心を通わせておいでになるのでしたら）

丰子恺译：君若有心怜杜宇，

也当饮泣暗吞声。

林文月译：子规啼兮继以血，

诱人泪落催人哀，

谅君吞声兮亦痛绝。

姚继中译：谅君怀悲怜杜鹃，

亦自抱憾暗饮泣。

757. 原　作：橘の薫るあたりはほととぎす心してこそ鳴くべかりけれ

口語訳：橘の……（昔の人を思い出させる橘の花のにおうあなたのお邸では、ほととぎすもそのつもりになって鳴くはずです）

丰子恺译：花橘香时人怀旧，

知情杜宇缓啼声。

林文月译：橘传薰兮香满庭，

花香诱人催记忆，

子规复啼兮不忍听。

姚继中译：花橘香时怀故人，

子规解意啼声悲。

758. 原　作：我もまた憂き古里を荒れはてば誰れ宿り木の蔭をしのばむ

口語訳：われもまた……（このわたしまでがまた、この疎ましい思い出の古里を捨て去って、荒れるにまかせてしまうことになったら、いったい誰

がこの宿に昔をしのぶことになるだろうか)

丰子恺译：我亦长辞忧患宅，
谁人凭吊此荒居？

林文月译：我亦去兮弃故乡，
一任荒芜乏人顾，
木下人谁兮更忆望。

姚继中译：今辞宇治忧伤地，
谁将荒宅再寄生？

759. 原　作：あはれ知る心は人におくれねど数ならぬ身に消えつつぞ経る

口語訳：あはれ知る……(ご悲嘆に同情申しあげる気持は、どなたにも劣りませんけれども、人数にも入りませぬこの私自身は消え入るばかりの思いで過しております)

丰子恺译：省识君心苦，
同情不让人。
只因身份贱，
不敢吐微忧。

林文月译：哀君心兮伤君意，
妾亦深情不后人，
奈身卑微兮敢妄恣。

姚继中译：若能化解君忧愁，
愿弃此躯替浮舟。

760. 原　作：常なしとここら世を見る憂き身だに人の知るまで嘆きやはする

口語訳：つねなどし……(世間は無常なものとたくさんの例を見てきた厭わしいこの身ですが、そうしたわたしでさえ他人にそう見られるほど嘆き悲しんではいないつもりですが)

丰子恺译：阅尽无常相，
何尝露隐忧？
无人知我苦，
除却汝心头。

林文月译：经沧桑兮阅苦悲，
世事无常早了悟，

未敢深叹兮卿岂知。

姚继中译：遍历无常何曾忧，
此中惟君知我愁。

761. 原　作：荻の葉に露吹き結ぶ秋風も夕べぞわきて身にはしみける

口語訳：萩の葉に……（萩の葉の上に露を吹き結ばせる秋風も、とりわけこの夕暮時は物思う身にしみじみと悲しく感ぜられます）

丰子恺译：秋风吹荻凝珠露，
暮色苍时我恨长。

林文月译：秋风过兮寒意驻，
荻叶沾露添愁悲，
最难消受兮值日暮。

姚继中译：芦荻凝露秋风拂，
长暮不堪相思苦。

762. 原　作：女郎花乱るる野辺に混じるとも露のあだ名を我にかけめや

口語訳：女郎花……（女郎花が咲き乱れる野辺に立ち混じっていても、このわたしにはいささかの浮名をも負わせることはできまいに）

丰子恺译：女郎花烂漫，
伴宿卧花阴。
一片冰心洁，
不蒙好色名。

林文月译：女郎花兮开遍野，
千娇百媚绕身边，
浮名犹露兮未沾惹。

姚继中译：宿卧败酱花荫下，
玉洁不留好色名。

763. 原　作：花といへば名こそあだなれ女郎花なべての露に乱れやはする

口語訳：花といへば……（花といえば、その名はいかにも移り気のようですが、女郎花はどの露にでも濡れて乱れたりするものでしょうか）

丰子恺译：女郎花名艳，
素志自坚贞。
不比闲花草，

任情染露痕。

林文月译：名称话兮惹遐思，
女郎花独能挺立，
诚非遇露兮辄乱垂。

姚继中译：败酱不似寻常花，
经霜沐露不留痕。

764. 原　作：旅寝してなほこころみよ女郎花盛りの色に移り移らず

口語訳：旅寝して……（ではやはり一夜お泊りになってお試しなさいまし。女郎花の盛りの色にお心がお移りになるかならないかを）

丰子恺译：女郎花艳艳，
正值盛开时。
试傍花阴宿，
君心移不移？

林文月译：花丛中兮谓无意，
请为旅宿试真心，
始知盛芳兮不移志。

姚继中译：适逢鲜花茂盛时，
试宿花荫心乱否。

765. 原　作：宿貸さば一夜は寝なむおほかたの花に移らぬ心なりとも

口語訳：宿かさば……（あなたが宿を貸してくださるのならば一夜ぐらいは泊めていただくことにしましょう。たいていの花には心を移すこともないこのわたしですが）

丰子恺译：蒙君留我住，
一宿自当陪。
倘是闲花草，
余心决不移。

林文月译：既有意兮相邀宿，
盛情难却度一宵，
大抵花色兮难留目。

姚继中译：承君留我伴一宿，
即是闲花志不够。

766. 原　作:ありと見て手にはとられず見ればまた行方も知らず消えし蜻蛉口語訳:ありと見て……(そこにあると見えながらも手には取られず、手にしたと思うとまた行方も分らず消えてしまった蜻蛉よ)

丰子恺译：眼见蜉蝣在，
有手不能取。
忽来忽消逝，
去向不知处。

林文月译：见在此兮不留停，
寻寻觅觅复告失，
未知去向兮似蜻蛉。

姚继中译：但见蜉蝣未可及，
隐隐不知何处去。

第五十四回　手習（767-794）

767. 原　作:身を投げし涙の川の早き瀬をしがらみかけて誰れか止めし

口語訳:身を投げし……(涙にくれて身を投げた川の早瀬に、誰がわざわざしがらみをかけてこの自分をひきとめ救ってくれたのだろう)

丰子恺译：我欲投身随激流，
谁将木栅阻川流?

林文月译：欲将身兮投泪川，
讵料谁人设栅堰，
遂令急濑兮依意悛。

姚继中译：心灰泪干投激湍，
谁知栅栏阻川流。

768. 原　作:我かくて憂き世の中にめぐるとも誰かは知らむ月の都に

口語訳:われかくて……(この自分がこうして厭わしいこの世の中に生きていても、都の人たちの誰がこのことを知っているだろうか)

丰子恺译：我身流落风尘里，
都下亲朋总不知。

林文月译：浮世缘兮犹未了，
依今漂泊仍偷生，
月下京都兮谁知晓？

姚继中译：风尘流落孑然身，
家人居京未可知。

769. 原　作：あだし野の風になびくな女郎花我しめ結はむ道遠くとも

口語訳：あだし野の……（ほかの男の言うままにならないでください。たとえ京からの道は遠くても、あなたをはっきりとこのわたしのものとしておきたいのです）

丰子恺译：女郎花艳艳，
切勿向他人！
我寓虽遥远，
设防守护君。

林文月译：女郎花兮莫披靡，
纵有野风肆猖狂，
不辞路遥兮栅围尔。

姚继中译：不愿花开他人院，
惟我可做护花神。

770. 原　作：移し植ゑて思ひ乱れぬ女郎花憂き世を背く草の庵に

口語訳：うつし植ゑて……（あの女をここに引き取ったばかりで、本人は思い悩んでおり、ご返事もさしあげられませぬ。俗世を捨てたつもりの草の庵ですのに）

丰子恺译：女郎花厌世，
移植草庵中。
不肯随人意，
忧思乱我胸。

林文月译：既移植兮女郎花，
虽云草庵隔尘世，
怎奈忧思兮不可遮。

姚继中译：厌世寄生草庵下，
不随人意复苏生。

771. 原　作:松虫の声を訪ねて来つれどもまた萩原の露に惑ひぬ

口語訳:松虫の……(松虫の声を尋ねてやってきたけれど、また萩原の露に濡れて－私を待っていてくださることと思って訪ねてきましたが、またもや、つれなくされて途方にくれるばかりです)

丰子恺译：为有幽人待，
寻芳到草庵。
衣沾原上露，
惆怅空停骖。

林文月译：松虫声兮吾实慕，
等矣待矣声声鸣，
竟致迷惑兮荻原露。

姚继中译：寻觅芳菲至草庵，
荻原秋露显衣衫。

772. 原　作:秋の野の露分け来たる狩衣葎茂れる宿にかこつな

口語訳:秋の野の……(露のしとどこにおいた秋の野を分けていらっしゃったために、狩衣をお濡らしたになったのでしょう。葎の生い茂るこの宿のせいになさいますな)

丰子恺译：秋郊征途远，
冷露满双骖。
沾湿君衫袖，
非关我草庵。

林文月译：秋露繁兮狩衣湿，
衣湿只缘秋野行，
莫怪草屋兮害君立。

姚继中译：秋郊路遥凝露寒，
湿雾濡袖乃情愿。

773. 原　作:深き夜の月をあはれと見ぬ人や山の端近き宿に泊らぬ

口語訳:ふかき世の……(夜更けの月の風情がお分かりにならないお方なのでしょうか。山の端に近いこの家に泊ろうとなさらぬのは)

丰子恺译：望月山边近，
何妨一宿停?

清光深夜好，
君岂不知情？
林文月译：夜深沉兮月色佳，
草庵最宜赏秋夜，
何忍骤离兮去山崖？
姚继中译：月近山岙且泊身，
夜半清辉景正美。

774. 原　作：山の端に入るまで月を眺め見む閨の板間もしるしありやと

口語訳：山の端に……（山の端に月が入るまで眺めていましょう。寝間の板葺きの隙間から光が漏れ入るように、わたしもあのお方にお近づきが得られようかと）

丰子恺译：蒙君留我住，
坐待月西沉。
若得窥香阁，
不虚此一行。
林文月译：愿待月兮升山崖，
吾将鹄候冀窥伺，
澄辉穿帘兮定舒怀。
姚继中译：容我坐待西月沉，
窥得香阁慰此行。

775. 原　作：忘られぬ昔のことも笛竹のつらきふしにも音ぞ泣かれける

口語訳：忘られぬ……（亡き妻を忘れることができないにつけても、この私が笛の音に思いを寄せた女君の冷たいお仕打ちには、声をたてて泣かずにはいられませんでした）

丰子恺译：旧欢终不忘，
新友苦难求。
彻夜高声哭，
难消万斛愁。
林文月译：意难忘兮往事悒，
琴事竹笛两催哀，
更有一节兮诱人泣。

姚继中译：思故恋新皆动情，

通宵悲泣万斛愁。

776. 原　作：笛の音に昔のことも偲ばれて帰りしほども袖ぞ濡れにし

口語訳：笛の音に……（あなたの笛の音に、つい亡き娘のことが思い出されて、お帰りになったあとも、涙に袖も濡れておりました）

丰子恺译：闻君吹玉笛，

猛忆旧时情。

目送君行后，

青衫涕泪零。

林文月译：闻君笛兮思往旧，

音声缭绕动吾心，

归后婆娑兮泪湿袖。

姚继中译：闻君玉笛犹忆昔，

凝目送君热泪横。

777. 原　作：はかなくて世に古川の憂き瀬には尋ねも行かじ二本の杉

口語訳：はかなくて……（こうして頼りない有様でこの世に生き長らえている情けない身の上なのだから、わざわざ初瀬川の二本の杉を尋ねていこうとは思わない）

丰子恺译：身生此世浑如梦，

不赴古川看二杉。

林文月译：命实薄兮遭世弃，

布留川旁并生杉，

未敢参诣兮初濑寺。

姚继中译：此身沉浮浑如梦，

不赴古川看二杉。

778. 原　作：古川の杉のもとだち知らねども過ぎにし人によそへてぞ見る

口語訳：ふる川の……（あなたの生立ちのことは存じませんけれど、私はそのあなたを亡くなった娘によそえて懐かしく思っているのです）

丰子恺译：杉木根源虽不识，

也应看作旧时人。

林文月译：布留川西容有杉，

素昧平生亦何碍，
径替亡女兮无所衔。
姚继中译：不知杉木根生处，
且寄追念故人情。
779. 原　作：心には秋の夕べを分かねども眺むる袖に露ぞ乱るる
口語訳：心には……（わたしの心には秋の夕べのわびしさが特に分別できるわけではないけれども、物思いに沈んでいる袖に涙の乱れ落ちることよ）
丰子恺译：心虽不识秋宵苦，
冥想沉思泪自流。
林文月译：心未谙兮思未就，
因何秋夕特愁人，
只缘沉思兮泪沾袖。

姚继中译：纵然不解秋宵苦，
冥想沉思泪自流。
780. 原　作：山里の秋の夜深きあはれをももの思ふ人は思ひこそ知れ
口語訳：山里の……（山里の秋の夜更けの深い情趣をも、物思いのあるお方ならばよくお分りになるはずですのに）
丰子恺译：山乡秋色厉，
深夜更凄清。
唯有多愁者，
真心知此情。
林文月译：山里秋兮哀无故，
夜深沉时更添愁，
人若识趣兮恒识趣。
姚继中译：山野凄清秋月夜，
惟有同愁易相怜。
781. 原　作：憂きものと思ひも知らで過ぐす身をもの思ふ人と人は知りけり
口語訳：うきものと……（情けない身の上がどうかもよく分らずにおります私のことを、物思いのある身とあなたはお察しになるのですね）
丰子恺译：不识忧思虚度日，

时人误解作愁人。

林文月译：不知忧兮未解愁，
此身懵懂任时过，
若谓识趣兮只合羞。

姚继中译：日月虚度不知忧，
误教斯君任作愁。

782. 原　作：なきものに身をも人をも思ひつつ捨てし世をぞさらに捨てつる

口語訳：亡きものに……（わが身をも、また思いを寄せた人をも、もうこの世にないものとあきらめて、一度捨ててしまった世の中を、さらにまた捨ててしまったことよ）

丰子恺译：不分人与我，
都作子虚看。
此世曾捐弃，
今朝又弃捐。

林文月译：遣侬身兮忘众人，
岂料初愿偿不得，
一舍再舍兮弃红尘。

姚继中译：人生在世乃虚无，
舍却此身归佛门。

783. 原　作：限りぞと思ひなりにし世の中を返す返すも背きぬるかな

口語訳：限りぞと……（かつてもうこれでおしまいだと、あきらめてしまった世の中を、また繰り返して捨ててしまったことよ）

丰子恺译：曾逢大限辞人世，
今日重新背世人。

林文月译：既觉悟兮厌浮生，
曾将世间拟背弃，
反反复复兮始告成。

姚继中译：曾别人世临大限，
今朝复又弃红尘。

784. 原　作：岸遠く漕ぎ離るらむ海人舟に乗り遅れじと急がるるかな

口語訳：岸とほく……（彼岸を目ざして俗世から遠く離れようとなさるあなた

におくれをとるまいと、私も出家を急がせられることです）

丰子恺译：轻舟远向莲台去，
我欲追随步后尘。

林文月译：离岸远兮海人舟，
何事急急催理棹，
唯恐落后兮徒自愁。

姚继中译：浮舟驶向莲花台，
吾欲步后渡彼岸。

785. 原　作：心こそ憂き世の岸を離るれど行方も知らぬ海人の浮木を

口語訳：心こそ……（心だけは厭わしい俗世を離れておりますものの、これから先どうなるのやら、行方も分らぬ浮木のようなこの尼の身であることよ）

丰子恺译：心已远离浮世岸，
轻舟犹未辨去向。

林文月译：心既远兮离世忧，
俗岸已渺漂何处，
未知去向兮浮木舟。

姚继中译：出世之心若止水，
浮舟远去任飘流。

786. 原　作：木枯の吹きにし山のふもとにはたち隠るべきかげだにぞなき

口語訳：木枯の……（木枯が紅葉を吹き散らしてしまった山の麓には、身を隠すことのできるような木陰すらもございません。女君も尼になってしまったこちらは、あなたのお泊りいただける所ではなくなりました）

丰子恺译：山麓寒风吹木落，
游人欲憩树无阴。

林文月译：风萧瑟兮过山麓，
叶落林空荫何寻？
无由隐憩兮不得宿。

姚继中译：风扫叶落寒山谷，
叹无树荫留过客。

787. 原　作:待つ人もあらじと思ふ山里の梢を見つつなほぞ過ぎ憂き
口語訳:待つ人も……(わたしを待っていてくださる人もあるまいと思うこの山里の木々の梢を眺めながらも、やはりこのまま素通りはできかねるのです)
丰子恺译:山乡无复幽人待,
不忍行过坐看林。
林文月译:无人等兮有谁待,
山里树梢引目留,
终难空过兮情仍在。
姚继中译:山野凄清无幽人。
不堪虚行观林霭。
788. 原　作:おほかたの世を背きける君なれど厭ふによせて身こそつらけれ
口語訳:おほかたの……(おおよそ俗世間を捨てて出家なさったあなたですが、世を厭うことにかこつけてじつはこの私をお嫌いになってのことかと思えば、恨めしくてなりません)
丰子恺译:君因厌世离尘俗,
我被疏嫌抱恨长。
林文月译:君厌世兮遂出家,
明知但为寻常事,
仍凝见弃兮身自嗟。
姚继中译:君弃尘缘皈佛门,
吾遇疏嫌落遗恨。
789. 原　作:かきくらす野山の雪を眺めても降りにしことぞ今日も悲しき
口語訳:かきくらす……(空も暗く降りしきる野山の雪を眺めるにつけても、過ぎ去った昔のことが今日も悲しく思い出されてくる)
丰子恺译:彤云蔽白日,
山野雪花飘。
对景思前事,
旧愁今未消。
林文月译:雪霏霏兮天沉沉,
旷山遍野今眺望,

降雪往事兮伤悲心。

姚继中译：雪飞云低野山间，

触景忆旧愁未消。

790. 原　作:山里の雪間の若菜摘みはやしなほ生ひ先の頼まるるかな

口語訳:山里の……(山里の雪の間から摘みとった若菜をもてはやすにつけても、やはりあなたの行く末を心頼みにしています)

丰子恺译：山乡新菜嫩，

带雪摘来初。

愿汝长安乐，

青青似此蔬。

林文月译：若菜生兮山间雪，

手把玩赏心祈求，

愿君似此兮增喜悦。

姚继中译：踏雪采得新菜至，

愿君若此常青春。

791. 原　作:雪深き野辺の若菜も今よりは君がためにぞ年も摘むべき

口語訳:雪ふかき……(雪の深い野辺の若菜をも、これからはあなた様のために摘むことにいたしましょう。この私も、そのために年を重ねて長らえもいたしましょう)

丰子恺译：山野深深雪，

新蔬寂寂青。

从今延岁月，

只为慰君情。

林文月译：积雪深兮若菜生，

为君摘取为君祷，

福寿无边兮岁岁盈。

姚继中译：雪压山野新菜青，

此身残留图报恩。

792. 原　作:袖触れし人こそ見えね花の香のそれかと匂ふ春のあけぼの

口語訳:袖ふれし……(袖を触れて私ににおいを移したお方の姿は見えないけれど、そのお方のそれかと思わせるように花の香がにおってく

る春の明け方よ)

丰子恺译：谁将衫袖拂？

人影已茫茫。

着意怜春晓，

梅香似袖香。

林文月译：昔有人兮曾触袖，

未见其人徒闻香，

疑是余芳兮春晓秀。

姚继中译：拂袖飘香不见人，

熏衣留芳惜春晓。

793. 原　作:見し人は影も止まらぬ水の上に落ち添ふ涙いとどせきあへず

口語訳:見し人は……(昔なじんだ人はその面影もとどまっていないこの川水の上に、落ち添うわたしの涙はいよいよせき止めようもない)

丰子恺译：湛湛荒江水，

佳人影不留。

伤心江上客，

泪落更难收。

林文月译：川悠悠兮空自流，

水上不留人儿影，

吾泪徒落兮堰无由。

姚继中译：川上倩影渺无踪，

枉留伤别泪泉涌。

794. 原　作:尼衣変はれる身にやありし世の形見に袖をかけて偲ばむ

口語訳:尼衣……(尼衣の姿に変りはてたこの身に、このはなやかな袖をうちかけて在俗のころの昔をしのぶことにしようか)

丰子恺译：身有袈裟护，

无心着绣裳。

着时怀往昔，

空自恼人肠。

林文月译：着尼衣兮出家人，

彩裳缤纷忆往事，

或将花袖兮温前尘。

姚继中译：若将缁衣换锦绣，

暗自怀旧徒伤悲。

第五十五回　夢浮橋（795）

795. 原　作：法の師と尋ぬる道をしるべにて思はぬ山に踏み惑ふかな

口語訳：法の師と……（僧都を仏法の師と思って山道を分けて訪ねてきたのでしたが、その山道があなたのところに導いてくれる道となって、わたしは思いもかけない恋の山に踏み迷っていることよ）

丰子恺译：寻访法师承引导，

岂知迷途入情场。

林文月译：依法师兮寻佛道，

岂料山中忽迷途，

竟踏歧路兮惑又恼。

姚继中译：本欲寻师指迷津，

谁料歧路落情网。